U1006995

作者简介

谢祥荣，1928年生，四川峨眉燕岗人，教授。1952年毕业于四川大学历史系。半个多世纪以来，主要从事中国历史和中国典籍的研究工作，发表有《〈想尔注〉怎样解〈老子〉为宗教神学》《“玄之又玄”与〈老子〉认知模式刍议》《〈山海经〉与现代科学》《开展人体科学的哲学、社会学研究》《论城市形象设计的相关向度》《从文化人类学看伏羲氏画八卦》及《易经文化的现代意义》等重要论述。2000年出版的《周易见龙》，获得当年四川省哲学社会科学二等奖。现正会同至交学友从事《易传雕龙》之撰著。

About the author

Prof. Xie Xiangrong, born in Emei, Sichuan, in 1928, graduated from the History Department of Sichuan University in 1952. He has for half a century been teaching politcal science and Chinese classics. Twenty years ago, he began devoting himself to the research of classics of traditional culture and published *Thinking and Explaining: Understanding Laozi and His Religious Theology, On Metaphysics and the Cognitive Mode of Laozi*, *Shanhaijing and Modern Science*, *Philosophical Research on Human Body*, *On the Relative Orientation of City Planning and Design*, *Eight Trigrams Made by Fuxi from Perspective of Cultural Anthropology*, etc. Above all he published his masterpiece *Discovering Loong form Zhou Yi* in 2000 and was awarded with the provincial prize of philosophy and social sciences. He is the special research fellow of Sichuan Academy of Social Sciences and the Adviser of Sichuan Research Society of *Yijing* Studies.

（Translated by Prof. Feng Dou）

图书在版编目(CIP)数据

周易见龙(修订本)/谢祥荣著. —成都:巴蜀书社,
2012.1(2025.4重印)
ISBN 978-7-80752-917-0

Ⅰ.①周… Ⅱ.①谢… Ⅲ.①周易—研究
Ⅳ.①B221.5

中国版本图书馆CIP数据核字(2011)第209602号

周 易 见 龙(修订本)

ZHOUYI JIANLONG

谢祥荣 著

责任编辑 王 雷
责任印制 田东洋 谷雨婷
封面设计 黄 政
出 版 巴蜀书社
成都市锦江区三色路238号新华之星A座36层 邮编610023
总编室电话:(028)86361843
发 行 巴蜀书社
营销中心电话:(028)86361851
经 销 新华书店
印 刷 四川省东和印务有限责任公司
版 次 2012年1月第2版
印 次 2025年4月第2次印刷
成品尺寸 170mm×240mm 1/16
印 张 48.25
插 页 2
字 数 800千
书 号 ISBN 978-7-80752-917-0
定 价 150.00元(上下册)

本书如有印装质量问题,请与工厂调换,电话:(028)87586033

周易見龍

（修订本）

《易经》的社会、历史、哲学、文化汇解与评析

上卷

巴蜀书社

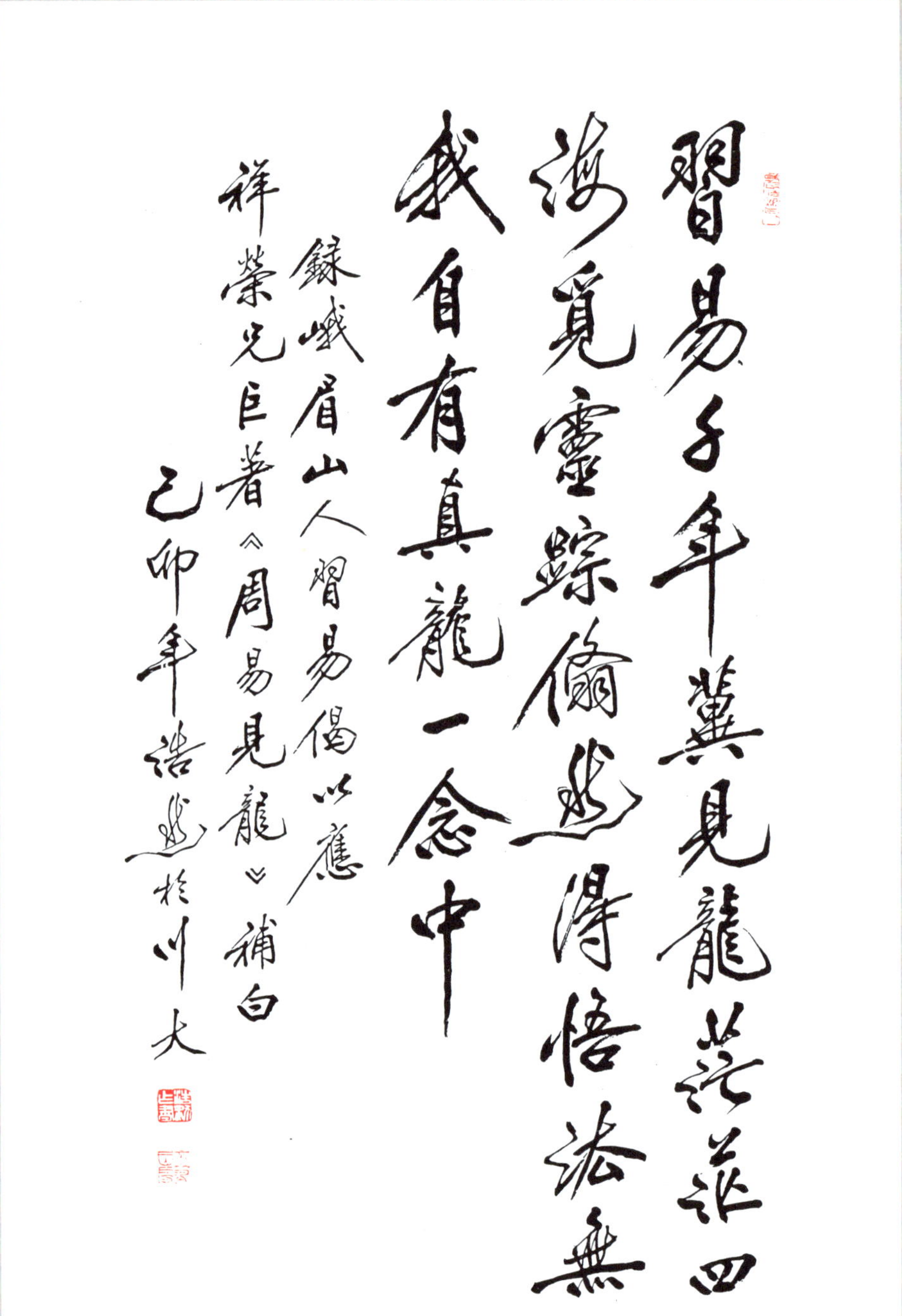

四川大学教授、当代著名书法家周浩然先生题词

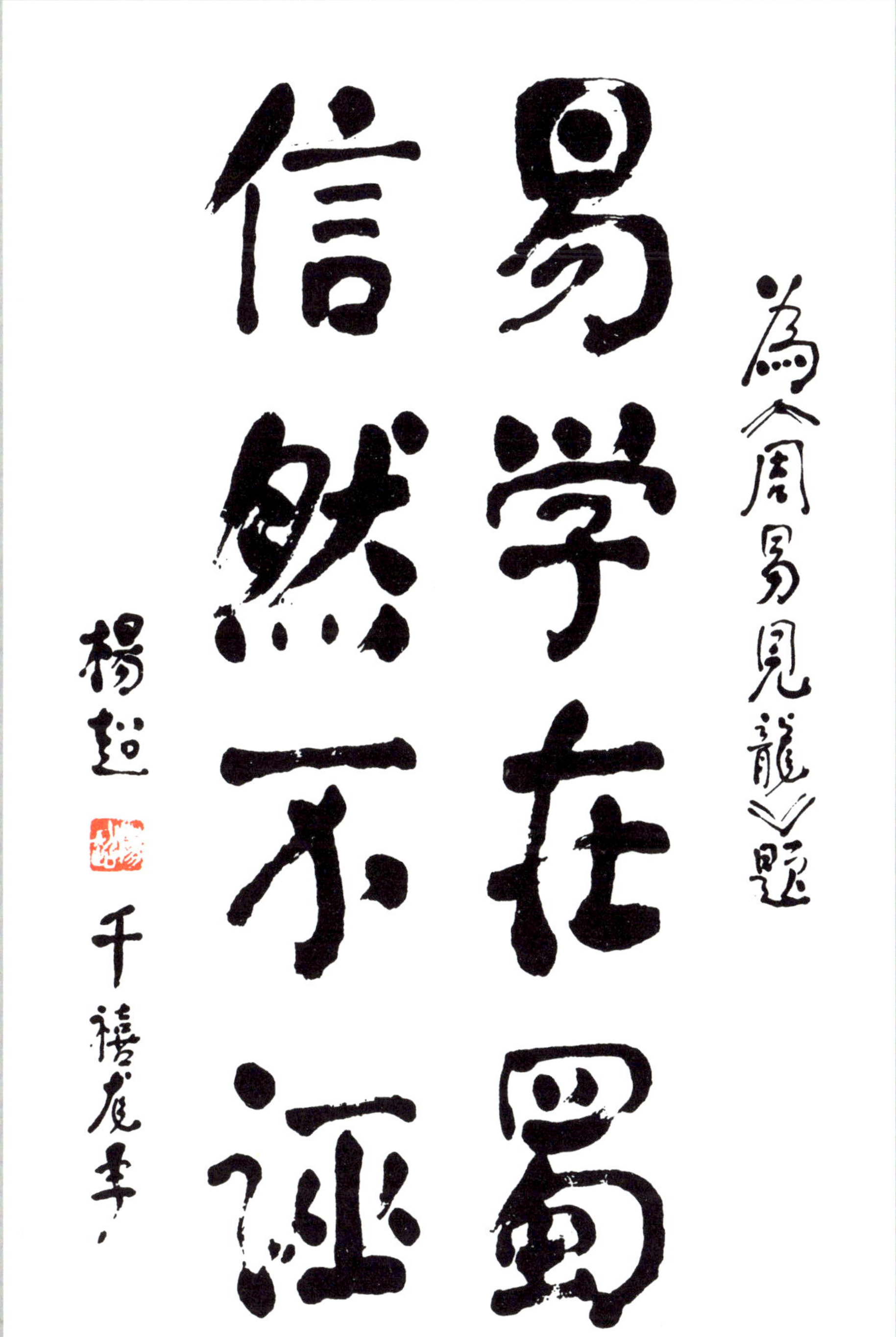

原中共四川省委书记、

三经(《易经》《道德经》《山海经》)研究专家杨超先生题词

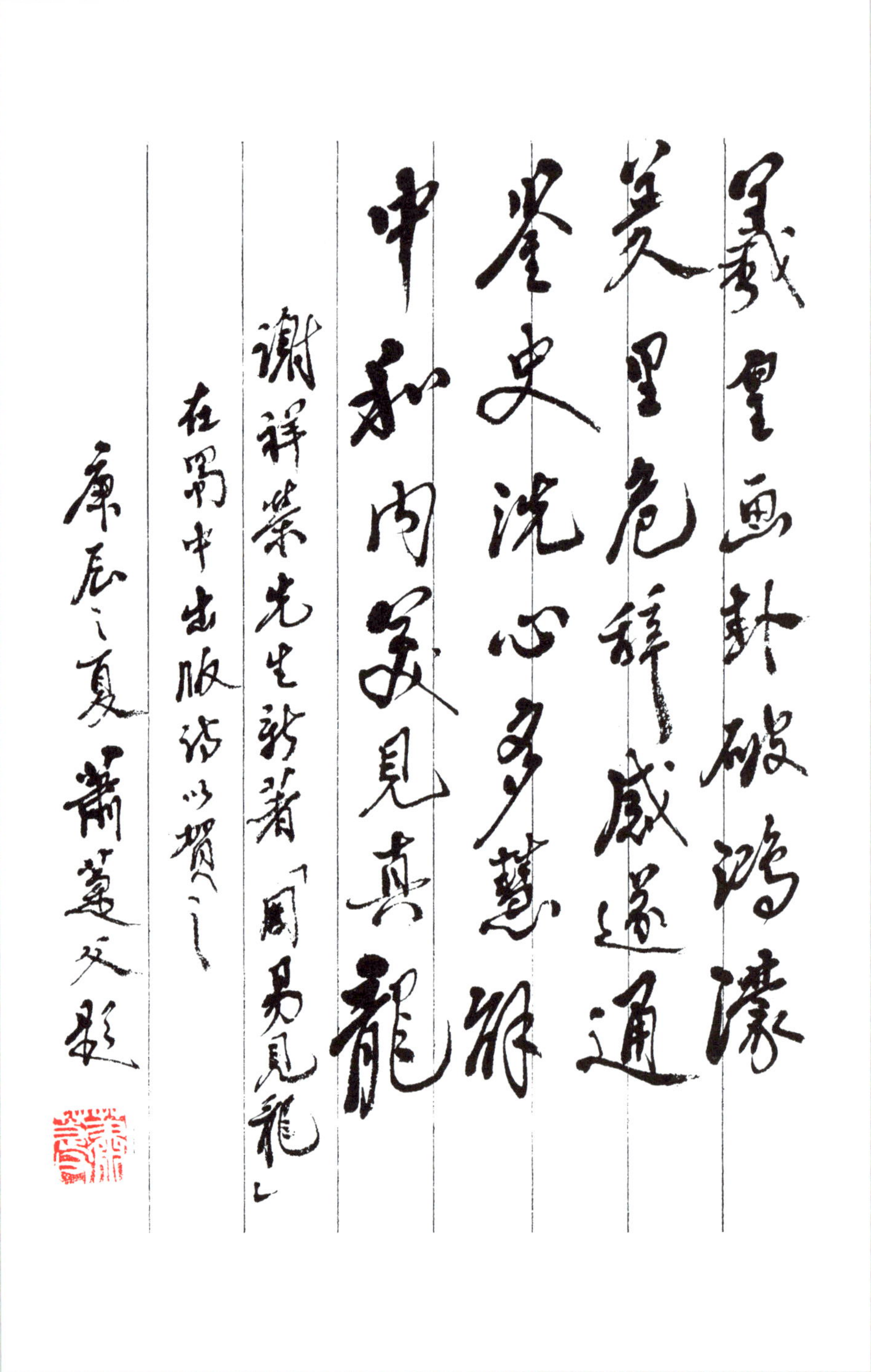
羲畫卦破鴻濛
箕星危辭感遂通
鑒史洗心多慧解
中和內美見真龍
謝祥榮先生新著「周易見龍」
在蜀中出版詩以賀之
庚辰之夏 蕭萐父題

武汉大学教授、中国著名哲学史家萧萐父先生题词

目　录

《周易见龙》（修订本）序言 …………………… 唐明邦（001）

前言（附英译） …………………… （001）

上卷　八卦探源

第一章　画卦、重卦说 …………………… （003）

一　画卦之事 …………………… （003）

二　重卦之说 …………………… （017）

第二章　制器尚象辨 …………………… （021）

一　设卦观象 …………………… （027）

二　神而化之 …………………… （035）

第三章　《连山》《归藏》析 …………………… （048）

一　《连山》易的命名与取象的特点 …………………… （049）

二　《归藏》易的命名与取象特点 …………………… （056）

三　《连山》《归藏》筮例 …………………… （060）

（一）晋筮与楚战 …………………… （060）

（二）秦筮与晋战 …………………… （061）

（三）穆姜之筮……（063）
（四）重耳自筮得晋国……（064）
四 《连山》《归藏》的筮数方式与“数字卦”问题……（067）
（一）“数字卦”的特点……（067）
（二）大衍之数与原始历法……（077）
第四章 周初作易述……（093）
一 殷易之衰……（094）
二 周德之盛……（101）
三 文王之事……（103）
（一）文王的祖、父之德业……（103）
（二）文王击商之败……（104）
（三）岐周之兴盛与文王被囚……（106）
（四）历史经验的总结……（107）
四 《易经》之作……（113）
（一）理论思维的使命……（114）
（二）政治斗争的要求……（115）
五 《易经》之成……（119）
六 易用之流布……（124）
七 《周易》的人文精神……（126）
第五章 《周易》象数探……（127）
一 《周易》在筮数方面的主要特征……（127）
二 《周易》在取象方面的主要特点……（133）
（一）依物理取象……（133）
（二）依事理取象……（135）
（三）审美取象……（141）
（四）依数理取象……（142）
三 《左传》中的《周易》占断实例……（144）

（一）周史以《周易》筮陈公子完生…………………………………（144）
（二）晋献公筮嫁伯姬于秦………………………………………（149）
（三）穆庄叔筮叔孙穆子生………………………………………（154）
（四）子服惠伯断南蒯之筮………………………………………（157）
四 《周易》系辞的辞章结构………………………………………（161）

下卷 经文考释·讲解·评析

第一章 德合天地之道——《周易》的人格理想……………………（169）
1. 乾：自强不息以体道 ………………………………………………（169）
2. 坤：厚德载物以弘道
（附：关于乾、坤二卦在《周易》中的地位的讨论） ………（185）
第二章 立国经邦之道——周族的建国方略…………………………（201）
3. 屯：毅然拒斥野蛮
（附：关于周族建国初期社会特征的讨论） …………………（201）
4. 蒙：决然告别蒙昧
（附：屯、蒙总说） …………………………………………………（211）
5. 需：倡导正当贸易 …………………………………………………（219）
6. 旅：勿忘商旅之危
（附：关于殷王亥丧牛于易的讨论） …………………………（227）
7. 丰：警惧逐财之患
（附：需、旅、丰总说） …………………………………………（236）
8. 颐：立国以农为本 …………………………………………………（245）
9. 小畜：明君置民之产
（附：关于周初家庭与井田的讨论） …………………………（254）
10. 大畜：王道使民有制 ……………………………………………（262）
11. 大有：圣王先成民而后致力于神

（附：关于立国经邦之道的概括） ……………………（270）
第三章 崇德广业之道——《周易》的政治理念……………………（279）
12. 比：协和以成治
（附：关于朋党问题的讨论） ……………………（279）
13. 讼：明断以息讼 ……………………（289）
14. 噬嗑：严明以用狱
（附：林晨光论隐喻） ……………………（297）
15. 临：惇德以临民
（附：关于人格型管理的讨论） ……………………（304）
16. 观：勤察以任官 ……………………（312）
17. 泰：宜保泰以去否 ……………………（319）
18. 否：务去否以求泰
（附：关于管理的系统学原理及本章概括） ……………………（329）
第四章 临难用众之道——周人的应变方略……………………（336）
19. 睽：孤子尚能复国
（附：夏少康复国形势图） ……………………（336）
20. 习坎：险难当能互济 ……………………（346）
21. 同人：征伐与民共患 ……………………（351）
22. 离：修兵当为助义 ……………………（358）
23. 随：用众当善用官 ……………………（365）
24. 师：用武之道在德 ……………………（371）
25. 困：以众正当能先自正 ……………………（380）
第五章 革故鼎新之道——周族的革命战略……………………（391）
26. 履：王者以史为鉴 ……………………（391）
27. 蹇：往蹇贵在来反
（附：关于“交往”的讨论） ……………………（398）
28. 豫：大事须豫乃立

（附：关于豫虑与阴谋问题的讨论） ……………………（405）
29. 谦：谦为仁德之用
（附：关于殷末社会畸变的讨论；张岱年、萧萐父二先生论易；老子论谦德及其评判） ……………………（414）
30. 井：基层建设之要
（附：关于修辞论美学及殷末井田制问题的讨论） ………（427）
31. 萃：人才是决定因素 ……………………（436）
32. 升：宜升则当仁不让 ……………………（445）
33. 晋：用兵则当争全胜
（附：关于武王诸弟的讨论） ……………………（451）
34. 遯：圣王乃善嘉遯
（附：关于遯隐行为的历史评判） ……………………（462）
35. 明夷：革命危机的把握 ……………………（471）
36. 革：革命者的信念——义举天人共襄
（附：九五爻附关于理念性系辞与占验性系辞的讨论；论武王革命的性质） ……………………（479）
37. 鼎：改革家的情怀——励精图治
（附：关于《周易》哲学与创新精神的讨论） ……………（499）
38. 震：统帅的气度——处变不惊
（附：关于领导者心理素质问题的讨论） ……………（508）
第六章　戡乱定鼎之道——周人的治平观念……………………（517）
39. 剥：胜利中的危机
（附：关于剥击与剥取的讨论） ……………………（517）
40. 夬：领导者当有错即改 ……………………（525）
41. 损：戡乱为损其有损 ……………………（532）
42. 益：定鼎宜益其当益
（附：损、益合论） ……………………（542）

43. 蛊：根本在善继父志
（附：关于管理学中的授权问题的讨论） ………………… (552)
第七章　人文化成之道——周初的文明理念……………………… (559)
44. 咸：美于有礼之爱 ……………………………………………… (559)
45. 姤：丑于放荡之行 ……………………………………………… (565)
46. 渐：择婿须才德并重 …………………………………………… (573)
47. 归妹：女德更重于面容
（附：关于周人择偶观念的讨论） ………………………… (581)
48. 家人：治家以严、勤为本
（附：关于周初家庭特征的讨论） ………………………… (589)
49. 解：分析胜于分解 ……………………………………………… (597)
50. 大过：见义即当勇为 …………………………………………… (604)
51. 小过：小过之厉非小
（附：大过、小过合论） ………………………………… (611)
52. 大壮：善用壮而不恃
（附：大过、小过、大壮合论） …………………………… (619)
53. 涣：防涣实胜于救患 …………………………………………… (624)
第八章　中和内美之道——周人的审美意识……………………… (631)
54. 贲：致中和而臻内善
（附：关于先秦诸子美学观的讨论） ……………………… (631)
55. 艮：合天人而臻善美
（附：关于主、客体的同一及气功禁忌问题的讨论） …… (639)
56. 恒：事有可恒与不可恒
（附：关于恒德的社会学基础的讨论） …………………… (652)
57. 无妄：于必然与或然间取应然
（附：关于佛教的无妄论的讨论） ………………………… (660)
58. 复：于行有休复与迷复
（附：关于循环论的讨论） ……………………………… (666)

59. 巽：于命有当巽与不当巽 …………………………………… (674)
60. 节：于用有可节与不可节 …………………………………… (681)
61. 兑：于说有和兑与引兑
(附：外交谈判与关于话语霸权的讨论) ………………… (688)
62. 中孚：大中至诚，美利天下 ………………………………… (694)
第九章　成终成始之道——周人的发展观……………………………… (704)
63. 既济：发展的阶段性（待解） ……………………………… (704)
64. 未济：发展的持续性（待解） ……………………………… (704)
结　语………………………………………………………………… (705)
跋 …………………………………………………………… 王炎平 (706)
再版寄语……………………………………………………………… (712)
1. 永无“终结”点的易学新成果 ………………… 谭继和　祁和晖 (712)
2. 识其大者 …………………………………………………… 林登麟 (714)
后　记………………………………………………………………… (715)
附　录………………………………………………………………… (717)
1.《周易见龙》疑难字简释 ……………………………… 陈玉堂 (717)
2.《周易见龙》卦序与通行本卦序对照表
(附英文对照表) ……………………………………… 陈玉堂 (736)

Contents

Book 1

Origin of Eight Trigrams

Chapter 1 Marking and Combining Trigrams …………………… (003)

1.1 Marking Trigrams …………………………………………… (003)

1.2 Combining Trigrams ………………………………………… (017)

Chapter 2 Inventing Tools and Implementing Social Reforms after the Symbolic Signs of Hexagrams ………………………… (021)

2.1 Implementing Social Reform after the Symbolic Signs of Hexagrams …………………………………………………… (027)

2.2 Divinization of the Symbolic Signs of Hexagrams ………… (035)

Chapter 3 Interpretation of *Lianshan* and *Guicang* ……………… (048)

3.1 Naming of *Lianshan* and Forming of Symbolic Signs of Hexagrams …………………………………………………… (049)

3.2 Naming of *Guicang* and Forming of Symbolic Signs of Hexagrams …………………………………………………… (056)

3.3 Examples of Divination by Stalks in *Lianshan* and *Guicang* …………………………………………………… (060)

3.3.1 Divination by State Jin and the War between Jin and Chu …………………………………………………… (060)

3.3.2 Divination by State Qin and the War between Qin and Jin …… (061)
3.3.3 Divination by Mujiang …… (063)
3.3.4 Divination by Chong'er and His Attainment of Jin …… (064)

3.4 Ways of Divination by Stalks in *Lianshan* and *Guicang* and Numerical Hexagrams …… (067)
3.4.1 Features of Numerical Hexagrams …… (067)
3.4.2 Worship of Large Number Forty-nine and Primitive Calendars …… (077)

Chapter 4 Writing of *Zhou Yi* in Early Zhou Dynasty …… (093)
4.1 Declining of Yin Yi …… (094)
4.2 Flourishing of Social Practices in Zhou Spirit …… (101)
4.3 Stories of King Wen …… (103)
4.3.1 Achievements of King Wen's Father and Grandfather …… (103)
4.3.2 King Wen's Failure in Attacking Shang Dynasty …… (104)
4.3.3 Prosperity of Qizhou and Captivity of King Wen …… (106)
4.3.4 Summary of Historical Experiences …… (107)
4.4 Writing of *Yi Jing* …… (113)
4.4.1 Mission of Theoretical Thinking …… (114)
4.4.2 Demand of Political Conflicts …… (115)
4.5 Making of *Yi Jing* …… (119)
4.6 Popularization of the Practices of *Yi Jing* …… (124)
4.7 Humanality of *Zhou Yi* …… (126)

Chapter 5 Image and Number of *Zhou Yi* …… (127)
5.1 Main Features of the Number of Stalks in *Zhou Yi* …… (127)
5.2 Main Features of the Forming of Symbolic Signs in *Zhou Yi* …… (133)
5.2.1 Forming Symbolic Signs after the Relations among

Objects ………………………………………………………… (133)
5. 2. 2 Forming Symbolic Signs after the Relations among Reasons ………………………………………… (135)
5. 2. 3 Forming Symbolic Signs after the Aesthetic Appearances of Hexagrams …………………………………… (141)
5. 2. 4 Forming Symbolic Signs after the Relations between Numbers and Positions ……………………………… (142)
5. 3 Examples of Divination by Stalks of *Zhou Yi* Recorded in *Zuo Zhuan* ……………………………………… (144)
5. 3. 1 Divination by Stalks of the Fate of Chen Wan Conducted by Officials of Zhou Dynasty ……………………… (144)
5. 3. 2 Divination by Stalks of Boji's Marrying to State Qin Conducted by Jin Xiangong ………………………… (149)
5. 3. 3 Divination by Stalks of Shusun Muzi's Fate Conducted by Mu Zhuangshu ……………………………… (154)
5. 3. 4 Divination for Nan Kuai Conducted by Zifu Huibo …… (157)
5. 4 Contents and Structures of *Zhou Yi*'s Statements ……… (161)

Book 2
Comprehension and Interpretations of *Zhou Yi* Texts from Insightful Studies

Chapter 1 Ideal Humanality: The Virtue to Combine Dao of the Heaven and the Earth …………………………………… (169)
1. 1-1 Qian: Strenthening Forever to Embody Dao by the Generous Noble Man ………………………………… (169)
1. 2-2 Kun: Going All out to Advocate by the Noble Man of Virtue ………………………………………………… (185)
(Attachment: Discussion on the Status of Qian and Kun Hexagrams in *Zhou Yi*)

Chapter 2 Statesmanship and Strategies: The Way to Establish a Country …… (201)
2. 1-3 Zhun: Bringing Order out of Confusion
(Attachment: On the Social Features in Early Zhou Dynasty) …… (201)
2. 2-4 Meng: Getting Rid of Juvenile Ignorance
(Attachment: General Description of Zhun and Meng) …… (211)
2. 3-5 Xü: Nourishing Justified Trade …… (219)
2. 4-6 Lü: Attending to Pitfalls in Trade and Travel
(Attachment: On the Death of Ox Owned by King Hai of Yin at Yi) …… (227)
2. 5-7 Feng: Guarding against the Danger from Overpursuing Fortunes
(Attachment: General Description of Xü, Lü, and Feng) …… (236)
2. 6-8 Yi: Agriculture—the Foundation of a Country …… (245)
2. 7-9 Xiaoxü: Pursuing Fortunes for People
(Attachment: On Families and Square-fields in Early Zhou Dynasty) …… (254)
2. 8-10 Daxü: Governing People According to the Law …… (262)
2. 9-11 Dayou: Placing People's Livelihood First, then Their Spiriyual Life
(Attachment: Generalization of the Ways to Establish a Country) …… (270)

Chapter 3 Esteeming Ethics and Promoting Productions: The Political Concept of *Zhou Yi* …… (279)
3. 1-12 Bi: Sovereignties on a Harmonous Society
(Attachment: On Cliques) …… (279)
3. 2-13 Song: De-conflicting through Fair Judgment …… (289)
3. 3-14 Shihe: Enforcing Penalties Clearly Defined

(Attachment: On Metaphor by Lin Yiguang) ········ (297)
3. 4-15 Lin: Virtuous Instruction and Needful Protection to the Governed
(Attachment: On Humanistic Management) ·········· (304)
3. 5-16 Guan: Frequent Observing of the Appointed Officials ······ (312)
3. 6-17 Tai: Maintaining Peace and Order to Eliminate Disturbance ······ (319)
3. 7-18 Pi: Eliminating Disturbance to Achieve Peace and Order
(Attachment: On the Principles of Administrative System and Summary of Chapter 3) ······ (329)

Chapter 4 Winning over Demo-power in Difficulties: The Adaptive Strategies of Zhou Decision-makers ······ (336)
4. 1-19 Kui: Xia Shaokang, an Orphan Restepping in Power
(Attachment: Xia Shaokang's Experience and His Counter-attack Map) ······ (336)
4. 2-20 Xikan: Helping Each Other in Dangers and Difficulties ······ (346)
4. 3-21 Tongren: Sharing Hardships with People in Wars ········ (351)
4. 4-22 Li: Organizing Arms in Assistance of Justice ·········· (358)
4. 5-23 Sui: Governing the Masses by Well-appointed Officials ······ (365)
4. 6-24 Shi: Moral and Morale in Waging and Winning a War ······ (371)
4. 7-25 Kun: Setting a Good Example to Modificate the People ······ (380)

Chapter 5 Discarding the Old Ways of Life in Favor of the New: The Revolutionary Strategies of Zhou People ······ (391)
5. 1-26 Lü: Drawing Lessons from History ······ (391)

5.2-27 Jian: Reflections on Diplomatic Relations (Attachment: On Cross-country Communication) ········ (398)
5.3-28 Yü: Success of Great Events from Preparation (Attachment: On Preparation and Conspiracy) ········ (405)
5.4-29 Qian: Humility as Benevolence and Virtue (Attachment: On the Social Distortion towards the End of Yin Dynasty; On Yi by Zhang Dainian and Xiao Jiefu; On Humility and Criticism by Lao Zi) ········ (414)
5.5-30 Jing: Necessity of Solid Construction at the Grass-root (Attachment: On the Rhetorical Aesthetics and Square-field System towards the End of Yin Dynasty) ········ (427)
5.6-31 Cui: Gathering Talents to Secure Success ········ (436)
5.7-32 Sheng: No Halting in Face of Promotion ········ (445)
5.8-33 Jin: Advancing in a War until Smashing Victory (Attachment: On King Wu's Brothers) ········ (451)
5.9-34 Dun: Wise Withdrawal at the Right Time (Attachment: On the Historical Criticism of Withdrawals) ········ (462)
5.10-35 Mingyi: Assessing the Situation and Taking the Opportunity ········ (471)
5.11-36 Ge: Just Deeds Always Assisted by Man and Nature (Attachment: Conceptual and Empirical Phrases Attached to Nine in the Fifth Line; On the Natures of King Wu's Revolution) ········ (479)
5.12-37 Ding: Dedication to the Country's Prosperity as Emotion and Aspiration of the Reformists (Attachment: On Philosophy and Creativity in *Zhou Yi*) ········ (499)
5.13-38 Zhen: Calmness in Face of Repeated Thunder

as a Marshal Quality
(Attachment: On Psychological Quality of Leaders) …… (508)

Chapter 6 Quelling Rebellion and Bringing Order to the Country: Conception of Social Stability of Zhou People …………………… (517)
6.1-39 Bo: Crisis in Success
(Attachment: On Attacking and Peeling Step by Step) ………………………………………… (517)
6.2-40 Guai: Water in the Sky as a Sincere Cry for Leaders to Correct Mistakes Immediately ………………………… (525)
6.3-41 Sun: Quelling Rebellion to Reduce Harmfulness …… (532)
6.4-42 Yi: Establishing a Country to Benefit the Righteousness
(Attachment: On Sun and Yi) ………………………… (542)
6.5-43 Gu: Carrying on Father's Will as Essential Necessity
(Attachment: On Authorization in the Science of Administration) ……………………………………… (552)

Chapter 7 The Formation of Humanism: Civilized Conception in Early Zhou Dynasty ………………………………………… (559)
7.1-44 Xian: Appreciation of Love in Accordance with Manners ……………………………………………… (559)
7.2-45 Gou: Contempt of Debauchery ………………………… (565)
7.3-46 Jian: Singling out Man of Virtue and Talent as a Son-in-law ………………………………………… (573)
7.4-47 Guimei: Woman of Virtue above Woman with Countenance
(Attachment: On Match-making by Zhou People) …… (581)
7.5-48 Jiaren: Rectifying the Family to Keep Each in Right Positon and Play the Right Role
(Attachment: On Family Characteristics in Early Zhou Dynasty) ……………………………………… (589)
7.6-49 Xie: Solution to Avoid Decomposition ………………… (597)

7.7-50 Daguo: Willingness to Help Others for a Just Cause ········ (604)
7.8-51 Xiaoguo: Predominance of the Small Ending in Frugality and Sorrow (Attachment: On Daguo and Xiaoguo) ········ (611)
7.9-52 Dazhuang: Power of Greatness Benifiting but not Imposing (Attachment: On Daguo and Dazhuang) ········ (619)
7.10-53 Huan: Precaution Better than Risking Rescuing ······ (624)

Chapter 8 Harmony and Spiritual Beauty: The Aesthetic Consciousness of Zhou People ········ (631)
8.1-54 Bi: Harmony Leading to Spiritual Perfection (Attachment: On the Conception of Aesthetics of Different Schools before Qin Dynasty) ········ (631)
8.2-55 Gen: Harmony between Heaven and Humanity Leading to Moral Goodness and Perfection (Attachment: On the Objectification of Subjects, the Subjectification of Objects and Taboos in Qigong) ········ (639)
8.3-56 Heng: Constant Deeds and Inconstant Deeds (Attachment: On the Sociological Foundation of Constant Morality) ········ (652)
8.4-57 Wuwang: Appropriateness between Inevitability and Probability (Attachment: On Nothingness of Buddhism ········ (660)
8.5-58 Fu: Happy Recovery and Uintentional Recovery (Attachment: On Circulation) ········ (666)
8.6-59 Xun: Compliance with Demands and Incompliance with Demands ········ (674)
8.7-60 Jie: Temperate Practices and Intemperate Practices ········ (681)
8.8-61 Dui: Joyousness and Seductive Joyousness (Attachment: On Diplomatic Negotiation and

Speech Supremacy) ………………………………………… (688)
8. 9-62 Zhongfu: Centrality and Uprightness Benefiting the Whole World ………………………………………… (694)

Chapter 9 The Way for Consistency from Beginning to End: The Progressive Sense of Zhou People ………………………………………… (704)
9. 1-63 Jiji: Already Accomplished ………………………………………… (704)
9. 1-64 Weiji: Not yet Accomplished ………………………………………… (704)

(Translated by Prof. Feng Dou, Mr. Run Zhongren and Mr. Yu Tangchen.)

《周易见龙》（修订本）序言

20世纪后期，中国进入建设中国特色社会主义的新时代，迎来经济、文化建设新高潮。源远流长的传统文化，在横遭破坏之后，备受重视。中共四川省委书记杨超同志率先提出开展“三经”（《易经》《道德经》《山海经》）研究的倡议。谢祥荣同志积极响应，相继发表多篇重要论著，引人注目。其后，他在海内外“《周易》热”的激励下，潜心攻《易》，刻苦钻研，终于撰成易学新著《周易见龙》此书。是书在易学研究的诸多领域迭出新论，成就卓著，无愧为“易学在蜀”的当代新硕果。

此书贡献之一：穷本溯源探易卦，易学古史立新说。关于八卦起源问题，可谓千古之谜，向来有多种假说，莫衷一是。作者采用文化人类学研究方法，从探讨八卦起源入手，追寻上古巫师文化演变的轨迹，论定“八卦乃八种自然力的符号化”。八卦符号是原始象意型巫术发展到符号崇拜阶段的创造性产物。起初，八卦旨在对自然力进行巫术调控；重卦的出现，是由对自然力的巫术调控发展到对社会生活进行巫术调控这一转变过程的产物。如此新论点，是作者对我国原始社会特征和原始思维规律进行深入探讨而迸发的思想火花，发前人所未发。

贡献之二：钩深致远创易论，展示研易新水平。作者深思熟虑，全面探讨易卦的性质、特点及社会功能，高屋建瓴，剖析易学发展历程，提出不少新论，将当代易学研究推进到更高新水平。

关于《周易》的作者问题　《史记》记载“文王拘而演《周易》”，千百年来少有异议。谢祥荣同志细心考证，认为文王拘羑里，生活环境不利，参考资料缺乏，势难一人完成；传说周公作爻辞，但他处于周朝立国之初，忙于应付内忧外患，精力有限，亦难毕其功；卦爻辞中反映诸多周初史事，非文王、周公所经历，故断言《周易》经文当是文王、周公及其同代名家如南宫括等集体创作而成。其分析细致，论断平实有力，令人折服。

关于八卦符号的二重性及其影响 作者认为，作为巫师文化中符号崇拜的标志——八卦，不可避免地具有神灵性和智慧性的二重性。此种二重性在《连山》《归藏》《周易》中所占比例，有轻重消长之别。后世“象数易”同“义理易”长期竞长争雄，互为水火，实乃此种二重性互动之体现。其立论高远，足以成一家之言。

关于符号系统同文字系统互释的奥妙 作者以《周易》为蓝本，详加剖析，论定二者互释已达奇妙审美境界，乃《周易》永恒魅力之关键。他在分析乾、坤二卦及贲、艮、恒、复、中孚等卦时，充分揭示卦爻辞中蕴涵的中和为美的审美意识，予人以深刻启迪。这表明作者论易采取了与众不同的独特视角，故能别开生面而引人入胜。

关于象数思维方法问题 象数思维模式乃《周易》所固有，堪称东方文化之奇葩。然而自“五四”以来，象数思维方法多为易学家所忽视，深中王弼扫象言理之流弊。作者上承朱熹、王夫之，近续杭辛斋、尚秉和之遗绪，竭力彰显象数思维方法，即象以见意，因意以立言，象数义理浑然一体，相得益彰。如此对象数思维方法的着意阐发，为当代《周易》诠释学作出示范，同时为亟待创立的易图学开其先河。

贡献之三：弥纶天地阐易道，经世大道见纲领。《周易》本为经邦济世宝典，世俗目之为纯粹占卜之书，横加扭曲。作者本着“易乃大道之源”的准则，对《周易》卦爻辞作了精湛诠释，从而对其蕴涵的经世之道作了全面梳理，巧妙编排，使《周易》诠释的面貌焕然一新。作者首先对64卦的卦爻辞作了准确的注释，透彻的讲解，精湛的分析。其注释之所以准，在于作者广泛参考甲骨文、金文、《说文》《玉篇》等古文字、古文献，对卦爻辞中的专用术语和常用语词作了周详考订，文必有征，力戒望文生义；讲解之所以透，因作者紧扣象数思维方法，从象数引申义理，以义理反证象数，揭示卦爻辞中每句话、每个词的象数依据及其义理精微；分析之所以精，基于作者善于发挥其史学素养，力求从《周易》作者所处的历史环境立论，依据古公亶父、季历、文王、武王、周公等如何迁岐、结盟、克商、兴国的艰苦历程，以确凿史实、生动故事，印证卦爻辞义蕴，论史结合，令人服膺。

尤为突出的贡献，在于作者依据64卦的基本内涵，将其提纲挈领地概括成“德合天地”“立国经邦”等九条经世大道。九条大道的厘订，意义深远。（一）九条大道乃定国安邦之准绳，垂范千古的《周易》人文精神因之一览无遗。作者若非对马克思主义哲学具有精湛造诣，难以作出如此全面精确的提炼。（二）九条大道普适于天下。《周易》思想不止属于中国，亦属于世界，任何国家、民族若欲“勘乱定鼎”“立国经邦”“崇德广业”“革故鼎新”，无不可从中汲取智慧的清泉，领略行动的纲领。（三）九条大道垂训万世。《周易》之人文精神，不仅可放诸四海，亦足以经纬万代，具有超越时空的永恒魅力。西方哲学家荣格（C. G. Jung）早已称许道：“谈到世界人类的智慧宝典，首推中国的《易经》。在科学方面我们所得到的定律，常常是短命的，或被后来的事实所推翻。唯独中国的《易经》，亘古常新，相延六千年之久，依然具有价值。”[①] 作者厘订的九条经世大道，实为画龙点睛之笔。有此洞见，足证研《易》者已升堂入室，后人准此读《易》，定能树立正确的世界观、人生观、价值观，以之指导实践，必易获得成功。唐太宗的重臣、著名思想家虞世南曾说：“不读《易》，不可为将相。”谢祥荣同志此书，引经据典，博学明辨，足为虞氏观点作出坚实明证。

《周易见龙》堪称当代易学传世之作。“五四”以后，儒学横遭批判，有人断言中国文化传统由此断层。《周易见龙》的出现，表明源远流长的传统文化，由于有当今时代精神的激荡，有马克思主义的指引，定能发扬光大，开创新局面，涌现新成果。易学研究的兴盛，使文化断层论不攻自破。《周易见龙》初版于2000年，既是20世纪的压轴之作，亦可谓21世纪的开山之作。它具有一般传世学术著作的基本特征：饱含时代精神，对易学理论作出新创造；综合运用马克思主义的唯物史观、文化人类学、乾嘉朴学等研究方法，在方法论上大胆革新；纵览百家，择善而从，精心董理，承先启后，创立新的诠释体系。作者以史学家的博通，哲学家的睿智，钩深致远，显微阐幽，板凳甘坐九年冷，宏论敢创一派新；字斟句酌，千锤百炼，诠释光耀千古之元典，成就气势磅礴之巨著；弘扬传统文化，推进精

① 《易经》英文版序。

神文明建设，嘉惠学林，厥功卓著。愚读其书，受益良多。承蒙学长雅属，怎敢推辞！不揣浅陋，勉为此序，以就教于方家。

唐明邦

2004年7月于云鹤书房

时年八十初度

前　言（附英译）

《周易见龙》是以哲学社会学方法，从多维视角，对八卦文化的源流以及《周易》经文的主旨及其社会学意义进行系统探讨和深入抉发的理论性著作。全书分为上、下两篇，上篇探讨八卦文化的源流，下篇抉发六十四卦系辞的史实背景及其深层内涵，明辨《周易》主旨。

以象数思维为特征的八卦文化，是华夏文化之根，中国文化之母，也是人类文明的一个源。它发轫于六千余年前的新石器时代晚期，经过历代传承，至今仍然在一定程度上对中国文化发挥着定位（非神学的）、导向（刚健中正）和摄动（阴阳相推）的作用，不容忽视。然而，它的发生、发展和流变，在在处处，又都是一系列的历史之谜。本书上卷的“画卦、重卦说”“制器尚象辨”“《连山》《归藏析》”“周初作易述”与“《周易》象数探”等五章十九节，可以说每一个章节都对应着一个历史的大谜。如果沿用传统的考据训诂之法或单纯的史实学方法，要对它们作出合乎现代理性的解答，是不可能的。本书在探讨“画卦、重卦”问题时，主要运用文化人类学方法，从原始社会的特征和原始思维的规律等方面，阐明八卦乃是原始象意型巫术发展到符号崇拜阶段的产物，目的主要在于对自然力进行巫术式的调控，是与当时社会生产活动的要求相适应的原始意识形态。“重卦”乃是八卦的功能从对自然力的巫术调控向对社会生活进行巫术调控这一转变过程的产物，“制器尚象”则是这一转变过程的全面完成。八卦作为符号崇拜的巫术标志，从一开始便与当时的神灵性符号崇拜相区别，而具有智慧性符号崇拜的特质，因此，其自身也就包含着智慧性与神秘性的矛盾。直到“制器尚象”的“设卦观象”阶段，它的智慧性都居于主导方面，也不具备预测性的神秘功能。只是随着社会生活的复杂化，社会矛盾的日益激化，面对着广泛的神灵迷信与初期的科学知识的严重挑战，八卦才采取了与筮数占卜相结合的形式，具有了筮占的功能，达到了“神而化之”的阶段。

八卦在与筮数结合之后，它的智慧性与神秘性都大大的增强了，以后便处于互争雄长的状态。大体说来，《连山》《归藏》时期神秘性方面略占优势，《易经》《易传》时期则以智慧性方面为主导。汉儒以下，《周易》的义理派与象数派互争雄长，在其深层意识中，都包含着智慧性与神秘性的不同取向，是八卦文化所固有的二重性矛盾的表现。但是从总体上和大的趋势上看，智慧理性始终占有较大的优势，而其神秘性方面亦被纳入“神道设教”的框架而发挥着一定程度的政教功能，这正是中国历史上从来没有发生过全面的宗教统治，在意识形态领域始终以面向现实人生的哲理思考居于主导地位的文化根源之所在。《周易》哲学至今仍然在民族传统的文化传承中发挥着定位的导向和摄动的作用，这绝不是偶然的，是有其深厚的历史传统和文化根基的。

《周易》经文，包括卦爻象及其系辞，从释义学上看，是极为困难而又最具包容性与可变性的，可以从社会学与文化学的多维度和多层次加以发掘；从美学的意义上审视，它那深邃的哲理思维和象数表达形式的无间融合，符号系统和文字系统的巧妙互释，又达到了极高的美学智慧，从内容的形式化，体验的模型化，语言的历史化和理论的批评化等现代修辞论美学的基本要求来看，可以说都初见端倪，这正是《周易》哲学具有历久不衰的无限魅力之所在。正因如此，《周易》在释义学上的歧异是非常巨大的，在美学上的发掘又是最为不足的，但是从《周易》的本义上说，它又不过是周初及其以前的古代社会生活经验的描述和提炼而已。从学术思想上的分类来说，它还处于自然哲学、人生哲学和社会哲学混然一体的未分化状态，只是由于它在经验描述中采取了因果描述与时空描述迭相运用、互为发明的特殊方法，在经验提炼方面又发自周初王侯宰辅们为圣趋贤的崇高愿望和人格追求，立足于他们开基创业的成功实践，体现了他们对天道人道的深邃思考和精明睿智的人生哲理，因而能够以其强烈的历史使命感和社会责任感激励子孙，化导后世，并以其特殊的思维方式和理论构建，启迪人类心灵，全面地开发思维能力，从而成为足以彪炳百代的文化宝典。人们完全可以从自然科学、人文科学的多重视角对它进行开掘、展拓。但是，为了避免割裂原著刻意推求和华而不实的毛病，就有必要首先弄清楚经文的本义，在逐卦逐爻地弄清楚其主旨和大义的基础上，再结合现实的需要进行必要的发挥。为此，本书下卷对六十四卦的分析在章法上：

一、充分运用前贤在考据训诂方面的古典释义学成果，运用文化人类学的研究方法，在与考古发掘材料互相参证的基础上，辨明经文的本义；

二、根据《周易》著作成书时代的社会特征、文化语境，探讨其史实背景和经验依据；

三、厘清《周易》经文的词章结构，结合史实背景以及经验描述的逻辑特点，按照历史与逻辑的统一原则，重构其叙事框架；

四、运用现代科学方法，对经文的社会学内涵和文化学意义诸方面进行深入的抉发与合理的引申。

通过以上析论，本书下卷构筑了九大框架：

德合天地之道：乾、坤

立国经邦之道：屯、蒙、需、旅、丰、颐、小畜、大畜、大有

崇德广业之道：比、讼、噬嗑、临、观、泰、否

临难用众之道：睽、习坎、同人、离、随、师、困

革故鼎新之道：履、蹇、豫、谦、井、萃、升、晋、遯、明夷、革、鼎、震

戡乱定鼎之道：剥、夬、损、益、蛊

人文化成之道：咸、姤、渐、归妹、家人、解、大过、小过、大壮、涣

中和内美之道：贲、艮、恒、无妄、复、巽、节、兑、中孚

成终成始之道：既济、未济

该框架对应九章，共六十四节，从现代科学的不同视角进行探讨发掘，每一章节都可以说是一篇独立的论文而又自成体系。这样，连同上篇的五章十七节，本书可说是一组论文系列，比较确切地说，应该叫它是《周易大义拟议》。之所以命名为《周易见龙》，乃是作者希望读者诸君在研读它的时候，既不要囿于传统的成说，又不要为细枝末节上的繁琐考评所纠缠，

而能够以清静精微的心态，充分领略古圣先贤们的睿智精思，感受他们仁民爱物的博大襟怀，同情于他们“吉凶与民同患”的忧危意识，陶然于他们的智慧之美，经过一翻心灵的洗礼，自觉地优化自己的思维模式，在当前经济建设迅猛发展，文化事业相对滞后的双向制衡中，能够以现代理想的健全人格，承担起中华民族的历史重任，“崇德广业”“开物成务”，使中华文化的优良传统，更加发皇于当代，光耀于世界文明的未来。

十七世纪德国的科学家、哲学家和易学家莱布尼茨曾经断言：“如果由哲人担任裁判的话，一定会把金苹果奖给中国人。”

现代英国的著名思想家、历史学家汤因比也曾语重心长地说过：“中国文化如果不能取代西方成为人类的主导，那么，整个人类的前途就是可悲的。”

但是，无论是接受金苹果也好，还是成为文化的主导也好，历史都呼唤着一代新人——具有大智、大仁、大勇的贤圣气质的新人，而这也正是《周易》一书最根本的价值取向。

峨眉谢祥荣2000年春于成都

Preface

Discovering Loong in Zhou Yi is a theoretic book in which the author has made a thorough and systematic research into the cultural origin and development of the Eight Trigrams. The research on the inquiry has been done in multi-phasic dimensions in the fields of sociology, philosophy, history, and culture studies. According to the substance of the text of *Zhou Yi* and its modern meaning this book is consequently divided into two parts. The first part discusses the origin and growth of the cultural development of the Eight Trigrams; the second part reveals its historical background and its profound contents of the 64 Hexagrams and their insightful interpretations. Therefore it provides a clear spectrum of thematic substance of the text, demonstrates the essence and excellence of our time-honored tradition and displays its humanism of combined morality of heaven and humanity.

The culture of Eight Trigrams characterized with symbolic thinking is the root of ancient Chinese culture, the mother of Chinese culture and one of the origins of the civilization of humankind. It began from the late period of the Neolithic Age (the New Stone Age), through learning accumulating, and passing down the knowledge and skills of it. It still gives free rein to the final decision (not theologically), guiding (vigorously and promisingly) and perturbation (just and harmoniously), which should not be ignored. Anyhow, its occurrence, development and changes anytime and anywhere still remain as historical myth. The first part consists of the following five chapters: Marking and Combining Trigrams, Inventing Tools and Implementing

Social Reforms after the Symbolic Signs of Hexagrams, Interpretation of Lianshan and Guicang, Writing of *Zhou Yi* in Early Zhou Dynasty, Image and Number of *Zhou Yi*—all together with nineteen sections, more than 150, 000 words. It may be said that each chapter or section tackles a great historical conundrum. It would be impossible to get a modern rational interpretation, if we merely used the traditional textual research and exegetical studies or simple historical method. To do the research more effectively, the author employs multi-phasic perspetive approaches in his search and research for the essence and excellence for *Zhou Yi* texts. For instance, when discussing the question on forming trigrams and hexgrams, the author employs mainly the achievements in cultural anthropological researches, expounds that the Eight Trigrams are prototypes of witchcraft developed to the worship of symbolic signs from primitive commune characters of the original thinking modes. Its main purpose is to manage and control the natural force with witchcraft which is the primitive prototype of sense suitable to the productive activities of the primitive commune. The hexgrams is the outcome of the function of the Eight Trigrams in the transforming process from the controlling of natural forces to that of social life. Making tools after the symbolic signs is the all-round completion of this transforming process. The Eight Trigrams as a worship symbol of witchcraft, from the very beginning, is different from that of the spiritual symbol worship and it has the characteristic of intelligence. So, it has in itself, both the intelligent and mysterious essence in character. Its intelligence is in the dominant part, and it does not have any function of mysterious prediction until finding the image from the formed Hexgrams and making tools after the symbolic signs. However, with the growing complexity of social life, the contradiction of the society is getting more and more intense. Facing the serious challenges of extensive mysterious superstition to the primitive scientific knowledge, the society accepted the form of divination by means of the milfoil and divine with the Eight Trigrams, which empowers Eight Trigrams with the function of divination by stalks thus leading to the stage of deifying.

After the connecting Eight Trigrams and the form of divination, the intelligence and mysticism of the eight diagrams were greatly strengthened. Since then they got involved in the situation of contending for supremacy. Generally speaking, in the period of Lianshan and Guicang formulating their complete signs and texts, mysticism was then occupying a dominant position while in the period of *Yi Jing* and *Yi Zhuan* intelligence was the leading factor. After the Han dynasty, the significant school and the symbolistic school of *Zhou Yi* competed for superiority. In a deeper sense, they both had intelligent and mysterious tendencies, which are the expressions of dual character of the Eight Trigrams. But viewed from the main tendency as a whole, the intelligence is comparatively superior from the beginning to the end. And its mysticism is put into the frame of the teaching of divinities and plays a part in political education in a certain degree. This explains the origin of Chinese culture and the reason why there was not an all round religious rule in the history, and in the ideological sphere, philosophical thinking facing the secular life has a dominant position through out the centuries. The philosophy of *Zhou Yi* is still giving full play to the orientation and guidance of public opinion and perturbation. Therefore the philosophy finds a deep root in Chinese historical, traditional and cultural foundation, which is by no means an occasional occurrence.

Zhou Yi has Gua (hexagram), Yao (line), Xiang (the image symbol), and Xi-ci (the open statements) in its text. From the point of view of annotation, it is very difficult to explain because the terms have all-inclusiveness and variableness. Its meaning can be discovered from sociology, cultural heritage with multiple dimensions and levels. From the point of aesthetics its philosophical thinking modes and immarginal forms have expressed its text completely and properly. The excellent cross-reference between its symbolic system and lucid writing has reached to the highest aesthetical intelligence. From the fundamental requisition of modern rhetoric aesthetics, the contents' formalization, the modelling of personal experience, historical language and critical theory—all these jointly express well and have an inkling of the matter. This is exactly the cute reason why the philosophy of *Zhou Yi* is bestowed with an enduring charm. As mentioned above, *Zhou Yi* is understood quite differently in semantics; and it is not enough to explore its legacy in aesthetics only. But from the literal sense of *Zhou Yi*, it is more than the description and refinery of the ancient social living experience of the people before and in the early period of Zhou Dynasty. From the classification of systematic learning, it was still in a state of chaos and primeval of natural philosophy, social philosophy and philosophy of life. Only because of this it employs the strategy of cause and effect description with time and space alternatively in experience recounting, working in coordination, and in the refinery of the literary raw materials gathered from life. Ideationally, it expresses the lofty ideal of the princes and marquises trying to be sages and men of virtue and morality. They based themselves upon their successful practice of founding the state, embodied and reflected natural laws and humanity through their deep thinking, and insightful philosophy of life combining morals of heaven and human beings. So accordingly this biblical book can be, and often is, used as a textbook to instill younger generations with sense of responsibility on historical mission and social progress so as to encourage the descendants and guide the followers. And they can inspire and enlighten the spirit of mankind, and tap their intellectual resources. Thus the book *Zhou Yi* has come to be a treasured book shining through the ages. With the multiple resources in the book, people can study and explore natural science, social science and humanity divergently and creatively. After getting the meaning and gist of each Trigram and Yao, we can elaborate on future so as to avoid taking apart the original text in broken phrases, or striving for over-elaboration, or reading rashly without getting the essence of substance. Just for this reason the chapters and sections of the second part of this book Comprehension and Interpretation of *Zhou Yi* Texts from Insightful Studies have been proportionately arranged as follows:

1. Making full use of the modern achievement in scientific researches on

classical textual criticism exegesis and annotation; employing the commonly acknowleged achievements of ethnology and offering an explanation about the original meaning of the text, on the basis of consulting unearthed historical documents in archaeological studies;

2. Inquiring into the historical background and the practical experience according to the social characters and cultural contexts of the time span when *Zhou Yi* was written;

3. Making clear the contents and structures of *Zhou Yi* and combining the historical background and the logic characters of the experienced description and reconstructing the framework according to the principle of the integration of history with logic;

4. Picking out and extending reasonably the sociological contents and cultural meaning of the text with modern scientific methods.

With the above perspectives and measures, this book comes up with the following ways and principles respectively in the following sequence:

1. the Virtue to Combine the dao of the Heaven and the Earth including Qian and Kun;

2. the Way to Establish a Country, including Zhun, Meng, Xü, Lü, Feng, Yi, Xiao Xü, Daxü, and Dayou;

3. Esteeming Ethics and promoting productions including Bi, Song, Shihe, Lin, Guan, Tai, and Pi;

4. the adaptive strategies of Zhou decision-makers including Kui, Xikan, Tongren, Li, Sui, Shi and Kun;

5. the Revolutionary Strategies of Zhou People including Lü, Jian, Yü, Qian, Jin, Cui, Sheng, Jin, Dun, Mingyi, Ge, Ding and Zhen;

6. Conception of Social Stability of Zhou People including Bo, Guai, Sun, Yi and Gu;

7. Civilized Conception in early Zhou Daynasty including Xian, Gou, Jian, Guimei, Jiaren, Xie, Daguo, Xiaoguo, Dazhuang and Huan;

8. the Aesthetic Consciousness of Zhou People including Bi, Gen, Heng, Wuwang, Fu, Xun, Jie, Dui and Zhongfu

9. the way for consistency from beginning to end including Jiji and Weiji.

Obviously, this part of the book naturally falls into nine chapters, 64 sections in more than 500,000 words. In each chapter as well as each section the author has been trying to explore and inquire into the essential meaning with the view of modern science. Each chapter might also be an independent article with its fairly comprehensive system. Thus, adding to the five chapters with nineteen sections of the first part of the book; the second part of the book can also be named as the Symposiums Gist of *Zhou Yi*. With the present name Discovering Loong in *Zhou Yi*. the author hopes that the readers will not be constrained by traditional explanation or be confounded by trifling textual criticism, hoping that the readers can peruse with purified and probing mind, and understand the profound scholarship of ancient sages and their universal fraternity, so as to recognize our cultural tradition with the combined morality of heaven and human beingsity, and then interiorize them as one's moral self-cultivation and philosophy of life. To sharpen our thinking and mind unceasingly and to shoulder the historical responsibility of our nation, healthy personality in the rapid development of our social construction is important especially when cultural essentials are comparatively neglected. Inheritance from and persistence in upholding moral integrity and undertaking collective welfare services, exploring more accesses to open a bright future and accomplish the final goal will sure make our national, traditional culture brighter now, and shine splendidly forever in the future of world civilization.

In the seventeenth century, a famous scientist and philosopher, Gottfried Wilhelm Leibniz (1646—1716) once asserted categorically, "If we are to ask a philosopher to be the judge, the golden apple will be awarded to the Chinese".

A famous modern historian, Arnold Toynbee (1889—1975) also said in sincere and earnest expectation, "If the Chinese culture could not take the place of the west and take the lead in the world civilization, it would be a pity for the future of humankind".

Anyhow, both the need for China's peaceful emergence in the modern world and the harmonious development of world culture are calling for a new generation with great intelligence, benevolence and braveness—the sage of a new generation. And this is the very cherished social value of this publication of Discovering Loong in *Zhou Yi* .

(Translated by Prof. Feng Dou)

上　卷

八卦探源

第一章 画卦、重卦说

一 画卦之事

《易经》包括两组并列互释的符号系统——卦象系统和文字系统。八卦便是与经文并列互释的符号系统，它的来源实际上比形成文字系统的经文要早得多，探究《易经》文化的源流，首先要弄明白的，自然是八卦的起源问题，即是说：

八卦究竟是什么时代画成的？

八卦的含义是什么？

画卦的人是谁，他为什么要画卦？

如此等等。若仅就上述几个问题来讲，大约成文于战国中期的易传早已作出了相应的回答。《系辞·下传》便有：

> 古者，包牺氏之王天下也，仰则观象于天，俯则观法于地，观鸟兽之文与地之宜，近取诸身，远取诸物，于是始作八卦，以通神明之德，以类万物之情。
>
> ——《系辞·下传》第二章

按照这种说法，八卦乃是由远古时代的部落首领伏羲氏[①]所画成的，八卦所表现的是天地万物的法则，画卦的目的是沟通神明的德力，比类万物的性情。

这个说法是否能够成立？从来的易学家们都照着讲，没有提出什么怀疑，可见大家都是承认的。只是到了近代，人们对于远古时代的知识逐渐增多，渐渐地才感到有些不妥，进而产生了极大的怀疑。其主要疑点在于：伏羲氏所处的是渔猎一畜牧时代，距今约7千至8千年，人们的生活还很原始，思维能力还很低下，这段文字中所讲到的“仰观俯察、近取远取”以至于“通德类情”等等，都是相当高深的抽象思维，这样成熟的抽象思维能力，在那连文字都还没有的原始时代，人们是不可能达到的。从这个疑点上生发出去，结论便是：八卦不可能是伏羲氏画的，它的作成要比伏羲氏时代晚得多；或者说，伏羲氏虽然画了八卦，并没有“通德类情”这一类高深含义，只不过是某种原始符号而已。其中最有代表性而且影响最大的便是“生殖崇拜说”，即认为八卦是原始先民处于“生殖崇拜”时期的符号记录，八卦的阳爻“—”代表雄性生殖器，阴爻“--”代表雌性生殖器，二者的结合便组成八卦以象征万物的生成。

这个说法从文化人类学的观点来看较为接近原始初民的思维特点，毕竟“生殖崇拜”是不少先民所共有的意识形态。不过，对于原始初民为什么要以两性生殖器组成八卦这种特殊的符号，这些符号为什么要按照八卦图那样的规则来排列，以及这样的符号为什么会具有预测功能等，还远远未能说明。而且，关于以“两性生殖器符号的不同组合象征万物的生成”这种说法，并没有跳出原始思维与抽象能力存在矛盾的怪圈，因为它仍然属于相当成熟的抽象思维。

另外还有八卦起源的“初期文字说”与“初期历象说”等等，在上述问难面前都难以令人信服，其他一些类似“天启神学”的说法就无须引述了。总而言之，八卦的起源问题，在我国的思想史和文化史上，至今仍然是一个最大的谜。要彻底地揭开这个谜，首先需要有更多的考古资料，从这方面来说，条件还远未具备。不过，如果我们的思考角度能够稍加转换——从评判者的角度转换到考察者的角度，即是说，在探讨远古时代人们的思

---

① 伏羲氏，又称包牺氏，或称宓牺氏。

想和行为特点的时候，不是用法官断案式的居高临下态度与现代的法庭取证方法，而是以文化人类学所认同的考察与理解相结合的态度，从当时人类生活环境、生存条件的实际出发，充分运用考古学、人类学、历史学、文化学、社会学、古文字学以及现代释义学、认识发生论和原始思维学等等现代科学的研究成果和认知方式加以体察和观照，那么，我们对于古代人类在当时的特定条件下会怎么想、怎么做，为什么要那样想和为什么要那样做的问题，或许就比较容易理解、容易明白一些。假若本书的读者研究和探讨《易经》文化的一系列问题时，也能在思想方法上实现这一转换，那么，历来充斥于《易经》中的神秘迷雾与种种疑难，也就会不至于那么难解。这样，一开始我们便会看到，关于八卦起源这个大谜的谜底，实际上就存在于八卦的图像之中。为什么这样说呢？先看看八卦的卦象和它们的象征意义吧。《说卦传》有如下说法：

☰ 乾象天

☷ 坤象地

☳ 震象雷

☴ 巽象风

☵ 坎象水

☲ 离象火

☶ 艮象山

☱ 兑象泽

这个说法是八卦文化的基本观念，从传说中伏羲画卦、神农重卦到夏、商、周三易，历代传承都是如此，并无疑义，我们也就可以据此来探讨一下它在文化学上的意义。也就是说，就八卦的象征意义，作为一种文化现象来看，它反映了什么样的社会生活条件，表达了什么条件下的人所特有的意识、愿望或观念，从而大体上判断它所反映的历史时代。

就上述以乾、坤、震、巽、坎、离、艮、兑八卦来象征天、地、雷、风、水、火、山、泽八种自然物或自然力，而且大体上将它们看得同等重要来说，我们若能设身处地的想一想就不难明白，这样的观念，绝不可能是传说中的燧人氏时代或以前的人所能有的观念，因为那时候，连用火也没有发明，天地等这样一些概括性极大的语言范畴，也还没有形成，即使开始用火，或有了一点模糊的天、地观念，人们也决不会认为它们的用处有捕猎所需要的石头、木棒那么重要。同样，也不是进入农业耕作为主的原始民族应有的观念，因为农业民族一般是直观地认为地的作用最为重要，不仅水、火、山、泽都是依托于地而存在，即使是风、雷或上天，离了地的作用，也都毫无意义。只有在经过长期的农业劳动实践和长期的天象观测与历象运用之后，他们才可能逐渐懂得，天时气候——天的影响，对农业生产来说，往往是比地的作用要大得多。因为地的作用人们尚可适当调控，而天的作用人们就无可奈何。即使达到了这样的认识，他们也绝不可能把山的作用从地中分离出来与之并列，也绝不可能把泽的作用从水中分离出来与之并列，更不可能将雷和风的作用与天地并列，把他们的作用看得几乎与天地同等重要。而唯一可能具有上述观念的远古先民，只能是以渔猎生活为主，或仅仅兼有原始畜牧与初期农业的原始民族。只有他们才会把渔猎生活主要来源的山、泽以及决定渔猎行为成败的雷、风，看得与天、地、水、火同等重要。而这样的民族所处的时代，在我国古史传说中，便是所谓的“伏羲氏时代”。

伏羲氏时代的社会生产和生活状况究竟如何？从现存历史文献所载的一些传说中，只能得出一个大致的印象。

《左传·昭公十七年》载：

> 秋，郯子来朝，公与之宴，昭子问焉，曰：“少皞氏鸟名官，何故也？”郯子曰：“吾祖也，我知之。昔者，黄帝氏以云纪，故为云师而云名；炎帝氏以火纪，故为火师而火名；共工氏以水纪，故为水师而水名；太皞氏以龙纪，故为龙师而龙名。我高祖少皞挚之立也，凤鸟适至，故纪于鸟，为鸟师而鸟名。凤鸟氏，历正也；玄鸟氏，司分者也；伯赵氏，司至者也……”

从这段记载中可以看出，太皞氏（一般认为即伏羲氏）是一个以龙为图腾的氏族，它的历史时代，早在黄帝、炎帝以至共工氏之前。现在一般认为，从共工与神农之世才开始进入农业生产为主的社会，由此可以推断，伏羲氏时代应在农业社会以前。又据《系辞·下传》：

> 包羲氏……作结绳而为网罟，以佃以渔。

《尸子》卷下：

燧人之世，天下多水，故教民以渔……宓牺之世，天下多兽，故教民以猎。

《史记》附司马贞补《三皇本纪》云：

太皞庖牺氏，风姓，代燧人氏继天而王。母曰华胥，履大人迹于雷泽而生庖牺……造书契以代结绳之政。于是始制嫁娶，以俪皮为礼。结网罟以教佃渔，故曰宓牺氏；养牺牲以庖厨，故曰庖牺……

这些记载详略不同，其中有一个共通点，便是伏羲氏作网罟以佃渔，它的历史时代在有巢氏、燧人氏之后，又在神农氏之前，如果我们的思想方法不至于过分拘泥于这些所谓“王天下的圣人”是不是一个真实存在的人王，而将他们看作一个历史时代的代表人物的泛称来看，便可以大致断定，传说中的伏羲氏时代，正是我国先民从原始社会的渔猎为主进化到以畜牧与初期农业为主的社会历史阶段。如果一定要认为这些说法都带有猜测性的话，也只能说：从社会发展的总体规律来看，这样的猜想也毕竟是非常合理的。

以上仅就历史传说的有关记载而言。再从考古发现来看，我国黄河流域、长江流域以及珠江流域、滦河流域等地区陆续发现的新石器时期遗址都表明远在 6 千至 8 千年前，便相继进入了以渔猎畜牧为主的时代。例如：

河南巩义市发现大型密集新石器遗址。该遗址为一典型的母系氏族公社时期的聚落遗存，位于巩义市沙鱼沟滩乡小关村西岭上，北临黄河，西邻隋唐洛工包遗址，东临伏羲台仰韶文化遗址，其中有距今约七千至八千年的裴李岗文化遗存。在六千年时代的遗存中，发现房基、墓葬及石斧、刀、铲、凿、纺轮、弹丸、研磨器等；类砂陶器有盆形、罐形、釜形鼎；钵盆碗罐多有彩绘；

窖穴中发现鹿角、猪羊骨、蚌。裴李岗文化层大部分在地面下，遗存主要有陶器残片，火候低的三足钵及泥黄红陶碗，充分说明早在距今八千年前，已有人类在此定居，从事渔猎、采集和原始农业活动。历史上伏羲、神农、黄帝、尧、舜、禹、汤都曾在此活动。“河图”、“洛书”的传说亦出于此……①

上述报道虽不能看作伏羲氏作为一个部族存在的直接证据，但已足以说明：

在我国历史的远古时代，曾经经历过一段以渔猎－畜牧为主的时代，这一时代远在距今6千至8千年前，其文化分布地域则包括黄河流域、长江流域以及华北华南的广泛地区。这些遗址的附近，那时若有大泽存在，就可能成为八卦中的一个重要概念——泽的卦象出现的前提。

让我们回到文献资料的考察上来。据近人王献唐先生考证：伏羲族原出于山东泗水，居泰山一带高耸之地。伏羲本人生于雷泽，所在地称成阳（今山东濮县）。其族以游牧而常迁徙，始由东而西，经河南陕县，陕西陈仓，甘肃成纪，南下川巴（或曾经过成都），其所经之地均以“成”名。故有地名成者八处，皆有伏羲遗迹及传说资料可考（成都除外）。因其出生于泰岱之地，故号称泰皇，后世帝王受命犹必封禅泰山，是其遗制也。其迁居陕西岐山一带者，得姜姓，首先进入农业耕作，又自西而东，推广其农作方法，遂代伏羲氏有天下，是为神农氏。伏羲族与有巢氏、女娲氏为同族，其后代在春秋时尚有任、宿、须句、颛臾四国，此四国皆在山东之南部及西南部，周初所封。盖伏羲氏族子孙承袭，世处其地，故武王封其国以奉伏羲之祀尔②。

对于王献唐先生的这些考证结论，我们自不必视为定说，但也不可全盘否定，例如其中关于伏羲氏后代的分封问题，便有《左传》可据。《左传·僖公二十一年》云：“任、宿、须句、颛臾，风姓也，实司太皞与有济之祀。”这四个国家既然在春秋时代尚存在，而且族源分明，下距《左传》成书又为时不远，我们在没有充分证据证明古人在弄虚作假以前，就应取起码的

① 参见《光明日报》1992年5月19日，新华社专稿1992年6月20日，《新华文摘》1995年第6期76页，《解放军报》1995年4月4日。

② 上引内容，参见王献唐著《炎黄氏族文化考》第492～495页；534～535页；337页。

尊重态度。这样，我们就至少可以推断：

其一，在我国远古的渔猎畜牧时代，伏羲氏是作为一个文化较高的部族而存在过的；

其二，由于伏羲氏的地望可以确定在山东的泰岱之地，那里不仅有高山，而且有像雷泽这样的大泽，因而最适宜于渔猎畜牧生产的发展，而且也具备了将山从地分离、将泽同水分离，从而形成天、地、雷、风、水、火、山、泽八种自然物或自然力对于人类生产和生活具有大致上同等重要作用的观念，而正是这样的观念，才为八卦的产生，提供了文化学意义上的前提。

那么，是不是生活在类似上述地理环境中的渔猎畜牧民族，便会自然地产生八卦的观念呢？当然不是。历史上成千上万的原始民族都曾经历过渔猎－畜牧社会，其中也有成千上万的是聚居于高山大泽之间，他们都没有产生八卦，而唯一画出了八卦，而且形成八卦文化的，只有我们的祖先伏羲氏这一族，这是什么原因呢？原因可能很多，概括起来主要有二：

其一，要有相应的文化背景作基础；

其二，要有超常能力的氏族部落首领的精心操作。

所谓相应的文化背景是什么？要明白这个问题，有必要涉猎一下现代文化人类学所取得的一般性研究成果。不过，若是我们采取先陈述这些研究成果然后对比伏羲氏时代的传说的研讨方式，这就很容易导致类比推理的一种毛病——照葫芦画瓢，难免牵强附会。亦即是用现代观念上认可的某种模式来范围过去，从而在实际上脱离了当时当地的历史条件。为了避免这种毛病，我们在大体上明白了伏羲氏是我国远古的渔猎－畜牧时代的一个文化较高的部族以后，最好是先从他们所处时代的自然环境、生活条件以及思维水平出发，体察一下当时人们所面临的最大困难是什么，面对这些难题，人们会怎么想、怎么做，然后加以对照。

不难理解，在以渔猎－畜牧为主的时代，人们首要关心的问题是渔猎行为的成功，这是人们取得生活资料的主要来源，它直接关系到群体生活的维持与个体生命的延续。也就是说保证渔猎行为的最大成功率，是人们共通的首要愿望。

为了实现这个最大的，也是最起码的愿望，人们会怎么做呢？

首先，生产工具的改进是必不可少的，这便导致网罟的发明。但是，仅仅有了工具还是不够的，渔猎行为的成功率，同时还受到天时、地利、人和等种种条件的影响。例如：

天时的冷暖，四季的变化，是影响渔猎行为的最大因素，同一季节中，气候的阴、晴、雨、雾、风、雷；同一天中，鱼兽行藏觅食的活动规律，也起着决定性的作用。

从地利上看，沼泽多鱼，丛林多兽，但是沼泽有陷人之危，丛林有迷人之忧，猛兽恶鱼，有噬人之患，人们的渔猎行为，必须适应不同的地理条件。

从人和上讲，人们的工具是否齐备，使用技巧是否纯熟，人们的勇敢和胆识，渔猎的经验与智巧，尤其是人们的信心与团结协作，都是决定渔猎生产行为成败的直接因素。

因此，如何使人们增强信心、勇气和团结，如何使天气、地理条件变得对渔猎行为有利，如何能避开猛兽或使猛兽逃避，如何使鱼兽等易于捕获或使其自投网罟等等，便成了当时人们的共同意愿，也正是当时领导渔猎生产与组织社会生活的首领人物日夜关心的迫切问题。

如何解决这些问题呢？或者说，面对着这些合理的愿望和要求，渔猎时代的初民会怎么做呢？可能想出些什么办法呢？

只要我们不离开当时的社会特点和思维水平就不难明白，渔猎时代的初民，是刚从自发的生存状态进入具有初步的自为活动的原始群体。人，刚刚从与自然界混为一体的蒙昧状态迈出了第一步，主体与客体，即人与自然是一还是二的问题，刚刚被朦胧地意识到。人们已感受到自身与外界自然并不是完全融合的，他们要向外界自然索取源源不断的生活资料，这种愿望往往是很难满足的。如上所述，它取决于天时、地利、人和等方面的种种条件。而为了解决这些问题，他们又总是从把自然界与自身混为一体的思维定势出发，运用自己的意志去影响自然，力图使自然界听从自己的意志。即是说，要使天气变得温暖适度，晴雨适时，便于捕猎；使地理条件变得水草丰茂，利于鱼兽生长；使猛兽逃避，而一般鱼兽能够自投网罟，等等。他们认为这种要求是合理的，也是可以实现的，于是便将这种要求和愿望，用舞蹈的形式、呼喊的形式以至图画的形式表现出来，向自然界传达，这样便产生了最早的巫术。一般说来，舞蹈是最集中的表现方式，呼喊逐步地演变成咒语、咒歌；图画逐渐地演变成为崇拜的图形或类似所谓“图腾”的氏族标志。而舞蹈、咒语、图形这三者的有序整合，便成为仪式化的巫术行为，最终便形成了原始的宗教仪式与神灵崇拜等原始文化现象。这便是现代文化人类学中所揭示的，人类最早的文化形态一般都表现为巫术文化的根本原因，也是一般原始民族中，巫术文化与图腾文化往往并存不分的历史缘由。

但是，无论是巫术行为或图腾崇拜这样一些哪怕是极其原始的社会文化，也是一种非常复杂的现象，有着千奇百怪的种种特征。即以巫术信仰与图腾崇拜来说，二者虽出生于同一社会土壤，有其共通的思维特点，即人类已开始萌发了主体意识，朦胧地将外在世界作为与自身不同的客体来加以把握，但二者之间的差异，仍然是不可忽视的，从某种意义上看，甚至是带根本性质的。

众多的民族学资料显示：作为巫术行为，大体上可分为两种类型，一种是象意型的，一种是亲因型的。

象意型巫术的观念以为，与外界某一事物类似的图形或意象，可以代表该事物自身，或者说，可以代替该事物；人们的意志作用于该图像或意象，也就等同于直接作用于该事物本身。巫术行为的操作方式便是首先将该事物的形象加以模拟，例如刻画成类似的图形，或用泥石堆塑成类似的形象，然后在这些图形或形象前进行歌唱、舞蹈、呼吼，以模拟的动作表达自己的意志。

亲因型巫术的观念则认为，从同一事物的本身截取其某一部分，例如树木的枝叶，动物的皮骨，人的指甲、毛发、穿着用物，以至人的名字等，对之舞蹈、呼喊，以模拟动作，象征性地表达自己的意愿，便可以作用于该人、或物类本身，使其服从于施术者的意志。

无论是象意型巫术还是亲因型巫术，从其思维特征来看，施术人自身都处于主体的地位，而被作用的物或人，则处于被动的客体地位，这是原始初民的“自我中心观念”还异常强固的一种表现。

图腾崇拜则具有不同的含义。根据民族学家佛莱·雷诺与泰勒尔等人的研究，一般具有如下特征：

一般说来，“图腾是一群原始民族所迷信而崇拜的物体，他们相信在自己与它们之中的任何一个均维持有极亲密的特殊关系。

……个人和图腾之间的关联是一种自然利益的结合；图腾保护人们，人们则以各种不同的方式来表达对它的崇敬，如果它是一种动物，那么即禁止杀害它；如果它是一种植物，那么即禁止砍伐或收集它。图腾和偶像之间的最主要区别是：图腾从不是孤立的个体，它常是一整群物体，通常是指某一种类的动物或植物，很少指一群无生命的自然物，更鲜少指一群人工制作的物体……"①

在雷诺的著作中还指出如下特点：

图腾动物能够保护和警告它的部族。图腾动物能够对部落内的忠贞族人预言未来并作为他们的领导等等。②

显然，图腾崇拜的思维特点，根本在于人们已将客体作了重要的区分，他们并不是笼统地将外部世界看成与自身对立而必须努力克服的对象，而是从中区别出了一部分对自身有利的物体，并认同其与自身的共生关系，以至于对自身具有神奇的保护功能，这便是人类对自身能力的第一次外化。而随着对这种保护功能的认同观念的强化，便出现了种种禁忌与图腾崇拜的仪式，这便为原始宗教的发生提供了某种文化前提。所以，在民族学家温德特的著作 *Elemete der Volkorpsychologie* 一书中，就明白地指出："在某一个时期，图腾文化似乎曾经在进一步的文明进化中扮演了一个铺路的工作，也就是它在初民和英雄及神话时代之间，形成了一个过渡时期。"③而弗洛伊德则进一步指出："图腾崇拜是在澳洲和非洲原始民族中一种取代宗教位置的信仰体系，它构成了当时社会结构的基础。"④

由此可知，巫术信仰和图腾崇拜作为原始初民的社会意识，在渔猎、畜牧时代便自然开始发生，一般说来首先有简单的巫术信仰，然后才有图腾崇拜，然而，即便是原始的意识形态也有其复杂性，特别是在其后来的演化过程中，一般并不是以图腾崇拜否定和代替了巫术信仰，在多数情况

① 佛莱：《图腾与外婚制》，转引自弗洛伊德：《图腾与禁忌》第133页。
② 佛莱：《图腾与外婚制》，转引自弗洛伊德：《图腾与禁忌》第131页。
③ 引自弗洛伊德《图腾与禁忌》第130页。
④ 引自弗洛伊德《图腾与禁忌》第129页。

下，倒是这两种观念并存，至多是某一种占了主导而已。其中，在巫术信仰的基础上，如果出现了巫术能力很强的氏族首领，则这种首领人物便可能创造出若干生产和生活中的奇迹，而被奉为英雄以至神灵；这种首领如果能够以巫术驾驭他们的图腾，则对图腾的崇拜很可能被对英雄祖先的崇拜所代替，这正是发生在中国的原始民族中的文化现象，这点我们将在后面论述；当然，也有可能，相当多的原始民族中，没有产生出具有特强的巫术能力的氏族首领，他们的思维动势，便可能从图腾崇拜走向某种偶像崇拜，从而滋生出神灵性的原始宗教。而这正是世界上多数原始民族所显示的文化轨迹。

现在回过头来看看伏羲氏画八卦的意义，也许比较容易明白了。

由于八卦乾（☰）、坤（☷）、坎（☵）、离（☲）、震（☳）、巽（☴）、艮（☶）、兑（☱）所代表的是天、地、水、火、雷、风、山、泽八种自然物体，对渔猎—畜牧时代的初民来说，这八种物体都是直接决定渔猎、畜牧行为的成功率的基本力量，要使这八种物体都处于适合于人类生产和生活的协调状态，按照初民所特有的巫术信仰，在一定条件下，他们便会对其中的某些物体实施象意型巫术或亲因型巫术。例如：

在天气严寒，需要温暖的时候，可能燃起一堆篝火，绕着火堆呼号舞蹈；

在天气干旱，需要雨水的时候，便可能围绕一潭积水，或一盆清水呼号舞蹈。

这两种情况都属于亲因型巫术的实际运用。但是，如果连一盆清水也没有，或者在气候闷热，需要风的时候，也没有办法取到风的样本来对之施术，这时，他们便可能绘制一些水或风的原始图形，对之呼号舞蹈，以求满足其下雨、刮风的需要，这便是象意型巫术的实际运用。

依此类推，举凡天、地、水（月）、火（日）、雷、风、山、泽等等，当时直接影响初民生活以至决定他们生存问题的自然物体，都有可能作为象意型巫术的施术对象，从而绘制出初期的天、地、日、月、水、火、雷、风、山、泽等等图像来。随着人类抽象能力的不断发展，这一类图像愈来愈加简练化，以至于简化到类似文字的程度，这便达到了施术对象的符号化阶段。而初期的符号，显然是不够规整的，例如水可以画成“”，山可以画成“”，天可以画成“”，地可以画成“”，火可以画成“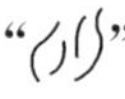”，风可以画成“”等等，要达到进一步的规整化，以至于规整到后来的“—”、“--”组合的程度，还需要巫术观念的进步——一定程度的理性化，抽象能力的进一步提高，审美意识的相当发展，或者是还需要有某种文化因素的启迪才行。这样的种种条件能够一时齐备吗？当然是很难，但也不是没有可能。

可以断言，初始的八卦符号不可能是很规整的。但是，当象意型巫术的施术目的不只是针对某一种物体，而是针对着整个的自然界，也就是说，当巫师们的理性思维达到能够领悟到在影响人类生存的八种最大自然物中，任何一种的偏盛偏衰都是不适宜的，而最好的，也就是最适合于人类生产和生活的状况，乃是这八种物体都处于平衡协调和谐运作的自然状态。在这种合理观念的指导下，他们会怎么做呢？

首先，天地的安宁显然是首要因素，最可怕的是天地不宁（例如发生大地震等），所以在象意型的巫术图像上，它们必须处于天然的适当位置，这就要求把天、地绘制在巫术图像的中轴线上，按天上地下加以定位，这就是易传中所讲的“天地定位”。而为了使整个图像优美和谐，便将原来类似于“”、“”的天地符号规整化为“☰”、“☷”；

紧接着是要使渔猎行为的主要场所，即作为生活资料主要来源的两种物体山和泽处于对应协调的状态，由于二者都处于地面层次，只是山高出于地面之上，上阳而下阴；泽低于地面之下，上柔而下刚，将它们对应排列时，便可能将原来类似于“”、“”的山泽符号规整为“☶”、“☱”，这便是易传中所说的“山泽通气”；

再接着是对处于天地之间，即天空这个层面的两种物体风和雷加以定位，让它们处于对应和协调的状态，由于雷电具有光和声即刚而柔的特征，风具有柔而刚猛的特征，便可能将原来类似于“”、“”的雷、风符号规整化为“☳”和“☴”，这便是易传所说的“雷风相薄”；

最后是日用之物的水、火二者，为了正常的发挥其功用，也应当使它们处于对应协调的状态；而水具有外柔而内刚劲有力的性质，火具有外明动而内柔暗的特性，便可能将原来类似于“”、“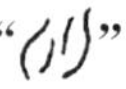”的水、火符号规整

化为“☵”与“☲”，这便是易传中所说的“火水相射”[①]。

经过这样的对应排列，一种近似于后世所称的“先天八卦图”便接近完成了[②]。将这种对应协调的图形，以至相当规整化的符号排列，刻画或绘制于兽皮、器物或崖壁之上，对之进行歌舞，做出各种模拟动作以表达人类要求自然界几种主要物体或力量平衡协调和谐运作的意愿，这便是当时最重要也可说是最隆重的巫术行为。能够发生出这样的“协调”观念，并且能够将它符号化、规整化为相应的图形的人，显然只能是当时肩负本部族生存重任，日夜为本部族生产活动的成功而劳神苦思的首领人物，这样的首领人物不仅需要具有特强的体力、技巧和勇敢，显然更必须具有超常的智慧、品德与咒术功能。这样的首领在当时便是备受崇敬的英雄，而在后来的传说中便成为人们心目中超凡入圣的祖先——圣王，当然是合情合理的了。

通过上述对八卦最初含义的探讨，我们可以得出如下的初步认识：

1. 八卦是我国先民对于直接影响他们生产生活以至生存问题的八种主要自然物体——天、地、雷、风、水、火、山、泽所绘制的象意型巫术图像；

2. 图像的布局所体现的天地定位、山泽通气、雷风相薄、火水相射状态，乃是先民意图使这八种自然力量协调和谐地发生作用，以利于人类生产、生活以至生存的根本愿望的体现；

3. 作为这种愿望的强烈表达，首先便是这种图像的制作过程，或是以这种图像为对象，对之进行歌舞、呼吼等，也就是初民的象意型巫术行为；

4. 这种图像的规整化为八卦方位图，乃是象意型巫术发展的必然结果，是由于人类智慧的增长、巫术行为中理性因素的增强；

5. 这种图形的制作者与巫术施行者，必然是非常杰出的氏族或部落首领，他们在当时便会受到英雄式的崇拜，在后来的传说中便具有最古老的“圣王”的性质，从而为华夏民族中产生以功德崇拜为内核的祖先崇拜奠定了文化学意义上的基础，进而对中华文化的核心精神——“天人合德”观

---

① 此据帛书本《周易》。

② 按照“天地定位……火水相射”的对应协调观念，在天地定位不变的条件下，八卦还可能有 2×3！＝12 种不同排列方法，先天八卦图的出现，还要有理性思维的进一步发展，例如按“易有太极，是生两仪，两仪生四象，四象生八卦”的圆图加以排列等。容后再述。附图见本章末。

念的发展形成定位性与导向性的伟大的作用。

以上是从原始文化发展的一般规律方面，对伏羲画卦的文化背景和八卦的最初含义所能作出的一种说明。显然，这种说明依然具有科学假说的性质，但从文化人类学的角度来看，毕竟是较为合理的。从近年发现的畜牧时代的阴山岩画的符号崇拜阶段，已出现了生殖巫术的雄性符号“|”、“—”，雌性符号“”、“·”和神灵符号“”[①]，以及美国洛杉矶的“易经考古博物馆”现存七千年前的器物上面已有类似《周易》的复、蛊、随、损、临、萃、否、泰、艮等卦象[②]来看，则表明我们的观点已得到初步印证，相信将会有更多的考古资料继续证明它。

在我国历史上，除了用火的发明以外，恐怕没有任何创造发明的影响能够与伏羲画卦的深远意义相比拟。

首先，随着八卦图像的定型，决定了中国原始文化发展的一种不同走向。近代文化人类学的研究表明，原始文明通常是遵循着从巫术信仰到符号崇拜再到神灵崇拜的路线发展的，世界上绝大多数民族莫不如此，后来的完备的宗教统治与抽象而精致的逻辑思维正是在这一基础上得以发展起来。中国的情况显然不同，由于在符号崇拜阶段产生了八卦这样的智慧型符号组合，人们对于这种符号的信仰和崇拜就在根本上不同于对一种异己力量——神灵的信仰和崇拜，而是对于人自身能力的信仰和自身智慧的崇拜了。这样的观念在八卦文化的形态下成为原始社会的主流意识形态达数千年之久，一种以人为主体的人与自然相统一的天人相参与天人合德的理念便自然地形成而且固化下来，为后世以内圣外王为内核的道统、治统与学统提供了思想基础，造就了世界上最庞大的民族群体，避除了全面性的宗教统治，成就了延续数千年的文明与辉煌。

另一方面，由于八卦文化的早熟性质，它没有经过严格的主体与客体的分化，缺少宗教思维的终极追问与必需的逻辑精密性；八卦文化所依据的自然哲学的思维模式，重视直觉感悟的认知方式，与逻辑分析思维发育不足的倾向，在我国思想文化以及社会发展的历史进程中的双向制衡作用也是不容忽视的，而且一直延续至今。

---

① 牛克诚《生殖巫术与生殖崇拜——阴山岩画解读》（《新华文摘》1992 年第 4 期）。
② 刘正、杨冰《周易通说》第 178 页。

这些正是我们所称述的八卦文化在我国文化进程中的定位作用、导向作用以及摄动的作用。对这些问题的充分研究和科学认识，绝非一人一己之功，我们在这里略加提及，正是寄厚望于学界贤达的共同努力。

二 重卦之说

顺着上章的思路，就可以讨论重卦的问题了。

重卦之事，历史上可以说是众说纷纭，例如在汉代即有：

1. 伏羲重卦说（《淮南子》）
2. 神农重卦说（京房 郑玄）
3. 夏禹重卦说（孙盛）
4. 文王重卦说（司马迁 扬雄）①

诸家之说，大体上都以易传及传说为据，没有从初民的社会生活条件与思维特征上进行考察，更不明白原始巫术文化产生的缘由与发展脉络，因而近乎臆断。其实，按照我们前面对原始文化的考察，这个问题原是不难明白的。

如前所述，八卦是原始渔猎—畜牧民族的巫术信仰发展到智慧型符号崇拜时期的产物，是初民将八种主要自然力符号化以后，进行并列与对称组合而形成的自足型巫术图像，对这种图像实行巫术操作以达到对自然力的控制，使其有利于人类生存的需要，是画卦的根本目的。它表达了人们希求几种直接影响人类生产、生活的自然力之间处于相互制约，能够自行协调，对人来说即是天地安宁，风调雨顺，万物滋茂，最利于生存繁殖的根本愿望。对应于这种愿望，如果出现了自然力之间严重的不协调状况，例如四季不时，风狂雨暴，河流泛滥，地裂山崩，或久旱不雨，高温酷寒，恶兽众多以至瘟疫疾病等等严重问题的时候，初民们该怎么办呢？会怎么想呢？按照当时的巫术信仰的思维定势，显然，他们会想到必须对这八种自然力之中势力过强的一种进行克制，或对势力过弱的一种进行加强，这就有必要绘制出相应的图像而对之进行巫术操作，而这也就意味着“重卦”的必要与可能。

① 参见刘钰《关于易经卦画起源之研究》引自《周易研究论文集》第一辑第25页。

例如：八个两两相重的本卦“䷀”、“䷹”、“䷝”、“䷲”、“䷸”、“䷜”、“䷳”、“䷁”，可以看做是天、泽、火（日）、雷、风、水（月）、山、地八种自然力各自得到加强的符号①。绘制出其中的一种，并对之进行歌舞等巫术操作，便意味着对于这种自然力的加持，使其得到增强，以满足人们相应的愿望。另外：

绘制出“䷾”卦的图像，对之进行巫术操作，便意味着以雨水的力量制止山火或解除酷暑；

绘制出“䷝”卦的图像，对之进行巫术操作，则可能意味着驱逐严寒；

绘制出“䷃”卦的图像，对之进行巫术操作，则可能意味着制止水灾；

绘制出“䷑”卦的图像，对之进行巫术操作，则可能意味着制止风灾；

绘制出“䷧”卦的图像，并对之进行巫术操作，可能意味着借雷霆的威力使冰雪解冻；

绘制出“䷏”卦的图像，对之进行巫术操作，则可能意味着欢呼春天的到来。

如此等等，这样的按照人类生产和生活需要而绘制不同卦象以进行巫术操作的活动行之既久，就可能在初民中形成一种生活习俗与思维定势，当氏族或部落首领在经常的公共活动地点，悬挂出一个特定的图像或符号的时候，初民们便会领悟到即将举行相应的巫术活动，而从思想上、器物上作好积极参与的准备。从而使这些悬挂出来的符号（基本的是八种）也就是卦符，获得了不仅对自然力，同时也对人们的社会生活进行调控的某种指令性功能。随着社会生活范围的日益扩大化与内容的复杂化，部落首领们可能感觉到除了对自然力量有进行巫术操作的必要之外，对于人类自身的社会行为也有进行实际调控的必要，例如：即使在部落生活中，也经常会发生部族冲突，部落迁徙等重大问题，这些重大事件都要求统一行动和令行禁止以及团结齐心等等，这样的要求可不可以采用相应的巫术活动来加以调控呢？从当时的巫术文化所造成的思维定势来看，回答显然是肯定的。于是，一种具有社会性指令含义的卦象就可能随之出现。例如：

绘制出“䷀”这个图像悬挂于部落中心，意味着天气晴好，将进行大

① 今《周易》以重离述兵燹，以习坎述险陷，以洊雷述震灾，以随风述折伏，以兼山明静定，以丽泽述说怿，及以重乾述天体运行，以重坤明四时地貌，皆取两两相重为卦象功能强化之意。

出猎，获得大丰收。

绘制出“䷌”卦这样的图像，将它悬挂在氏族或部落经常集会的场地，显然就意味着当天或当晚要在天穹覆盖的广场之上点燃篝火，举行族众集会。而集会过程中，围绕篝火，面对这个卦象进行歌舞等巫术操作，则意味着氏族部落凝聚力的增强，提高齐心合力、实现会议决定以至共同对敌的决心与信心；

绘制出“䷷”卦这样的图像，可能意味着要开始连夜迁移的应急行动，指令大家做好准备；

绘制出“䷕”卦这样的图像，则可能意味着指令族众适时的烧山辟地、刀耕火种；

绘制出“䷳”卦这样的图像并将它悬挂于山口河谷，丛林深处，则可能意味着前面禁止通行；

绘制出“䷱”卦这样的图像可能意味着向族众宣布氏族将举行大会餐；

绘制出“䷻”卦这样的图像并将它悬挂在沼泽的危险地带，则可能意味着禁止小孩子或不熟悉的人进入该地。

如此等等。这些例解虽未见得即是初民设卦的原意，但是完全符合巫术信仰与符号崇拜时期的思维运作规律，因而可以说明在智慧型符号崇拜的思维框架内，随着社会生活的发展，重卦的出现，乃是顺理成章的，自然而然的。

附图 I—I

先天八卦方位图

附图 I—II

先天八卦次序图

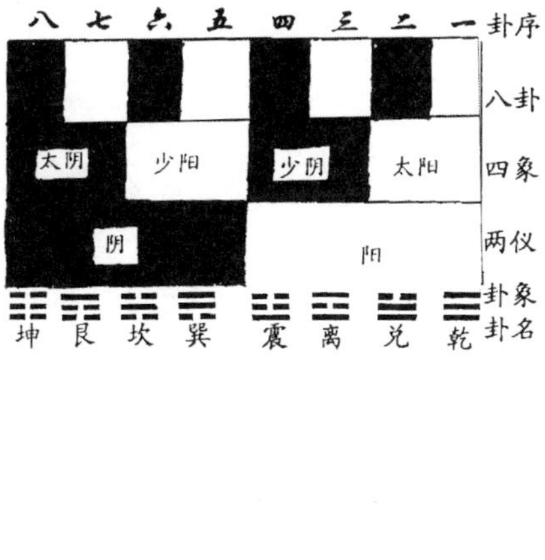

显然，这样的推测与历来的重卦说是迥然不同的，特别是与宋易中的河图、洛书说以及阴阳图像的二仪衍生说等等更不相吻合[①]，这个问题我们将在第四章详加探讨。下面就先对重卦过程中的一个重大问题进行必要的说明，这是一个关系到八卦的根本性质上的变化问题，具体地讲便是所谓“制器尚象”。

① 这两者都只能看作是八卦图形在规整化过程中受到过某种符号的启迪而不是八卦与重卦发生的社会学依据。

第二章 制器尚象辨

制器尚象之说，首见于《系辞·上传》第十章：

> 易有圣人之道四焉。以言者尚其辞，以动者尚其变，以制器者尚其象，以卜筮者尚其占。

朱熹《周易本义》注此章云："四者皆变化之道，神之所为者也。"其义含混不明，四者无所分别，一律归于神秘。接着他在注"参伍以变，错综其数，通其变遂成天地之文，极其数遂定天下之象，非天下之至变，其孰能与于此"这一段时又说："此尚象之事，变则象之未定者也。"竟然将"尚象"与"尚变"二者混同起来，自然不能得到时人及后世的赞同。事实上，制器尚象之说，在《系辞·下传》中即有明白的发挥。其第二章云：

> 古者，包牺氏之王天下也，仰则观象于天，俯则观法于地，观鸟兽之文与地之宜，近取诸身，远取诸物，于是始作八卦，以通神明之德，以类万物之情。作结绳而为网罟，以佃以渔，盖取诸离。包牺氏没，神农氏作，斫木为耜，揉木为耒，耒耨之利以教天下，盖取诸益；日中为市，致天下之民，聚天下之货，交易而退，各得其所，盖取诸噬嗑。神农氏没，黄帝尧舜氏作，通其变，使民不倦，神而化之，使民宜之。易穷则变，变则通，通则久，是以自天佑之，吉无不利。黄帝尧舜垂衣裳而天下治，盖取

诸乾坤；刳木为舟，剡木为楫，舟楫之利，以济不通，致远以利天下，盖取诸涣；服牛乘马，引重致远，以利天下，盖取诸随；重门击柝，以待暴客，盖取诸豫；断木为杵，掘地为臼，臼杵之利，万民以济，盖取诸小过；弦木为弧，剡木为矢，弧矢之利，以威天下，盖取诸睽；上古穴居而野处，后世圣人易之以宫室，上栋下宇，以待风雨，盖取诸大壮；古之葬者，厚衣之以薪，葬之中野，不封不树，丧期无数，后世圣人易之以棺椁，盖取诸大过；上古结绳而治，后世圣人易之以书契，百官以治，万民以察，盖取诸夬。

对于这么一大段文字，朱子《周易本义》注中，只在开头的“仰观俯察”句下注说：“俯仰远近，所取不一，然不过以验阴阳消息两端而已。神明之德，如健顺动止之性，万物之情，如雷风山泽之象。”而对于其下的十二项取象的制作，注解都极为简略，似乎是有意避免深谈。而只在紧接着的《系辞·下传·第三章》“是故易者，象也。象也者，像也”。句下注说：“易卦之形，理之似也。”笼统地说明易的卦象，与器物之间，有一种相似之理而已，并没有正面肯定“以制器者尚其象”这件事，这大约是朱夫子对此也略寓存疑之意吧！

到了近世，疑古之风盛行，绝大多数学者，对《系辞传》这一大段记载，都取怀疑和否定态度，著名史学家顾颉刚先生在其力作《周易卦爻辞中的故事》[①] 中历述黄帝尧舜等人的传说不见于《易经》而盛行于战国，以证明《系辞传》这一类传说根本靠不住之后，又根据《世本》与《淮南子》中关于器物制作的传说比《系辞传》的记载更为详细而断定《系辞传》关于“制器尚象”的这段文字，乃是引用《淮南子》而加以窜改，并进而得出结论说：

依我看来，观象制器这件事，简直不能成立。创造一件东西，固然是要观象，但这个象乃是自然之象，而非八卦之象……如系传所言，看了巽上坎下的“涣”，会造出木头船，为什么看了乾上

① 原文载《古史辨》第三册。

坎下的“讼”就想不出造铁甲船……看了离上坎下的“未济”想不出造汽船……看了离上坤下的“晋”，想不出造无线电……看了坤上震下的“复”想不出造地雷……

在顾先生的另一篇专门针对制器尚象说的力作《论易系辞传中观象制器的故事》一文中，他在重复上述论据之后，更进一步断定说：

所谓“以制器者尚其象”，本是莫须有的事，这很明显，制器时看的象，乃是自然界的象，而不是卦爻的象……

经过顾先生这样地雄辩立论之后，全盘否定“制器尚象”之说，几乎已为学术界所公认，当时只有胡适之先生站了出来，想说几句公道话，他在致顾颉刚先生《论观象制器的学说书》中说：

系辞那一章所说，只重在制器尚象并不重在假造古帝王之名。

又进而指出顾先生根据《淮南子》关于器物制作的记载较为详细而断定《系辞传》是“引用《淮南》而加以篡改”的说法是“疑古过勇”。并根据他在《中国哲学史》一书中关于“一部《易经》，只有三个基本观念：（一）易、（二）象、（三）辞”的观点，而加以申论说：

关于观象制器之说，本来只是一种文化起源的学说，原文所谓“盖取诸某象”，正如崔述所谓“不过是其理相通耳，非谓必规摩此卦然后制器立法也”。系辞本说，“易者，象也，象也者，像也。”所谓观象，只是象而已，观不专指卦象，卦象只是象之一种符号而已……此学说侧重人的心思智慧，虽有偏处，然大体未可抹杀。你的驳论，太不依据历史上器物发明的程序，乃责数千年前人见了“火上水下”的卦象，何以不发明汽船，似非历史学家应取的态度……

——《古史辨》第三册　第85—86页

从这段驳论中我们可以看到，胡适之先生从文化史的角度对顾颉刚先生的驳复是较为有力的，但是，从史实学上对制器尚象的论证则没有完成，而是转到了某种抽象的可能性。当他结论说“所谓观象，只是象而已，并不专指卦象”的时候，实际上已离开了《系辞传》的本意。也是企图避开顾先生关于“制器时所看的象乃是自然界的象而不是卦爻的象”的根本立论。这样做的结果自然是欲求其妥协而不可得的。所以历经半个多世纪之后，到了八十年代，一些坚持《十翼》为孔子所作的易学界名家，对于《系辞传》关于“制器尚象”这一大段记述，也还只有割爱而取全盘否定态度。其立论的要点，也在于器物的制作先于卦象，而不是卦象先于器物，这同顾先生的立论是基本一致的。

由此可见，半个多世纪以来，我国易学界的老前辈们，无论是“疑古过勇”也好，还是“信古甚笃”也好，对于“制器尚象”之说，都取完全否定的态度，他们之所以能够殊途而同归，并不是依据了有力的考古发现，而仅仅是立足于一种共通的思辨方法，即是说，他们都是首先将“制器”仅仅理解为“制作器具”①，接着便将“尚象”理解为模仿某个卦象进行设计，有如现今的工程技术人员设计某种机械，这样就把原属于远古文化史上的命题转换成了现今的机械制图学一类的命题，进而以现代人的观点进行评判，得出全盘否定的结论。这种离开远古时代的社会生活条件，离开远古时代的文化背景和思维发展程度的评判方式，显然是不可能得出适当的结论的。为了真正地弄清楚一些问题，我们仍然有必要提醒自己，在评判远古问题的是非之时，不宜以高高在上的审判者的态度，用法庭取证式的方法，而应当老老实实地从求知的立场，取考察与理解的态度，即在对远古社会生活的实际状况尽可能有了多维度、多学科的深刻理解的基础上，再认真地去考察一下，那时候的人遇到了什么问题，他们会怎样想、怎样做。

如前所述，八卦乃是原始渔猎—畜牧民族的巫术信仰发展到智慧型符号崇拜的产物。八卦方位图的对称组合，乃是八种主要自然力相互制约、相

① 《系辞传》所列制器尚象十二条，从作网罟以佃渔，耒耨之利以教天下，日中为市，舟楫乘马以利天下……直到垂衣裳而天下治与作书契以治百官，都属于生产方式的变革与重大社会制度的创制，根本不是只限于器具的制造。此点下节详论。

互协调的自足性巫术图像，八卦的巫术功能也在于促使这八种主要的自然力实现平衡协调，和谐运作，从而使自然界适合于人类生存的需要。到了重卦出现以后，卦象的功能已开始发生变化，许多新功能出现了。例如：

1. 八个本卦两两相重，代表了使该自然力强化的功能，如“䷝”、“䷜”等今之所谓“重离”与“习坎”即是；

2. 以水克火或以土克水的重卦，代表了对某种自然力加以削弱的功能，如：“䷾”、“䷃”等今之所谓“既济”与“蒙”即是；

3. “䷍”、“䷌”、“䷷”、“䷕”等重卦，即今之所谓“大有”、“同人”、“旅”、“贲”等，则具有了动员与号令的功能；

4. “䷳”、“䷵”、“䷂”等卦，即今之所谓“艮”、“归妹”、“屯”等，则具有警告和禁制的功能。

上述四类不同的卦象，前两种是对自然力的调控，后两种是对社会行为的调控，作用的对象不同，其具有“调控”功能则一。但是，从对自然力的调控进到对社会行为的调控，这已是八卦功能的了不起的发展。而与此同时，八卦还取得了一种前所未有的新功能，这就是“预告”。例如，其中的䷝、䷾等对自然力加以强化或削弱的图像一经悬挂出来，便具有将要举行相应的巫术活动的预告性质；而䷍、䷵等表示动员或禁制的图像一经悬挂出来，便具有令行禁止的性质。两种情况下，都具有对人们的行动进行指示的含义，从而也就具有预示其行为后果是好是坏，是善是恶，是得奖励还是受惩处等，这就接近于预告吉、凶的性质了。当然，也只是接近而已。

随着人类社会生活的发展，社会活动的日益丰富和繁杂，对人们的社会行为进行调控的要求愈来愈广泛，对社会行为的善恶评判与奖惩办法也日益重要，相应于这类社会活动的重卦的应用也日益频繁。这样，八卦的预告和警告功能就愈益强化，八卦作为对自然力进行调控的巫术功能就逐渐地退居次要地位，而它作为对社会生活进行调控的类似政令和预告的功能便上升到主导地位。八卦的智慧性大大地增加了，而作为巫术图像的神秘性依然保持住，这正是以智慧型符号崇拜为特征的巫术信仰发展的必然趋势。到了这个阶段，如果在氏族、部落生活中，包括看起来是通常的生产和生活活动中有必要实施某种变革，但又遭到了来自族众以至部分氏族部落首领为代表的习惯势力的反对和抵抗以至于难以推行，在这种情况下，聪明有为的部落（或大部落）首领以及巫师集团，便自然地会想到应当通过某种“求卦”的过程而得出所需要的卦象来推动某项改革的实施。这种卦象的得出为了要获得必要的权威性，无非有两种可能：

其一，可以采用对某种神灵——部落祖先或山川神祇进行祈祷的办法，获得某种启示而得出某种符号，再将它转化为卦象，这便是借助于神灵权威的神道设教，一如后来的卜、筮之法。

其二，可以通过对八卦图像的不同组合方式——六十四卦的不同顺序等，有次序地推导出某个所需的卦象，这乃是智慧型符号崇拜传统的发扬。

在前一种“求卦”的情况下，就需要得卦过程与占卜术的结合。在后一种“推导”或“推演”的情况下，则需要对六十四重卦卦象按照一定规律进行排列——即所谓“演卦”。而根据我国古代先民早已形成的智慧型符号崇拜的文化背景来看，在初始阶段，很可能采用“演卦”的方法而不是向神灵“求卦”的方法，也就是按照重卦组合的某种规律，推演出一个新的卦来，而一当推演出某一种卦象的时候，就可以根据当时当地进行某种改革事宜或采取某项重大措施的需要适当地加以解释和发挥，借以动员族众，齐心协力加以实现。或者更明白地说，当需要进行某项改革或动员的时候，便可以在某种有序排列的重卦图（例如六十四卦圆形或方形的种种有序排列图）中的某个位置上，找出适合于动员族众的卦象加以发挥（例如根据时间、地点、面临的难题，尤其是某种灾变现象等）说明现在需要按照某一卦象采取适当的行动，才能够克服困难和解决问题，这便是《系辞》中所谓的“圣人设卦观象系辞焉而明吉凶”。至于一开初的“系辞”是否用文字这个问题并不重要，只要能说明该做什么，该怎样做就行。这样，各种类型的六十四卦排列图像都可能在这一时期产生，而其中最具有逻辑的合理性与审美意义的一种便是后世所称的《伏羲六十四卦方圆图》（这个问题我们将在下章中详加探讨）。

这里可以看出，从以重卦调控社会生活到以演卦方式得卦的需要，而制作出各种类型的六十四卦的有序排列图，乃是由当时的社会生活的需要与当时的文化背景所决定的，因而有其内在的逻辑合理性；但这仅是初始阶段的情形，随着社会私有制的产生，贫富分化的出现，社会生活中的矛盾深化了，到一定的程度时，仅仅运用这种“设卦观象”的方法来进行调控就难以奏效，甚至根本不能施行。例如在部落首领之间或巫师集团内部因利益不均而发生严重分歧的情况下，“演卦”的权威性便会遭到怀疑和抵制，以致失去调控的效能，从而引发信仰危机和社会危机。这时候，随着超社会的统治力的出现而滋长起来的神灵崇拜的调控功能就显得异常有效了。那些聪明的部落或大部落首领及其巫师集团，就有可能转向依赖占卜作出决策，而最好的办法则莫过于将得卦的方法加以改进，不是采用“排列推演”的得卦方法，而是将占卜的方法用于“求卦”，使八卦的信仰与神灵崇拜观念这两种意识形态上的权威得以结合起来，从而使八卦对于社会生活的调控功能继续保持并得到强化。这便是《系辞・下传》第二章中所说的“神而化之，使民宜之”（这一点我们在下文详论），这应是得卦方法演进到稍后时期的情形，也是由当时的社会生活的需要与文化背景所决定的，没有多少不可思议之处。

综上所述，不管是“推演得卦”也好还是“占卜求卦”也好，尽管在得卦方式上其神秘色彩有所不同，但对于卦的解释，都必须符合于自然的物理与社会的事理，并服从于当时社会生活丰富发展的需要。这完全是合于理性的行为，也就是说来源于智慧型符号崇拜的二重性——理性思维与神秘思维的统一，在八卦文化中是始终保持着的，随着社会生活的发展而发展，而从总的趋向来看，其智慧性方面，亦即理性思维方面，是更见丰富，更见强化了，在指导社会生活中，占有愈来愈大的优势。这便是伏羲画卦所开创的文化传统的重要特质。

现在我们再来探讨“制器尚象”的实际含义。从以上的概述中我们已可明白：所谓“制器尚象”，乃是八卦文化发展过程中的一个重要转折过程——从以对自然力的调控为主转变到以对社会调控为主的过程；也是其发展所不可或缺的一个阶段——从设卦观象到神而化之的阶段，下面我们先从设卦观象谈起：

一　设卦观象

现代文化人类学与民俗学的研究告诉我们，在原始社会生活中，习惯的势力，是一种非常强大的势力。在原始人的社会中，要想推行某种变革和创制，哪怕是对他们十分有利，在今人看来又是十分微小的变革，都是非常困难的。现代民族学家，德国的利普斯在其所著《事物的起源》一书中，曾经引述过以下两件事实：

其一是，巴西政府选择发博罗罗人——一个狩猎和采集生活的部落，作为农业试验的“豚鼠”（按：豚鼠是生物学和医学上供试验用的动物，作者在此处是借喻），给他们以土地和籽种，土地由政府派人耕好，并提供足够的食物，足以维持到收获时节，还给了他们以开垦用的斧子……结果是，发博罗罗人并没有在耕好的土地里下种，而是用斧头砍倒树木以摘取果子。妇女们以掘土棒来寻找“隐藏的根块”，把成长的灌木拔掉，木薯地也被摧毁（该书第 84 页）。

其二是，吕宋的尼革利陀人，有时被劝说试作一点种植之事，据万萝维堡（M. Vanoverbergh）说，他们“总是不想束缚在固定的土地上”，“时常在种植物结实以前，他们已远走高飞，到森林其他地区去了（同上书第 84 页）”。

出现这种现象的原因，利普斯没有一一加以探讨，他只是引述了这么一段话来加以说明：

> 一个白人传教士企图使非洲的狩猎采集部落瓦西喀利人接受基督教和从事农业，受到他们这样的责问：“难道猴子会饿死吗？我们了解森林和水道，我们从一个地方迁到另一个地方，是神要我们这样的，我们决不用锄头耕地，因为神禁止我们这样做”。听了这番话，谁还能不恍然大悟呢？（同上书第 84 页）

这些材料还不是最典型的例子，不过，看了这一些经过实验而得出的结果，对于在原始民族的社会生活中进行某种变革与创制的艰巨性，可能容易理解得多了。而对于我国原始社会的古代先民，在具有“八卦崇拜”的文化传统中，出现“以制器者尚其象”的事实，也就不难理解了。

现在我们就可以对“制器尚象”的史实进行具体分析了，但在进行实际分析以前，还有必要对“制器尚象”的本意略加辨别。先从“尚”与“器”两个字的原意谈起。

“尚”字的本义是“崇尚”，寓推尊之意。

《论语·阳货》：“君子尚勇乎？”

《大畜·彖传》：“刚上而尚贤，能止健，大正也。”

《剥卦·彖传》:“君子尚消息盈虚,天行也。”这些都是用尚字的崇尚之义。可见《系辞》所谓“以制器者尚其象”,也是指对卦象的崇尚而言,并不是模仿或效法,后世将“制器尚象”理解为模仿某个卦象制造某一件器物,实在离开了系辞的原意。

“器”字的原意就是“皿”。

《说文》:“器,皿也。象器之口,犬所以守之。”

可见“器”的原意是器具,但器具是人所制作,为人执持,供人使用的,故又引申出器用、手段、以至礼制、政权等含义。《礼记·礼运》:“礼义以为器,故事行有考也。”《韩非子·喻老》:“赏罚者,邦之利器也。”皆用其引申义。

易传对“器”字的使用可以说包括了上述两层含义,《系辞传》对“器”还有个特殊而明白的解释:“形而上者谓之道,形而下者谓之器。”① 即是说:“器”是与形而上的道相对应的一切物事。它既指代一切器物,又包括了事物的功用与相应的制度。《系辞·上传》第十一章讲:“备物致用,立成器以为天下利,莫大乎圣人。”便是将制作器物与制作法度都看作“备物”与“成器”的行为。所以“制器尚象”之事,也就包括了制作器物与创立法度等两类大事了。

由此可见,从文字学和语义学上来看,所谓“制器尚象”,乃是指古代“圣人”在制作某种重要器物与创制相应法度的过程中,曾经借助于当时的卦象崇拜观念,通过推崇某个卦象,从而推动了生产和生活上的重大变革而已,根本不是说他们看到了某个卦,才想到要制作什么器具。

关于制作器具与创制法度这两类大事,以现代人的眼光来看,似乎是风马牛不相及的,但在历史的过程中并非如此,二者在实际上往往是密不可分的,正如在近代社会,由于蒸汽机的发明与应用而引起产业革命从而确立了资本主义的社会制度一样,在古代社会,这样的连锁变革,往往是更为紧密,更为直接,也表现得更为明白。无论是农业经济的确立,手工业生产或商业活动的分离与独立,哪一件能够同耒耜锄犁的发明与推广,车船的发明,服牛乘马的应用分割开来呢?那么,在渔猎和采集经济中,要孕育出畜牧经济,这样的进步,难道不是以捕猎工具的改进和有效推广

① 《系辞·上传》第十二章。

为前提吗？从这个观点来看《系辞传》关于制器尚象所列举的种种制作，例如：

1. 作结绳而为网罟，以佃以渔；
2. 斫木为耜，揉木为耒，耒耨之利以教天下；
3. 日中为市，致天下之民，聚天下之货，交易而退，各得其所；
4. 刳木为舟，剡木为楫，舟楫之利，以济不通，致远以利天下；
5. 服牛乘马，引重致远，以利天下；
6. 重门击柝，以待暴客；
7. 弦木为弧，剡木为矢，弧矢之利，以威天下；
8. 上古穴居而野处，后世圣人易之以宫室，上栋下宇以待风雨；
9. 上古结绳而治，后世圣人易之以书契，百官以治，万民以察；
10. 黄帝尧舜，垂衣裳而天下治。

就此十项制作而言，哪一件是仅仅限于制作某种器具而不联系到生产力的发展，生产方式的变更，以致引起社会分工的大变化与社会制度的不同程度的重大变革呢？撇开其余两项关联到社会分工与丧葬制度的制作（“臼杵之利”与“易之以棺椁”）不论，我们已不难看出，所谓“制器尚象”之事，也早已超越了器物制造学的范围，而深达于社会学意义上的变革了。也就是说，它绝不是指“看了某一个卦象才想到制作什么器具”，而实际上是表明古代所谓“圣人”，在推行某种生产方式、社会分工以至社会变革的过程中，曾经借助于当时的卦象崇拜观念，推崇过某个卦象，从而推动了这种变革而已。

为了对“制器尚象”的社会学含义了解得更加明白具体一些，有必要对其中的一些制作加以较为细致地探讨。现在我们就先看“制器尚象”的第一件大事——作结绳而为网罟，以佃以渔，盖取诸离。

乍看起来，这不过是在讲一种简陋的生产工具——网罟的发明而已。而网罟的制作与应用，对渔猎社会的生产是非常必需的，对渔猎部落的族众来说都是非常有利的，一般来说，似乎不会遇到什么阻碍。其实则不然，在渔猎-采集部族中，捕猎是主要的生活来源，而捕猎的方式，在网罟还没有发明之前，一般只能是以树杈木棒为武器向野兽进行攻击，或用石块进行投掷。当人口日益繁殖，捕猎日益困难的时候，群体就会感受到极大的生存压力，作为氏族部落的首领，出于对群体的生存与延续的责任感，自然会为扩大生活资料的来源，捕猎更多的鱼、兽、虫、鸟等日夜焦虑，劳心苦思。设想传说中的伏羲氏族的某一代首领，由于受到某种启迪，例如看到蜘蛛结网而捕获飞虫等，因而想到可以模仿蜘蛛的办法，编织出一些网子来用以捕获更多的鸟兽鱼虫，那么，他首先便需要采制柔韧可用的藤条或草木的枝条（后来才懂得剥取树木的韧皮或分割兽皮），加上搓、绞、编织，附着在当时惯用的木杈上，这样才可以做成一件可用的猎具——最早的网罟。这样的工作程序若由他一个人来完成，那是很困难的，他需要一些人的协作；而仅仅是一个人拿着一张网罟便去猎取鸟兽或鱼类，也是很难有效的。这就是说，他还需要很多的族众，都能够拥有、掌握和运用这种工具与他协同行动。而这样一来，就需要更多的人来参与采集藤条和揉搓编织的过程，其结果便是要将族众中的大多数人，从原来习惯于砍伐木材，烧灼与磨制木枪木杈的制作活动转移到藤条的采制与加工上来，并使他们都投入到网罟的制作和使用中去，这对于习惯了烧磨制作木枪木杈进行围猎的族众来说，就意味着生产和生活上的一次革命。而由于网罟制作的艰难以及在初期使用时其效果未见得能胜过使用木棒、石块的围猎的方式，加上初民心理上的疑虑不安，例如唯恐触怒某类神灵（像前述瓦西格利人所说的那样），他要在族众中推广这种网罟渔猎之法，就会遭到族众的怀疑和抵制，这时候，为了加强族众对网罟渔猎的信心和网罟制作与运用的成效，就有必要采取巫术行动了。

这时的巫术操作如何进行呢？如前所述，在当时已有的网罟象意型巫术崇拜的文化背景下，他很可能首先绘制出一个网子的图像来，对之进行巫术操作，即带领其族众围绕这个图像歌舞吼叫，做出各种以网罟进行捕猎的动作，从意象中完成了网罟捕猎的行动，从而鼓舞起全体族众的信心和斗志，热情地投入到网罟的制作与应用中去，在以后的捕猎活动中，果然一次又一次地捕得了更多的猎物，终于使他的族众渡过了存亡危殆的难关，并达到了极大的繁殖与兴旺。那么，他领导的这一场生产和生活方式上的伟大变革，便会深深地留传于族众的记忆中，永远受人称颂。而他在推行这一场变革中所采取的，先绘出网状的图像，通过象意型巫术操作以鼓舞族众同心协力进行改革的成功方式，也就会作为一种了不起的智慧与经验而被族众牢记在心，代代相传并在日常的大型捕猎活动中加以运用和发挥，从而形成一定的文化传统。尽管在初始阶段，这种象意型巫术，还没有达到智慧型符号崇拜的程度，其所画出的网罟图像，更没有规整化到后来的所谓重离（䷝）的程度，但是，它毕竟已是象意型巫术中的理性因素增长的重要标志，它既是转向智慧型符号崇拜的一次飞跃，也是以象意型巫术图像应用于社会行为调控的成功尝试，直到所谓“伏羲氏王天下”（实际上是伏羲氏部族发展到十分繁荣兴旺，其人数最多，文明程度最高，受到周围部落或氏族的尊重和仿效，因而具有一定权威性的影响力）的时候，周围的氏族、部落都可能在仿效他们进行网罟渔猎的同时，也接受了他们的象意型巫术的文化传统。而这时候，由于这种文化传统已发展到智慧型符号崇拜的阶段，八卦也已被规整化为“⚊”“⚋”符号的组合形式，此时用于鼓舞网罟渔猎的巫术图像也已规整为一个重离（䷝）或两个以上并列的重离卦了。这样，在后世的传说中，便被表述为“作结绳而为网罟，以佃以渔，盖取诸离”。

以上我们大体上已从文化人类学的观点上说明了“以制器者尚其象”这种文化现象，在具有象意型巫术与智慧型符号崇拜亦即八卦信仰的原始民族中得以产生并形成一定的文化传统的可能性。顺着这样的思路，以下十种较之“作结绳而为网罟”更为复杂的制作与变革的推行，更加离不开“制器尚象”这种远古的“时代理性”那就更加容易明白了。这些制作的范围如此广泛，社会学的内容如此深刻而丰富，它一方面借助于八卦信仰的文化传统的推动，另一方面又反过来促进了八卦文化的完善发展，为我们展示了一幅幅灿烂多姿的上古文化的历史图卷，对它逐个地进行详尽的描述是不必要的，下面我们且从重卦的取象与法度的制作这两个方面对之进行社会学与文化学意义上的综合探讨。先谈八卦的取象问题。

前面我们看到，伏羲氏时代的一项制作，“作结绳而为网罟，以佃以渔”是“盖取诸离”，这种取象的特点是在于“形似”——卦形与网形的相似。而从神农氏“斫木为耜，揉木为耒，耒耨之利以教天下”开始，即是他要在许多参与联盟的氏族部落中，推广耒耜耕作之法时，便不能采取“形似”的取象法了。因为记载上已表明他是“盖取诸益”，即是取法于䷩这个卦象，而“䷩”这个卦象，无论经过多少次的排列组合，都是很难得出耒耨进行耕作的图像来的。到它的后代要推行“日中为市，致天下之民，聚天下之货，交易而退，各得其所”这样涉及到劳动交换、商业行为的既复杂而又颇具抽象性的法度制作，要从任何一种八卦的组合图中提取出符合这种复杂的意象的图形来，那就基本上是不可能的了。而这样重大的社会性的变革，在当时盛行八卦崇拜而且又有了一定的“制器尚象”的传统的时代，运用不同的八卦组合图，从中提取出适合的意象，通过巫术操作加以推行又是必不可少的。在这样的文化背景下，唯一可行的道路便是在原有的八卦信仰的基础上，对八卦图像的含义加以发展。例如：

原来的巽（☴）卦是代表“风”这种自然力的，而风本是无形无象的，人们能够觉察到它，乃是由于它的运动和无孔不入的性能，于是在巽卦的卦象“☴”中，便引申出“能入”的意象，即所谓“入”的卦德；

原来的震（☳）卦是象征雷霆这种自然力的，而雷霆本身也是没有形象的，人们能够觉察到它，乃是由于它的巨大的震动的性能，这样便从“☳”这个卦象中，引申出“震动”的意象，即所谓“动”的卦德；

原来的离（☲）这个卦象是代表“火”这种自然物的，而火也没有一个十分固定的实体和形象，人们能够觉察到它，乃是由于它具有光明、温暖和附着的性能，这样便从“☲”这个卦象中引申出明丽热燥的意象，以及兼有这两种意象的太阳（日）的意象，和所谓“丽”（附）的卦德。

如此类推，从坎（☵）卦中引申出“坎陷”的意象，即“陷”的卦德；从艮（☶）卦中引申出“阻隔”“阻止”的意象，即“止”的卦德；从兑（☱）卦中引申出“言说”、“悦乐”的意象，即所谓“说、悦”的卦德；从乾（☰）卦中引申出“健行不息”的意象，即所谓“健”的卦德；从坤（☷）卦中引申出“柔顺众多”的意象，即所谓“顺”的卦德等等。在有了这样的引申法和引申义之后，再去观察八卦时，便不难从中提取出能够代表他们要推行的意向的卦象来了。

例如，在需要推广耒耨耕作时，由于耒耜与耨，都是用坚木烧斫磨制而成的耕作器具，据徐中舒先生的考证，最早的“耒”是一根尖利的木杵，下端绑上一条横木；或是一种双股的木杈，耕作时手持上端，用足踏其下端横木或杈股，将尖端踩入土内，然后撬起泥土，以行翻耕；“耜”是在耒的木杈两股的前端，装上一个尖利的石块以代犁头，提高其耕作效能与耐用程度；“耨”则是在曲柄的木棒或木杈的前端装上一块扇形的石器或蚌器，以刨松泥土[1]，其后改进乃有“耒其柄、耜其刃”，“耨为耘锄”之说

① 参见徐中舒《耒耜考》。

（这些了不起的发明，乃是神农氏部族兴盛强大的物质基础），其操作过程的最大特点便是上面的木石要能进入泥土，再从下面进行翻动。到了神农氏代伏羲氏而有天下——即他的部族强大兴盛到足以令周围氏族部落尊重仿效，具有权威性的影响力的时候，为了推行耒耨耕作的先进生产方式，根据八卦文化的传统，他便在八卦图像中提取出了益（䷩）这个卦象来，对之进行巫术操作，在带领族众及与其部落联合的氏族部落首领或巫师集团人员围绕这个卦象边歌边舞时，象征性地作出耒耜耕作的动作——上面用力踏入，下面迅速翻动，如此久之，以示在象意型巫术中已完成了耒、耜的耕作，同时也教会了参与者对耒、耜、耨的操作法式。这样，人们便会信心百倍地从事耒耜耕作，从而将这种先进的耕作方法推广开来。而在社会学上来看，这种耕作法的推广，无疑是从生产方式上成就了从渔猎畜牧社会向农业耕作社会的过渡。这一了不起的功勋理所当然地也被铭记在心并留传下来，这便是《系辞传》中所说的"包牺氏没，神农氏作，斫木为耜，揉木为耒，耒耨之利以教天下，盖取诸益"。

同样，在社会生产发展到需要进行交易的时候，为了推动"日中为市"的交易制度，作为神农氏的某一代首领，又从八卦的组合图像中，提取出噬嗑（䷔）这个卦来，对之进行巫术操作，此时甚至可能头上戴着太阳似的头冠，肢体则做出互相交易的模拟动作，从而促进了交易制度的建立和发展，这样的伟大功勋被铭记并留传下来，便成了后世传说中的"日中为市，致天下之民，聚天下之货，交易而退，各得其所，盖取诸噬嗑"。

从这些取象中可以看出，所谓八卦含义的引申，或卦德的定性，不仅与它原来所代表的物象相关，更是同其在巫术操作过程中的动作表达密切相关的，也就是说它不仅具有物理方面的意义，更具有事理方面的意义，尤其在重卦的取象中是如此，而事理方面的意义的加强，正是八卦用以调控社会行为的功能不断强化的表现。

如是类推，以后的八、九项制作，大体上都是运用类似方法，即从相应的巫术操作和动作表达过程中，引申出八卦图形的新含义、新内容而获得成功，这就从社会学与文化学的意义上大大地丰富了八卦的内涵，从而使八卦从对自然力的象征转到以对社会力量的象征为主。重卦的功能也就从对自然力的调控转到对社会行为的调控为主了。这整个的过程，在易传中，便被简单地概括为"圣人设卦观象"，而当时宣布的辞令——褒扬或禁制，演变到后来，便叫作“系辞焉而明吉凶”。

二　神而化之

在“设卦观象”阶段的情况大体明白后，就可以进入“神而化之”阶段的探讨了。

设卦观象以推动器物与法度的制作，这种方式的效力显然维持了相当长的历史时期，在这段时期中，由于有些创制和改革，涉及的社会层面很广，因而受到的阻力也可能很大，人们对于“推导得卦”的方式，很可能表示怀疑和不满，这就要求以某种较为确定的合理方式来得出一定的卦象。例如“垂衣裳而天下治”与“葬之以棺椁”等，这样一些涉及划分社会等级，意在强化政治统治，容易激化社会矛盾的措施，推行起来，遭到的抵抗就可能很激烈，“推导得卦”的方式，也可能遭到怀疑和责难而归于无效。这就不仅是“制器尚象”传统的危机，甚至是整个八卦文化的信仰危机了。下面就以“垂衣裳而天下治”这一项制作来说吧。

《系辞传》所谓“黄帝尧舜垂衣裳而天下治”这件事，诸家多从“无为而治”作解。朱夫子的《周易本义》注云：“乾坤变而无为。”这种说法即是其代表。这种“以道释易”的做法，比他对耒耕之作取于“益”，日中为市而取“噬嗑”的解释差得远了，根本不得其本旨。明儒来知德的《易经集注》虽也保留了“乾坤之理亦变而无为”这种后起观念，但他讲到“羲农之时，人害虽消而人文未著，衣食虽足而理义未兴，故黄帝尧舜惟垂上衣下裳之制，以明尊卑贵贱之分……乾坤之体亦上衣下裳之尊卑，此乾坤之象也”。这段话中则包含了若干的合理成分。

我们知道，我国历史传说中从黄帝到尧舜的所谓“五帝时代”长达385年[①]，乃是一个非常重要的历史时期。即社会学上称之为“部族联盟”或“大部落联盟”的时期。这一时期的社会经济特征便是从氏族公社公有制的解体到私有制确立的过渡时期。阶级分化加剧，氏族贵族形成，政治统治权力产生。特别是到尧舜时期，已进入历史科学中所称的“军事民主制时

---

① 据《竹书纪年》黄帝在位100年，颛顼78年，帝喾70年，帝尧98年，帝舜39年，合计为385年。

代”，更加迫切地要求政治制度的建立与完善，以适应从原始民主制到国家统治权力的过渡，所以，恩格斯就科学地将军事民主制时期称为“文明时代的门槛”[①]。也就是说，在军事民主制时期，社会变革的中心问题，便是建立相应的制度，以保证从氏族贵族统治向初期奴隶制或前封建国家统治权力的过渡，而其中的一项重要设施便是“设官分职”。在古代东方，尽管由于农村公社制的长期保存，国家的职能也不单纯是强化镇压机制而同时还包含了组织公共工程，以及偏重协调内部关系的礼仪制度。但是，所有这些职能性的设施，都需要专职人员的主持，因而也都属于设官分职的范围。这些职官最初都是由参与联盟的某个具有某方面特长的氏族或部落的首领作为代表来承担的，后来随着氏族内部私有制的增长而逐渐家族化。而这些人都属于统治阶级范畴，随着职官设置的不断增加，职官间迭相从属的层次结构也逐渐形成。而这又包括了主持军事的、政教的、祭祀的、历法的以及各项公共工程的不同职官的层次划分，为了他们执行权力的方便，和避免在联盟集会、祭祀以及军事行动中的混乱，就有必要对他们按照不同的权力地位，从衣着器用的形质、色泽与文采装饰等方面加以标志和划分。这种情况我们且看《尚书·尧典》的有关记载便会明白了。

鉴于军事民主制这一历史时期的重要性，我们的引述可能稍长一些。

《尧典》一开头就称赞帝尧：“克明峻德，以亲九族，九族既睦，平章百姓，百姓昭明，协和万邦，黎民於变时雍。”[②] 这里的“九族”、“百姓”、“万邦”便是指他的部落内部的各氏族、各联盟部落以及各加盟的部落和氏族，表明当时社会组织的复杂性，而英明的联盟首领——帝尧，都能一一加以协调、团结；

接着讲他的重大政治设施：“乃命羲和，钦若昊天，历象日月星辰，敬授人时。”这是说帝尧在联盟的中心都邑设立观测天象之官，以下并说他命羲仲、羲叔、和仲、和叔分别在东、南、西、北四裔之地进行观测，调整误差，以治历明时，指导当时最重要的产业——农业生产。

以下便说他召开部落联盟的首脑会议，商讨当时最重要的公共工程——治水问题，大家决议派鲧去治水，结果没有成功。又召开联盟会议，

① 参见《马克思恩格斯选集》第四卷第161页。

② 这一德治传统在《易经》中被发挥为“天人合德”之道，并形成儒学中的“道统”“治统”与“学统”的合理内核，学者宜多加留意。参见第四章第二节：周德之盛。

要求推举德才兼备的人来协助他进行工作，大家便推举了舜，经过试用，果然很公道能干，便命舜摄行政事。

帝舜摄政的第一件大事便是主持各种盛大祀典，即“肆类于上帝、禋于六宗，望于山川，遍于群神”，以此象征他团结各族、领导联盟的最高权力；其次是大会各加盟部落的首领，颁发给他们不同形质的玉器，以表征他们在部落与氏族中的首领地位，即所谓“辑五瑞、既月乃日觐四岳群牧，班瑞于群后”；他还开创了巡狩的制度，以协调部落间的权利义务与统一历法和度、量、衡；除联盟首领“五载一巡狩”之外，各氏族部落还需每年来向联盟朝觐述职，即“群后四朝”；朝觐时还要“敷奏以言，明试以功，车服以庸”，以不同的车辆和服饰表彰他们的功过；为了防止动乱，他还主持制定了颇为完备的刑罚制度，即“象以典型，流宥五刑，鞭作官刑，扑作教刑，金作赎刑，眚灾肆赦……”并据此惩办了四大罪人而“天下咸服”。在地方上，他也设置了十二个州牧分统一十二州。

帝尧去世以后，舜受命“登帝位”，立即召开地方官和联盟首领会议，进一步设官分职，命伯禹作司空，弃作后稷，契作司徒，皋陶作士，垂作共工，益作虞，伯夷作秩宗，夔典乐，龙作纳言，并定下了“三载考绩，三载黜陟幽明”的制度，如是等等。

这样越来越多的官职设施和等级划分，不对他们的衣饰器用进行一定的划分是不行的，特别是在部落联盟举行会盟、祭祀以至统一军事行动时更是如此。《尚书·皋陶谟》中有这样一段记载：

> 帝曰：“臣作朕股肱耳目，予欲左右有民，汝翼；予欲宣力四方，汝为；予欲观古人之象，日、月、星、辰、山、龙、华、虫、作会，宗彝、藻、火、粉、米、黼、黻、絺绣，以五采彰施于五色作服，汝明……”

这一段话，作为古代传说来看，表明在尧舜以前便曾经用不同的色彩制作成衣服，并在衣上绘制了日月星辰山龙华虫的不同图像，在裳上绘制了宗彝、藻、火、粉、米、黼、黻的不同图像以作为当时部落联盟首领、军事首领、各部落氏族首领以及各层次的不同职官的等级标志。这样的设施发生在从军事民主制向国家过渡的历史时期是非常自然的，而这样详密的以衣裳的色彩以及花纹图像来区分社会等级的办法，显然是较为后起的事，在一开始时大概要简单得多，例如在黄帝时代，大约只是“垂衣裳而天下治”罢了。所以帝舜在这里明明说的是“予欲观古人之象……”云云，即是说，他是观察到从黄帝开始以不同色彩的服饰来划分上下等级，即“垂衣裳而天下治”这样的法度制作而得到的意象。

在我们已大体上明白了“黄帝尧舜垂衣裳而天下治”的文化人类学含义以后，便可以进一步讨论“盖取诸乾坤”的问题了。

首先应当了解为什么要“取诸乾坤”。

我们知道，乾坤两卦，在自足性象意型巫术图像——八卦方位图中，处于中轴线的上、下两极。它依据的是天上地下的自然图景，反应的是初民“天成地平，阴阳和顺”的愿望，从中是不难引申出天高地低、天覆地载、天健地顺……种种意象来的，现在要进一步引申出尊卑、贵贱等观念来，也是非常容易的。《系辞传》一开头就讲“天尊地卑，乾坤定矣；卑高以陈，贵贱位矣……”就表明这种观念的确是从乾坤两卦的上下对待中引申出来了。那么，黄帝以至尧舜，要运用乾坤这两个卦象去推行他们准备区分贵贱等级的越来越繁复的改革设施，是不是就很容易呢？答案却应当是否定的。正如上文所指出的“垂衣裳而天下治”这一项创制，实质上乃是一种礼仪规范以至法制制度的创立，它不仅涉及保持某些人的既得权益，也包括了要固定很多人的不利地位；同时它与数千年原始民主制传统中形成的平等观念，抵触也太大了，尽管那时对八卦的崇拜，在炎黄部族中还具有一定的影响力，但在大部落联盟的其他部族或部落（例如三苗、九黎等新近被打败而被迫加盟的部族）中，就没有什么影响力可言。即使在炎黄部族的各部落氏族当中，也未见得是唯一的权威信仰。因为随着社会矛盾的激化，政治统治权力的产生，一种高踞于人类力量之上的主宰性力量——神灵的观念也已诞生了。神灵迷信的权威，已经大大超越了对八卦的崇拜，例如司马迁的《史记·五帝本纪》中谈到黄帝统一各部族之后（即组成部族联盟之后）便有如下一段记载：

> ……披山通道，未尝宁居。东至于海，登丸山，及岱宗；西至于空桐，登鸡头；南至于江，登熊湘；北逐荤粥，合符釜山，而邑于涿鹿之阿，迁徙往来无常处。以师兵为营卫，官名皆以云

命，为云师，置左右大监，监于万国，万国和而鬼神山川封禅与为多焉。

这既表明黄帝领导的大部落联盟疆域之大，设立官职，划分等级都非常必要；同时还表明鬼神信仰已非常重要，大约各个加盟部落的主要神灵，都将得到尊重。接着一段则说：

获宝鼎，迎日推策。举风后、力牧、常先、大鸿以治民。顺天地之纪，幽明之占，死生之说，存亡之难。时播百谷草木，淳化鸟兽虫蛾，旁罗日月星辰水波土石金玉，劳勤心力耳目，节用水火材物……

这一段则表明当时已很重视历法的推算，以顺应四季之序，又重视幽明之占、死生之说和重视总结历史经验等，更表明神灵迷信观念的加强。至于《山海经·大荒北经》所载："黄帝令应龙攻蚩尤，蚩尤请风伯雨师以从大风雨，黄帝乃下天女曰魃以止雨，雨止遂杀蚩尤"，更反映出当时无论在三苗还是在炎黄部族中，神灵迷信的观念已明显地强化和深入了。

很值得注意的是，这里讲到了"幽明之占，死生之说"，都没有讲到它与卦象的关系，所谓"获宝鼎，迎日推策"，也只是用于历法推算[①]，没有与八卦联系起来。凡此都说明八卦在当时的社会事物中影响不大，八卦信仰已日益减弱，存在着被鬼神迷信的占卜所取代，或是被带有科学性的历法推算所取消的可能，八卦文化已面临着存亡的危机，更不用说以"设卦观象"的方式来推动设官分职这一类等级制度的建立了。

如果再看一看黄帝以后的继承者颛顼与帝舜时代的一些传说记载，这一危机就更为明显。例如《史记·五帝本纪》叙述颛顼的功绩是"载时以象天，依鬼神以制义，治气以教化，洁诚以祭祀"，帝喾则是"历日月而迎送之，明鬼神而敬事之"，可见他们的政绩都以治历与明鬼神为主，而鬼神迷信的危害性也开始暴露了。《尚书·吕刑》："乃命重黎，绝地天通，罔有降格。"观射父解曰："及少皋之衰也，九黎乱德，民神杂糅，不可方物，

① 详见后文及第三章。

夫人作享，家为巫史，无有要质。民匮于祀而不知其福，烝享无度。民神同位，民渎齐盟，无有严威，神狎民则，不蠲其为。嘉生不降，无物以享。祸灾荐臻，莫尽其气。颛顼受之，乃命南正重司天以属神，命火正黎司地以属民，使复旧常，无相侵渎，是谓绝地天通。”[①] 于此可见鬼神迷信之严重，而《吕刑》一开始便说：“蚩尤惟始作乱，延及于平民……苗民弗用灵，制以刑”，更是苗黎等族不信任炎黄族的八卦巫术的佐证。

上述种种记载说明，大约从黄帝时代的后期开始，八卦文化，特别是“制器尚象”的巫术信仰，就面临着深刻的危机，这可以说是八卦文化在发展过程中遇到的一次最严重的危机，很可能走到了穷途末路的境地了。

但是，这一局面的出现，对于原来具有八卦崇拜文化传统，以对卦象的崇拜维系了好多个世纪，并曾以“制器尚象”的理性智慧推动社会发展、部落强大和联盟成功的炎黄部族来说，当然是不能容忍的，也并非是不可改变的。对八卦、重卦这样一种信仰标志的动摇，便是对智慧型符号崇拜的动摇，也意味着对理性智慧的嘲弄，它不仅关系到整个部族的凝聚力和号召力的丧失，更关系到一种传统文明的绝灭以至理性殿堂的坍塌。作为大部族首领的黄帝及其巫师集团，他们都是肩负着种族前途和文化命运（也包括其个人命运）的人物，不能不对此早有警觉，而且加以深思熟虑，力求找出一种方法来，以维护和提高八卦图像的威信，使其能超越于种种肤浅的神灵迷信之上，使八卦文化的理性传统能获得新的生命力，“制器尚象”的社会功能得以继续发挥，从而振奋其种族精神，提高部族威信和巩固对大部落联盟的领导而安定天下的根本目的。而作为“生而神灵，弱而能言，幼而徇齐，长而敦敏，成而聪明”[②]（即具有特高的理性智慧）的黄帝，这一种方法，大概是最先已被他找到了。这便是把当时带有科学性的历数观念与占卜结合起来，作为得卦的方法，以提高得卦过程的合理性，并增强八卦图像的神秘性与权威性，从而保持和更加强化它的社会功能。这一重大改革，流传到《系辞传》中便叫做“通其变，使民不倦，神而化之，使民宜之”。

这种神而化之的得卦方法，简单说来，便是一种借助于数卜的得卦之

---

① 见《国语·楚语》。

② 司马迁：《史记·五帝本纪》。

法。这种数卜得卦法，比起原来“设卦观象”阶段采用的按图像次序推导取卦的办法，显然要复杂得多，也神奇得多，它至少需要如下一些前提：

第一，对数的神秘观念已经产生，并达到了一定程度的信仰和崇拜；

第二，在这种神秘观念的指导下，在某些地区、某些民族部落中，已经有某种依数字定吉凶的占卜方法在流传；

第三，这种占卜方法中，得数的操作应当比较简便，而且容易同八卦图像发生联想，如此等等。

现在我们再回过头来检视黄帝时代的有关传说，运用社会发展与其大体相当的近代民族学资料加以比照，就不难发现，这三个条件，在当时已完全具备了。

如前所述，在黄帝时代便有“获宝鼎，迎日推策”的传说记载。可见其对历法推算的重视并表明其已有相当长的历史。实际上，从神农氏教民耕作开始，对天文气象的观测就是必不可少的[①]。而神农氏王天下的时代，传说中也有五百余年之久。这种观测的结果，形成一套原始的推算方法，并著之于鼎器，成为历代传承之宝，是很有可能的。从历法记录和推算过程中，人们最容易体会到数度、数量以及数值的重要性，而作为鼎器相传，则赋予了神圣性，更增加了对历数的神秘感。现有的文字记载也反映出“五帝时代”对历数的敬畏心理与神秘观念。有如黄帝的继承者颛顼“载时以象天”，帝喾“历日月而迎送之”，以至于尧舜时代命羲和制历，推算出“期三百有六旬有六日，以闰月定四时成岁”等等，无不体现了对历法的重视与对数的崇拜心理。《论语·尧曰》有云：

> 咨尔舜！天之历数在尔躬，允执其中，四海困穷，天禄永终。舜亦以命禹。

这个意思是说：

“舜啊！现在天象运行的历数已经由你来掌握了。你一定要观测计算得准确无误。（如果历法不准，耕作不时）四海陷于穷困，天赋资财也就永远终止了。以后帝舜又如此这般地告诫帝禹。”

---

① 我国原始历法的发展详见第三、五章。

由此可见那时对历数的重视，已明显地达到一种神性崇拜的程度了。这些传说虽属较为后起的事，但也表明它与黄帝时代“获宝鼎，迎日推策”所反映的历数崇拜观念的一致性。德国哲学家卡西尔在《人论》中曾说：

> 数学的符号，从一开始就被某种巫术气氛所环绕，人们带着宗教的畏惧和崇拜来看待它们，以后，这种宗教的信仰，慢慢地发展为一种形而上学的信仰。

我国的历数崇拜，在五帝时期，大约正经历着神秘观念日增浓厚的阶段。而有了这种对数的神秘观念以后，一些依数字以定吉凶的占卜方法，也就不难产生出来。

最初的数字占断法必然是比较简单的。据汪宁生先生在《八卦起源》一文中所述：

> 解放以前，西南少数民族中曾普遍流行以数占卜之俗，在民族学中，或称之为“数卜法”。最简单的一种是通过投掷、刻画等方式，看物面的正反或数的奇偶判断吉凶……又由于“三”这个数字在很多后进民族心目中常具有一种神秘的意义，并作为多数的象征，故一般都是占卜三次，综合三次所得数的总和或排列情况来判断是吉是凶。这种卜必三次的“数卜法”曾在很多民族中流行……西南西北部的傈僳族有一种占卜法名叫“赛萨”，用竹签三十三根，一手握之，另一手数之，口中念念有词，共数三次，最后得出三个数字，事情吉凶，即以这三个数的比例关系而定……方法和以数蓍草而卜问吉凶的筮法已有若干相似之处。然而最相似的还要算四川凉山彝族的占卜方法……名叫“雷夫孜”，其具体占法是巫师取细竹或草秆一束握于左手，右手随便分去一部分，看左手所余之数是奇是偶，如此共行三次，即可得三个数字……由于数分奇偶二种而卜必三次，故有八种可能的排列和组合。

关于这八种不同组合的吉、凶含义的解释方法，汪先生举出以“打冤家”的数卜为例，以见一斑，即：

奇奇奇——非胜即败，大胜或大败（中）
偶偶偶——不分胜负（中）
偶奇偶——战斗无大不利（中）
奇偶奇——战必胜，掳获必多（上）
偶偶奇——战斗有胜的希望（上）
奇奇偶——战斗与否，无甚影响（中）
偶奇奇——战斗不大顺利（下）
奇偶偶——战必败，损失大（下下）①

从上引凉山彝族“雷夫孜”的筮数法与占断法中不难看出，它与《周易》的筮数法是非常相近的，尤其是它所得出的奇偶二数的 2^3——八种排列更与八卦的奇偶排列完全一致，人们只要将其奇偶之数转化为符号，上述的八种奇偶排列便转换成了乾（☰）、坤（☷）、坎（☵）、离（☲）、震（☳）、巽（☴）、兑（☱）、艮（☶）等八个单卦。由此可见，它对于我们前面强调的“依筮得数，依数立卦”的得卦方法的产生，所必须具备的三个前提都充分满足了。也就是说，在此基础上，只要稍稍前进一步，便可以使数占同八卦的取象结合起来。

稍觉遗憾的是我们至今还未能得到“雷夫孜”这种数占法起于何时的确证。不过，根据近年来云南省社会科学院以刘尧汉教授为首的一批民族学家的深入研究，已证明彝族文明起源甚早，可以上推到万年以前，彝族的历法最具科学性，而其占卜方法中，数卜有多种方式，起源都很古老而由“毕摩”（巫师）代代相传。以此推想在四千多年前的黄帝时代已早有了类似“雷夫孜”的数卜法，乃是完全可能的②。

在上述条件下，设想炎黄部族在“设卦观象”的阶段，由于历数崇拜的形成，可能已采用过根据星象历法观测中的某些数值从“八卦次序图”或“六十四卦次序及方位图”（包括各类圆图或方图）中提取卦象的办法。

① 原文见《周易研究论文集》第一辑，顺序略有调整。

② 《离骚》：“索琼茅以筳䇴兮，命灵氛为予占之。”王逸注：“琼茅，灵草类，筳，小折竹也，楚人名结草折竹以卜曰䇴。”这说明春秋时楚国有结草折竹之占，这类占法与甲骨之卜皆由取材方便，其来源甚古。甲骨源于畜牧之族，而筳䇴源于农业之族，其与数占关系当更为密切。

现在就不难改变为依筮数定爻来提取卦象；或者，在黄帝领导的联盟部族或加盟部落中有了“雷夫孜”一类的数卜法，一经正在劳心苦思，力求改进得卦方法，以增加八卦的神秘性和提高其权威性的黄帝及其巫师集团所发现，以他们那过人的智慧就不难领悟其中的奥妙，从而将它移植过来，略加改进便用于卦爻的组合。这样，一种“依筮得数，依数立卦”的得卦方法便最终形成了。而八卦文化中的精髓——象数互释的哲理，也从此奠定了基础。

由于数卜法是建立在数的崇拜与神灵崇拜相结合的基础上的预测方法，即是说，尽管事物的吉、凶是由数的奇偶排列所预示的，但这个奇偶排列的图像是来自筮数过程中的或然性，它不是人的意志可以决定的，它所体现的乃是神灵的意志，也就是神的启示，它对人们的社会行为所具有的指导和告诫以至禁制的功能就是不可违拗的了。这样一来，“依筮得数，依数立卦”的取卦方法，也就具有神灵启示的性质，八卦这个古老的智慧性的灵物，就进一步被神化了。这正是易传所说的“神而化之”。

在八卦被“神而化之”以后，它对于社会生活的调控功能就被充分地强化了。它获得了新的生命力，在智慧的力量之上又加上了神灵的力量，它显然以一种新兴的文化精神，势不可当地进入社会生活。这时候，如果黄帝及其巫师集团，依据“制器尚象”的文化传统，要用八卦来推动礼仪制度的创制，事情可能就顺利得多，他可以用数占法的方式从八卦或六十四卦中得出适当的卦象来加以引申和发挥，说明礼仪制度的建立是出于神意，很有必要，不可违抗，只要他在某一次数占法中得到了三奇乾（☰）卦，或三偶坤（☷）卦，抑或是“䷋”、“䷀”、“䷁”、“䷊”等这样的任何一个重卦，都未尝不可，因为根据“先天八卦图”，乾、坤两卦处于中轴线的上下方位，所以无论得到哪个卦，都可以按照“乾上坤下，相待而立，贵贱有序，自然之理”等等观念引申发挥，说明神意在于创制礼仪法制，并且得到具有八卦信仰，历数崇拜和神灵迷信等等观念的人们的信受奉行。而在当时，这些观念涵盖了意识形态的最高领域，遍及于部族内外上下层族众之中，因此，他要推行的礼仪制度的一定设施，就会得到多数人的赞同，各种阻碍都不难迎刃而解。

当然，礼仪制度从创制到发展和完善，是一个很长的历史过程，夏、商、周三代都在不断地加以健全和补充。我们前面指出，在帝舜时代讲到

“予欲观古人之象，日、月、星、辰、山、龙、华、虫、作会，宗彝、藻、火、粉、米、黼、黻、絺绣，以五采彰施于五色作服”所透露出来的这个“古人”，大概是指从黄帝开头，但在黄帝时代还不可能这么复杂，大约只是《皋陶谟》中所记述的“天命有德，五服五彰哉”而已。也就是以五种不同颜色质地的衣服来区别各级首领和主要官员的不同职位而已。

但是，黄帝的礼仪制作虽然简单粗略，它在文化学与社会学的意义上却非常了不起，因为它毕竟是礼仪制度的开头，人类社会可以说是从此告别了原始生活的无序状态，进入了有明确的领导者与被领导者的从属关系的有序状态。统治关系，国家制度，也就在这一基础上成长起来，从而进入了所谓“文明时代”。而这样具有深远历史意义的变革，从创制过程来看，则是以“制器尚象”的传统理性来加以推动的。乾、坤两卦，则可能是从黄帝到尧舜的种种礼仪制作的取象根据，流传到后世，《系辞传》的作者便将它笼统地概述为“黄帝尧舜，垂衣裳而天下治，盖取诸乾坤”。这个传统理性形成的思维模式，也因此深植于华夏民族的心理结构之中，以至“因天地以制礼，顺四时以明义”的礼治观念竟成了几千年封建统治的理论依据，孔子便称赞帝尧“大哉！尧之为君也，唯天为大，唯尧则之”（《论语·尧曰》）。汉代司马迁在《史记·乐书》中说：“天尊地卑，君臣定矣。高卑已陈，贵贱位矣。动静有常，小大殊矣。方以类聚，物以群分，则性命不同矣。在天成象，在地成形，如此则礼者，天地之别也。”班固在《汉书·礼乐志》中也说：“六经之道同归，而礼乐之用为急……人函天地阴阳之气，有喜怒哀乐之情，天禀其性而不能节也，圣人能为之节而不能绝也，故象天地而制礼乐，所以通神明、立人伦、正情性、节万事者也。”可见后世的礼仪制度，都以八卦文化所开创的从“天上地下”的意象所引申出的天尊地卑观念为依据。这也正是流传数千年的礼制文化的核心。于此可见易道在我们民族心理的塑造上与民族文化构成中的奠基性的意义了。如果我们能够接受这一思路的话，也就应当承认黄帝尧舜对中华民族的文明进程所作出的开创性贡献和不朽功绩①。

现在我们可以对“制器尚象”问题的探讨作一个小结了。

① 明天道以正人伦，是《周易》的传承观念，它确立了天人合德的理想境界与究天人之际、通古今之变的学术与人文目标，成为中华文化的主干，此当在本书第四章中详论之。

其一，所谓“制器尚象”，乃是八卦的社会功能从以对自然力的调控为主演进到以对社会生活的调控为主的重要发展阶段。这一功能的强化乃是八卦的应用随着人类社会生活的不断发展而不断演进的必然结果。如果没有这一步演化，八卦文化就不可能延续下来。如果否定了这一阶段，那也就否定了八卦文化精华的传承和根本价值。《系辞传》第十章有云：

> 易有圣人之道四焉：以言者尚其辞，以动者尚其变，以制器者尚其象，以卜筮者尚其占。

从上述“圣人之道四焉”中不难看出，如果推倒了“以制器者尚其象”这一项在长达千年的历史时期中推动了社会变革与文明进步的伟大功能，那么，易道其余的三项功能就可以说是微不足道了。《系辞传》所谓“夫易，开物成务，冒天下之道……圣人以通天下之志，以定天下之业，以断天下之疑……备物致用，立成器以为天下利”等等，也都成了夸大其辞或无稽之谈。八卦即便是流传下来，也不过是某种巫术陈迹与迷信说教而已，哪有什么“参天地之化育”的圣人之道可言呢？

其二，制器尚象过程中，八卦功能的发挥首先取决于两个方面，即取卦和观象。它有一个发展过程：

第一阶段是“设卦观象”。这一阶段中，为了取到适合于器物与法度制作的卦象，各种不同次序的八卦及六十四卦的排列图形都可能产生，同时也必然产生不同的卦德说；而在“观象”过程中，为了能对器物与法度制作的必要性和可行性进行论证，多种的六十四卦取义法以及交互取象，错综释义等都可能应运而生，从而奠定了《系辞传》所谓“圣人设卦观象，系辞焉而明吉凶”的基础。发展的结果便是八卦所代表的“智慧型符号崇拜”的社会功能达到某个顶点，转而开始走向反面。

第二阶段是“神而化之”。这是在“设卦观象”方式遭到怀疑抵制、出现信仰危机的时期，在历数崇拜抬头，神灵迷信加重的文化氛围中，将数卜法与制器尚象的要求结合起来，创造了以历数方法或筮数方法得出某些数字，然后依据这些数字得出卦爻象的方法，赋予了八卦以神灵启示和科学论证的更新含义，它的神秘性与智慧性都同时得到了加强，从而在社会生活中得以更为有力地发挥其调控功能。也就是《系辞传》所说的“通其变，使民不倦，神而化之，使民宜之”。

其三，八卦的二重性（智慧性与神秘性）从一开始便是其内在矛盾的两个方面。在与数卜法结合以前，智慧性居于主导地位，与数卜结合之后，则发生了向神秘性方面的倾斜，这种倾斜可能发生的不良后果大约在传说中的少昊金天氏时期已经不可忽视，遂有颛顼高阳氏“乃命重黎，绝地天通”之举；在夏商时期也是愈来愈重，到了商代末期又达到登峰造极的程度，直到周初作易，才在更高的理性化的基础上对这种倾向实行了扭转。（详见本书第四章）这便是《系辞传》所说的“易穷则变，变则通，通则久”。

第三章 《连山》《归藏》析

如前所述，八卦在“制器尚象”时期，经过初期的设卦观象阶段，进入后期的依筮得数、依数立卦的神而化之阶段，它的科学性与神秘性都大大提高了，随之而来的则是它在群众中的可信性与适用性也大大地增长了。即是说：它不仅能够在部落联盟的首领们用以推行某种社会生产和生活方式的重大变革时，继续地而且更好地发挥其“制器尚象”的导向性功能，而且由于它与数字占断的结合，卦象的获得，具有神意的性质，因而可以用于社会生产和生活的一切重大行动的利、害、宜、忌等方面的占断，从而获得了预测性的功能。例如：部落联盟以至部落之间的会盟、祭祀、军事行动、命官分职、功赏罪罚，以至部落迁移、定居、筑邑、较大规模的狩猎行动、商业交换等等行为，在时间、地点、对象、程度、方位等方面的抉择，都可以通过依筮得数、依数立卦的方式，从卦象的解释上来加以确定。这种筮占方法进一步发展，便可以在氏族事务、家族事务以至家庭公社的日常事务中加以运用，例如祭祀、出行、交游、渔猎、参与军事行动、联盟、讼狱，氏族、家族乃至家庭首领的确定，种畜的选择以及个人的婚媾、迁居、建宅、治病用药等等的利、害、宜、忌方面，都可以筮卦的方法进行占断。这样，在易筮中，才会有吉、凶、悔、吝以及利建侯、行师，利（不利）涉大川，利（不利）有攸住，利居贞，利见大人，贞丈人吉，大人吉、小人凶，小人勿用，讼元吉，利用狱，利牝马之贞，勿用取女，勿药有喜等等占断。

又由于在依筮得数、依数立卦的过程中，卦象的获得带有偶然性，因而使神秘性思维占有优势。在卦象获得以后，依据卦象来推断吉凶宜忌时，必须从卦象中提取出与贞问的问题相应的意象来，才能作出合乎情理的推断，这时候，理性思维又占了优势。而且由于在同一个卦象中往往可以提取出几种不同的乃至互相反对的意象，这时候究竟以哪一种意象为准，就不能完全取决于当时的理解，而必须诉诸于经验，这就有必要将不同的占断结果记录下来，经过一段时间，再来考察行为的结局与占断的结论是否符合，或是同其中的哪一种占断符合，哪一种占断则不符合，从中吸取占断时提取意象的经验，同时将占断准确的结论保留下来，作为今后遇上同样情况时进行占断的依据。《周礼·春官·占人》所载“凡卜筮，既事则系币以比其命，岁终则计其占之中否”，正是关于重视占断经验的传统做法的保留。

如前所述，由于八卦的神而化之阶段相当于历史上从黄帝以至尧舜时期，当时文字已经发明，部落联盟中的巫师集团，正是文字的创造者和传承者。占断既然是部落联盟的大事，进行必要的文字记录，显然是必需的，只不过还需要经历一段由简到繁又由繁返约的过程罢了。这样的筮占记录，应当是在筮占广为应用的时候与文字较为发展和定型的时候才能形成，在历史上就相当于尧舜以后的夏代。而夏代经历了四百余年的时间，这样长的时期内，自然可能形成数量较多的记录，这些记录经过选择汇总起来，成为一个筮占断卦的蓝本，这大约便是后来所称的夏易《连山》，同样，在殷商部族中形成的筮占断卦的蓝本，大约便是后世所说的殷易《归藏》。

一　《连山》易的命名与取象的特点

关于《连山》《归藏》的文字记载，首见于《周礼·春官》，其文云：

太卜。掌三易之法，一曰连山，二曰归藏，三曰周易。其经卦皆八，其别卦皆六十有四。

又：

筮人。掌三易，以辨九筮之名：一曰连山，二曰归藏，三曰周易。九筮之名：一曰巫更，二曰巫咸，三曰巫式，四曰巫目，五曰巫易，六曰巫比，七曰巫祠，八曰巫参，九曰巫环，以辨吉凶①。

这里谈到的《连山》《归藏》，郑玄及东汉诸儒大都认为是夏、殷之易。近人经多方考证，也认为大体上是可信的。据《北堂书钞·藏文部》引桓谭《新论》云：

历山（即《连山》），藏于兰台。归藏，藏于太卜。

《太平御览》亦引《新论》云：

连山八万言，归藏四千三百言②。

由于桓谭的时代略早于郑玄，他们的记述可以互相印证，这就证明《连山》《归藏》二易，在东汉时期犹藏于官府，晋、唐时期的一些材料则证明其散在于民间，宋以后才逐渐亡佚。

《连山》《归藏》二易有什么特点，这是我们要着重弄清楚的问题，上引第一条材料中说："其经卦皆八，其别卦皆六十有四。"同《周易》一样，它们都是直接继承了从伏羲、神农以来以八卦相重定象的传统，这与我们前面所探讨的"画卦"、"重卦"、"制器尚象"等问题所阐明的发展过程完全吻合，无须再加申论。但是关于二易的命名及其以何卦为首的问题，则有探讨的必要。

先看《连山》易的命名和取象特点。

同上《周礼·春官》条，郑玄云：

名曰连山，似山出内（纳）气变也。

① 这里的"筮"和"巫"，注家皆训为筮。

② 《周易》经文共4162字，加上爻题为4934字。

贾公彦疏进一步说：

此连山易，其卦以纯艮为首，山上山下，是名连山。云气出内于山，故名易为连山。

可见他们都认为《连山》易命名，与夏人对于山的功能的特殊理解和最为重视有关。所谓“似山出内气变”、“云气出内于山”的认识，显然与较长期的山林生活有关；而以纯艮为卦首，显然表明部族生活对山的依赖性，从而产生了对山的极大崇拜。这种意识形态的形成，我们从夏部族的历史上，不难找到它的发生根源。

我们知道，夏部族的兴盛始于我国原始社会末期的尧、舜、禹时代，那时的自然环境正是传说中的洪水时期。

《尚书·尧典》有云：

帝曰：“咨四岳，汤汤洪水方割，荡荡怀山襄陵，浩浩滔天，下民其咨，有能俾乂？”

《尚书·益稷》中也有：

禹曰：“洪水滔天，浩浩怀山襄陵，下民昏垫。予乘四载，随山刊木，暨益奏庶鲜食。”

这些记载都表明当时洪水的浩大，平原地带全被淹没，高山大陵也都被洪水包围分割，正常的农业生产无法进行，民众都不得不以鸟、兽、鱼、畜充饥。《管子·揆度》篇描述当时民居的情况是“水处十之七，陵处十之三”，大体上是可信的。

尧、舜时代的洪水，经过鲧的九年治理和禹的十三年疏导，才大体上消退了。但是，在平原地带，实际上依然是沼泽遍地，草木丛杂，农地的开垦，由于生产力低下，显然要有一段很长的时间，沿着山坡和浅丘地带，渐次推向平原。这样，在夏代的前半期，渔猎生产实际上占有极大的优势。夏代传说中，太康失邦的直接原因是由于“盘游无度，畋于有洛之表，十旬弗反”。一个国君出外打猎，至于百天之久，可见其时渔猎范围之大；而其地在“有洛之表”，则表明洛水平原都还没有得到开垦。到夏朝第五代帝少康时期，《竹书纪年》还有“使商侯冥治河”的记载。亦见水患延续之久。历史传说中的第一批神箭手——后羿、逄蒙都出现在这一时期，看来也确非偶然。由于历史上的夏代共经历了四百余年的时间，其中前半期——即二百多年间，夏人的生产和生活都是依托山陵，以渔猎为主，由此而产生对山的特殊认知和特殊崇拜，便是自然而然的事。这便是夏易之所以命名《连山》而以纯艮为首的社会学依据和文化前提。

夏易《连山》以艮卦为首大体上可以确定了，那么，它的八卦排列顺序如何呢？这个问题，从今存《周易》的《说卦》一篇中，可能还保留有一定的遗迹。

《说卦》第五章有云：

> 帝出乎震，齐乎巽，相见乎离，致役乎坤，说言乎兑，战乎乾，劳乎坎，成言乎艮。

这里所描述的是公认的后天八卦次序图。

讲到“成言乎艮”，它还进一步解释说：

> 艮，东北之卦也，万物之所成终而所成始也，故曰成言乎艮。

其第六章也说：

> 终万物，始万物者，莫盛乎艮。

认为艮（山）对于万物有生养、藏纳的作用，或者说，生养藏纳万物的功能在八种主要自然物中，以山为最盛。这样的观念显然不是殷、周以农业生产为主的民族的自然观念，而应属于夏人。事实上，我们从现存《周易》六十四个卦所有的卦爻辞中，都没有发现将艮象释为生养藏纳——亦即“成终成始”的释例。也就是说，在“三易”之中，这种观念，只能来自于《连山》。晋人干宝就曾指出：“‘帝出乎震，齐乎巽……成言乎艮’，此连山之《易》也。”

不仅如此，我们若将《说卦》第五章这段话所标志的八卦方位仔细考查，就不难发现这个通常所谓的“后天八卦图”，还蕴藏有其更深层的，也是最原初的巫术符号的含义。

请先看原图：

图Ⅲ-Ⅰ-Ⅰ 后天八卦图

在这个卦位的下部是水，可以理解为一片汪洋，与水相连的是天和山，这不正是《尧典》中所说的“汤汤洪水方割，荡荡怀山襄陵，浩浩滔天，下民其咨”和《益稷》中所描绘的“洪水滔天，浩浩怀山襄陵，下民昏垫”的可怖景象吗？图的东南部位（左上方）为“风雷震动”，西南部位（右上方）呈“泽地交困”，这不正是造成洪水滔天的原因与严重后果吗？面对这种危及部族生死存亡的大灾害，部落联盟的首领们忧心如焚，他们一方面要努力寻求能干的首领率领族众进行切实的治水斗争，另一方面也必然要求助于传统的巫术行为，正如本书前一、二章所述，这种巫术行为的具体操作方式，便是绘制出一个对这种灾害现象具有调控能力的自足性巫术图像——符合调控意象的八卦方位图。于是具有高超智慧的巫师集团——一般就是部落联盟的首领集团，便在这幅图的中轴线的顶端位置绘上了“☲”这个代表日和火，即代表光和热的卦象。这样一来，在中轴线上便呈现出了“以火胜水”“以日胜寒”的意象；而离卦与右下方的乾卦相重合，便呈现出“天气晴好”可以大有所获的意象；离卦与左下方的艮卦相重合，又呈现出“日照山林”极利于狩猎生产的意象。如此类推，离卦与兑卦重合，呈现出“日照大泽”极利于水上渔作的意象；离卦与震卦重合，呈现出“上明下动”，亦即从神农时代开始发明的“日中为市”，极利于商品交易的意象；离卦与坤卦重合，呈现出“火明于地”，亦即“刀耕火种”，利于农业垦殖的意象；而离卦与巽卦的重合，更呈现出“鼎食丰足”的最佳意象。这样一来，一种以战胜自然灾害，保证部族生养繁殖为目的的自足性的象意型巫术操作便算完成了。必要的时候，将这样的一幅巫术图像悬挂出来，对族众加以解释，广大民众便会感到真正代表了他们的愿望而非常满足，更由于具有八卦这种符号崇拜的传统而对之深信不疑。在巫师们的引导下便会围绕着这个符号欢呼舞蹈，从而大大地提高其战胜水灾的勇气，增强生产生活的信心，更加增强了部族及部落联盟的凝聚力。这在当时的确是一件了不起的大举措和大发明，这样的具有神奇魅力的八卦图像自然会被作为夏朝的“传国之宝”传承下来①。

如果再进一步考察，我们还可以发现，这个所谓后天八卦图之所以被夏代传承下来，大概还不仅仅是由于它在治水和排除水灾的相当长时期中的历史功绩，即使在水患完全平息以后，它在指导当时的社会生产和生活方面，也还有它的不可动摇、不可取代的社会学层面的重大意义。理解这个问题，有必要回到我们前面所引述的《说卦》第五章所谓：“帝出乎震，齐乎巽，相见乎离，致役乎坤，说言乎兑，战乎乾，劳乎坎，成言乎艮。”这段话，它接着的解释是：

> 万物出乎震，震，东方也。齐乎巽，巽，东南也；齐也者，言万物之洁齐也。离也者，明也，万物皆相见，南方之卦也；圣人南面而听天下，向明而治，盖取诸此也。坤也者，地也，万物皆致养焉，故曰致役乎坤。兑，正秋也，万物之所说也，故曰说言乎兑。战乎乾，乾，西北之卦也，言阴阳相薄也。坎者，水也，正北方之卦也，劳卦也，万物之所归也，故曰劳乎坎。艮，东北之卦也，万物之所成终而所成始也，故曰成言乎艮。

这一段话中的所谓巽之象为齐，乾之义为战，坎之义为劳，其象为归，以及艮之用为“万物之所成终而成始”，与《周易》显然不同，如前所述，实乃夏人的观念。从卦位顺序来看，更可理解为一种包括渔猎、农牧的民事序列，便是所谓“夏时”。

《礼记·礼运》有云：

> 孔子曰：“我欲观夏道，是故之杞，而不足征也，吾得夏时

① 有了这幅“后天八卦图”之后，从伏羲神农以来传承的“先天八卦图”并不是被废弃不用，因为那象征地平天成，四时和顺，生生不已，欣欣向荣的“先天八卦图”，毕竟是最根本的，具有永恒性的，因而两个图像都将被尊奉和宝传下来。

焉。我欲观殷道，是故之宋，而不足征也，吾得坤乾焉。坤乾之义，夏时之等，吾以是观之。”

将夏时与坤乾并提，坤乾为殷易《归藏》，则夏时与夏易相关，古人依时序祭祀而行卜筮也，可见夏易确与农事生产顺序相关。

说到农事生产顺序，就牵涉一年四季的时序问题，亦即历法问题。现在留传下来的《夏小正》，一般认为是夏代的历法，一年十二个月（闰年十三个月），以建寅之月即正月为岁首。彝族学者刘尧汉教授在其《中华文明源头新探》等著作中，则认为夏、商以至于周初都还在使用“十月历”。而我们从八卦的发生学的角度考察，则认为华夏部族，很可能经过一段以原始的“四时八节”历与十二月份历混合使用的阶段（详后第四节）。这样的历法，反映在八卦定位图上，便是以八卦的方位区分四时八节，再以十二月的农事活动与之相应。这样，若按夏易的观念，取东北方位的艮卦为首，便自然地形成以艮卦代表一月至二月中；震卦代表二月中至三月；巽卦代表四月至五月中；离卦代表五月中至六月；坤卦代表七月至八月中；兑卦代表八月中至九月；乾卦代表十月至十一月中；坎卦代表十一月中至十二月。其民事操作顺序可以图示如下：

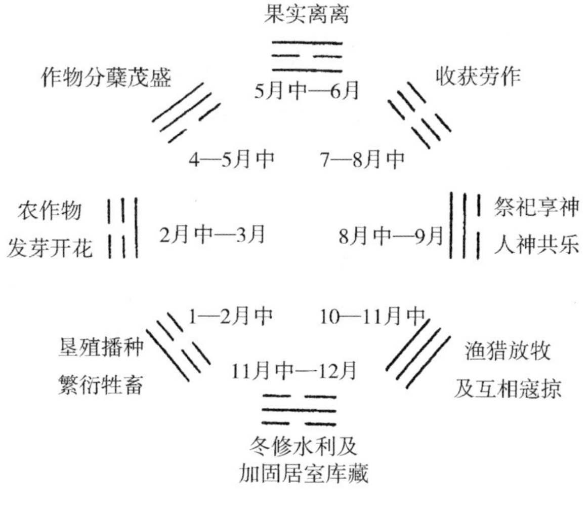

图Ⅲ-Ⅰ-Ⅱ 连山八卦时序图

从上图可以看出，按照这样的农事（包括渔牧狩猎以及争战）顺序记录下来，便成了上引《说卦》第五章所讲的“帝出乎震，齐乎巽，相见乎离，致役乎坤，说言乎兑，战乎乾，劳乎坎，成言乎艮”。这些描述，乃是当时农事生产活动的自然记录，也是一个不可违拗的合理顺序，道理非常明白易懂，不需多加解释，对于现代人来说，只有震卦位上标志农作物发芽开花的意象为什么叫做“帝出乎震”这一点要略加说明。因为“帝”字在甲骨文中作、等形，一般释为束柴祭祖的意思。史学前辈郭沫若先生则释为“花蒂”，引申为祖先，再配祭为帝。因为夏代在殷墟甲骨文之前，帝字应当是在原初意义上使用，所以我们取郭沫若先生的说法。上述农事活动的合理顺序被纳入夏易的八卦图式以后，原来仅用于调控自然灾害的卦象，又取得了新意，它不仅同样发挥着象意型巫术中的自足性图像的功能，可以调理自然灾害，同时也发挥着调控和指导社会的生产和生活的功能，而且具有社会行为学层面的意义，这就使它被长期地保留下来了。而且直到周初作易时，还不能不采用它作为《周易》的基本图式，这一问题，就可留待下文讨论了①。

二　《归藏》易的命名与取象特点

《连山》易的命名和取象特点略如上述，下面我们来看看《归藏》易的命名和取象特点：

上引《礼记·礼运》孔子曰：“我欲观殷道，是故之宋，而不足征也，吾得坤乾焉。”《正义》注曰：“殷易以坤为首，故先坤后乾。”

又，《周礼·春官》太卜条，郑玄注“归藏”云：

> 归藏者，万物莫不归而藏于其中。

又，贾公彦疏云：

① 据纽约《世界时报》1986年12月30日载：美国《易经》学会会长洪天水保存有一件大约3200年前古希腊遗留下的陶盆河图，其底部有中文古篆铭文，大意为“连山八卦图，中国的历数，在遥远的东方”。铭文明确地记述了《连山》易与历数的相关性。若此河图为刘牧以前的河图，则与本文所证完全吻合；若此河图为刘牧以后之河图，则是《连山》易同时保留先天八卦图的证明。

归藏易以纯坤为首，坤为地，故万物莫不归而藏于中，故名为归藏也。

这是说明，殷人认为地有藏纳万物的功能，在八种主要自然物中，地的功能最大，所以殷易以纯坤之卦为首，而以“归藏”命名。

这种万物之中以地为主的观念，是很容易形成的，从文化人类学的角度加以审视，它不过是初民还没有完全把自己从自然界分离出来时形成的以自身为中心的朦胧观念的一种延续。原始人类开初是模糊地认为生物是供他吃的，草木水火是为他用的，以至于日月星辰都是为他照明的，除此之外别无意义。后来能够认识到自然界有八种主要物体与人类的生存和生活密不可分，已是了不起的高见，但同时还认为以自身的力量，通过巫术方式可以对它进行调控，如前所述，八卦文化正是在这一基础上形成和发展起来的。随着社会生产和生活的进一步发展，人们对八种自然物的性质和功能有了较多的认识，才逐渐对这八种主要物体的主要性质与功能加以区分，形成了后世所谓“卦德”的模糊印象，对于它们之间的相互作用也才能进一步加以分析。《说卦传》第四章有云：

雷以动之，风以散之，雨以润之，日以烜之，艮以止之，兑以说之，乾以君之，坤以藏之。

这一段话，正是他们对于八种主要自然物的功能和相互作用的一种说明，这样的观念并不限于某一种民族，一般来讲，在文化初开的民族大都可能自发产生，只不过有的明确有的模糊罢了。通常认为《说卦传》这一段话是对于所谓“先天卦位”取义的一种说明，但是，我们细检《周易》六十四卦的卦爻辞，其中“雷以动之，雨以润之，日以烜之，艮以止之，兑以说之，乾以君之”六德之用极为频繁，而“风以散之，坤以藏之”二德应用极少，且与《周易》的“巽，入也。坤，顺也”的观念颇有歧异，因而可以设想它是殷易《归藏》观念的一种遗留。

从历史上看商殷部族形成的早期，虽然也难免受到洪水灾害，但较之夏族受害为小，商初建国的时候，人们对洪水的灾害早已淡忘。这时，不管是从事畜牧也好还是农业也好，只要没有“洪水滔天”、沼泽遍地的长期灾害，人们对于地的功能的认识都会提高，不管在农业民族还是畜牧民族那里，认为地才是人们借以生存和生活的主要依托这种观念必定要占优势。人们很容易判断，不管是山也好，水也好，泽也好，火也好，雷也好，风也好，都不能离开地而存在，以至于天也不能离开地而发挥作用。这样一来，夏易《连山》以艮为首的观念就不再为人们所接受。商族的首领和巫师们，即当时的知识集团，遂决定摒弃夏易以纯艮为卦首的观念而采用以纯坤为卦首乃是很自然的。

《归藏》易的取象特点还更多地保留在今存《周易》的《杂卦传》中。一般认为《杂卦传》是对六十四卦卦象及卦德的最高度的概括，但是我们细检《周易》卦爻辞，大约半数以上的含义与《杂卦》的说法不能相通。例如以兑为见，就明显地与《周易》相左，尤其在与坤组合的十五个卦中，能够与经文相通的，不及三分之一。其中最明显的有如下表。

表Ⅲ－Ⅱ－Ⅰ　《周易》卦象辞与《杂卦传》释义对照表

卦象	卦名	卦　　辞	杂卦释义	帛书名
䷇	比	吉。原筮，元永贞，无咎。不宁方来，后夫凶。	乐	比
䷆	师	贞丈人吉，无咎。	忧	师
䷒	临	元亨。利贞。至于八月有凶。	与	林
䷓	观	盥而不荐，有孚颙若。	求	观
䷎	谦	亨。君子有终。	轻	嗛
䷭	升	元亨。用见大人，勿恤，南征吉。	不来也	登
䷕	贲	亨。小利有攸往。	无色也	蘩
䷏	豫	利建侯行师。	怠也	馀
䷉	履	履虎尾，不咥人。亨。	不处也	礼

卦象	卦名	卦　辞	杂卦释义	帛书名
䷄	需	有孚。光亨。贞吉，利涉大川。	不进也	襦
䷹	兑	亨。利贞。	见	夺
䷞	咸	亨。利贞，取女吉。	速	钦

从上表可见《杂卦传》对于《易经》卦象的概括多数是极不准确的，特别是比乐、师忧、临与、观求、谦轻、豫怠、升不来等几卦，与经文卦爻辞含义实不相类，多为别立新义。不过，我们若以坤为地，从地有归藏之德来理解，则这几卦的大多数也还可通。例如：

> 师卦象水藏地下，难以取用故忧；
> 临卦象泽入于地，若与；
> 观卦象风来附地，若求；
> 谦卦象地藏其山，若示自轻；
> 豫卦象雷归于地而不发，若怠；
> 升卦象地藏其风，阻而不来；

如此等等，则《杂卦》之辞不必与《周易》经文相吻合而可以自成体系。从这个迹象上看，将《杂卦》所述的许多卦德理解为另外一种易的释辞是较为合理的，而这种易的取象原则，似与《归藏》易颇为相近①。

当然，仅仅是从《说卦》与《杂卦》中这些零星遗迹，并不能说明《归藏》易的取象特点。它最多只能说明《归藏》易之于坤卦取象为地，而于坤的卦德——即地的功能取象，确实具有“归藏”之义而已。至于《归藏》易的卦象组合如何，是否以“坤”为首，以及它的占断辞有何特点等等，还有待进一步考察。幸好在现存《左传》《国语》中，为我们保留了一些《连山》《归藏》与《周易》三易并占的记录，下面我们就来对其中有关《归藏》易的占断记录加以探讨，附带也阐明一些与《连山》相关的

① 极有可能，杂卦的“杂”本来就是杂取夏商易象之意。

问题。

三　《连山》《归藏》筮例

（一）晋筮与楚战

> （晋、楚遇于鄢陵）公（晋厉公）筮之。史曰："吉。其卦遇'复'（䷗），曰：'南国蹙，射其元，王中厥目。'国蹙王伤，不败何待。"……吕锜（晋将）射共王（楚王）中目……（楚）乃宵遁。
>
> ——《左传·成公十六年》

按：这里占得的是一个"静"卦，即没有变爻，断辞不言某爻繇辞，所以"南国蹙，射其元，王中厥目"乃是"复"卦卦辞。而今本《周易》的"复"卦卦辞为："复。亨。出入无疾，朋来无咎。反复其道，七日来复。利有攸往。"二者迥然不同，可知其不是《周易》卦辞。

又：复卦下震上坤（䷗），"南国蹙"，取外卦坤象，以坤为地，有国土之象；南为方位，以坤卦在南方，刚好与《周易》相反。《周易》兼用先天卦，是以乾为首，其方位是乾南坤北，这里是以坤为首，坤南乾北。正好证明这段卦辞，乃是《归藏》卦辞。"射其元"取内卦震象，交战之事，兵器震动，故有射象，震往坤，坤为卦首，故曰"射其元"。

"王中厥目"取外卦坤伏象，坤既然取国土之象，有国必有王，内震既射其元，自然是射中其王之元（首）。这里更说是中其首之目，则是取《连山》卦位，前已说明《连山》卦位即是所谓后天卦，其卦为离南坎北，离为日，为明，于人身为目。所以说"王中厥目"。南国之王既然被射中目，自然就处于穷蹙之境了。所以卦辞一开始便说"南国蹙"。

从这条简单的卦辞中，我们看到它包括的信息是很丰富的，判断是富于理性逻辑的，而其取象特点，如以坤为地，于邦交关系为国；震为动，于争战为射；以及离为明，于身为目等都与《周易》一致。同时还用了"事理"象，即国中必有君，故"坤"伏"王"。这些取象方法，乃是与制器尚象阶段的取象原则一脉相承，很可能在《连山》易时期已广泛采用的，更重要的则是这段卦辞明明以坤的方位为南，又以坤为首卦，充分表明它的确是《归藏》易的卦辞。又以坤位南与《连山》易的离位相当而取“目”象，这表明在殷易中对先天八卦图与后天八卦图都一并传承而加以互用。这种卦位互取法在后来《周易》也是常用的，表明其起源甚早。应当说：《周易》的种种取象方法原则上是继承夏殷二易的，只是更加丰富而已。

（二）秦筮与晋战

> 晋饥，秦输之粟；秦饥，晋闭之籴，故秦伯伐晋。卜徒父（秦之筮史）筮之，吉。涉河，侯车败。诘之。对曰：“乃大吉也，三败必获晋君。其卦遇蛊䷑，曰：‘千乘三去，三去之馀，获其雄狐。’夫狐蛊，必其君也。蛊之贞，风也；其悔，山也。岁云秋矣，我落其实而取其材，所以克也。实落材亡，不败何待？”三败及韩……九月，晋侯（惠公）逆秦师……壬戌，战于韩原……秦获晋侯以归。
>
> ——《左传·僖公十五年》

按：这也是个“静”卦，据通例，用卦辞为断。《周易》的蛊卦卦辞为：“蛊。元亨。利涉大川。先甲三日，后甲三日。”与这里用的卦辞迥然不同，我们也可以推断其为《连山》或《归藏》的卦辞。必须指出，这类未明出处的筮辞，先儒往往笼统地指为“杂占”之辞，这种说法是不准确的。杂占是卜筮以外的占法，而战争是国家生死存亡的大事，不能随便用杂占，这里明明说的是筮法，筮法在当时是三易并筮，是很神圣的事，除了《周易》以外，就只能用《连山》《归藏》二易，是不能随便用别的占断的。现在先看卦辞：

“千乘三去，三去之馀，获其雄狐。”

蛊卦下巽上艮，中爻三至五为震，于行动为车乘，震卦在先天卦于数为四，按十进位为千（个、十、百、千），故曰“千乘”；下卦巽为风，风动则去，巽在《连山》卦数为三（艮一、震二、巽三）故曰“三去”。

又：蛊卦巽去之后，余下的是上卦艮，艮一阳象首背尾，二阴象四足，有狐象，其卦为阳，故曰“三去之馀，获其雄狐”。

"夫狐蛊，必其君也。"

这一句以下是卜徒父的释辞。

当时是秦穆公在问卦，为什么他断定狐蛊不是穆公而必是晋君呢？狐者狡诈之物，蛊者惑乱之事。晋君惠公原是献公的第三个儿子夷吾，献公欲立第四子奚齐为君，先把太子申生杀了，二儿子重耳、三儿子夷吾出亡避祸。献公死后，大夫里克杀了奚齐及其弟卓子，派人迎接夷吾，夷吾在秦穆公的帮助下回到晋国被立为君，是为惠公。惠公即位以前，对迎立他的大夫们大肆封官许愿，但是一上台便杀了里克，而且违背了他对晋大夫们许下的各种诺言。后来晋国遇到天灾，向秦国借粮，秦伯用大船载粮食以救晋饥。第二年秦国发生灾荒来向晋国借粮，惠公却一毛不拔。这便是引文中一开头讲的"晋饥，秦输之粟；秦饥，晋闭之籴，故秦伯伐晋"，也就是这次战争的起因便在于晋君的背信弃义。晋惠公这种行为，实在极不明智，连晋国大夫庆郑都说他"弃信背邻"，时人都认为他是又狡诈又惑乱，所以卜徒父断定狐蛊必晋君也。这种取象方法前儒都不得其解，其实这是一种根据事物义理以取象的原则，在释例中叫做"取事理象"，在《周易》释例中是常用的，说明在春秋时是一种通用的方法。

"蛊之贞，风也……不败何待？"

这一大段的意思是蛊卦的内卦为风，外卦为山，若问败晋的时间，据中爻二至四为兑，兑在《连山》卦位为秋，故曰"岁云秋矣"。上卦艮，外坚内柔，有果实之象，下卦巽为风为木；外卦为彼，内卦为我，我以风动木而"落其实取其材"，彼则"实落材亡"，那时不败，还待何时呢？结果确实是在秋九月的交战中俘获了晋君。

从这段释辞可知，释辞不是经文，它是筮官对卦象的发挥，这种发挥是针对求卦者的提问而作出的解释。这种解释着重在要求逻辑上的合理性，并不一定与原卦辞有关，所以不能将它看成是《连山》或《归藏》易的原辞，不过它毕竟与二易的象、位、数密切相关。因为卜筮是很神圣的事，是不能离开象、位、数而随便乱讲的。这里值得注意的有两点：

其一，当秦伯问卜徒父，什么时候可以打败晋军的时候，因为刚刚出征问卦的时节是春天，依艮、震之象都是春天，但实际上春天尚不可能会战，会战的时间应在夏、秋之时，而卦中无离象，所以卜徒父从卦的中爻提出了兑卦之象，推断其当在秋天。这种推断实际上是以理性逻辑为主，提取的卦象只是作为某种启示的根据而已。这里体现的是占筮预测中的理性优势原则，如前所述，乃是八卦文化的优良传统。

其二，卜徒父在谈内外卦的时候，用了“贞悔”二字。在《周易》中，一般是如遇静卦，可以再筮一卦，其原卦为贞卦，再筮之卦为悔卦，这里是依一个重卦的上、下卦而言贞悔，即下卦（内卦）为贞，上卦（外卦）为悔。这显然是根据卦占的早期习惯（此点后面详论）。由于《连山》《归藏》以不变之爻为占，所以不需再筮，而按早期卦占的习惯取下卦为贞上卦为悔了，这也是这条卦辞取自夏殷易的一个标志。那么，究竟这条卦辞是来自夏易还是来自于殷易呢？从卦数、卦位的取象来看，巽取数三，属于《连山》卦数，但从“千乘三去”中的“千乘”来看，以及从卦辞的简练程度来看，都是夏易时代不可能达到的，所以此卦辞仍应视为殷易《归藏》之辞，较为合理。只是古殷易中取象、数、时往往与夏易参用罢了。以后我们可以看到，这种二易互相参用的方法，在《周易》的释辞中也是常见的。

（三）穆姜之筮

> 穆姜薨于东宫。始往而筮之（穆姜淫于侨如，欲废成公，故成公将其徙居东宫，事在成公十六年），遇艮之八。史曰：“是谓艮之随（䷳—䷐）。随，其出也，君必速出。”姜曰：“亡。是于《周易》曰：‘随，元亨利贞，无咎’。……有四德者，随而无咎，我皆无之，岂随也哉？我则取恶，能无咎乎？必死于此，弗得出矣。”
>
> ——《左传·襄公九年》

本筮之占断，“史曰”以下，有“姜曰：‘亡。是于《周易》曰……’”等释辞，分明以“史曰”之辞非《周易》之占，而春秋之世三易并占，故先儒皆以为乃《连山》或《归藏》之占，且据此以知二易以七、八不变爻定占断，此说可从。问题在于“史曰”之辞究竟是据《连山》爻辞，还是据《归藏》爻辞，或是史官自加的释辞。

我们先看“遇艮之八。史曰：‘是谓艮之随。’”的含义：艮卦有四个阴爻，或八或六；究竟哪一爻是八呢？从艮之随（䷳—䷐）来看，只有第二爻没有变，可见二爻数为八，据上述《连山》《归藏》以不变爻为占断之惯例，下面当引出二易的艮八二爻辞为占。

“随，其出也，君必速出。”对照上引一、二条占例看，第一条，晋筮与楚战，其辞曰：“南国蹙，射其元，王中厥目。”第二条，秦筮与晋战，其辞曰：“千乘三去，三去之余，获其雄狐。”其象宛然，其辞雅驯而韵谐，此辞则取象不足而辞不雅驯，亦无韵可言，可知其必非二易爻辞，而应当是史官的释辞。前面已阐明，筮占与龟卜一样是很神圣的事情，当时三易并占，形成互相制约，即使是释辞，筮官也是不可无根据地下断语的。何况穆姜本人就精通《周易》，岂能离象作解？因此，“随，其出也”，亦是依据随卦的卦象作出的占断。由于随卦卦象是下震上兑，在《周易》是取下随上义，而这里取“出”义，我们就应当考察一下据夏、殷二易，有没有取“出”义的象。前已说明，现存《杂卦》传中保留了一些《归藏》易的遗意，现查其中有“震，起也”。“兑，见也”。“随，无故也”。随卦内卦为震，有起动，起步等义；外卦为兑，为见，见即现；内起动而外以现，当然是行出于外之象。所以史官据此而断言“随，其出也”。又因随卦之总释为“无故也”，即是“没有事故”。用今天的话来说就是“没有差错”或“没什么问题”，所以又断言“君必速出”。由此可见，史官的这个解释，很可能是根据《归藏》易的取象方法来推断的。当然，由于他没有直接引用爻辞，也可见他有迎合穆姜求吉心理之意，这也是筮占中难以避免的现象，正因如此，史官的占断也就是不准确的了。

（四）重耳自筮得晋国

（十五年，惠公卒，怀公立，秦乃召重耳于楚而纳之……）公子（重耳）亲筮之，曰：“尚有晋国?”得贞屯、悔豫，皆八也。筮史占之，皆曰：“不吉。闭而不通，爻无为也。”司空季子曰：“吉。是在《周易》，皆利建侯。不有晋国，以辅王室，安能建侯？我命筮曰：‘尚有晋国?’筮告我曰：‘利建侯。’得国之务也，吉孰大焉……”（晋人杀怀公于高梁而授重耳，是为文公。）

——《国语·晋语》

这次所得的卦象是贞屯（䷂）、悔豫（䷏），所谓“皆八也”，据上例可知其占得的两个卦都是静卦，没有变爻。这是按《周易》筮法惯例，若初筮之卦无变爻，可以再筮一卦。

筮史占之，皆曰：“不吉，闭而不通，爻无为也。”由于贞、悔二卦都是静卦，筮史没有按《周易》的卦爻辞进行占断，而是用了自己的释辞：

“闭而不通”是以屯卦之象下震上坎（䷂），雷在水下，故有闭而不通之象；豫卦之象下坤上震（䷏），在《周易》本是雷出地，奋豫之意，而在《杂卦》则说：“豫，怠也。”以雷归地而不发为象，因而也有“闭而不通”之义。可见这个释辞，是依《归藏》取象的。

“爻无为也。”因为屯、豫两卦都是静卦，若按《连山》或《归藏》以静八爻为占，便有九爻可取，他们认为无可取从，故曰“爻无为也。”所以总的断辞是“不吉”。

以下司空季子说：“吉，是在《周易》，皆利建侯……”则是按《周易》筮占的原则，遇贞、悔二卦皆静，即取二卦之卦辞占断。《周易》屯卦卦辞为：“屯。元亨。利贞。勿用有攸往，利建侯。”豫卦的卦辞为：“豫。利建侯行师。”所以他说：“吉……皆利建侯。”

“我命筮曰：‘尚有晋国?’筮告我曰：‘利建侯.’得国之务也，吉孰大焉?”这一段话则是批评筮史们离开了贞问的命题去取象，这在三易中都是不妥当的。

从这一筮例中我们只能得到《归藏》易的两点信息：一是如第二例所示。《归藏》乃以不变爻为占，只需一个静卦，即可依卦辞占断，此处是因为公子重耳筮了两次，得了两个静卦，所以他们没有用哪一个卦的卦辞，而是对两个卦的卦象，按《归藏》易的取象特点加以解释，这大约是《归藏》易的筮师们的一种变通之法；二是由于屯卦（䷂）和豫卦（䷏）两卦共有九个阴爻，三个阳爻，两卦皆静，则阴爻为八，而阳爻皆为七，这里只说“皆八也”而不言“七”，可见殷易有以“八”静代表“七”静的习惯，亦即有以阴静为主的观念，这显然与殷人崇地而以纯阴之坤为卦首的尚阴观念密切相关。

《左传》《国语》中还有一些与《连山》《归藏》相关的筮占事例，由于记载简略，所能提取的信息不出上述范围，因此，我们对其取象特点的探讨，可以暂时到此为止。总起来看，《连山》《归藏》二易的特点可概述如下：

1. 二易经卦皆八，别卦皆六十有四，与伏羲、神农以来八卦文化的传统一致；

2. 二易的经卦名称皆为乾、兑、离、震、巽、坎、艮、坤，分别代表天、泽、火、雷、风、水、山、地，也与伏羲神农以来八卦所取物象一致；但是在取“义象”即所谓“卦德”方面则有所不同。最明显的是《连山》易于“艮”卦取“成终成始”之义，其卦序以“艮”为首；《归藏》易于“坤”卦取“归藏”之义，其卦序以“坤”为首。这是由于夏殷民族生活经历不同，对八种自然物的功能的认识有差别而形成的。简言之是《连山》易与夏族经历长期的洪水之灾，对山有特殊的认知与崇拜相关，《归藏》易则与农业民族的自然观念相关。汉儒杜子春曾断言《连山》出于伏羲，《归藏》出于黄帝。从社会生产生活的特点来看可能有些联系，但从文化发展的程度来看，则缺少应有的根据。

3. 二易以静爻为占，并以八静为代表，静爻多时取卦辞为占，静卦以下卦为贞，上卦为悔，以分主客彼我等。

4. 二易的取象特点除卦首各有所重以外，更具体地表现在二易的占断及释辞中，从《左传》《国语》所保留的四条主要筮辞来看，其取象方法有：

（1）取上下卦物象，如“蛊之贞风也，其悔山也”之类；

（2）依上下卦义取事理象，如“我落其实，而取其材”，“南国蹙，射其元”，“随其出也”之类；

（3）取中爻时序象，如“岁云秋矣”之类；

（4）取事理象，如“狐蛊必晋君也”，“坤伏王”之类；

（5）二易互取数、位象，如“千乘三去”，“中厥目”之类；

（6）二易除以静卦辞、及静爻辞为占外，史官或有释辞。释辞多为针对问卦者的提问而言，虽非经文必与卦之象位数相关；

（7）二易都有卦、爻辞，殷易的卦爻辞已非常雅驯而简练。

如此等等，可见夏、殷二易的取象方法，基本上是设卦观象以来的八卦文化传统的继承与发展，也是八卦具备了预测功能，广泛应用于筮占之后，其占断方法日趋完善的标志。

最后只剩下一个问题需要加以说明，就是桓谭《新论》中讲“连山八万言，归藏四千三百言”。先儒都认为不合常理，意谓《连山》草创，不应比后来之《归藏》内容更丰富，这种看法其实是有偏颇的。我们认为，正因为《连山》草创，记录内容必定繁杂，《归藏》已在此基础上进行了加工和拣择，更加简明适用，因而文字要少得多，但不影响其实用性，甚而更加便于应用。其次，前已述及，夏易与农事活动密切相关，孔子观道于殷得《坤乾》，观道于杞所得者则称《夏时》，这表明夏易是依时序行筮，其占辞则很可能并记于《夏时》之中，证之桓谭《新论》说："《连山》藏于兰台，《归藏》藏于太卜。"汉世巫史分立，各司其职，卜官专司卜筮，史官主管天文、历法兼及象数。"《归藏》藏于太卜"，可见是专门卜筮之书，"《连山》藏于兰台"，兰台是太史、史官所处，足见《连山》与天文历象关系密切，内容互相含摄，文字多于专用于卜筮之易，也就很自然了①。

四 《连山》《归藏》的筮数方式与"数字卦"问题

（一）"数字卦"的特点

在对于夏殷二易的取象特点大体明白之后，就可以进一步探索二易的筮数方式了。为此，又必须对数字卦问题有所了解。

先看看下列几组从考古发掘中所得到的所谓"数字卦"。

① 《连山》文字繁多，还可能与初期筮占时对筮数的应用与解释较为复杂有关，这个问题将在下文论及。

表Ⅲ－Ⅳ－Ⅰ

序次	时代	器物	文字与符号	卦形	出土地点	著录
1	晚商	甲骨	甲一六六六	☷		《殷墟文字外编》四四八
2	晚商	陶毁	七八六六七七	䷨	安阳殷墟	《考古》一九六一年二期六十三页
3	晚商	陶毁	六六七六七一	䷵	安阳殷墟	《考古》一九六一年二期六十三页
4	晚商	陶毁	六六七八一八	䷧	安阳殷墟	《考古》一九六一年二期六十三页
5	商末	卣	一八八六一一	䷨	山东平阳朱家桥九号墓	《考古》一九六一年二期九十三页
6	商末	陶范（阳面）	一七六七八六	䷴	传出土于安阳小屯	邺中片羽二上四十七

7	商末	陶范（阳面）	五七六八七一	䷼	传出土于安阳小屯	邺中片羽二上四十七
8	商末	甲骨	七八七六七六曰䰟	䷿	河南安阳四盘磨	《一九五〇年春殷墟发掘报告》《中国考古学报》第五册图片版肆壹
9	商末	甲骨	八六六五八七	䷣	河南安阳四盘磨	《一九五〇年春殷墟发掘报告》《中国考古学报》第五册图片版肆壹
10	商末	甲骨	七五七六六六曰魁	䷋	河南安阳四盘磨	《一九五〇年春殷墟发掘报告》《中国考古学报》第五册图片版肆壹
11	商末周初	父戊卣	父戊 ☷ 六六六		录遗二五三	
12	商末至周初	一百七十七号卜甲	七六八六七六	䷃	凤雏村一号窖穴	《陕西岐山凤雏村发现周初甲骨文》《文物》一九七九年十期

13	商末至周初	七号卜甲	八七八七八五	䷾	陕西岐山凤雏村甲组宫殿房基二号西厢房十一号窖穴	《陕西岐山凤雏村发现周初甲骨文》《文物》一九七九年十期
14		八十一号卜甲	七六六七六六	䷳	陕西岐山凤雏村甲组宫殿房基二号西厢房十一号窖穴	《卦画探源——周原出土甲骨上卦画初探》徐锡台、楼宇栋考古学会成立大会论文
15		八十五号卜甲	七六六七一八曰其入王□鱼	䷑		
16	周初	甲骨	六八一一六一	䷶	陕西长安张家坡	《长安张家坡村西周遗址出土的甲骨》《文物参考资料》一九五六年第三期
17			五一一六八一	䷘	陕西长安张家坡	《长安张家坡村西周遗址出土的甲骨》，《文物参考资料》一九五六年第三期

18	周初	甲骨	一一六一一一	䷈	张家坡西周遗址	《沣西发掘报告》111页图七
19	周初	甲骨	六六八一一六	䷭	陕西西安丰镐遗址	《古甲骨金文中所见的一种已经遗失的中国古代文字》唐兰《考古学报》一九五七年二期
20	周初	甲骨	一六六六六一	䷚	陕西西安丰镐遗址	《古甲骨金文中所见的一种已经遗失的中国古代文字》唐兰《考古学报》一九五七年二期
21	周初	骨镞	五一□	⚌ ?	张家坡西周遗址	《沣西发掘报告》九十二页图六〇
22	周初	骨镞	一六一	☲	张家坡西周遗址	《沣西发掘报告》九十二页图六〇
23	周初	召卣	一一六八一六	䷺	张家坡西周遗址	三代十二，四十五，通考图六一三

24	周初	效父毁	休王锡效父〇〇三，用作厥宝隮彝 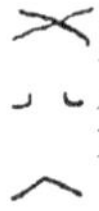 五 八 六	☶		三代六、四十六，古铜精华一〇六
25	周初	盘	 八 一 六	☵		续殷存下七十四
26	周初	鼎	 八 八 六 八 □ □	 ??		续殷存上七
27	周初	中方鼎	隹十又三月庚寅，王在寒次王令大史兄福土。王曰：“中，兹福人入史，易于武王乍臣。今兄卑女福土乍乃采”，中对王休令，䵼父乙隮，隹臣尚中臣。 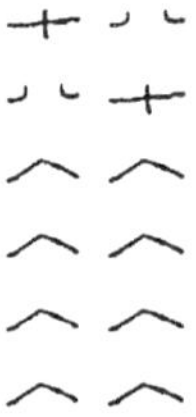 七八六六六六 八七六六六六	䷖ ䷇	传湖北麻城出土	啸堂十，博古二，十七
28	周初	堇伯毁	堇伯作旅隮彝  八 五 一	☱	三代六、三十九	

29	周初	史斿父鼎	史斿父作宝隮彝 七五八	☴		三代三十八
30	周初	召仲卣	七五六六六七召仲	䷩		西清十五、三十三（此器容庚先生疑伪）

以上表列 30 组数字，取材自张亚初、刘雨《从商周八卦数字符号谈筮法的几个问题》一文，原文载《考古》一九八一年第二期，今选入《周易研究论文集》第一集，原文共录有 36 组符号，按甲骨、钟鼎、陶器分别排列，这里只选取其中与卦形相近的 30 组，并按其年代顺序排列。

这 30 组数字都呈现 6 个数一组或 3 个数一组，与八卦的重卦及单卦的爻数相当，如果按奇数为“⚊”爻；偶数为“⚋”爻加以转换，每一组数便可以转画为一个重卦或一个单卦，加上第 29 组、史斿父鼎铭文，在“史斿父作宝隮彝”下有“”（贞）字，相当于筮占的“命辞”，其旁（），相当于筮得的卦象，可转画为☴卦，完全符合商周人占卜记录的惯例，因此可以认为这里贞得的“”，是一个数字卦；此外，第 15 组八十五号卜甲之可转画为䷱卦，其下书“曰、其入、王☐鱼”，则相当于筮占的彖辞，即后世所谓系辞；而第 8 组可转画为䷿卦，其下有“曰嵬”相当于“卦名”；第 10 组可转画为䷋卦，其下有“曰魁”，亦相当于“卦名”，由于此两卦由乾、坤、离、坎四个单卦组成，张政烺先生推断其为卦首，又因为神农氏又号魁隗氏，张先生复推断其是所谓《连山》易的卦首，此说有一定理由，我们可以存而不论。总起来说，将上述类似的 30 组数字都看成是数字卦，是较为可信的，反之，若将它们看成是族徽或文字，或因为另外有些是10个及12个数字组成的符号，而要否定它们是数字卦，则是根据不足的。因此，将这些数字组合看成“数字卦”，大体上已得到学界的公认，剩下来的是还有一些重大的问题有待说明：

第一，商、周之际，为什么只发现这样一些数字卦，而没有发现典型的八卦符号，为什么当时人记录筮占结果，只用数字而不用⚊（阳）、⚋（阴）符号？

第二，由于这30组数字只有1、5、6、7、8，五个数字，没有2、3、4、9、10等，尤其是不用9，这与《周易》显相矛盾，当时的数字卦为什么不用这些数字？

第三，这些数字是怎样得来的，即当时的筮数之法究竟如何？

第四，这些数符究竟是怎样转化为卦符的，是不是像通常设想的那样，以奇数为⚊爻，以偶数为⚋爻而别无其他意义？

以上四个问题若不解决，则数字卦之说能否成立尚是一大疑问，正是由于这个原因，所以现在仍有不少学者对“数字卦”之说持怀疑态度。

这四个问题中，目前比较接近于解决的是第二个问题，即是这些数符中为什么没有2、3、4、9、10等数的问题。

例如我们上引30个数字卦中所用数字若按1—9加以统计，可得其出现情况如下表：

表Ⅲ－Ⅳ－Ⅱ

数字	一	二	三	四	五	六	七	八	九
出现次数	31	○	○	○	10	62	29	27	○

这种情况的出现是何原因？张政烺先生认为并不是由于古代筮数时得不出二、三、四等数字，而是因为这几个数字在古代是以积画为义，如二书为二，三书为三，四书为☰，都容易与“一”相混淆，而依数立卦时一般仅取奇偶，所以在画数字卦时，便将“一”“三”并书为“一”，将“二”

与“四”并书为“六”了[①]。这个判断大体上是可以成立的，因为在1979年江苏海安县青墩遗址中出土的骨角木皿和鹿角枝上，便出现了“三五三三六四”和“六二三五三一”等数符，其中的一、二、三、乃以正书、竖书、斜书等加以区别。这就证明了数字卦的筮法所得的数字确实包括了“一至八”等8个数字，而且各个数字出现的几率大体是相等的。只是这种筮法中为什么没有出现“九”这个数字的问题未能解决。

由于“用九”是在《周易》中专门标出的筮法规则，而在《连山》、《归藏》中，从前面引述的资料来看，则没有提到过“九”这个数字，反而一再地提到“皆八也”或“遇△之八”等等，我们就可以设想，所谓“用九”乃是《周易》筮法的一大特色，在夏殷二易的筮法中还没有用到“九”这个数，而其所用的数中以“八”为最大，因此，《连山》《归藏》都以得“八”为主要的占断根据。所以，二易都仅言“遇八”“皆八”而不及其他数字。

现在我们先来看看能不能找到一种筮数的方法能满足上述要求，即筮数的结果，能够得出从一至八的八个数字，而且令其出现的几率大致相等。

当然，如果要我们凭空来发明一种筮法，其筮数的结果仅仅满足上述要求，在数学上来讲并不困难，但是它必然是毫无价值的。因此，我们所设想的筮数方法，首先应当与其所自来的源头及其流变有着内在的联系。

在本书第三章讨论“制器尚象”的“神而化之”问题时，曾经讲到，大约在黄帝尧舜时代，在解决八卦与数占的结合时，可能参照了某些加盟部落中流行的数占方法，例如西南傈僳族的“赛萨”和凉山彝族中的“雷夫孜”等这些起源很早的数占方法。而所谓“赛萨”，乃是用33根竹竿，一手握之，另一手分而数之，按不同的分法连数三次，得出三个可能不同的数，以定吉凶宜忌；所谓“雷夫孜”，则是“巫师取细竹或草秆一束握于左手，右手随便分去一部分，看左手所余之数是奇是偶，如此共行三次，从而可以得出八种不同的排列组合，以定吉凶”。与这些相类似的早期的筮数方法，我们可以将它看作夏殷时期所用的筮数方法之源。

在今本《周易·系辞》上传第九章所记的“大衍之数五十，其用四十

---

① 参见张政烺：《试释周初青铜器铭文中的易卦》（原载：《考古学报》1980年第4期，近收入《周易研究论文集》第一辑第557页）。

有九，分而为二以象两，挂一以象三，揲之以四以象四时，归奇于扐以象闰，五岁再闰，故再扐而后挂……是故四营而成易，十有八变而成卦……”这种筮数方法，显然应当与夏殷二易的筮法有关，可能是它的流变与完善。

从这一源与一流之中，可以看出如下几点：

1. 它们都隐含着一种“大数决定论”的思想，即认为一切事物都是由某种大数所决定的，只要用某种方法，从这个大数中求得这个事物在某一阶段，某一问题上的特殊的数，就可以根据此数的组合来判断它发展前途的吉、凶、宜、忌。这个大数，在“赛萨”中是“三十三”，在《周易》中是“四十九”。

2. 在各数之中，它们都有一个最崇拜的数字，在“赛萨”和“雷夫孜”中，这个数字是“连数三次”的“三”，在《周易》中则是“揲之以四”的“四”。三是多数的象征，而“四”则是天地变化的大数——四季的象征。

3. “赛萨”和“雷夫孜”的筮法过于简单，不能满足“八卦”这一神圣符号取数的庄重要求，又得不到创立八卦筮数法的巫师们认为最神圣的数字“八”①；《周易》对数的信仰已达到某种体系化的程度②，这是夏殷以前还不可能达到的。

据此我们可以设想，创立筮法的巫师们，很可能参照类似于“赛萨”和“雷夫孜”的筮法，运用他们认为最为神圣的数字“四十八”③，以一种比《周易》简单的筮数法，使其可以得到他们所要求的“一、二、三、四、五、六、七、八”等8个数字，并使它们各数出现的几率大致相等。要满足这一要求并不难，凡是懂得整数四则的人都知道，任何大于八的正整数，只要除之以八，便可以得到一、二、三、四、五、六、七以至八等8个余数之一。传说中黄帝命隶首作算术，无论其真实性如何，至少当时已积累了五百多年的农作观象经验，整数四则运算是必不可少的，因此，这样的筮数的方法，也终于被他们创造出来了，而其最简便的操作方法，则是将48根蓍草或竹签执于左手，右手任取出一份，然后揲之以八。这样每揲蓍一次便可以得到从一至八的任何一个余数，它们出现的几率相等，只要连续

① 说详下文。
② 说详下文。
③ 说详下文。

揲蓍三次，便可以得到三个可能不同的数，从而组成一个数字卦的单卦；每连续揲蓍六次，便可以得到一个数字卦的重卦了。

这样的筮数法，既满足了八卦取数的庄重要求，而又能合理地解释夏殷二易崇“八”，以及周代以前的数字卦中没有“九”这个数的原因，因此，我们便有理由设想它是夏殷时期通行的筮数方法，而其起源则可上溯至黄帝尧舜时期解决数占与八卦相结合的初创时代。

（二）大衍之数与原始历法

现在的问题是应当进一步说明这种筮数法创立的时期，人们为什么会把“四十八”这个数作为最神圣的数，从当时的历史条件来看，有没有形成对“四十八”这个数的特殊崇拜心态的现实依据。

前面已经提到，无论是以三十三为基数进行揲蓍，或是以四十八为基数进行揲蓍，这种筮数法的基本思想都是一种“大数决定论”，即认为天地万物都是由这个大数决定、乃至生成的。揲蓍取数的含义，就在于从这个大数的运动变化中，找到与筮占者本身所相应的数。这样的大数决定论观念，在数的崇拜中，是一种颇为高深的观念，因为它具有某种本体论的含义，必然是经过一定层次的哲学思辨的结果，是一种朴素的宇宙观的表现。因此，它绝不是偶然发生的，必然有以对自然现象的普遍观察与广泛的社会生活经验为其基础，而这样的观察和经验，在原始的农业民族中，只能来源于对天文历象的长期观测和农牧渔业生产经验的广泛积累与提炼。这样，我们就有必要对当时的历象观测问题，作一些较为具体的考查和分析。

就一般的农业民族的历象观测来讲，都是起源于对日、月、星辰运行变化的观察，再辅之以物候学方面的知识，而日、月、星辰中，又是以对太阳运行变化的观察为最早。我们在本书第二章探讨黄帝尧舜时代形成历数崇拜的可能性时已经引述了黄帝“获宝鼎，迎日推策”，帝颛顼“载时以象天”，帝喾“历日月而迎送之”，帝尧“乃命羲和，敬顺昊天，数法日月星辰，敬授民时[①]”等天象观察的记载，但对于其中的历法推算问题没有探讨，下面我们再从《山海经》的有关记载中选出一些可能更加原始的历象观测资料，结合《尚书·尧典》及《史记》的记载进行考察。

---

① 均见《史记·五帝本纪》

其见于《山海经·大荒东经》者有：

1. 东海之外，大荒之中，有山名曰大言，日月所出。
2. 大荒之中，有山名曰合虚，日月所出。
3. 东荒之中，有山名曰壑明俊疾，日月所出。
4. 大荒之中，有山名曰明星，日月所出。
5. 大荒之中，有山名曰鞠陵于天……日月所出。
6. 大荒之中，有山名曰猗天苏门，日月所生。

以上六条的含义，乃是原始民族利用他们居住地点东方的山岭来观察日、月（主要是日）升起的位置，以定年岁或季节的推移。因为地球的地轴同黄道的交角呈 66°33′的倾斜，在四季运行中，使太阳的视位置出现由北向南再由南向北的变化，黄道与赤道交角，南北各为 23°26′，形成南北回归点，当太阳的视位置移至南回归点时，后世历法称为“冬至”，此时北半球日最短，夜最长；当太阳的视位置移至北回归点时，后世历法上称为“夏至”，此时北半球日最长、夜最短，而当太阳的视位置在南北回归点联线的中点时，便是后世历法上所说的“春分”“秋分”，此时昼夜平分。在原始民族中，最初的历象观测，由于没有“二至、二分”的明确观念，不可能有准确的记载，他们只是看到一年之中，太阳先是从东边山岭的北端升起，天气渐渐地从热转到凉，白天一天天地变短，太阳升起的位置，一天天地移向南方；当太阳从东边山岭的最南端升起时，天气便从凉转到暖，白天一天天地变长，太阳升起的位置又一天天地移向北方。这样年复一年地周而复始，他们就习惯于从观察太阳出山的位置来判断寒暑推移，安排农作的先后，久而久之，“二分二至”的观念便会自然地形成。

下面再看《山海经·大荒西经》的记载：

7. 大荒之中，有山名曰常阳之山，日月所入。
8. 大荒之中，有山名曰丰沮玉门，日月所入。
9. 大荒之中，有山名曰鏖鏊钜，日月所入者。
10. 大荒之中，有山名曰大荒之山，日月所入。
11. 大荒之中，有龙山，日月所入。

以上五条，显然是关于居住在西部地区，其住地之西面有山岭的原始民族观察日、月（主要是太阳）落山的不同位置以定季候，并依之安排农事耕作的记录。

上述十一条记载显然都比《史记》所载的黄帝“获宝鼎，迎日推策”更为原始，从年代上讲，便当是黄帝以前，即传说中的神农氏时代的事。近世吕子方教授等史学前辈经过细致考证，已证明《山海经》是我国最早的一部由巫师们所辑的关于自然地理和人文地理的书，它的成书时间大约在战国以前，中间加入了一些秦汉时期的材料，但它所记载的许多传说则早在文字创制之前的原始时代。这种观察日出位置以定季节的原始历法，便是关于史前部落的生活实录。详细的论证不是本书的目的，读者可翻阅吕子方《中国科学技术史论文集》（四川人民出版社，1984 年出版）的有关篇目便可明白。为了帮助读者了解《山海经》的记载与《尚书》和《史记》的记载的历史联系，从中把握历数崇拜的发展过程，这里不妨再引述几段材料。

12. 东荒之中…,…有女和月母之国，有人名曰鳧。北方曰鳧，来之风曰狻，是处东极隅，以止日月，使无间相出没，司其短长。

——《大荒东经》

13. 西北海之外……有国名曰淑士，颛顼之子……有人名曰石夷，来风曰韦，处西北隅，以司日月之长短。

——《大荒西经》

这两条记载所反映的历象观测，显然比前 11 条所反映的历象观测更为进步。

首先，它有确定的观测者，即东极为女和月母之国的鳧，西北隅为淑士之国的石夷。

第二，观测的目的很明确，那便是“司日月之长短”，“司”即“伺”，是“伺察”的意思，即原始的观测，后世从“司”字引申出“主使”的意思，遂使原始的科学观测具有了神话性质。这里的意思很明白，是观测太阳升起与下落的时间的长短，实际上便是初期的“二至二分”季候观测。

第三，在观测日月长短的同时，还观测来风的始末，这是对于季候风的观测，是季候观测的一大进步。我国的气候，大体上春夏受太平洋上空暖湿气流控制，多东南风，温暖而多雨；秋冬则受西北方寒流的控制，多西北风，寒冷而干燥；这种季节性的风向变化对于农作物的影响很大，往往可以使某一季节平均气温比常年平均气温高出或低于3°左右，也就是通常说的提早或推迟一个节气（十天至半月）之久，原始部落已经注意到了季候风的来早来迟对农业耕作的至关重要，所以在观测“日月长短”的同时，还要进行季候风的观测，并且给它们命了名，东方来的季候风叫做“狻”，西北方来的季候风叫做“韦”，可见他们对实际季候变化的特别重视。

第四，这些观测是由部落联盟专门设立的，不仅观测者是专人负责，是由部落确定的富有历象观测经验的氏族首领，受到广泛的尊重而能扬名于世，而且地点也是有意识地选定的。在材料1～6中我们看到所有观测日月所出的山都在大荒之东，材料7～11则表明所有观测日月所入的山都在大荒之西，这已经透露出某种人为分工的形迹。而在这里的12、13两条材料中，所有观测日之长短与来风之始的专门人员，他们所处的位置，东方的是在东极隅，西方的则处西北隅，这东西两“隅”，是依据部落联盟所能包括的地界而言，这显然是后来尧舜时期分命羲仲、羲叔、和仲、和叔往东南西北四裔之地观测星座运行以治历明时的先导。

第五，主持这种观测的氏族或部落，在西北淑士之国，是“颛顼之子”，可以推断其是在帝颛顼时代设定的。在东方女和月母之国，其族属不明，但在《大荒东经》中一开头便有：

> 东海之外大壑，少昊之国，少昊孺帝颛顼于此弃其琴瑟。

从这一段记载来看，则女和月母之国的观测活动，大体上也可以推断其为在帝颛顼时代设定的。再结合《史记·五帝本纪》所载来看，我们对帝颛顼“载时以象天”的含义，也就有较为具体的了解了。

现在继续往下看：

14. 大荒之中，有山名曰日月山，天枢也。吴姖天门，日月所入。有神，人面无臂，两足反属于头山，名曰嘘。颛顼生老童，老童生重及黎，帝令重献上天，令黎卬下地，下地是生噎，处于西极，以行日月星辰之行次。

——《大荒西经》

这条记载与前引《尚书·吕刑》“乃命重黎绝地天通，罔有降格”一致。蔡忱传曰：“重，少昊之后。黎，高阳之后。”高阳氏即颛顼的氏族。《大荒西经》说“颛顼生老童，老童生重及黎……黎卬下地，下地是生噎”，则噎的时代大约在帝喾之世，也就是帝喾命噎“处于西极，以行日月星辰之行次”。这样我们对《史记·五帝本纪》所载，帝喾“历日月而迎送之”的内涵也有较为具体的了解。而且，这里讲的噎在西极之地，不止是司日月之长短，而是“以行日月星辰之行次”，表明那时已对黄道星座的分布初步进行分区，即是所谓“行次”，以便观测日、月及行星运行的轨迹，这就表明它比帝颛顼时代的观测又进了一步。

再往下看：

15. 东南海之外，甘水之间，有羲和之国，有女子名曰羲和，方日浴于甘渊。羲和者，帝俊之妻，生十日。

《大荒南经》

16. 大荒之中，有山名曰日月山……有人反臂，名曰天虞。有女子方浴月，帝俊妻常羲，生月十有二，此始浴之。

《大荒西经》

这两条记载中的帝俊，即《尚书·尧典》中的帝舜，羲和是重黎之后，是对历象观测具有较长历史和丰富知识的部落，这里说羲和（亦即常羲）是帝俊之妻，大约还是个与舜的有虞氏族有互为婚姻关系的母系氏族部落。所谓“生十日”“生月十有二”的“生”字正如第六条“大荒之中，有山名曰猗天苏门，日月所生”的“生”，乃是“起始”之意。所谓“生十日”，是说自她开始，以十天为一旬，每天各为之命名；所谓“生月十有二”，是自她开始将一年分为十二个月，每月各为之命名。这些命名与后世的干支纪日纪月的名称是否相同，很难断言，不过，命名的目的乃是用以纪日纪月则是很自然的。所以，这里所说的“羲和生十日”与“常羲生月十有二”，都是羲和氏族在西极与南方的合适地点观测日月星辰行次以治历明时的意思。

下面我们再来看看《尚书·尧典》的详细记载：

> 17. 乃命羲和，钦若昊天，历象日月星辰，敬授人时。分命羲仲，宅嵎夷，曰旸谷，寅宾出日，平秩东作，日中星鸟，以殷仲春，厥民析，鸟兽孳尾；申命羲叔，宅南交，平秩南讹，敬致，日永星火，以正仲夏，厥民因，鸟兽希革；分命和仲，宅西，曰昧谷，寅饯纳日，平秩西成，宵中星虚，以殷仲秋，厥民夷，鸟兽毛毨；申命和叔，宅朔方，曰幽都，平在朔易，日短星昴，以正仲冬，厥民隩，鸟兽氄毛。帝曰：咨汝羲暨和，期三百有六旬有六日，以闰月定四时成岁。允釐百工，庶绩咸熙。

这一段话的意思是说，帝尧在使部落联盟内部达到团结和睦之后，便任命羲和部落的首领，认真观测天象，全面观测日、月、星辰的“行次”，制订历法，及时地向联盟各部落传授季候时节，以便人们依时耕作。为了平准东南西北四裔之地有季候时节上的差异，又分命羲和部落的一个氏族——羲仲族，住在联盟东边的嵎夷之地，并在旸谷设了个观测站，认真仔细观测太阳升起的位置和时间，以确定春耕，在昼夜平分的傍晚测定鸟星中天的时刻，以定“春分”的时节，民众于此时从集中居处改为分散至田野居处，以减少疾病而便利耕作，这时鸟兽也开始交配；又命羲叔这个氏族，住在部落联盟南边的南交之地，以便平准南方偏热的季候差别，准确地观测夏至日影的度数，在白天最长的傍晚，测定大火星中天的时刻，以定夏至的时节，民众进一步分散居处劳作，鸟兽的特点是羽毛稀疏；又命和仲氏族，住在部落联盟西边叫昧谷之地，仔细观测日落的准确位置与时刻，平准秋收劳作的先后，在昼夜平分的傍晚测定虚星中天的时刻以定“秋分”的时节，此时民人可以进行猎获，鸟兽的羽毛也长得最漂亮；最后是任命和叔住在部落联盟北边叫幽都的地方，以便平准北方偏冷的季节差异，在白天最短的傍晚，测定昴星中天的时刻，以定“冬至”的准确时节，民众由分散居处劳作，改为集中居处劳作，此时鸟兽也长出了厚厚的毛羽御寒。这样经过若干年的详细观测，终于由羲和创制出以三百六十六日为一年，一年分为春夏秋冬四时及十二个月，超过十二个月的时间，以三年闰一个月，五年闰两个月的办法来决定年岁更替。这样使农业耕作及百工庶务都井然有序，繁盛兴旺。

这里不难看出，《尧典》的记载与《山海经》的记载是完全一致的，仅有详略的不同：例如其中观测地点都选在部落联盟的四方边界，观测者都是专门的氏族首领，观测的内容都是为了指导农事耕作，制作历法，由二至二分到一年的日数与月份的确定等等，所不同的是《尧典》对观测的地点，主持者，主要星座，二分二至及年、月、日的观测记载较详细周密，还综合了物候学的观察而已。但是，《尧典》的记载也有不如《山海经》之处：其一是没有季候风的记载，其二则是没有“日浴”与“浴月”之说，这个问题也很重要，我们将在下文探讨。

上面我们已将《山海经》有关天象观测的资料同《史记》《尚书·尧典》的有关资料仔细作了对照，从中不难得出一个综合的认识，即华夏部族的历象观测起源很早，文献的记录可以上推至黄帝以前的神农氏时代。这种观测最初仅仅是观测日月出入的位置以定冬、夏二至，后来发展到确定春、秋二分，最后才确定一年为四季十二个月或加闰月。那么，这种观测究竟是怎样进行的呢？比如：

（1）在利用山头观测日、月出入的位置以外，还利用什么器具吗？是一开始就利用圭表吗？

（2）在没有太阳的阴雨天，观测如何进行？二分二至如何准确测定？是否同时应进行某种度数记录与推算呢？

（3）当时如何进行度数记录？这些度数记录可不可以用于推算？又怎

样推算?

(4) 这样的度数记录如果用于推算的话，能否从中形成对某一数字、例如“四十八”与“八”这类数字的特殊崇拜呢?

这些问题乃是本章探讨大数崇拜要解决的主题，本来是很难着手的，经过对有关资料的深入探讨，在我们对最早的历象观测有了一个大概认识之后，就不难解决了。

现在先从《山海经》的另一条记载谈起。

18. 西海之外，大荒之中，有方山者，上有青树，名曰柜格之松，日月所入也。

——《大荒西经》

这也是一条关于观测日月出入位置的记载，所不同的是所利用的不是东边或西边的山岭，而是一棵葱茏笔直的青松，之所以可以利用它来进行观测，是因为它是长在一座方形的山头上；既然是方形，可见山顶是平坦的方正的，人们在这个平正的山头，顺势刻凿上一些横竖正交的线条形成一排排的方格，用它来记录日、月所入的准确方位，因此，才将这株青松称之为柜格之松，柜通矩，就是正方形的意思，柜格之松，就是说它是长在有柜格的地面之中或周围地面上刻画着柜格的松树。为什么推断它是用来观测日月出入的准确方位而不是测日影之长短呢?因为文中明明记的是观测“日月所入”，而且，既然是一株葱茏笔直的青松，树冠便很繁茂而不齐，又在不断地长高，要将它当成木表一样来观测日影在正午时刻的长短显然是不可能的，而正因为它的树干笔直，它在地平面上的投影便很明显，它所指示的日月所入的方位也就很准确，同样，用它来观测“日月所出”的准确方位，也就是可能的。只不过文字记录上习惯地将大荒之西部的观测，都记录为“日月所入”而已①。

发现这样的树木在地平面上的投影，可以用来观测日月出入的准确方位，开初自然带有偶然性，但是在地面上刻凿上方格来定位，这便是实践

① 当然也有可能此松生长的位置本来就在方顶山的西边上，所以只能用以观测“日之所入”。

经验的积累和科学智慧提高的表现。由此我们便可以设想，早在神农氏的时代，为了农作安排的需要，人们已积累了利用东西两面的山岭来观测日月的方位以定时节的经验，由于科学智慧的提高，加上某种机遇的启发，他们发现可以利用树木的直干在地平面或某种器物（例如鼎）的平面或边沿的投影来观测日月出入的方位，而且可以观测得比利用山岭更为准确和方便。这样，他们就开始在地平面上刻上方格，或在鼎器的边沿刻上线条来记录日月出入的投影以测定其出入方位在一年中的移动变化。这样的观测开初必定是很粗率的，最初他们可以比较容易地观测到太阳在南北回归线之间往来运行轨迹的两个回归点，以确定冬夏二至，接着也可以较为容易地测得这个轨迹上的中点，便可以定春分、秋分，从而大体上形成一年四季的观念。由于这种粗率的观测远远不能满足安排农事耕作的需要，他们很可能在春分与夏至之间及秋分与冬至之间各取一个中点，这样，在地平面或鼎器的边沿，便会出现如下的记录符号：

下图[①]中的O代表太阳，O_1 代表树干或木表，O_2 代表地平线，第⑧区代表利用日出时木表或树干的投影在地面上取得的5个点等分成的4个时段，太阳视运动从南回归点起，即日南至时，投影在北端，时为“冬至”，即仲冬时节之中；以后太阳逐渐北移，至北回归点，投影在南端，时为“夏至”；这个移动过程中所经过的从冬至到夏至连线的中点（即树干或木表对地平线的垂直投影），时为“春分”，即仲春时节之中；此后太阳视运动自北向南、其投影自南向北日渐移动，达到原来的“春分”点时，时为“秋分”，即仲秋时节之中；最后又回复到“冬至”点位置，整个周期约为365.25日，减去1分14秒。这就是说，人们在日影南北移动的轨迹上，只要取得左、中、右三个点，便可以将一年分为四季；如果在左与中之间再取一个中点，中与右之间也取一个中点，便可以得到“立春”与“立冬”，“立夏”与“立秋”亦即一年四季春、夏、秋、冬的开始时节，这样只要取得五个点，画上五个刻度，便能将一年分为八个节候，即下图⑧区所示的㈠冬至㈡立春，㈢春分，㈣立夏，㈤夏至，㈥立秋，㈦秋分，㈧立冬。

① 见图Ⅲ－Ⅳ－Ⅱ－Ⅰ

图Ⅲ—Ⅳ—Ⅱ—Ⅰ

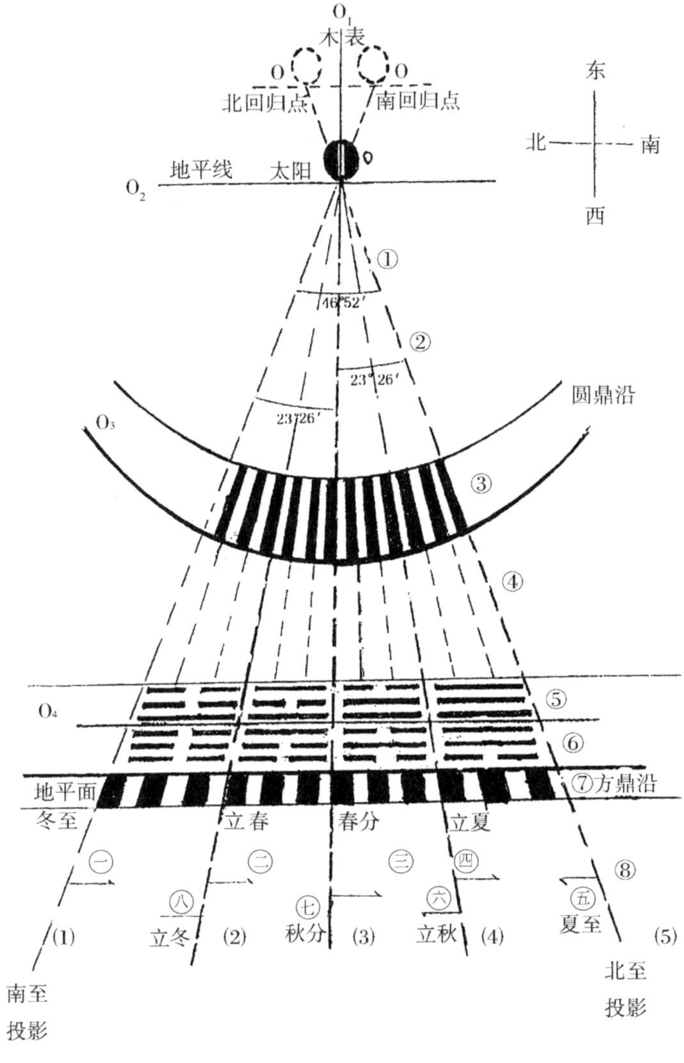

原始历象及筮数图

当然在最初作这种观测的时候，亦即神农氏时期，这些节候都还没有这样命名，不过，这样划分出的八个空格，代表着一年中的八个时节则是肯定的，从气温的变化来说，从立春经春分、立夏到夏至，这四个时段是气温逐渐升高的过程，也是农业耕作从耕种、中耕到繁茂结实的过程；从立秋经秋分、立冬到冬至这四个时段是气温逐渐降低的过程，也是农业耕作从秋收、秋种、到冬藏冬猎的过程。也就是说，他们可以根据这个大略的季候划分来安排农业耕作，保证不误农时，这便是我们在上章探讨《连山》卦位时提到的“将一年分为八个节候”的“八候历”。这个“八候历”的应用可能经历了上千年的时间，即是说，从神农之世利用山岭或树干观测日出位置起，一直到帝尧时期，羲和“以闰月定四时成岁”；或帝俊妻常羲“生月十有二”，才改为将一年分为十二个月，这就不难想像从历数上会造成对“八”这个数的特殊崇拜心理了。

再进一步还可以看到，从冬至经立春、春分、立夏到夏至，是白天渐长，夜晚渐短，亦即阳长阴消的过程；从夏至经立秋、秋分、立冬再到冬至，则是白天渐短，夜晚渐长，亦即阳消阴长的过程。这种阴阳消长的变化，对于尚未发明文字，而又有独特的八卦文化传统的民族来说，便很容易用卦象上的阴阳消长来加以标志。这样，从冬至到立春这个时段可以用☳这个符号即震卦来标示；从立春到春分这个时段可以用☲这个符号即离卦来标示；依此类推，春分与立夏这个时段用☱即兑卦标示，立夏－夏至时段用☰即乾卦标示，夏至－立秋时段用☴即巽卦标示，立秋－秋分时段用☵即坎卦标示，秋分－立冬时段用☶即艮卦标示，立冬－冬至时段用☷即坤卦标示，而由于从震到乾是从左往右，从巽到坤是从右往左。现在从右至左将它们依次连结起来，便成了这样的顺序：乾兑离震巽坎艮坤。不难看出，这正是标准的先天卦序。如上图⑤⑥二区所示。

我们在前面谈到先天卦序问题的时候曾经指出，在伏羲氏开始画卦的时候，八卦作为自足性符号崇拜的巫术符号时，它要求的是地平天成，四时和顺，天、地、雷、风、火、水、山、泽八种自然力应处于平衡协调，和谐运作状态，其中天地定位只能是天上地下即乾上坤下，但是水火相射，雷风相搏，山泽通气这三组卦中，二卦的位置还可能左右调换，或互相颠倒，即是说，它还可能有 2×3！＝12 种不同的八卦组合，并不一定就排成后来的所谓先天卦序，只有到了“制器尚象”的“设卦观象”阶段，出现了多种不同的八卦顺序图，才有可能从中选出最为合理的排列方法，即乾兑离震巽坎艮坤次序。这种合理的排列可能从“太极生两仪，两仪生四象，四象生八卦”这样一分为二的黑白图像中提取出来，当然也可能不是从这样的图像中提取，而另有其来源。现在我们看到，“八候历”的图示法，正可能是其来源之一。这样我们可以据此推断后世流行的所谓先天八卦图，至迟在神农氏观象制历时代已经定型，而且从伏羲氏时代之仅用于调控八种自然力使之协调和顺的巫术符号，增加了标示节候，并对农业活动加以调控的社会学意义。这在八卦文化，自然是一个了不起的进步，它使八卦的科学性和社会功能都大大增强了，这样的部族首领之被尊奉为圣王，显然是当之无愧的，而且令人不能不衷心感戴！

这里还可以进一步说明："八候历"的应用，在历史上延续的时间可能相当长，《左传·僖公五年》已有关于八候的明确记载，谓之"分至启闭"，即指春分、秋分，夏至、冬至，立春、立夏、立秋、立冬。今存《淮南子·天文训》则有如下记述：

> 何谓八风？距日冬至四十五日条风至（汉高诱注：艮卦之风，一名融，为笙也），条风至四十五日明庶风至（注：震卦之风也，为管也），明庶风至四十五日清明风至（注：巽卦之风也，为柷也），清明风至四十五日景风至（注：离卦之风也，为弦也），景风至四十五日凉风至（注：坤卦之风也，为埙也），凉风至四十五日阊阖风至（注：兑卦之风也，为钟也），阊阖风至四十五日不周风至（注：乾卦之风也，为磬也），不周风至四十五日广莫风至（注：坎卦之风也，为鼓也），条风至则出轻系，去稽留（注：立春故出轻系），明庶风至则正封疆，修田畴（注：春分播谷，故正疆界治田畴也），清明风至则出币帛，使诸侯（注：立夏长养，布恩惠，故币帛聘问诸侯也），景风至则爵有位，赏有功（注：夏至阴气在下，阳盛于上，象阳布施，故赏有功，封建侯也），凉风至则报地德，祀四郊（注：立秋节，农乃登谷尝祭，故报地德，祀四方神也），阊阖风至则收悬垂，琴瑟不张（注：秋分杀气，国君懵怆，故去钟磬悬垂之乐也），不周风至则修宫室，缮边城（注：立冬节，土功其始，故治宫室，缮修边城，备寇难也），广莫风至则闭关梁，决刑罚（注：象冬闭藏，不通关梁也，罚刑疑者于是，顺时而决之）。

这些都可以说是关于"八候历"的文献证明，由于《淮南子·天文训》所依据的是夏历，所以高诱注中便改为以后天卦序来记时节了。

它不仅证明了"八候历"与"风候历"在我国早期沿用甚久，而且也证明了我们上章的“《连山》易的特点”一节所论述的《连山》易与后天八卦的时序相关性是完全正确的，从而也就证明了所谓后天八卦图，实际上是来源于夏初所崇奉的巫术操作符号。

现在回到本题，我们能得出的初步结论应当是：由于8个节候用八卦来表示的结果，历数崇拜与八卦崇拜得以结合起来，对于“八”这个数字的特殊崇拜也就更见加强了。这些都为八卦同数占的结合打下了基础。

“八候历”将一年分为8个时段以后，虽然大体上可以解决农作顺序的安排问题，但是每个节候长达一个半月之久，在具体的农事操作上显然还是很难把握的，例如在一年的第二时段，即离卦所标示的从“立春”到“春分”之间都是春耕播种季节，在这45天中，哪一天耕，哪一天种，哪一天种什么，就必须定出最佳时段才行，这样的最佳时段，在一般农作物来说，都在7天左右，至多不得超过10天，而为了取得这样的最佳时段，就有必要将日影移动的刻画线再取细密一些。这样，观测者们就在地面或鼎沿上已有的8个节候之间的连线上继续地取得中点将其一分为二，经过一次将8个节候分为16个节候之后，每个时段约长22.8天，此时，若再按一分为二地取中点，第一次得32个节候，每个时段长11.4天，再取一次中点则每个时段为5.7天，而无论是11.4天也好，还是5.7天也好，都不能得到7～8天这样的最佳时段，而且这种时段与月亮的朔望周期完全脱离，与具有观察月象周期从事祭祀活动的社会生活习惯亦不能协调。因为原始部族都有在月望之夜进行歌舞的习惯，早已形成月亮崇拜，后来形成了对月亮的祭礼也都在月望之夜举行，与月的朔望相应还有一些生产活动安排，因此，人们自发地要求将年岁季候的划分能同月亮的朔望周期协调起来。这就促使当时的观测者们，在将“八候历”的8个时段等分为16个时段之后，不再取一分为二的方法分下去，而是径直将它一分为三，从而得出48个时段。如上图Ⅲ—Ⅳ—Ⅱ—Ⅰ第⑦区所示，从冬至到夏至为24个时段，再从夏至回到冬至又是24个时段。这样，每个时段平均占7.6天，刚好是绝大多数农作物播种、中耕以至收获所许可的或前或后变动的幅度，亦即农事操作上的切实需要。另外，由于两个最佳时段之间，又大致是半个月时间，这样有利于同月亮的朔望周期协调起来，可以将一年定为12个月，如上图第④区所示，当然，这样的协调还有很复杂的闰月问题，不是神农氏时代所能解决的，不过，这样等分出来的时段毕竟为尧舜之世“以闰月定四时成岁”打下了基础，这也是不可忽视的。

将八候历分为48个时段显然是个了不起的科学发明，这个发明来之不易，它经历着千百年时间对太阳、月亮运行周期的细致观测与认真记录，准确刻画[①]，并与农事活动，祭祀庆典密切配合以与月亮的朔望周期尽可能协调。经过如此等等一系列繁难思考和反复检验后，才得出的48个时段的划分，人们将它视为至宝，油然而生敬畏之情都是非常自然的。而由于这48个时段是观测天象得出的，又可能用来调控社会生产和文化活动，以至于可以说它决定了收成的好坏，部族的兴衰，人们对之产生的特殊的崇拜也是很自然的。到黄帝获得了这样一个可以测定“48”候的宝鼎之时，为了解决阴雨天观测不到日影位置而难以确定准确时节的困难，也是为了协调大部落联盟祭祀、农作以及军事行动等所必须预先定出时日的需要，采用了以策算的办法同或断或续的日影观测相配合的办法来确定时日，这便是《史记·五帝本纪》所记的“获宝鼎，迎日推策”[②]。传说中谓黄帝命大挠作甲子，容成造历，与此显然有密切的相关性。

这样，在经历好几百年时间的历数实践与八卦文化符号崇拜相结合而形成了对于“八”及其倍数“四十八”的崇拜心理的背景条件下，在黄帝以至尧舜时期，遇上八卦信仰危机而不得不解决八卦与数占相结合的问题时，华夏部族的首领和巫史们自然不愿意丢掉这些神圣的数字不用而另外从其他部族所惯用的数字，如“三十三”等直接移植过来用以筮数得卦，而趋向于从自己族属用了几百年的来自天象又决定人事的神圣数字“八”和“四十八”来充任筮数得卦的基数。因而他们采用了以48根蓍草或竹签，随手分为二而后揲之以八的办法提取从一至八中的一个数，三取而后立单卦，六取而后立重卦。在今存《周易》的筮法中，所谓“大衍之数五十，

---

① 这里附带说明一下刻画的准确性问题，从实际操作看，若在一圆鼎的中心竖起一根表木，其日出时方位变化在一年中形成的轨迹宽约47度，在鼎边沿的投影占鼎边沿圆周约为$\frac{1}{7.6}$，现在发现的鼎口径最大者约为一米左右，假设测日影的宝鼎直径一米，圆周为3.14米，即314厘米，其$\frac{1}{7.6}$为$314\times\frac{1}{7.6}=41.3$，即等于41.3厘米，在这个宽度的鼎沿上刻上25根线条，一阴一阳加以间隔如上图第③⑦两区所示，实际上是48个刻度，每个刻度宽0.86厘米，可能已是最佳密度，若分得过细便不可能观测准确了；这也可能是当时在将八个节候一分为二之后便取一分为三的原因之一。

② 其具体推算法不得而知，不过在掌握一年48个时段之后，要推出某月某日某个时段，显然是较为容易的。

其用四十有九”，也可能与八候历的48个刻度及迎日推策的演算相关。不过，在实际操作时，经过“分而为二以象两，挂一以象三”之后，实际上也是只剩下48根然后揲之以四了。易传将五十看成天地之完数，或大衍之数，是由于后来的观念发生变化造成的，这个问题下章再论，但无论哪一种揲蓍法，“八”与“四十八”乃是客观存在的基础数字则是始终一致的。

到此为止，我们总算是对夏、殷二易的筮数方法可能是用48根蓍草，随手一分为二后揲之以八再取其余数以立卦的问题，尽可能地作了说明。这样的分析结论当然还需要考古学上的更多发现来加以检验，最终的结果无论正确与否，这样的探讨都不会是毫无意义的。长期以来，存在于易学中的迷误可以说是太多了。这些迷误，有的是因为年代久远，资料有限而难以避免的，但绝大部分还在于研究方法上有偏颇。例如，从对待上古文化的创造者的态度来说，就存在着两种不同的心理定势：一种是把他们看成原始、愚昧、野蛮、迷信、缺乏理性思维；另一种则是把他们看成天才、神圣、具有不可思议的智慧与能力的超人等等。这两种相反的倾向，反映在对待《易经》和八卦的创造者的看法上就更为突出。在这两种偏颇的心理定势下，要想拨开易学研究的迷雾，不仅是不可能的，随着两种对立倾向的发展，更有日益加重的趋势，这种情况，对于易学研究显然是十分不利的。不仅如此，对于传统文化的真正精华的撷取与弘扬，以及易学的传播与运用在社会文化生活中的导向作用也将是片面的，有害的。我们在筮法与历法，筮数与历数数据相关的问题上之所以不厌其烦地引述资料进行探讨，其根本目的，还不只是为了证成一个科学假说，更主要的还在于希望通过这样的考察，使读者能同我们一样产生一种投入感，即设身处地地“投入”到上古时代的人类“实际生活”中去，在处于与他们类似的条件下，面对他们所要解决的问题，急他们之所急，想他们之所想，同他们一起“经历”生活的艰难，社会的危机，艰苦的奋斗，科学的观察，经验的积累，智慧的升华；同他们一样“体会”生存的考验，失败的哀伤，成功的喜悦……这样，不仅能使我们比较真切地体会到，他们既不是像有些人所想像的那么愚昧可笑，更不是像有些人所渲染的那样神怪莫测，他们都是一些实实在在的人，而且是认真严肃地对待生活的人，不仅是为个体，而且是为了整个部族群体的生存和发展而严肃思考，辛勤劳作，潜心观测，进行着科学研究和文化创造的人。这些研究和创造从现代人看来可能是粗浅的、简陋的，但在当时却是伟大的、了不起的，在人类文化史上永远不可磨灭的。这些人不是神灵，但却是具有崇高的理想、伟大的人格和科学精神的圣贤。而这才是我们的伟大祖先，光荣的八卦文化、易经文化的真正开创者，是值得我们永远纪念、永远崇敬的高尚的人，真正的人。

在这一章的最后，再说明两个问题：其一，西周前，即夏殷时代的数字卦已见得不少了，为什么没有在甲、骨、钟、鼎等器物上发现过用阴阳符号组合的标准的符号卦？这个问题，我们推测可能有两方面的原因：一方面，如本书一开头就说明，八卦是符号崇拜时期的巫术符号，从产生时代起，便具有很神圣的含义，随着它在社会生活中发挥的作用愈益广泛，这种神圣的含义也不断深化和强化，这就可能在原始文化中形成一种禁忌。如像图腾崇拜时期对图腾不能宰杀亦不许任意绘画一样，八卦符号从形成自足性巫术符号起，绘制八卦图形的过程，便是自足性巫术的施术过程。它不可能由一般人来绘制，只能由施术的巫师绘制。这些八卦图作为自足性巫术符号，一经绘出，又必须将它庄严地崇奉起来，让它发挥对自然力与社会生活的调控作用，当然就不能绘制在一般的卜骨或器物上，而只能崇奉在巫师们供奉灵物的特殊地点了。另一方面，八卦的阴阳符号组合是用以观象的，它不能考数，在数的崇拜意义上，人们不仅要求了解这个卦的象，也要求明白这个卦的数。在数字卦时代，人们可能认为从一或三、五、七等得到的阳爻各有不同的含义，从八得到的阴爻与从二、四、六得到的阴爻也有不同的含义，有如《周易》时代认为九、六可变而七、八不变一样，这样他们认为有必要将成卦的数记录下来，才便于断卦。因为由数字卦明白数字的吉凶宜忌的含义之后，再将它转化为符号卦来考察它错综复杂的象所指示的变化趋势那是比较容易的。

其二，前面引述《山海经》的第 15 和 16 两条中，关于羲和“日浴”与常羲“浴月”的含义问题，我们认为不是通常认为的“神话”，而是讲对日食与月食的观测，其科学意义十分重大，由于不属本书研究范围，只好到此为止。

第四章 周初作易述

《系辞·下传》说："易之兴也，其于中古乎？作易者，其有忧患乎？"又说："易之兴也，其当殷之末世，周之盛德邪？当文王与纣之事邪？"这是对于《周易》作于殷末周初的合理猜想。之所以说它合理，是因为：

其一，《周易》八卦的组合原则，包括先天方位顺序，后天方位顺序以及六十四个卦的组合图像，都是直接继承八卦文化的传统，而与夏、殷二易密切相关，其取象原则及筮数法则更与《连山》《归藏》非常一致并有很大发挥和完善；

其二，《周易》经文（以下简称《易经》）卦辞、爻辞所反映的社会生活内容，包括农业、畜牧、渔猎、商旅交通、工艺器用都还处于较原始的时期，大人、君子、小人等阶级划分的出现，天子、王、公、侯、臣官、师旅、史巫等国务职事的具备，享祀、征伐、刑狱与组织生产等国家职能的发挥等等，都反映了从商末到周初建国时期的特点，经过史学界前辈如郭沫若先生等多人的细致探讨，已大致形成学界的共识；

其三，《易经》中所记录的历史事实，远至于商族建国以前的夏少康中兴与商王亥之死，近的止于周初分封的康侯蕃马。表明它确是采择前代筮占记录编撰而成，其成书时间当不晚于康侯用锡马蕃庶之事太远，亦即不晚于周初成王、康王之世。有些对《周易》研究卓有贡献的史学界前辈，一方面断定《周易》经文"所使用资料基本上都远在殷商时代"[①]，或是径

① 郭沫若《周易时代的社会生活》。

直认为周文王确有作易的可能。另一方面，又根据对几条爻辞的不同解释，就轻易地将《周易》成书断代于战国中期或西周末年，其根据都是非常不足的。不能想像，在远距殷末四百或六百余年之后，周人才开始意识到要在沿用夏、殷二易之外而另作《周易》，而在撰著《周易》时又仅以周初占筮记录的散乱资料为根据，却丝毫不理睬、不反映周初至西周末年或战国中期这么几百年间的许多重大事件的筮占记录。

其四，《周易》经文的确是在“崇德广业”为主旨的思想指导下，经过精心选择、编纂排比而成的。自强不息、开拓进取的创业精神与厚德载物、中正平和的守成意识，明智的功利主义与积极的德治主义达到融合统一的完美地步，加以政治经验、军事经验、邦交经验以至自我监督意识的修养经验等的博达宏通都是周初建国时期的卓越政治家们的时代意识的充分体现。《系辞·上传》说：“易其至矣乎！夫易，圣人所以崇德而广业也。”可以说是对于作为社会政治哲学的《易经》的准确评价。我们虽不能完全断定作易的圣人究竟是哪一位，但是，《周易》的撰著必然与文王、武王、周公以及某些周初先贤直接相关，则是大致可以肯定的。这个问题在我们后面对“《周易》之成”进行探讨时将会更加明白。但在进入具体的探讨以前，有必要对周初作易的时代背景进行较为细致的考察。

一　殷易之衰

《系辞·下传》：“易之兴也，其于中古乎?”与“易之兴也，其当殷之末世，周之盛德邪?”讲的是同一件事，即周易之兴。兴者，兴起也，兴盛也。乃是相对于衰败而言。没有衰败便无所谓兴起。因此，“周易之兴”的潜台词，亦即其历史文化背景便是“殷易之衰”，而这个“衰”的事实，则发生于殷的末世。

殷的末世为什么会发生易的衰败呢？史书上没有直接的记录。不过，关于殷末曾经发生王权与巫权的矛盾和激烈冲突的事实，则有较明白的记载，从中不难发现殷易衰败的主要原因。

《史记·殷本纪》有云：

帝武乙无道，为偶人，谓之天神，与之博。令人为行，天神不胜，乃僇辱之。为革囊盛血，仰而射之，命曰射天。

武乙是殷纣王的曾祖父，他去世时距纣王即位，不过22年，距殷商之亡约74年①。正是所谓的殷之末世。武乙之死，据《竹书纪年》载，是在他即位35年之时"畋于河渭，大雷震死"。他的这种结局，自然地被看成是侮神谩天所招致的惩罚，所以史书上都说"武乙无道"。但是，我们略考武乙在位的35年中所做的4件大事，都不能说成昏庸无道，而应当说是颇有作为的。

第一件是他正确地处理了与边境民族的矛盾及与强大臣邦之间的关系。西北边境的戎狄之族是商朝的长期外患，武乙即位之初，周族的古公亶父便因不堪戎狄侵扰而自豳南迁于岐，武乙顺势赐周以岐邑，收到了以周族屏藩商王国的效果。古公亶父的继承人周公季历，伐义渠之戎，获其君以归。武乙赐以地三十里、玉十瑴、马十匹；以后季历又多次对戎狄作战，保障了西北边境的安定。

第二件是他利用周族对付戎狄取得安定的有利条件下，顺利地实现了两次迁都，最终将国都北徙于朝歌这块地理条件优越之处。

第三件是从他开始，一改商朝历来兄弟争立，王室内乱不休的局面，确立了王位的嫡长继承制，达到了王室内部的相对稳定。

第四件才是这里所谈的"武乙无道"之事，便是发动了对"天神"的进攻。但是它的实质乃在于削弱巫权而强化王权，绝不是什么无聊的游戏。

这个问题说起来话要长一些。原来在商族建国之初，商王朝内部就存在着以国王为代表的王权与以卿士为代表的贵族集团之间的矛盾，这种矛盾曾有几度的激化。第一次便是伊尹放太甲于桐城与"太甲潜出自潼杀伊尹"②。第二次是盘庚迁殷时遭到贵族集团的坚决反抗。第三次是武丁即位之初，被迫谅阴三年以听命于冢宰，免丧以后还不肯说话，最后借助于神人在梦中赐予贤相之说，置满朝卿士于不顾，竟然任命了一位出身低贱的傅说来总管朝政。在这几次王权与贵族集团的矛盾中，都有许多迹象表明殷王是借助于巫史集团的力量而达到了目的。那么到了武乙之世，为什么

① 此据《竹书纪年·殷纪》。

② 同上。

又闹到国王向以巫史为代表的天神发起进攻的严重程度呢？要作出完善的说明，根据还很不足。大体上只能说，一方面是由于巫史集团的贵族化，以致在王权与贵族集团的矛盾中，他们已从倾向王室而转变到支持贵族方面；另一方面则可能是自太戊、祖乙两位殷王相继重用巫咸、巫贤以来一二百年间，造成了巫权的过重，以及社会上巫风的过盛。

史载大甲的孙子大戊，对伊尹的儿子伊陟与巫咸①都十分重用，倚为左右之助，二人都是所谓“贤大夫”，佐大戊以至于“中兴”。巫咸的政绩尤为显赫，《尚书》百篇中便有《咸乂》四篇，据传为巫咸论治国之作。四篇虽已亡佚，但在今存《尚书·洪范》一篇中，可能还保留了他的一些主要思想。《吕览·勿躬》又有“巫咸作筮”之说，大约这时商王朝才在沿用夏易《连山》的基础上，由巫咸改进筮法，整理和编纂商族的筮占记录而成殷易《归藏》。而大戊当政长达75年之久，到他的孙子祖乙时，又继续任命巫咸之子巫贤为卿士，也还颇有作为。而祖乙在位也近20年。从大戊到祖乙这近一百年间，商王朝与巫史集团的关系处于最融洽的时期，也是巫史集团从王室的附属地位，逐渐上升为一种政治上的制衡力量的时期。在这一时期中，有相当一部分巫史首领转化为卿士贵族是很自然的。祖乙的第三代孙盘庚时，由于迁殷之事与世家贵族发生对抗，他主要依靠新兴的巫史集团的支持也是时势使然。但在盘庚以后，这些巫史贵族也已经世家贵族化了，假若他们再继续把持朝政，过分地制衡王室，那就不能不导致王权与巫权的严重对抗。现存的历史资料虽然没有直接说明这种“把持、控制”与“反把持、反控制”的事实记录，但是，导致这一斗争可能严重激化的决策机制则是有文可查的。前面我们谈到巫咸的一些政治思想可能保留在今存《尚书·洪范》之中，便是指的这回事。

《洪范》一篇，虽是周武王胜殷之初问政于箕子的记录，但箕子所述乃是商殷的治国大法，相当于近世的“宪法”，其基本原则必奠定于商族建国的早期，又以其全篇神秘观念至为浓厚，神权意识非常强烈，这样的治国大法，显然只能出于巫咸、巫贤这样一类巫史贤相之手。征之《尚书》有《咸乂》四篇之说，所以我们可以推断《洪范》内容虽不尽为巫咸之作，但

① 先儒或有以巫咸非巫而乃姓氏之说，考之古人多以官为氏，《山海经》又多处记载巫咸升降于灵山采药之事，则巫咸为出于巫史之卿士乃为可信。

他的一些政治思想很可能保留于《洪范》之中，则是较为合理的。关于《洪范》的神秘观念，可以说贯通全篇，随处即是，这里勿烦多引，只需要对其充满神权意识的“稽疑”一章，作一些探讨。先看原文（括弧内的说明系本书作者所加）：

（七）稽疑：择建立卜筮人，乃命卜筮。曰雨、曰霁、曰蒙、曰驿、曰克（五者皆明卜兆），曰贞、曰悔（二者明筮占），凡七，卜五、占用二，衍忒。（即以卜、筮推衍过差，明宜忌，定吉凶。）

立时人作卜筮，三人占则从二人之言。（这是以卜筮互相参证，是一种自相制约的机制。）

汝则有大疑，谋及乃心，谋及卿士，谋及庶人，谋及卜筮。（这里保留了一些氏族民主制的遗风，是对王权的制约机制。）

汝则从，龟从，筮从，卿士从，庶民从，是之谓大同；（卜筮代表神意，王与神、人上下同心为大同之吉）身其康强，子孙其逢，吉。

汝则从，龟从，筮从，卿士逆，庶民逆，吉。（神意高于卿士和庶民，亦即巫史集团对王权有主要的制衡作用。）

卿士从，龟从，筮从，汝则逆，庶民逆，吉。（巫史集团与贵族集团的共同意志高于国王与庶民的意志，因而有政治上的实际决策权。）

庶民从，龟从，筮从，汝则逆，卿士逆，吉。（巫史集团与庶民的共同意志又高于国王与卿士贵族的意志，因而是巫史集团才有最高的决策权。）

汝则从，龟从，筮逆，卿士逆，庶民逆，作内，吉；作外，凶。（这是将卜、筮二者的职能加以划分。卜主内，主要指王室内部事务；筮主外，主要指涉及王室以外的贵族、庶民利益的事务，是卜、筮之间的一种制衡机制，本质上在于保护卿士贵族集团的利益。）

龟、筮共违于人，用静，吉；用作，凶。（即使国王、贵族卿士与庶民都认为该做的事，只要巫史集团不同意，就不能做。这更露骨地表明了巫史集团的最高决策权。）

从殷商王国的这种决策机制中不难看出，当巫史集团还完全附属于王室的时候，或是虽已形成有影响的政治实力，但还没有达到足以威胁王权的时候，作为一种制衡力量，在政治生活中还是具有积极意义的，也是国王可以利用和可以容许的。而一旦他们的实力过大，或者对于这种制衡力量加以滥用，同王权的冲突就是不可避免的了。商殷王朝的中后期，鬼神迷信十分严重，《礼记·表记》就说："殷人尊神，率民以事神，先鬼而后礼。"现已发现的殷墟卜骨已达十万多片，从内容上看，殷王几乎每事必卜，武乙时期，巫权的过重与巫风的盛行，显然都已达到不可容忍的程度。

《尚书·酒诰》有云：

> 在昔殷先哲王，迪畏天显小民，经德秉哲。自成汤咸至于帝乙，成王畏相。

这段话的意思是：从来殷人的贤明国君，都上畏天命之显明，下畏小民之难保，自成汤至于帝乙五百余年间，他们能够当好一国之君，都因为能够敬畏他自己的辅相大臣。于此亦可见贵族卿士与王族平民对王权的制约，乃是商殷政治的传统。巫史贵族化的同时，世家贵族在文化传承中也兼有了巫史的职能。这样巫史贵族便得以集天神、贵族、平民的权力于一身，对商王的制约便可能达到威胁王权的程度。这也正是武乙对巫权发动攻击的原因。

如果说武乙的向天神进攻，在削弱巫权与遏制鬼神迷信的过分方面还有其积极意义的话，到了他的曾孙纣的时候，把这种斗争搞得过分，达到要彻底否定贵族权力（包括卿士巫史贵族）树立绝对王权的程度，那就十分有害了。从史籍记载来看，殷纣王所处的时代条件是极为有利的，西北边境上的戎狄之族，在周公季历的多次征伐下已不敢南侵，殷王国已转向对东南夷的征伐与向南开拓；殷纣本是帝乙的小儿子，他是以嫡长子的身份继承王位，这也表示王室内部的相对安定；另一方面，商代末期的社会经济有较大的发展，王室的财富积累也相当可观，这些都是振兴国力的极好条件。从主观条件来看，殷纣王"资辨捷疾，闻见甚敏，才力过人，手格猛兽"[1]，可称是文武全才，本来是可以大有作为的，只可惜他的这些聪明才力都没有用在振兴国力的正道上。《史记·殷本纪》便说他"知足以拒谏，言足以饰非，矜人臣以能，高天下以声，以为皆出己之下，好酒淫乐，嬖于妇人、爱妲己，妲己之言是从"[2]。《尚书·牧誓》中，周武王数殷纣的罪状也说："今商王受，惟妇言是用，昏弃厥肆祀弗答（意谓其废乱祭祀之礼），昏弃厥遗王父母弟不迪（意谓其无亲族之义），乃惟四方之多罪逋逃，是崇是长，是信是使，是以为大夫卿士，俾暴虐于百姓，以奸宄于商邑。（是说他重用大批的罪人、逃犯来帮他统治百姓）。"为了镇压贵族、卿士以及百姓们的反抗，他使用了"炮烙"、"刳心"、"醢煮"等种种酷刑。这些暴政的实质，经过我们对《周易》经文的全面分析，已大体上弄清楚，那正是殷纣依靠当时从小民中兴起的商业奴隶主与军事奴隶主对以巫史为主体的宗族贵族势力实行彻底摧毁所采用的严酷手段。请参阅本书下篇井、遯、明夷及革卦讲解。

近世有人很称道殷纣王的这些作为，把他说成是殷商贵族政治的改革家，认为这些都是强化王权的必要措施。这种观点无疑是非常片面的。且不说当时并没有贵族集团侵夺王权的明显威胁，如果要讲改革，那就要看他改革的目标如何，是否有利于生产的发展、国力的振兴与民众生活的改善。那么殷纣的改革是为了什么呢？且看他"厚赋税以实鹿台之钱，而盈钜桥之粟，益收狗马奇物充仞宫室，益广沙丘苑台，多取野兽蜚鸟置其中"。即是说他的经济改革是聚敛财富以供个人享受。他"使师涓作新淫声，北里之舞、靡靡之乐……慢于鬼神，大最乐戏于沙丘，以酒为池，悬肉为林，使男女倮，相逐其间，为长夜之饮"[3]。即是说：他的文化改革是废除旧礼法而代之以淫乱无序。这些"改革"所造成的结果是"殷罔不小大，好草窃奸宄，卿士师师非度，凡有辜罪，乃罔恒获（意即大小官吏违法乱纪、互相纵容）；小民方兴，相为敌雠（言暴发之民，互相侵夺）；……今殷民乃攘窃神祇之牺牷牲，用以容，将食无灾"[4]（意谓殷民至于窃食祭神的全牛全羊也得到纵容）。这就是说，社会风气堕落腐败到了毫无道

① 《史记·殷本纪》。
② 《史记·殷本纪》。
③ 《史记·殷本纪》。
④ 《尚书·微子》。

德准则的地步。这样的“改革”是把国家引向振兴还是引向灭亡呢？正确的结论应该是：殷纣绝不是什么政治上的改革家，他不过是一位个人权力欲与享乐欲都达到狂悖程度的古代暴君而已。所以在西伯自行称王，伐犬戎，灭密须，戡黎邑之国之际，纣的贤臣祖伊奔告他说：“现在西伯越来越强大，我国又发生饥馑，明智之士以及卜筮征兆都知道于我国不利，民众都喊出‘天怎么不降威罚于殷，受命伐殷的人怎么不早点来’，大王你将怎么办啊?!”纣王还不以为然地说：“呜呼，我生不有命在天?!”[①] 这种回答，与其说他是笃信天命，还不如说是对祖伊讲“天罚”的一种反唇相讥。因为殷纣王这时已是年过半百的人了，在位也有35年之久，他认为自己的政敌已收拾得差不多了，百姓的呼声更不在话下，至于“天命”问题，从几十年的专制经验来看，倒是应该彻底扫除，以免再给卿士贵族们以制约自己的借口。在这种社会生活已呈现整体腐败的严重形势下，作为传统观念代表的易筮处于衰败之势也就是不可避免的事。不过，所谓易的衰败，并不是说殷人都不用卜筮了，正如礼法的废毁并不是说殷人都不再祭祀享神一样，只是说明殷人的祭祀已完全抛弃了礼仪作为法度的合理内容，仅仅为了装装样子骗人；殷人的卜筮，也完全抛弃了易筮的理性原则和祛恶导善寓意，仅仅用作争权夺利或愚弄民众的手段与投机取巧的心理支撑而已。而这样的衰败，从它的社会效果来讲，较之易筮的被完全废弃还要更加有害。因为它不仅丧失了对社会生活发挥调控功能的优良传统，而且只能使社会矛盾更形深化和激化，加速社会的结构性腐败和普遍性堕落 。

我们对于殷纣的这种评判，可能有过于信赖古代文献与传统观念之嫌。其实，绝对的权力绝对地导致腐败，可以说是一种普遍的社会现象，对于初期国家以至酋邦君主而言亦不例外。近世民族学的研究已经证明，酋邦君主制的个人权力发展到专制暴政的情况所在多有，南非祖鲁人的初期国家连续出现三位暴君便是颇为典型的例证，他们信奉的一句名言便是：“对祖鲁人唯一的统治办法就是杀!”中国初期国家的夏桀和商纣也可说是具有东方特征之二例。传统文献中对于他们的暴政的记载只嫌简略，但显然不是无中生有[②]。

---

① 《尚书·西伯戡黎》。

② 这里讲的仅仅是思想文化层面的问题，殷末社会的全面失序，显然具有初期奴隶制结构畸变的种种特点，这是殷纣败乱的社会根源。请参看本书下篇第五章。

二 周德之盛

殷王武乙、文丁之世，周族都还只是王朝统治下的诸个酋邦之一。近世民族学的研究表明，并不是一般的酋邦都必然发育成为初期国家。甚至应当说：绝大多数酋邦类政治实体都不可能发育为具有独立意义的初期国家，尤其在其近邻已经存在具有控制实力的初期国家时更是如此。要摆脱这种实力的控制，不仅取决于酋邦领导人的雄才大略，其文治武功都足以保卫自身的安宁，使邻近的酋邦、部落都得到利益而乐于归附，而且必须使这种德业具有稳定的延续性，即所谓积德累功达数代之久，这正是商末周族所面临的政治形势与历史机遇。为此，我们不能不对所谓周德之盛有一个大致的历史考察。同时，由于本章旨在说明周初作易问题，因此，这种考察又当侧重在它的文治思想方面。

周之盛德从历史的角度加以考察，其主要内容首先便是他们的优秀的农业耕作传统与在此基础上形成的“天人相参”的自觉意识。

史载周人的始祖名弃，在尧舜时代便是一位长于播植百谷百蔬的氏族首领，他佐禹治水、教民耕种度荒有功，被命为教民稼穑的“后稷”之官。到他的曾孙公刘居豳之时，已经开始了金属工具的制造（所谓“涉渭为乱，取厉取锻”）。生产组织上则实行了一种大田劳作的共耕制度（所谓“其军三单，度其隰原，彻田为粮”）。在治历明时以指导农事耕作方面也有很大的进步（所谓“既景乃冈，相其阴阳……度其夕阳”），从而使民众生活得到改善，受到族人及邻近部落的拥戴，“来归附者十有八国”[①]。不过，从社会发展的程度上讲，这时的周族，仍然处于较为发达的氏族部落阶段。此后九传至于古公亶父之世，周人自豳迁岐，已开始构筑城邑、宫室，设立“五官有司”。这“五官”便是后世所谓的司徒、司马、司空、司士、司寇之事。生产有了进一步的发展，社会结构已达到了酋邦组织的程度，重视农业生产的传统也一直保留下来。文王之世，国力强大，但“文王卑服，即康功田功”，足见其对农业生产的重视。成王之世，周公还以此教导他

① 此段所引皆见《诗·大雅·公刘》及注。

说："君子所其无逸，先知稼穑之艰难。"[1]

在这种长达千年的农业耕作传统中，也就相应地形成了周人所特有的，或者说，较之其他民族是更为自觉的传统意识，它的集中内涵，便是一种"天人相参"意识，即认为"人是不能违背天道的，但是，天道之自然，也需要人的认识、把握并加以调控"。用易传的话来说，便是"天地交，泰。后以裁成天地之道，辅相天地之宜，以左右民"。这一"天人相参"意识，与后世之所谓"天人合一""天人交胜"等观念都不相同，它是八卦文化优秀传统的直接继承，又贯穿于《周易》经文全篇，成为它的最高指导思想。从人的主体性出发，便叫作"天人合德"之道[2]。

自然资源的利用与农业生产力（包括劳动者，生产技术，劳动积极性）的拥有和保持，在农业生产中具有决定性的意义，这种意义被周人深切地领会到，因而形成了相当自觉的"敬天保民"意识。这种意识渗透于周朝建国初期的几乎所有文诰之中，构成了他们的"德治"理念的基础。

农业生产的首要条件是准确地把握节候，不误农时，不违物性，以取得耕作的最佳效果。这样，对天象的观测必须力求精到，历数的计算必须力求精确，时节的把握也须力求适中。从公刘"既景乃冈……度其夕阳"的天象观测以来，积千年以上的历象实践，使周人能够出色地继承尧舜以来治历明时的过程中即已形成的"允执厥中"[3] 的优秀文化传统，更加完善化为一种普适于自然与社会事务的"中正适度"的社会意识。

最值得重视的，是周人的历史经验所凝练成的民族精神。

周族的历史中，曾经多次经受过来自外族的重大威胁，其中主要的有：

第一次在弃以后的不窋之末年，"夏后氏政衰，去稷不务，不窋以失其官，而奔戎狄之间"[4]，不得不放弃农业耕作而和同于戎狄之俗，到他的孙子公刘之世，迁居于豳，才恢复了农业生活。这次挫折，锻炼了周人"道随时变"，敢于接受外族文化，因俗而治的能力。

---

① 《尚书·无逸》。

② "天人合德"之道，较之"天人合一"之说，更具哲理思维的原创性，且具有更为鲜明的主体性与科学合理性，是传统人文精神的真正精华，也是我们体认中华文化血脉的逻辑起点。学易者对易学可以有不同的取舍，但对于此一贯通全经的根本大道若不能深体而默识之，则未免于"千年习易不见龙"之憾也。可参阅下节："德治观念的强化。"

③ 参见《尚书·尧典》及《论语·尧曰》。

④ 《史记·周本纪》。

第二次在古公亶父之世，因受到薰育、戎狄之族的多次进攻，不得不弃豳迁岐，并内附于文明程度较高的农业大国殷商。古公亶父对岐地的开发取得了重大的成功，周围许多弱小部落、氏族都避开戎狄前来归附于他。这一次挫折促进周人对于先进文明的接纳，提高了他们的文化亲和能力。

第三次是在周公季历之世，为了对付戎狄之族的不断入侵，他振军经武，七次征伐，取得了六次大胜，同时接受商王封赏，主动与商贵族联姻，使西岐一带进一步得到开发，奠定了周族兴盛的基础，可是后来被商王文丁囚禁而死。这一时期的成功与挫折，强化了周人不畏强暴，与立足于本部族的自我奋斗以求安定和发展的自强进取意识。

总起来看，周族二千年历史上的三次大挫折，也伴随着三次重大成功，这样的历史经验，渐次地积淀为一种崇尚自强不息、积极进取的刚健精神与善于接纳不同文化的优良传统。

当然，所谓“周之盛德”，主要还在于文王之世。因为正是文王，最符合我们前面提到的具有远见卓识与雄才大略的酋邦首领的要求，是最富有对邦国部族的政治亲和力和人格感召力的杰出人物。下面我们就对文王之事加以专题叙述。同样，围绕周初作易这个主题，这种叙述也只能侧重在他的文治思想方面。

三　文王之事

对文王之事，必须叙述得详细一些，这对于了解“周易之兴”，亦即周初作易之事，是非常重要的。

（一）文王的祖、父之德业

史载文王生于殷王武乙元年，即武乙即位之年。是年，周族古公亶父自豳迁岐。21 年之后，古公亶父去世，文王时年 21 岁[①]。这个事实表明文王是在古公亶父奠定王业即完成酋邦建制的过程中成长起来的。古公爱民勤政，治邑建国，善于亲和外族部落，主动接受商殷先进文明以使岐周臻于兴盛的美德和事功，不能不深深地影响他，陶育他，使他得以成为周族

① 此据《竹书纪年·徐氏笺》。

优秀传统的继承者；并有可能进一步发扬它，深化它，以至成为周初开国的真正“圣王”。

古公亶父去世之后，文王的父亲周公季历之世，继承古公的事业，继续内服于殷，外抗戎狄之族的侵掠，对西北边境进行开发。据《竹书纪年·殷纪》所载，其主要事功有：

1. 武乙二十四年（周公季历四年），周师伐程，战于毕，克之；

2. 武乙卅年（周公季历十年），周师伐义渠（戎地），乃获其君以归；

3. 武乙卅四年，周公季历来朝，王赐地三十里，玉十瑴，马十匹；（注谓：此赐按三公之礼）

4. 武乙卅五年，周公季历伐西落鬼戎，也正是这一年，武乙畋于河渭，被大雷震死，殷王文丁即位；

5. 文丁二年（周公季历十七年），周公季历伐燕京之戎，败绩；

6. 文丁四年，周公季历伐余无之戎，克之。这一胜利证明，前年伐燕京之戎虽败但无大损。于是王命周公季历为“牧师”（注谓：牧，长也。师，五十国为师，即为西北五十个部落之长，周族酋邦的统治实力有了很大的扩张）；

7. 文丁五年，周作程邑（在今咸阳东二十里）；

8. 文丁七年，周公季历伐始呼之戎，克之；

9. 文丁十一年（周公季历二十六年），周公季历伐翳徒之戎，获其三大夫来献捷，王嘉季历之功，赐之圭瓒秬鬯，九命为伯，既而执诸塞库（监狱所在），季历困而死。纪曰“王杀季历”。

这一段史事说明，季历的事功主要表现在振军经武，开疆拓土方面，在他的壮盛之年，使周族的兴盛达到了一个高峰，有可能开始向初期国家的过渡。这也正是文王的青壮之年，即从20岁到46岁，季历的对外征伐显然他必定多次参与，因而积累了丰富的军事经验，但是在政治经验上却还不够成熟；他们对于殷王显然缺乏戒备，以至季历正当事功达于鼎盛之时，竟然自投虎口，被文丁囚杀了。这件事对周文王的震动必然很大，不过，他显然还需要亲自经受一番重大的挫折，才足以在政治上完全成熟起来。

（二）文王击商之败

文王击商之事，史籍没有明确的记载，据《吕氏春秋·首时》有“王季困而死，文王苦之”之说，这最多只能看成一种蛛丝马迹而已；但在1979年5月，陕西周原考古队，在陕西岐山凤雏村发掘出岐周时期的卜用甲骨一万余片，卜甲290余斤，总字数900余个。其中编号H_{11}164的卜骨上有“䢅商”三字。这片卜骨，据考古队长陈全方断为文王初期的卜筮记录，其前之“”字，经我们以编号H_{11}104及H_{11}108、H_{11}84等片卜骨之“周”字对照，及H_{11}37正面之“用”字对照，很可能系“用”字之残；“䢅”，《说文》：“击踝也，读若踝。”则此卜辞“䢅商”之意即为“用击商”。证之以编号H_{11}68辞“伐蜀、丝”，H_{11}110辞“征巢”，H_{11}332辞“其于伐㝬（胡）”等，在文王中后期，或称王之后，对小国的征讨谓之“征”“伐”来看，这里用“䢅”（击踝），显然是以小击大，以下击上之事，故将此辞断为文王主周之初曾兴兵击商，是合理的①。至于其绝对年限，李大用先生在其《周易新探》中采用“帝乙二年”之说：证之以文丁于十一年囚杀季历，十三年去世，其子帝乙即位，此时或再过一年，文王乘机兴兵击商，实有可能。因为据《竹书纪年》载，帝乙三年，“王命南仲西拘昆夷，城朔方”，南仲乃周之大将，表明殷周已恢复原来的君臣关系了。不久，帝乙又将王族二女嫁与文王，其事两见于《周易》经文及《诗·大雅·大明》及《思齐》等篇。表明文王自击商失败之后到他自行称王之前，都是臣服于商的。四十多年中，他虽不断征伐周围邦国，却从没有兴兵击商之事。因此将“用䢅商”之时断在帝乙元年或二年，亦即文王主周之元年或二年，在时间上是较为合理的。

文王主周之初年即兴兵击商，显然是出于对文丁杀季历的气愤，并没有经过周全策划，深思熟虑。也就是说：他此时是愤激之情胜过了理智的判断，遭受失败乃是必然的。这个教训，在《逸周书·程典》中被概括为“政失患作，作而无备，死亡不诫，诫在往事……慎德必躬恕，恕以明德……于始思终，于迩思备……”《丰保》之“明仁怀恕，明智设谋，明戒摄勇”。等等诰诫之中，而最为集中的则反映在《周易》经文的起首一句，即乾·初九之“潜龙勿用”。因此我们可以说：经过这次兴兵击商的失败，文王痛定思痛，不得不重新臣服于商，隐忍待时。表明他在政治上已臻于成

① 《太平御览》卷八十三引《古本竹书纪年》中有帝乙“二年，周人伐商”的记载。

熟了。

（三）岐周之兴盛与文王被囚

帝乙在位不久，第九年便去世①，他的少子受（纣）即位，是为帝辛，通常称为殷纣王。殷纣本是个才智出众，勇力过人的君主，前已述及，他的毛病在于过分迷信个人权势和享乐无度，为此不惜屠戮亲族，残害民众，并想出种种花样来挥霍浪费，造出种种酷刑来对付他的臣民，这些作法同周族的敬天保民，中正平和的德治传统不仅格格不入，也形成了鲜明的对比，当然也就不可避免地会发生尖锐矛盾。历史事实的记载大致如下：

1. “帝辛元年，命九侯、周侯、邘侯。”此据《竹书纪年·殷纪》，笺云：“此纣之三公也。”可见这次命侯，实际上是把商纣认为势力较强的几位侯伯命以虚位，一有必要，便可将其集中到朝歌，作为人质，变相地监视起来。

2. 帝辛“四年，大蒐于黎”，激起戎狄反叛；同年，“作炮烙之刑以燔生人，辜谏者”；五年夏，“筑南丹之台”，其大三里，高千尺；九年，“王师伐有苏，获妲己以归”，有宠，惟妲己言是用；同年，作琼室，立玉门；十年，夏六月“王畋于西郊”，聚众百万，右饮洹水不流；十七年冬，“王游于淇”，见老人朝涉畏寒，而斫其胫以视髓……②在将近20年中，商王帝辛的专横残暴与穷奢极欲之事不断，使举国上下以至臣服的诸侯邦国都处于恐惧不安的状态。而另一方面，周侯姬昌（文王）则“遵后稷、公刘之业，则古公、公季之法，笃仁敬老慈少，礼下贤者，日中不暇食以待士，士以此多归之”③。殷纣王见势不妙，于二十一年春，令诸侯会朝于商，想借此显示商王国的威力。可是就在这一年，孤竹国君之二子伯夷、叔齐归于周。紧接着太颠、闳夭、散宜生、鬻子、辛甲大夫之徒，皆往归之④。纣王这才发现，岐周的政治影响力的确不可低估，又于“二十二年冬，大蒐

① 此据《竹书纪年》。据近人常玉芝考证，帝乙在位22年，与殷纣在位之年尚不能衔接。今暂取《纪年》之说。

② 《竹书纪年·殷纪·帝辛》。

③ 《史记·周本纪》。

④ 《史记·周本纪》。

于渭”[1]。所谓大蒐，即大规模的军事检阅，相当于现代的军事演习，而演习的地点是于“渭”，笺曰：“此言大蒐于渭者，随渭水所经之地蒐之，不止于一处也。”而由于渭水流域，正是岐周疆土之所在，所以这次大规模的军事演习，实际上是在岐周的疆域内展开，商纣的目的，显然是直接威胁他心目中的劲敌。在演习过程中，还可能沿线布防，准备对付岐周的反抗。演习的时间是二十二年冬季开始，二十三年他便“囚西伯于羑里”[2]，也就是说，他实际上是在大蒐的过程中便把周侯昌囚禁了起来。

关于文王被囚的原因，历史上有两种说法。其一是《史记·周本纪》：“崇侯虎谮西伯于殷纣曰：‘西伯积善累德，诸侯皆向之，将不利于帝。’帝纣乃囚西伯于羑里。”其二是《战国策·赵策》鲁连子曰：“纣醢鬼侯（九侯），脯鄂侯，文王闻之，喟然而叹，故拘之于羑里之库。”这两种说法相为表里，并不矛盾，前者讲的是囚文王的真正原因，后者讲的是囚他的一个借口，实际上是商纣对于他早年所封的九侯（鬼侯）、周侯、邘侯（鄂侯）这三公，本有一举剪除之意，但是由于周邦实力强大，在他杀了九侯、邘侯之后，才不得不于事前借大蒐于渭而严密布防，最后还担心激起反叛而不敢轻易杀害周侯，只好把他囚禁了起来。

（四）历史经验的总结

文王的被囚，无论是对他自身还是对周邦来说，显然都是一桩具有重大意义的事件。

首先，它使文王和欣欣向荣的周邦，一下子被置于生死攸关、存亡相系的举国忧危的状态中，迫使他们认清楚自己的实力尚远不敌商的事实；

其次，这种举国忧危的状态，对于一个处于欣欣向荣的民族来说，绝不会被压倒或吓倒，相反，只能促使他们更加冷静地检讨过去，思考未来，作出更加高明的抉择；

最后，对于一位具有圣贤气质的邦国君主，一位主周三十余年、在政治上已经完全成熟的领袖人物而言，这次长达六年余之久的囚禁，不啻是一个“天赐良机”，使得他有充裕的时间来对自己数十年的政治经历冷静细

① 《竹书纪年·殷纪》。

② 《竹书纪年·殷纪》。

致地加以检讨，对当前的险恶处境、应变策略，从全局的角度加以谋划；对殷商国力的虚实，商族从兴盛到衰败的历史，商末诸王在政治上的失误，商纣的变本加厉与其走向灭亡的必然趋势，从历史的高度加以审视；对周族兴盛和挫折的史实，德治传统与商王暴政的尖锐对立，民心的归向与周族的历史际遇以及未来盛衰等等从天道的——哲理的高度加以忖度……对这一系列问题深思熟虑的重大成果，一般地都体现在他对被囚一事的处置，被释以后的作为：称王伐邑，聚贤命将，积极准备伐商以及诸多诰命和《易经》成书的种种行事之中。大体说来，包括如下几个方面：

1. 时位观念的领悟

时与位的问题，既是对人们行为的根本性的制约条件，也是人们行事当否的抉择依据。这一观念，在文王被囚以前的周邦文诰中是不甚明确的，但在文王被囚前后的举措中，获释以后的诰命中特别是在《周易》著作中，这一观念则是十分明确了。《吕氏春秋·首时》说："王季困而死，文王苦之，有不忘羑里之丑，时未可也。"便概括地说明了文丁杀季历，文王兴兵击商失败，既被囚羑里，乃采取委曲求全，隐忍待时的策略，并不是自己甘受屈辱，也不是因为殷纣真正强大，只是与殷纣决战的时机尚未成熟而已。实际上文王被囚六年后获释，"诸侯逆西伯归于程"[①] 之际，各国便曾一致主张发兵声讨殷纣，文王未加采纳，还"合六州之侯奉勤于商"[②]。其时，他在所作之《程典》中更告诫诸侯，要恪守臣位，励精图治，其实际用意都是为了"做好准备，待时而动"而已。

与"时"相应的是"位"的问题。文王主周之初即举兵击商，遭受失败，自然与"以小击大"的势力不敌有关，但同时也有一个"以下犯上"的问题，使得他在道义上不能处于完全有理、有利的地位。这次自身的被囚，以至获释之后，都同样面临着这个地位上的不利问题。如果进一步考察商汤伐桀的史实，就可以发现，商汤即使以"顺天应人"之势伐桀，三战而获之，放之南巢，犹自有惭德，也可想见以下击上的罪名之可畏。这些正是文王获释五年之后，既受锡命得专征伐，于灭崇作丰之际，决心受从诸侯之请而自行受命称王的原因[③]。显然，他是要以"受命之君"的地

① 《竹书纪年·殷纪》。

② 《逸周书·程典》。

③ 事详《逸周书·丰保》及《程寤》逸文。

位，名正言顺地对失去天命的商纣暴君，进行顺天应人的征讨。

应当指出，文王的自行受命称王，在我国政治史乃至思想史上都是一个了不起的创举①。在初期的君臣观念定型的时代，没有对时、位问题的特殊的理解，要作出这样勇敢的决断，根本是不可能的。后世儒者们拘于成见对此不能理解而千方百计地为之隐讳，实在不能自圆其说。实际上，文王在时、位问题上的革命观念与科学创见早已异常鲜明而突出地体现在他所首倡而编撰成的《周易》的经文之中了。

2. 忧患意识的觉醒

今存《逸周书》70编中，《大匡》《程典》以前10篇，明显地经过战国法家、兵家诸子的篡改，其中所谈大都是“法治”与“武取”之道，极少有瞻前虑后的忧患意识。自《程典》起，以后诸篇，“安而不忘危，存而不忘亡，治而不忘乱”的时代忧患意识则非常明显。而《程典》一篇，正是文王被囚获释之际，诸侯共议讨伐纣罪之时，文王审时度势，瞻前虑后，为长治久安之计的经典之作。其中明确提出了“于安思危，于始思终，于迩思备，于远思近”这样明智的告诫。五年以后，文王受命得专征伐，随即出师，“取耆，及邘，遂伐崇”。灭崇之后，文王在诸侯拥戴之下，自行称王，作《酆保》之诰，更树昬（美石）于崇，内备五祥、六卫、七厉、十败、四葛（盖也），外用四蠹、五落、六容、七恶之诫。朱右曾释曰：“凡此所陈蠹、落、容、恶之目，圣人非以此倾人国，欲子孙知而防之，勿堕其术耳。”可见本篇所陈，皆保国存众之道，乃文王灭崇之后，总结崇国灭亡的教训，勒于昬石，正是告诫后世子孙“于安思危，于始思终”之意，(此周公所谓和容天人之金声也）于此亦可见文王对于时代忧患意识是有很高的自觉和深刻的领悟的。这种深刻的领悟，自然不是从灭崇之时开始，在他被囚的六年之中，当他以深沉的睿思回溯史事时，不难看到，周族从不窋失官，公刘居豳，亶父迁岐，季历被害，以至自身的被囚，种种挫折，都发生在周族发展与兴旺之际，只有在战胜挫折之后，才能有新的发展；在商族方面，自契至于成汤，贤圣之君六、七作，大体上都是在艰难困苦条件下而有所作为；自汤至于武乙，其间也经历了几度衰败，几度中兴。

① 近人有《左传·昭公四年》“商汤有景亳之命”为汤王自行受命之说，然《左传》此语实与“夏启有钧台之享，周武有孟津之誓，成有岐阳之蒐”并举，皆言军事盟会之事，是否为自受天命，尚可商讨。

武乙的失误，也同他的成功同时发生。这些历历不爽的史实，所呈现出来的运动曲线，不正是“阴阳相待而立，否泰相倚而变”的自然之道吗？在这样的历史规律面前，人们，特别是作为部族和邦国的君主，是模模糊糊地任凭它摆布，还是自觉地保持一种忧患意识，以“朝乾夕惕”的心态来对待一切行事，其所得的结果，显然是大不相同的。这样的认识渗透到他后来的诰命和《周易》等著作中，便是我们后世所称述的时代忧患意识。

3. 德治观念的强化

前已述及，周人的德治观念，植根于他们长达千年的较为先进的农业耕作传统，这一观念的丰富内涵，包括天人相参的人学主体意识，敬天保民的治道观念，中正适度的科学精神，自强不息的刚健品格与厚德载物的博大情怀等等。德治观念虽非周族所独有——事实上它也是八卦文化的优良传统，但在内容的丰富性与实践的自觉性方面，则应当承认，周人尤其在文王时代都达到了可以说是空前的高度。例如：

在“天人相参”意识方面，《逸周书·文传》中，文王明确地提出了“兵强胜人，人强胜天，能制其有者则能制人之有，不能制其有者则人制之”的近似于“制天命而用之”的主体意识。并认为“人君之行”最根本的在于使“土不失其宜，万物不失其性，天下不失其时”；为成就上天好生之德，应做到“无杀夭胎，无伐不成材，无堕四时”；为减轻自然灾害的危害，他主张“开塞禁舍”，“积聚以备灾”。他说：“天有四殃，水旱饥荒，其至无时，非务积聚，何以备之”；对于卿士民人的各种专长，他主张“人各修其学而尊其名，圣人制之”；对各地的不同特产，他主张“凡土地之间者，圣人裁之，并为民利”。总之，人君应做到“山林以遂其材，工匠以为其器，百物以平其利，商贾以通其货，工不失其务，农不失其时，是谓和德”。这些精神充分地渗透到《易经》之中，正如泰卦《象传》所谓“后以裁成天地之道，辅相天地之宜，以左右民”。而《文传》这一诰命，乃是周文王受命之九年（即文王在位之五十年，时年届 97 岁）在临终之前告诫武王之辞，相当于他的政治遗嘱，它对于周人天道观念的影响之强烈是不言而喻的[1]。

---

① 《逸周书》多篇，在文字上都经战国时人改译为时文，难免打上时代烙印，但保留周初思想及材料甚多，对《文传》亦当作如是观。

在天与民的关系上，从天人相参的根本观念出发，文王把民事提高到实际的主体地位，以得民、养民、保民为德治政治的基础。在一次观察月食的时候，文王借机告诫武王说：“明明非常，维德乃常，日为明，食无时。汝日夜何修非躬，何慎非言，何择非德……维德之用，用皆在国，谋大鲜无害。呜呼！汝何敬非时，何择非德 ……何导非义，何畏非世，何劝非乐……呜呼！汝何监非时，何务非德 ，何兴非因，何用非极，维周于民人……”[①] 意即是说：日月也不能常保其明，人君的所作所为，以至所思所虑，无时无刻不对国家的治乱发生影响，尤其是开疆拓土这样的宏图大略上，是不可能没有艰危苦患的，人君行为的最高标准，就是能够周备与保全你的民人……这一段文诰，在天与民的关系上，已开始将民事问题，摆在对天的崇敬之上了。到他的继承者——武王伐纣时，在《泰誓》这篇文诰中，又进一步讲到“天视自我民视，天听自我民听”[②] 的道理，这个道理引申出来，便是后世的所谓“民为邦本”的思想。

在人神关系上，文王明确反对求神和宠巫。在《酆保》的文诰中，他把“神龟败卜，宾祭推谷”（即神其龟卜而败其人谋，泛为淫祀以祈求神灵赐予五谷丰收）与“佞人败朴，谄言毁积，阴资自举，女货速祸，比党不拣，佞说鬻狱，忿言自辱，异姓乱族”等八种败亡之因列在一起，成为“十败”中的二败。又在“四蠹”之中，将“神巫灵宠以惑之”列为四种乱政之一。这些告诫自然不是讲要根本取消敬天祭神之事与卜筮之用，只是要将它放在适当的位置上。在《大开》之诰中，他告诫说：“祷无忧玉，及为人尽不足。”（意谓祷神不惜金玉之费，便会耗费钱财以致民用不足）就是要将民事问题放在神事之上，不可以淫祀而不务民义，取媚于鬼神而肆虐于民人。在《小开》之诰中，他又进一步告诫：“不索祸招，无曰不免。”即是说：“不反思自己而责诸他人，所以招祸，不可诿之命运。”这个告诫，很可能是针对类似殷纣那种“我不有命在天”的诿罪思想而发的。

总之，无论从天民关系或神人关系来看，文王晚年，都已将民事问题提到了治道的主体地位。这正是后世所谓的“圣王先成民而后致力于神”。也正是在这个根本立脚点上，周人的德治观念才得以最终确立起来。问题

① 《逸周书·小开》。

② 《孟子·万章问》。

很明显，如果在天、民关系或神、人关系上不能实现这样一种立脚点上的根本转换，周初的政治就只能处于暴君乱臣狂悖宰制之下，或是神灵崇拜的迷雾笼罩之中，那也就不可能有真正的德治政治了。因此，我们可以将它看成是周人的德治观念成熟与强化的表现。而这一观念，正是渗透于《周易》经文的深层理念。

关于周人“自强不息，积极进取的刚健品格与厚德载物的博大情怀”的发扬问题，在文王遭囚被释不久即自行称王，开疆拓土，积极准备伐商灭纣，以至后来武王、周公的封建诸侯，制礼作乐等重大历史活动以及周初的各种诰命之中都非常清楚，可以不必细说。而值得我们在这里特别加以探讨的乃是文王对“中正适度精神”的准确把握与巧妙发挥。

4. 中正适度的哲理思考

前已述及，所谓“中正适度的精神”乃是从治历明时的科学实践中形成的一种科学精神，也是八卦文化的一项优良传统。不过，在文王以前，它多半被应用于天象观测与农事指导方面，文王以后，才将它推广到以至主要用之于社会生活中的行为准则方面，也就是实现了一个由自然法则到社会准则的转换。或者说，从自然与社会规律向一般的哲理的提升①。

上面我们提到文王困于羑里之际，他自然地对自身的政治经验，周族的兴盛与挫折，商族的兴起与衰败，周邦的历史际遇与后来的长治久安等问题都进行了反复的探求和思考。尽管他得出了许多有益的结论，作出了一系列正确的决策，如像乘时处位的行为准则与兴周灭殷的现实目标的适当把握；德治政治与神人关系的正确处理；忧患意识与进取精神的内在协调等等。所有这些预虑与措置，其间都存在着一个是否“适度”以及怎样才能“适度”的问题。乘时处位决不等于安于现状，隐忍待时也不能容忍行动上的懦弱，以民为本的德治决不可取消神灵崇拜，忧患意识决不应导致畏缩不前……简而言之，在一切事物和行为都存在正反两方面的双向制衡作用的前提下，人君的态度是应该有所偏向呢还是无所偏向而纯任自然呢？显然，偏向于某一方面便不成其为“中”，而绝对的“中”又在事实上偏向了优势的一方而不成其为“正”。透过这样一类两难命题的辩证思路，

① 近年面世的清华简《保训》编，经李学勤诸先生研究，认为系文王临终遗命武王祇服中道之辞，可参阅。

他那顺天应人的使命意识，刚健有为的进取精神，崇德广业的价值观念，都被融摄到一种动态制衡的中正适度的哲理思考之中，形成了他的社会政治哲学的特有基调。

例如：在《酆保》之诰中，他首先讲到国之“五祥”是：“一、君选择，二、官得度……”即是说，国君和官吏不可以无所作为，而应当善于选择贤人，明辨当否；讲到国之“六卫”时提出：“一、明仁怀恕，二、明智设谋，三、明戒摄勇，四、明才摄士，五、明德摄官，六、明命摄政。”即是说：对于仁与恕，智与谋，戒与勇，才与士，德与官，命与政等政治伦理问题上，在德与力，义与利的矛盾表现最为集中和突出的用人与为政事务中，他的是非标准和价值取向并不是简单地肯定一个方面与否定另一方面，也不是主张使二者永远保持均势，而是主张在二者之间建立起一种相互制约的关系，把握住一种相辅相成的契机，也就是将它们都各自置于“适度”的地位。而这，也正是所谓“中正适度的精神”体现于用人为政的实质所在。不过，关于所谓“中正适度的行为准则的确立”问题，其最集中、最突出和最完善的表现，还在于《周易》的经文之中。而《周易》之作，也正是从文王首倡和开始的，这点我们就留在下一节详谈了①。

四 《易经》之作

前面我们谈到《系辞·下传》第十一章讲“易之兴也，其当殷之末世，周之盛德邪，当文王与纣之事邪”这个猜想是合理的。经过上文对殷易之衰、周德之盛、文王之事等史实的考察，不难看出，周初作易的条件已经完全成熟了。司马迁在《史记·周本纪》中说“西伯盖即位五十年，其囚羑里，盖益易之八卦为六十四卦”；在《史记·日者列传》中又说“自伏羲作八卦，周文王演三百八十四爻而天下治”；在《史记·太史公自序》中也说“昔西伯拘羑里，演周易”。这些说法，也大体上肯定了文王作周易之事。经过我们的考索，《周易》之作始于文王的说法，大体上是可以成立的。

① 以上所述周德之盛均在于文治思想方面，实际上周族之兴与殷纣之败一样都有其深层的社会经济根源，可参见本书下篇第二章与第五章。

（一）理论思维的使命

首先，从理论思维发展的程度来看，已要求对生产、生活经验，政治、军事经验向天道与人道及其耦合方面进行哲理的提升。而周文王这位经验丰富、思虑精明而且具有以天下后世为己任的贤圣气质的君主，最具有倡导和创始这一思想建设工程的条件：客观条件有如必要的时间，必要的历史资料，必要的助手等；主观的条件有如个人的经验、学识、才智、品格、尤其是进行理论创造的动因——愿望与激情，历史使命感，时代责任感等等。其中，主观方面的条件，自然是最根本的条件。

前面我们谈到，文王被囚于羑里之际，以长达6年多的时间，对自己几十年的见闻与经历——主要是五十多年的政治、军事斗争经验，进行了深切反思，在德治观念、时位观念、天民关系、神人关系等等方面，都可能作出异常高明的决断，并将它提炼到中正适度的哲理思考的高度。只是这样的睿智精思，在它的实际展开和具体操作上，在他本人虽可说是已达到了从心所欲的程度，但是，要让它能够被人们理解，重要的是他的后世子孙及其辅相大臣们都可以接受而且能够实行，这就太困难了。这种境界上的孤独感很可能困扰他很久，正像古印度的大思想家释迦牟尼经过多年苦修而终于悟道时的感受那样——“我法妙难思，不如速涅槃。”不过，历史上的文王与释迦，毕竟都是有着极高的历史使命感与时代责任感的大哲人，所以尽管深感孤独，却没有选择无所作为与自归寂灭之途，而是选择了以言传身教之法，将他们的思想主旨传诸后世。

显然，这个问题不解决，对文王来说，他几十年的治国经验以及对夏、殷历史的深刻理解就很难遗训后世；几年囚禁生活中的精思睿虑也等于白费；他的后世子孙纵然能够灭商建统，也必然会重蹈夏、商王朝衰败破灭的覆辙，甚至很可能比这两个王朝更加短命。如果这样，他作为一代创业之君，也可以说没有尽到垂范后世的责任。因此，他不得不反复地对这个如何使后世子孙及其辅相大臣们都能理解、接受和实行的问题加以深入思考。最先想到的很可能是将这些理论和哲理作为诰命，让史官们记载下来，传之后代。这个想法当然可用，但是诰命有它本身的局限。第一是作为政令，它不可能从哲理上多加发挥，即使发挥了人们也未必理解；第二，诰命属于政令，主要解决人事的当否，没有必要一一借助于天道，如果勉强提升到天道，又未必能使人信服；第三，诰命是教诫之辞，对下属有约束力，人们即使服从，又未必乐于接受。而如果人们不理解，不接受，不信服，在实行时就难免走样，难免打折扣，以至于曲解和抵触。那么，除了诰命以外还可以采取什么形式呢？当然可以订出详细的政治礼仪制度，如像后来的“制礼作乐”之事，但是这也不可能传达他那明于天之道而察于民之故的哲理思维。至于诗、祝之类的教诲，其作用就更显得无足轻重了。这样他思来想去，最后很自然地会想到他早已熟谙的八卦文化“依筮得数，依数立卦，依卦观象，依象系辞”的传统方法，及其集中的体现——夏易《连山》与殷易《归藏》。以文王的纯熟思虑，很容易作出明敏的决断，即认定这种筮占形式的著作，既然可以利用来据物象以察世事，当然也就可以进一步用它来借天道以明人道。这样，一种可以将他的哲理睿思立足于天道之上，又呈现为历史经验的、作为行为准则的完美表现的形式被提取出来了。这就是在筮占的神秘形式下，通过历史记录的经验教训来阐明治国平天下的大道，并标举出人君及其辅相大臣们应该恪守和体现的行为准则。这一想法的具体实行，便是在夏、殷二易的基础上，加以改进而另作《周易》。而这样的以事明理的著作方式，其用意之所在，正如后世孔子作《春秋》与司马迁作《史记》时所明白地道出的“我欲载之空言，不如见之于行事之深切著明也”。

（二）政治斗争的要求

另一方面，政治斗争的形势也要求对天、神崇拜以及卜筮之用问题作出明智决断。

上文讲述殷易之衰的史实时，已阐明殷之末世，自商王武乙为强化王权，削弱巫权而戏剧般地向“天神”开战以来，虽然在遏制过分的鬼神迷信之风这方面有其积极意义，但到了他的曾孙商纣之时，由于走到了另一个极端，企图完全排斥神权对王权的制衡作用，在王权的滥用方面便达到了异常狂悖的程度，因而造成了空前恐怖的暴王政治。到殷纣随意寻找借口，诛杀九侯、鄂侯，拘西伯于羑里之际，殷纣王国实际上已处于朝无纲纪，国无法度，“唯妇人之言是用”的混乱状态，朝野上下，人人自危，诸侯邦国，怨声载道。这种状态的继续发展，势必要闹到举国上下都“无法无天”的混乱程度，其结局必然是殷纣王朝的分崩离析与彻底垮台。这一严峻的形势，殷商王朝的贤明辅相，例如商容、比干、微子、箕子，以至贤臣祖伊等，都是看得非常明白的。但是，如果要追究其造成这种严重局面的根本原因，进一步领悟到这种发生在兴盛中的衰败，其直接的起因乃在于武乙在强化王权方面的成功，起因于他对巫权的胜利并进而导致了王权的失控，这样深刻的认识，他们就恐怕很难达到了。作为殷纣朝廷第一大臣的太师箕子，要算是极有见识的了。他在劝导微子出逃以存商祀的时候，想到的是要为殷商王朝殉节；后来被罚为囚奴，作了几年苦役，在这段苦役生涯中，他想到的是要把殷商王朝的治国大法——洪范保存下来。果然到武王灭纣之后来向他求教时，他就逐条地转告了武王，这便是现存的《周书·洪范》。在《洪范》中他详细陈述了卜筮之用，明白地表达了神权对王权必须有强力的制衡作用的寓意[①]。这表明他可能意识到了巫权——神权之不可废，但是对于巫权的过重可能造成的恶果，也是武乙与纣企图彻底屏除巫权——神权的根本原因，他却没有认识到。从史实的记录来看当时从商纣的衰败昏乱中，既能够认识到神权不可偏废，又能够认识到巫权——神权亦不宜于过重者，即认识到必须使二者处于能够相互制约的中正适度状态者，在商朝贵族及其辅相大臣中，似乎还没有。这倒不是因为他们都智慧不高，而是由于客观的环境使他们“思虑不及”。因为，作为商朝的贵族、大臣，时代给他们提出的只能是如何避免商朝的灭亡以及减轻灭国的后果而已。他们实际上连个人的惨死都难以避免，更遑论对殷政的得失作出哲理的评判。而对周文王来说情况就大为不同。当他被作为西伯囚禁于羑里的时候，时代的责任感向他提出的是对于兴周灭纣的大事进行深思熟虑；历史的使命感向他提出的是对商殷兴亡的教训与周邦的长治久安问题作出哲理性的提升与纲领性的谋划。面对着殷纣残民侮神的暴王政治所造成的危机与机遇，他必须高举德治政治的旗帜，以敬天、保民的基本政纲作出合理的决策与响亮的回答。而这就要求他对作为巫权——神权标志的卜、筮之用重新审视，对夏、殷以来一直沿用的《连山》《归藏》的卜筮之书，按照他所达到的理性精神加以改造。这样，经过精心思虑，他得出了借助于卜筮的神秘形式，将他的德治政治的基本观念，中正适度的最高原则，乘时处位的明哲态度，与民同患的意识与崇德广业的精神，以

① 见前引《尚书·洪范·稽疑》。

及刚健进取与厚德载物等等理性原则统摄其中，并能生动明白地体现在《周易》之作中的结论。这也是他的“天人相参”意识的具体运用，在后世的语言中便叫做“圣人以神道设教而天下服矣”①。

这里应当说明一下，上面我们从思想发展的需要与政治斗争形势的需要两个方面来说明文王首倡作易的合理性时，并不是认为文王就是一位彻底的无神论者，是一位超越历史时代的天才人物。不是的，这样的天才在历史上不曾有过，文王的时代更不可能有。事实上在周人的观念中，天命观念、神祇观念、祖先崇拜、灵物崇拜（龟卜、蓍筮）等等神秘意识都是相当浓厚的。类似的神秘意识，直到科学如此发达的今天依然普遍存在，更何况上古时代的周人？不过，我们也应当明白，上古社会中的这类神秘意识，与我们今天所了解的宗教迷信或一般的鬼神迷信是有很大的不同的。首先是这类神秘意识还处于一种原始信念阶段，与后世经过体系化宗教加以深化和强化的鬼神观念比较起来，它要肤浅得多，直观得多，因而也就要质朴得多；其次，正因其肤浅而直观，在神灵崇拜方面的感恩观念，理想人格观念与神、人一致的观念则甚为明显。也就是说，上古人们的神秘意识中，不神秘的成分，亦即适用的、理性的成分实际上还要重一些。在当时的圣君贤相，尤其是像周文王这样具有精深睿智的哲理思维和强烈的时代责任感与历史使命感的政治思想家深层意识中，理性的成分就更具有压倒优势。例如在天命问题上，文王就敢于“自受天命”②；武王也说“维在文王克致天之命”，而且提出了“天命无常，敬在三机”③ 之说，在神祇问题上更讲“正及神人曰极，世世能极曰常”④。武王伐纣，祭告于皇天后土及所过名山大川时说：“惟尔有神，尚克相予，以济兆民，无作神羞。”⑤实际上是大义凛然地对神祇发号施令。而对祖先的崇拜，实际上是对理想

---

① 语出《观卦彖传》。又苏洵《易论》有云：“圣人不因天下之至神则无所施其教，卜筮者，天下之至神也。而卜者，听乎天而人不预者也。筮者，决之天而营之人者也。圣人曰：‘是天人参焉，道也，道有所施吾教矣。’于是因而作易，以神天下之耳目，而其道遂尊而不废。此圣人用其机权以持天下之心，而济其道于无穷也。”这也可以说是对文王作易以筮的极好说明。

② 参见《逸周书·酆保》。

③ 《逸周书·五权》：三机。朱注谓一疑家、二疑德、三质士也。

④ 《逸周书·武顺》。

⑤ 见今存《尚书·武成》，此篇虽多增改之处，但保存的史实不少，对神祇的告诫，非有文、武顺天应人之革命精神者不能道，这正是周人的天人相参意识的最高体现。

人格的崇拜。《国语·鲁语·展禽论祀爰居》便讲：

> 夫圣王之制祀也，法施于民则祀之，以死勤事则祀之，以劳定国则祀之，能御大灾则祀之，能捍大患则祀之，非是族也，不在祀典。

又说：

> 凡禘、郊、祖、宗、报，此五者，国之典祀也。加之以社稷山川之神，皆有功烈于民者也；及前哲令德之人，所以为明质（信）也；及天之三辰，民所以瞻仰也（谓制历明时）；及地之五行，所以生殖也；及九州名山川泽，所以出财用也，非是不在祀典。

这更说明周初圣王制祀之主旨，不管是对天神地祇的崇拜也好，还是对祖先的崇拜也好，其实质都只是功烈崇拜性质，是属于德性崇拜与理性崇拜的范畴。与后世宗教讲的上帝造人，神灵主宰人的命运，人们只能向神灵忏悔求佑以及祈求升官发财等等庸俗观念是根本不同的。因此，作为一代政治思想家的周文王，在他以强烈的时代责任感与历史使命感为动因来考虑天、民关系，神、人关系时，对卜、筮问题，尤其是筮法问题，采取保留其神秘性质而强化其理性内容的方针，乃是很自然的。不过就卜与筮二者来说，情况又各有不同。因为龟卜是来源于灵物崇拜，其占断又是根据灼龟成兆时，兆纹的走向、深浅、粗细、长短、形状与颜色的不同来判断吉凶的，因而神秘成分很重，又缺乏变易性与可选择性，理性成分甚微。筮法虽与对蓍草的灵物崇拜有关，但它来源于最古老的八卦文化，而八卦的取象思维则直接发源于最古老的智慧型符号崇拜，即便是与蓍数占断结合以后，其可变性与可选择性依然很大，理性思维依然占有明显的优势。只要认真加以改进，就可以达到周文王当时所迫切需要的“以理性思维为主体”的目标。而这也就是说，对易筮的改进，其实质是要将易筮中的神秘思维框架，移植于理性思维的基础之上。从这个角度来看《周易》之作，我们便可以说它是德治理念——亦即政治伦理的模式化与形象化，当然也就是高深哲理的平易化与生活化以及德教观念的通俗化与适用化。

五　《易经》之成

如前所述，当文王被困于羑里，经过深思熟虑，对夏商以及周族的历史经验进行哲理提升之际，他对《易经》的理论构思实际上便已经开始了。当他最终决心改造夏、殷之易而另作《周易》时，他所面对的，显然是一项庞大的思想工程。尽管他有一切必要条件来开展这一工作，但要完成它也绝非轻而易举。可以想像，他首先必须拥有对夏殷二易的完全知识，以及必要的资料；必须汇集周族近百年间筮占过程中有所应验的原始记录，同时也必须选择好得力的助手。这两个条件大概是比较顺利的解决了。因为从现有的记录来看，殷纣拘西伯于羑里之际，并没有断绝他同周邦的联系与同来人的接触。西伯之臣闳夭之徒包括散宜生、南宫括等人，都有可能借着向殷纣贡献之机以晋见西伯。这些人都是西伯的高级参谋，都有可能与闻作易的事，而其中直接被选定为作易的主要助手者，则很可能是南宫括。作出这一推断的现有依据大致如下：

其一，《尚书·大传》："文王以闳夭、太公望、南宫括、散宜生为四友。"《尚书·君奭》："惟文王尚克修和我有夏，亦惟有若虢叔，有若闳夭，有若散宜生，有若泰颠，有若南宫括。"季氏传曰："文王咨于二虢。度于闳夭，谋于南宫。"李贤引《帝王纪》："散宜生、南宫括、闳夭学于吕尚，尚知三人贤，结朋友之好。"

其二，《水经注》卷九："羑水出荡阴西北……又东流经羑城北。"郦道元注曰："故羑里也。昔殷纣纳崇侯虎之言囚西伯于此，散宜生南宫括见文王，乃演易用明否泰终始之义焉。"

《史记·周本纪》叙"帝纣乃囚西伯于羑里，闳夭之徒患之，乃求有莘氏美女"以献纣，《正义》引世本云："莘国姒姓，夏禹之后，即散宜生等求有莘氏美女献纣者。"其叙武王诛纣之明日，除道修社，及商纣宫举行"受天明命"大典时，"散宜生、太颠、闳夭皆执剑以卫武王"，二事皆不提及南宫括，可见参与文王作易之人选中，散宜生乃是兼有军、政要职之人；而南宫括的职事则有："命南宫括散鹿台之财，发钜桥之粟以振贫弱萌隶；命南宫括、史佚展九鼎保玉。"这两件事都是武王在"受天明命"之后在财政事务与文化事务方面的重大措施。近人香港谢宝笙先生在其《〈周易〉原著真相大白》[1] 一文中据此推断南宫括为周邦“首席的资深经济管理官员”，和富有“历史文化知识”，足以“巡视九鼎，应是代表武王”的“德行高贵”的官员。这一推断是较为合理的。此外尚有命南宫括作易的卜辞实录，详见下文。

综合上述记载，我们认为南宫括是文王作易的主要助手这一推断较为可信。

在掌握必要的资料与选择好得力的助手之后，处于幽禁而又早已胸有成竹的西伯昌——后来的周文王，作易的工作就算准备就绪，可以进入实际的操作了。这一工作大体上可分为两个方面：第一个方面是对夏、殷二易的过时观念和操作上的不完善之处进行改造；第二个方面则是要按照他对易著必须尽可能理性化与政教化的模式进行选辞和改编。

所谓夏、殷二易的过时观念，主要包括：

1. 以艮为卦首、或以坤为卦首的观念。如前所述，这是在洪水泛滥时期，或初期的原始农业与畜牧并重时期的观念，经过上千年的演变，在周人来看都早已过时了。在数百年的颇为发达的农业耕作传统中，周人对四时的更迭，风云雷雨的变幻，水旱的时与不时，山川物产的丰茂与否，首先是取决于天象的变化，早已鲜明而根深蒂固。天是主导，地是承顺；在上者倡，在下者和；在上者天为主为君为动，在下者地为臣为众为静，这一类天人相应的意识也大体形成了。在这种观念的影响下，再采用夏易以艮为首或殷易以坤为首的卦序都是不适合的，必须将它改变过来，以乾为首。伏羲八卦的排列顺序：“乾兑离震巽坎艮坤”正好与此相合，当然应予保留；而《连山》卦序的“艮震巽离坤兑乾坎”则与此不合，但作为农事顺序来说它又有合理的成分，只要按周人以十一月为岁首的顺序，将卦序改为“乾坎艮震巽离坤兑”就行了。我们现在看到的《周易》，在考察时间与方位时，这两个卦序都是互相参用的。

2. 在筮数过程中取静爻，及于数尚“八”的观念也是一种过时观念，其操作过程亦不够完善合理。

首先，在确定以乾为卦首之后，乾为纯阳之卦，其数皆阳，而乾又为主动之卦，这就确定了夏、殷二易取静爻与尚数“八”的观念必须抛弃，

---

① 《周易研究》1993年第2期。

但又不可走向取动废静或取“九”废“八”的极端。必须使衍卦过程能够充分体现既尚动尚变而又能动静相资、刚柔兼用的“中正适度”原则，才能正确地广大易道之用。这样，在筮数问题上，周易制作时大约费了极大的苦心和周折，最后才决定了采用了《系辞·上传》第八章“大衍之数五十，其用四十有九，分而为二以象两，挂一以象三，揲之以四以象四时，归奇于扐以象闰。五岁再闰，故再扐而后挂……”① 取七、八、九、六以定爻象，及以变爻断卦为主而参之以静爻与贞悔卦象的断卦方法。这也就是留传至今的《周易》筮占法，其筮数的具体特点，留在后面再行细述。

所谓将易著尽可能按理性化与政教化的模式进行选辞和改编的问题，也包括两个内容：其一是对易筮中最具神秘成分的筮数之法——即依筮得数和依数立卦这两个环节都更加数理化和有序化，以相对减轻其中的神灵观念；其二是按照将系辞政教化的模式，重新进行拣选编排，即作出新的系辞，这是《周易》制作过程中最艰巨繁难的部分，也是作易时最下工夫的部分。

上述两个方面、四项内容的工作，我们不知道周文王究竟亲自动手完成了多少，但是，有几点却是大致可以肯定的：

第一，他在被囚于羑里的时候即已对上述内容作出了原则性的框定，并且亲自动手，引导他的得力助手从事《周易》的撰著；

第二，由于种种条件的限制，特别是在拣选卦爻辞验证实录方面存在的实际困难——因为当时不可能将周族所保存的筮占记录大量地带到羑里之狱中，因而不能完成《易经》之作，甚至不可能对多数卦爻选定系辞。不过，乾、坤、离、坎、临、观、否、泰、比等卦的系辞则很可能是由他亲自选定的（这一点，我们将在本书下篇释卦时详论）。同时，对六十四卦的主旨，例如以乾坤二卦总叙刚健进取与承顺包容之德，以明易道的总体；以其余各卦分叙处困之道，茂迁之道，争讼之事，联盟之道，农牧之道，关市通塞，行师用武，谦尊豫虑，临民莅政，刑狱，养贤，夫妇，隐遁，家政邦交，损益升进，革故鼎新，商旅，交争，水患，言说，过失以及行事修养，德性修养等等社会生活的方方面面的事理和准则，以期完美地传达他所深切体认的刚健有为、中正适度的人文精神。这样的作易大纲，也

① 语见今存《系辞·上传》第八章。

可能由他亲自拟订并经过与其助手们的充分研讨被他们大体掌握了。具体内容详见下篇诸卦释。

第三，从周初建国过程的许多史实来看，也可以判断《周易》之作在文王之世并未完成。例如：

“晋。康侯用锡马蕃庶。”辞中康侯乃武王之弟康叔封，系武王灭纣后所封，可知此辞之作成必在文王之后；

又：明夷·六五：“箕子之明夷。利贞。”

箕子在文王被囚时还是殷商王国的重臣，箕子之明夷事，发生在武王伐纣前夕，指他佯狂以自保之举，故可以推断此辞亦当作于武王之时。

另外，在武王伐纣过程中发生过如下事件：

> 周武王伐纣，卜筮之，逆，占曰“大凶”。太公推蓍蹈龟而曰：“枯骨死草，何知吉凶？”
>
> ——《论衡·卜筮》

> 武王将伐纣，卜龟兆，不吉，风雨暴至。群公尽惧，唯太公强之，劝武王，武王于是遂行。
>
> ——《史记·齐太公世家》

这两条互相印证的材料表明，武王伐纣时确曾有过违筮逆卜之事。太公敢于“推蓍蹈龟”，斥其为“枯骨死草，何知吉凶”，一方面固然表明太公的精神境界与文王相近，有以天下苍生为己任的革命家气度；另一方面也生动地表明，当时文王的《周易》之作并未完成。如果文王的《周易》完成了，里面明明有革、鼎二卦倡言革命兴邦之事，自可引以为据，无论占得何种卦爻，亦不难作出可以趋吉避凶的解释，而《周易》六十四卦中，也根本不存在“大凶”之占，如果筮者是用文王的《周易》行占，太公又何至于“推蓍蹈龟”呢？

根据上述卦爻辞和史实记载，我们可以推断，《周易》之成，必在成王之世，很可能由南宫括最后完成。

何以作出如上推断，可以从以下三个方面说明：

其一，武王克殷以后，不到四年即已病故。

其二，周公摄政七年之间，遭武庚与管、蔡之乱，东征三年，返国以后，封建诸侯，忙得“一沐三握发，一饭三吐哺”[①]。返政于成王之后，又忙于营成周，其间还制礼作乐，洛邑作成，其身已老，六年以后便去世了。所以周公至多只能对《周易》曾加审定而已。

上述史实表明，无论是武王还是周公，他们都没有必要的时间与精力完成《周易》之作。不过，他们对作易之事非常重视，而且为《周易》的作成创造了条件则是大致可以断定的。

一方面，近年出土的周原甲骨卜辞第 $H_{31:2}$ 号有“在旃尔卜，曰南宫辝，其乍（作）”之辞，其中的南宫辝为人名。陕西周原考古队长陈全方推断其可能即是南宫括或南宫伯达[②]。由于辝，有“舌”音，古通昏（guā），与括近，我们认为当是南宫刮为近是。而此辞在同片卜骨之另一段卜辞之后，其辞曰：“唯衣（殷）鸡（箕）子来降，其执眔（众）氒（厥）史。”意思是殷族的箕子来降，所带随行史官等甚众。此事发生在武王克殷后的第二年。亦即武王问政于箕子，箕子为述洪范之时，紧接着的卜辞即是命南宫辝之事。由于《洪范·稽疑》特别强调了“择建立卜筮人乃命卜筮”及“立时人作卜筮”之事，而箕子带来的史官中有不少精于卜筮之史，武王、周公遂考虑到任命文王选定的主要助手南宫括统领周殷史官以协同作成《周易》之事，故有此二段连续的卜辞记录，这样推断是较为合理的。

另一方面，我们从《周书》的记载中，多次发现，武王胜殷以后，行龟卜之事甚多。例如：“武王克殷二年，天下未集，武王有疾不豫，群臣惧，太公召公乃穆卜。”周公请以身命代，乃“连卜三龟，一习吉”[③]。周公东征的诰命之辞《大诰》中竟连续九次载有“用卜”“卜并吉”“卜陈惟若兹”等语，其后在营成周，筑洛邑时也前后三卜。在所有这些诰命中，一个突出的特点便是只言卜而不言筮。这说明什么问题呢？首先，它说明了根据文王“神道设教”的思想，卜筮是不可取消的；同时它又表明易筮还

---

① 《史记·鲁周公世家》。

② 《陕西岐山凤雏村西周甲骨文概论》。

③ 《史记·鲁周公世家》及《尚书·金縢》。

在改造之中，《周易》还没有作成。这也说明“命南宫括”完成《周易》之作是周王朝极其重视的。故而在文王首倡的《周易》未作成之前，他们宁可不用夏、殷之易筮，即使有之，也无足轻重，在诰命中不加引用。

另外，从有关古代文献中还可以发现，在武王去世之后，再也没有关于南宫括的记载，也未见说他去世之事。所以，他受命作成《周易》的可能性最大。由于他的年事也不轻，所以他只有抓紧时间在成王之世将《周易》作成。《周易》卦爻辞的最迟年限都不晚于成王之世，便是它作成于成王时代的最好说明。

六　易用之流布

《周易》著成的绝对年代，现在尚无明证。《左传·昭公二年》（前539)：“春，晋侯使韩宣子来聘，且告为政而来见，礼也。观书于太史氏，见易象与鲁春秋，曰：‘周礼尽在鲁矣，吾乃今知周公之德，与周之所以王也。’”注曰：“易象，上下经之象辞。鲁春秋，史记之策书。”孔颖达疏云：“正义曰‘见易象’，易象鲁无增改，故不言鲁易象。其春秋，用周公之法，书鲁国之事，故言鲁春秋也。鲁国宝文王之书（指易象），遵周公之典，故云周礼尽在鲁矣……周公之德，以周公制春秋之法故也。与周之所以得王天下之由，由文王有圣德能作易象故也。”从这段记载可见易象之书与春秋之法，在鲁国最为完备，比晋国之所引用者要严谨和高明得多，所以韩宣子才会有“周礼尽在鲁矣”之感叹。而鲁国文献典则之所以如此完备，其根本原因则在于“周公之德”，包括佐武王伐纣灭商，辅佐成王，平定叛乱、封建诸侯，制礼作乐，促成《易经》之作成等等。《周书·金縢》《史记·周本纪》及《鲁周公世家》言之颇详。其中最值得注意的是周公死后，成王追思周公之德，“让葬周公于毕，从文王”，以明其“不敢臣周公”，与“成王乃命鲁得郊，祭文王”。使“鲁有天子礼乐，以褒周公之德”[①]。既然“鲁有天子礼乐”，则周礼大备于鲁是很自然的，而鲁之“有天子礼乐”其始则在周公逝世之年即成王廿一年（据夏商周断代工程年表，约为公元前1021年）。

---

① 《史记·鲁周公世家》。

另据《左传·定公四年》春三月，刘文公合诸侯于召陵，以谋伐楚。将盟时，拟以蔡侯先于卫侯，下引子鱼曰：

> 以先王观之，则尚德也。昔武王克商，成王定之，选建明德以藩屏周。故周公相王室以尹天下，于周为睦。
>
> 分鲁公以大路、大旂、夏后氏之璜、封父之繁弱（大弓）、殷民六族……分之土田倍敦、祝宗卜史、备物典策……

以下述及康叔、唐叔之封，都没有这么隆重，特别值得注意的是都没有“分之祝宗卜史，备物典策”之说，惟鲁公有之。这里的“祝宗卜史”，显然是与周王室相类似的宗祝卜筮之官，而所谓“备物典策”，便是完备的典策，自然包括《周易》之书即《易象》在内。从这条记载推断，则《周易》之成书，应在成王“命鲁得郊，祭文王，鲁有天子礼乐，以褒周公之德”之前，亦即周公逝世之年以前。我们从武王克殷后三年，命南宫括续成《周易》之作开始到成王廿一年周公逝世前[1]，其间经历了大约 22 年的时间，南宫括在 10 年之内作成《周易》是完全可能的。而《周易》作成之后，必须经过实用验证并对史官经过训练才得以传承，还要经过抄写才能分给鲁国一部，所以其成书年代大致可以定为成王十年，据夏商周断代工程年表约为公元前 1011 年。

《周易》成书之后，实际上还不可能立即广为流传，因为：

第一，易筮是一门高深的学问，没有相应的学术知识，政治经验和道德修养是不能掌握的。要能够使相当一部分史官熟练地加以掌握，善于应用，非有若干代的学术传承与经验积累，都是不可能的；

第二，《周易》写定之初，周王室将它视为治国大法，传国至宝，除周公的鲁国以外，连武王的弟弟唐叔虞、康叔封的封国都没有得到，更不用说别的邦国了。

事实上直到《春秋》时候，秦国还完全用夏、殷易筮，陈、齐、朱、晋等都多沿用殷易以筮而参用《周易》之筮。《春秋左传》中最早见以《周易》筮的记载是鲁庄公二十二年（前 671）“周史有以周易见陈侯者”一段。

---

① 据《竹书纪年》，成王在位共 37 年。

这说明那时周王室的史官中才有人以《周易》之筮法见用于诸侯邦君。这已是周王室开始衰落，诸侯国相继兴盛的时代，距《周易》之成，已有三百多年了。

七　《周易》的人文精神

到此为止，我们已可以从义理方面对《周易》的人文精神作出一个初步的评判：首先由于殷易《归藏》的散佚，我们可以认为《周易》是我国历史上完整地留传至今的最早的著作，也是我国历史上第一部具有明确的社会政治意识的著作。从社会人文的意义上讲，它还处于自然哲学、政治哲学与人生哲学都浑然未分的阶段。它的根本用意在于促进社会行为——尤其是统治阶层在用权治世方面的决策的合理性——天、人之道的统一与和谐，达到社会的安定有序。这是八卦文化对社会生活进行适度调控的传统精神的继承与发扬。它所突显的“天人相参”的主体意识，刚健有为的进取品格，厚德载物的博大情怀，中正适度的哲理思考以及与民同患的忧危意识和与时偕行的革新精神等等，呈现为一种凝重的历史使命感与社会责任感，奠定了我国民族精神的主体构架。这种精神经过易传作者的释读，已渗透于先秦儒学的总体取向之中，也不同程度地对先秦诸子百家之说产生了深远的影响。但是，正如近世德国易学大师卫礼贤所言，易经文化实际上具有超出于儒家伦理范围之上的内容和哲学意义，这就关系到我们如何才能全面、准确地抉发其人文精神的根本问题，也就有待于下文以至本书下篇六十四卦讲解时再进行深入细致地探讨了。

第五章　《周易》象数探

在上章中，我们对周初作易的历史根据、作易的用意以及周易的人文精神，作了一个大略的陈述，也可以说是对《周易》的义理内涵进行了初步的探讨。本章准备对《周易》在筮数与取象方面的主要特点，作一些必要的说明，以便进入对六十四卦的讲解。

一　《周易》在筮数方面的主要特征

今本《周易·系辞·上传》第九章有云：

天一、地二，天三、地四，天五、地六，天七、地八，天九、地十。天数五，地数五，五位相得而各有合。天数二十有五，地数三十，凡天地之数五十有五，此所以成变化而行鬼神也。大衍之数五十，其用四十有九，分而为二以象两，挂一以象三，揲之以四以象四时，归奇于扐以象闰；五岁再闰，故再扐而后挂。乾之策二百一十有六，坤之策百四十有四，凡三百有六十，当期之日。二篇之策万有一千五百二十，当万物之数也。是故四营而成易，十有八变而成卦，八卦而小成，引而伸之，触类而长之，天下之能事毕矣。显道神德行，是故可与酬酢，可与佑神矣。子曰，知变化之道者，其知神之所为乎①。

这一章可以说将《周易》筮数的特点及其数理方面的根据都讲得很清楚，但是其所谓天地之数与大衍之数的不协和性也非常明白，加上近年出土的帛书本《周易·系辞》中又没有“大衍之数五十”这一章，因而使人怀疑这一章乃是汉儒加上去的，未必能反映《周易》筮法的真义。这个怀疑的确值得重视，例如：其中关于“天数五，地数五，五位相得而各有合”的一些说法，就明显的是后起的数术家之说，很难设想它是周初作易时的流行观念。不过，关于“大衍之数五十，其用四十有九，分而为二以象两，挂一以象三，揲之以四以象四时，归奇于扐以象闰。五岁再闰，故再扐而后挂”所反映的筮数与成卦方法，则是《周易》筮法的核心问题，而且是历代筮官们所遵循的，因此，我们尽可以依据这个筮数成卦的过程来探讨《周易》筮法的基本特征。

前已述及《周易》的筮数方法，是在夏、殷二易的筮数法的基础上，经过改进和完善而形成的。夏、殷二易的筮法，大体上是以 48 根蓍草，经过两手任意分之为二，取其中的一份揲之以八，从而得出一至八等不同余数以定爻，并以得八之爻定占。而《周易》的筮法则是以 49 根蓍草，经过四营而三次揲之以四从而得出九、八、七、六四个数以定爻，以贞卦之变爻定占，两种筮数之间有明显的继承性而又有颇大的差别性。其明显的继承性表现为以“四十九”（实际是四十八）为起筮之数；其最大的差别则表现为“揲之以四”而不是“揲之以八”。促成这个变化的原因，我们不可能完全清楚，但是它必然与义理上的取向与数理观念的变化相关，则是可以肯定的。

首先，从义理上来看，夏、殷二易以艮、坤为卦首，以静八为吉占，主导思想是尚静、尚定。价值取向是保持安定，维持现状。这种观念同新兴酋邦周族的观念大相径庭。周人以其对自然现象和社会现象的长期观察，尤其是对夏、殷以来许多邦国盛衰兴亡的深刻反思，认为天体的运行不已才是生生不息之源，刚健进取，自强不息，才是符合天道的应有品格。因此，他们既确定以乾为卦首，也就要求在筮法上相应地以求得变爻作为定

① 此段引文乃依据朱熹《周易本义》，以便集中说明问题。

占的主要依据[1]。这一义理上的，亦即是价值取向上的改变，充分体现了周初作为新兴邦国的领袖人物的进取意识，也表明了他们作易的目的，本质上是为了教导其后世子孙致力于“应天休命”，即以自然和社会运动的基本规律，作为自身行为的最高准则，在是刚健进取自强不息还是安于现状不求进取的问题上，是决不能含糊的。

其次，从数理上来看，前已述及夏、殷二易对“八”这个数的特殊崇拜，是与“五帝”以至夏初，可能流行过“八候历”直接相关的。但是这种历法原很粗糙，而且，自从帝尧时代，“乃命羲和，钦若昊天……以闰月定四时成岁”以来，已将一年划分为四季十二个月或十三个月，八候历实际上便逐渐被废弃不用了[2]。到了周初，人们对于八候历的记忆可以说接近淡忘了。这种情况下，人们对于“八”的崇拜，虽因八卦文化的传统尚可在一定程度上有所保持，但从大数崇拜的观念来讲，它已失去了本体性的意义了。前已说明，大数崇拜来源于古代早期的历法，最早的历法是观察太阳升起或落山时的位置在一年中的变化以定四时，到黄帝“得宝鼎迎日推策”才在宝鼎边沿画上刻度以记录表影的位置变动而定四时八节。由于当时一般是刻 25 条线形成 24 个刻度，一往一来共用了 48 个刻度，长期用于推算，因而产生了对四十八这个数的特殊崇拜，被认为是决定天时变化，即决定四时更迭，八节轮转，同时也决定万物生生不已与人事上的春耕夏种秋收冬藏的大数，从而形成了大数崇拜的神秘观念。由于四十八这个大数中，八是它的基数，八节轮转又与八卦所表现的八季节候完全相应，因而又对“八”产生特殊的崇拜，乃是很自然的。但是，现在历法早已改变了，一年已不再分为 8 个节候，而是 12 个月或 13 个月，“八”已经失去了历法基数的作用。也就降低了特殊崇拜的意义。而十二或十三，这种不定数根本不能形成特殊崇拜，它又与生产指导脱节，只好弃而不用，剩下来就只有标志四季节候的“四”这个数。它既是确定一年之中季节转换的基数，又是四十八与八的基数，从而可以与历来对四十八的大数崇拜与八卦文化对八的崇拜相互协调。这样，在大数决定论的观念形态中，“四”便成

---

① 根据《周易》筮法，经三次揲蓍之后，变数九、六出现的几率为 1/4，不变数七、八出现的几率则为 3/4，这也为《周易》以变爻定占提供了可操作性。

② 这个废弃必有一个较长的过程，尤其在民间或边远地区，其应用时间可能很长，从舜巡狩四方都要解决“协时月正日，同律度量衡”即可明白。

了具有本体性意义的定性成物之数了。大数的运行既然以“四”的变换为依据，在筮数方法上，自然便应以“揲之以四”来代替过时的“揲之以八”。

那么，在筮数程序上为什么不直接表述为“大衍之数四十有八”而要表述为“大衍之数五十，其用四十有九”呢？这是因为在当时的大数崇拜观念中，还有一个植根于与十进位法的应用长期相关而形成的以“十”为完数的观念已不容忽视；同时，在前面本书第三章探讨大衍之数与原始历法时我们已经指出，在迎日推策时在宝鼎边沿先是刻出25条线，以区分春、夏二季的24节候，日影的一往一来便成了以50根线条来区分一年四季的48个节候了。由于在一去一来之间，转向处的一根线条即第二十五线又只用了一次而不是同其他24条线一样都用两次，所以总的表述上便只能是“大衍之数五十，其用四十有九”了。这是古人在历象观测与历数推算的多年实践中将“完数”观念与“用数”观念相整合的思维成果，他们的认真精神，亦即“惟精惟一”的科学精神是非常值得称道的。生活在今天，对历法观测与历数推算毫无体验、毫不关心的我们，要对他们的这种观念和心态有所体悟，也不妨应用上文中我们绘出的图Ⅲ—Ⅳ—Ⅱ—Ⅰ实际运算一番。

第三，夏、殷筮法适用于数字卦，而不适合符号卦。因为按夏、殷筮法，一次揲蓍所得出的余数可能是一至八的八个数字之一，而且其出现的几率是相等的，由于得出的是八个可能不同的数字，在记录时就只好将每次筮得的数字都记录下来，这正是我们今天看到的殷墟和周原在建国以前的数字卦都是从一到八的数字组成而且其出现几率又大致相等的主要原因。前已说明，数字卦的大量存在，可能有两方面的意义。其一是商周时期承袭了华夏文明中对八卦的特殊崇拜观念，一般地都以八卦为灵物，以致产生禁忌，不敢轻易绘制，因而只记录其得数；其二是夏商以来的数占所用的八个数字，它出现在不同的爻位上，可能有不同的意义。例如同样一个乾卦，它的六爻是一或三、或五、或七，或是一、三、五、七交叉出现，其在吉凶占断上可能是有区别的，这也就决定了在记录卦象时，必须首先记下各爻的具体得数，然后再转换为符号卦。但是这样一来，便可能发生数字占断与卦象占断的矛盾。例如，同样一个乾卦，在数字卦的占断中，若以一、三、五、七的有序出现为最吉，以单纯的一或三、或五、或七组成的为中吉，以一、三、五、七无序地交叉出现为不吉，这样的占断，在转换为符号卦以后，从卦象上来看就可能没有多大意义，而且由于一至八个数字都有单独出现或交叉出现的可能性，其所在位置又有六种不同，那样一来，同样的一个卦，在吉凶占断上就可能有好几十种不同的占断，这就会造成极其繁乱的状况，不便于应用；而且同符号卦的占断也必然产生矛盾。久而久之，就有可能形成以数字卦的占断取代符号卦的占断的局面，也就是以数占取代了象占。而如果取代了象占，那就等于是废弃了八卦，这在八卦文化已长期传承的民族中显然是不能容许的。

周人作易之初，可能正面临着这样一种局面，他们必须对以数占为主逐渐取代和排斥象占还是使数占与象占达到协调并用的问题作出明智的抉择。后来的事实证明周人是选择了后一种作法，这也是周初对夏商以来的筮数原则进行重大改革的原因之一。显然，这一改革方针的确定，其在文化学上的意义，比它在应用上的方便的意义重要得多，它事实上为八卦文化的传承与发展提供了筮占方面的基础，这也可以说是八卦与数占的又一次整合，是八卦文化对又一次危机或挑战的对应，是八卦文化发展史上的又一次"穷则变，变则通，通则久"。至于其在象数占断上如何协调并用的问题，我们在下面探讨爻位问题时再谈。

综上所述，《周易》在筮数方法上，对夏殷二易进行改进，大体上是由于时代观念的变化——从尚静到尚变，对天的崇拜高于对地和山的崇拜；由于大数观念的变化——从以"八"为大数的基数转变为以"四"为大数的基数；由于对数占与象占的合理协调与便于应用等三个方面的原因所决定的。但是这种改进又不可能是随意进行的，它必须有传统的理论作为支撑而又应以更为完善的形式出现。这就要求它在筮数方法上有更完满的数理观念作为其依据，也就是说，《周易》的作者，必须对自己所采用的筮数方法，作出最合理的解释。前面我们引述的"大衍之数五十……"这一段，便是这种解释的基本之点。用现代语言将它表述出来，其大意如下：

决定宇宙衍化的大数是五十，而它发挥功用的数则是四十九。我们随意地将它一分为二，这便象征二仪——天地之数。在地数中取出一以象征"三"，这是与天地并列的"人"之数。现在四四数之，即揲之以四以象征"四时"之数。其所余的奇数以象征闰年闰月之数；由于五年必须再闰，所以我们再扐而后挂。如此经过三次揲蓍，天、地、人、四时和闰余之数都已经区别出来了，那剩下的关于“四”这个运动变化的本体之数的倍数——或九或八或七或六，便是你当前在某个问题上应得之数。三个应得之数可以组成一个单卦，六个应得之数组成一个复卦，从这些卦象上便表现出你现在的得数如何，也就可以看出你在某个问题上的现状如何。从它的变数——变爻中，便可以看出它的发展趋势，我们就根据你的数和象，及其动变情况来判断你在某个问题上的吉、凶、宜、忌，因为这是你现在的数所决定的，而这个数是在大数衍化中自然形成的，所以人们应当按照大数决定论的原理与卦象所显示的义理去行动，趋吉避凶，才能得到理想的结果。

这样的解释，从当时具有大数决定论观念的人们看来自然是相当完美的，再由于从卦象义理的发挥上反映出来的智慧，更使其占断具有逻辑上的合理性——这正是八卦文化的理性原则，因而对人们的行止弃取能够起到理性的指导作用，有助于人们的行为抉择，从而使问筮者得到理性的与神秘观念上的双重满足，因而在当时来说，的确是一种极巧妙的做法，也是很高妙的解释。后来，大约到西汉年间，随着人们对数的神秘观念的强化，数术家们相继从神秘主义的角度对八卦的数理加以发挥。他们为了证明“神秘的数决定一切”，“八卦的来源就是神秘的数的作用”，因而一方面提出“河图”“洛书”之说以作为画卦和组卦的根据，另一方面就在筮数依据上，提出天地之数作为大衍之数的根据，所以在上述引文的前面加上了“天一、地二，天三、地四，天五、地六，天七、地八，天九、地十。天数五，地数五，五位相得而各有合。天数二十有五，地数三十。凡天地之数五十有五，此所以成变化而行鬼神也”。他们的本意是想为“大衍之数五十”找一个数理上的根据，但是他们却不懂得“大衍之数五十，其用四十有九……”是从遥远的古代历法中传承下来的，所以才不得不以什么天数地数为说，而这个天数地数之和，按他们的说法，既是“成变化而行鬼神”之数，那也就应该是“大衍之数”了，可这个“天地之数五十有五”又与“大衍之数五十”吻合不起来，而“大衍之数五十”的观念来源很早，而且从周初作易时，筮数操作上又一直是按“大衍之数五十，其用四十有九……”进行操作，他们实在没有办法进行公然窜改；另一方面，从筮数的要求来看，如果径直用55根蓍草进行揲筮，按照《周易》的筮法，第一次揲筮的结果，只能去掉3或7，所余为52或48；第二次揲筮所余为48、44、44、40四个数；第三次揲筮所余为44、40、40、36、40、36、36、32八个数，即各为4的11、12、9、10、9、9、8倍，根本得不出《周易》所需要的九、八、七、六四象之数，所以他们只好马马虎虎地将两者凑合在一起，让人们去猜想，这样理论上虽然有些不大如意之处，而在客观实践上则可以增加筮数的神秘性，这对于数术家们来说，又是极其需要的和颇为有利的，因为任何事物的神秘之处，正是在于人们不能用常理加以说明，为了保持和加强数的神秘性，正在于使人们始终处于似懂非懂之间。将近两千年来，数术家们在《周易》中所造成的种种迷雾，可以说大都如此。如果我们对于数术的特点在这方面毫无所知，那就休想跳得出其中的陷阱，而避免陷身于可悲的境地。

二　《周易》在取象方面的主要特点

《周易》的取象方法，是对夏、殷二易的直接继承，而又有很重大的发展，为了便于了解和把握，我们将它约略分为以下几种：

（一）依物理取象

如易传中所述的“乾为天、坤为地……乾为马，坤为牛……乾为首，坤为腹……”这些都是八卦文化的传统，与夏、殷二易没有不同，值得提出的是《说卦》第十章所谓：

> 乾，天也，故称乎父。坤，地也，故称乎母。震一索而得男，故谓之长男。巽一索而得女，故谓之长女。坎再索而得男，故谓之中男。离再索而得女，故谓之中女。艮三索而得男，故谓之少男。兑三索而得女，故谓之少女。

这一段通常称为“乾坤六子”的取象原则，具有明显的父家长制的观念，与八卦文化的传统观念，颇多歧异之处。因为：

首先，我们从八卦文化的制器尚象时代的取象中，如“作结绳而为网罟，以佃以渔，盖取诸离”。以至于“上古结绳而治，后世圣人，易之以书契，百官以治，万民以察，盖取诸夬”。这段系辞传所记录的十有二卦取象中，都看不出有任何“乾坤六子”的痕迹。

其次，伏羲八卦的自然序列“乾兑离震巽坎艮坤”转换为方位卦而组成“天地定位，山泽通气，雷风相薄，火水相射”（据帛书本）的先天八卦图以后，它的左旋四卦，乾兑离震，乃乾阳所生，处于太极图式的阳鱼部位，应属阳卦范畴；而右旋四卦，“巽坎艮坤”为坤阴所生，处于太极图式的阴鱼部位，应属阴卦范畴。与“乾坤六子中以离为中女，兑为少女，坎为中男，艮为少男”的观念是不契合的。

其三，以离为中女，是为阴卦；以坎为中男，是为阳卦。这种观念，与自古至今人们的常识不合，离火明暖而上升，显然是阳卦的德性；坎水阴冷而下注，显然是阴卦的德性，即使在《易经》中亦按此原则取卦德卦义，如离为明，为丽；坎为陷，为险；䷾为“既济”，䷿为“未济”等，后世数术家处心积虑用以强化八卦的神秘性而推出的所谓“河图”“洛书”，也无法改变离南坎北，离南属阳坎北属阴的模式。

凡此种种都充分表明“乾坤六子”的取象原则，与八卦文化的传统观念是存在矛盾的，它所根据的观念，正如《系辞·下传》第四章所云：

> 阳卦多阴，阴卦多阳。其故何也？阳卦奇，阴卦偶。其德行何也？阳一君而二民，君子之道也；阴二君而一民，小人之道也。

这种以“一”主宰“多”的观念，显然是父家长制观念与君臣观念充分强化的表现。而这种观念的强化，从周初自建国伊始便确定了嫡长继承制来看，显然是周初作易时的通行观念①。在《周易》六十四卦卦辞中，这种观念就表现得极为明确，如䷞咸，意为少男少女之交感；䷵归妹，为少女嫁归长男等，比比皆是，看来是毋庸置疑的。至于这种观念如何与自古迄今的传统观念调和的问题，事实上至今未能解决，只不过后人既然用《周易》定占断，以及我们今天要研究《周易》，在一般情况下，区分卦的

① 以一主宰多的观念，在夏、殷二易中是否有之，因资料太少，很难判断。前引《左传·僖公十五年》秦筮与晋战中“三去之余，获其雄狐”，以☶为雄狐之象，或有以艮为阳卦的含义，但仅此一条，不足视为通则。

阴阳属性，以及对八卦取人事象时，都只有按照《周易》特有的“乾坤六子”原则取象了。

综合上述依物理取象的原则，为易于明了起见，可以列为下表：

表Ⅴ—Ⅱ—Ⅰ

卦　象	卦名	自然象	动物象	人身象	家人象	德性
☰	乾	天	马	首	父	健
☱	兑	泽	羊	口	少女	悦
☲	离	火（日）	雉	目	中女	丽
☳	震	雷（电）	龙	足	长男	动
☴	巽	风	鸡	股	长女	入
☵	坎	水（月）	豕	耳	中男	陷
☶	艮	山	狗	手	少男	止
☷	坤	地	牛	腹	母	顺

此外，据《说卦》传第十一章“乾为天、为圜、为君……兑为泽、为少女、为巫……为妾、为羊”等112象，都是对八卦取物理象的发挥，大体上与经文的取象是互相一致的。后世愈演愈繁，多数与经文无关，有的乃至相忤，其用于实际占断或可权通，用于解释经文则远离主旨，与经文原义不协，均不宜采用。

（二）依事理取象

依事理取象，可简称为取事理象，这是《周易》取象的重要特征，对此我们必须从周初作易的立意与构思来加以理解。

前已说明，周初作易的根本目的在于尽可能地运用殷周二国兴衰成败的历史教训，为后世子孙提供国家管理的最佳模式与行为准则，这是一项繁难而艰巨的伟大的思想工程，为达到此目的，首先由文王在被囚于羑里之际，已作了精心构思，并且亲自演示了乾、坤、否、泰等卦，最后由南宫括经十年之久，集中精力加以完成。作易的一项基本原则，就是以实际的历史过程与天道的契合，来展示事理的当然和必然，也就是通过天道与人道互相发明的原则，以确立“天人合德”的最高行为准则。为了达到这一目标，在作易的具体操作上，势必要遵循一定的步骤，制定相应的原则，采取相应的作法。例如：

首先，必须确定经文应阐明的主旨，选择适当的卦象加以系统地阐述。如确定以乾、坤明天地之道，以为经文的总纲；以泰、否明治国之基本目标，以损、益明安民之道，以临、观为协和天下万邦之道，以需、旅为商旅之道，以师、讼为息争之道，以豫、谦为行仁之道，以革、鼎为革故鼎新之道等等。

其次，根据阐明各卦主旨的需要，选择适当的卦辞与爻辞。例如以龙星的潜、现、跃、飞、亢，作为阐明天道的乾卦的爻辞；以用兵的征伐记录，作为师卦的卦辞与爻辞；以保泰去否和去否求泰的筮占记录，作为阐明统治集团内部达到安定有序的泰、否二卦的卦辞与爻辞等等。

其三，将每卦的上下卦加以定时和定位。例如将六爻卦先分为上、下二体，以上卦为上、为外、为前、为先、为彼、为客、为往、为悔……以下卦为下、为内、为后、为继、为我、为主、为来、为贞……这种区分大约从夏、殷二易已经实际应用，《周易》对之主要是继承关系。

其四，将每卦的六爻加以定时定位。例如将最下爻定为初爻，最上爻定为上爻，二、五爻定为上下二体之中爻，三、四爻定为二体交接之际，亦升降之际的爻位，用以表示一事物的初始阶段，中间阶段，升降转折阶段，成功或亢盛阶段；也表示一个人处于下位、中位、升降之位，当权之位或极盛而衰之位等等。

最后，经过对卦象、爻象的定时定位的区分以后，每一个六爻卦，都成了一个表征时、位的符号序列（杨述怀学友称之为“时空场”），与事物发展变化由弱而强，由盛而衰，由常而变，由始而终的逻辑顺序完全契合，达到了卦象与事象的同构；此时再将所选择出来足以阐明某一事理的占筮记录，按史事顺序或事理顺序，系之于各爻之下，作为各爻的象辞与占断辞，这样就达到了事理逻辑与数理逻辑的一致，既可以对相应的事物进行动态的描述，也就可以对它的发展变化进行预计和占断了。

以上便是我们所说的“依事理取象定占”的过程，这个过程的特点在易传中有明确的叙述，例如《说卦》传就说：

> 昔者，圣人之作易也，幽赞于神明而生蓍，参天两地而倚数，

观变于阴阳而立卦，发挥于刚柔而生爻，和顺于道德而理于义，穷理尽性以至于命。

昔者，圣人之作易也，将以顺性命之理。是以立天之道曰阴与阳，立地之道曰柔与刚，立人之道曰仁与义。兼三才而两之，故易六画而成卦；分阴分阳，迭用柔刚，故易六位而成章。

这一大段论述中的“兼三才而两之，故易六画而成卦”这个说法，若从成卦的原理来看，与《周易》并不吻合，它的本意在于说明，对六画卦的空间划分，即以初爻为地下，二爻为地上，三爻为人位，四爻为天地之间，五爻为天位，上爻为天外之位。这种划分所表现的实际上是春秋时人的空间观念，经文中并不太明确，只是在乾卦中略有反映而已，在应用时不能理解得过于刻板。至于其中关于八卦与六爻的划分都是“顺性命之理”，以及“和顺于道德而理于义”的说法，则是符合《周易》天人合德观念，以天道与人道互相发明的原则的。但是，易传的这些陈述都过于抽象，把《周易》描述成了专讲哲理的著作，对于《周易》据史事以明事理——亦即“依人事以明天道”的撰著意向是不太明白的。这是易传作者的形而上学取向使然，或者可以说，这是战国中期的儒家学派对《易经》的对应性释读。因为随着古代社会生产和生活的发展和丰富，思想文化的潮流激荡，在春秋战国之际百家争鸣的态势下，道家学派以及阴阳、五行家学派相继提出了道的范畴和五德终始的理念，从自然哲学到社会哲学的诸多层面，都已进入了本体论与形而上学的探讨，儒家学者们所操持的五经、六艺之学则多半是史事典章的记录，显得琐碎繁冗，缺少逻辑的思辨与形而上学的思维。为了在思想竞争中立于不败之地，时代的使命便是要求他们在“祖述尧舜、宪章文武”的过程中，将仁、义、礼、智、孝、弟、忠、信等等的范畴，向形而上学的层面加以提升，实现与天理、性命、道德、阴阳等等本体性范畴的整合，由此在易学的阐释中便自然地出现了“立天之道曰阴与阳，立地之道曰柔与刚，立人之道曰仁与义”等等充满了阴阳观念和道家色彩的提升。这样，易传在儒学形而上学体系化方面确是功不可没的，但对《周易》据史实以明天道的原初意图，却是在有意无意之间加以淡化了。如果说《周易》作者的原初信念是“我欲托之空言，不如见诸于行事之深切著明也”的话，那么，易传作者此时的信念便已转化为

“虽欲见诸行事，亦不可不托之于天地性命之理，阴阳大道之说，始见其深切著明也”。对于这一类历史性主题的转换，我们在评判古代思想的嬗变问题时，是不能不细加考察鉴别的。只是这已涉入易传研究的范围，本章不宜牵涉过多，我们只能到此为止。

另外，在《系辞·下传》的第九章中还有如下一段：

> 易之为书也，原始要终以为质也。六爻相杂，唯其时物也。其初难知，其上易知，本末也。初辞拟之，卒成之终。若夫杂物撰德，辨是与非，则非其中爻不备。

这一段话对六爻表征的时位关系，与事理逻辑的一致性说得比较明白，如“六爻相杂，唯其时物”“初辞拟之，卒成之终”等语。其中“若夫杂物撰德，辨是与非，则非其中爻不备”，则说明《周易》除将六画卦分为上下二体以取卦象以外，还用二、三、四、五诸中爻交互取象，这种交互取象之法，在《左传》《国语》筮例中已有所反应。经文在讼、履等卦辞以及诸多爻辞中则甚为明显，我们认为是完全成立的。

这一章的最后一段还说：

> 二与四同功而异位，其善不同；二多誉，四多惧，近也。柔之为道，不利远者；其要无咎，其用柔中也。三与五同功而异位，三多凶，五多功，贵贱之等也。其柔危，其刚胜邪？

这段论述中对于刚胜柔危之说，并不完全契合《周易》原意，作者自己也无完全把握，故以疑问结句。但其中概括出的“二多誉，四多惧”“三多凶，五多功”则是很契合的。根据我们的统计，若将《周易》经文的占断辞略分为“吉占”“凶占”与“平占”三类的话，其各爻所系之占断情况大体如下表：

卦爻辞吉凶占断表

表Ⅴ—Ⅱ—Ⅱ

卦爻	卦辞			二爻			五爻					
占断	吉	凶	平	吉	凶	平	吉	凶	平			
得数	54	5	5	33	9	22	37	4	23			
比例	0.84	0.08	0.08	0.51	0.14	0.34	0.57	0.06	0.36			
卦爻	初爻			三爻			四爻			上爻		
占断	吉	凶	平	吉	凶	平	吉	凶	平	吉	凶	平
得数	21	19	24	9	26	29	21	13	30	22	22	20
比例	0.32	0.29	0.37	0.14	0.40	0.45	0.32	0.20	0.47	0.34	0.34	0.31

若按吉凶比例数之高低加以排列则如下表：

表Ⅴ—Ⅱ—Ⅲ

吉次	卦辞	五爻	二爻	爻辞	上爻	初爻	四爻	三爻
比例	0.84	0.57	0.51	(143) ☆ 0.37	0.34	0.32	0.32	0.14
平次	四爻	三爻	爻辞	初爻	五爻	二爻	上爻	卦辞
比例	0.47	0.45	(148) 0.39	0.37	0.36	0.34	0.31	0.08
凶次	三爻	上爻	初爻	爻辞	四爻	二爻	卦辞	五爻
比例	0.40	0.34	0.29	(93) 0.24	0.20	0.14	0.08	0.06

☆爻辞按总数384条计算

由上列二表可知，无论从得数或是从比例上看，《系辞传》所说的“二多誉，四多惧”“三多凶，五多功”都是成立的。这表明《周易》对各个爻位的确是赋予了不同的吉凶观念的，其中五爻与二爻的吉占占半数以上，显然是八卦文化传统重视中正，周人更将中正观念从农业生产、治历明时应用到社会政治生活中得以强化的表现；三爻的凶占与四爻的平占都在半数左右，显然是事物运动在阶段性的变化转折时期容易出现困难与挫折的表现；至于初爻和上爻，吉、凶、平的比例大致相当，则表示事物的初始阶段与结束阶段，并无必然的吉凶可言，一切都将因主观上抉择的当否和努力的程度而定。这些观念，显然都是从实际经验中抽绎出来的，是事理之当然，具有逻辑的与实证的可信性。这也正是《周易》的占断能有较大的准确性的奥秘所在。根本原因就在于这种依事理取象的原则是完全植根于理性的，而这一取象原则，又贯穿于《周易》卦、爻的取象之中，所以我们说它是《周易》依象定占的主导原则。

依事理取象的办法，在前述夏、殷二易中已有所运用，但还只是占断的一种辅助方法，直到《左传 》《国语》所记载的 12 项占断（包括夏、殷、周三易）中，还是以取物理象为主，这反映了周代筮官们的思维长期滞后于《周易》的思维，这种思维滞后现象在筮占的应用中并不是孤立现象，例如在春秋时期，距周初作易时已四、五百年之久，但是各国依然三易并占，而且，除周王朝与鲁国以外，一般还以夏、殷二易为主。这种滞后现象的存在，大体上有如下两个方面的原因：

一方面，如前第四章所述，《周易》在周初由南宫括作成之后，一直由西周朝廷加以珍藏，作为治国宝典与传国之宝，除因周公之德，周王朝特许鲁国用天子礼享祀（包括筮占），因而赐予鲁公伯禽“祝宗卜史，备物典策”（指《周易》等）之外，其他各国连《周易》也无从见到。直到春秋之际，礼崩乐坏，周王朝的巫史们纷纷往依各国诸侯，才得以将《周易》（当时称为《易象》）传入各国；

另一方面，由于《周易》不是单纯的筮占之书，它本质上是传授周初圣王治国平天下的成功经验的政治教材，只是利用了占筮的框架作为设教的手段，它在政治上思想上达到的高度，都远远超出夏、殷二易的水平，对一般的巫、史来说，实在都难以企及，因而即使是巫史们在传承与传播《周易》的过程中，一般都不能将圣王之道的大义与宏旨传承与传播开来。例如：为了传达圣王们治国平天下的成功经验，《周易》在处理天道与人道互相契合互相发明的问题上，不得不更重史实与事理，表现出“据天道以论人事”与“依史实以明天道”并行并重的取向，从而在依象定占上沿用了以“依事理逻辑为主”的原则。但是一般的巫史由于职业的局限性，不能摆脱“据天道以论人事”的思维定势，在思想上都没有实现与“依史实以明天道”并重的转换，因而在设卦观象上依旧沿用依物理取象再论述人事的方式，所以在《左传》《国语》的占筮中，一般都以物理论卦，将事理从属于物理。这种职业上的局限性到汉儒更达到了陋不可忍的程度，三国时期才引发了王弼出来“扫象”。我们今天如果在思维方法上依然跳不出“据天道以论人事”的单向思维模式，那么，我们在《周易》的研究上也就不可能有多大的进步，仍将游离于《易经》的大义之外，沉陷于神秘主义和繁琐哲学的迷雾之中，那便是“习易千年不见龙”了。

明白了《周易》以依事理取象定占为主之后，我们就不至拘泥于对经文的一字一句都要从卦、爻中找出个物象作根据，这一点很重要。历代注疏家泥于物象，很多地方讲不通，就想方设法，穿凿附会用什么五行生克、世应飞伏，或是任意扩大物象范围或是滥用卦变，取什么错卦、综卦、半卦或以后世的《易林》等书为根据等等，其用意本想增强《周易》的合理性，后果则适得其反，只能是增加了《周易》的神秘性和随意性，也就是非理性化的倾向。例如就以坤卦的卦、爻辞为例，一些大师为了找出卦、爻辞的物象根据，千方百计牵强附会也难自圆其说。其实我们只要知道《周易》定占是以事理逻辑为主，对坤卦卦、爻辞从地利、农事的事理去理解和把握，卦、爻辞都顺理成章，并不玄乎，此是后话，留待坤卦讲解时再行详论了[①]。

（三）审美取象

所谓“审美取象”，讲具体一点，可以说是“依卦、爻组合的直观形态取象”，或曰：取卦爻组合象。这种取象来源甚早，实际上是八卦文化的传统，例如八卦中的☵为水，☲为火，就明显地是从卦爻的组合形态似水之流动，似火焰之外明内暗而取象；制器尚象之初，“伏羲氏作结绳而为网罟，以佃以渔，盖取诸䷝”，这些都是依卦、爻的组合形态取象，也就是一种“审美意识”的表现，故可称为“审美取象”。夏、殷二易的卦名与卦辞很难确知，但从八个单卦的取象与八卦传统一致来看，也必然包括了“审美取象”的内容。到了《周易》，这种取象法在卦爻象中运用较多，例如其中的师卦䷆卦象乃行师布阵，鼎卦䷱乃象鼎之为物，初爻象鼎足，其辞曰：“鼎颠趾”，二爻象鼎身，其辞曰“鼎有实”，五爻象鼎耳，其辞曰“鼎黄耳”，上爻象鼎盖，其辞曰“鼎玉铉”等等，审美取象之法非常明白生动，

---

① 事理逻辑通常与象、位、时相关，故《周易》依事理取象定占时又常表现为一种综合取象，参见下节。

毋庸置疑。

（四）依数理取象

所谓依数理取象，就是以“—”爻代表奇数，以“--”爻代表偶数，在六画卦中，以初、三、五爻为奇数之位，以二、四、上爻为偶数之位，奇偶各得其位为“得位”，否则为“不得其位”；下爻之于上爻为“承”，上爻之于下爻为“乘”、为“据”，邻近之爻为“互比”，下卦之初、二、上爻与上卦之初、二、上爻为“互应”，二刚相比为增强，二柔相比为积弱，互应之奇偶相错为“有应”，奇偶相同为“无应”或曰“敌应”以及“二”“五”之爻为“中位”等等。在占断中，一般以得位为吉，得中位为最吉，阳刚乘阴柔为吉，上下有应为吉；以不得位为不吉，阴柔乘阳刚为不利，上下无应为悔吝，积刚多厉危，积柔多忧惧等等。这种取象方法，实际来源于数占中的占断方法，周初作易时，似乎并未采用。我们前已说明，八卦在数字卦时期，依数理断吉凶的方法可能相当盛行，以至于有以数理取代象占的趋势，造成了八卦文化的某种危机。周初作易时，为了保持和发扬八卦文化“据天象以论人事”的悠久传统，将数字卦转化为符号卦以后，对于依数理断吉凶实际采取搁置的态度，因而在一般情况下并没有用它，其中以二、五爻为吉，在《周易》中非常确定，但它原本于八卦文化的“中正”观念的传统，并非起源于数字卦。在数占原理中也许有以二、五为吉的观念，这只能看作是与八卦传统观念的一种耦合，不足以作为《周易》以数定占的根据。再从承乘比应的关系上看，我们取六十四卦的上爻与下爻这两个在承乘关系上比较确定的爻位占辞加以考察，也得不出“阳乘阴”为吉，“阴乘阳”为凶的结论，其统计情况如下表：

表Ⅴ—Ⅱ—Ⅳ　初上爻之承、乘、比吉凶统计表

类别	阴承阳			阴乘阳			阴阴比			阳阳比		
占断	吉	凶	平	吉	凶	平	吉	凶	平	吉	凶	平
爻数	10	7	15	9	8	15	9	15	8	11	8	13

从上表可见，无论阴承阳、阴乘阳与阳阳比，均呈现吉略多，凶略少，平较多的趋势，这一取向与全经384爻的取向完全一致。并无明显地以阴承

为吉，阴乘为凶的取向；阴阴比一项中，凶占较多，阳阳比凶占较少似与周人以阳大阴小的尊阳轻阴观念有关，但从阴阴比之吉占与阳阳比之吉占大体接近来看，尚不能构成阳比为吉，阴比非吉的取向，所以总合来看，《周易》经文尚无明确的依爻位之承、乘、比定占的观念。

再看有应无应的占断：

表Ⅴ—Ⅱ—Ⅴ　易卦384爻之有应、无应占断表

项　目	有　　应			无　　应		
占　断	吉	凶	平	吉	凶	平
爻　数	72	45	78	75	44	70
比　例	0.18	0.11	0.20	0.19	0.11	0.18

从上表可以看出，384爻中，有应之爻的吉凶占断与无应之爻的吉凶占断比例非常接近，更表明有应无应问题，在占断取向上实无区别。

再看三、四爻当位及不当位之占断：

表Ⅴ—Ⅱ—Ⅵ

占断	三爻当位	三爻不当位	四爻当位	四爻不当位
吉	7	2	11	10
凶	16	10	4	9
平	10	19	16	14

从上表可见三爻当位之凶尚远大于不当位之凶，四爻当位、不当位其吉相当，唯不当位之凶较多，但犹少于吉、平，可见当位与不当位在吉凶占断上并无实义。

根据上列三表之统计，我们已可作出较为明确的结论：《周易》经文并无以爻位之承乘比应关系以及当位与否而定占断的确定性原则，这种以数理定占的说法，只是在易传中才较为确定，到王弼扫象时，实际只扫去了“物理之象”，对这种来源于数占的数理之象并未扫除而是加以发挥。因而形成了一套脱离形象而独立的占断系统。它实际上离开了八卦文化传统中以取物理象为主的占断方法而纯粹依数理象位定占，所以可称之为“依数理取象”之法。

另一方面，我们也必须注意，这种依数理取象定占之法，虽不是确定性的原则，但也有可与耦合之处，一则是因其所据的数理与经文中依事理取象在逻辑上有共通之点，例如都注重时位关系；二则与《周易》以阳为大，以阴为小的属性尊卑观念与尚中意识也完全吻合，因而在一些卦爻中就呈现为一种可共通性与可对应性。据此也可以作为我们对卦爻辞进行逐项释义时的一种参照。

由于易传的主要部分乃是战国中后期的作品，其取象占断已明显受到阴阳五行等数术观念的影响，为要了解易传之前，即春秋时人是怎样理解《易经》的取象占断法则的，我们再举春秋时期几例明确运用《周易》定占的筮例加以探讨。

三　《左传》中的《周易》占断实例

（一）周史以《周易》筮陈公子完生

> 陈公子完奔齐……其少也，周史有以《周易》见陈侯者，陈侯使筮之，遇观（䷓）之否（䷋），曰：“是谓观国之光，利用宾于王。”
>
> ——《左传·庄公二十二年》

这一段叙述得卦过程。据《史记》载：“陈完者，陈厉公佗之子也。完生，周太史过陈，陈厉公使卜完，卦得观之否。”意思是周太史偶过陈而陈厉公使其卜完之生，与《左传》之“周史有以《周易》见陈侯者，使筮之”略有不同，大约《左传》所记较为正确，它反映了当时周史纷纷离开周王而往依于诸侯，乃使《周易》之用广为传播的史实。司马公对此不明，或有忌讳，改为“周太史过陈”，将它描述为一种偶然现象，这与当时周史散至各国的史实是不吻合的，但不管周史赴陈的原因如何，二书所载其以《周易》行卜，筮遇“观”之“否”，则是一致的。下面我们就看周史如何断卦。

> 此其代陈有国乎？不在此，其在异国；非此其身，在其子孙，光远而自他有耀者也。

这项占断，是以遇卦为贞、为我，之卦为悔、为彼，贞悔二卦之下体皆为坤，坤为国；故以遇卦之坤为陈国，之卦之坤为异国；观之否，即观卦（䷓）之六四爻变而为否（䷋）；遇卦上卦非乾，即君不在陈；之卦上乾为君，所以说，他将代陈而为有国之君，但不在陈国本土而在异国国土上为君。又因互卦艮（☶）象门阙，门阙建于国土之上，亦有朝廷之象，但艮又为少男，为子孙，所以说往于异国虽自完始，但公子完在异国尚非为君，为君者乃其子孙，故曰："非此其身，在其子孙。"又因之卦上乾为天，为远，为大明，故曰："光远而自他有耀者也。"① 这是据乾在之卦的物理象与事理象说明是公子完的子孙能远在异国为君。又：

> 坤土也，巽风也，乾天也。风为天，于土上，山也。有山之材，而照之以天光，于是乎居土上，故曰观国之光，利用宾于王。

这是周史用卦象对上面的占断所作的解释，因为观之否，在《易经》中为观卦六四，其爻辞就是"观国之光，利用宾于王。"周史说，这一句爻辞，是根据观之下卦坤为土，上卦巽为风，上卦巽变为乾，即风变为天，又在下卦坤土之上，并且与下卦互为艮，艮又为山，亦互为巽，巽为木，为材，就成了"有山之材，而照之以天光"之象。于事理言，好比一个有栋梁之材的大人物，上承而宾助于君王的光明，所以就断之以"观国之光，利用宾于王"了。又：

> 庭实旅百，奉之以玉帛，天地之美具焉，故曰"利用宾于王"。

这一段是对"利用宾于王"的进一步解释，取象是以中爻艮为庭，坤

---

① 实际上，"远而自他有耀者也"，也可以视为对"光"的解释，全句为一释辞，不必取象。

为品物，庭内呈品物，有“庭实”之象。旅，众也，百，多也，皆取坤为众义，“庭实旅百”，言庭内陈物甚多。又取艮为手，乾之美为玉，坤之美为帛，艮上交乾而下互坤，故有“奉之以玉帛”之象。王庭陈物众多，而又进奉之以玉帛，天地之美皆具，诸侯朝觐于王之象，故曰“利用宾于王”。

到此为止，周史对经文观·六四的解释实已完成。但它后面还接着有：

犹有观焉，故曰：其在后乎。

意思是说：遇卦本是观卦，它变为否卦后，从初爻至五爻交互取象，仍然是观卦，所以叫“犹有观焉”。这个犹有之观在之卦，也就是本卦之后的事，故曰：“其在后乎。”又：

风行而著于土，故曰其在异国乎。

这是说遇卦上体巽为风，“风行”即巽变而为乾，乾为天，为大明，在坤土之上，故曰著于土，此著明于土是在之卦，“故曰其在异国乎”。又：

若在异国，必姜姓也。姜，大岳之后也。

这是说，所著明的异国，必是姜姓之国，因遇卦中爻为艮，之卦中爻亦为艮，艮而又艮，山峦重叠，是大岳之象，而姜姓为大岳之后。此据《尧典》“咨四岳”，注家以四岳为姜姓部落首领而来。所以周史说，“若在异国，必姜姓也”，并进一步解释说，姜姓是大岳之后也。又：

山岳则配天。物莫能两大。陈衰，此其昌乎。

这是说：之卦中艮与上乾相交互，有山岳配天之象，之卦有乾，乾为大，遇卦无乾。故曰物莫能两大，遇卦上巽为陨落、为衰败，故曰陈衰，之卦上乾为大、为盛、为昌，故曰“此其昌乎”，即在齐而昌。这一段也可从事理取象作解，“物莫能两大”，于事理言，陈完之子孙，在异国为君而昌盛，陈国便不可能同时昌盛，即有“物莫能两大”之事理象，所以只有陈衰之后，才能在齐地昌盛起来。

由此可见，这四句释辞，实际是对于前面关于“此其代陈有国乎，不在此，其在异国，非此其身，在其子孙，光远而自他有耀者也”的更加详细而具体的解释，也就是对占辞的一种补充说明。因此，可以视作“释辞”。

从整个占断过程来看，可见都是以取物理象为主，虽然有可以取事理象的地方，他都尽量以物理象为根据，此可见春秋史官的思维，仍然停留在“据天道以论人事”的框架之内，只是他的取象更加复杂细致，显得比前引的《连山》《归藏》的取象丰富而巧妙得多了。

这个筮占的准确性如何呢？

历史的事实果然是在陈厉公死后，陈完未能得立，而是厉公之兄桓公之子林立为庄公，陈完不得不逃奔于齐，并以陈字为田氏。齐桓公用完为工正，五世以后秉齐国政，八世以后代齐而为诸侯，完全应验了周史的占断。正是由于这一占断讲得如此具体，而又完全应验，几乎分毫不差，这就使得后世许多学者，尤其是近代学者们，都认为《左传》这一类筮占记录都是战国时人根据史实增补进去的，是数术家们的伪造。这种推断看起来很有道理，其实则并不尽然。因为周史在这里所使用的断卦方法，是完全符合《周易》的章法的，从逻辑上讲，当时完全可以根据卦象作出如上的判断，至于他讲得那么详细，似乎在鲁庄公二十二年（前671）就预见到齐田和立为诸侯（前404），即267年以后的事。而且说他必是在齐国为君，实在令人难以置信，对于这种细致具体的推断，我们应从以下几方面来了解。

首先，周史来陈国，尚处于客位，又是推断一个初生儿长大及几代人以后的事，不怕当时不验，他可以没有什么顾虑地尽量忠实于依卦象卦辞以行占断；

其次，周史可能想求仕于陈，要尽量显示出他所精专的《周易》筮占之长，不能不尽量满足陈厉公的贞问；

其三，也是最重要的一点是，我们今天来看待古人的筮占时，一定要有一种投入感和操作观念。

所谓“投入感”，就是要设身处地的将自己置身于筮占行贞时的历史环境，以明白当事人会有什么样的问题，筮者应当怎样进行解答。

所谓“操作观念”，就是要了解《周易》行占的操作原理和操作过程，以明白当时的筮者即史官为什么会作出或详明或简略的占断，以及必要的说明。

以周史筮公子完生这一筮占过程来说：

首先应当明白，陈厉公为什么要命周史为公子完的一生进行筮占，这件事的历史背景是因为陈厉公（名佗）本是陈文公的小儿子，文公死后，本来是厉公的异母长兄鲍得立为桓公，桓公有病，厉公母为蔡氏女，蔡人为佗杀桓公鲍及太子免而立佗为厉公。厉公既立，又娶于蔡，这些事引起陈国一些士大夫不满，而当时桓公的少子林又随时伺机欲杀厉公，所以厉公在生了陈完的时候，也很为这孩子将来的命运担心，恰好周史来此，他才令周史为公子完的一生命运如何作个筮占，意思是要问周史，从陈完的命相来看，有没有继承自己而为陈国之君的前途，这样才有命周史以《周易》行筮这回事。经过筮揲的结果，得遇观卦䷓四爻变，即观之否，依《周易》爻辞观·六四为“观国之光，利用宾于王”，如果周史以逢迎求官为目的而不加细考，他完全可以根据此爻辞说，“此子乃国之光明，足以为陈之国君而宾从于周王”。可是他没有这样作，而是细考卦象，因为遇卦观无乾，没有君象，而之卦否才有乾，有君、王等象，所以他总的判断是他可以代陈有国，但不是在陈之本土而是在异国，在异国也不是在他本身，而是在其子孙等等断语。

陈厉公对此当然是将信将疑，必然要问他“你是根据什么作出这样的推断”，于是周史才不得不讲一下《周易》设卦取象，依象定占的原理。说什么“坤土也，巽风也，乾天也……有山之材而照之以天光，居土上，故曰观国之光……庭实旅百，奉之以玉帛……故曰利用宾于王”如此等等。此时，陈厉公可能提出问题：“就算你的取象有道理，但这条系辞，并不能说明不是他本身而在子孙啊！”于是周史不得不进一步解释说：“犹有观焉，故曰其在后乎。”厉公又可能问他为什么一定是在异国呢，周史说：“这是因为遇卦之风变为之卦之乾，大有光明于彼国，所以不是在本国而是在异国”；厉公又问：“若在异国，可能是哪国呢？”这当然是他最关心的问题。周史据卦象中有山外有山之象有如大岳，大岳乃姜姓之后，故断为在姜姓之国。此时陈厉公比较自然地会想到，姜姓的齐国现在还如此强大，陈完怎么能去主宰它呢？所以他不得不问：“他到齐国去，真能成为国君吗？”周史说：“物莫能两大，本卦观中无大象，之卦否中天在上，有大象，所以应当是陈国衰败以后，他的子孙才能在齐国为君。”到此为止，厉公听他所说，事事都有卦象为据，也就只好认可周史的筮占有理了，但是否应验，这要留待后世，所以命史官记了下来，到《春秋左氏传》成书时，将这一有记录为据而为时人所熟知的占筮记于传中，传至如今。

当我们对这一占断的历史背景和操作过程有了一种投入感以后，就不至于过分怀疑而持完全否定的态度了。客观一点倒应该说，这一占断过程明白，取象合理，是完全符合《周易》占断原理的，史家对它只能说是作了些剪裁而已，倒不一定纯属子虚。

至于《周易》的占断是否有如此高的准确性，或说何以能有较高的准确性这个问题，我们将在本章最后再加详论，这里就暂且不表了。

（二）晋献公筮嫁伯姬于秦

> 晋献公筮嫁伯姬于秦，遇归妹（䷵）之睽（䷥）。史苏占之，曰："不吉。其繇曰：'士刲羊，亦无衁也；女承筐，亦无贶也。'"
>
> ——《左传·僖公十五年》

据今本《周易》，归妹上六爻辞为"女承筐无实，士刲羊无血，无攸利"。帛书本亦全同。可见史苏是用《周易》行占。衁，《说文》：血也，从血，亡声。贶，《说文新附》：赐也，音况。无贶于筐即是无实之意。这两句爻辞的取象是：遇卦归妹上震为长男，为士；下卦兑为羊，中互离为兵，为刃，兑又为毁折，故有士刲羊之象，刲羊即刺割羊也。上卦震上变成离，与中爻交互即二至上爻成重离而坎伏其中，有坎灭于离之象，坎为血，坎灭故曰"无血"。又：震上虚下实，有筐象，下卦兑为少女，故有女承筐之象；上爻变，上卦成离，离中虚，乃无实之象。故曰："女承筐，亦无贶（实）也。"这些都是依物理取象。

今按：女承筐、士刲羊，大约是上古时代的婚礼习俗，流传至周代，《仪礼·士昏礼》："昏礼，下达纳采，用雁。""挚不用死，皮帛必可制，腊必用鲜，鱼用鲋，殽必全。"郑注："挚，雁也。"疏曰："腊用鲜者，义取夫妇日新之义；鱼用鲋者，义取夫妇相依附者也；云殽必全者，不馁败，不剥伤，义取夫妇全节无亏之理，此并据同牢时也。"据此可见周礼行聘纳采时，男方要送女方以活雁以示信顺，并送整个的鲜腊和鲋鱼。“据同牢时”，是说这些生物在牢笼中时应是活的，也就是送上活雁，活羊，鲜鱼等，若所送之羊或病或死，则刲（割）羊时即无血可出，这当然是很不礼貌的事了。

又：《仪礼·士昏礼》：“质明，赞见于舅姑。席于阼，舅即席，席于房外南面，姑即席，妇执笲枣栗，自门入，升自西阶进拜，奠于席……”疏云：“礼，妇人见舅以枣栗为贽，见姑以腶修为贽……枣栗取其早自谨敬，腶取其断断自修，正是用枣栗腶修之义也。”

据此可见在周代，新妇入门，翌晨见公婆之时，要用笲（《集韵》：笲，竹器，妇贽枣、修者。）盛枣栗腶修敬奉，以示谨敬自持，此类习俗，至今民间尚有之。若在上古，新妇拜见公婆时，无有此类贽礼，是谓“女承筐无实”，这当然也是很不礼貌的。

以上两种礼节，在上古还可能成为一种禁忌，即认为“女承筐无实，士刲羊无血”，不仅很不礼貌，而且是很不吉利的，若遇到这种情况，这一门婚姻很可能不成，即使成了也会解除，所以《易经》的占断辞是“无攸利”。这个占断乃自事理逻辑地推导而得，对于晋献公筮嫁伯姬于秦这件事来说，本来已可以作出否定性的占断，为什么又有后面一大段占辞呢？这是因为晋献公所要嫁的伯姬，是夫人齐姜所生的长女，齐姜先生了申生，后生此女。及长，申生立为晋太子，齐姜亡故。此后，献公又因宠爱骊姬，准备废太子而立骊姬之子奚齐为太子。他将伯姬嫁与秦穆公，本想以此结好于秦国，但是伯姬为申生之妹，若废申生，秦国必相责难，大约是晋献公虑不及此，当他占到归妹之睽，为不吉之占时，仍想嫁伯姬于秦，以结好秦国，所以引出史苏下面一段占辞：

西邻责言，不可偿也；归妹之睽，犹无相也。

意思是说：若嫁伯姬于秦，你以后有什么举措引起秦（秦在晋西，故曰西邻）的责难，你是无法回答的；此遇卦归妹为嫁女，之卦睽义为乖违，既嫁而乖违，是不能相助之象，你本想结好秦国，得到相助，却将适得其反，不能相助，故曰：“犹无相也。”这句占辞，本从事理而言，若说取象，也就是依事理取象。不过，若要从物理上看，亦有象可取。因为归妹下体兑卦方位，于文王卦序在正西，又为口，为言，故有西邻责言之象；归妹之睽，是上震变离，离为火，下互坎，坎为水，火上水下，各不相与，乃无助之象，故曰“犹无相也”。又：

> 震之离，亦离之震，为雷，为火，为嬴败姬。车说其輹，火焚其旗，不利行师，败于宗丘。

这是史苏对卦象作进一步的观察和占断，大约是晋献公问他，“你说嫁女不利，是对晋不利还是对秦不利，是用兵打仗不利，还是别的什么事不利?”所以史苏根据卦象进一步解释说：

“遇卦上震之离，震为雷，离为火，互为威烈，是交兵之象。遇卦为我为晋，之卦为彼为秦，是秦将败晋之象，秦姓嬴，晋姓姬，故曰：‘为嬴败姬。’又因遇卦上震为车，下兑为毁折，故有‘车说（脱）其輹’之象。上震象旗，变离为火，故有‘火焚其旗’之象，所以不利于用兵。”

大概晋献公又问他，“若用兵，是在什么地方才不利呢?”所以史苏分析当时是之卦之离火焚遇卦之震旗，以遇卦为主、为宗，而断之曰：“败于宗丘”，也就是败于本国之丘邑。又：

> 归妹睽孤，寇张之弧，侄从其姑，六年其逋，逃归其国，而弃其家，明年，其死于高梁之虚。

这一段占辞是据归妹·上六变与睽·上九相应，睽·上九爻辞有“睽孤，见豕负途，载鬼一车，先张之弧，后说之弧，匪寇，婚媾，往遇雨则吉”等语。史苏引述之，或有省略，或其所据易象占辞与今本不尽同。但表明春秋时人常依遇卦变爻之辞与之卦应爻之辞并观以定占。其意谓归妹变睽孤，有寇张之弧的断辞，是有寇掠争战之事，于婚媾是不利的。

到此为止，晋献公筮嫁伯姬于秦，其占不利，已很明白了，按理献公就该放弃这门亲事，也不必再贞问了，但是，很可能是因为许嫁伯姬之事是早已定聘了，不便反悔，加上秦国强盛，献公本欲以结亲而交好于秦国，若因悔婚而导致二国不和，为害岂不更大，两害相权取其轻，倒不如仍与秦结亲，今后尽量避免同秦国打仗交兵就是了。因而他可能进一步提问说：

“你说争战不利，我今后不同秦国打仗就是了，且看这门婚姻的最后结局如何?”因而，史苏不得不进一步细观卦象，然后对他说：

“睽卦下体兑为少女，上体离为中女，有侄从其姑之象。归妹上震中坎，震于后天卦位当春时，坎于先天卦位序数六，震又为大涂，坎又为轮、为舆、为隐伏，故有‘六年而逋’之象。坎在归妹当六三、九四、六五，此三爻在六三、六五、上六所组成的坤卦之中，坤为国，故有‘逃归本国’之象。既逃归本国，于事理言，自然是弃其在秦之家了，故曰‘而弃其家’。至于逃归本国以后的命运又如何呢?归妹上震当春，一春即一年，变离为明，故有明年之象，归妹与睽中爻皆有坎，坎为棺椁，有终死之象，归妹上震为倒艮，有丘墟之象，故曰：‘明年，其死于高梁之墟。’”

史苏这次占断，基本上都是取物理象和依事理定占，是完全符合《周易》占断原理的，有些取象在后世看来显得牵强，但从当时来看，一是为了尽量满足问筮者的需要，不得不依问以求象；二是有些取象，在后人看来很难解，而在当时却是习惯成自然，例如以震卦为倒艮，而取山、梁、丘等象，在《周易》中是不乏其例的，下文还会看到，这里就不细述了。

正是由于有些取象现代人未能掌握，因而觉得牵强，又加上这一占断似乎太灵验，所以后世也多怀疑它是后人附丽上去的，我们细考史事，觉得并非如此。

首先，从占断的准确度来看，史苏所占的“不利行师，败于宗丘”，虽然有晋献公之子惠公于鲁僖公十五年（前 644）与秦穆公战于韩而被俘一事，似乎是应验了。但他占的“归妹睽孤，寇张之弧，侄从其姑，六年其逋，逃归其国，而弃其家，明年其死于高梁之墟”。分明说的是伯姬及其从侄之结局，历史的事实是，伯姬并未逃回晋国，只是晋惠公之子太子圉曾为质于秦，太子圉是伯姬之侄，这可以说是“侄从其姑，”惠公被俘后，秦穆公对他并未加害，仍将他送归晋国，当他染病临终前，太子圉自秦逃归，继为晋君。太子圉为质于秦六年，归晋为君后，晋人不拥护，第二年又自秦迎惠公之兄重耳归国，乃杀太子圉而立重耳为晋君，是为文公。所以这些事实可以说明“六年其逋”的占断大体应验，但更为重要的是这些都是太子圉的事，与伯姬实不相干。秦、晋结亲之后，并不是对晋没有相助，历史的事实是秦穆公曾三置晋君，以定晋乱。首先，献公死后，惠公是在秦穆公的支持下返国为君的，晋国遭旱灾，秦穆公用大船运粮以赈其饥，这便是“晋饥，秦输之粟”。但晋惠公背信弃义，第二年秦国受灾，向晋求助，晋惠公却一毛不拔，这便是“秦饥，晋闭之籴”，这才是秦、晋战于韩的起因，所以这是晋不助秦，而不是秦无助于晋。其次，惠公被俘后，秦穆公并未乘势对晋掠夺或索取，不久仍送惠公归晋，这是第二次置君于晋。惠公死后，太子圉即位是为怀公，怀公又诛亲秦之大夫，晋人恐。秦乃因晋大夫栾、郤之族杀怀公于高梁，入重耳，立为文公，这便是秦穆公三置晋君，晋国在重耳的统治下，得以称霸诸侯。这些史实都只能说明秦国对晋国多次相助，并不像史苏之占曰：“归妹之睽，犹无相也。”后世以“结秦晋之好”为联姻的祝辞，也是最有力的证明。这些史实既然只能说明史苏之占并非全验，我们也就不应据之以推断《左传》记此占辞是为了故意神化卜筮之术。

其次，《左传·僖公十五年》在记载这一筮占时，还引述了晋惠公在被秦俘获后所说的一段话：

> 及惠公在秦，曰：“先君若从史苏之占，吾不及此夫？”

意思是说：“如果献公听从史苏的占断，不嫁伯姬于秦，我便不会有这一次的失败吗？”

大夫韩简在侧，传文续引：

> 韩简侍，曰：“龟，象也；筮，数也。物生而后有象，象而后有滋，滋而后有数。先君之败德，及可数乎？史苏是占，勿从何益？诗曰：‘下民之孽，匪降自天。僔沓背憎，职竞由人。’”

其意是说：筮数之吉凶，实缘于德行，献公和你自己都败坏其德，虽有占无占，从与不从，实在是没有什么意义的。这种与“大数决定论”相反的“德行决定论”观念，才是春秋时代进步思想家，也是《左传》作者的本意。这种“德行决定论”的观念，在《国语》的许多篇章和我们前引的穆姜之筮，及下引南蒯之占中，都表现得非常清楚。据此我们也可以推断《左传》作者并无故意神化卜筮的用意，而史苏之占，无论其准确性如何，也不可视为后人的附会和编造。

（三）穆庄叔筮叔孙穆子生

> 初，穆子之生也，庄叔以《周易》筮之，遇明夷（䷣）之谦（䷎）。以示卜楚邱，曰："是将行，而归为子祀。以谗人入，其名曰牛，卒以馁死。"
>
> ——《左传·昭公五年》

今按明夷之谦，于卦为初爻变。明夷·初九爻辞曰："明夷于飞，垂其翼。君子于行，三日不食。有攸往，主人有言。"辞中三句皆有行、往之意，故卜楚邱先断以"是将行"，是说此子长大将外出。又：

> 明夷，日也。日之数十，故有十时，亦当十位。自王已下，其二为公，其三为卿。日上其中，食日为二，旦日为三。明夷之谦，明而未融，其当旦乎，故曰"为子祀"。

这是对"归为子祀"的解释。据杜注："日之数十者，甲至癸；十时十位者，日中当王，食时当公，平旦为卿，鸡鸣为士，夜半为皂，人定为舆，黄昏为隶，日入为僚，晡时为仆，日昳为台。"此筮遇明夷之谦，明夷上坤下离，于物理上取象是日在地下，其明未朗之象，故曰"其明未融"。日光未朗是日将出而未出，即为平旦之时。平旦之时对应于人事之位为卿大夫之位，既得卿位，是继穆子以承叔孙之祀也，故曰"为子祀"。又，明夷之谦，下卦离变艮，艮为少男，为门阙，亦有少子承祀之象。

从卜楚邱这段释辞中，可见春秋史官们在推衍时、数、位的关系时，有一种以天时与人位对应的观念，这种观念即来源于八卦文化中据天理以论人事的传统。不过，在《易经》成书时，还没有将人分为十等的明确观念。人有十等，只有在周公制礼作乐之后相当长的时期内才可能形成，它反映的当是春秋时人的观念。卜楚邱以人有十等与日有十时相对应来推断穆子将为卿而承祀，用于解释自己关于"归而为子祀"的推断是可以的，若用于解释《周易》经文，则是不可以的。所以我们强调对《易经》的系辞和占断，应有明确的时空定位，不可脱离了当时的历史环境，亦不应超越了当时的文化背景。也就是不应以《左传》的占筮为准，而应以经文的历史内涵为准，这是在今后解卦时应特别注意的。又：

日之谦当鸟，故曰“鸣夷于飞”。明之未融，故曰“垂其翼”。象日之动，故曰“君子于行”。当三在旦，故曰“三日不食”。

这是卜楚邱对明夷·初九爻系辞的解释。“日之谦当鸟”，是说明夷下卦离变为谦之下卦艮，谦卦唯九三阳刚，以象鸟身，初、二及四、五、上爻均阴柔，以象鸟翼，故有“日之谦当鸟”之象。这是一种依卦爻组合取象之法，也就是我们前面提到的“审美取象”。《易经》这类取象颇多，如小过䷽卦，其卦辞即有“飞鸟遗之音”，初六则曰“飞鸟以凶”，上六又曰“弗遇，过之；飞鸟离之”等等，皆取震艮之阳爻为鸟身，阴爻象鸟翼也。谦卦更有鸟飞之象，故曰“鸣夷于飞”。

“明之未融，故曰垂其翼。”这是卜楚邱的一种解释，这个解释并不恰当，日之明而未朗，与鸟之垂翼实不相类。《易经》原意是因明夷·初九位在鸟身之最下方，故有“垂其翼”之象。由此可见，《左传》中的解释和取象，并不都是那么准确的。

“象日之动，故曰君子于行。”这是于离卦取物理象为日，为光明；日之动，即光明之行，取事理象即为君子之行，故有“君子于行”之象。这一取象的特点是物理、事理交互取象，或曰对应取象，这在《易经》中是屡见不鲜的。卜楚邱用起来也很熟练，不像后世易家，往往在承、乘、比、敌 、世、应、飞、伏上做文章，以致愈说愈玄，令人难以捉摸。但这里以日之动为光明之行，而取君子之行的观念，也是春秋时人的观念，并非经文原意（详明夷卦解释）。“当三在旦，故曰三日不食。”这是据离卦于先天卦数为三，在旦即取明夷之时为平旦。古人朝食在辰，平旦天尚未明，是不进食的，故有“三日不食”之象，这也是依事理取象之法。又：

离，火也；艮，山也。离为火，火焚山，山败。于人为言，败言为谗，故曰：“有攸往，主人有言。”言必谗也。

这也是卜楚邱对明夷·初九爻辞的解释。意思是明夷下卦离为火，互中震为倒艮，有火焚山而山败之象。震义为动，于人即为言，将山败与震言结合起来，便是败言，败言即是谗言，震为动，于行为往，震言在遇卦，遇卦为主，总起来看便是“有攸往，主人有言”之象，前已判明“败言为谗”，所以说：“言必谗也。”卜楚邱以此说明他在前面占断中说穆子“将行，而归为子祀”是“以谗人入”。这个判断是根据明夷卦象与初九爻辞而得出的，并非妄言。这里值得注意的是他将震卦取为倒艮，即败山之象，因其下与离相交，而取“火焚山，山败”之象，这说明在释卦的过程中，春秋时人已开始取倒象（来知德氏称之为“综卦之象”）了。实际上，在《易经》中取倒象的时候也不少，但取“错卦之象”者则未见，因此，还不能得出《易经》有“错、综取象”的结论。明儒来知德氏于易理之创见颇多，但过分强调错、综取象的原则，造成极大的随意性，是不可全从的。又：

纯离为牛，世乱谗胜，胜将适离，故曰“其名曰牛”。

这是卜楚邱解释他占断此子“其名曰牛”的卦象根据。意思是说，《周易》重离（即纯离）卦辞有“利贞。亨，畜牝牛吉”。所以若筮遇纯离卦给他取名曰牛是吉利的。明夷虽非纯离卦，但如今世乱谗胜，如火焚山败，明夷中震有倒艮之象，而艮为黔喙之属，其一阳爻象牛身，二阴爻象四足，即是牛象，这便是“胜将适离”之象，所以此子最好也取名曰牛，以应其吉。卜楚邱关于穆子应当取名曰牛的解释，今天看来有些牵强，但我们设身处地来看，也颇为自然，因为：

第一，穆庄叔请卜楚邱从易象对穆子的一生进行占断，其主要目的是要预测其一生的吉凶祸福，并设法趋吉避凶。趋吉避凶的方法很多，如当水死者今后应避开水地，不往北方，以至取名带火或土，以便克水、胜水等等。

第二，明夷上卦坤于家畜为牛，下卦离，于鸟为雉，穆子是男，不宜取名雉，但重离为畜牝牛吉，中震为倒艮有牛象，之卦离变艮，又有牛象，综合起来看，就以取名为牛为吉了。经文中以艮为牛象之卦较多，卜楚邱非常熟悉，所以这样取名是比较自然的。又：

谦不足，飞不翔；垂不峻，翼不广。故曰“其为子后乎”。吾子，亚卿也；抑少不终。

这是卜楚邱进一步用卦象解释穆子将“归为子祀……卒以馁死”的占断根据。意思是说：谦卦之谦，于人为虚心，为退让，其气概“不足”，所以像鸟飞而不能远；垂翼便飞不高，是“垂不峻”，翼垂则不广，亦不能远飞，所以他虽将行，必将归来承祀于后，故曰“其为子后”。但你们叔孙氏之族，在鲁国一直只是亚卿之位，而此子的卦象“当三在旦”，于位为正卿，若处亚卿之位还嫌不够，但“当三在旦”又是“三日不食”之象，一个人三日不食，大概要饿死的，所以我占断他最后会馁饿而死。穆庄叔听了这些解释以后，认为占断有理，决定将穆子改名为牛，但因卦象中倒艮为牛，有横牛之象，是为不利，乃取名竖牛，《说文》：“竖，竖立也。”与倒相对，大概有以矫山败倒艮之煞的寓意。

这里卜楚邱用的也是依物理与事理交互取象进行占断。对这种取象方法，春秋时人已经用得很熟了，只是还没有达到以取事理象为主而已。

卜楚邱这一占断记录，是比较可信的，因为他的推断并不完全准确。历史的事实是：竖牛（穆子 ）后来饿杀了他的父亲庄叔，又谋夺嫡而自立，终被其兄昭子赶跑，奔于齐国，不久即被孟、仲之子杀了，并“投其首于宁风之棘。”这样的结局，同卜楚邱说他将“归为子祀……卒以馁死”的占断是并不一致的，也可以说原来的占断多数没有应验，因而是不准确的。这种情况至少可以证明如下两点：

其一，《左传》中所记录的占断，乃是当时成百上千的占断记录的很小一部分，这些经过选择认为有所应验的占断其中也还有许多是未验之占，于此可见所谓占断的准确性问题是缺乏严格的验证的。

其二，正因为历史的事实并没有证明占断的准确性与可信性，《左传》都取如实记录的态度，这就证明其记录是相当可靠的，并无故意神化卜筮的用意。所以我们通过《左传》中有关占筮的记录来了解春秋时代卜筮行为的运作特点，还是具有较大的可信性的。

（四）子服惠伯断南蒯之筮

南蒯之将叛也，其乡人或知之，过之而叹……南蒯枚筮之①，

① 杜注：枚筮，泛卜吉凶，不指其事也。

遇坤（☷）之比（☵☷）曰："黄裳元吉"，以为大吉也。示子服惠伯，曰："即欲有事，何如？"惠伯曰："吾尝学此矣，忠信之事则可，不然，必败。外强内温，忠也；和以率贞，信也，故曰'黄裳元吉'。黄，中之色也；裳，下之饰也；元，善之长也。中不忠不得其色，下不共不得其饰，事不善不得其极。外内倡和为忠，率事以信为共，供养三德①为善，非此三者弗当。且夫易，不可以占险，将何事也，且可饰乎？中美能黄，上美为元，下美则裳，参成可筮。犹有阙也，筮虽吉，未也。"

——《左传·昭公十二年》

上述南蒯是鲁国上卿季平子的陪臣，为费邑之宰，自以为对季氏有功而未得到升赏，遂怨恨平子，而与公子慭叔仲小共谋挑起亚卿叔孙昭子与季平子的仇怨。季平子发觉了他们的阴谋，三人遂共谋除灭季氏。此处所记的便是南蒯在公开反叛季氏以前的一次筮占，从文义可知南蒯先是找了一位筮官，不告其所贞之事而令其行筮，得遇坤之比，即坤·六五爻变，据《周易》坤·六五的爻辞是"黄裳。元吉"，他满心欢喜，以为大吉之兆，反叛可能成功。但是他既是以下犯上，而又势单力薄，实在并无把握，所以又去请教子服惠伯。在请教的时候他也不敢说明要行反叛，只是含糊其辞地说："最近想办一件事情，你看这次筮占结果行不行？"子服惠伯对南蒯之将叛早有与闻，知道他是问反叛季氏能否成功，但也不便挑明，也就笼统地回答说："黄裳。元吉，这样的占断，于忠信之事则可，不然必败。"以下便是他对这一占断作出的解释，大意是说：黄为中之色，裳为下体之饰，元为善之长，心中不忠，就不得中之色，为下不恭便不得裳之饰，为事不善便不得元之长，你想想看你具备这三种德行吗？何况《易经》此辞是不能用来占断冒险之事的，你现在究竟想干什么呢，符合作为臣下的准则吗？

从子服惠伯的这一番议论中可以得出如下要点：

其一，占断可以纯粹依据变爻爻辞，而不必另行取象。

① 杜注：三德，谓正直、刚克、柔克也。

其二，对爻辞的释义，可以纯粹从道义性原则立论，而不拘于辞的本意。“黄裳元吉”的辞意本可说是非常吉利的，但是，在子服惠伯看来，却具有极大的不确定性，其前提便在于问筮者的行为是否合符道义，若合符道义便可得吉，若不合道义便必然致凶。这意味着人们社会行为的后果——吉凶悔吝，根本上是取决于是否符合道义原则，而不取决于什么神秘力量的操纵，这在易筮的理念上无疑是一种重大的转换，即从原初的“大数决定论”转换到了“德义决定论。”

其三，依事理取象可能成为从“大数决定论”到“德义决定论”转换的中介。在南蒯之筮中，子服惠伯完全抛开依物理取象之法，而纯粹按系辞的道德伦理含义作解，如以黄为中之色，裳为下之饰，元为善之长，都是依事理取象，而赋予道德含义进而便作出“中不忠不得其色，下不共不得其饰，事不善不得其极……非此三者弗当，筮虽吉，未也”的判断。这样便通过依事理取象的中介达到德义决定论的成立。

以上三点可以说都被后世儒者——尤其是《周易》义理派儒者们所接受，成为他们理解和阐释易理时的原则。即是说，他们在定占时多半都以变爻爻辞为准，在取象时更重视依事理取象，而在对《周易》关于吉凶悔吝的占断进行释义时，又都被加上了以符合道德原则为先决条件。这样的道德化释义虽不尽符合经文的原意，却能够充分体现《周易》的政教精神。

《周易》占断从“大数决定论”到“德义决定论”的转换是我国古代理性思维的一次飞跃。前已说明，在八卦文化中，由于八卦的智慧性符号崇拜的特性，本身就包含着神秘思维与理性思维的二重性矛盾。这一矛盾中，八卦的智慧性、亦即理性思维方面始终保持着一定的优势，经过殷末周初的理性冲激，这种优势更渗透于周初作易的寓教于筮的思想框架之内，从上引《左传·庄公二十二年》周史筮公子完生及《左传·僖公二十五年》卜偃筮晋侯勤王等记录来看，大约在春秋中期以前，筮官们在占断时大都是依卦象及系辞定占，虽也注重行为的道义性，但还没有将德义问题强调到决定性的程度，只是到了襄公九年，穆姜筮遇艮之随，自以为没有元、亨、利、贞四德而断其不得出于东宫；及本条南蒯之占，虽遇坤·六五“黄裳。元吉”，而子服惠伯断之以“忠信之事则可，不然必败”，才达到了将行为的道义性强调到决定性的程度。而穆姜和子服惠伯他们本人都不是筮官，乃是当时的富有学识的贵族和官僚，也就是说：占断中的德义决定论倾向，还只是被当时的知识精英所接受而已。到了孔子之时，提出了“幽赞而达乎数，明数而达乎德”[1] 的筮占原则，易传的作者们强调“显诸仁，藏诸用”，强调“崇德广业”，“开物成务”，强调“默而成之，不言而信，存乎德行”[2]，要求“君子安其身而后动，易其心而后语，定其交而后求”，认为这样才是“知几其神”，“穷神知化”，也就是将学易的功夫，都用到德性修养之上，这些都可以说是对“德义决定论”观念的论证和说明。

德义决定论观念的形成，从理性思维的发展来说自然是一种了不起的进步。但是，这一观念的绝对化，就有根本否定占筮的必要性或有用性的极端趋向。这与周初作易的用意——神道设教观念是不相容的，也是社会上一般人都不能接受，不能做到的。它大约只能心领神传于儒学精英们的理念之中，这正是易学的数术学派至今依然广泛流传的社会心理根源。

以上四卦，是《左传》记录春秋时人用《周易》筮占中较有代表性的，从中可以归纳出其取象特点如下：

其一，依卦观象时，首先观察物理之象，所谓物理之象，即卦象所代表和象征的自然物，包括天地风雷……动物、植物、人身、家畜、家庭……器物等。

其二，论断时多结合取事理之象，如“黄裳”即断以“元吉”等。

其三，依卦爻组合的形态取象，亦即审美取象，应用不多。

其四，依天、地、人三才及时位关系取象，强调中位为吉，但对当位与否及承乘比应关系这类依数理取象定占之法，应用甚少。

其五，倒卦取象运用较多，在依事理取象时偶或用到“伏象”，但没有后世错综取象或取世应飞伏等象的随意性。

其六，中爻互体取象，初至四爻、二至五爻、三至上爻、初至五爻，二至六爻均可交互取象，且应用甚广。

其七，占断时主要依据卦象的事理定占，不仅用变爻的爻象，还可用遇卦与变卦所表现的动态变化的事理取象定占，有时还参用遇卦变爻所对应的变卦之爻辞定占[3]。

其八，有时纯粹依据卦、爻辞的辞义定占，而不更行取象。

---

① 帛书易传《要》。

② 《系辞·上传》。

③ 参见151页“归妹睽孤”之说。

其九，对卦爻辞的含义，从事理上加以道德化的提升，呈现“德义决定论”取向，不看重系辞的原意而着重体现《周易》的政教精神。

综合上述特点可知，春秋时代筮占行为的运作方式，只能说是在大体上体现了《周易》筮占运作的基本特点，及其可能的取象原则与占断的政教精神，这是值得重视并可供参照的。但是，他们对经文的释义，也有远离经文的原意之处，这是与他们在运用《周易》时远远脱离了经文的时代背景相关的。任何理论在应用时都难免出现这样的变形，我们不可以泥古的态度对他们进行苛责，但在对经文进行具体分析时就不应依他们的解释为准。例如对“元亨利贞”的解释就不能照搬“四德”之说，而应当依据其历史背景还它以本来面目。

四　《周易》系辞的辞章结构

本章的最后，还有必要进一步谈谈《周易》系辞的辞章结构问题，这里讲的不是作为传文的系辞，而是《周易》卦、爻象后面所系属的文辞，就是经文。

先谈它的章法结构。

前已引述《系辞·下传》第九章有如下一段：

> 易之为书也，原始要终以为质也。六爻相杂，唯其时物也。其初难知，其上易知，本末也，初辞拟之，卒成之终。若夫杂物撰德，辨是与非，则非其中爻不备。

这段话通常翻译为：

> 《易经》此书，以推原事物之发端，并考察其运动变化的结局为主旨。一个卦中，六爻杂陈，便是表明某一事物在时空顺序上运动变化的状态。初爻的含义较难把握，上爻的含义则易于了解，这是因为初是事物的本原和发端，上是事物的最终呈现。初爻之辞只是对事物的初始状态的一种比拟，其运动变化的迹象还没有显示出来，经过由初而上，由始到终的时空顺序的推移，变化的

迹象便完整地呈现出来了。至于爻辞中夹杂着许多具体事物，意在描述其运动变化的依据和条件，据以评判社会行为的是非宜忌，那就非得结合卦的中爻所呈现的物理事理等等关联，否则便无法全面领略了。

这样的理解是大体上符合原意的，现在我们可以无须再说其中包含的取象原则而单纯从辞章结构上来看，《系辞传》这段话实在是对《周易》经文的辞章结构的一个概略的说明。

首先，它指出了《周易》这书的撰著，是有其主旨的，这一主旨是推原事物的发端，考察其变化的结局。这可以表现在它的卦序排列上；主要的，更具体的体现在每个卦所描述的某一事物在时空顺序中运动变化的具体状态之中。据此，我们便可以说，《易经》这部书有一个总的理论构架，其中的每一卦，都可以说是一个章节，以专门论述某一特定事物运动变化的规律，这是它的章法结构的主要特点。

其次，每一卦的爻辞，是对某一事物的运动变化在时空顺序上的展开，初爻带有比拟的性质，上爻则带有结局的性质，中间各爻，是事物运动变化的过程性描述。表面上看来它陈述的事项杂七杂八，但都围绕着一项重要的事理，它们之间是有着事理上的内在联系的，而且是体现事物的发展顺序的。这也是《周易》的章句结构的重要特点。因此，我们在对它进行解释的时候，绝不应停留在表面现象上，东一榔头，西一棒子。把它说得零乱无序，粗陋不堪，像是看原始人裸体跳舞，而应当深入理解其中的本质联系。

其三，每一条卦辞或爻辞，都是对卦象或爻象包含的关于事物的属性及其运动变化的状态和可能出现的结局的陈述。既有在顺序上的时空关系的描述，也有其状态与结局在因果性上的描述。这些描述是通过以象辞、叙辞、占辞、验辞等等特有的辞语结构来展示的，这也是《周易》特有的辞语结构。而要了解《周易》卦、爻辞辞章结构的特点又必须对殷、周时期甲骨卜辞的辞章结构先有个大致的了解。

首先，殷、周甲骨卜辞的排列顺序，都是按行卜的先后，一条一条地自下而上加以排列的。即是在占卜一件事的时候，将最先卜得的结果记录在甲骨的最下区位，将以后卜得的结果依次记录在初次记录的卜辞的上面一行，这样一次一次地重叠上去。

《周易》基本仿照这一格式，每个卦分别陈述一种社会事理，先记卦辞，然后，按自下而上的顺序记录各爻的爻辞，也就是将初爻记录在最下位，然后依次而上，记录二、三、四、五爻，将最终的爻记录在最上位，从而形成初、二、三、四、五、上等六个爻位顺序的爻辞。

其次，甲骨卜辞一般都非常简略，其较为完整的都由叙辞、命辞、占辞、验辞四种成分组成。叙辞叙述行卜的日期和行卜的巫师之名，这些巫师有的便是当时的商王；命辞是命筮之辞，说明要贞问的事；占辞是对卜兆的判断，也就是占断其可能发生什么事；验辞是事后记录的对占断的应验情况。近人孟世凯先生在其所著《殷墟甲骨简述》一书中，举出大约在商王武丁时期的一条卜辞为例：

> 庚子卜，争贞：翌辛丑，启？（正面）
>
> 贞：翌辛丑，不其启？王占曰：今夕其雨，翌辛丑启。之夕允雨，辛丑启。（反面）

其中："庚子卜，争贞："是叙辞，说明庚子这一天占卜，史官争行贞。

"翌辛丑，启？"是贞辞，贞问第二天辛丑，天会晴吗？

"贞：翌辛丑，不其启？"这也是贞辞，是反问：第二天辛丑，天不会晴吗？

这种一事正反两贞，是商人占卜的习惯。

"王占曰：今夕其雨，翌辛丑启。"这是占辞，意谓商王看了卜兆之后就判断说：今天晚上要下雨，第二天辛丑天会放晴。

"之夕允雨，辛丑启。"这便是验辞，是说，占卜的当晚真的下了雨，第二天辛丑，天也果然放晴了。这当然是事后应验了才记上去的验辞了。

验辞中也有一些是没有完全应验的。后来在岐山凤翔村发现的周原甲骨卜辞，也基本上遵循逐条由下而上排列，各条都大体包括叙辞、贞辞、占辞、验辞等这样的格式。

《周易》的卦、爻辞在辞章结构上也大体遵循这一格式，每条系辞，较完整的包含了叙辞、占辞、验辞等主体项目，当然也有颇多的特点和不同之处：

首先，《周易》属于筮法，它与卜法看兆文作占断不同，是按照依筮得数，依数立卦，依卦观象然后依象定占。因此，它的每一卦，都需先记下筮数的奇偶静变，更将它转化成卦爻符号，紧接着是系以象辞，然后再依象辞的直观意义和象征意义等进行占断，也就是系上占辞，最后再根据应验的情况，系下验辞。这样，《周易》卦、爻的系辞，一般就呈现为象辞——叙辞——占辞——验辞等四个基本成分，我们称之为卦、爻辞的主体结构。

其次，在卦辞之前必须画出卦符，在爻辞之前加上序数词，以表示这一爻的位列序次和筮得的数（只记变数，如初九、九二……上九，初六、六二……上六等），后世称之为爻题。

其三，叙辞是关于行筮的时间、地点、缘由的说明，一般置于象辞之后，占辞之前，具有时空定位与事理定性的性质。

其四，象辞是系辞结构的首要成分，一般表现为对卦、爻象的时空描述，其所蕴涵的物理关系及事理关系，是进行占断的逻辑起点。

其五，在象辞或占辞之后往往附以必要的释辞。释辞是对象辞含义的特异性的解释，也是对占辞的某种限制性的说明。例如“观。盥而不荐，有孚颙若。”其中，“观”是象辞，其后两句并不是象辞，而是对“观”这一象辞的特殊用意的一种解释。又如“屯。元亨。利贞。勿用有攸往，利建侯”。其中“勿用”以下，便是对“利贞”这一占辞的限制性说明。这种解释性、限制性的说明，一般是不必取象的，在实际操作中，也可作为占辞，用于占断。

其六，占辞。这是系辞中最具有逻辑义理的部分，它立足于对卦、爻象及卦、爻辞所蕴涵的物理或事理的逻辑关联的推导，又表现为对行为取向的价值评判，因而是《易经》作者的价值观念与政教意识的集中体现，也是我们理解和把握《周易》主旨的关键所在。

其七，验辞。这是对占断的验证情况的记录。依《周礼·春官·占人》：“凡卜筮，既事则系币以比其命，岁终则计其占之中否。”可知验辞一般是在岁终计占的时候根据验证的情况，才加以记录的。有些筮占的事情跨越了一年以上的时间，便只有在事件有了最终结局的时候才能记录进去。其中有部分应验的，可将验与不验的情况分别记上，例如“临。元亨。利贞。至于八月有凶”。其中，“利贞”是占辞，本属全称性判断，是不应有凶咎的。但是，到了八月，依然出现了凶事。这样，在岁终计占时，便只好系上“至于八月有凶”这个说明应验情况的验辞。这显然是《周易》作者重事实胜于推断的理性观念的表现。至于有些完全不验的占断，作者自然就弃而不录了。

其八，诫辞。在占辞或验辞之后，往往还附上某种限制性的教诫之辞，例如“无妄。元亨。利贞。其匪正有眚，不利有攸往”。其中“利贞”是占辞，其后两句便是一种限制性的教诫之辞。以上验辞、诫辞，都可以代替占辞而不必另行取象。

其九，喻辞。在象辞、占辞以至验辞、诫辞、释辞前后，有时还加上一些民歌，谣谚，以至故事等极富音乐性与形象性的词语，作为一种生动的比喻或象征，以加深人们对系辞内涵的理解，或径直以这类比喻性的谣谚作为象辞、占辞、验辞。这类辞语我们可称之为喻辞。例如：“鸣夷于飞，垂其翼。君子于行，三日不食。”以民谣为象辞以喻君子遇难；大过卦之“枯杨生稊”“枯杨生华”则以民谚喻老妇得夫、老夫得妻之事等即是。

最后，《周易》卦、爻辞还有不少只系象辞或占辞而不系其他辞的，情况复杂，但或象或占总是不可少的。在实际操作中，无论叙辞、象辞、占辞、验辞、释辞、诫辞或喻辞，在适当的时候，也都可以作为占辞加以运用。这些情况各有其因，我们只能在后文中结合具体条目分别加以说明了。

在了解《周易》卦、爻辞的辞章结构的同时，还必须对经文的字义、词义、组词特点等等取历史主义的态度，将它们都放在作《易》时代的语言环境（即甲骨、金文时代）去理解，力求把握它们的时代特质与实际内涵，才不致因时序颠倒造成误读，也减少观念上的混乱和臆断。因此我们在今后对经文的讲解中，一般都先行列出字义、词义、句意，然后再按照全句的辞章结构，依照叙辞、象辞、占辞、验辞等顺序进行分析，更依据系辞的直观层面，象征层面，史实背景和哲理反思层面的含义进行讲解。这可以说是本书特有的释义方法，或者说是一套独特的释义模式。读者们将会看到，正是这一套释义模式帮助我们对经文做出了较为科学的、合理的释义，否则我们就难免又回到陈腐的老套中了。反过来说，我们的解释如果出现什么大的失误，那根源也正可以从这一套释义模式中去寻找，也就不难加以改正，这就有待于读者诸君的不吝赐教了。

下　卷

经文考释·讲解·评析

第一章　德合天地之道

——《周易》的人格理想

1. 乾：自强不息以体道

☰　乾。元亨。利贞。

解：乾。象辞，通常用为卦名。

字义：乾，籀文作，或作，篆文作。《说文》：“乾，上出也。从乙，物之达也。倝声。”按：《说文》此解，实未达乾之本义。自籀、篆文合观之，乾字实乃从乙、从倝，倝亦声。盖倝之金文作，其字从，乃之省，象旗斿旋蹇之貌。音于宪切，读若偃，故乾字读音为 qián；倝又从早，早乃日在甲上之形。甲之篆文作，甲文作、，金文作、。象古人竖表观测日影之事。所以，整个乾字，实际上是古代天文学者，从事天象观测，治历明时以指导农事耕作的生动描绘。乾字所从的⊙或，表示所观测的日或星，其下之或十，代表测影的木表或石表。所从的、、，是坚立在测影坛场的旗斿，是一种神圣的标志。所从的，则表示农作物的生长，出地向上之状也，这是说明观测的根本目的。正是因为乾字包含了这么丰富的内涵，所以有光明义，有旋运不息义，有健行上出义等等。

伏羲画卦之初，为对上天施行象意型巫术，而天象难以描摹，乃以星象天，画作、等象。其后符号化，以——象阳，并表刚健，而日星为阳之精，天体有健行之德，乃将其规整为☰以象天，故《说卦传》谓“乾为天”，其来源甚为古老，历神农、黄帝以至夏、商，皆取此象。周初文王首倡作易，尊重此一传承观念，仍以☰象天，而䷀为重乾，则为天体运行，周旋不已之象，故系之以象辞曰乾。《象传》云：“天行健，君子以自强不息。”即明其象征寓意也，后世因以乾为卦名。

依审美取象：本卦六阳迭呈，卦形如圭表测影之度数，与乾为天象观测、治历明时之事理相契合，故取象曰乾也①。

又，依物理及事理取象：我们在本书上篇第五章，谈及《周易》的取象特点时曾经指出，依物理取象是八卦文化的传统，依事理取象乃文王作易之所推重。盖文王作易的用意便在于据天道以明人事，又推人事以合天道。观乾☰之为天有高明临照之象；重乾䷀为天道运行有精进不已之象；积阳而成有纯粹正直之象；于日为照，于星为繁，有光明盛大，普覆万物之象；卦形如表影之度数，有中正不忒，运移应时，滋生万物之象……就人道而言，因乾为天，其位最高，自夏商以来，习惯上已取为元，为首，为君，为父之象。文王更重其高、明、中、健之德，滋始万物之功，堪为人君德行之楷模，故据乾象以明君德，序为卦首，总论易道之主体，发明其刚健中正、盛大光明、自强不息、应时行化之圣王品格，以体现其寓政治教化于象数哲理之作易宗旨焉。

元亨。命筮之叙辞，叙述命筮的时间、地点及事由等情，以下简称叙辞。

字义：元，甲文作，金文作。字皆从二（上）在上，会意为首，引申为始、上、长、大、善等，经文中用元字 19 处，其与亨、吉连用者 17 处，皆用“大”义也。

亨，或体作。与“享”之或体相同，二字古义相通。盖亨与享甲文作，金文作，皆象穴居时期高出地面上的高大建筑之形，乃古人享祀献祭之处。《说文》：“亯，献也。”段注：“荐神曰亨，亦作享。”大有・九

① 表影的度数，古人认为是天道运行的轨迹，又是大衍之数的由来，它决定了万象的兴衰更替，在阐述易道总体时，取为乾卦之象，是理所当然的。

三“公用亨于天子”，随・上六“王用亨于西山”，均以亨为享之证。经文之亨一般用作叙辞，皆取享祀义，而大有卦辞“元亨”等作为占辞则可有亨通义。盖享祀之本意便在于通达神灵，故引申有亨通义也。（说详《大有》卦辞释）

元亨二字连用，即大享祀之意。作为叙辞，即在于说明古人筮遇此卦，乃在大享祀之时，表明其占断具有很大的权威性也。

利贞。占断辞。（以下简称占辞）

字义：利，甲文作，金文作。皆像以刀割禾及以手持工具收割之形。割禾即农事收获，有收获乃为有利，故利之本义乃利益、功利之意，引申乃有顺利、锋利等义。反之，无所收获，即为无攸利或不利也。经文中“利”用作占辞即为有利、有收获、有收成、有成就、能成其功之意，此处即用有利义。

贞，甲文作，金文作，篆文作。《说文》：“贞，卜问也，从卜，贝以为贽。一曰鼎省声，京房所说。”今自字形考之，当以从鼎省声为当。盖古人行卜，多在宗庙之内，鼎器之前，当享祀之际，先以火灼龟甲或牛骨而得兆文，因兆文之走向、形态、色泽等以判断吉凶。因整个过程皆在鼎器之前进行，故以为行贞问卜之意也。后省作贞，篆文即作“”，抑或有许慎所谓以贝为贽之意①。不论如何，贞之本义乃“行贞问卜”则是可以肯定的。甲骨文中，每占必书贞人之名，其行贞问卜之意非常明确，引申乃有贞问、侦伺、侦察、侦讯等义。又：上古以筮行贞，多取二卦，初遇之卦为贞卦，再遇之卦为悔卦，故贞又有“正”义。经文用作占辞时贞字均用“行贞问卜”之义而不用“正”义。自易传释贞为正，后人因之，率多牵强，而“贞厉”“贞凶”“贞吝”之占均不得其解，（说详后师・六五“贞凶”释）今不取。

总之，乾卦系辞“元亨利贞”，本义只是说明古人于大享祀之际曾筮遇此卦，而其占断为有利、有功之意。高亨《周易古经今注》云：“乾，卦名也。元，大也。亨即享字。古人举行大享之祭，曾筮遇此卦，故记之曰元

① 《周礼・春官・占人》：“凡卜筮，筮既则系币以比其命。”而贝即古货币，是以许氏之说当为有据。

亨。利贞犹言利占也。筮遇此卦，举事有利，故曰利贞。”这一解释是颇得经文原意的。

初九　潜龙。勿用。

解：*初九*。序数辞，一般称为爻题。

初为序，指本爻序列在卦的初位，即下卦之下；九为数，指筮遇本爻时所得之数为奇数九而非奇数七。七为少阳，是静爻，是不变的；九为太阳，是动爻，是可变的。《周易》以变爻定占，所以只标九而不标七。初九便是标示筮遇乾卦初爻，其得数为奇数九时，适用此爻的系辞以行占断的意思。由于九是可变之数，所以在取象定占的时候，又可以取爻变之象。例如依下卦乾变☴而取巽象，全卦变䷫而取姤象等。以下九二、九三、九四、九五、上九等序数辞用意相同，我们即不再加以解释。但是要明白一点，便是在《周易》成书之时，经文中是没有这种序数辞的，因为当时的筮官对这些规则本来就是很明白的，没有加上这种说明的必要，也就没有爻题之称，而是依各爻变动之后所成的变卦来加以指称。例如乾·初九就称之为“乾之姤”，乾·九二称之为“其同人”……乾·上九称之为“其夬”……坤·初六称之为“其复”，坤·六二称之为“其师”……坤·上六称之为“坤之剥”等等。直到春秋时期，《周易》开始向各诸侯国流传，当时都采取“某（卦）之某（卦）”这种指称方式。大约到了春秋～战国之际，《周易》的应用开始在士庶民间广泛流布，为了与当时早已流传的《连山》《归藏》以静八定占相区别，也为了便于口语表述，才有了“初九”“上九”“初六”“上六”以及“九二”“九三”……“六二”“六三”……这一类指称，并将这类指称标示于各爻系辞之上，形成今日所见的爻题。我们将它称为序数辞，只是为了比较准确地表明它在经文中的指称功能，以便于同作为系辞主体构架的叙辞——象辞——占辞——验辞等相区别而已。由于它本来不是经文，除了标示各爻的序数之外，与经文内容也没有意义上的关联，因此，以后对文中所有的序数辞，我们便只将它标明而不再加以解释了。

潜龙。象辞。

词义：潜龙，即潜伏的龙。不过，这里不是指作为生物的龙，而是指天上的龙星。

我国古代天文学，将天球划分为东、南、西、北四大天区，每个天区依其可见的星体所组成的形象划分为宫和宿。例如东方天区为苍龙之宫，包括角、亢、氐、房、心、尾、箕七宿。其一、二、三等星组成的图像如图乾Ⅰ：[1]

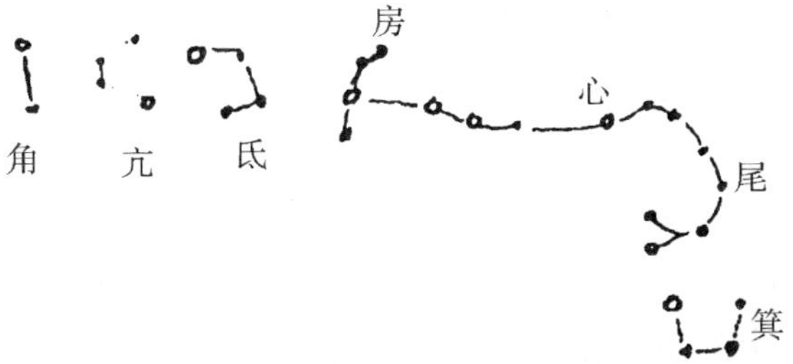

图乾Ⅰ：龙星七宿图

从图乾Ⅰ不难看出：苍龙七宿所组成的星座贯联起来，的确有龙象。如果将其中的四、五等可见星一齐画出来，那就有成百个的星，它们所组成的龙，更是非常生动的，不仅有头有身有尾，而且有角、有眼、有爪、有鬣、有须、有舌，甲骨文中的龙字作或，金文中的龙字作，实在与之非常相像，所以上古称之为龙星。这个来源非常古老，近年我国考古工作者，相继在一些地区发现了一些新石器时期的龙形崇拜物，其中最早的是在辽宁省葫芦岛市连山区塔山乡杨家洼子村发掘出的两条鸭嘴飞龙，体态修长，鱼形尾，1号飞龙昂首挺身、扬尾，呈奔腾状；2号飞龙高昂展翅，轻盈飞翔。两龙均为在灰褐色土面上，用米黄色土堆塑而成。经专家根据地层和伴随出土的陶石器进行测定，两条土龙皆为新石器时代原始文化遗存，因而确认土龙的时代距今约8千年。另外在辽宁省阜新市“查海古人类文化遗址”中还发现过一条由碎石堆积而成的龙，长达20米，龙身呈侧卧状，首摆西南，尾扫东北，嘴向东南。龙身最宽处1.5米，龙头、龙尾、龙爪、龙腹均清晰完整。专家考证其制作年代距今有7600－8000年。这些龙形物都与天上的龙星如此近似，而且都是原始文明中的崇拜对象，充分表明它们在原始思维中具有形态上的同构性和功能上的一致性，很难

[1] 古代天文学将肉眼能看到的星体分为六等，最亮的叫“一等星”。亮度减少，等级降低，到勉强可以看得见的叫“六等星”。

推断其谁是原形，谁是摹本。最要紧的是这些龙都具有潜、现、飞腾的功能，因而同生活在地上的大蛇、巨蜥、鳄鱼等等便有本质上的区别。尤其是天上的龙星，不仅有潜、现、跃、飞、亢等等功能和形象，可以作为季候观测的标志，而且高悬天际，照临天下，形态矫健，应时变化，足以激发人们尊崇景仰的神圣情感，也最能充分体现乾卦所蕴涵的光明盛大、刚健有为、中正适度、应时行化等种种德行。文王既然立意以乾卦的德性来表征其人格理想和行为风范，而乾卦的传承又是以星像天，以星体的运行象征天道的运行，那么，在对乾卦各爻取象的时候，便以龙星的潜、现、跃、飞、亢等来作为各个爻位的象征便是非常合理而且非常贴切的了。所以，潜龙作为象辞，它的含义便是“龙星潜伏而未现也”。

乾·初九为什么有龙星潜伏而未现之象呢？这是依据《周易》之数理，将六画卦的各爻依顺序区分为地、人、天三个时位，一般称之为“三才”之位。其中初、二爻属地位，三、四爻属人位，五、上爻属天位。位又分内外（上下）：初为地内（下），二为地外（上）。乾·初九以乾阳之质处地内（下）之位，那当然便是龙星潜伏而未现之象了。

龙星潜伏而未现是什么季节的天象呢？现在可以说，大体上包括整个冬季。据《礼记·月令》：“季冬之月，……昏娄中，旦氐中。”而《淮南子·时则训》则说：“孟冬之月……昏娄中，旦氐中。”由于娄宿和龙星的角、亢、氐宿（也就是龙星的头首部位）处于180°相对的位置，上古观测星座，一般都在黄昏时刻天空始见星时开始观测，这样，在整个冬季，也就是从孟冬、仲冬到季冬之月，昏中时刻都不可能见到龙星，于天象而言，就是龙星潜伏而未现的时节了。

由此可知，乾·初九的取象方式，实际上是依数理取象与依物理取象两种方式交互并用的。后诸爻仿此。

勿用。占辞。

字义：用，甲文作，金文作。《说文》：“用，可施行也。从卜，从中。”卜而得中，故可施行。

勿用。意谓不可施行，不宜用事。即筮遇此爻，于事未可有为也。

这一占辞，是依本爻爻象所显示的事理作出的应然判断。盖此爻取物理象为龙星潜伏未现，时在寒冬季节，尚不可进行农事耕作；其象征意义则如本有龙德的君子，胸怀现、跃、飞腾，建功立业的大志，但身处下位，或因学业未成，德力不足，尚需积学进德；或因环境恶劣，动辄得咎，尚需隐忍待时，在类似这样的情况下，都是不宜急于有所作为的。勿用，便是这类情况下，合乎事理逻辑的行为取向。

易传称“潜龙勿用，阳在下也”。“潜龙勿用，下也。”“潜龙勿用，阳气潜藏。”又说：“潜之为言也，隐而未见，行而未成，是以君子弗用也。”这些都是对潜龙勿用之占的较为准确的理解。

应当注意的是对“勿用”的理解，不能与“潜龙”的品格分割开来。例如：将勿用理解为放弃理想，无所作为以至得过且过，同流合污，那就根本不具备龙的品格，或是丧失了龙的品格，也就谈不上是潜是现，是用或不用的问题了。《文言传》说：“龙德而隐者也，不易乎世，不存乎名，遁世无闷，不见知而无闷，乐则行之，忧则违之，确乎其不可拔，潜龙也。”便是强调，真正具有盛大光明，刚健中正的龙德之人，虽处潜藏不现的时期，不去追逐浮名，但是，他对人生理想、道德目标的追求和信念，都是坚定不移的。

九二　见龙在田。利见大人。

解：九二。序数辞。

见龙在田。象辞。

字义：见，通现，见龙意谓龙星出现。

田，指地面。

依数理及物理取象：本爻以乾阳之质，当地上之位，有龙星始现于地面天空之象，故曰现龙在田。

龙星始现于地平面上是什么时节的天象呢？据温少峰、袁庭栋二氏考证，我国殷商时代还没有二十四节气的名称，但甲骨卜辞中已几见“㞢（有）启龙”的节令记载，这是古人在黄昏初见星时刻观察东方天空，见龙星的角、亢、氐宿渐次升起于地平面时节的天象，相当于现时的雨水—惊蛰这段节候[①]。这一最早的节令记录表明我国上古有观察龙星的初现以定农事起始的习惯。《周易》以龙星的潜现作为天道运行的象征，显然与此一传

① 参见温少峰、袁庭栋合著《殷墟卜辞研究——科学技术篇》“㞢启龙”释。

统密切相关。

利见大人。占辞。

词义：大人，对当权在位者的指称。经文中“大人”一词凡12见，均指在位之人，即殷周时代的当权贵族。

利见大人，就是利于见到当权在位之人的意思。在这里，其潜在含义则有若不能见到大人，便可能不利之意。这也是依据象辞所显示的社会事理作出的应然判断。为什么会有这样的判断呢？前面讲到，见龙在田，是龙星初现于地面天空之象，节令上正当雨水—惊蛰之间，也就是春耕开始的时节。由于农业是当时国民经济的主体，如果误了农时，就有动摇国本的危险，所以历代国君对农业生产都非常重视。尤其是周族一贯以农立国，从来就有在位大人亲自带头参与春耕，督导农事的习惯。周族的始祖后稷便是教民稼穑之官，文王也还亲自参加农业劳作。

例如《诗·周颂·噫嘻》有云：

噫嘻成王，既昭假尔。率时农夫，播厥百谷。骏发尔私，终三十里；亦服尔耕，十千维耦。

《诗·周颂·载芟》亦有：

载芟载柞，其耕泽泽。千耦其耘，徂隰徂畛，侯主侯伯，侯亚侯旅，侯强侯以。

这些都是周初之世，春耕时节，大人们躬行督导耕作的实录。

《礼记·月令》载：

孟春之月……天子亲载耒耜……帅三公九卿诸侯大夫躬耕帝藉。……王命布农事，命田舍东郊，皆修封疆，审端经术，善相丘陵阪险原隰土地所宜，五谷所殖，以教导民，必躬亲之。田事既饬，先定准直，农乃不惑……

仲春之月……耕者少舍，乃修阖扇，寝庙毕备，毋作大事以妨农之事……

季春之月……天子布德行惠，命有司发仓廪，赐贫穷，振乏绝；开府库，出币帛，周天下，勉诸侯，聘名士，礼贤者。

这些记载则反映了在整个春季，在位大人均应尽其勤勉农事之责，在下之民众则蒙其德惠，因而有利于耕作。这是对周族古制的发展与完善。这些制度，一直延续二千余年而至于清代。这也正是乾·九二从“见龙在田”的物象中得出“利见大人”的占断的事实依据，所以我们说它是依据爻象所蕴涵的事理作出的应然判断。反过来说，如果龙星开始出现于地面的时节，也就是整个春季见不到大人们勤勉农事的活动，那就必然是遭受到严重的天灾人祸，如像严重的节令反常，大流行的瘟疫，或遭到强敌入侵，或因劳师远征，或因朝政腐败混乱而陷于严重的内乱等等。这些情况都必然会招致农业生产的严重破坏，于国于民，显然都是极为不利的了。

以上是爻辞的直观层面的含义，其象征性含义是什么呢？从当时的社会背景来看，同乾·初九一样，它是以龙星比喻龙德的君子。见龙在田，就好比龙德君子，出潜离隐，开始用事，表现出了光明盛大，刚健中正的美德，这种情况下是利于见闻于上位大人的。因为这样就可能得到大人的重用，于国于民也都是有利的。历史事实有如舜本是耕于历山，渔于雷泽，陶于河滨的普通民众。但是由于他具有很强的能力和很高的德行，大家都很信服他，所在之处，“二年成邑，三年成都”。因此“玄德升闻，乃命以位”。即是经过“四岳”——帝尧时部落联盟议事会的推荐，作为帝尧的辅佐，以后继登帝位，又为部落联盟的发展，酋邦制度的完善建立了很大的功勋①。古公亶父自豳迁岐，设官分职，完善酋邦组织，团结众多部族，外抗戎狄内侵，因而受到商王武乙褒奖，命为周公，赐以岐邑，奠定了周族建国的基础②。这些都可以说是当时人们熟知的“见龙在田，利见大人”的史事，而这些史事又表明，所谓“见大人”与“现大人”乃是不可分割的。就是说，“现大人”实际上是“见大人”的前提。一个人只有在他自身显现

① 参见《尚书·尧典》。

② 参见《竹书纪年·周纪》。

出杰出的才智和德行的时候，也就是一个真正具有龙德的君子时，所谓“见大人”才是有意义的，有利的。反之，如果自身品格低下，才智平平，那就不可能见到真正的“大人”。即使看见了，也毫无意义，甚至于还可能有凶，就根本谈不上有利了。所以《文言传》说“见龙在田，德施普也”；“见龙在田，天下文明”；以及“君子学以聚之，问以辨之，宽以居之，仁以行之”；“善世而不伐，德博而化”等等，都是强调自身的德行与才智的重要性。这同后世一些钻营利禄之辈的趋炎附势是根本不同的。

当然，《周易》系辞的象征层面的意义，在实际的占筮操作中，还可以有多种的理解，不过，易传这种理解是最能体现《周易》的人文精神的，也是比较符合文王作易的本旨的。

九三　君子终日乾乾，夕惕若。厉，无咎。

解：九三。序数辞。

君子终日乾乾，夕惕若。象辞。

词义：君子，初义指邦君、国君之子，经文中凡16见，均指贵族成员，虽不必在位而可以有位者也。说详谦、临、观等卦释。

终日，竟日也，即整天。

乾乾，据《说文》乾乃健达之义，乾乾连词，当为健行不已之貌，自强不息之意也。

惕若，戒惧敬慎之貌。若，语辞。与离卦之“沱若”“嗟若”构词相同，详观卦“颙若”释。

全句意谓有龙德之君子，整天勤勉事事，至晚犹心存戒惧，敬慎以自励也。

依数理、物理及事理综合取象：本爻以光明刚健之质而处人位，有君子之象；在下乾之终，有终日（整天）之象；与上乾相接，有乾乾之象；本爻变，下互体（即二、三、四爻成卦）为离，离为日，位当一天之终，即日落月出之际，故有夕象；离又为戈兵，有戒惧之象，故云夕惕若也。

厉，无咎。占辞。

字义：厉，繁体为厲，金文作又作。篆文或作。《说文》：“厉，旱石也。从厂，蠆省声，蠆或不省。”旱石即磨砺之石，此当为后起义。字多象厂下有蝎、蛇等毒虫，厂即崖穴，乃古人栖居之处，其处毒虫

众多，故有危厉义；所从之，则象崖石崩坠，因而兼有猛厉义也。《周易》经文中之厉占凡二十有一，除艮·九三之“厉薰心”外，均用危厉义也[①]。危厉属凶占范围，其程度仅次于凶占也。

咎，甲文作。《说文》：“咎，灾也。从人，从各。各者，相违也。”又：《诗·小雅·伐木》：“宁适不来，微我有咎。”《毛传》：“咎，过也。”是知咎字有灾咎与过咎二义，经文中二义并用，此处用灾咎义。

厉，无咎者，虽有危厉，尚可无灾咎或过咎也。这是依爻象所显示的事理作出的可然性判断。盖本爻以阳刚之质，处下体（下卦）之上，在当时的社会结构中，有如邦国之君，地区首领，对上必须奉勤王事，对下必须治国安民，对内必须敦睦各族，对外还须和协四邻邦国。这些问题若有所差失，在那部落邦国争相兼并的时代，都可能导致破国灭族的后果。如果再加上自身缺乏居安思危的忧患意识，不能致力于日进其德，增修其业以自固；或是在危机潜伏的情况下缺乏应有的警惕，都可能招致极大的祸患。既然爻象所显示的君子，能够敬慎戒惧以至于朝乾夕惕，那么，虽处危厉之境，也还是可以避免重大的伤败的。当然，这也只是一种可能性而已，所以我们说它是一种可然性的判断。文王在选录这条筮辞的时候，显然是对王季的被执与他自身遭囚的史事进行了深刻的反思的。

《文言传》讲：“君子进德修业。忠信所以进德也，修辞立其诚，所以居业也。知至至之，可与几也，知终终之，可与存义也。是故居上位而不骄，在下位而不忧，故乾乾因其时而惕，虽危无咎矣。”是对本爻主旨的较为切近的阐明。王弼《周易注》云：“处下体之极，居上体之下，在不中之位，履重刚之险。上不在天，未可以安其尊也；下不在田，未可以宁其居也；纯修下道则居上之德废；纯修上道则处下之礼旷。故终日乾乾，至于夕惕犹若厉也。”则是对爻辞寓意的当世性应用和发挥。较好地体现了《周易》作为一种人生哲学的普遍性意义。

九四　或跃在渊。无咎。

解：九四。序数辞。

① 艮·九三乃验辞代占，用猛厉义，参见该爻释。

或跃在渊。象辞。

依数理及物理取象：本爻以乾阳之质，处人外之位，所谓上不在天、下不在田、中不在人，故有龙跃于渊之象，依历象言则仲夏之时也。

《礼记·月令》："仲夏之月，日在东井，昏亢中，旦危中。"又：《淮南子·时则训》："仲夏之月，招摇指午，昏亢中，旦危中。"二者虽略有差异，其所同者皆云东宫苍龙之亢宿于初昏时刻中天，当在地平面30°以上，其时龙星之角、亢、氐、房及心宿之前部，均次第可见，惟尾、箕二宿犹未出潜，故有龙跃于渊，其身虽现而尾尚在水之象，即或跃在渊之意也。又：本爻当人位之上，亦有跃而欲升之象也。自其象征意义而言，则有如龙德君子，处上体之下（上卦之下），居近君（五位）之位，积德已厚，权位更增，足以行道化于天下。但如何行道天下，则应视当时政治环境而定。若在上位者为有道之君，可以同心同德，则可以全力辅佐，乃至受命为摄，如舜之佐尧；若上位之君无道，则不可助纣为虐，而当革故鼎新以行道天下，这才是勇于承担历史使命的大人气概，如汤革夏命，顺天应人之事是也。因事在两可之间，故曰"或跃"，"或"者，未定之辞，非可必也。

《文言传》云："上下无常，非为邪也；进退无恒，非离群也；君子进德修业，欲及时也。"又曰："或之者，疑之也。"大体上也阐明了非为争权夺利，而当勇于承担历史使命的用意。

无咎。占辞。

咎字用过咎义，意谓没有过错，这是依爻辞的事理作出的实然判断。因为既然是位高权重的龙德君子，积德已厚，足以行道化于天下。那么，无论他是对有道君主全力辅佐也好，或是对无道之君革而代之也好，都是勇于承担历史使命的气概，是顺天应人的壮举，实际上是一种高尚的德行，也就说不上什么过错了。《易经》这一光辉的思想，既是文王对虞夏商以来的历史经验进行深刻反思的积极成果，也是他面对殷纣的暴王统治而自身德力又已达到三分天下有其二的政治形势下，经过深思熟虑、审时度势而作出的一种行为抉择，也体现了一种革命家的道德情怀。以后武王、周公革殷平叛，都是这种道德风范的体现。后世儒家的革命理念正源于此，但在政体日形专制的险恶条件下，就愈来愈不敢申述了，《周易》这一闪光的思想，也逐渐被淡化和消弭了。恢复《周易》的革命精神，实在是易学研究者的一项重大的历史责任。

九五　飞龙在天。利见大人。

解：九五。序数辞。

飞龙在天。象辞。

依数理及物理取象：九五以乾阳之质，居上卦之中，处在天之位，有龙星全现于天穹上空之象。以时序而言，时属季夏，初昏时刻，龙星全现，横陈于东南天际，龙首上昂，势如飞龙之在天也。

《礼记·月令》："季夏之月，日在柳，昏火中，旦奎中。"

《淮南子·时则训》："季夏之月，招摇指未，昏心中，旦奎中。"

二书所述虽略有所异，但由于火（大火）即心宿中最耀眼的星（心宿二），"昏火中"即"昏心中"，所以实际的天象非常一致，都是讲在季夏之月，东宫苍龙之心宿二初昏时刻中天，角、亢二宿在上空约当地平面55°，其氐、房、心、尾、箕全现，横陈于东南天际的星象。因其势若飞腾，故有飞龙在天之象。其象征意义，则有如龙德之人，居大君之位，以光明盛大之德业照临天下也。

利见大人。占辞。

字义：见，此处当读为现，即用显现义。利现大人者，谓居大君之尊位者，当光显其盛大之德，如日星之普照无隐，天地之覆载无私，顺天应人而自然成物也。

先儒多谓九二之"利见大人"为利见在上位之大人，九五之"利见大人"为利见在下位之大人。从当时的社会结构考察，若在上位之大人为大君，则在下位之大人为邦国之君。其所谓相见，则限于朝觐与巡狩二事。据《礼记·月令》："季夏之月……不可以兴土功，不可以合诸侯，不可以起兵动众，毋举大事摇养气，毋发令而待，以妨神农之事也。"则表明周初认可的习惯法，季夏时节，是不宜会见下位的大人的。所以说本爻之"利见大人"，当为"利现大人"。

这一占断，也是依爻象的事理作出的应然判断。因为在位大君，身当治国平天下的重任，只有显现出刚健中正之德，光明盛大之行的人格楷模，方才足以使在下位者瞻仰风从而化成天下。若无此种德行，那便是以无德而居尊位，其风从者必是庸碌宵小之辈，那就不可能崇德广业，更可能有"龙战"之忧了。《文言传》云："同声相应，同气相求，水流湿，火就燥，云从龙，风从虎，圣人作而万物睹。本乎天者亲上，本乎地者亲下，则各从其类也。”可以说是深得本爻主旨的。

《周易》这里讲的大人的人格风范究竟如何？《文言》曾有如下一段描述：“夫大人者，与天地合其德，与日月合其明，与四时合其序，与鬼神合其吉凶，先天而天弗违，后天而奉天时。天且弗违，而况于人乎，况于鬼神乎。”我们于此不难体会到，这正是传统政治理念所标榜的达到天人合德境界的即内圣与外王相统一的完美人格①。尽管这样的人格理想在实际生活中是难以达到的，但是，树立这一人格形象，实际上就是树立起一种对处于尊位的当权者的评判标准，它的价值导向作用与舆论监督作用显然都是不应忽视的。

上九　亢龙。有悔。

解：上九。序数辞。

亢龙。象辞。

字义：亢，音 kàng。《广雅·释诂一》：“亢，极也。”又《释诂四》：“亢，高也。”

亢龙即极高之龙，谓龙星达到极高位置也。

依数理及物理取象：本爻以乾阳之质，处全卦之终极，当天位之上方，故有龙星达于极高位之象。依时序而言，时近初秋，龙星升至最高位置而龙首已开始下旋，《诗·豳风·七月》所谓“七月流火”之时也。其象征意义则有如处尊位之君，居安而不思危，思成而不虑始，进而不止，求而无已，超过了自身德力之所及与客观条件的许可，因而导致失误也。

有悔。占辞。

字义：悔，《说文·心部》：“悔，悔恨也。”段玉裁注：“悔者，自恨之意。”自恨即有悔过意也。

又：《公羊传·襄公二十九年》：“饮食必祝曰：天苟有吴国，尚速有悔于余身。”何休注：“悔，咎。”《后汉书·张衡传》：“占既吉而无悔兮，简

① 天人合德，是《周易》倡导的理想的人格风范，与后世所谓天人合一是不同的。《周易》也不否定天人合一，只是将它作为心性修持功夫的理想状态。合德是大用，合一是小用；前者属社会、政治学范畴，后者属气功修炼术范畴，各有所宜，不可混为一谈。参阅艮卦讲解及其附论。

元辰而傲装。”李贤注：“悔，恶也。”可见，悔又有咎灾、过恶等义。

经文中，悔字凡29见，其中5处为悔过之意，两处指过失，其他22处皆指灾咎。大体上，有悔为有灾咎过恶之意，无悔为无灾咎过恶之意，若过咎可免则不曰咎亡而曰悔亡。此处之有悔，即有过失与灾咎之义，即轻则有失误，重则有灾祸也。

这是从爻象中引出的实然判断。盖自物理言，龙星升至最高位置，其首部必自中天而往东南下旋；自数理言则数位已极，无可增进，故动必有失。其象征义则为过高远人，自处孤危之势。一个人无论多么高明，若自陷孤危之境，那是难免要招致悔吝的。故断之曰：“有悔。”易传云：“亢龙有悔，盈不可久也。”“亢龙有悔，穷之灾也。”“亢龙有悔，与时偕极。”都是能得本爻大旨的。

从本爻系辞我们可以体会到《周易》作者深切的忧患意识。他把最高的位置看成是最危险的位置，有如易传所云，这是“贵而无位，高而无民，贤人在下位而无辅”的孤立绝援的位置，是“动而有悔”的处境，这样的处境和位置是明哲的圣王应当避免的。因此，在他处于“飞龙在天”的正位时，在他大有作为地开创功业时，便应当懂得任何事物都有一定的限度。即便是想建功立业，推动社会发展，为民兴利，都应当遵从中正适度的原则，不要超越了时代条件的许可和民众的承受能力；对个人的才能与成就，也应当有自知之明，宁可多看看自己的过失与不足，采取必要的补救措施，而不可贪功冒进，骄纵自恣，才能作到“知进退存亡而不失其正”。这种明哲观念，显然是文王在羑里狱中，反思夏、商乱亡与衰败的历史教训，豫虑周族胜殷之后，子孙们可能重蹈覆辙而引致的前瞻性忧危意识的体现，也可说是他对人生哲理深沉思考的结晶。他在乾·上九中用“亢龙。有悔”这样简单的一象一断便将它生动地表达出来了。他对子孙们的教诫之意，关爱之情，更显得那么谆谆切切，这便是易传所说的“圣人之情见乎辞”，也正是我们在学易的过程中要认真下工夫的所在。也就是说，学习《周易》，不只是要学习它深沉的智慧和奇妙的表达方式，更要能感悟圣人的情志，趋同他们的人格风范，才能“化圣人之易为在我之易”①。《文言传》云：“亢之为言也，知进而不知退，知存而不知亡，知得而不知丧。其惟圣

① 参见朱熹《周易序》及来知德《六十四卦启蒙》而引申其意。

人乎！知进退存亡而不失其正者，其惟圣人乎!”这样的感悟，便是对圣人的情志有深切体会的生动表现。

用九　见群龙无首。吉。

解：用九。本为《周易》成书时，标示以变爻定占之示辞。以别于《连山》《归藏》之以静八定占。（说详本书上篇第三章第四节）但春秋时晋史蔡墨有“乾之坤曰见群龙无首吉”之说，先儒皆以为用九乃标示筮遇乾卦而六爻皆变之示辞。在没有足够的证据否定这一说法以前，当因仍其说而为之解。

见群龙无首。象辞。

字义：见，读作现。

群龙，闻一多先生谓群龙当作卷龙，但论证不足。郑玄注云：“爻皆体乾，群龙之象。”则群龙实指六位之龙也。

首，甲金文均作人头有发之形，本义为头部，引申有首长、首先等义。《尚书·益稷》：“元首明哉，股肱良哉，庶事康哉!”文中已用首领义。这里是用首出于群，即以己先人之意。无首，即不以己先人。

现群龙无首者，谓群贤在位则互相推尊而不以己先人，于龙德之用则六德并行而不拘于一德之谓也。

依数理取象：六爻皆变，其卦之坤，乾阳之德，均变作阴柔之用，有龙德而不居之象，故曰现群龙无首。其象征义则有如帝舜之世，群圣在位，皆互相推尊而不以己先人；于龙德之用，则有如舜之不拘于龙德之一而用其全，能因时位之不同而显现其龙德之所宜，在初则潜，在下之中及上之中则现，在下之上则惕，在上之下则或跃。用刚而不滞于刚，用明而不自以明，君道而臣用之，此用九而不拘于九，“时乘六龙以御天”之道也。

吉。占辞。

字义：吉，甲文作，金文作。象器上加盖。《说文》：“吉，善也。”乃经文中与凶相对的占辞。善是客体的最佳状态与主体的最佳感受，所以吉占在易筮中是最佳的占断。

这一占断也是依象辞的事理作出的应然判断。因为爻象所显示的是群贤共治的善政与“时乘六龙”的大智，这正是圣王在位，天下大治的局面，于事于人，自然都是美善而吉祥的了。这一占断可以说既体现了《周易》

作者的人格理想，也体现了他的政治理想。因为群龙皆现时能互相推尊而不以己先人，是一种融个体于群体，致小我于大我的大人品格。群贤共治而不自专自是，则是一种最佳的政治局面。这种理念显然是酋邦部落时代原始民主制观念的遗留，引而申之，实可以从中悟出“天下为公”“立宪民主”一类政治理想。先儒囿于臣道之分，不可能思虑及此，近世或有言之者而语焉不详。道随时变，体以用显。我们今天来发掘《周易》的人文精神，则不妨将它引申出来，与坤·上六之“臣道君用”对观，更可以感受到涌动于其中的社会革新意识，是值得今人倍加珍视的。

乾卦总说：乾卦所显示的是易道的主体，倡导的是光明盛大，健行有序，中正适度的乾阳精神。全卦蕴聚着崇德广业的功业意识，与民同患的博大情怀，勇于承担历史使命的大人品格，高明悠远而不离常用的睿智精思，知进退存亡而不失其正的价值取向，自我设计、自我实现而又能够自我超越的主体意识，也就是文王所体认的“与天合德”的人格风范。我们可以简称之曰“德业型人格”，这一人格理想在我国思想文化史上的影响极其深远，形成了后世儒家所向往的内圣外王的道统。其不足之处则是偏重在政治实践方面，这是他所处时代的局限性使然。历史发展到今天，社会生活的领域已经大大地扩展了，生活的内涵也极大地丰富和深化了，无论是科学技术的创新，思想理论的建树，文学艺术的创作，工农商学以至各行各业的更新与开拓，都在呼唤着一代具有大人品格的英雄贤圣的群体，以形成社会的中坚与进步的导向。从这个意义上讲，《周易》所标榜的内圣与外王统一的人格风范显然没有过时，而且，由于革新与发展是人类社会进步的永恒主题，这种为社会进步而建功立业的人格理想也就永远不会过时。

2. 坤：厚德载物以弘道
（附：关于乾、坤二卦在《周易》中的地位的讨论）

䷁ 坤。元亨。利牝马之贞。君子有攸往，先迷后得主，利西南得朋，东北丧朋，安贞吉。

解：坤。象辞，通常用为卦名。

字义：坤，帛书本作川。字本作巛，《释文》："巛，本又作坤。"汉石碑，坤亦作。巛字柔化成，即川字①。川字有水通流义，有平川义。此处即用平川义，实指可耕作的平原地带。盖八卦以坤象地，自然是指与天对应的广袤无际的川原大地。此积坤而成之䷁卦，依物理而论，即有平顺象，有广远象，有地道运行象，有长养成物象，有承天而广载象，有与乾匹配象，引申而有臣辅义，有后、妇义，有国、众义……文王作易，以乾德之刚健中正、盛大光明、精进不已、生生不息，明人君崇德广业之道，取象龙星之依时而现其潜、现、跃、飞、亢之势，生动展现易道总体之阳刚进取方面；复以坤德之博大兼容，承顺成物，明臣道辅相其宜以守成之理，取土地之依时序节候而现其生、长、收、藏之用，充分展示易道总体之阴柔守成方面。这样使为君为臣之道，进取守成之理，崇德广业之功，皆统一于阴阳、刚柔、动静之象而得明，从而确立了易道——周易象数哲学的总体框架，也为其余各卦系辞作出了具体的示范。明白了乾坤二卦，也就明白了易道的总体。要明白其余诸卦的事理，也必须将它提升到易道的总体上来审视。所以，对乾坤两卦的研习是应当多下工夫的。易传说："夫易，圣人所以崇德而广业也。知崇礼卑，崇效天，卑法地，天地设位而易行乎其中矣。"又说："成象之谓乾，效法之谓坤。""乾知大始，坤作成物，乾以易知，坤以简能……易简而天下之理得矣，天下之理得而成位乎其中矣。"都说明乾坤之道在易道中的总体地位。

元亨。叙辞。叙述筮遇此卦，在大享祀之时，其占断因而有很大的权威性也。参见乾·元亨释。

利牝马之贞。占辞。

这是依卦象的事理作出的限制性判断，谓筮遇此卦，贞问于有关牝马之事则利，若于牡马则未必有利也。上古时代，马的作用很大，是主要的交通与耕作的动力，战争与运输的利器。马为六畜之首，其配种、繁殖与训练饲养都备受重视，故常有关于马的筮辞。如大畜·九三"良马逐，利艰贞"；晋卦辞"康侯用锡马蕃庶，昼日三接"；睽·初九"丧马勿逐，自

① 《篇海类编》谓"巛，同坤，象六断也。连者，古川字"，王引之《经义述闻·周易上》"巛"下云："乾坤字正当作坤，其作巛者，乃借用川字。浅学不知，乃谓其象坤之六画，且谓当六断书之；……甚矣，其凿矣！"其说可取。

复”；涣·初六“用拯马壮”；中孚·六四“月几望，马匹亡”等都表明对马的作用与繁殖的重视。

为什么在坤卦会作出利牝马之贞的限制性判断呢？这是因为坤既有顺行之象，又有承载与生养之功，牝马正具有这样的德性，所以，筮遇坤卦，于牝马的购买、使用、配种、繁殖等便是有利之贞了。反之，牡马无有生养之功，又缺少驯顺之德，与坤德不能相应，所以就不能包括在内。

君子有攸往，先迷后得主，利西南得朋，东北丧朋，安贞吉。验辞。

字义：主，篆文作。《说文》：“主，灯中火主也。从，象形；从丶，丶亦声。”《诗·周颂·载芟》：“侯主侯伯，侯亚侯旅。”《毛传》：“主，家长也。”故主的原意为家族之主。家族必有族众与领土，故主有领长义，有主导义。上古母系社会，家族长皆女性，故主又指称贵族女性，后世犹称王侯之女为公主、郡主是也。经文中，主与“遇”连用时，用家族长之义，此处与“得”连用，用领守义。参见丰·初九、睽·九二释。

朋，甲文作，金文作。字象五贝一系，二系为一朋，本为货币单位。以二系相比属而成朋，故有朋比、朋友之义。经文中用朋字多起，二义并用，此处即用朋友义。

安，甲文作。《说文》：“安，静也”。《尔雅·释诂下》：“安，定也。”又：“止也”。字象女处于家，安居之象。经文中“安贞”，均谓贞问安居以处之意。

全句意谓有君子往寻安处之地，开初迷失难决，其后入主某地，离弃了东北的友邻，却得到了西南的友邻。占筮的结果认为安处其地是吉利的，并已得到实际验证。

这是一段占验的记录，也具有教诫的意义。验辞并非从象辞中逻辑地引申出来，而是以应验了的实事为根据，所以不必取象。先儒不知易卦系有验辞，因而强行取象，都不能自圆其说。其实《易经》中系有验辞者比比皆是，一般都是不用取象的。《周礼·春官·占人》：“凡卜筮，既事则系币以比其命，岁终则计其占之中否。”在“计其占之中否”的过程中，往往便将应验的情况记载下来，作为今后定占的参考。周初作易时，又从这些应验记载中加以选录，以系于卦、爻之下，一般附在象辞与占辞之后，便成了验辞[1]。这样的验辞已有应验的史实作为根据，根本不需要取象也具有合理性和权威性。这是我们学易时必须明白的，否则便只有沉陷于先儒的陈腐框架之中被搞得晕头转向了。

坤卦的这一验辞应该说有些特殊性，它倒不一定是从许多占验辞中临时选用的，因为文王倡始作易，他亲自作成乾、坤二卦的卦、爻辞以为示范，那时他还困在羑里，根本不可能有大量的筮占记录供他选择。不过，我们前面说得明白，文王作易的目的并不在于印证易筮的神奇和灵验，而是要作成一种政治教育的范本，他只是要借易筮的神秘性来强化其政教功能[2]，所以，在他系辞的时候，总是首先以事理为依据，就是以能说明一件事理，或是一种行为抉择的合理性为准。对于已应验的记录，就是以最具有政教意义的史实为准。像坤卦这样的大卦，过去必然有许多记录，以他七十多年的经历，对其中最有政教意义的史实必然有深刻的印象，如像古公亶父自豳迁岐这件大事，当时有许多占筮，都是围绕着择地而处这个问题进行的，其中最有政教意义的占验，可以说是许多人都记忆犹新的，在作坤卦的系辞时，也就自然而然地被采用了。

为什么说坤卦的这段验辞可能与古公亶父自豳迁岐的史实有关呢？

首先，由于验辞的内容明显地与寻找安居之地相关，而古公迁岐，正是为了择地安居。

我们知道，古公亶父是周文王的祖父，季历的父亲。在周族居豳的时候，是以农业生产为主要生活来源，劳动条件是艰苦的，正是凭借着丰富的生产经验和族众的勤劳与团结，生活才能勉强维持下去。在上千年的农耕传统中，周人对于八卦所象征的八种自然力的功能都有较深的认识，与夏族对于山的特殊崇拜不同，周人认为耕地较之于山对人类生存的意义更为重大；与商族对于地是领土的观念也有不同，周人的“地”首先被理解为耕地，地的属性不仅有国土的意义，而且包括赖之维生的民众。地的主要功能是生养，而生养功能的发挥又直接取决于天时的掌握与君主的勤政爱民。正是在这样的一些较为明智的思想指导下，当古公所领导的周族所居的豳地多次遭到戎狄之族的抢掠的时候，古公以保护民众这一生产资源

① 参见本书上篇第五章第四节。

② 参见本书上篇第四章第四节。

为重，才想到避开戎狄，择地安处的问题，这便是验辞中所说的“君子有攸往”的缘由。

这里所谓“有攸往”的君子是谁？由于当时所称的君子乃是指邦国部落君长的儿子，所以大体上可以推测其为古公的几个儿子。因为据史载：“古公有子三人，长曰太伯，次曰虞仲，少子季历。”其中，季历娶殷族挚任氏女，有贤德，古公“谋事必于太姜，迁徙必与太任”①。古公欲自豳内迁，就必须亲附于殷商王朝。这样，首先派与殷族有姻亲关系的季历深入商王国境内去选择可以安处定居的地方，是比较明智的。当然也不排除也曾派出太伯、虞仲深入荆蛮之地进行考察（二人后来都迁居荆蛮，可能与此有关）。三人回去后，向古公汇报，各自都提出考察报告，对迁徙定居的可行性加以论证。开初可能意见纷纭，莫衷一是。经过分析比较，最后才确定下来，采纳了季历的主张，迁往岐地。这便是验辞所说的“先迷后得主”②。但是，整个部族的迁徙毕竟影响很复杂，它必然是有所得的同时也有所失，得到新的土地与民众，同时也就失去了一片旧有的土地和一些旧有的依附者，这便是验辞所谓“利西南得朋，东北丧朋”。因为古公所居的豳地在今陕西旬邑，所迁的岐地即今陕西的岐山一带。岐山在旬邑西南，旬邑在岐山东北，史载古公“去豳，度漆沮，逾梁山，止于岐下。豳人举国扶老携弱，尽复归古公于岐下，及他旁国闻古公仁，亦多归之”③。《象传》所谓“西南得朋，乃与类行，东北丧朋，乃终有庆”。正是指的这次迁徙虽说有得有失，但最终还是得大于失。同时也可说明，“利西南得朋，东北丧朋”这句验辞中的“利”字，是对整个迁徙作了权衡得失之后的总体评价。“安贞吉”是对这次迁徙的结果的肯定性说明。因为迁徙的目的是求得安居之地，在迁徙之前举行大享祀的过程中进行筮占而遇坤卦，贞问此次迁徙能否得到安居之地，最终是如愿以偿，因此以“安贞吉”作为应验之辞加以记录。可以肯定，周人在迁岐之前，必然进行过多次卜筮，不管当时卜筮的具体记录内容如何，在文王作易之时已不重要，因为历史事实

---

① 《史记·周本纪》正义。

② 据《史记·吴太伯世家》太伯仲雍为让位于季历，同奔荆蛮，自号吴。荆蛮义之，从而归之千余家，立为吴大伯。太伯卒，无子，弟仲雍立。文王作易时，已传了三代。这也可理解为“先迷后得主”之类。

③ 《史记·周本纪》。

已证明这次迁居是正确的，成功的，也就是吉祥的。所以文王便以整个的历史事实作为应验之辞，也是对这一重大历史抉择的肯定性评判。这对于教导他的子孙们树立历史的光荣感，强化对现实的责任感，显然具有深远意义。作为卦辞，在以后行筮定占的时候，对它的解释和应用，自然要超越具体的历史事件而上升为普遍性的意象，依行贞问筮者的不同情况而作出相应解释，但是，整个卦辞所体现的对历史经验的尊重，对邦国利害、民众得失进行评判时所遵循的理性原则，是必须深刻领会的，这样才能充分把握《周易》的理性精神。

初六　履霜，坚冰至。

解：初六。序数辞。

履霜，坚冰至。象辞。

字义：履，《说文》："履，足所依也。"字象履步之形。作动词用，为践、蹈之意。

依数理及物理取象：本卦以纯阴之质，积柔而成，有地气运行之象；其在初位，当周正子、丑之月，有一阴始凝而入于冬季之象；其地貌特征即为自初履霜而渐至于坚冰冻土矣。

本爻不另系占辞，是以象代占，这种系辞章法在经文中是常见的。

时序节令是由天道的运行决定的，履霜坚冰至发生在天道运行的子、丑之月，这一事实表明，地道的运行是由天时所决定的，也就是一种承顺于天道的过程。它的象征意义便有如臣之事君以敬顺，也就是以承顺于君主的德行，慎终慎始地作好各种工作。例如在冬季，首先应作好谷物收藏，来年备耕，祭祀封赏，邦交会盟和必要的政教工作。还要善于总结经验教训，权衡得失利弊，对不良现象应取防微杜渐态度，对可能出现的问题防患于未然等等。《文言传》说："坤道其顺乎，承天而时行。积善之家必有余庆，积不善之家必有余殃，臣弑其君，子弑其父，非一朝一夕之故，其所由来者渐也，由辩之不早辩也。"便是对坤顺之德的象征意义的生动说明。

履霜坚冰至也可能是古公亶父自豳迁岐时的一次占验记录。这是因为文王认为古公迁岐择地安处这件事涉及地理方面与他要论述的地道问题直接相关，迁徙前后的多次筮占又在时序上与天道运行相应，最能体现臣道的内涵，而且其中许多应验了的占断又为时人所熟知，例如本爻系辞就可能是动迁之初对具体的起止日期的筮占辞。其原意是从履霜之日开始，到冰冻时节可以完成。后来的事实完全应验，所以就作为一次占验记录保留下来①。由于它非常形象地体现了天道、地道、臣道之间的相关性，所以文王就将他选定为坤·初六的爻辞。在以下各爻中，我们都能发现这种相关的内涵，也就不足为奇了。

六二　直、方、大。不习，无不利。

解：六二。序数辞。

直、方、大。象辞。

依数理及物理取象。本爻以坤柔之质，序位在二，依时序当周正寅卯之月（夏历正月、二月），春耕时节，地面积雪消融，所见地貌特征有直、方、大之象也。

为什么地貌特征有直、方、大之象？

古代氏族社会，家族公社时期，土地平均划分与公社成员耕种。为分配平均，赋税均等，亦为利于排水灌溉和交通运输，一般都将土地区划为大小均等的方块，即后世所称的井田制。

> 《诗·小雅·甫田》："倬彼甫田，岁取十千。"笺云："甫田，谓天下田也，一谓之大田。甫，云丈夫也，谓明乎其太古之时，以丈夫税田也。岁取十千，于井田之法，则一成之数也。九夫为井，井税一夫，其田百亩；十井为通，通税十夫，其田千亩；通十为成，方十里，成税百夫，其田万亩。"

这是讲按井田征税。

> 《周礼·地官·遂人》："凡治野，夫间有遂（广深各二尺），

---

① 从地理考察，由豳到岐，距离约200公里，一般情况下，只有六～七天行程。作为整个部族的迁徙，困难就大得多了。史载古公族众约二万人，要渡漆、沮二水，还要逾梁山，那时多是荒山野渡，连桥梁也没有。这一大群人扶老携幼，还有车马篷帐，及粮食、六畜、家具、什物，这就不是一次行动可能完成。有些东西，有些人，恐怕要等到漆沮二水枯竭或冰冻之后才能渡过，这就有分批动迁的必要。一些强壮劳力，武装人员，为了护送，就可能有数次往返。这样前后费时将近两月，从履霜时节开始，到全部迁徙完成，周人初次见到岐地的地貌特征已是冰封雪冻了。

遂上有径（容车马也）；十夫有沟（广深四尺），沟上有畛（容大车）；百夫有洫（广深八尺），洫上有涂（容乘车一轨）；千夫有浍（广二寻，深二仞），浍上有道（容二轨）；万夫有川，川上有路（容三轨），以达于畿。[①]”

这是讲井田之间的道路交通。

《周礼·冬官·匠人》：“匠人为沟洫……一耦之伐，广尺，深尺，谓之甽；田首倍之，广二尺，深二尺，谓之遂。九夫为井，井间广四尺，深四尺，谓之沟；方十里为成，成间广八尺，深八尺，谓之洫；方百里为同，同间广二寻，深二仞，谓之浍，专达于川。”

这是讲井田间的排水系统。

这些记载充分说明，井田之法是根据土地的使用、纳税以及交通排水等的实际需要加以区划的，对应于家族公社时期其成员在权利与义务上完全平等的观念，这种制度的存在有其历史的合理性，虽然不一定到处都作到那么规整，但是在平原河川地带，是大体可行的。经文在这方面有较多的反映，很有史料价值。（详后小畜卦及井卦释）

古公时代，依家族制惯例，按井田法进行规整为区划，使耕地表现出“直、方、大”的地貌特征乃是非常自然的。《诗·大雅·绵》：“乃慰乃止，乃左乃右，乃疆乃理，乃宣乃亩，自西徂东，周爰执事。”正是对当时经理疆界，计亩耕作的描绘。所以文王用为坤·六二的象辞，即春耕时节地貌特征之象也[②]。

不习，无不利。占辞。

字义：习，甲文作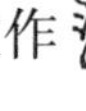。《说文》：“习，数飞也。”数飞则羽翼重复扇动，故习乃重复之义，甲文中已用重复义，经文䷜卦称习坎，即谓重叠之坎。

---

① 括弧内文字为郑玄注。

② 闻一多先生认为，直方大三字中，大字疑为不字之衍文，直字古同于省字，因而释直方为省方，其说颇有见地，但帛书本《周易》亦作“直方大不习”，则其说尚不足据，今不取其说，以尽量避免改字解经。（参见《十家论易》第534页）

引申乃有复习、温习、学习、熟习等义。此处即用熟习义，不习，谓新垦辟之田地也。

无不利即没有什么不利之处。全句意谓新垦辟的土地，只要能达到直、方、大的要求，是没有什么不利的。这是依象辞蕴涵的事理而作出的全称性判断。它反映出井田制时期的耕作观念，由于土地都是新垦辟的，区划规整又达到直方大的要求，分配到各家便是完全平等的，所以说没有什么不利之处。但是也不能说利或吉，因为收成未必都很好。所以，无不利只是个中性占断辞，不能理解为事事都有利。

本爻也可能是古公迁岐后开始分配耕地时的一条占辞，目的在于安定族众的生产情绪，提高耕作信心。就其象征意义而言：本爻以坤顺之质而居下体之中，有直方大之象，乃是品格正直，行为中矩，心地博厚的难得人才。可谓得臣道之美，具坤德之全，用这样的人才为臣宰，自然是无有不利的。所以《文言传》说：“直其正也，方其义也。君子敬以直内，义以方外，敬义立而德不孤，直方大，不习无不利，则不疑其所行也。”

六三　含章。可贞。或从王事，无成有终。

解：六三。序数辞。

含章。象辞。

字义：章，金文作 、。字象玉而有饰之形，后加玉作璋。《说文》：“半圭为璋。”璋乃美玉之属，颂鼎已有“反入（返纳）堇章”之文。美玉必多色而光彩，故章有彩义。《玉篇·音部》：“章，彩也。”《尚书·皋陶谟》：“天命有德，五服五章哉。”孔传：“尊卑彩章各异。”《周礼·考工记》：“画缋，赤与赤谓之文，赤与白谓之章。”是章彩之义使用甚早，此处即用章彩义。含章，即饱含章彩之意也。

依数理及物理取象：本爻以坤柔之质，居下坤之上，序数为三，时当周正辰、巳之月，季春孟夏之时，地面特征为农作物茂荣滋盛，夏收作物抽穗结实，由苍翠而金黄，秋收作物则秀色可餐，故有含章之象。含章者，饱含章彩，富有色调与情态之意也。这是农业民族对春夏之际的田原风光的亲切感受，富有强烈的审美意识。

可贞。占辞。谓有贞于农作物之成长为可喜也。其组词方式有如“利贞”之谓所贞为有利也。这是依象辞的物理作出的实然性全称判断。盖作物既饱含章彩，茂荣滋盛，其成长自甚可人，贞于收成亦必为可喜也。自其象征意义而言，以柔顺之质，处下体之上，有含章之德，臣道之佳美者也。正为可用之才，故断之以可贞也。

或从王事，无成有终。验辞。

字义：成，甲文作，金文作。《说文》：“成，就也。”即于事有成就，已成功。经文二成字均用成功义。终，甲文作，金文作。均象有绳而两端作结之形，可能是结绳记事时代，一事完成之象。《说文》：“终，絿丝也。”即缠结其丝。《广雅·释诂四》：“终，穷也。”实指结果，即最终结局。经文终字 17 见，均指最终结局。

辞意谓有人随从殷王戎祀之事，虽无其功而终有所得也。

本爻内容亦可能有古公迁岐初年的史实背景。据《竹书纪年·殷纪》载：殷王武乙元年，“豳迁于岐周。三年……命周公亶父，赐以岐邑”。我们知道，周族在居豳的时代，与戎狄之族混居，而且互通婚姻，多因戎俗，与殷王国的关系并不密切。自古公起，让他的儿子与商族通婚姻，才确定了避开戎狄而内附于文明先进的殷王国的国策，并自豳迁岐。这时，他“贬戎狄之俗”，遵照文明习惯，营城郭室邑，作五官有司，臣服于殷。这就必须为殷王国承担相应的义务，如朝觐贡献以至参与戎祀之事等等。《诗·鲁颂·閟宫》：“至于太王，居岐之阳，实始翦商。”《尔雅·释诂》曰：“劳来强事谓翦。”是翦商乃勤事于商之意。而太王正是古公。由于殷王国也要对付戎狄之族的侵扰，征伐之事在所难免，周族自当参与其事。当然不必是古公亲自从事，当时古公有子三人，均在盛年，很可能派其中一人，率领一些族众前去，这便是所谓“或从王事”。当时周族势弱，派去的人不多，没有取得什么成就。但是，殷王武乙为了利用周族来对付戎狄，仍然授命亶父为周公而赐以岐邑。这实际上是就周族所开辟的荒地而赐之，对殷王国来说，只是做了个顺水人情，而对周族来说则意义重大，从此名正言顺地建立了周邦，并列为殷之诸侯。这便是验辞所说的“无成有终”。

六四　括囊。无咎，无誉。

解：六四。序数辞。

括囊。象辞。

字义：括，《说文》："㨗，絜也。从手，昏（guā）声。"昏，古又书作舌，经典㨗皆作括。又：絜，通挈。《说文》："挈，悬持也。"故括囊有悬提其囊袋之义。又：括，孔颖达疏："括，结也。"《广雅·释诂》亦曰："括，结也。"故括囊又有结扎其囊袋之义。若依审美取象，本爻当序位之四。爻变则之䷏（豫），其上二爻及下三爻皆虚，惟四爻为实，正为括结其囊袋之象。总之，无论是提挈其囊还是括结其囊，都是收获谷物的意象。

依数理及事理取象：本爻以坤柔之质，处上体之下，序数在四，依时序当周正午、未之月，即自夏交秋之季，地面事物之特征主要为收获谷物，故有括囊之象也。

无咎，无誉。占验合辞。

字义：咎，过咎或灾咎。（参见乾·九三释）此处用归咎义，无咎即无所怨咎。

誉，《说文》："誉，称也。"此处即用称誉义，无誉，即无所称美。

李镜池《周易通义》认为这是指"收成不好不坏"，此说可从。

自其象征意义而言，本爻以坤顺之质，当公卿之位，有括囊之象，是严谨有实，行事谨慎的重臣，守成则稳健不失，创新则有所不足，故断之以无咎无誉也。

本爻亦可能有古公迁岐初年之史实背景，大约是农作物收获之前一次筮占之辞。当时占断为收成不好不坏，后来果然应验。文王作易时将它作为坤·六四的系辞，从筮占上讲，可以作为今后定占的依据。从历史事实来说，将它记录在典，更可以从事理上教育子孙及族众，懂得迁居的艰难苦楚，了解其中的利弊得失。因为春耕时节开辟井田虽作了极大努力，春夏之际的禾苗长势是含章可贞，似乎丰收有望，但是收获的结果只是不好不坏，这表明新垦地要达到丰产是很困难的，土壤和气候的特性也是不易掌握的。因此，对于大规模的迁徙定居，要取极其慎重的态度，不要以为迁徙总会很成功而轻易动迁，尤其是以农为本的民族是不利于轻易迁徙的。这样，顺理成章的一个结论便是对于野蛮部族的入侵，一般地便应取坚决抵抗的态度，非万不得已，绝不可以轻易退让。也就是说，古公的退让政策只是在特殊条件下才是可行的，后世子孙决不可从中得出轻易地让地让民的结论来。这显然是周初贤圣们对于自豳迁岐一事进行深刻的历史反思达到的共识。历史的实事是周族迁岐以后，安定的时间并不长，戎狄之族照样跟踪而来，依然是劫掠不断，这才有古公长期依附于商，共同对抗戎狄之事。到古公去世，季历主周的时期，更多次主动出击，先后伐义渠之戎、西落鬼戎、燕京之戎、余吾之戎、始呼之戎等，都是重大的军事行动，而且七战六胜，这才使周邦真正得以安定和发展兴盛起来，也表明他是认真总结了历史经验，权衡了避让与对抗之间的利弊得失的。以后文王的自行称王和积极的准备伐商灭纣，以及《周易》一书的超前性制作及所体现的政教精神，都可以说是他们善于从历史反思中获取经验教益的表现。这也是整个八卦文化的优秀传统的发挥，它的进一步发展便是中国文明特重历史经验与人文化成的价值理性。把握着这一特点，对于我们加深对《周易》人文精神的理解是非常必要的，这样也利于避免离开史实背景而空谈义理的毛病。

六五　黄裳。元吉。

解：六五。序数辞。

黄裳。象辞。

字义：黄，甲文作，金文作。郭沫若《金文丛考》：“黄即佩玉……后假为黄白字。”《说文》：“黄，地之色也。从田，从炗，炗亦声。”经文中黄字皆用黄色之意。

裳，《说文》：“裳，下裙也。”也泛指衣服。《诗·东方未明》：“颠倒衣裳。”传云：“上曰衣，下曰裳。”正义曰：“此其相对定称，散则通名曰衣。”

依数理及事理取象：本爻阴柔居五。依时序当周正申、酉之月，地面事物之特征为秋收完毕，举行盛大祭祀，族众皆衣黄裳而与祀也。

依周代礼制，天子宗庙之祀，四时皆有，所谓春礿夏祠秋尝冬烝是也。这些祭祀，族民是不得参与的。但秋后祭社，则族民都得参与。

《礼记·郊特牲》：“社，所以神地之道也。地载万物，天垂象，取财于地，取法于天，是以尊天而亲地也，故教民美报焉。家主中霤（卿大夫之家主祭于中霤）而国主社（国君主祭于社坛），示本也。唯为社事，单出里（尽出其里之民）。唯为社田，国人毕作。唯社，丘乘共粢盛，所以报本反始也。”这说明社祭是报土地的恩德，是民众都得参与的，而且丘乘（四邑）之民，还要同供粢盛。

社祭的时候穿什么衣服呢？后世并不讲究，最初也不很严格，周代礼制建立以后曾有如下规定：

《礼记·郊特牲》：“蜡之祭也……仁之至，义之尽也……黄衣黄冠而祭，息田夫也。野夫黄冠。黄冠，草服也。”这里虽然没有直接讲社祭，但是，社祭乃尊天亲地之道，地在天下，黄为地色，作为美报地德的一种礼仪，那么，衣黄裳而行社祭，便是理所当然的了。

从古公迁岐的史事背景来看，也有可能，这是迁岐初年，农作物收获完毕之后，准备举行社祭之前的一次筮占之辞。大约周族居豳之时，因与戎狄杂居，多因戎俗，本来没有关于社祭的严格规定。迁岐以后，学习商人礼仪，才考虑到社祭时着装的色彩问题。筮贞的结果是“黄裳，元吉”。文王作易时，认为这一象占符合申酉之月时地道所呈现的特征，所以便选录为坤·六五爻的系辞了。

元吉。占辞，谓筮遇此爻，于其所贞之事为大吉也。

这也是依爻象的事理，作出的实然判断。既然秋收完成，举行盛大祭祀以报享地德，民众皆乐于参与，自然是吉祥如意的事，故断之以“元吉”。自其象征意义而言，本爻以坤顺而中正之德，处卦主之位，得坤德之盛美，有如宰辅之臣而具盛美之德，用以典祀相礼，飨神养民，显然都是大吉大善的。

上六　龙战于野，其血玄黄。

解：上六。序数辞。

龙战于野，其血玄黄。象辞。

字义：龙，这里不是指龙星而是指龙蛇。

野，甲文作，金文作。《说文》：“野，郊外也。”《尔雅·释地》：“邑外谓之郊，郊外谓之牧，牧外谓之野。”经文中又泛指广远的原野。同人卦辞：“同人于野。”孔颖达疏：“野是广远之处。”即此意。

玄，金文作，《说文》古文作。《说文》：“玄，幽远也。黑而有赤色者为玄。”

依数理、物理、事理综合取象：本爻居坤道运行之终，时序当周正戌、亥之月，季秋孟冬之季，地面特征，多有争战，血流布地，乃至长期持续，血之陈迹其色黑赤，血之新迹则其色黄赤，故有龙战于野，其血玄黄之象也。

龙战有二义：其一为龙蛇之斗。其事甚多，历代皆有，近世常有报道。春秋之世，郑国龙蛇相斗见载者二：

《左传·庄公十四年》

> 初，内蛇与外蛇斗于郑南门中，内蛇死。六年而厉公入。

《左传·昭公十九年》

> 冬……郑大水，龙斗于时门之外洧渊，国人请为禜焉（请祭之），子产弗许。

龙蛇之斗，与争夺“领地”相关，夏秋之际，岐地之龙蛇为争夺地盘而相斗是可能的。

其二，古代氏族之间互相劫掠，一般发生在秋收之后。经文对此多有反映（参见小畜、大畜、大有诸农事卦释），这种氏族部落之间的战争，各以其图腾为旗帜，其中在周原地带，可能有以龙为图腾的族群曾进行惨烈搏斗。

本爻系辞也可能以迁岐以后发生的史事为背景。由于迁岐不久，戎狄之族跟踪而至，意图掠夺秋收成果，周族不得不奋起反击，以至于战斗惨烈也。将它记入典策，是为了进一步说明开辟新地以求安居之事的异常艰难，保卫土地及其成果的斗争更可能是惨烈的，然而又是必需的。应当永远记住这个教训，这是关于地的事理中最为紧要之点，不懂得这一点就可以说是根本不懂地道。所以将它系于坤卦之终，用以警醒后世子孙，不可企图侥幸苟安，应当安不忘危，随时准备保卫自己的国土。这是周族上下已有强烈的领土意识的体现。

本爻不系占断辞，有两层含义：

其一，以象为断，观龙战惨烈之象而凶危已自明。

其二，为保卫领土和劳动成果而战，理当见义勇为，义之所在，吉凶非所宜计。

自其象征意义而言，本爻以阴柔之质，居上体之上，爻变而之䷖

（剥），有自拟于刚而欲君临于众阴之象，成上下相争之势。此君暗弱则臣不臣，君不君则臣匡君，皆凶危之道也。有如夏桀无道而商汤革命，太甲不明而伊尹放诸桐，殷纣无道而比干强谏以死，事虽凶危可知，然义之所在，势不可免，此臣道而君用之意也。文王因畅论坤道而系此辞于卦终，盖寓伐纣代殷之深意焉。《文言传》云："阴疑于阳必战，为其嫌于无阳也。"实际上也包含了臣道君用的意思。今人于此也可以引申出民主政治的观念，与乾·用九之君道臣用对观，其义自明。

用六　利永贞。

解：用六。示辞，标示《周易》以变爻定占，筮遇偶数，则当用其变数"六"而不当如《连山》《归藏》之用静数八也。通常又作为筮遇坤卦而六爻皆变时的筮辞。有如乾卦"用九"之释，可参看。

利永贞。占断辞。

字义：永，甲文作，金文作。《说文》："永，长也。象水巠理之长。"观字形为潜水而泳之象，乃古泳字。长乃其借义。甲文中初用为人名、地名，皆与泳义相通。金文中已用永久、长远等义。经文中永字八见，皆用长远义，此处亦然。利永贞者，谓利于长远之用事与作为也。也就是说，从当前来看未必有利，从长远来看则是吉利的。

这是自事理中引出的应然判断。用六者，用柔之道也。用六而不滞于六，即用柔而不拘于柔，若乾之用九而不滞于九，用刚而不拘于刚，此柔而能刚、刚而能柔之道也。刚而能柔，有"见群龙无首"之吉；柔而能刚，则免于颓而不振，尚可敝而能新，故有永贞之利也。阳刚进取而不忘守成，阴柔守成而不废进取，既着眼于自我人格的完善，又寓意于自我界限之超越，易道之总体乃见也。乾道运行之极，龙至于亢则有悔，坤道运行之极，柔拟于刚则相战；君不君，臣不臣，皆危道也。处上亢之际则矫之以用九之道，如舜之避丹朱，禹之避商均，汤师友于伊尹，文王师友于吕尚，君道臣用而可以得吉也。处柔拟于刚之际则矫之以用六之道，如伊尹放太甲，文王称王以伐商之与国，汤武革命，周公摄成王政，臣道君用，虽危厉之事，义之所在，个人利害在所不计，乃利于天下国家之转危为安也。易道之博大高明如此，后儒囿于封建伦理之常规，慑于王权专制之禁锢，思虑自难以及此。而文王作易之时，则可以说是当时诸多邦君酋长们的共同心理。这是在原始民主制观念还很浓厚的历史条件下，由殷纣暴政激发起来的社会矛盾所孕育出来的一种时代精神，文王的高明之处正在于将它上升到一种政治哲学与人生哲学的高度，并且用一种极其普通的语言将它表达出来了。这正是孔夫子所最为推崇的极高明而道中庸。不过，这种普通语言所包含的大道理，对后世学者来说，如果脱离了当时的社会背景，那就非常难以理解了。

现在将乾、坤二卦在《周易》中的地位略加解说：

1. 乾、坤二卦是《周易》的卦首，乾为主，坤为副；乾以明易道总体之阳刚进取方面，坤以明易道总体之阴柔守成方面；刚而能柔，取而能守，相辅相成亦相互制约，自我完善亦自我超越，以至于中正适度，乃得易道之全，由此确立了易道之总体观。

2. 乾、坤二卦，取象于数理、物理及事理，其占断由象理中逻辑地推出，体现了理性思维为主导的特征。事理不离历史的实际，多为史实过程的记录，具有明显的政教性质，充分体现了文王作易的意图，为全书卦、爻辞的选录提供了范式。

正是由于以上两方面的特征，乾、坤二卦，从内涵到形式，为《周易》全经奠定了思维框架和运作范式，以下诸卦的系辞，都是这一思维模式的展开。由于乾、坤二卦在思维的深度和精神境界的高度上，充分体现了周初贤圣们博大高明的气度，更是文王的圣王气质的集中体现，其思维的精密性与政治上的成熟性都不是一般人所能达到的，所以我们推断它是文王困在羑里时对历史经验进行了深刻反思的思想结晶，是为整部《易经》作示范的。

第二章　立国经邦之道

——周族的建国方略

3. 屯：毅然拒斥野蛮

（附：关于周族建国初期社会特征的讨论）

䷂　屯。元亨。利贞。勿用有攸往，利建侯。

解：屯。象辞，通常用为卦名。

字义：屯，甲文作 ，金文作 。字象草木始生，种子破土而出。《说文》：“屯，难也。象草木之初生，屯然而难。从中贯一。一，地也，尾曲。”音 zhūn。

又：屯，音 tún。《广雅·释诂三》：“屯，聚也。”甲金文中，屯字均用作人名、地名。地名即邑聚之名。后加邑（阝）作邨，即村落。可见屯字的聚积义起源甚早。《楚辞·离骚》：“屯余车其千乘兮。”曹植《七启》：“鸟集兽屯，然后会围。”屯字均用聚集义，引申有蓄积、驻屯等义。经文中屯字三见，均在本卦，皆二义并用。大体上屯字本状始生之难，发端之难，动出之难。难于动出，引申自有屯驻、囤积、屯聚等义也。

依物理取象：本卦下体震为雷、为电，上体坎为水。雷电在水下，难于动出，自然屯驻之象也。古人观察雷电的发生，多在云层之间，或云层与地面接近之山头树木之间。若雷电在水下，则难以发生，因而有屯聚之象。这种依物理关系联想会意的取象方法，经文用之甚多，如蒙（䷃），取山间生云而有蒙象；谦（䷎），取以高山而下于平地有谦之象；明夷（䷣），取日下于地有明夷（灭）之象，等等。

元亨。叙辞。说明筮遇此卦，在大享祀之时，其占断具有很大的权威性。说详乾卦释。

利贞。勿用有攸往，利建侯。占辞。

字义：攸，同所。有攸往即有所往。

建，金文作。象以手执笔、书示行道之形。《说文》："建，立朝律也。"即建立法度。

侯，殷周时一般指称邦国部落首领。

建侯，即封侯建国。甲文中已有"令周侯"之辞。《易经》中"建侯"一词凡三见，其一在豫卦，辞曰"利建侯行师。"与文王受命为西伯、专征伐之事相关；这里与初爻的"建侯"，则与周族迁岐建立邦国之事相关。

这一占辞由两部分组成，其中，"利贞"是全称性判断，是讲筮遇此卦，于所贞问的事情都是有利的。"勿用有攸往，利建侯"，是限制性判断，也是对利贞的一种解释，意思是特指其利在于建立邦国，而不在于有所往，也就是应当建立巩固的定居的邦国，而不应当成为游牧部落[①]。

这一占断盖自屯为邑聚之象中引申而来，同时也还有更多层次的取象作根据，大体上均属于物理及事理性的应然判断。因为本卦下震上坎，震为动、为足、为行；坎为险、为坎陷；行动而遇坎陷，是"不利有攸往"之象。又本卦下震为雷、为威，有君象，互坤为国、为众，初至五交互成颐，是立君以长养其民之象，故曰"利建侯"。

初九　磐桓。利居贞，利建侯。

解：初九。序数辞。（以下各卦爻之序数辞不再作解）

磐桓。象辞。

字义：磐，《玉篇·石部》："磐，大石也。"《集韵·桓韵》："磐，大石，一曰石之安者。"汉儒多以磐为盘，因而释义为旋。由帛书本此磐字书作伞，则其说尚不足据。经文中另一磐字见于渐·六二："鸿渐于磐。"汉儒则释磐为"水涯堆"，即水滨小丘。由帛书本此磐字书作"坂"，义则相

① 参见《诗·大雅·绵》。

近。因此，我们认为以磐为大石之说，较为妥当。

桓，《说文·木部》：“桓，亭邮表也。”《礼记·檀弓》：“四植谓之桓。”[①] 或曰：“表双立为桓。桓，宫室之象，所以安其上也。”汉法，表亭四角建大木，贯以云板，名曰桓表，悬所治，两边各一。《淮南子·天文训》：“正朝夕，先树一表东方，操一表却去前表十步，以参望日始入北廉；日直入，又树一表于东方，因西方之表以参望，日方入北廉，则定东方两表之中与西方之表，则东西之正也。”可见，桓表是用来观日影以正方位的，一般建于邮亭及宫门之前。如淳说：“陈宋之间，俗言桓声如和，今犹谓之和表。”现在人们更将它称为华表了。

据此，磐桓，是宫殿门阙之前建有桓表之象。

依物理及审美取象：本爻当震下，上交艮，艮为门阙，又为大石，故有磐象；艮为门阙，互体坤交下震，震下一阳象地，上坤三阴象表，有两表矗立于门阙之象，故曰磐桓。

利居贞，利建侯。占辞。

字义：居，《说文》：“居，蹲也。”引申为居止、居处。

这一占断是依爻象的事理作出的应然判断。磐桓既然是建立宫室并树桓表以安上处众之象，自然是利于居处，且利于建侯以统率民众的。

从史事背景上看，本爻象占之辞显然与古公亶父迁岐建国之事相关，也有可能正是建国之初的一条筮辞。《史记·周本纪》载，古公自豳迁岐，“乃贬戎狄之俗，而营筑城郭室屋而邑别居之，作五官有司，民皆歌乐之”。正与本爻辞意相应。

六二　屯如，邅如，乘马班如。匪寇，婚媾。女子贞不字，十年乃字。

解：屯如，邅如，乘马班如。匪寇，婚媾。象辞。

字义：屯，此处用“屯驻”义。如，虚辞。屯如，即止驻不进。

邅，音 zhān。《集韵·仙韵》：“邅，屯邅，难行不进貌。”

乘，甲文作。象人登木形，本义为登，引申为升，覆；金文或作象人登车舆之形。乘马，特指四马驾车，泛指驾车的马。虢季子盘铭有

① 《礼记·檀弓下》：“三家视桓楹。”郑注。

“王锡乘马。”《诗·小雅·鸳鸯》：“乘马在厩，摧之秣之。”《释文》：“乘马，四马也。”闻一多先生释为驾四马的车。

班，金文作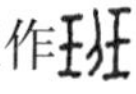。象分玉之形。《说文》：“班，分瑞玉。从玨，从刀。”瑞玉是古代王侯的信物。《尚书·舜典》：“乃日觐四岳群牧，班瑞于群后。”班瑞时诸侯必分等级依次排列受瑞，故班有分赏义，颁布义，位次义，序列义，引申则有整齐排列等义也。乘马班如，即是讲车马整齐成列也。汉儒皆以班为般，释班如为盘旋不进，词义与屯如、邅如重复。且甲文有般无班，金文中，般与班，用义各不相同，似不应混用。所以，这里不取汉儒之说。

贯连起来，屯如、邅如、乘马班如。是指车马成列，驻止不行。

匪，通非。《广雅·释诂》曰：“匪，非也。”

寇，金文作。《说文》：“寇，暴也。”象执杖强入屋内以击人之形。初义为寇暴、寇掠、寇劫，经文中寇字均用劫掠义。

婚媾，婚即婚娶之事，媾即媾和之事，金文中已婚媾连用。《易经》中婚媾连用者六：屯·六二、六四、上六、贲·六四、睽·上九等五处指求婚行娶之事。震·上六：“婚媾有言。”指婚姻之族有所责难。上五处，婚媾皆与匪寇相关，反映了古代掠夺式婚姻向求取式婚姻过渡的现象。从周族来看，正与古公迁岐后贬戎俗而趋向文明化的时代相应。

全句意思是，车马成列，屯止不进，不是行寇掠，而是来求婚的。

依物理及事理取象：本爻当震中及互坤下，震为雷，坤为地，雷电在地中，屯聚之象，故曰“屯如”；又本爻当震中而上互艮，震为足，为动，艮为止，有欲动而止之象，故曰“邅如”；震于马为异足（悬足）、为善鸣，上互艮为门阙，上坎于马为美脊，又为舆、为曳，有列车马于门前之象，故曰“乘马班如。”本爻变，下震成兑。兑为缺失，上坎为盗寇，有匪寇之象；又，下兑为少女，互艮为门阙，少女在屋中之象；上坎为中男，求婚于门外之象，所以说是“匪寇，婚媾”。

女子贞不字，十年乃字。占辞。

字义：贞，《说文》：“贞，卜问也。”这里是讲筮贞，即行筮问事，说详乾卦释。先儒均训此贞字为贞节义，而甲、金文中，贞字均无贞节义。《周易》经文之贞字甚多，均不用贞节义。实际上，贞节观念是在一夫一妻制完全确立，夫权观念强化以后才能形成的社会意识。先儒解经时诸多失误都在于脱离了经文的时代背景，这是我们在习易的时候必须弄明白的。

字，金文作。《说文》：“字，乳也。”原意为妊娠、生子、教育，引申为出嫁。《正字通·子部》：“字，女子许嫁曰字。”

辞意是说，女子经过筮贞，不许出嫁，要十年后才许出嫁。

这是依爻象的事理作出的限制性判断。象辞虽表明这次求婚行动，队伍盛大，颇有声势，但是爻象显示乃中男求婚于少女①。这少女一方经过观察考虑，不愿嫁与此中年男子，但为了不伤两族间的和气，找了个借口，作了一次筮占，遇屯·六二。依数理，下体震数四，上体坎数六，上下体结合其数为十，中坤为年，就是十年才能相合，所以叫做“女子贞不字，十年乃字”。用这样的方式，婉言拒绝了对方的求婚。这可能是当时发生过的一段史事的实录，因而也具有验辞的性质。这种以叙述史事作为象占辞的章法在经文中并不少见，例如讼·九二的“不克讼，归而逋，其邑人三百户无眚”及明夷·六四之“入于左腹，获明夷之心于出门庭”，都属于这一类型。

女子拒绝求婚这件事表明在婚媾行为中，女方有一定的自主权和选择权，比起掠婚制来，自然是文明的一大进步。《周易》将它作为占断辞，便是对社会行为的一种进步性导向，表明它拒斥野蛮趋向文明的政教精神。

六三　即鹿无虞，惟入于林中。君子几，不如舍，往吝。

解：即鹿无虞，惟入于林中。象辞。

字义：即，甲文作，金文作，象人就食之形。《说文》：“即，即食也。”引申为趋近，到达，迎合，随逐等义。此处用随逐义，即鹿就是追逐野鹿。

虞，原为兽名，后用作掌山林之官名。《尚书·尧典》：“帝曰：‘俞。咨益，汝作朕虞。’”孔传：“虞，掌山泽之官。”李镜池《周易通义》解为“熟悉山林的人，如老猎户。”近是。

依物理取象：本爻当震上，震为足，为动，为起；本爻又当互艮下，艮为黔喙之属，为狐，为兽，有鹿象，足动而从于鹿，有即鹿之象；艮又为山，当艮下，山麓之象；震又为萑苇，为苍筤竹，又为坚木，林木茂密

① 本爻居震中，变则下震成兑。兑为少女，上坎为中男，故有此象。

之象。故曰惟入于林中。

君子几，不如舍，往吝。教诫辞，以诫为断。

字义：几，《说文》："几，微也。"《系辞》："几者动之微，吉之先见者也。"指细微的迹象，事物的苗头或朕兆。

舍，通捨。

往，《说文》："往，之也。"《玉篇》："往，行也。"引申有持续义。

吝，《说文》："吝，恨惜也。"在经文中作为占断辞时，一般用于对较小的损失或德行性失误的价值评判。《系辞·上传》："悔吝者，言乎其小疵也。"即是此意。经文用吝占自此始。

《周易》的占断辞，由吉到凶，约有12个层级，可排列如下：

元吉、吉、利、无不利、无攸利、无咎、悔亡、有悔、吝、不利、厉、凶。

其中"有悔"与"吝"，乃是与"无咎"相对的占断，含义实际是"有咎"，咎分灾咎和过咎，占辞一般不用"有咎"，有灾咎用吝，恨惜之意；有过咎用"有悔"，表示悔憾。这里的"往吝"，意思是持续追逐前去，会有灾咎，就是可能迷失道路，或遇其他危险。

全句的意思是说，逐鹿君子，因无虞人引导，应当见几而止，不可入于深林，免遭灾害。

这是依爻象的事理作出的可然性判断，它只是提出一种可能性，和可选择性，因而具有教诫的性质，所以我们归入教诫辞和以诫代占。这种章法在经文中也不少见，例如：

蒙·六三："勿用取女。见金夫，不有躬，无攸利。"未济·上九："有孚。于饮酒，无咎。濡其首，有孚失是。"

均属这种类型。

教诫辞一般都是根据事理而言，不必另行取象。先儒虞翻，近人尚秉和氏，皆主易辞字字有象之说，率多牵强，对这条诫辞也无法说明究竟如何取象，可见字字有象之说是不可苟从的。

六四　乘马班如，求婚媾。往吉，无不利。

解：乘马班如，求婚媾。象辞。

乘马班如，取象同六二。求婚媾，依事理取象：本爻当上体坎下，本爻变，上体成兑，兑为少女，本爻变又当中艮上，艮为少男，二体交互成咸，咸为男女感悦之事，故有求婚媾之象。

往吉，无不利。占辞。

这是依卦爻象的事理作出的应然判断。六二爻以中男求婚媾于少女遭到拒绝，本爻则以少男求婚媾于少女，自然可以往吉而无不利了。

吉，无不利。是经文中最佳的评判。作者对少男少女的婚媾取如是赞赏态度，对比六二爻的“女子贞不字，十年乃字”。表明他在婚媾问题上的价值评判取合乎情理的、也是科学的态度。他反对老夫少妻，提倡配偶应年龄相当，在古代来说，是一种科学的婚姻观，这也是周人的明智的功利主义传统在婚姻问题上的体现，反映了周人在趋向文明化方面的力度。

九五　屯其膏。小贞吉，大贞凶。

解：屯其膏。象辞。

字义：屯，此处用蓄积义、屯贮义。

膏，《说文》：“膏，肥也。从肉、高声。”初义指肉之肥美者，引申为油脂，有甘美、恩泽等义。此处用其初义，指美肉、油脂等。

屯其膏，是说把好肉、油脂等屯贮起来，不肯让大家分享。

依物理及数理取象：本爻当坎中，坎为水，有膏油之象；本爻以一阳而处众阴之中，为屯之主，故有屯其膏之象。

小贞吉，大贞凶。占辞。

词义：小贞，对一般性问题进行卜筮；大贞，指对于祭祀、会盟或建国、用兵等问题进行卜筮。

这是根据爻象所显示的事理作出的二歧判断。因为本爻处于君位，为屯之主而屯其膏，其象征意义便有如家族之长或氏族部落首领，把肥美的肉食屯贮起来，不让大家分享，若是在平常情况下，作为储备，可以得到族众拥护，那是吉利的；若在举行盛大祭祀或将行征伐大事的时候，不让族众分享肥美的食物，便会引起怨愤，因而招致凶危了。这种情况，我们在后世的祭礼中还可见其遗风，如宴飨致胙等，在上古宗族社会，更是与宗族共同体的凝聚力直接相关的大事。《周易》将它纳入屯卦主爻的占断中，表明作者对这一问题的重视，并且有分别地作出了适当的评判。显然，要处理好屯与施的问题，也不是那么容易的，尤其在上古氏族部落共同体规模都很小，生活资料短缺，又经常遭遇天灾人祸，若施而不屯，不利于备战备荒；屯而不施，又不利于团结和鼓舞族众。出于推进文明进程的需要，这里提出个“小贞吉、大贞凶”的二歧判断，引导人们有分别地进行适当处理，可以说是较为明智的。

这一占辞中的两个“贞”字，最足以表明经文中的“贞”字原义乃是贞问，与甲骨卜辞中的贞卜是同一个意思。先儒囿于《文言》释“元亨利贞”之“贞”为“正”，为“固”，在经文中多不可通，至于千余年而不能正其误。近世尚秉和氏在其《周易尚氏学》中，解屯·九五时曾经指出：“贞，卜问也。诸家强以贞、正说之。夫正而有大小，已不词矣。大正而凶，益悖理矣。惠士奇知其不安，又以‘固’为说，其不协与‘正’无异也。”这些看法无疑是非常正确的。只可惜他没有贯通全经，对其他诸多“贞”字仍以“正”作解，以至于牵强附会之处也不少，可见要跳出前人的误区也非常之难。

上六　乘马班如，泣血涟如。

解：乘马班如，泣血涟如。象辞。

字义：泣血，流泪至于出血。涟，《广韵·仙韵》：“涟，涟漪，风动水貌。”《集韵·仙韵》：“涟，风行水成文曰涟。”涟如，涟涟不断之貌。

依物理取象：乘马班如，取象同六四。泣血涟如，即血泪涟涟。本爻当坎上，坎为加忧，为水，为血；本爻变，上体成巽，巽为长女，下震为车，女居车上而血泪涟涟，故有泣血涟如之象。

这是对当时的掠婚情景的描述。掠婚是以妇女为对象的暴力行为，毫无男女情爱之可言，而且具有残暴性质，是上古野蛮习俗的集中表现。恩格斯在《家族、私有财产及国家的起源》中曾经指出：“群婚制是与蒙昧时代相适应的。”“随着对偶婚的发生，便开始出现抢劫和购买妇女的现象，这是发生了一个深刻得多的变化的普遍迹象。”① 劫掠婚一般是由一群男子伙同将别族的一个女子抢回来，先是进行轮奸，以后，此女子便成为那个最先发起掠夺她的那个男子的妻子。所以遭到掠婚是女子的最大不幸，但是这种习俗在那时非常普遍。直到近代，我国在解放前一些少数民族中仍

① 《马克思恩格斯选集》卷四，第70—71、43页。（人民出版社1972年5月版）

然盛行对偶婚制，求婚和掠婚之事也是同时存在的。爻辞对掠婚给妇女造成的痛苦描述得很沉痛，充满了对妇女命运的同情，既是对野蛮行径的申斥，也体现了对社会生活文明化的强烈追求，这正是建侯立国的根本目的。

本爻不另系占辞，因为占辞的实质是一种价值评判。无论吉凶悔吝，这些评判用在掠婚问题上，都是不妥切的。所以作者只进行客观的描述，已足以表明掠婚对妇女的残忍性了。是非善恶，吉凶悔吝，尽可由人类的理性去作出判断，像坤·上六的“龙战于野，其血玄黄”一样，这便是一种以象代占的章法，在《周易》中是常用的。

总的来看，屯卦讲的是始作之难，也就是讲正确处理开国时期的困难问题的道理。这里所涉及的有如下几方面：

首先是居处问题，即生活方式问题，是保持部落氏族制，还是过渡到酋邦制，作者的主张是利居贞，利建侯，即建成酋邦。

其次是婚媾方式问题，是实行掠婚制还是求娶制，作者贬斥掠婚，主张求娶。

还有屯贮积蓄如何才算适当？狩猎生活，狩猎行为如何保证安全、合理等等。作者对这些问题的评判，其着眼点都在于拒斥野蛮而趋向文明。

以上种种问题，作者将它列入始作之难，显然与古公亶父迁岐初年的史实背景密切相关。

我们知道，周族居豳时，正处于氏族制的晚期。人们以血缘关系为纽带，聚族而居，共同劳动，共同居处，生产资料公有，个体家庭还不是经济实体。这些特征在《诗·豳风·七月》中反映得非常明显。当时的周族社会，只是一种父系制的血缘关系共同体。

但是，周族毕竟是以农业耕作为主的部族，农业生产要求定居，随着农业生产力的提高，以个体家庭为单位的经济共同体成为可能，这就要求与之相应的生产资料占有方式，在当时，这种占有形式便是殷商文明地区早已实行的井田制度。周族自豳迁岐，一方面是为了避开游牧为主的戎狄之族的侵扰，一方面也是为了接受殷商的文明制度，这便是周族迁岐后一开初便实行井田式的土地占有制的由来，反映在坤·六二及以后的小畜、大畜、大有等农事卦中。

古公迁岐之前，周族虽是以血缘聚居的共同体，但是与周围氏族部落有较好的关系。史载“太王迁岐，民束脩奔而从之者三千乘”，止于岐下有“及他旁国闻古公仁亦多归之”。加上原来岐地的土著之族，这样一来就形成了一种杂处的局面，加上井田制的实施，就不可能再取聚族而居之法。所以《史记·周本纪》说：“于是古公乃贬戎狄之俗而营筑城郭室屋而邑别居之。”而所谓“邑别居之”，便是按照井田制的“四井为邑”这类方法形成聚居的村落，这便将原来纯粹的血缘聚居改变为依地缘关系划分居民；所谓“室屋”而居之，便是形成以个体家庭为单位的共同体；所谓“筑城郭”，便是形成邦国形式的社会政治结构。所以《史记·周本纪》接着便讲：“作五官有司。”这便是标志着酋邦组织的形成。总的来说，周族迁岐以后，实际上实现了从氏族血缘共同体向以个体家庭为基础，以地缘结合为特征的社会经济共同体的转化。

随着作为经济共同体的家庭公社的形成，便要求稳固的确定的夫妇关系的建立，这便要求从对偶婚制进到一夫一妻制，在婚媾关系上也就要求较为亲善的迎娶制。对偶婚时期盛行的掠婚制，既野蛮残暴，又容易引起家族之间以至大家族或邦国之间的流血冲突，因而必须加以贬斥和废止，而代之以求取和迎娶之制。但是，一种旧习俗的废止并不是轻而易举的事，周族在居豳之时，行戎狄之俗，掠婚也可能非常盛行，迁岐以后，也难免常有发生，这便是屯卦中半数以上的爻辞都将“匪寇”与“婚媾”相联系的原因。寇就是寇掠，就是抢掠人口财物，其中主要是掠夺女奴，也包括掠婚。经文已表明，本来不是掠婚而是求婚，但还是来了大队人马，让人们有些提心吊胆，可见掠婚习俗的影响之深。

周族迁岐，距原来的豳地仅400余里。不久，戎狄之族跟踪而来，寇掠与部族之间的冲突依然经常发生。这种情况下，作为家庭或村邑，蓄积囤贮食物都是必需的。尤其是邦国更须有较多的积蓄。但是遇到大事而囤其膏，则是一种悭吝行为，是不明智的，不可取的。

以农业耕作为主，并不是完全放弃狩猎生活。因此，设立管理山林川泽的虞人之官也是必要的。

这些便是我们在屯卦系辞中所能得到的在历史学和社会学方面的一些重要启示，另外还有一些从社会与文化学方面看来更为有意义的问题，则留在研习下一卦——蒙卦时加以探讨。

4. 蒙：决然告别蒙昧

（附：屯、蒙总说）

䷃ 蒙。亨。匪我求童蒙，童蒙求我。初筮告，再、三渎，渎则不告。利贞。

解：蒙。象辞，通常用为卦名。

字义：蒙，金文作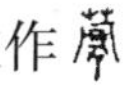。徐中舒《甲骨金文字典》释义曰：“蒙，被也。”并引《中山王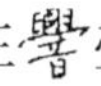壶铭》：“氏（是）以身蒙夲胄”。可见蒙之蔽覆义来源甚早。《方言》卷十二：“蒙，覆也。”是其正解。引申而有蒙昧、蒙荒、蒙稚等义，此处即用其引申义。

依物理取象：本卦上体艮为山，下体坎为水，为云雾，山间云雾弥漫，蒙然不明之象也。

依事理取象：艮义为止、为住，坎义为隐伏，止住于隐伏，也是处于蒙然不明之象。如贲卦下离上艮，离为明、为丽；艮为止、为住，止住于明丽，则为文明之象。这也是经文中常用的取象之法。

亨。叙辞。亨即享，说明最初筮遇此卦，在祀享之时，其占断因而有较大的权威性也。

匪我求童蒙，童蒙求我。初筮告，再、三渎，渎则不告。教诫辞。

字义：匪，通非。

求，告求，要求。

童，金文作。《说文》“童，男有辠（罪）曰奴，奴曰童，女曰妾。从，重省声。”初义为带有刑具的男性奴隶。在奴隶制条件下，奴隶是会说话的工具，是不明事理的人，所以又借指幼稚无知之人。经文中，童字与仆字连用时，指奴隶；与蒙字并用时，指无知之人或孩童。

告，语人以言为告。即告知、告诉等义。

渎，通嬻。轻慢，亵渎。

辞意是说，童蒙之人，求我筮占，初筮所得的或吉或凶或悔吝之占，均当告之，以决其疑而正其行。若告而不信，再三求筮，便是渎慢于筮，就不可告之了。

本卦在占辞之前先系以诫辞，乃是《周易》的一种较常用的章法。如：讼·九四“渝，安贞吉”中的“渝”；离·初九“敬之，无咎”中的“敬之”等。

这一类先诫后断，都是意在强调占断的条件性。即是说，必须遵从所告诫的条件，占断才会有验，这是对占断的一种理性态度。

只是还应看到，本卦的诫辞还有一些特殊性。一般的诫辞是告诫求筮问卜之人，可作为占辞的一个组成部分来看。这个诫辞则是教诫主筮行贞之官，对童蒙之来求筮者应取的正确态度。首先，有疑而来求筮，对占筮本是一种敬信态度，这就应当告之以趋吉避凶之道，不能因为来求者是童蒙愚氓之辈而加以拒绝。因为《周易》的基本精神就在于引导人们的社会行为趋于合理化，这对于上层贵族和下层平民都是同样适用的。如果对童蒙之人加以拒绝，那就违背了《周易》化民成俗的宗旨。所以说“初筮告”。但是，筮占是一种神道设教，必须保持很高的权威性，求筮者应有一种敬信态度。如果筮而不信，再三求筮，要求反复行贞，那便是对筮占的怀疑不敬，甚至是一种侮慢和亵渎，那就不应该为他行筮。所以又诫以“再、三渎，渎则不告”。这既是对求筮者的一种惩戒和引导，也是对筮官在行筮态度上应当坚持严肃性的一种教导。由于这个诫辞主要是针对筮官行筮的教导，所以我们称之为“教诫辞”。教诫辞与依象定占无关，所以根本无须从卦爻中取象，先儒勉强取象，多所附会，今不取。

利贞。占辞。谓筮遇蒙卦，其所贞为有利而可成就也。这一占断，是从蒙而求筮的事理中作出的可然性判断。蒙本是蒙昧之意，蒙本身是不利的，但既来求筮，就可以得到启迪，避免灾咎，也就变为有利了。显然，这只是一种可能性，关键就在于对筮占应有一种敬信的态度。如果既筮而不信，那便是一种愚顽不灵，蒙昧不改的态度，这就不可能避免灾咎，也就无利贞之可言。所以这一占断是有条件性的，就是要遵循教诫辞提出的“初筮告”的原则。

初六　发蒙。利用刑人，用说桎梏。以往吝。

解：发蒙。象辞。

字义：发，繁体發。甲文作，金文作。《说文》：“發，䠶發也。”甲文象矢发后弓弦颤动之形，非常生动。引申为发出，启发，开发等义。

这里用启发义及开发义。

蒙，这里用蒙荒义。发蒙，启发蒙荒之地，即开发荒地。

依物理取象：本爻当下体坎初，坎为弓、轮，为矢；下互体震，震为动，弓矢震发之象；上互坤交上体艮，坤为地，上覆山、蒙荒之地也。震发蒙荒之地，故有发蒙之象。

利用刑人，用说桎梏。以往吝。占辞。

字义：用，可施行也。又通“以”。金文已二义并用，此处亦二义并用。

刑人，服刑之人。一般是罪犯或俘虏，多戴有刑具。

说，通脱。经文用说为脱另有小畜、大畜、遯、睽、困等共六处，例如小畜·九三、大畜·九二皆有“舆说輹”之辞，即以说为脱也。

桎梏，古代刑具，械足曰桎，械手曰梏。

往，《说文》：“往，之也。”徐中舒《甲骨金文字典》释义为“去、到(某处)”。此处用徐释最为恰当，就是去开荒。

吝，《说文》：“吝，恨惜也。”详见屯·六三释。作为占辞，吝属于过失性评判。经文中，吝占均有羞吝义，鄙耻义，吝啬而不光大等义。如同人·六二：“同人于宗。吝。”与本爻均用吝啬而不光大之义也。

占辞意思是说：如果只用服刑之人，脱开刑具去开发蒙荒之地，是吝啬而不光大的做法，是一种失误。这是从象辞的事理中作出的实然性判断。用罪犯开发蒙荒本上古习惯，但若是重大的工程，则需要广大民众的积极参与，热情投入，单纯依靠一些罪犯、俘虏、是难成大功的。由于罪犯、俘虏，人数不多，又毫无积极性，即使脱去桎梏，又能开发多少荒地呢？这一占断的史实背景也可能与周族自豳迁岐初年，必须进行大规模的荒地开垦相关。它的正面的含义便是：开发蒙荒，应当全族动员，大干快上。不能像蒙昧人那样，把开荒仅仅当成罪犯的劳役。

占辞是根据卦爻象的物理或事理作出的判断，一般不必另行取象，但是这个占辞的限制性和条件性较为复杂，所以也应有适当的取象才能满足求筮者的认知理性。这样，这个占辞可以另行取象如下：

本爻当下体坎初，坎为盗寇，为桎梏，故有“利用刑人”之象；本爻变，下坎成兑。兑为缺，为开脱，故有“用说桎梏”之象。本爻接于下互体震，震为足，为动，上互坤交艮，有动而往于山地之象；艮又为止，止其所往，故有“以往吝”之象。

九二　包蒙。吉。纳妇吉，子克家。

解：包蒙。象辞。

字义：包，篆文作，象人腹中有子形。引申为包裹、包含、包容，此处用包容义。

依数理取象：本爻以阳刚之体，又与上九共纳六三、六四、六五于其中，有以阳刚包容阴柔之象。阴柔即闇昧，故有“包蒙”之象。

吉。纳妇吉，子克家。占辞。

字义：纳，金文作。古文纳、内、入通用，此处即用纳入义。

妇，繁体婦。甲文作，金文作。《说文》：“妇，服也。从女持帚洒扫也。”《正字通·女部》：“妇，女子已嫁曰妇。”经文中，妇均指已嫁之女。

纳妇即纳入已婚而丧偶的妇人为妻。经文中有得妻、取女、婚媾与纳妇不同，均指不同的婚姻形式，不可混为一谈。

子，通常指儿子，这里指所纳之妇所带来的前夫之子，即是包蒙所指的蒙童。通常将此子解为纳妇的主体，这样，子克家的占断便与包蒙之象无关了，而且与纳妇吉的含义重复，因而是不恰当的。

克，甲文作，金文作，罗振玉认为古文“像人戴胄形”。《说文》：“克，肩也。”徐锴系传：“肩者，任也……能胜此物谓之克。”故克之初义为胜任。引申为能、成等义。此处可释为能承担家业。

家，甲文作，金文作，《说文》：“家，居也。从宀、豭省声。”

恩格斯曾经指出：“‘家庭’这个词，起初并不是表示现代庸人的那种脉脉温情同家庭龃龉相结合的理想；在罗马人那里，它起初甚至不是指夫妻及其子女，而是指奴隶。”稍后才是指“遗产”。罗马人“用以表示一种新的社会机体，这种机体的首长，以罗马的父权支配着妻子、子女和一定数量的奴隶，并且对他们握有生杀之权”①。就是说：家庭作为一种经济实体，是在氏族制末期，私有财产出现的时候开始形成的。在畜牧和商业发达的地区，家庭财产以奴隶为标志；在农业地区则以猪的豢养为标志。这正是在文明发轫之初，罗马人以“奴隶”指称“家庭”，而在殷商文字中则

---

① 恩格斯：《家庭私有制和国家的起源》，《马克思恩格斯选集》卷一第53页。

以宀下有豕以指称家庭的社会学缘由。了解这一社会学背景，对于我们了解殷周之际，家庭、婚姻等问题与其在摆脱野蛮蒙昧迈向文明方面的复杂含义是非常必要的。这里所讲的“子克家”，正表明结婚不只是为了生孩子，而实质上还在于保证家庭作为一种经济实体的合理延续。

由此也就易于了解，占辞全句的意思是说：能够包容蒙昧之人是善美之行，是吉利的。纳入带着蒙童的寡妇更是吉利的，因为这孩子可以承担起家业。

这个占断辞同屯卦的占辞一样，包含两个判断。前一个“吉”是全称判断，意思是说，凡能对蒙昧之人取包容态度都是吉利的。这显然是从包蒙的事理中作出的应然判断。因为蒙昧之人多数是孩童或从事劳作的民众，对于这些人要引导他摆脱蒙昧，主要是施行教化，这就不应取鄙弃态度，而应当有包容精神。这可以说是周族在文明化的过程中，对原始文明中优良的互助传统的发扬。“纳妇吉，子克家”则是一个特称判断，是特指对于纳入带着蒙童的寡妇为妻。这样的事情在古代也可能有较大的障碍，首先是一些人可能不喜欢“过婚嫂”，更重要的是尤其不喜欢她还带着一个不懂事的孩子。《周易》的占断正是针对这两重障碍的，作者显然将纳入带着蒙童的寡妇为妻视为“包蒙”的一种实际表现来加以肯定，而且从能承担家业的经济实效方面加以提倡。这可以说是周族在文明化的过程中着重经济实效的明智观念，也体现了他们在挣脱蒙昧方面的力度①。当然，作出这样明智的占断而要有说服力，那就必须有相应的卦爻象作为依据，其取象法大致如下：依物理取象：本爻当中震初而上互坤，震为长子，坤为母、为带着孩子的妇人，故有“纳妇”之象。本爻与上九又交互成颐。颐，养也。子而能养，是承担家业之象，故曰：“纳妇吉，子克家。”

六三　勿用取女，见金夫，不有躬，无攸利。

解：勿用取女，见金夫，不有躬，无攸利。教诫性象占连辞。

象占连辞在经文中是一种常用章法，旅·初六“旅琐琐，斯其所取

---

① 这里必须明白，当时的家长制家庭，并不是如后世的独立的个体家庭，它是没有脱离族姓的。因此，妇女改嫁，不能嫁出本族姓，从而保证了财产不至于落入其他族姓。《周易》不曾说到这一点，是因为这在当时是不言自明的。

灾”、需·九三“需于泥致寇至”均属此类。

字义：取，甲文作，金文作。《说文》：“取，捕取也。从又，从耳。”《周礼·夏官·大司马》：“获者，取左耳。”甲、金文均作取人耳形。初义是捕获俘虏或猎物，取左耳以记其功。引申为拿取、索取、取得等义。这里用初义，取女，即掠取妇女。

金夫，经文中有“元夫”“士夫”“丈夫”等词，均指不同身份的成年男子，经文中用金字多处，均指铜铁等金属，主要指铜器。古以铜为兵器，故金夫应指带持兵器的男子。

躬，篆文作。《说文》：“躳，身也。从身，从吕。躬，躳或从弓。”初义指身体，引申指自我、躬身等，这里用初义。

辞意是说：不要掠取他族的妇女，遇见他族带着兵器的男子，会杀了你，没有好处。

依物理取象并依事理以定占。本爻当下体坎上，本爻变，下体成巽，巽为长女；上艮为手，有取女之象。下互体为兑，兑为缺损，有勿用取女之象。兑又属金，上艮为少男，有金夫之象。艮象躬，下互兑为缺损，不有躬之象。下巽为不果，故曰无攸利。

这一象占连辞，具有明显的教诫性质。它实际上说明了一件重大的事理，就是不能掠取妇女，否则便会引起武装冲突，这是蒙昧行为，是应当反对的，因为在家长制家庭时代，奴隶是家庭的重要财产，掠取妇女，主要是作为家庭奴隶，而不是作为配偶，这才是所谓掠婚的实质。因此在掠婚盛行的地方，引发武装冲突是很多的，有时会造成双方的重大伤亡。经文对此取否定态度具有一贯性，表明周人的坚定决心及在脱离蒙昧而趋向文明化的过程中的自觉态度。

先儒多释取女为娶妻，释金夫为有钱人，释不有躬为卖淫女，这些都应是后起义，离开了当时的时代背景，今不取。

六四　困蒙。吝。

解：困蒙。象辞。

字义：困，甲文作，初义为捆，金文中用为祭名，近于燎祭。梱者束柴，因束而有受困义。古文又作，象止于木颠，不可再进，故又有困

穷义[1]。二义相近，此处以受困义为长。困蒙，就是受困于蒙昧。从主体方面来讲，就是困惑于蒙昧而不能脱离。

依数理取象：本爻以阴柔之体而处二阴之中，阴为暗昧，是以暗昧而困于暗昧也，故有困蒙之象。

吝。占辞。此处用羞吝、鄙耻义。这是从困蒙的事理中作出的实然判断。困惑于蒙昧而不能解脱，以蒙昧处蒙昧，以蒙昧对蒙昧，显然是可羞可鄙的。占辞的正面寓意当是不能安于蒙昧状态，而应当力求摆脱蒙昧，进入文明。

六五　童蒙。吉。

解：童蒙。象辞。意指年幼无知的孩童。

依物理取象：本爻当上艮之中，艮为少男，少男即幼童，于蒙昧而言，即为童蒙。

吉。占辞。谓幼童之蒙昧为吉也。这是从爻象显示的情理中作出的应然性判断，基于作者对社会生活的切实体察，富有行为学含义。在现实生活中，幼稚固然是一种蒙昧，但这种蒙昧自然纯真，而且是可改变的，不仅不会遭致嫌弃，反而会招人喜爱，甚至许多动物都会爱及人类婴儿，《老子》第五十五章云："含德之厚，比于赤子。毒虫不螫，猛兽不据，攫鸟不博。"所以，各种蒙昧比较起来，只有童稚的蒙昧是吉利的，这也是蒙卦中最为吉利的一爻。

上九　击蒙。不利为寇，利御寇。

解：击蒙。象辞。

字义：击，繁体作擊。篆文作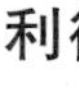。《说文》："擊，攴也。从手，声。"而攴之篆文作，象持杖击物之形。故击之初义即为打击。击蒙即打击蒙昧之行。

依物理取象：本爻当上体艮上，艮为手，为击，为止，艮下坎为盗寇，击止盗寇，故有击蒙之象也。

---

① 困字在困卦中有新义，温少峰氏有新解，详见困卦释。

不利为寇，利御寇。占辞。这是从爻象的事理中作出的应然判断。既然击蒙是击止寇盗之象，当然只能利于御寇而不利于为寇了。这一断辞看起来很自然，很简单，但在实际上却是一种了不起的思想变革。因为那是在从野蛮向文明过渡的时期，我们在坤·上六已经讲明，野蛮人并不以寇盗为耻，而是以寇盗为荣①。寇盗就是以暴力掠取他族的财物为己有，掠取他族的人口——尤其是妇女为自家的奴隶，他们认为这是勇敢和有利可图的事情。这样的蒙昧观念使得当时的寇掠行为非常盛行，有时竟至于“龙战于野，其血玄黄”的惨烈程度。《周易》在蒙卦之终，也就是蒙昧之极这一爻作出“不利为寇”的评判，便是将寇盗看成极端蒙昧的行径，对它作出根本的否定，这可以说是周人在思想观念上完成了文明化的标志。这是推动整个社会转向文明化的前提和保证，所以是很了不起的。“利御寇”的占辞则反映了周人历史反思的积极成果，就是说，他们不主张去寇掠别人，但是又不可消极忍让，而必须积极抵抗寇掠，对寇掠这种极端蒙昧的行为，可以而且有必要给以反击。这又是周人在文明化的过程中，在与传统观念的落后方面相诀别时，又能保持和发扬原始文化中的积极进取精神的表现。

总的来看，蒙卦讲的是善处蒙昧之道，重点在于善处蒙昧之人，主旨在于加速挣脱蒙昧。

对蒙荒之地的开发应动员民众大干快上，而不要小手小脚。仅仅以开荒劳作为惩罚，实际是一种蒙昧观念。

对蒙昧之人一般应取包容态度，施以教化，以利于化民成俗。

掠婚是一种蒙昧行为，可能引起仇杀，没有好处。

寇盗是极端蒙昧的表现，自己决不可去寇掠别人，但对于敢于来寇者应当坚决抵御和反击。

摆脱蒙昧，趋向文明，既要有坚定的态度和必要的力度，更应有文明的自觉，不要以蒙昧意识去对付蒙昧行为；思想意识上的文明化是社会生活趋向文明化的前提和保证；在文化传承问题上应当摈弃其落后方面而发扬其积极进取方面。这些大约是我们从蒙卦的研习中可能得到的思想启示，

---

① 参见大有·初九释。

也是周初贤圣们的圣智之所在。

屯、蒙总说。

屯、蒙二卦的难始之意与处蒙之道是周初贤圣们特有的价值观念和文化精神的生动体现。他们所讲的开创之难，实际上是从原始的氏族制过渡到初期国家之难；他们所讲的蒙昧之事，实际上是私有制家长制家庭发生时期普遍存在的寇掠问题。他们坚决地反对寇掠行为，从而避免了家长制家庭通往奴隶制庄园的发展方向，这是同他们有较高的农业生产力能够实行井田制而形成农村公社的经济基础密切相关的，也是同原始文化有重视族姓内部亲和团结而防止严重对立的自发倾向有关的，与周人力求避免由殷纣式的掠夺经济而导致严重政治危机的政策取向更是分不开的①。周族胜殷之后没有走上庄园奴隶制的道路而选择了一种内部关系相对缓和的体制，与他们的经济条件、文化因素都是分不开的。马克思曾经指出："现代家庭在萌芽时，不仅包含着奴隶制，而且也包含着农奴制，因为它从一开始就是同田间耕作的劳役有关的。它以缩影的形式包含了一切后来在社会及其国家中广泛发展起来的对立。"② 对于我国古代始终没有形成发达的奴隶制经济这样的重大问题，学术精英们经历了将近一个世纪的探索还难以作出定论，若要求在《周易》研究中给出确切的答案显然是不现实的。不过，对《周易》的社会学与文化学内涵的深入研讨，必将对我们的古史研究与理论思考有所启迪则是可以肯定的。参见井、豫、遯、明夷、革等卦讲解。

5. 需：倡导正当贸易

䷄ 需。有孚。光亨。贞吉，利涉大川。

解：需。象辞，通常用为卦名。

字义：需，甲文作，金文作。《说文》："需，頾也。遇雨不进，止頾也。从雨，而声。"段注："頾者，待也。"頾，今作须。孔颖达疏云："云上于天，是天之欲雨，待时而落。"二释取象不同，取义一致，均为有

① 参见革卦讲解。

② 转引自《马克思恩格斯选集》卷四第 53 页。

所待，可见有所待乃需字本义。这里即用其本义，以明交易之理。《周易》认为，交易双方，相需而立，相待而成，是互为需待的，这可以说是对初期商业行为——市易活动的最为恰当的理解。易传说：“日中为市，致天下之民，聚天下之货，交易而退，各得其所。”正是对交易行为中互为需待关系的最好说明。

依物理取象：上坎为水，为云；下乾为天。云上于天，待时而雨，故有需待之象。

有孚。占辞。

字义：孚，甲文作，金文作。《说文》：“孚，卵孚也。从爪，从子。一曰，信也。”王国维《鬼方昆夷玁狁考》：“孚，即俘之本字。”金文已有“孚人万三千八十一人”① 之辞。故孚之本义当为俘获。后加卵为孵，孵必有化，故出信义，引申有孚从、信从等义。经文中，俘获、孚信二义并用，此处用俘获义。有孚，是有收获的意思。

李镜池《周易通义》解曰：“有孚，获利。孚，俘的本字。从爪、从子，本义为俘人。《周易》说‘有孚’的很多，多指捉到俘虏，也指商人得朋，狩猎获兽，这里指商人获利。”联系卦爻辞内容均与商业行为有关来看，李说可从。

这是依交易行为的事理作出的应然判断。既然需的含义是指交易行为中的互相需待的关系，那么，筮遇需卦，自然是会得其所需的，故其占为有孚。

光亨。并列的筮占叙辞。

字义：光，甲文作，金文作。《说文》：“光，明也，从火在人上，光明意也。”引申有“光彩”“光大”“光照”等义。此处与亨字连用，亨即享，光亨，指光彩盛大之享祀。

叙辞意谓，筮遇此卦，在盛大享祀之时，其占断因而有很大的权威性也。

贞吉，利涉大川。并列的占辞。

这也是从需作为交易行为的事理中作出的应然性判断。作为初期的商

① 小盂鼎铭。

业行为，无论是产品的互相交易或商品的待时而售，待价而沽，都是社会生活的必需，自然都是好事情，故其占为贞吉。利涉大川，则是进一步指出，还利于长途贩运，或远行交易以通有无。这些都是商业行为的初期阶段形成的价值观念，它反映了周族迁岐以后，在立国经邦时期，农、工、商、虞四业并重，各用其利的价值取向。

在经文中，两个或两个以上的占断辞并列，是一种较常见的章法。如：大过·上六“过涉灭顶。凶、无咎”，晋·上九之“厉、吉、无咎，贞吝”均属此类。说详后释。

初九　需于郊。利用恒，无咎。

解：需于郊。象辞。

字义：郊，《说文》：“距国百里为郊。”郝懿行云：“‘距国百里为郊’，此据王畿千里而言，设百里之国，则十里为郊矣。郊有远近，以国为差。”《尔雅·释地》：“邑外谓之郊，郊外谓之牧，牧外谓之野。”《说文》：“野，郊外也。”大体上，郊在国（城、邑）与野之间。经文共用四郊字（另见小畜、小过、同人等卦）均指国与野之间的地带。

近期考古发现：龙山城子崖遗址，距今4600年，面积20万平方米，人口5千人以上，呈方形构筑。其居民包括农业、手工业生产者、巫医、统治者。相当于邦国的城邑，其附近20公里范围内，发现龙山文化遗址40多处，分布密集，大的遗址面积有几万平方米，小的仅几千米，较大的有如今天的乡镇。它们依托城子崖城址，形成都、邑、聚三级社会结构，城乡差别与城乡对立的格局已初见端倪①。《周礼·地官·载师》有“以宅田、士田、贾田任近郊之地，以官田、牛田、牧田、赏田任远郊之地”的说法，这些虽是周初制礼以后的规定，但也必是根据当时城邑聚落的分布情况而制定的。

根据上述考古及文献资料已可断定，经文中的“郊”是指称都、邑周边与“野”之间的地带。这一带既为国人之士与商贾的田宅之所在，城乡之间，农、工、士、虞之间的交易，也就在这一地带进行。而市场交易，

① 张学海《城子崖与中国文明》。

在自然经济条件下，纯属互通有无的行为，《周易》谓之曰“需”，实在是最确切地表明了当时城郊贸易的根本属性。

据此也容易了解，本爻象辞是依物理及事理取象。因本爻位当下体乾初，乾为金为玉，本爻变为巽，巽为工，为近市利三倍，都是交易之象。又以其在内卦初位，属于现场交易而非外出行商，所以有需于郊之象。

利用恒，无咎。占辞。

字义：恒，《说文》：“恒，常也。”经文另有“浚恒”“振恒”“恒不死”等辞，恒字均表一种动态的持续。恒卦以雷风相从为象，也是一种动态持续，与“常”义基本一致。（说详恒卦释）

辞意是说，互有所待的交易行为，利于常在城郊市集上进行，那是没有过咎的，这是依事理作出的应然判断，它的潜在含义便是说，若不在正规的市集上进行，那便会有灾咎了。以下二、三、四爻，正是用事实说明了这个问题。

九二　需于沙。小有言，终吉。

解：需于沙。象辞。

字义：沙，金文作。《说文》：“沙，水散石也。”段注：“石散碎谓之沙。”又指水滨之地。《诗·大雅·凫鹥》：“凫鹥在沙，公尸来燕来宜。”《毛传》：“沙，水旁也。”这里用指水滨沙岸。

依物理取象：本爻当互体兑下，兑为泽，下象其岸，即水滨沙岸之地；卦象为需，故有需于沙之象。

小有言，终吉。占辞。

词义：有言，尚秉和云：“有言者，争讼也。乾为言，见《左传》；兑口亦为言，见《易林》。乃兑言向外，与乾言相背，故争讼。夬·九四之‘闻言不信’，即如此取象也。兑为小，故小有言……凡易云‘有言’及‘闻言不信’‘有言不信’，皆争讼也，非言之有无也。”[①] 依正反兑、震取言说争讼象，《左传》筮例中已不乏其例（见前第五章第三节）。今查经文系“有言”之辞计有讼·初六、明夷·初九、夬·九四、震·上六、渐·初六及本爻等处，皆取乾、兑、震等正反言交争之象，故尚氏之说，大体可从，

① 《周易尚氏学》需卦释。

惟争讼之外，尚有呵责、责难之义，如震·上六之“婚媾有言”，明夷·初九之“主人有言”均呵责、责难、责问之意也。（说详该卦释）

这一占断所依据的爻象为乾互兑，有责问交争义，故曰小有言；以其在兑初，兑为悦，故有终吉之占。其所依据的事理，则承初爻之“需于郊，利用恒”而言。盖上古交易当在城郊之市集进行，乃合于习惯及当时之规定。今需于沙，是离开城郊集市而近于薮泽，属于秘密交易，意在逃税漏征，有违关市稽征之规定，因此必遭斥责更加以一定的惩罚。终因其能悦从于法度，认错改过，故虽小有言责而最终可吉也。

本爻集中体现了周初立国经邦时期对市场交易有序化的正当观念，同时也反映出商业的初步发展，已形成专事商业活动的商人，他们的活动已超越了原始交易的互为所需的性质而具有唯利是图的性质了。

九三　需于泥，致寇至。

解：需于泥，致寇至。象占连辞。

字义：泥，《正义》：“泥者，水傍之地，泥溺之处。”这里指泥沼地带。

依物理取象：本爻当互体兑中，近于上坎，兑为泽，坎为水，既在于泽而又近于水，是沼泽泥淖之地，故有需于泥之象；坎又为盗寇，上临于本爻，故有致寇至之象。

这一象占连辞，也是依当时的社会特点而作出的事理性判断，也可能有当时的占验记录以为根据。因为这里讲的交易活动，既不在合法的交易场所——城郊市集进行，更深入于沼泽泥淖之地，意在逃避稽征责罚。但沼泽深处，盗寇乘机而至，就难免遭到劫掠了。

象占连辞也是《周易》常用的系辞方式，其特点为象与占之间具有直接的因果联系，不可分割。例如观·六四：“观国之光，利用宾于王。”旅·初六：“旅琐琐，斯其所取灾。”均属此类。

这条爻辞反映出殷末社会矛盾已相当尖锐，沼泽深处已有寇盗行掠了。由于当时的商旅一般是拥有武装的商队，行掠的盗寇也多是拥有武装的强盗，他们成群结伙，以抢掠商旅为目标，所以盗寇的主体不是通常的奴隶，而是不事正当生产的平民，其首领往往就是一些家族首领或专业军人。这些人以抢劫为生，冒险为荣，同西罗马末期的游荡平民一样，是奴隶制趋于腐败瓦解的产物。他们人数不少，行劫之处也不限于一城一邑，往往四处流窜，掳掠妇女，抢夺奴隶，攻击商队是他们的常事。以下诸爻，尚有更为明显的反映。

六四　需于血，出自穴。

解：需于血，出自穴。象辞。

字义：血，本义指血液，经文中用血字凡四处，除此之外，坤·上六之“其血玄黄”，归妹·上六之“士刲羊无血”，血义皆指血液。涣·上九之“涣其血去，逖出，无咎”，血义通卹，是忧虑的意思。此处之需于血，或谓血义通洫，认为是在沟洫中进行交易，其说略嫌牵强。今查经文帛书本共有“血”字六处，除上引四处外，夬·九二“勿血”，萃·初六“勿血”，今本皆作“勿恤”，可见帛书本血与恤、卹是通用的，却没有与洫通用的字例。再联系上、下爻辞来看，这里同样是以商队遭遇盗寇为事例来说明交易必须在城郊市集合法地进行的事理，所以，这里的血字应是用它的本义——血液，意谓需待于血染之地也。这是与盗寇发生格斗以后的事情。

穴，即地穴，上古多穴地而居。有的地方也用作一种暂止的栖居处。

辞意是说，商队与盗寇格斗，寇去之后，商人又从暂时栖居的地穴中出来，在浸染着鲜血的地方进行交易。

依物理取象：本爻当上坎初，坎为水，于人体为血液，故有需于血之象；本爻又当互体离中，离中虚，有穴象；上坎为隐伏，有初隐伏穴中之象；下互体兑为泽，上交坎，有泽中水溢之象，故又有出自穴之象。

本爻不着占辞，而是以象代占，因为在象辞中其凶险之情已非常明白了。与坤·上六章法相同。

九五　需于酒食。贞吉。

解：需于酒食。象辞。

依物理取象：《周易集解》引荀爽曰：“五互离坎，水在火上，酒食之象。”其说可从。

贞吉。占辞。

谓于酒食之间进行交易，可以得吉成交也。这是从商业行为的事理中作出的实然性判断。既然买卖双方坐到了一起，而且酒食款待，自然是交易成功，各得其所需了。这条爻辞反映出当时大商人或商业贵族之间的交易也常常以酒食作媒介，这是商业文化中起润滑剂与粘合剂作用的因素，当然也可能是起腐蚀剂作用的因素。《周易》对之取认同态度，表明其消极作用在当时还不算严重，比起那些劫掠寇杀式的商队贸易还算是文明的。

上六　入于穴，有不速之客三人来。敬之，终吉。

解：入于穴，有不速之客三人来。象辞。

字义：速，金文作，古文作。《说文》：“速，疾也……古文从欶、从言。”引申乃有招致、招请等义。《诗·召南·行露》：“何以速我狱。”毛传：“速，召也。”《仪礼·乡射礼》：“使人速。”郑玄注：“速，召宾。”

客，金文作。《说文》：“客，寄也。”据字形可知，客为暂时寄足于室之人。本义为主客之客，此处即用其本义。

不速之客，即不经召请而自来之客人。

依物理取象：本爻当坎上而互离，坎为隐伏，离有穴象，故曰入于穴；下互兑为口，可指代人，上互离为三，三人之象；本爻变，上坎成巽，巽为入，不召自来之象。故曰有不速之客三人来。

敬之，终吉。占辞。

字义：敬，金文作、。本象人曲身恭敬之形。郭沫若《两周金文辞大系图录考释》：“苟用为敬……余谓苟乃狗之象形文……其用为敬者，敬即警之初文，自来用狗以警卫，故字从苟，从攴。”实际上，狗对主人取敬畏象，对客人取警戒象，此处对不速之客本无敬重可言，其貌恭敬，内心亦必取警戒意也。

辞意是说，对不速之客诸人，当取警戒敬慎态度，最终可以得吉。

这是从爻象的事理中作出的应然判断。这个判断是有条件的，就是对不速之客要取“敬之”的态度。因此，“敬之”也可作为诫谕辞来看。

联系六四爻辞可知，本爻所称的入于穴者，即是六四爻中出自穴的商人。这些商人有地穴作为暂时栖止与存贮货物之所，自然也有随从和武装人员。所谓的“不速之客”，或为官方巡察人员，或为盗寇巡探，虽不能判明其身份，但从其不请自来，则可料想其来意不善，对这些人自然都应取警戒敬慎态度，免招意外麻烦。大约商人的货物已经售毕，来者见其财货已空，又有武装戒备，便没有采取行动，因而最终得以顺利返回了。从这个角度审视，可以将三至上爻看作是一次有代表性的上古商队与商队之间的成功的交易行为；若连同初、二爻加以考察，则可将全卦看作是依据上古某一商队远至某一城邦周边进行交易活动的实际经历的描述。这种以连续几爻乃至从初到上各爻都围绕同一事件的发展过程进行阶段性的时空描述与因果描述以定占断的做法，乃是《周易》系辞的一种常用方式，目的在于以生动的事实和历史的经验来说明一些重大的道理和行为准则。如像革卦以武王伐纣的实际过程来说明顺天应人的道理，旅卦以殷王亥之实际经历来说明远行贸易应有的谨慎态度等便是最为典型的代表。了解《周易》这种叙事性的系辞章法，对于我们准确把握《周易》经文的本义是非常必要的。

总的来说，需卦是一个讲商业行为的卦。有三个方面的含义值得重视。

其一，将商业行为定性为“需”，也就是互通有无，各得其所需。这显然是周人的原始商业意识的反映，也是同自然经济条件下的交易行为相适应的。在《逸周书·程典》中，文王命三卿之辞有所谓“商不厚、工不巧、农不力不可成治”。《逸周书·文传》中，文王遗命又要求“山林以遂其材，工匠以为其器，百物以平其利，商贾以通其货，工不失其务，农不失其时”。《周书逸文》中也有“农不出则乏其食，工不出则乏其事，商不出则三宝绝，虞不出则财匮少……”等等。这些关于农、工、商、虞四业并重协调发展的观念，与以商为“需”的观念，可以说都是非常一致的，都反映了周初贤圣们对初期商业的合理定位。

其二，主张合法性交易，提倡“需于郊，利用恒”；反对非法性交易，对“需于泥”、“需于穴”都取否定态度。这可以说是周人为使商业行为有序化的一种努力。

其三，对寇盗之事取警告和拒斥态度。作者反对非法性交易，出发点主要不在于有利于关市稽征，更突出的是为了避免盗寇式的掠夺。由于奴隶制条件下的商队以掠取奴隶财宝为目标，商队之间有互相寇掠的习俗，这与其说是对商人的责难，不如说更是对商人的忠告，和对野蛮经商的拒斥。

以上三点，都可以看作是周初贤圣们力求将商业行为规范在沟通农、工、虞、牧，有利社会生产和生活的范围之内的合理观念。但是，商业行为的发展，尤其是商业奴隶主贵族的形成，一种不择手段地追求最大利润和最多财富的趋力，必然对社会生活的许多方面产生不良影响，甚至造成社会矛盾激化，盗寇日多，腐化风行，社会失序……这些正在殷王国地区蔓延滋长的问题，正是周初贤圣们所最为忧虑的。这方面的忧患意识，在旅、丰二卦中，即将进一步向我们展现出来。

商业行为中的互相寇掠现象的普遍存在与不断发展，是野蛮蒙昧意识在财富驱动下得到强化的突出表现。周初贤圣们在倡导正当交易，拒斥野蛮经商方面的努力，正是他们在立国经邦时期，为挣脱蒙昧，趋向文明而奋斗的一个重要方面。

6. 旅：勿忘商旅之危

（附：关于殷王亥丧牛于易的讨论）

䷷ 旅。小亨。旅贞，吉。

解：旅。象辞。通常用为卦名。

字义：旅，甲文作，金文作、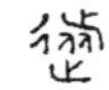、。《说文》：“旅，军之五百人为旅。从㫃，从从。从，俱也。”

据字形可知，旅皆象人众列队随旗帜而有序行进之形。周初军旅已有车乘，故加车以明之。旅的初义当为军旅无疑，至今犹用为军事编制也。但古代军旅多为氏族军事首领率领，以行征战、狩猎、会盟、交易及祭祀名山大岳，象征其领土范围和权威，故旅又出商旅及旅祭之义。甲文《库》三〇一：“辛已卜，登妇好三千登旅万乎伐。”是旅为军旅之证。金文《父乙卣》：“肇父乙。”是旅为祭名之证。《论语・八佾》“季氏旅于泰山，子谓冉有曰：‘女弗能救与?’”朱注曰：“旅，祭名。泰山，山名，在鲁地。礼，诸侯祭封内山川，季氏祭之，僭也。冉有，孔子弟子，名求，时为季氏宰。救，谓救其僭窃之罪。”这是讲对泰山行旅祭之礼。《周礼・天官・掌次》：“王大旅上帝。”郑玄注：“大旅上帝，祭天于圆丘。国有故而祭，亦曰旅。”这表明旅祭并不一定登其山而祭。事实上，尧舜时代即有望祀山川之礼，望祀便是旅于山麓，燔柴望其山而祀之。所以旅祭、望祭，其特点乃在山顶燔柴举火以祀。

本卦取象即依旅祭之事理而取物理象。因本卦下体艮为山，上体离为火，乃山顶燔柴举火以祭之象，故取象曰旅。

小亨。叙辞。叙述筮遇此卦，在小亨祀之时也。“小亨”在经文中是与“元亨”“大亨”相对应的叙辞。元亨、大亨，具有最高的权威性，小亨则相对较小，故甚为少见。

旅贞，吉。占辞。

谓筮遇此卦，于军旅、商旅、旅祭等行旅之事皆为吉利也。这是从卦象的事理中得出的应然判断。这一判断自然具有特称性质，其潜在意思便是说，若不是有关行旅之事，则未见其吉了。

《易经》时代，许多字的字义都在演变过程中，往往二义并存。如贞有侦问与贞正二义；孚有俘虏、孚信、孚从等义；亨有享祀、亨通二义等，这里旅字在卦辞中取祭礼象，爻辞中则均用行旅义，亦是一例。

初六　旅琐琐，斯其所取灾。

解：旅琐琐，斯其所取灾。象占连辞。

词义：琐琐，《说文》：“琐，玉声也。从玉，贞声。”《诗·小雅·节南山》：“琐琐姻娅。”《毛传》：“琐琐，小貌。”《尔雅·释训》：“琐琐，小也。”引申有琐碎、烦琐等义。旅琐琐即谓多次行旅外出而行为琐屑也。

斯，初义为析。《诗经》中已用作副词、连词、代词，此处作因果连词，与解·九四：解而拇，朋至斯孚义同。

所，初义为伐木之声，借指处所。《诗》《书》等古籍已用作连词、助词、代词、语词，此处作助词，助成取灾之意。

依事理取象：本爻居下体艮下，变而成离。离本有离去与遭罹二义，甲文离作，作。皆作以网捕鸟或鸟脱网而去之形。而本卦上体亦为离，是离而又离，多次行旅外出之象也，故曰：“旅琐琐。”离本有遭罹义，重离乃兵燹之象，故又曰：“斯其所取灾。”

辞意谓所贞之人以其多次行旅外出，因而遭罹灾害，兼有行为琐屑，因小失大之意。由于象与占之间均有直接的因果关系，不可分割，所以是个象占连辞。从直观层面看，似有告诫求筮者不宜过多行旅外出及行为应光明正大之意，但从全卦诸爻的史实背景加以考察，则为对一特定人物行旅遭灾之实录。初爻叙其遭灾之由，以下各爻则述其遭灾之实。这种叙述特定史实之前因后果以定占断的系辞章法，能够以生动的形象说明抽象的事理，以历史的经验教诫后人，在《易经》中是常用的方法。它体现了作者的历史反思精神，是值得重视的。可参见师、革、震、睽等卦释。

此外，所谓叙述特定史实，也不是全由作者随意撰述，一般都有当时的筮占记录为根据，作者仅是从中选出符合于立卦用意的条目加以适当编排润色而已，这在师、革、震、睽及本卦中都表现得非常清楚，读者细观即不难明白。

六二　旅即次，怀其资，得童仆。贞……

解：旅即次，怀其资，得童仆。象辞。

字义：即，就也。（参见屯·六三释）

次，甲文作，金文作。《说文》：“次，不前、不精也。”本义指次位、次等，此处指旅人中途暂止之所。不前即有进而暂止意也。

资，《说文》：“资，货也。从贝，次声。”而货，即古代货币。其字形作，作、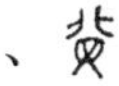，这里即用其本义，指货币。

怀，繁体作懷，金文作。名词指胸前部位，动词有怀思、怀藏等义，此处用怀藏义。

童，未成年的僮奴。见前蒙卦释。

仆，繁体作僕，甲文作，金文作。《说文》：“仆，给事者……古文从臣。”泛指仆役之人，特指驭车的仆夫，从字形可知为一种家内奴隶。童仆，则指较年轻的男性奴隶。

辞意是说，旅人到达途中暂止之所，怀藏其货币而不付出便得到了年轻的奴仆。

依物理取象：本爻当下体艮中，艮为门阙，艮中即宇舍之所在；本爻又当互体巽下，巽为草木，草木覆于宇舍，可见宇舍简陋，故有“旅即次”之象。又：艮于人体有胸、背之象，艮又为手，巽为帛，为近市利三倍，故有“怀其资”之象。又艮为少男，互体巽为绳索，以绳索系住少男，故有“得童仆”之象。

贞……。占辞。贞字后有脱文。

高亨《周易古经注》云：“贞下疑有‘吉’字，转写脱去。《象传》曰：‘得童仆贞，终无尤也’，正以无尤二字释吉字，即其证。‘得童仆贞吉’，正与九三‘丧其童仆，贞厉’相对为文也。”这个说法，部分正确。因为《周易》有“贞吉”“可贞”“利贞”“利××之贞”“贞凶”“贞厉”“元永贞无咎”“艰贞无咎”“贞吝”“不可疾贞”“不可贞”“元永贞悔亡”“勿用永贞”“永贞吉”等等占辞，贞字前后皆有吉、凶、悔、吝等占断，并没有“得童仆贞”这类章法，先儒多释贞为正，勉强作解，是不可取的。所以高亨先生认为贞字后有脱文是正确的。但是要肯定是脱去“吉”字，其论据便十分不足。因为高先生引的象传“得童仆贞，终无尤也”，乃是先儒释贞为正的证明。意思是说旅人得到童仆是商旅的正道，没有什么不对，并没有贞后有吉的意思。我们仔细分析，贞字后当以脱去吝字较为妥当。因为象辞中讲得很明白，旅人是怀其资而得童仆，就是他不付钱便得到了童仆，这表明他不是按正常的买卖得到的，也就是掳掠来的。我们在需卦中已经说明，当时的商队都有武装扈从，以防盗寇；另一方面，在方便的条件下，这些武装人员也就乘机掳掠落后部族的少壮男女以为奴隶，加以贩卖。这是原始商业的一大特点，世界各地皆然。经文中的这位商人，既然经常外出经商，又以商旅的形式长途贩运，武装随从不少，一有机会便掳掠人口乃是非常自然的。这便是“怀其资”而“得童仆”的实际含义。既然得童仆是来源于掳掠，那就不是得自正道，自然也就不能是贞吉，而只能是“贞吝”“贞厉”之类了。不过，这条占辞的最初记录究竟是“贞吝”“贞厉”抑或是“贞吉”，都很难判定。因为系辞记录的是夏商时代的事情，那时的筮官倒不一定认为掳掠来的奴隶就不正道，因而也就有可能作贞吉的占断。只是到了周初作易时，对这一占断重新审视，由于周人历来反对寇掠，提倡正当交易，加上后来事件的发展，商人掠得的童仆又被抢了回去，才有可能对这条占辞作出贞吝、贞厉一类的占断。很有可能，正是在这种反复修改和抄录的过程中将“吝”“厉”这类断辞抄漏了，或者涂改得模糊不清，后人无法辨认，才不得已只保留了一个贞字，造成了后世解读的一大难题。如果这一推想属实，那么，这条脱字的占辞，便成为周初作易时对原有记录加以重新审视，并根据作者立卦的主旨进行适当增改的有力证明了。

九三　旅焚其次，丧其童仆。贞厉。

解：旅焚其次，丧其童仆。象辞。

依物理及事理取象：本爻当下体艮上，艮为门阙，互体巽为草木，草木所覆之舍宇，乃舍次之象；而巽上交于离，离为火，故有旅焚其次之象；又艮为少男，为巽绳所系，是得童仆之象；本爻变，下体成坤，互巽变坎，少男及绳系之象尽失，故有丧其童仆之象。

贞厉。占辞。谓筮遇此爻，所贞之事有危厉也，这是从爻象的事理中作出的应然判断。既然旅人在途中的住所被人焚烧了，得到的童仆又丧失了，自然是处于危厉之境了。

自史实层面观之，本爻是承上爻而言，上爻谓旅人怀资不付以掠取方式得到童仆，引致当地群众的愤懑，一举烧了他的住所，同时抢回了被掳的人口。旅人因此筮问吉凶，筮官断之以“厉”，就是说有危厉。《周易》选用这一占断，显然具有教诫后世商旅应当正当交易，不可恃强抢掠的用意，正是对野蛮经商的拒斥与文明经商的倡导。

九四　旅于处，得其资斧，我心不快。

解：旅于处，得其资斧，我心不快。象辞。

字义：处，繁体處，金文作，乃象人头戴皮冠，坐于几上之形。《说文》：“处，止也，得几而止。从几，从夂，或从虍声。”徐锴系传曰：“《诗》曰‘爰居爰处’，以为居者定居，处者暂止而已。”小畜·上九有“既雨既处”之辞，处义为止，亦有暂止意，但皮冠为考究之饰，几乃凭坐安身之具。故处之暂止与旅次之简陋不同，乃客处而得安居之意，所以当为旅人所到达的目的地，即交易之处。

斧，上古以刀、斧、钱、镈等工、农用器作为交换媒介，其后以铜铸币，象刀、斧、钱、镈之形，小其体而便于携带。但商初货币形质未明，通常释资斧为货财。

我，甲文作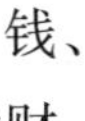。金文作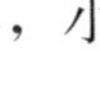，《说文》：“我，施身自谓也。”字形象一种较原始的武器，及捕猎工具。社会发展史的研究证明，工具、武器是氏族公社中最早的私有财物。所以用“我”这种器具作为自身的指代词。经文中，我字共见 7 处，均用作求筮者自身的指代词。

辞意是说，旅人到达目的地的住所以后，又得到了途中失去的货财，但是心里很不愉快。

依物理取象：本爻当上体离下交互体兑中，本爻变，上体成艮，互体成震，艮为门阙，震为足为动，足入于门阙，故有旅于处之象。又本爻当下互体巽上，巽为帛（古代帛亦用作货币），为近市利三倍，下体艮为手，乃得货财之象，故曰得其资斧。本爻变，下互体成坎，坎为心病，为加忧，故有我心不快之象。

本爻不系占辞，实即以象代占。因为“我心不快”，实际便是“有悔”之占。从史实背景看，大约旅人到达交易之处以后，得到所在部落邦国的优礼相待，为他追回了“旅焚其次，丧其童仆”时被抢去的货币资财。但是，或由于未归还丧失的童仆，或由于自心感到愧悔而有所不快。当时筮官虽有占断但未应验，周初作易时认为“我心不快”已含有占断意，因而去掉未验的占辞而采取以象代占了。

六五　射雉，一矢亡，终以誉命。

解：射雉，一矢亡，终以誉命。象占连辞。

字义：雉，鸟名，今所谓野鸡。

誉，《说文》：“誉，称也。”即赞美。经文中誉字均用赞美义。

辞意是说，旅人在所到的邦国，曾经行猎射得野鸡，虽然亡失了一只箭，但最终得到善射的称誉。

依物理及事理取象：本爻当上体离中，离为雉，互体兑为毁折，有野鸡遭射之象，故曰射雉；射必以矢，而矢象不见，故有矢亡之象；互体兑为口，言说之象，上体离为明，为丽，有美其言词之象，故曰终以誉命。

本爻象占自为因果，故为象占连辞。

上九　鸟焚其巢，旅人先笑后号咷，丧牛于易。凶。

解：鸟焚其巢，旅人先笑后号咷，丧牛于易。象辞。

词义：号咷，啼哭呼喊。

易，通埸（yì），疆埸也。此处无疆埸象，当为旅人所到之地名，即有易氏之地。

辞意是说，旅人在有易之地，先时很快乐，后来却号咷痛哭，因为驾车的牛丧失了，居处也被焚毁，像鸟巢一样突然被人焚毁无余。

依物理取象：本爻当上体离上，下互巽，离中虚，有巢象；巽为木，巢在木上，是为鸟巢。离又为火，木上生火，有焚象，故曰“鸟焚其巢”。又离交互体兑，兑为口为悦，离为明，悦而明，位在口，故有笑象；本爻变，上体为震，震为雷，为大声，互兑为口，有号啕之象，故曰“旅人先笑后号啕”。又上离为牛，互兑为缺失，故有丧牛之象。以其所在地为易，故曰“丧牛于易”。

凶。占辞。谓筮遇此爻，所贞之事为凶也。这是依爻象显示的事理所作出的实然判断。

本爻显然是一段历史事实的记录。

李镜池《周易通义》云：“易通狄，这是写周人历史上的一件大事，说太王被狄人侵迫，从豳迁于岐山周原，狄人侵犯时，烧杀抢掠，周人像鸟被烧了巢一样，无家可归，全族迁徙，成了旅人。他们原先生活过得很快乐，后来就悲惨了，呼号哭泣，不但家园被毁坏，连牛羊等牲畜也给狄人抢了去。这真是一场大灾难。”李先生这一猜想，缺少文献依据，与太王迁岐的史实不符，我们不能苟同。

高亨《周易古经今注》云：“此亦王亥故事，鸟焚其巢者，喻旅人之焚其居也。号啕，哭也。易即有易，国名。据《山海经》大荒东经、《竹书纪年》《楚辞·天问》篇所载，殷王亥曾客于有易之国，从事牧畜牛羊。王亥淫于有易，有易之君绵臣杀之，而取其牛羊。本爻云：‘鸟焚其巢’者，王亥之居被焚也。‘旅人先笑后号啕’者，王亥先逞淫乐而欢笑，后临被杀而号哭也。‘丧牛于易’者，失其牛于有易也。”此说除“从事牧畜”及“临被杀而号哭”不必尽是以外，大体上为得其实。

现录文献所载王亥事如下：

《山海经·大荒东经》：“王亥托于有易，河伯仆牛。有易杀王亥，取仆牛。”

《竹书纪年·夏纪》：“殷王子亥宾于有易而淫焉，有易之君绵臣杀而放之。是故殷主甲微假师于河伯以伐有易，灭之，杀其君绵臣……”

《楚辞·天问》：“该秉季德，厥父是臧，胡终弊于有扈（王国维谓该即亥，有扈乃有易之误），牧夫牛羊？干协时舞，何以怀之？平胁曼肤，何以肥之？有扈牧竖，云何而逢？击床先出，其命何从？恒（王国维谓恒乃王亥之弟，王恒）秉季德，焉得夫朴

（通仆）牛？何往营班禄，不但还来？昏微遵迹，有狄不宁，何繁鸟萃棘，负子肆情？”

《吕览·勿躬》：“王冰作服牛。”（王国维谓冰篆文作仌，与亥形近而误。）

《世本·作篇》：“胲（通亥）作服牛。”

据上引文献参详，王亥之事，与本爻系辞内容大体冥合。盖商族自契至汤凡十四代，其第七代祖即王亥，正当夏帝泄之世，时作仆牛，或曰服牛，即以牛驾车远行以贾，与其三代祖相土作乘马相类。《系辞下传》“服牛乘马，引重致远以利天下”是也。王亥之父冥，为夏之水官，勤事其官而死于水，是有德之君，商人祭之以报礼，故《楚辞》称其“该（亥）秉季德”，而疑其何至于为人牧牛（这里，《楚辞》是将仆牛驾车误以为牧牛了）。“丧牛于易”则于诸书屡见之。《楚辞》所谓“干协时舞，何以怀之?”“何往营班禄，不但（通惮）还来?”与王亥途中多遇险难仍多次远行经商之事相应；“平胁曼肤，何以肥之?”与王亥曾受有易氏优礼相待，射猎为乐之事相应；“昏微遵迹，有狄（即有易）不宁，何繁鸟萃棘，负子肆情?”与王亥淫于有易之事相应；“击床先出，其命何从?”“胡终弊于有扈（有易）?”与王亥被杀，《系辞》所谓“鸟焚其巢，旅人先笑后号啕……凶”完全相应，只是号啕之人到不一定是王亥，他的随从们因首领被杀也可能号啕痛哭的。如果《楚辞》中所谓“恒秉季德”的“恒”果如静安先生所言是王亥之弟王恒，则是二人同旅于有易之证，那么这位号啕的旅人，就应是王恒了。

总的来说，旅卦是一个意义非常丰富的卦，大略言之有三：

其一，从文献学的角度来看，它体现了《周易》纂著方式上的一个显著特点，就是利用古代重大史实和有关的筮占记录，按照立卦的主旨加以拣择整理和适当改编，以生动的史事印证自己的价值判断，达到其神道设教的目的。整个旅卦可以说就是关于殷王亥远行经商，中途遇险，最后因行为不检招致丧亡的生动描述。初爻，旅琐琐，斯其所取灾。可以说是对王亥的失误的总体评价，实际上有两层含意：一是说他多次远行，难免取灾，这是从社会环境中的危险性立论；一是说他行为琐屑，不够光明正大，必然取灾，这是从个人素质上立论。以下诸爻，从事实的发展和结局，充分地表明了这一总体判断的正确性。其中，六二爻“得童仆贞”后脱字，占辞不明，是《易经》作者对原有占断曾加以改定的遗迹。上九的凶占，明显的是周初作易时，以客观态度作出的评判，因为这件事对当时的商族来说，其凶危性质是不占而明的。因此，本卦可以说是《周易》叙史实以定占断的纂著方式的典型代表。这样的系辞，既要照顾到史实发展的过程与卦爻展示的时序始终对应，又要使卦爻辞的时空描述——象辞的内容在卦爻中有象可取，最后是史事的因果性及其价值评判——占断辞能够充分地体现立卦的主旨，对后世君子的社会行为起到导向的作用，才能发挥其应有的政教功能。我们于此也可见作易之难，真可说是非有贤圣之德才不能成。南宫括在文王已作出示范的基础上，在殷周史官的帮助下，前后花了九年以上的功夫才最终完成《易经》之作，也可见其绝非轻而易举。《易经》在内容的形式化、体验的模型化、语言的历史化、理论的批评化等等方面，可以说都接近于现代修辞论美学的审美要求，因而具有超越于其他古典文本的思想魅力与艺术魅力，南宫老先生的精思洞达，的确是功不可没的。同作易之难比较起来，我们今天——以至历代先贤们所谓的读易之难，似乎就不足以为人称道了。

其二，从史料学的角度看，本卦系辞不仅是王亥、王恒等商族早期祖先活动的史事记录，可以作为商族史料看待；而且可以据之考察商族初期的社会性质。辞中表明，王亥、王恒是经常远行经商的所谓旅人，而且发明了以牛驾车，长途贩运。联系他们的三代祖相土作乘马来看，商族初期便是一个服牛乘马，引重致远而取利于天下的商业民族，后世将这种职业称为商业，将从事这种职业的人称为商人，与此当有密切相关。而那时的商旅活动具有以下特点：

（1）商旅之人须结队出行，有武装护卫，首领多为氏族首领及部落军事首领；

（2）商旅在途中易遭寇掠，在方便的时候商队也寇掠别人——主要是当地较为弱小落后的氏族，掠取的对象主要是男女人口以作奴仆加以贩卖，这说明贩卖奴隶是当时主要的致富手段；当时似有资斧一类的货币，美玉财宝的积累也可能是商业行为的重要目标；

（3）商旅在沿途有自己的舍次，到目的地又有固定的处所。其交易的对象主要是所到之处的氏族部落首领，（因为正是他们需要奴隶和美玉财宝。）他们受到当地首领的礼遇，被尊为“宾”，他们宾主相待共同游乐，往来酬酢频繁，暂住时间也可能较长，以至于发生与主人妻通奸等事，最终导致氏族部落冲突。

凡此种种都反映出当时的社会性质已处于氏族社会末期，奴隶的使用已经相当广泛，以商队形式远行交易，更是氏族部落间商业交往的主要形式。

其三，从《周易》的政教功能的视角加以考察可以看出，《周易》的作者首先对商旅行为取认同态度，尽管王亥之事以悲剧告终，但是经文并没有根本否定商旅行为的意思，这只要看旅卦的卦辞：“旅。小亨。旅贞吉”就可以明白，它对于商旅行为实际上是认同的，提倡的。这里体现的正是周初圣王们农、工、商、虞四业并重的立国经邦之道。而正因为他们将商业也作为立国经邦的一项大业，他们也就特别注重商业行为的正当性，本卦中他们反对商旅的琐屑之行，提倡光明正大；对寇掠淫佚都取否定性的评判，与需卦中提倡合法交易，平等互利的精神是完全一致的。

另一方面，旅卦也反映出周初贤圣们对商旅行为的某种忧虑心理，其一是商旅行为中互相寇掠之事屡见不鲜，其二则是商旅行为往往与游乐放荡等淫乱之事密不可分。《周易》的作者感到这是个大问题，因为它不仅造成个人悲剧，更会导致部落冲突。但是作者也感到这类问题似乎无法避免，因此他只好以王亥的悲剧来告诫后世，这种告诫当然可以发挥一些作用，但是毕竟不能完全奏效，直到如今，商业行为也还同花样百出不断翻新的腐化行为搅在一起，便是明证。当然，这也提醒我们千万不要以今人都还做不到的事去强求于古人，在《周易》的时代——商业还处于那样原始的状况，作者能够生发出如此悠远的忧患意识，也就不愧为一代贤圣了。他们对野蛮经商的拒斥，更表明其挣脱蒙昧趋向文明的用心之深与用力之勤。

7. 丰：警惧逐财之患
（附：需、旅、丰总说）

䷶　丰。亨。王假之，勿忧，宜日中。

解：丰。象辞。通常用为卦名。

字义：丰，繁体豐，甲文作，金文作、、，古文作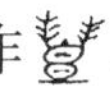。《说文》：“丰，豆之丰满者也。从豆，象形。”《广雅·释诂一》：“丰，满

也。”观字形可知其象豆器中满盛成串宝玉之形。本义当为丰富、富有、丰盛，引申有多、大等义，金文中已用丰收、丰厚等义，这里用富有及丰盛义。

依物理取象：本卦上震下离，震为雷，离为火、为电，象曰：“雷电皆至，丰。”盖取雷电交作，其势盛大之象也，故曰丰。

依审美取象：卦形似豆中盛玉，与丰之甲、金、古文相类。

亨。叙辞。说明享祀行筮得遇此卦也。

王假之，勿忧，宜日中。占辞。

字义：假，《说文·人部》：“假，非真也。一曰：至也。《虞书》曰：‘假于上下。’”《诗·商颂·玄鸟》：“四海来假，来假祁祁。”郑玄注：“假，至也。”假本有凭借、依止等义，此处即用至义。王假之，谓王将至其家也。

日中，指中午时刻。

辞意谓王将于中午时刻至其家，戒其无须忧虑也。这是依卦象所显示的事理作出的应然性判断。因本卦上体震为威，有王象；震又为动，于人体为足，下卦与互巽成“家人”卦，故有王至其家之象。卦中无坎象，故曰勿忧；下体离为日，故曰宜日中。这个占断辞有劝诫意，表明求卦之人心中很忧虑，筮官依卦象诫之以勿忧。为什么王至其家会心忧其事呢？这是个很复杂的问题，留待后文探讨。

初九 遇其配主。虽旬，无咎，往有尚。

解：遇其配主。象辞。

字义：遇，金文作。《说文》：“遇，逢也。”

配：甲文作，金文作。《说文》：“配，酒色也。从酉，己声。”徐铉注：“己非声，当从妃省。”吴楚《说文染指》：“妃、配，制字之义相因矣。妃者，女与己为匹以相对也；配者，置酒成礼，以相对而为匹也。二篆音同义贯，故古多通用。”观字形当以《说文》为是，像人视酒色之形。古人以不同色之酒配合而饮，故配之初义为配合，引申乃有匹配、配偶、相当等义。此处用相当之义。

主，初义为一家之主，此用宾主义。配主指财力相当的顾主。

辞意谓商人在经商过程中遇到了财力相当的主顾。

依物理取象：本爻当下体离初，离为火、为电，与上体震为雷相应，雷电相匹之象也，故曰遇其配主。

虽旬，无咎，往有尚。占辞。

字义：虽，帛书本作“唯”，即古叀字。甲文作、，金文作。郭小武先生在《甲骨卜辞对贞连贞的哲学语言考察》[①] 一文中征引甲骨卜辞之“贞：王叀沚聝比伐巴方，帝授我佑？王勿隹沚聝比伐巴方，帝不我其授佑？（6473 正）”说明“叀”“隹”都是后来的“唯”字，但在甲文中，叀之唯作正辞用，义同于“是”，隹之唯则作反辞用，义同“非是”。其后加以区别，以唯代叀，以匪代隹。《周易》经文中仅见此一虽字，今帛本作唯，得其本义。

旬，甲文作，。金文作，又从日从匀作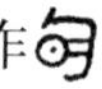。《说文》：“旬，遍也。十日为旬。”遍有均义，故又通均。王弼《周易注》及荀爽皆以旬为均。

据上可知，“虽旬”乃“唯均”之异写。唯均就是财势相当，均等交易的意思。

尚，有崇尚、佐助等义，作语辞相当于“曾”“庶几”，经文中有“曾”“助”二义，此处即有佐助义。如泰·九二：“得尚于中行。”为中途得到救助之意，有尚即有所助益也。

占辞意谓均等交易，不会有错，今后还可互助互利。

这是依爻象的事理所作出的应然判断。大商人既遇财力相当的主顾，又能均等交换，互不见欺，自然不会出错失；由于双方财势相当，必有同样的武装护卫，往后的商业交往中也必然能互助互利。

本爻占辞进一步表明，《周易》主张商业交往应坚持等价交换原则，具有互助互利精神，这是经商的正道，也是臻于丰盛富有的正道。这样的价值取向，同作者以商业交换为需待关系，即互通有无，各得其所的原始商业意识是一致的。反过来说，若所遇非其配主，或过强过弱，互相间就可能发生劫掠之事了。

六二　丰其蔀，日中见斗，往得疑疾，有孚发若。吉。

解：丰其蔀，日中见斗，往得疑疾，有孚发若。象辞。

① 《传统文化与现代化》1995 年 2 月。

字义：蔀，郑、薛本作菩。陆德明释文云：“小席也。”王弼注曰：“蔀，覆暖。鄣光明之物也。”当是古代用以被覆屋顶、窗户以及乘舆之草织品。

斗，星斗。一般指北斗星，亮度一等，夏秋夜间最容易看到的星，或于春冬之季，遇日食昼暗，则日中之时亦可见之。古有“日中见斗”之成语，以形容明中现暗之象①。

疑疾，疑之甲文作。郭沫若《卜辞通纂》：“像人持杖出行而仰望天色。”《说文》：“疑，惑也。”故疑之原意为迟疑、迷惑，引申有疑惧、疑怪等义。疑疾乃是当时对某种心理症候之特称，如像今时所说的“疑心病”之类。

孚，此处用随从义。

发，此处用开启义。

辞意是说：富商远行交易，丰盛其障蔽饰物，至于遮天蔽日，好像大白天都昏暗得可以看见星斗②。由于车幔障蔽过厚，他闷在车里久了，反而得了疑疾，随从们只好为他启开障蔽之物。

依物理及事理取象：本爻当下体离中，离为日，为明，互体巽为草木，覆于日上，有以草织品障蔽日光，明中现暗之象，故曰：“丰其蔀，日中见斗。”这是用当时成语形容障蔽过盛的意思。又：本爻当互巽之下，巽为进退，为不果，迟疑不决，故有“往得疑疾”之象。又：本爻以一阴困二阳之中，为有孚之象；本爻变，互巽变乾，乾为天，开启蔀物而得见天光之象，故曰：“有孚发若。”

吉。占辞。谓所贞吉利也。

这是依爻象的事理所作出的应然判断。盛其障饰以至于得了疑疾，本不为吉，但能去其障蔽，其疑虑已消，病自可痊，故其占为吉。这反映了作者重视事物的可转换性观念。

九三　丰其沛，日中见沫，折其右肱。无咎。

解：丰其沛，日中见沫，折其右臂。象辞。

① 《周易》引用当时成语甚多。如小畜、小过均引“密云不雨，自我西郊”。

② 日中见斗，或以为是日食。但象辞明明说是由于“丰其蔀”之故，爻象中也只有草木蔽日之象而无日食象，且本卦二、三、四爻均有日中见斗（沫）之说，一人出行岂能三遇日中而食，故不取。

字义：沛，《释文》："沛，本或作旆，谓幡幔。"王弼《周易注》："沛，幡幔，所以御盛光也。"《九家易》曰："大暗谓之沛。"实际上，旆是长幅下垂的燕尾旐旗，其长八尺，行军时排在前列的仪仗；幡也是长幅下垂的旗，祭祀或行军时用的仪仗；幔乃幕帐，有帷幔、障幔，帷幔是军用的帐幕，障幔则是出行时用以遮障阳光、砂尘以及旁人的视线，也属仪仗之类。大军行进时往往都盛其旆幡，多至数十成百，以壮声势。

沬，郑本作昧。王弼注："沬，微昧之明也。"《九家易》曰："沬，斗杓后小星也。"日中见沬，也是当时的一句成语，形容大明变成大暗，有如日中反见到小星。

折，甲文作，金文作。均象以刀、镰砍断草木之形。《说文》："折，断也。从斤，断艸。"此处即用砍断义。与离上九"有嘉折首"用义相同。

肱，古文作，篆文作。《说文》："肱，臂上也。"

辞意是说，富商出行，盛其旆幡障幔，至于遮天蔽日，以壮声势，并威盗寇，但是盗寇依然来了，争斗中被砍断了右臂。

依物理取象：本爻处离上而互巽中，离为日，巽为帛，象旆幡。遮天蔽日，其暗更甚于日中见斗，故有"丰其沛，日中见沬"之象。本爻又当互兑之下，互巽之中，兑为毁折；本爻变则中巽成艮，艮于人体为手为肱，又因与四、五爻合而成坎，坎于方位在卦右，故有折其右肱之象。

无咎。占辞。这是依爻象的事理所作出的讽喻性评判。富商远行，商队庞大，为炫示武力，乃盛张旆幡，以威盗寇。不料盗寇依然冒死行劫，战斗中他被砍断了右肱，本属危厉，但是幸而没有伤到要命的部位，而且终于驱走了盗寇，保住了资财，因而不断以凶厉而断之以无咎。这反映了《周易》的一种运筹学观念，两害相权取其轻，教人应当从大处着眼看问题。同时也表明想威服盗寇仅靠张大声势的办法还是不行的，因而有讽喻之意。于此也可见当时商队互相掠夺的野蛮行径，已达到多么严重的程度。

九四　丰其蔀，日中见斗，遇其夷主。吉。

解：丰其蔀，日中见斗，遇其夷主。象辞。

字义：夷，甲文作，金文作、。初文象有蹲踞习惯之民族，

后用指其常用弓矢农具。农具之夷，用以铲草平地，故引申出夷平、夷灭之义；又引申出同辈、平常、恒常等义。《说文》：“夷，平也。”《逸周书·武穆》：“揆民之任，夷德之用。”孔晁注：“夷，常。”《诗·大雅·瞻卬》：“蟊贼蟊疾，靡有夷届。”《毛传》：“夷，常也。”据此可知，夷之常义，其用甚早。所谓夷主，当是经常性的主顾，也就是老买主。

依物理取象：本爻当互体巽上，巽为林木，下体离为日，草木蔽日之象。本爻又当上震下，震仰盂，有斗象，故有丰其蔀，日中见斗之象。又本爻当震下、巽上，二体交互成恒卦，恒，常也。故有遇其夷主之象。

吉。占辞。谓盛其障饰，得遇恒常之主顾，交易顺利也。

这是从当时的商业风尚中作出的应然判断。商人均讲排场，盛其障饰，旗幡蔽日，商队气势夺人，犹今时坐上“奔驰”“宝马”，带上公关小姐，靓女秘书以及随从，以大款气派出现于交易场中，便易于取得成功。

六五　来章，有庆誉。吉。

解：来章，有庆誉。象辞。

字义：来，经文中均用去来义，此处谓得来。

章，与璋同。经文中章字有二义，坤·六三“含章可贞”，用章彩义；此处“来章”，用璋玉义。《说文》：“剡上为圭，半圭为璋。”谓璋乃古之瑞玉。《周礼·春官·大宗伯》：“以玉作六器，以礼天地四方……以赤璋礼南方。”《考工记·玉人》：“大璋、中璋九寸……边璋七寸……天子巡狩……诸侯以聘礼……”

李镜池《周易通义》曰：“来章，犹得璋。璋，美玉。可作珪、铉等。庆，庆贺；誉，称赞。……商人买到美玉，大家庆贺他，称赞‘好玉’……”其说大体可从。

依物理及事理取象：本爻变，互兑变乾，而交下离，乾为玉，离为明为赤，故有来璋之象。又本爻当互兑上，上震中，兑为口，震为言，下体为离，离为明、为丽，有上下交口赞美之象，故曰有庆誉。

吉。占辞。这是依“来章，有庆誉”的事理所作出的已然性判断。若从预测上来讲，就未必是吉。不过，从这一占断可知，当时对财富追求已成社会风尚，而宝玉则是财富的主要标志，也是商人们追逐的主要目标，这较之旅卦中以奴隶的拥有为财富的主要标志和追逐目标，已有很大的不同，它标志着奴隶制条件下的商品经济已有相当大的发展，有资本化倾向。

上六　丰其屋，蔀其家，窥其户，阒其无人，三岁不觌。凶。

解：丰其屋，蔀其家，窥其户，阒其无人，三岁不觌。象辞。

字义：屋，籀文作，古文作，本象古代半地穴式居室的覆盖，《说文·尸部》：“屋，居也。”段注：“屋者，室之覆也。”故丰其屋，乃丰厚其室之覆盖物的意思。

家，《说文》：“家，居也。”《诗·大雅·绵》：“古公亶父，陶复陶穴，未有室家。”《毛传》：“室内曰家。”家字在经文中主要指家庭，此处指居室内屋。

李镜池《周易通义》云：“屋，与家对言，屋指整座房子，家指屋内；窥，探视；阒，寂也；觌，见也”。

辞意是说：商人发了财，盖起了高楼，将居室也装修得美观严实，从门口望去，却寂无动静，三年都看不到人影。

依数理及事理取象：本爻当卦位之上，处丰之极者也。丰之极则不仅丰盛其车舆之饰，势必盛饰其屋室，故有丰其屋，蔀其家等事，此所谓“富润屋”者也。

依物理及数理取象：本卦初至四爻交互成家人之卦，五既覆于上，六更覆其上，其覆甚丰，故有丰其屋，蔀其家之象也。

又：下体离为目，在家人卦之下位，有“窥其户”之象。互巽为木、为林，当家人上体，有寂静无人之象，故曰窥其户，阒其无人。离为目，于数为三，巽为木，荣枯成岁，故有三岁之象。离与上六之间，有巽木及兑帛遮隔，故有三岁不觌之象。

凶。占辞。这是依爻象的事理作出的已然性判断。盖富商虽盛饰其屋室，却无人居住，自身又三岁不归，身死家亡之象也，非凶而何？这一占断显然不是富商求筮时的占断记录，而是《周易》作者对于这一类事象作出的判断。它是作者价值观念的集中体现，我们从中不难体会到周初贤圣们对财富的追逐问题具有一种深沉的忧虑意识。

概略言之，丰卦也是一个以某一富商发财致富及其个人悲剧为背景的筮占记录，其占辞则依作者的价值观念有所增改。这一特定个体为谁，因资料不足难以推断，但他是一个专业化的大商人，而且以经商致富，则是可以肯定的。他没有氏族部落首领的尊号，但气派则有过之而无不及，且家中常有王侯造访。这样的富商的出现，在商殷时代，当是初期奴隶制经济有较大发展而社会结构正趋于解体的重要标志。其所在的地域不可能是刚刚兴起的酋邦——周原地带，而只能是在原属殷商王国而新近被周族征服或自动归附的地区。

纵观丰卦之辞可知，作者的本意在于陈述丰盛之道。初爻便指出丰盛之道首先在于遵循平等互利的原则才能相尚相助，其中已包含了不可一己独富的用意。以下诸爻，可以说都是对于过分追求个人财富的告诫。更值得注意的是卦辞“王假之。勿忧”所体现的社会学含义问题。因为家人·九五也有“王假有家。勿恤，吉”之辞，而且紧接在六四爻“富家。大吉”之后，为什么王者至富者之家便会发生有无忧恤的问题呢？这显然是在殷族统治下，王者至于富家多有勒索责罚之故。其实质便是王者与富家之间既互相依存又互相倾夺的反映。这些问题我们将在明夷、遁、革等卦中评论。这里仅就两卦的占断都是“勿忧”或“勿恤”而言，可见其所指称的王当是周王而不是殷纣王。因为周邦从文王时代就对商业采取扶持政策，《逸周书·程典》就讲“商不厚、工不巧、农不力不可成治”，《文传》中又讲“百物以平其利，商贾以通其货”，《大聚》中武王、周公“悬令商旅曰：‘能来三室者，与一室之禄，辟关修道……关夷市平，财无郁废，商不乏资，百工不失其时……以成万财……不召而民自来”，已将商人赏以世禄，优待如臣属；《文政》中又采取“工商受资……足民之财”等等优惠扶持政策，凡此均可见周王对商业的看重。周族自文王归程开始征服邻近邦国，取耆及邘，至于灭崇称王，前来归附的小邦很多，所谓“三分天下有其二”。对这些新归附的酋邦、部落，尤其是原属殷朝统治的经济发达地区，文王、武王自然都要前去巡狩，沿途巡视诸侯，同时也往一些富有之家、商业世族之属进行视察，以宣示恩德，安定民心，是很自然的。这种情况下，王者至于富家，当然不会以索取为意，而富家仍不免忧心忡忡地贞问吉凶，可见权力与财富之间长期的倾夺关系造成的紧张态势一时是很难消解的。这些现象对我们了解殷末周初的社会性质，经济水平以至殷周政治斗争的社会基础等带根本性的问题都是非常有意义的。在殷末之世，王权与巫史贵族处于对抗态势，二者之间，足以影响社会结构和民心向背的势力便是富商之族。这样，财富与权力、富商与王权或贵族之间便产生了某种政治性结合的可能性，如何处理好这种政治关系，是一个大问题，一门大学问。殷纣正是为了彻底摧毁巫史贵族而依靠和扶持商业奴隶主，造成了新旧矛盾的激化以至于垮台①。周人对财富问题上的隐忧绝不是凭空自来的，在周初作易的时候他们便用一些专卦来讨论它，可见他们很早便已将这个问题纳入了立国经邦之大法，也就是从国家管理的视角来加以思考了。不能不说这也是周初贤圣们的英明睿智的体现。

需、旅、丰总说。

需、旅、丰三卦都是反映周人关于立国经邦的基本观念的大卦，其主旨均在于将商业行为纳入正当化与合理化，是他们拒斥野蛮、蒙昧而趋向文明有序的努力的一个重要方面。但是它所包藏的社会学、政治学以及历史学内涵，则可能比先贤们所能想像的要丰富得多与深沉得多。例如：

首先，商旅与寇盗之间实际上存在着某种内在联系，当商业的目的不再是为了互通有无而是单纯地追逐财富的时候，违法行为，寇盗行为便会普遍发生，商旅团队本身就可能是寇掠者，而“专业性”的盗寇群体也必然会滋生和发展起来。

其次，商业财富的积累具有资本化的倾向，在初期奴隶制条件下，一般地会转化为高利贷资本，而其盘剥的对象主要为当时的城邑平民与农村公社成员，将他们沦为债务奴隶，促成公社解体。

其三，商业财富的积累与资本化，必然产生新兴的富有阶层，这些人多半起自平民或一些家族长和小邦君。他们都拥有较多的武装，其成员多数处于奴隶地位，属于军事奴隶。他们之间既互相交易，又互相寇掠以抢夺奴隶和财宝。这便是《尚书·微子》中所讲的“小民方兴，相为敌仇”。其直接的恶果便是造成社会扰乱，平民破产，加速奴隶化进程。

其四，富有小民，一般会将财富用于享乐，在社会上形成奢侈腐化风气，与旧贵族代表的社会秩序矛盾；他们以经济及武装力量争夺平民、瓦解公社，更与上层贵族形成倾夺之势。为了自身的安全与财富的保障，更力图依靠王权，取得政治地位，跻身权贵之列。为此，必然尽量迎合国王

① 参见《遁》《明夷》《革》等卦讲解。

之所好，如像以美女财宝进献，以私属武装从征或代行征讨掳掠等，以获取国王的宠信和封赏。而这些要求正投合了当时肆酒淫乐，好大喜功，又力图彻底摧毁巫史贵族，无限制地扩张王权的殷纣的内在需要，这就导致殷纣“昏弃厥肆祀弗答，昏弃厥遗王父母弟不迪，乃惟四方之多罪逋逃，是崇是长，是信是使，是以为大夫卿士，俾暴虐于百姓，以奸宄于商邑”①以及“方兴沈酗于酒，乃罔畏畏，咈其耇长，旧有位人”② 的严重政治局面以至社会形态的畸变③。

以上种种，我们今天看起来都只能是一种经济上的自发倾向，一种政治上的可能性，然而它在当时的殷王国，却是一种实实在在的正在发生、正在演变与正在加深的过程。而周族与殷纣的斗争正是围绕着抵制、扭转和改变这一过程而展开的，这正是商周矛盾的实质之所在，也是武王革命的社会根源之所在。我们今天学易，也只有确切地把握这一过程的实质，才能够对《周易》的社会学意义作出合乎历史理念的阐释。

在以下的卦爻的讲解中，我们将不难看出这一历史过程如何展开如何完成的诸多具体情节。

《易经》的这类科学内涵，周初贤圣们可能并不十分自觉，但在今天，已增添了两千多年文明积累的我们，若要认真学易，就必须弄个明白。

8. 颐：立国以农为本

䷚ 颐。贞吉。观颐、自求口实。

解：颐。象辞。

字义：颐，字本作𦣝。《说文》：“𦣝，颐也，象形。”篆文方作頤，象人面近口处，肌肉隆起。引申为养。《魏都赋》李善注：“颐养，享也。”《象》曰：“颐贞吉，养正则吉也。观颐，观其所养也……”易传已释颐为养，故颐卦乃论颐养之道。

依审美及事理取象：为卦上初皆阳，中爻皆阴，外刚内柔，有颐颔之

① 《尚书·牧誓》。

② 《尚书·微子》。

③ 参见本书下篇第 5 章。

象；下震上艮，下动上止，有颐食之象。朱熹注曰：“颐，口旁也。口食物以自养，故为养义。为卦上下二阳，内含四阴，外实内虚，上止下动，为颐之象，养之义也。”其说甚当。

贞吉。占辞，谓能自以颐养，所贞为吉也。这是据颐养的事理作出的应然判断。

观颐、自求口实。释辞，说明颐养之事，有两种类型：一者观颐。观者外察而选取，故观颐乃求养于外之类，如渔猎、掠夺之事；二者自求口实。口实即口粮。实义为果、为籽。此自行种植以自养之类，如农业种植之事也。《春秋元命苞》：“后稷岐颐自求。”即农作自养义也。

释辞在经文中应用甚广，例如：“观。盥而不荐，有孚颙若。”盥而以下即为释辞。参见观卦释。

释辞与喻辞、戒辞、验辞之用，表明《周易》作者在占筮实践过程中主要在于发挥理性思维，阐明易道，非仅依据直觉以断吉凶，而更着重进行礼法教化，这是作者的政教意识的体现，也是作易的主要目的。同时也在于提示后来的筮官，能够把握理法教化的主旨进行占筮，不要完全堕入神秘直觉。《周易》到春秋时代就发展出了儒家的义理教化派，与经文的这些提示和系辞章法的逻辑理性是分不开的。现代的学习者应当细心领会作易者的用心，不可囿于陈说而故步自封，作茧自缚。

总之，“观颐、自求口实”已向我们提示出颐养之道主要分为两种类型，一为渔猎掠取型；一为农业种植自养型，以下即分述两种类型之优劣吉凶以明其取舍。

初九　舍尔灵龟，观我朵颐。凶。

解：舍尔灵龟，观我朵颐。象辞。

字义：灵龟，占卜之龟也。其龟自大，《尚书·大诰》有“宁王遗我大宝龟，绍天明”之说。龟既能绍天明，故称灵龟也。

观，《说文》：“观，谛视也。”段注：“宷谛之视也。《穀梁传》曰：‘常事曰视，非常曰观。’”故观有伺取，觊觎义。此处可释义为伺视。

朵颐，先儒以朵为动、为嚼，大体上以朵为嚼物而颐部朵出之象为释，实不足据。今据《说文》：“朵，树木垂朵朵也。从木，象形。”段注：“凡枝叶华实之垂者皆曰朵。”《广韵·果韵》：“朵，木上垂也。”篆文作。徐

错系传："今谓花为一朵，亦取其下垂也。此下从木，上但象其形。"可知朵乃泛指枝叶花实之垂者，则朵颐乃以农作果实茎叶等为颐养之意明矣。

辞意是说，不去捕捉灵龟，却伺取我的农作物。

依审美取象：颐卦外刚内柔，有大离之象，离有龟象，大离即大龟也。大龟乃可用以卜占，故曰灵龟。本爻变，则龟象不具。故有舍尔灵龟之象；又颐，颐也。其下爻自刚变柔，有开口但见颐食之物之象，下体变坤，坤为我、为土、为谷，故有观我朵颐之象。

合而观之，舍尔灵龟，观我朵颐。其隐喻层面，即渔牧之族，舍其渔猎之食不用，反欲伺取我农业种植之口实也。其史实背景，则指太王居豳之时，常受薰育、戎狄之族之侵扰掠夺之事，其族多以渔猎及游牧为生，以抢掠为尚，故有此象也。

凶。占辞。谓舍自有之养而不务，专欲窥伺掠夺农作之实，其后果于己于彼皆为凶也。

据《史记·周本纪》："古公亶父修后稷公刘之业，积德行义，国人皆戴之。薰育戎狄攻之，欲得财物。予之已，复攻之，欲得地与民。"此皆"舍尔灵龟，观我朵颐"之类也。又："民皆怒欲战，古公曰：'有民立君，将以利之。今戎狄所为攻战，以吾地与民，民之在我与其在彼何异？民欲以我故战，杀人父子而君之，予不忍为。'乃与私属遂去豳，度漆沮，逾梁山，止于岐下。"

于此可见古公当时曾对战与避的问题，进行艰难的抉择。其时必有筮占之事，本爻之凶占，或即当时之占辞记录，而于周初作易时选择以用于初爻之占也。

六二　颠颐。拂经于丘。颐征，凶。

解：颠颐。象辞。

字义：颠，《说文》："颠，顶也。从页，真声。"段注："颠为最上，倒之则为最下。"可见，颠字从页（头），其原义指人或物之上端，引而申之，以端为颠，故下端亦为颠，犹今言上下两头，左右两端也。

颠颐者，以颠为养，即以农作物上端之果实籽粒或其储藏根、块茎等下端之实以为养也。这是当时对以农作籽实为颐养的一种专称，以与渔牧、掠取之养为观颐、拂颐相区别，属于朵颐范畴，但朵颐似应包括蔬株茎叶之类，颠颐则主要指以籽实为养也。

朵颐、颠颐、观颐、拂颐是当时并存并用的几种颐养之法，实则关系到生产方式之不同，界定这些辞组的含义是了解经文主旨的关键。若从生产方式上了解，两者之间的同异性质本甚明了。但自易传以来，皆以《颐》为养贤之卦，谓颠颐为以上养下，颠倒相养之义，遂致与朵颐、拂颐、观颐等混淆不清，使人不得要领，今自生产方式上区别之，其义重大而可明，惟当进一步说明《周易》时代有此类特殊词汇方可。

《尚书》中《尧典》《益稷》等改订成篇的时代与《周易》相当①。《益稷》篇有："予乘四载，随山刊木，暨益奏庶鲜食；予决九川，距四海，浚畎浍，距川，暨稷播，奏庶艰食、鲜食，懋迁有无化居，烝民乃粒，万邦作乂。"意思是说，禹治水之时，民众未能耕种粒食，只好与众人渔猎而食；水患既除，开始种植谷物，耕种而食，并互相交通有无。民众都能粒食，万邦都得安定。这段话中的"鲜食"便是渔猎为生的专称；"艰食"是农业种植为生的专称；"粒食"则是以谷物为生的专称。食，《左传·文公十八年》"功以食民"注："食，养也。"可见食与颐古义相通，若将《益稷》中的"食"字换为颐字，即有"鲜颐""艰颐""粒颐"等辞。其中"鲜颐"即相当于颐卦之"拂颐"，谓渔猎掠取为生也；"艰颐"即相当于颐卦之"朵颐"，泛指农业耕作为生也；"粒颐"即相当于此处之"颠颐"，谓以谷物之籽实为生也。

类似这样的构辞，在经文中有如：

坤·六三，以农作物繁茂为"含章"；六四以农作收储为"括囊"；

屯·九五，以蓄积肉食为"屯膏"；

蒙·初六，以开荒为"发蒙"；九二以宽容蒙昧为"包蒙"；

师·六三及六五，以战死为"舆尸"；

比·初六，以饱食为"盈缶"；

泰·九三、大畜·九三及明夷卦辞以艰难其事为"艰贞"；

以及谦之"鸣谦""劳谦"；临之"咸临""甘临"；观之"童观""窥观"；贲之以素为"白贲"；遁之以让贤为"肥遁"；益·九五之以施恩惠为"惠心""惠我德"；困·初六之以杖臀为"臀困于株木"；称嫁女之事为

① 《尧典》等篇，学界多认为古有所记，周初时改为时文。

“归妹”等等。这类对当时的社会行为的描述方式都表现为一种特殊的组辞方法，这种组辞方法的特点乃在于以主体与客体的根本关系为描述内涵。这样我们对当时以养生的主要物资，及养生的行为特征而构成的“朵颐”“颠颐”“观颐”“拂颐”等的实际含义就不难理解了。

据此也便可知颠颐之象是一种审美取象；六二当阴爻之最下端，上九一阳有茎象，下四柔则象谷穗籽实，最下之六二，乃作物之颠端籽实之象也。

拂经于丘。教诫辞。

字义：拂，《说文》：“拂，过击也。从手，弗声。”过击即掠击，乃披拂之义，引申为开辟；

经，通径。亦指田间经界。

拂经于丘，即开辟丘陵地带以行种植，此教以行颠颐之法也。欲以农业谷物为养，则当开辟山丘以行种植也。

于史实言，太王迁岐之初，岐地原为荒野，方至定居，当先依山筑城建邑，其所种植之稷粟之类，亦当有在邑居近处之丘山坡地一带而与远离邑居之平原地带同时开辟也。

教诫辞原不必取象，但此辞亦有象可取。本爻当下震中，互坤下，震为动，坤为地，震变兑为毁折，有大举以披拂荒地之象，是即拂经于丘之象也。

颐征，凶。占断辞。征是规模较大的军事行动。谦·上六“利用行师，征邑国”即是。辞意谓若不行颠颐，致力于开辟山丘荒地以自养，而行征伐以求颐养于外，其事必凶也。这是依据颐养的事理作出的应然判断，具有教诫之意，可能与古公初居岐时为安定民心，专意从事农业耕作的决策有关。《史记·周本纪》载：古公居岐之初“乃贬戎狄之俗而营筑城郭室屋而邑别居之”。可见居豳之时，多从戎俗，亦有向外掠取寇伐之事。今“贬戎狄之俗”者，即禁止再行掠取征伐，而完全进入农业生活之谓也。故其居岐之初，必有禁止征战掠取一类的教诫辞，此意在六三爻中更为明白。

六三　拂颐。贞凶。十年勿用，无攸利。

解：拂颐。象辞。

字义：拂，《说文》：“拂，过击也。”参见上爻释。徐锴系传：“击而过之也。”故拂有披拂义，亦有掠击义。拂颐者，掠取而为养，与拂经有别也。掠取包括渔猎，拂颐则专指游牧之族，掠取其他族属之食物为养，即寇掠之类。上爻已明其是与朵颐、颠颐相区别的不同生产生活方式。先儒或以拂为违，尚氏以拂为弗，而帛本作㧊，乃拂击之器。小过·九三：“弗过防之。”上六：“弗遇过之。”弗不作“拂”。可见经文拂、弗有别，不当以拂为弗也。

依物理取象：本爻当震上，变为离，与上三爻互成颐，震为足为动，离为灾、为兵戈，颐为食、为养，故有拂掠以为养之象，简称曰拂颐也。

贞凶。占辞。谓掠取而颐，其事必凶也。这是从颐养的事理作出的应然判断。

十年勿用，无攸利。教诫辞。经文多以三年为久，十年之诫为重诫之辞。如：

同人·九三：“伏戎于莽，升其高陵，三岁不兴。”此非实录，诫其伏莽之当久也。

坎·上六：“系用徽纆，置于丛棘，三岁不得。凶。”此或有之事，亦言其久；

困·初六：“臀困于株木，入于幽谷，三岁不觌。”此或有之事，亦言其久；

渐·九五：“鸿渐于陵，妇三岁不孕，终莫之胜。吉。”此非必有，但言其久；

既济·九三：“高宗伐鬼方，三年克之。小人勿用。”此为实录；

未济·九四：“震用伐鬼方，三年有赏于大国。”此亦实录。

综上可知：三年多为虚拟之数，意在言其历时之久，但无严饬之意，非深诫也。

又：屯·六二：“女子贞不字，十年乃字。”此深诫而拒斥之意也。

复·上六：“迷复。凶。有灾眚。用行师，终有大败，以其国君凶，至于十年不克征。”此亦深诫不许之意也。

据此可知，“十年”乃深诫不许之辞也。“十年勿用，无攸利”者，诫其永不可行征伐掠取以求外养也。这是周人完全转变为农业经济并决心舍弃游牧生活的表现。于史实言：太王自武乙元年自豳迁岐，武乙命为周公，赐以岐邑，即行定居。至二十一年古公亶父薨，总共二十多年中未曾对外用兵，此辞或即当时筮占之实录也。文王居丰时，临终作《文传》，遗嘱后世国君："无杀夭胎，无伐不成材，无堕四时，如此者十年，有十年之积者王……无一年之积者亡。"也是总结自渔牧转为农耕的生活经验作出的教谕，与古公时之占诫相类也。

诫辞不必取象，虞翻诸儒以坤为十为年，谓"动无所应"，故"十年勿用"，其说牵强。

六四　颠颐。吉。虎视耽耽，其欲逐逐，无咎。

解：颠颐。象辞。颠颐者，以农作籽实为养也，说见六二爻释。

依审美取象：本爻自上下观之，皆有在茎实颠端之象，故曰颠颐。

吉。占辞。谓以农作籽实为养，其事合于颐养之正道而吉也。吉前未加贞字，乃事实如此之意。这是依事理及事实所得出的实然判断。《周易》系辞中大体上都以加"贞"者为应然判断，有预料其理当如此之意，未加贞之占断，则为已然判断，有"事实如此"之意。

虎视耽耽，其欲逐逐，无咎。谕占连辞。

字义：耽耽，当作眈眈。《说文》："耽，耳大垂也。"其字从耳不从目，与视无关。又《说文·目部》："眈，视近而志远。从目，冘声。"字本音chēn，其后误读与耽相混而音dān，《帛本》作"沈沈"乃"眈眈"之别写。

逐逐，刘表谓逐当为跾（chòu）。《说文》："跾，疾也，长也。"

虎视眈眈，其欲逐逐者，谓如虎之眈视，欲伺机而逐取也。这是形容游牧之族环伺欲行掠夺的严重态势。无咎则谓虽有虎狼伺夺之势，但我能正道自养，并有所警觉，自可防御而无咎也。这种谕占连辞，亦有教诫之意，谕其农业自养乃颐养之正，不可因有伺机掠夺者而变更也。

于史实言，周初居岐，在太王之世有二十余年，坚持农业生产以自养。戎狄之族，亦日渐侵逼，欲伺机拂掠。但太王居岐即"营筑城郭室屋而邑别居之，作五官有司"，已建立了初期的国家组织，生产发展，防卫工事牢固，故有虽"虎视耽耽，其欲逐逐"而可以"无咎"之谕也。谕辞亦不必取象，虞翻以坤为虎，离为目，以下视为眈，以坎为水为欲，逐逐为心烦，实多牵强。

这一占辞也可能是太王居岐晚年之占，盖太王于殷王武乙元年迁岐，二十一年薨，二十四年即有"周师伐程"，三十年又有"周师伐义渠"之事，皆对戎狄之族作战，可见在太王晚年，戎狄之族已逼近新居岐地，故有“虎视眈眈”之说也。

六五　拂经。居贞吉，不可涉大川。

解：拂经。象辞。其义同六二之“拂经”，谓开辟土地以为井田也。

依物理取象：本爻当互坤上，又当上艮中，坤为地、为土，艮为径路，有辟土成经之象也，故曰：“拂经。”不云“于丘”者，即不限于开辟山丘，而当开辟平原地带之意也。

居贞吉，不可涉大川。占辞，谓安居定居则吉，远行游牧则不可也。这是依颐养的事理作出的应然判断，亦有象可取。盖艮为门阙、为居，坤为顺，有居安之象；艮为山，本爻变，互坤亦成山，重山所阻，故有不可涉大川以远行之象也。大川亦包括大平原而不必是大河，虞翻以“涉上成坎”，实乃勉为其说。

自史实言，太王晚年，戎狄复侵，常有小规模之冲突，不可再行避让，必有主战以行征伐之事，为增强经济势力，更主发展农业，至于平原而筑邑定居，故有此类占辞也。

上九　由颐。厉，吉；利涉大川。

解：由颐。象辞。

字义：由，简文作由，《广韵·尤韵》：“由，径也。”字象田间之径路。盖古井田之法，一井之间有大道，可以行车搬运，其田间则为较狭窄之经界，故由又引申为“因”为“循”。由颐者，即谓开辟经界，以成井田，遵循农业种植以为生也。

依物理取象：本爻当艮上，变则上艮成坤，有开辟山丘以成耕地之象。

依审美取象：本爻当中坤之外，有如田块间的路径、井田间之大道，故有“由颐”之象也。

厉，吉；利涉大川。占辞。谓有危厉之事，然而可得吉，且利于远行征伐也。这是从由颐的事理作出的实然判断。盖古公既殁之后，戎狄之族，伺机侵扰，而周族坚持农业生产，开辟井田，增强经济势力；城郭邑居，加强了防卫措施，故虽有抢掠之危厉，而可以得吉。较前之“虎视眈眈，其欲逐逐，无咎”之时，国力已有进一步的发展了。周公季历此时意识到戎狄之患不可再行避让，乃振军经武以行征伐，故有此类占辞也。上艮变而成坤，坤为平原，有大川之象，故曰利涉大川也。

于史实言，帝乙二十四年（周公季历主周之第三年），“周师伐程，战于毕，克之”①，三十年，“周师伐义渠，乃获其君以归”，三十四年，“周公季历来朝，王赐地三十里，玉十瑴、马十疋”② 皆“厉，吉；利涉大川”之类也。

总的来看，颐卦乃讲颐养之道的卦，立意以农业自养为正，以游牧掠取为非，这是周人从较原始的农、牧、渔、猎生活转为较发达的农业耕作生活的反映，也是周族太王自豳迁岐这段时期进行生产变革的生活实录。这不是后世儒者所理解的养贤之道，而是周人立国经邦的根本方针，是生产方式上的大变革，是由野蛮进入文明的大转变。史实上是周族受到戎狄薰育等族侵扰控制而决心摆脱控制，内附于文明先进的殷商之后的一项英明抉择。是周族历史上的一次辉煌变革。周初作易时之以这段史实作为颐养之道的依据，意在对这一历史性抉择加以宣扬和肯定，并将其上升到久远的国策，从而奠定了周朝以农立国的根本方针。农业在周代得到很大的发展，井田的开辟达到历史上的最高水平，而且在春秋战国时代即发展出牛耕与铁犁，从而推进了封建地主制生产关系的形成，使我国封建生产方式达到世界最发达的水平，都与这项重大抉择有关，其影响是十分深远的。于此也可见周初作易的贤圣们眼光远大，智慧高明，令人钦佩。

同时，从爻辞基本上属于古公时代的筮占实录来看，周初对筮占记录的保存是极其重视的，很可能是非常有序的，按时代保存着，乃利于后人选用。近年岐山凤翔村发现的周初甲骨卜辞，年限均在文王、武王时代，可料太王时代的亦当有其集中存放之处，只是尚未发现而已。若能发现其筮占实录，则其学术文化价值当不可估量也。

① 《竹书纪年·殷纪》。

② 同上注。

9. 小畜：明君置民之产

（附：关于周初家庭与井田的讨论）

䷈　小畜。亨。密云不雨，自我西郊。

解：小畜。象辞，通常用为卦名。

字义：畜，甲文作，瓦器文。《说文·田部》：“畜，田畜也。《淮南子》曰：‘玄田为畜。’蓄，《鲁郊礼》畜从田、从兹。兹，益也。”又《说文·艸部》：“兹，草木多益。”可见，畜的本义是指田中作物茂聚，引申乃有蓄积、畜养、家畜等义，此处及大畜卦，皆用其本义。小畜指小田劳作之事，大畜指大田劳作之事也。

依数理取象：本卦上下皆刚，中唯一柔，乃以刚畜柔，所畜较大畜为少，故曰小畜。

依物理取象：本卦下乾为天，中兑为泽，上巽为草木，泽下映天，泽上草木丛聚，乃水草丰茂，亦田中作物茂聚之象，与大畜对言，所畜者小，故有小畜之象。

亨。叙辞。亨同享，叙述筮遇此卦在享祀之时，表明其占断有相当的权威性也。参见蒙亨释。

密云不雨，自我西郊。占辞。

词义：“密云不雨，自我西郊。”此语同见于小过·九五，均用以说明气候特征，可见是当时流行的一句农事谚语。意思是云从西来，不会下雨。有如今时农谚所谓“云跑东，一场空”之类。这类谚语的形成，是由于我国气候的特点，我国西北及中部均属大陆性气候，东南为海洋性气候。夏秋之季，遇东南方来的季候风，含水量丰富，湿润多雨；若遇西北方向来的冷空气，水分稀少，需自西而东，与暖湿气流交汇，方能有雨，故雨区多在东南沿海一带。在黄河流域或长江上游，则有云无雨，或仅有小雨。古代农业民族，经过长期的气象观察，形成这样的谚语是很自然的。引用谚语、俚语、成语作象、占之辞，本是《周易》系辞的常用章法，如泰·九三“无平不陂，无往不复”，夬·九四“牵羊悔亡，闻言不信”，大过之“枯杨生稊”“枯杨生华”，丰卦之“日中见斗”“日中见沫”均属此类。

占辞的意思是说，虽有密云自西往东而来，小田劳作还是可以的。这个占辞是从小畜的事理中作出的可然性判断。为什么不着吉凶而作出这样的占断呢？这是因为小畜反映的小田劳作，是特指当时的家族村社成员在自家的土地上进行收获之事[①]。行筮的目的是因为天候不佳而贞问收获是否可行？所以它不着吉凶悔吝等断语，仅仅用谚语提示出一种可行性。为什么天候不佳仍然作出可行性的占断呢？这是因为当时的劳役地租制，村社成员还要从事大田的收获。大田是君主、贵族的田地，属于公事，社员们要公事毕然后才敢治私事，对自己的份地，只能尽量利用间隙时间抢收抢种，所以，虽有密云，只要不下大雨，也就是抢收的好时机了。

这一占断所体现的先公后私的原则，显然是原始公社时期形成的公有制观念的遗留，在私有制确立以后，更有利于维护代表国家的君主贵族的利益。作者在将它作为小畜的可行性提示时，却体现了一种对社员的私事的关照情怀，在维护先公后私的前提下，又不忘公私兼善之理。注重公私利益的统一性方面，这便是周初圣王仁政德治的实质所在了。

作为占辞，一般是从象辞依据的物理或事理中逻辑地引申出某种判断，并不需要另行取象。但是，这里是引用农谚作为占断，便应当有与这一谚语相应的卦象作为依据。因此，这一占辞虽是依事理关系作出的占断，同时也是有物理之象作为依据的。本卦上巽为风，交中兑为泽、为大水，在天为密云，下卦乾为天，风云蓄聚于天，故有密云不雨之象；古人祀天以郊，故虞翻以乾为郊，下互体兑方位为西，是为西郊，西郊自我所在之方位而言，故曰自我西郊。合而言之，遂有密云不雨，自我西郊之象也。

初九　复自道。何其咎？吉。

解：复自道。象辞。

字义：复，繁体为復，甲文作，金文作。《说文》："复，往来也。"从字形可知，复本象地穴之室，前后皆有通道以便往来之形，故原义即为往来，引申方有重复、返回、恢复等义。此处即用往来义。

---

① 近时的考古资料表明，初期国家较发达的地区，在井田制的基础上，原来的氏族、部落组织已演进为邦国、邑聚、村落的社会层级结构。家族成员是居民的主体，也包括部分外来人口，他们都拥有自己的份地，同时向邦君、族长提供劳役地租。学术界还没有对这种基层社会结构赋予统一的名称，为了表达上的方便，我们暂称之为家族村社，简称村社。参见需·初九释。

自，甲文作，金文作。《说文》："自，鼻也。"作代词，通常指代自身，即自己。又因鼻乃呼吸之所由，生命之所系，乃引申有由、从等义，通常用作介词。《玉篇·自部》："自，由也。"自之由义应用甚早，甲文"庚辰卜行贞王其步自杞"（《后上》一三·一）是其一证。经文中共用"自"八处，仅两处用己义；如颐卦辞："观颐，自求口实"；夬卦辞："告自邑，不利即戎。"用由义者六处：如需·六四之"出自穴"，大有·上九之"自天佑之"，坎·六四之"纳约自牖"及小过·六五与本卦卦辞之"自我西郊"等，此处复自道，亦用由义也。

道，金文作。《说文》："道，所行道也。"经文中道字四见，均用行道义也。

复自道，指往来均由井田间的正道。据《周礼·地官·遂人》："十夫有沟，沟上有畛。"注曰："十夫，二邻之田，沟广深各四尺，畛容大车。"可知畛是在二邻之田间的正道，往返皆由其道则互不侵越，亦不伤害田土禾稼车马，若不由其道则必有侵越或损伤，故小畜在农事收获之初即强调往复当由田间正道也。

依数理取象：本爻当下体乾初，与上体巽初为正应，本爻变，下复为巽，合上体巽而成重巽，有复由其道之象，故曰复自道。

何其咎？吉。占辞。

字义：何，经文中何字有二义：一为承荷义，一用作疑问词，此处即用作疑问词。何其咎？即何至于有咎？略当无有过咎之义也。

这是依爻象的事理所作出的应然判断。盖卦辞已明小畜乃叙小田农作之事，时在夏秋之季，密云欲雨，一些村社成员正在自家份地上抢收庄稼。其九二、九三两爻更表明多用车辆搬运之事，若车不由道，则将毁损庄稼、车辆或损及邻人。今能往复皆由田间正道，自可不致过咎而得吉了。

九二　牵复。吉。

解：牵复。象辞。

字义：牵，篆文。《说文》："牵，引前也。从牛，象引牛之縻也。玄声。"实际上，玄之古文作，篆文作，其义为牵系，此处即象引牛之縻，今所谓牵牛绳是也。

牵复即牵引牛车往来于行道。

依物理取象：本爻当互体兑下，兑为羊，有牛象；爻变成坎，有车舆象；上体巽为绳，乃牵引牛车之象，故曰牵复。

吉。占辞。这是依爻象的事理作出的应然性判断。小畜为小田抢收的事，与上下爻合观可知当密云欲雨之际，夫妻合力牵挽牛车忙于收获，筮官称其事善，故断之以吉也。

九三　舆说辐，夫妻反目。

解：舆说辐，夫妻反目。象辞。

字义：舆，甲文作、。《说文》："舆，车舆也。"通常指代车乘。这里用指车厢。车厢在车轮之间的轴上。

说，通脱。

辐，《说文》："辐，轮轑也。"连接车毂和车辋的直条，古称轑，即车轮的辐条。

反目，怒目相视，相互埋怨的神态。

辞意是说，车辐脱损，夫妻相互埋怨。

依物理取象：本爻当下互体兑中，兑为毁折，爻变成震，震为车舆，故有舆脱辐之象；又：下互体震为长男为夫，上体巽为长女、为妻，巽又为白眼，下互兑为反巽，白眼相对，有反目象，故曰夫妻反目。

本爻未系占辞，也就是不加评判。从事理上讲，这是村社成员在自家份地上抢收，密云欲雨，未免有些忙乱，加以运载工具不善，出点事故本是在所难免，夫妻互相埋怨，也只是由于抢收心切，唯恐造成损失，二人用心相同，也算不了什么大问题，所以不加断辞，仅仅直叙其事，倒可直接感受到农夫农妇辛苦忙碌的情状，令人同情。这当然也是《易经》作者的思想感情的流露。

不系占辞，仅代表作者不加评判的态度，可分三种情况：一是象可代占，如坤·上六"龙战于野，其血玄黄"之类；二是事在当为，吉凶在所不计，如比·六三"比之匪人"，明夷·六四"入于左腹，获明夷之心，于出门庭"及兑·上六"引兑"等；三是其事未足轻重，如贲·初九"贲其趾，舍车而徒"，贲·六二"贲其须"及本爻均属此类。这些不同之处，对我们深刻理解《周易》的价值观是非常重要的，但在具体进行占筮的操作过程中，这些无占之辞便都可以针对求筮者的提问而作出适当的占断了。这可说是义理之易与数术之易的极大的不同之处，它决定了二者用功的方向是有歧异的，因此，不同的易学学者之间，应建立起必要的相互理解。

另外，大畜·九二爻辞亦有“舆说輹”，其后未系占辞，亦无“夫妻反目”之说，这是因为该爻无“夫妻反目”之象的缘故。所以“夫妻反目”不能视为“舆脱辐”的占辞，在本爻中只应视为象辞。

六四　有孚，血去。惕出，无咎。

解：有孚，血去。象辞。

字义：孚，此处用俘义，指俘虏。

血，通恤，忧也。

辞意是说，遇到外族前来抢掠，通过战斗，赶走了掠夺者，捉到了俘虏，忧患已去。

依物理取象：本爻当下互体兑上，交上体巽下，兑为少女，巽为绳索，有系住少女之象，故曰有孚；本爻又当上互体离中，离为灾，为戈兵，有忧恤之象，本爻变，其卦之乾，有恤去之象，故曰有孚，血去。

惕出，无咎。占辞。

字义：惕，警惧也。惕出谓戒慎于外出。

辞意是说，警惕戒慎于外出之事，可以无灾咎也。这是一种条件性的断语，相当于逻辑上的假言判断。意思是说，若能警惕戒慎于外出之事，则可以无咎，反之，若缺少警惧而随意外出，那就难免有灾咎了。这是依据当时的社会特点作出的事理性判断。古代氏族部落之间，多有抢掠之事，尤其在夏秋收获谷物之际，既可抢掠谷物，又可俘取男女。一些畜牧民族，更是习以为常，周族迁岐以后为克服此种蒙昧行为，下了很大功夫，作为立国经邦的大法（参见坤·上六及屯、蒙等卦释）。这里反映的正是类似的“秋收保卫战”，虽然打退了侵略者，还抓到了俘虏，对方吃了大亏，也必然伺机报复，或另有其他部族将更行侵犯，这种情势下，自然应当提高警惕，加强戒备而不可轻易外出了。所以惕出无咎，是具有教诫性的占辞，明显地体现出对族属和村社成员的亲近与关怀。

九五　有孚挛如，富以其邻。

解：有孚挛如，富以其邻。象辞。

字义：挛，《说文》："挛，系也。"即拘系、牵系之意。挛如，孔颖达疏："挛如者，相牵系不绝之名也。"可见有孚挛如，是形容抓到的俘虏不少。

富，金文作。象室中藏尊器之形。尊以盛酒，农业民族，粮食丰足然后可以酿酒，故以藏酒为富有之象，引申有本、厚等义。《说文》："富，备也。一曰，厚也。"此处即用富厚义。

以，甲文作。金文作。象古耕具耜之形，初义为用，引申为与、由、因等，此处用"由"义。有如泰·六四："翩翩不富以其邻。"以及谦·六五："不富以其邻，利用侵伐，无不利。"等句中，以字均不可释义为"与"而当释义为"由"也。

辞意是说，捉到了成串的俘虏，家庭富足是由于邻里很好，能互相帮助。

依物理取象：本爻当上体巽中，下互体兑为反巽，交相挛系之象也。故曰有孚挛如。本爻变，上体（外卦）成艮，与下体（内卦）乾，合而成大畜，有比邻相得以致富足之象，故曰富以其邻。

本爻不系占辞，即不加评价，表明《易经》作者对这类现象持保留态度。一方面，以多捉俘虏而致富，是一种蒙昧行为，与周初贤圣确立的立国经邦之道不符；另一方面，当时社会发展程度有差别，邻近的一些落后氏族部落仍有抢掠习惯，先进一些地区的家族村社，邻里之间结邻相保，守望相助，击退来寇并且抓到俘虏，用作家内僮仆，又是不可避免的。作者因之不得不采取既不反对，也不提倡的态度，从"不反对"来说，是承认习惯势力的革除不可操之过急，只能与社会生活的全面发展同步进行；从"不提倡"来说，就是不能鼓励落后，违背社会发展方向。于此可见周初贤圣们在改革与稳定、发展与传承、理想与现实这些最最难以协调的矛盾关系上的理性态度，正是他们的中正适度的哲理思维的充分体现。

《周易》以不系占辞来表明某种保留态度的情况颇多，可参看前文"不加评判的态度"之三种情况。

上九　既雨既处，尚德载。妇贞厉；月几望，君子征，凶。

解：既雨既处，尚德载。象辞。

字义：既，甲文作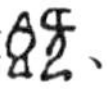、，金文作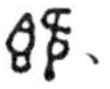、。《说文》："既，小食也。从皀，旡声。"实际上，皀象食物，旡音 jì，乃饮食气逆之状，食饱而哽噎也。食饱至噎，食已之象，故有尽义。李孝定《甲骨文字集释》："契文象人食已，顾左右而将去之也，引申之义为尽。"此说大体可从。此处即用已、尽等义。

处，止也。释义见旅·九四释。

既雨既处，谓已雨而止。俞樾平议："既雨既处者，既雨既止也。止谓雨止，犹言既雨既霁也。"其说可从。

尚，有尊尚、佐助等义，又通当。《尚书·汤誓》："尔尚辅予一人，致天之罚。"本有当义，后或用作副词，释义为庶几、乃可。此处即用庶几义也。

德，通得。经文共五德字，训得者四，参见讼·六三释。

载，装运。这里指以车运物。大有·九二："大车以载，有攸往"，与此处用义相同。

辞意是说：雨而忽止，尚得以车运载谷物，继续抢收。

依物理及事理取象：本爻当小畜之上位，本有密云不雨之象，爻变则上体成坎，有雨象，与下四爻交互成节，节者节制、调节，适可而止之意，故有既雨既处之象。小畜本为抢收之事，今当其终，自当速将新收之谷物装运回家，坎又有车象，故曰尚德载也。

妇贞厉；月几望，君子征，凶。占辞。

字义：妇，女之已婚者。见蒙·六三释。

望，甲文作，金文作、。《说文》："望，出亡在外，望其还也。"原意为登高远看，引申指日月在天，东西相望之时，即月十五日，又指月相圆满之象。几望，即月十五日前夕。

君子，经文中君子尚无道德性含义，乃是身份性指称，一般指称邦国部落以及氏族君长的儿子，这里特指收获过程中受到邻近氏族寇掠的族长之子。

征，征伐，这里指惩罚性的军事行为。

辞意是说：抢收将毕，妇人贞问吉凶则有危厉，族长之子想乘月几望之夜出征则凶。

这是依爻辞的事理所作出的可然性判断。小畜既为小田抢收之事，抢收过程又曾遭遇寇掠，又遇天雨，雨止又抢收抢运，社员们的忙碌疲劳可知。妇女既下田帮助抢收抢运，又承担家务，尤其辛苦，此时容易生病，又是邻族寇掠的主要对象，危险性很大，故断以妇贞厉；君子因本族遭到寇掠，意图报复，想趁月几望之夜加以征伐，以疲惫之众出征，自然凶多吉少，故断之以月几望，君子征，凶。这样的占断，自然是《易经》作者反对互相寇掠的蒙昧行为的用意。占辞本不必另行取象，但是，要作出这样与君子的意图完全相反的判断，就不能仅仅以事理作依据，而必须有卦爻象可以为证。本爻当上体巽上，巽为长女，妇人之象；上巽又交下互体兑，兑为毁折，故有妇贞厉之占；本爻变，上体成坎，坎为月，交上互体离，离为日，日月相望，故曰月几望。又坎为险，离为灾，为戈兵；用兵之事，逢险而成灾，故有征凶之占。这是对来问筮的君子而言，故曰君子征，凶。

简而言之，本卦是通过记述小田劳作之事，来说明养民之道，当善其私事的道理。从卦辞到爻辞，通篇体现着对小民劳作的关爱之情。复自道，何其咎。可能是当时的一种行为规范，为了防止车不由道，损坏井田要道及邻里庄稼；牵复吉表现出作者对夫妻协力劳作的赞赏；舆说辐，夫妻反目，表现了作者对小民生活的同情；有孚，血去，惕出。表现了作者对小民的关照呵护；对多捉俘虏不作吉占以及对征伐作出否定性的占断则表明作者坚持文明进步反对蒙昧落后的理性精神。这些都可以说是周初贤圣心态的反映，也是其立国经邦的大法的生动体现。与殷纣斫涉者胫以视髓那种草菅民命的态度相比，相差何止天壤。由此也不难了解在上下层关系上，周邦内部呈现某种和协性而殷纣国内则呈现尖锐对抗的缘由。

当然本卦的现实意义，还在于其社会学内涵能否较为准确的定位。从空间位置在城郊，叙事主题为小畜，并在夏秋收获之时，可以判断其为小田劳作之事。从强调复自道，可判断其与井田经界通道密切相关。从劳作的参与者主要是夫妻协作可判断其收获之谷物为家庭私有，从劳作方式为牵挽车舆可知其有大型生产运输工具。从重视有孚可判断其有家庭奴隶。

这样的家庭显然属于当时的家长制家庭公社性质的通常家庭。从邻里联防可判断其基础组织为家族村社。从君子的报复性征伐可知氏族、家族等为较上层的经济政治组织。这些实际生活现象孤立地看很难判断它的社会属性，如果联系起来作有机的考察便不难看出它们与现时关于初期国家时期社会特点的语言表述框架竟然如此契合，这就不能不承认我们对它的社会学定位具有相当的合理性。联系大畜、大有、颐、井等卦，读者对这一时期的社会特征的了解就会更加明白了。另外，从它对收获季节的寇掠习惯、征伐行为以及多掠奴隶的否定态度来看，已透露出周初贤圣们对奴隶劳动的持疑和事实上加以限制的态度，这是关系到周初社会发展方向的大问题，恩格斯和马克思都曾经指出，在家长制家庭公社中，已包含了奴隶制、农奴制以及阶级对立状态的种种萌芽①，如果对某一性质的因素加以发展就可能形成与之相应的社会制度。反之，若对之加以限制，也就可能影响它的发展方向。周代几百年中，奴隶制和农奴制都没有得到充分的发展而最终是在家长制家庭的基础上分解为以个体家庭为经济主体的地主制社会，其来由可能与周初对奴隶劳动的限制态度密切相关。但是，这个问题太大，牵涉的问题过于深广，仅仅靠《易经》的研究是不能解决的，我们只能是提出问题，并希望能引起学术界的广泛兴趣，深入探讨而已。不过，从本卦可以看出，周初实行了井田制是肯定的，《易经》作者的价值评判又处处显示出对小田劳作的关注、赞赏与同情，也正好体现了井田制的基本精神，就是“明君置民之产”②。

10. 大畜：王道使民有制

䷙ 大畜。利贞。不家食，吉。利涉大川。

解：大畜。象辞，通常用为卦名。

字义：畜，古文作䗅，乃田中作物茂聚之象，引申有蓄积、畜养等义。参见小畜卦释。

依物理取象：本卦互兑为泽，下体乾为天，上体艮为山，泽下映天而

① 参见《马克思恩格斯选集》人民出版社 1972 年版，第四卷，2—53 页。

② 参见《孟子·滕文公问为国》。

上畜山，较小畜之上畜草木而言，所畜为大，故曰大畜。

依数理取象：本卦上下皆阳刚而中阴柔。乃以刚畜柔之象，所畜较小畜为多，故曰大畜。

利贞。占辞。谓筮遇此卦，所贞为有利也。这是依卦象的事理所作出的应然判断。盖大畜为大田收获之事，大田收获，是初期国家时期，家族村社成员在族长邦君的田地中服劳役，进行抢收，正如《诗·小雅·甫田》所谓“倬彼甫田，岁取十千”① 之事。甫田之所获，主要用于祭祀上贡，也要以一部分用于社员、族众的生产与生活，故《诗·周颂·良耜》有“荼蓼朽止，黍稷茂止，获之挃挃，积之栗栗，其崇如墉，其比如栉。以开百室，百室盈止，妇子宁止……”之说，《诗·周颂·载芟》有“载获济济，有实其积，万亿及秭，为酒为醴，烝畀祖妣，以洽百礼，有飶其香，邦家之光，有椒其馨，胡考之宁……”之说，《诗·小雅·甫田》亦有“我田既臧，农夫之庆”“黍稷稻粱，农夫之庆”及“我取其陈，食我农人”之说也。既然大田收获对君长贵族以及族众都有所可庆，自然应当是利贞了。

不家食，吉。补足性占辞。这是对利贞的事理性补充。意思是说，筮遇大畜之卦，总的来说是有利的。若能做到不家食，就更好了。为什么呢？因为大田劳作，距居室较远②，若饮食于家，就会影响集体耕作，所以一般都是将饮食送到田头地里的。《诗·豳风·七月》：“三之日于耜，四之日举趾。同我妇子，馌彼南亩；田畯至喜。”这是周人居豳时集体劳作在田间饮食的记载。到了成王时代，《诗·小雅·甫田》也有“曾孙来止，以其妇子，馌彼南亩。田畯至喜，攘其左右，尝其旨否”的描绘，《诗·小雅·大田》也有“曾孙来止。以其妇子，馌彼南亩，田畯至喜”③ 之说，都是讲大田劳作之时，妇女儿童把作好的饮食送到田间地里之事。《诗·周颂·载芟》：“有嗿其馌，思媚其妇。”更将到大田服劳役的村社成员（族众）“狼吞虎咽”以取媚给他送来饮食的妇人的情态描写得十分生动。这些可以说都是“不家食吉”的具体而生动的说明。实际上，这种农忙季节饮食到田

---

① 此语诸家解释不同，我认为是每年有上万个工的劳役用于甫田耕种收获。

② 从《诗·小雅·甫田》“倬彼甫田，岁取十千”及《诗·周颂·噫嘻》“骏发尔私，终三十里”来看，当时大田劳作的范围，大至一成（方十里）或三成。

③ 曾孙揭祭主。《礼记·曲礼下》：“临祭祀，内子曰‘孝子某侯某’；孙子曰‘曾孙某侯某’。”馌是馈神，即乡祀，田畯当为农神。

的习惯，许多地区一直延续到今天。我们对大田劳作以不家食为吉的占断当是不难理解的。

在占辞后更系以补足性占断也是《周易》系占的常用章法。例如蹇“利西南，不利东北”，更系以“利见大人，贞吉”，均属此类。

利涉大川。另占辞。

另占辞是指不属于卦象事理的另行占断。大畜本象大田收获之事，若贞问外出远行等事便不属于卦象的事理范围，是否有利，当另行取象。经文作者据互体卦，上震下兑取象：震为长男、为足、为动、为车、为外卦，兑为少女、为悦、为内卦，有长男外出远行而家人悦乐之象，故断以“利涉大川”也。

一卦一爻，在主占辞之外更系以另占辞也是《周易》系占的常用章法，如：

离：“利贞。”更系以“亨，畜牝牛吉”。复：“亨。出入无疾，朋来无咎。”更系以“利有攸往”。均属此类。

初九　有厉。利巳。

解：有厉。象辞。

字义：厉，危厉。见乾·九三释。此处用指疫病灾危，通疠。

依物理取象：本爻变，下体成巽，其卦之蛊，蛊义为疾、为惑，收获之初，若疾疫流行，危厉之事也，故为“有厉”之象。

利巳。占辞。

字义：巳，先儒均以巳为己，以利己为有利于自己，于理不通。大田抢收之际，若遇危厉之事，无论于贵族，于社员，于众人，于个体，都不会有利。从构词方式讲，《周易》有“利君子贞”“不利君子贞”“利女贞”“利武人之贞”等特指之利，若泛指之利，则曰“利贞”，从来没有利己不利人，或利人不利己这类占断。可见“利己”之说，脱离了语言应有的历史意蕴，是不足取的。李镜池先生在其《周易通义》中说：“巳，借为祀。有危急的事发生，古人必祭祀。”其说可从，尤其在遇到疠疫的时候，祷祀于祖先神祇，更是当时的习惯，故此处巳字当训为祀。利巳，即利于祷祀也。

这是依爻辞的事理所作出的应然性判断。在大田抢收之际，遇有疾疫，族众当抢收不辍，君主族长则当祷祀以祈神佑，也有利于安定和鼓舞人心。从上九“何天之衢，亨”及大有·上九“自天佑之，吉无不利”来看，丰收之后都要祀神祭天，可知抢收之前进行祭祀禳灾，是很正常的。

利巳虽是从大畜之初的事理中作出的占断，此处也有物理之象为依据。因大畜上艮为门阙，下乾为金玉，本爻当初位，有献玉礼神之象，这样断以利巳，理由就更充足了。

九二　舆说輹。

解：舆说輹。象辞。

字义：輹，《说文》：“輹，车轴缚也。”即绑扎车伏兔与车轴的绳子。但，此輹字实当作辐，理由有三：

其一，輹通辐。《字汇·车部》：“輹，辐、輹二字本相通用。”

其二，此处“舆说輹”与小畜·九三之“舆说辐”及大壮·九四“藩决不羸，壮于大舆之輹”，辐与輹在帛书本中均书作缓，可见二字可相通用。且藩决不羸，指羝羊触藩之事，出而壮（创）于大舆之轮辐则可，若创于绑扎车轴的绳子则细不可论也。

其三，此处及大壮·九四均不及巽卦，无绳象可取，亦以作辐为宜。

依物理取象：本爻当互体兑初而上互震，震为车，兑为缺损，车轮缺损，是舆脱辐之象，故曰舆说輹。

本爻不系占辞，是因为《易经》作者认为大田抢收之际，车载甚重，往来繁多，难免有脱辐等事，不宜过分看重，滥施责罚。与小畜·九三的“舆说辐，夫妻反目”一样，但叙其事，以示应当注意道路的修治和车辆的维护而已，实际上包含着一种对劳动者的关怀，体现出一种仁厚之德。另一方面，本爻在舆说輹之后，无夫妻反目之说，则表明大田抢收时，妇女无须参与田间劳作，他们的任务主要是在家作好饮食，送到田头地里，即所谓“馌彼南亩”。于此可见大畜、小畜二卦的主要不同之点在于小畜是村社成员在自家份地上的劳作，而大畜则是村社成员及族众在大田中服劳役，其事甚明，这为我们了解周初社会结构与所有制关系也提供了极好的资料。结合大有·九二：“大车以载，有攸往。无咎”及本卦九三爻辞反映丰收之后交纳贡物等情况加以考察，其社会学意义就更见明白了。

九三　良马逐。利艰贞。日闲舆卫，利有攸往。

解：良马逐。象辞。

字义：逐，甲文、，金文。《说文》：“逐，追也。”本义为追逐，此处用竞逐义。

依物理取象：本爻当下体乾上，又当互体震下，乾为良马，震为善鸣之马，乾震交互，有马群竞逐之象，故曰“良马逐”。

利艰贞。占辞。

字义：艰，《说文》：“艰，土难治也。”引申有艰难、困苦、艰险等义，此处用艰难义。经文中，大有·初九之“艰则无咎”，泰·九三之“艰贞无咎”，三艰字皆用艰难其事之意。如《尚书·大禹谟》“后克艰其后……臣克艰其臣”之意也。

利艰贞，谓遇艰难之事所贞为有利也。这是依爻象的事理作出的可然性判断。因为大田抢收之际，一般应全力以赴，今以良马相逐，盖欲选取壮马用于防止寇掠及上贡之事，意在防备艰险，故曰利艰贞也。反过来说，如果没有寇掠等艰险之事，却在大田抢收之际以良马相逐取乐，那就叫“外作禽荒”，也就无利贞之可言了。

日闲舆卫，利有攸往。诫辞。

字义：闲，通娴。《尔雅·释诂下》：“闲，习也。”即熟习其事之意。

卫，繁体衛，甲文，金文。《说文》：“卫，宿卫也。从韦、帀，从行。行，列卫也。”象众足环绕屯圩，即列队卫护之形。此处即用护卫义。舆卫，即车舆之护卫。

辞意是说，当即日娴熟于车舆护卫之事，以利于有所往。有所往当指交纳贡税之事。

诫辞是对问筮者的教导和告诫，着重说明对所贞之事应持的态度。本爻象占辞已明，大田抢收之际，多有寇掠之事，应艰难其事，选取良马，以行护卫，此处更进一步指出，应当加紧训练，娴熟护卫之事，以保证交纳贡税时，大车以载，长途远行，不致被盗寇掠夺也。

诫辞既表现了《易经》作者对贡税的重视与对贡税者的关怀，也反映出当时社会仍有许多不安宁的因素。当时邦国氏族众多，又有互相寇掠的习惯，周初贤圣对此从正反两方面反复告诫，也反映了他们反对蒙昧，趋向文明的进步意识。

六四　童牛之牿。元吉。

解：童牛之牿。象辞。

词义：童牛，未长角的小牛。

牿，《说文》："牿，牛马牢也。"就是关牛马的圈栏。

之，甲文，金文。罗振玉认为，之字的初义为"往"，据字形，一象地，象足趾向前，其说甚当。往为动词，作介词相当于"于"，此处即作介词用，有如比·六三："比之匪人。"即朋比于匪人也。

辞意是说，将未长角的小牛关在圈里，别让它乱跑。

依物理取象：本爻当互体兑上，互震中及上体艮下，兑为羊，有小牛之象；震为足，为躁动，奔突之象；艮为石，为遮止，有栏圈之象，故曰童牛之牿。

元吉。占辞。元吉为美善之占。这是据爻象的事理作出的应然性判断。大畜为大田抢收之事，抢收之时，牛马均用于驾车搬运。童牛未角，尚未穿鼻，平常跟随母牛放牧，抢收时节，人车繁忙，若一任其随车驰逐奔突，则必致妨碍运输，伤及人员禾稼，将它关在栏圈之内，有利于安全生产，也有利于牛的饲养，故断之以"元吉"。

元吉之占，经文中比重很小，仅 13 个，占 500 多条占断的 2.6%，而且元吉作为善美之占，一般用于较大的事情，如坤·六五"黄裳。元吉"，讼·九五"元吉"，履·上九"视履，考祥其旋。元吉"，泰·六五"帝乙归妹以祉。元吉"，益·初九"利用为大作。元吉"等等。可以说，无论是爻占还是卦占，元吉都是对一些重大作为的全面肯定。《易经》作者在这里却用之于对童牛之牿这类似乎极为平常的事情，我们只能理解为他对大田劳作中安全生产的极为重视，联系下爻辞意观之，其用意当更加明白。

六五　豮豕之牙。吉。

解：豮豕之牙。象辞。

字义：豮（fén），《说文》："豮，羠豕也。"即阉割后的猪。但羠豕也是阉割后的猪，这里为什么不用羠而用豮呢？因豮字从豕、从贲，贲有壮大及奔跑义，所以豮豕是指阉割后的大猪。未阉的大猪是种猪，一般都要拴起来或拦起来喂养，阉过的猪平常则不加拴拦。

之，介词。

牙，金文、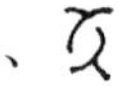。《说文》：“牙，牡齿也，象上下相错之形。”通常指称牙齿，也用于指称牙状的东西。亦通互、枑，枑即用于阻拦牲畜之木架。高亨《周易古经今注》云：“互之篆形，乃交木之形。”并引徐锴系传：“枑者，交互其木，以为遮拦也。”这里的牙字即指用于遮拦之枑。

豮豕之牙的意思就是将平常敞放的大猪关进栏里，以防它随处奔突，与六四童牛之牿意同。

依物理取象：本爻当上体艮中，互体震上，艮为黔喙之属，有豕象；震为躁动，奔突之象，故曰豮豕。又本爻变，上体成巽，巽为木、为绳，拦畜之象，故曰豮豕之牙。

吉。占辞。吉义为善，佳美其事也。这是依爻象的事理所作出的实然判断。因为大猪敞放，平常有利于它自行寻食，排便于外，减少瘟疫，又可肥田。但在收获季节，若任其敞放奔突，势必践踏谷物，损坏道途，引发交通事故，所以应当将它栏畜起来。既已栏畜起来，其事自当为吉。

上九　何天之衢。亨。

解：何天之衢。象辞。

字义：何，通荷，参见噬嗑·初九释。

衢，《说文》：“衢，四达谓之衢。”意指四通八达的道路。先秦典籍均用作名词，以指称通衢大道。虞翻以后释义为通达，用作状词，实为后起之义。但在这里若仍以衢为四达之途，则何天之衢，无论将何字释义为赞叹词或释义为担负、负荷，语意均晦涩难通。高亨《周易古经今注》及李镜池《周易通义》皆谓衢与休音近义通，何天之衢即如《诗·商颂·长发》“何天之休”。这是故书通假的范例，其说可从。是则何天之衢，即承天之休，受天之佑之意也。

依事理取象：本爻处大畜之终，大田抢收之事已毕。本爻变，其卦之泰。泰卦辞：“小往大来。吉，亨。”谓所失者少而所得者多也。初九虽有厉，但经过艰苦劳作，加强护卫，注意安全等等操作，最后得以顺利地完成，作者认为是得天之佑，故系以象辞曰何天之衢，有如大有·上九之系以“自天佑之”也。参见大有·上九释。

亨。占辞。亨作为叙辞其义为享祀，作为占辞其义为亨通。（参见大有卦辞释）

这是依爻辞的事理所作出的实然判断。既然受天之佑，收获顺利，收成不错，于事自然亨通了。

亨，作为占辞还具有诫谕性质，意谓何天之衢，当享祀于天地。有如随·上六“王用亨于西山”之占。

收获完毕时，举行祭祀以答谢天地神祇乃是农业民族的相沿之习，周初制礼作乐时已将它定为一种礼仪。我们前面引述的《诗·周颂·臣工》《诗·周颂·噫嘻》《诗·周颂·载芟》《诗·周颂·良耜》，都是耕种及收获时举行祭祀的歌诗。《诗·周颂·载芟》题解说：“春藉田而祈社稷也。”《诗·周颂·良耜》的题解说：“秋报社稷也。”便是其明证。这些祭祀当然有浓厚的神秘主义成分，但是在当时也起着一种动员和鼓舞民众的作用，尤其是收获完毕的报祭，既可说是对天地的感恩报德，也包含有对自然规律的特殊尊重，是不可以现代人眼光一律斥之为愚昧或欺骗的。

总之，通过大畜卦对收获季节、大田劳作过程的描述与评判，可以看出《易经》作者主要关注的似乎不是劳作的成果而是生产劳动的安全性问题，颇有一种“伤人乎，不问马”的意味。与小畜卦合观，分明透露出一种仁爱的情怀。收获完毕的祭祀，则体现出对自然法则的特殊尊重，这二者结合起来，便形成敬天保民之道，这正是周初圣王立国经邦的根本大法，也正是后世儒家仁政、德治主张的思想来源。值得注意的是这种颇为高蹈的政治理念，在经文中并没有用一些金光闪闪的词语将它包装起来，只不过是通过栏牛、关猪、逐马等这类日常小事颇不经意地透露于字里行间，让人们自行体味。我们完全可以感受到他们毫无哗众取宠之意，而是出于一种真心实意的躬行实践。易传说：“圣人之情见乎辞。”显非夸诞之言。这种仁爱情怀见之于对民众劳役的至切关怀，在为政上便是“王道使民有制”。

11. 大有：圣王先成民而后致力于神

（附：关于立国经邦之道的概括）

䷍ 大有。元亨。

解：大有。象辞，通常用为卦名。

字义：有，甲文作、，金文作。林义光《文源》：“有，持有也。古从又持肉，不从月。”其说甚当。由持有义引申为取得、获得，如《玉篇·有部》：“有，得也，取也。”由获得、取得引申为丰收，如《诗·鲁颂·有駜》：“自今以始，岁其有。”《毛传》：“岁其有，丰年也。”

大有，大丰年也。《春秋·宣公十六年》：“冬、大有年。”《穀梁传》曰：“五谷皆熟为有年也，五谷大熟为大有年。”本卦即以倡导五谷大熟之年应有的礼仪准则为主旨。

依物理及事理取象：本卦下乾为天，上离为日，天之有日，所有者甚大之象；旭日当天，光明普照，又是大其所有之象，故曰大有。又：红日当空，天气晴好，宜于农作，亦大有年之象也。

元亨。占辞。经文系元亨者十处，与利贞连用者六，作为叙辞，皆训大享，说详乾卦释；未与利贞连用，而在占辞之前，亦当视为叙辞而训为大享，如“坤。元亨。利牝马之贞”；“蛊。元亨。利涉大川”；“升。元亨。用见大人，勿恤，南征吉”皆是也。但于此处，在象辞后，作为占辞，亨当训通，元亨，即大亨通。有如“泰。小往大来。吉，亨。”即谓小往大来为吉而亨通之占也。亨义本为享祀，享祀即为通达神祇之事，故《周易》用作占辞时取亨通义也。参见大畜·上九释①。

这是依大丰年的事理所作出的应然判断。周人以农立国，周初虽农工商虞四业并重，但农业毕竟是国民经济的主体。“手中有粮，心头不慌”，遇上五谷大熟之年，自然百事通泰，故占曰元亨。

元亨作为占断辞，在六十四卦中，仅此一卦（爻辞无元亨之占），这是个值得注意的问题，因为占辞代表《易经》作者的价值评判。我们看通常

---

① 元亨作为占辞若释为大享，此处亦可通，即谓大有年当行盛大享祀之意，这便属于教谕性占断，因仅此一处可通，今暂不取。

人以为最亨通的事，首先当数开国建侯一类的事，可是师·上六“大君有命，开国承家”之后，不着吉凶，而立即诫以“小人勿用”；比卦讲邦国部族大团结之道，仅仅着一“吉”字；泰卦是专讲亨通之道的卦，也只断以“吉，亨”，其六爻中竟有二爻以上不吉之占。谦卦一般以为六爻皆吉，卦占仅为“亨，君子有终”。可以说，都不能与对大有的评判相提并论，仅有大有·上九“自天佑之，吉无不利”与此大有“元亨”的评判大体相当。我们知道，在农业民族的观念中，最吉利、最亨通、最喜悦的事再没有能超过“大丰收”的，《周易》作者对大有系以元亨的评判，表明他们对于大丰收的重视与喜悦心情，超越“开国承家”这类大事之上，这正是以农立国的贤明君主的正常心态。有了这种心态，才能够乐民众之所乐，也才能忧民众之所忧。

初九　无交害，匪咎，艰则无咎。

解：无交害，匪咎，艰则无咎。诫谕性象占连辞。

字义：无，经文无咎、无悔、无禽、无眚、无丧无得等，无字皆与有对言，意即没有。学者或释无为毋，是不恰当的。

交害，交相侵害。如互相寇掠，堕高淹卑，断人水源等等，这里主要指寇掠之事。

匪，作否定词，义同非，古皆以匪为非。经文之“匪人”“匪孚”“匪夷所思”“匪我求童蒙”等，匪字均用非义。与九四之“匪其彭”有别。匪咎，即不是过咎，不是过错。

艰，艰难，意谓艰难其事。经文有艰贞吉、艰贞无咎、艰则吉等，皆敬慎其事，不敢懈怠之意。参见大畜·九三释。

辞意是说，没有交相侵害之事，这不是过错。若能敬慎其事，更可以无灾咎了。

这是依大有的事理作出的诫谕性评判。这里所取的也是事理之象，因本爻乃大有之初，已得丰收，自然未遭寇掠，故有“无交害”之象。为什么又讲“匪咎”呢？这是因为，上古氏族部落之间经常互相寇掠，尤其是以畜牧狩猎为主的民族，更多乘农业民族收获之际进行寇掠。即使同为农业民族，也往往乘机掠夺。这在坤、蒙、小畜、大畜等卦中均有突出的反映，这是当时的社会风气。正如恩格斯所说：“他们是野蛮人，进行抢掠在他们看来，是比进行创造的劳动更容易甚至更荣誉的事情[1]。”《易经》作者虽然反对互相寇掠，将它视为蒙昧行为，但是，对于这种具有普遍性的时代习俗，也知道不可能令行禁止，而应当多作教育和引导的工作，这正是他们在经文中用了许多卦爻来讲这个问题的重要原因。在这里，经文先讲了没有交相侵害，又讲不是过错，便是针对那种以抢掠为有利、为勇敢和光荣的蒙昧态度而言。艰则无咎，则是进一步告诫求筮者，在大丰收之际，虽未发生交害之事，仍不可疏忽懈怠，而应当敬慎其事，作好必要的防护工作，才能不致灾咎。

由于辞意都以教导为主，所取为大丰年之初始阶段的事理之象，象辞与占辞之间有直接的因果联系，逻辑上又不可分割，所以我们将这条爻辞视为诫谕性象占连辞。

九二　大车以载，有攸往。无咎。

解：大车以载，有攸往。象辞。

词义：大车，载重量大的车，马曳者用驷乘，牛曳者亦多有护卫。

有攸往，在经文中多指商旅远行，畜牧迁徙，寇掠征伐，朝觐会盟等。这些行动也多有武装护卫，这里指向天子交纳新谷以助祭之事。

辞意是说，用大车载着丰收的谷物向天子纳贡助祭。

依事理取象：本爻当九二之位，于大有之事而言，时在丰收之后，当纳贡助祭之时，为保证安全，应以大车载之，并加强护卫，故有此象。

无咎。占辞。这是从爻象的事理作出的应然判断。因为既然用大车以载贡物，护卫自多，安全可保，故断以无咎，这是一方面；另一方面，谷物收获后必献新致享，这是周初的礼制，所谓祠、禴、尝、烝四时之祭，都属于献新致享的性质。王畿之内的甸服、侯服诸侯致享助祭也是国之典祀。所谓“先王之制，邦内甸服，邦外侯服，侯卫宾服……甸服者祭，侯服者祀，宾服者享……日祭、月祀、时享……”[2] 是也。所以，这里的无咎之占，不仅是一种安全性的判断，更含有礼仪性评判的重大含义。就是说，丰收之后，用大车载着谷物，纳贡于天子以致祀助享，是应当的，没有错。

① 参见《马克思恩格斯选集》卷四第160页。

② 《国语·周语·祭公谋父谏征犬戎》。

九三　公用亨于天子。小人弗克。

解：公用亨于天子。象占合辞。

字义：公，甲文、，金文、。《说文》：“公，平分也。”这是公的初义，从字形看，其构意较明显的与平分土地相关。由公平衍生出公正、公心、公家、公事等义。周人最早用于指称其族长，如称笃公刘，古公亶父、公季等。文王称王之后乃追称古公亶父为太王，公季为王季，周初诰命中，凡记录周公之事多略去周字而直称“公”，而于召公、毕公、太公等则必著其封号。其后，“公”演变为一等爵位，但仍用于对老年族长的尊称，这里的公就当是指称周公①。

用亨，致祀也。这里指纳贡助祭。

天子，周制对周王的尊号。夏代称国君为后，是沿袭母系氏族的习惯，夏代中后期方有帝、王等称号。商殷时代均称国君为王。周初建国时认为自己是受命于天，周王是代天养民，所以号称天子。《礼记·曲礼下第二》：“君天下曰天子。”就是说，天子不只是一国之君，而是天下各国之君，所以是最高的尊号。周王称天子大概应从武王诛纣之明日，除道修社，入于商社，行膺更大命之典礼以后算起。七年后，周公制礼作乐时将这一尊号固定下来，所以，这里的“天子”，说得具体一些，应当是指武王。另据史载，灭殷以前，周公、召公均有食邑近在王畿。又据《竹书纪年·周纪》武王十三年：“荐殷于太庙，遂大封诸侯（封师尚父于营丘曰齐，弟周公旦于曲阜，曰鲁，召公奭于燕，弟叔鲜于管，叔度于蔡）……秋，大有年。”当时周公虽封于鲁，尚未就国，原有封邑未变，丰收之后，献新助享，是理所当然。

所以，这里的公用亨于天子，讲具体一点，就是武王灭商之第二年，周畿内五谷大熟，周公恪遵礼法，大车以载，献新助享于周天子（武王）。

这也是依事理取象：因为是事理之当然，而在当时确有周公献新助享之事，故筮占时即以此事实为象，然后据此象以定占。

---

① 《尚书·召诰》：“太保（召公奭）乃以庶邦冢君出取币，乃复入锡周公曰：‘拜手稽首，旅王若公。’”注曰：“旅，陈也。旅王及公者尊周公也”。《尚书·洛诰》：王拜手稽首曰：“公不敢不敬天之休，来相宅，其作周匹休。公既定宅，伻来，来视予卜休恒吉。我二人共贞，公其以予万亿年，敬天之休。”这些都是召公与成王都直称周公为公的例证。

小人弗克。诫辞。

字义：小人，对平民的泛称。经文用小人之词共有十处，一般作为泛指，特指商业、农业者各一处，参见革·上六、剥·上九释；有贬义者二处，参见师·上六、否·六二释。

弗，否定词，不也。

克，《说文》：“克，肩也。”意即胜任。

辞意是说，公用亨于天子之占，小人不能胜任其事，是不能视作占断辞的。这是对小人筮遇此爻时的一种告诫，所以我们认为这是一种诫谕之辞，简称诫辞。

通常将小人弗克，小人勿用均释为不可任用德性卑劣的人，除师上六以外，是不符合经文原意的，因为这里讲的是公侯向天子献新助享的事情，并不存在可能重用小人的问题，因此只能说所谓“小人弗克”，乃是诫谕平民不可将“公用亨于天子”作为自己的行为预期的意思，以免因筮占而产生行为上的误导。

从《周易》的“小人勿用”“小人弗克”等这类诫谕中，我们可以看到当时社会的等级性质，也可以看到周人的等级观念也是鲜明的，这是时代意识的表现。所谓圣君贤臣，也不可能超越历史应有的局限。如果我们要求周初的贤圣们没有等级观念，在社会事务中主张人人平等，机会均等之类，那就可能造成社会的失序，对民众也只能导致灾难性后果。其实，任何社会都不可能绝对的平等，适当的礼仪制度总是必要的。《易经》时代，公可以用亨于天子，小人则不可，这正是礼仪性的评判，是具有历史的合理性的。

九四　匪其彭。无咎。

解：匪其彭。象辞。

字义：匪，通斐，有文采貌。《周礼·考工记·梓人》：“且其匪色必似鸣矣。”郑玄注：“匪，采貌也。”《诗·卫风·淇澳》：“有匪君子，如砌如磋，如琢如磨。”《毛传》：“匪，文章貌。”匪字又常连用，形容车马之行，严止有序。《礼记·少仪》：“车马之美，匪匪翼翼”。注曰：“匪，读曰骓。翼翼骓骓，皆是马之严止。”

彭，甲文作，金文，字形皆状鼓鸣。《说文》：“彭，鼓声也。”读若péng。彭彭连用，读若bāng，状车马之盛。《诗·鲁颂·駉》：“有骊有黄，以车彭彭。”《毛传》：“彭彭，有力有容也。”《诗·小雅·出车》：“出车彭彭。”《诗·大雅·大明》：“牧野洋洋，檀车煌煌，驷騵彭彭。”皆以彭彭状其声容盛大。匪其彭，意即章彩盛大其车马之声容。

依事理取象：意承上爻，周公用亨于天子，大车以载，本爻已近君位，更章彩其车马，盛大其声容也。

无咎。占辞。这是依象辞的事理作出的实然性判断。一般情况下，侯甸之君，献新助享，纳贡致祭，都不必张扬其事。但这次是在周邦统一天下之后的第一年，五谷大熟，天从人愿，国运昌盛之兆，人们都满怀喜庆，周公致享于天子，既表庆贺，又在礼制上为诸侯作出表率，张扬其事，正是奉勤王事，以章天子威德的盛举，所以是没有什么过咎的。当然也不宜大加倡导，让诸侯都加以仿效，一路吹吹打打，那就搞成了形式主义，是不可取的。所以仅断以无咎，这是对周公奉勤王事的真情实意的肯定，若没有真情实意，那便是虚报浮夸了。因此，可以说，无咎是对于匪其彭这一行事的文化意义的评判。

六五　厥孚交如，威如。吉。

解：厥孚交如，威如。象辞。

字义：厥，通其，指代词。

孚，这里指孚从之人，即随行的武装人员。

交，甲文，金文。字皆象交结之形，有交合、交互、交和、协和、交并等义。此处用协和义。高亨先生谓交借作皎，明也①。其义可通，惟嫌证据不足。

威，金文、。皆作持戈以威妇女之形，原意为威严、威力、威武，此处用威武义。

辞意是说，孚从人员，行止协和而威武。

依事理取象：承上爻，本爻居君位，周公盛大的运粮纳贡之车队，抵达京城，队伍更有行止和协而威武之象也。

---

① 见《周易古经今注》大有卦解。

吉。占辞。吉者，美善之意，是对周公用亨于天子这种郑重其事的做法的全面肯定。孚从之众能够和协而威武，不仅是训练有方，而是他们同样悦乐其事，体现了举国上下，皆大欢喜，当然是美善之吉了。

从匪其彭到厥孚交如、威如，都具有文化操作的性质，吉占也体现了对这种文明美化行为的肯定性评判。

上九　自天佑之。吉，无不利。

解：自天佑之。象辞，意即天意助我。

依事理取象：本爻当大有之终，丰收纳贡诸事完毕之时。自始即未遇外族寇掠，无有交害之事。大车护送过程中也一切顺利，而且收到了宣扬礼制，表率诸侯，鼓舞民众的综合效用，天下一统之年，一切如此顺利美满，岂不是天佑我有周吗?！既然是天佑我有周，那就应当举行祭礼，以谢天恩地德了。所以《诗·周颂·丰年》：“丰年多黍多稌……为酒为醴，烝畀祖妣。以洽百礼。”毛亨传曰：“秋冬报也。”这里的自天佑之，当是取周公助享，武王致祭于天地之事象。周代礼制的特点之一便是对天地祖先的配飨，祭祀时合并祭祀，这也是八卦文化的一项重要传承。

吉，无不利。占辞。

这是依象辞的事理作出的已然性判断。爻辞概括了大有之事，从始到终一切顺利。是受天之佑，并举行享祀以报天恩地德，也就是事功和礼仪都作得很圆满，当然是吉利的，更不会有什么不利的问题。吉，无不利之占，卦、爻辞中都较少见，仅鼎·上九：“鼎玉铉。大吉，无不利。”临·九二：“咸临。吉，无不利。”二条与之相当。因为吉虽是个全称判断，但有时仍可能出现不利的情况，例如姤·初六：“系于金柅。贞吉。有攸往，见凶。”大过·九四：“栋隆。吉。有它，吝。”等等。所以，吉占之后，再系以无不利之占，是最佳的占断，表示其结局很完满。这样高的评价，自然不能只限于对大有的事功方面的评价，而应当是包含了对于礼仪方面的评价。因为即使五谷大熟，如果礼仪不备，也是政教有失的表现。《礼记·祭统》有云：“夫祭之为物大矣，其具物备矣。顺以备者也，其教之本与?”正是因为五谷大熟，又能献新助享，祭天报德，事功与礼仪具备，所以才能断之以“吉，无不利”。

总之，大有一卦，是极富人文精神的卦。

首先，它通过对五谷大熟之年，周公献祭助享之事的描述与评判，宣扬了一种重要的礼制——诸侯向天子纳贡助祭，整个过程都显得既敬慎又愉悦，而且盛大其事，极富宣传效果，表现了维护王室权威，增强国族凝聚力的极高的自觉性。

其次，全卦各爻，基本上都依事理取象，即依据事件发展的逻辑顺序加以描述，并作出适当的评判，它不是选自已有的占验记录，而是依作者立卦的用意系辞，以阐明礼制精神为主旨，达到一定的政教效果为目标，属于理念性系辞。参见革·九五释。

最后，在对祭祀典礼的描述与评判方面，体现出对自然规律的敬重与对自然神与祖先神的感恩和崇拜[①]。这种崇拜与一般迷信中的恐惧心理、依赖心理是大不相同的。这种感恩型的崇拜本质上都属于一种功业崇拜，正如《国语·鲁语·展禽论祀爰居》所云："夫圣王之制祀也，法施于民则祀之，以死勤事则祀之，以劳定国则祀之，能御大灾则祀之，能捍大患则祀之，非是族也，不在祀典。"又云："凡禘、郊、祖、宗、报，此五者，国之典祀也。加之以社稷山川之神，皆有功烈于民者也。及前哲令德之人，所以为民质也。及天之三辰，民所以瞻仰也。及地之五行，所以生殖也。及九州名山川泽，所以出财用也。非是不在祀典。"这是八卦文化的优良传统，是立足于对现实人生的关怀为价值取向的信仰类型，也是最富于理性与人文精神取向的信仰类型。周人对祭祀的人文性的理解可以说是最为全面深刻的，《礼记·祭统》有云："夫祭有十伦焉：见事鬼神之道焉，见君臣之义焉，见父子之伦焉，见贵贱之等焉，见亲疏之杀焉，见爵赏之施焉，见夫妇之别焉，见政事之均焉，见长幼之序焉，见上下之际焉。此之谓十伦。"从古人对自己的祭礼的这些解读中，不难感受到他们的主体意识、现实意识、政教意识与人文意识都如此鲜明，这种自我超越型的信仰，无论如何是不能与立足于异化观念、自我迷失的种种迷信活动混为一谈的。

综上所述，我们可以认为大有是以倡导礼制精神为主旨的卦，是集中体现周初立国经邦大法的一个重要内涵的卦。由于它将祭祀的倡导置诸农

① 周人通常称天而不称上帝，他们祀天都带有对自然规律的敬重的含义。

事关怀之后，所以它体现的是“圣王先成民然后致力于神。”

现在将屯、蒙、需、旅、丰、颐、小畜、大畜与大有九个卦的主旨综合起来，可以将周人的立国经邦之道概括为如下四句话：

四业并兴，农作为本，
礼义是尚，政教先行。

在后面的讲解中可以看到，其余各卦，大体上都是从不同侧面对这一根本大法的展开。

第三章 崇德广业之道

——《周易》的政治理念

12. 比：协和以成治

（附：关于朋党问题的讨论）

䷇ 比。吉。原筮，元永贞，无咎。不宁方来，后夫凶。

解：比。象辞，通常用为卦名。

字义：比，甲文，金文。《说文》：“比，密也。二人为从，反从为比……𠤎，古文比。”段注：“盖从二‘大’也。二大者，二人也。”按：甲文“从”，或书作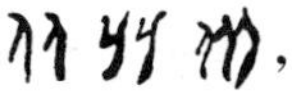，或亦作。学者皆谓“甲金文从比同字”。《说文》：“从，相听也。从二人。”观字形，从乃相随行进之象，比则取并列义，故古文书作𠤎，示二人并列，不分前后。由并列而显密合义、亲和义、辅助义、协和义以及勾结义等。本卦中用亲比及协和义。主旨在于显明邦国和谐之道也。

依物理取象：本卦上坎为水，下坤为地，水与地互为依托，比附而不可分，故有比象。

依数理取象：本卦一阳得中而居尊位，众阴环绕，有刚健中正之大君在位而各邦国部族皆亲附之象，故曰比。比者，协和邦国之义也。

吉。占辞。谓筮遇此卦，于事为吉也。这是依卦象的事理作出的全称性判断。既然比卦是大君正位而邦国比附之象，自然是于事皆吉的。这是

《周易》作者所系的占辞，表明作者的价值观，对邦国协和取完全肯定的态度。

原筮，元永贞，无咎。《易经》成书以前原有的系辞。

原筮。叙辞。

字义：原，金文作、。象水从石隙出，向下坠流之形。《说文》："原，，水泉本也。"本义为源，引申有本原、本来、根原、来源、原来的等义。这里作副词，即谓原来的。高亨曰："原筮者，后人追称旧筮之辞也。"① 甚得其义。所以我们断定原筮是记叙《周易》成书以前原有占断的叙辞。尚秉和先生以原筮为原野之筮，并引《仪礼·士丧礼》"筮于兆域"② 以证，可备一说，其说与原有之筮义不相悖。

元永贞，无咎。原筮的占辞。

字义：元，此处用始义。

永，此处用久远义。

元永贞，即贞问其事之初始及久远之吉凶也。

无咎，无有灾咎。

这一占断显然也是从比卦的协和邦国的事理中作出的应然判断。既然从初始到久远都没有灾咎，所以《周易》也断之为吉。既然《周易》已断之为吉，为什么又要记下原有的筮占系辞呢？原因有二：

其一，无咎与吉占有别，吉是美善之意，无咎仅仅是没有灾咎，还谈不上美善；

其二，原筮中还有一条验辞值得重视，那便是下文的"不宁方来，后夫凶"。

不宁方来，后夫凶。原筮的验辞。

词义：不宁方，宁义为安宁，方义为邦，不宁方即不相安宁的邦国。此指不与加盟的小邦。

后夫，后来者。此指不与盟会，慢盟后至之小邦首领。

辞意是说：有不能相安的小邦，轻慢邦国会盟的大事，盟会都结束了才姗姗而来，其首领遭到了处罚。此可能与大禹会诸侯于会稽之事有关。

---

① 《周易古经今注》第 29 页。

② 《周易尚氏学》第 62 页。

《国语·鲁语》载：“昔禹致群神于会稽之山，防风氏后至，禹杀而戮之。”[1]所以，很有可能，这条原筮的系辞，正是禹会诸侯的筮占记录。开初筮遇比卦，占断为从初始到久远都没有灾咎，但是，中间还是出了点问题，就是防风氏（原居今江苏永安县封、嵎二山之地的狄族小邦）慢盟后至，遭到诛戮，因而作为验辞将它记载下来，以表明通过会盟达到邦国和谐，根本方针是不错的，但是如果轻慢其事，结果就非吉而凶了。在占辞之后又记录下与占辞不尽符合的验辞，表明古人重视实际的结局更胜于原有的占断，这是对理性的尊重，这一传统是八卦文化的优良传承，舜禹时代，已有此明白的记录了。《周易》在作出自己的判断以后，仍然完整地记录下与自己不尽符合的原有的筮占，表明它对于这一理性传统的尊重。但是它又将自己的价值判断，作为全称性判断以置于原筮之前，则表明周初贤圣对于协和邦国这一治国平天下的根本方针的坚定不移的信念。而且，在他们看来，总体上的吉占与个别违反协和邦国的代表人物遭到惩罚这件事并不矛盾，可以说，对不相安宁的邦国依会盟之礼而动用刑罚，在一定程度上还是达到总体协和的必要的辅助手段。社会生活的复杂性就是如此，《周易》虽然强调协和精神，但绝不是和平的理想主义者，《孔丛子·论书》：“子曰：五刑所以施教也。”也许这正是他们真正够得上圣智的地方。

初六　有孚比之。无咎。有孚盈缶，终来有他吉。

解：有孚比之。象辞。

字义：孚，此处用信义，有孚、指信从者，即亲附之人，或追随者。

比，此处用亲和义。

辞义谓对于自己的信从者、追随者取亲和态度，平等相待也。

依数理取象：比卦乃众阴协和比于九五之象。本爻当最下位，在比附之众中地位最低，相当于大君的信从者及追随者，地位虽最低亦能亲比之以为和协邦国的基础，故有“有孚比之”之象也。

无咎。占辞。这是依爻象的事理所作出的应然判断。因为，对最下位的孚从者也能亲和之，是深明亲和之道的表现，能亲附者必多，和协邦国的基础广泛，自然不会有过咎或灾咎。

---

[1] 《国语·鲁语下》第18“吴伐越章《孔丘论大骨》”。

有孚盈缶，终来有他吉。教谕辞。

字义：盈，《说文》：“盈，满器也。”

缶，甲文，金文。《说文》：“缶，瓦器，所以盛酒浆。”

盈缶即满盛酒浆于缶。

辞义是说，对孚从之人，以至下位的依附者，能给以较好的生活条件，酒食充足，最终会得到意想不到的好处。

这显然是对拥有较多的孚从者的君主的一种教诫。因为这些下位的依附者，在邦国时代，实际上指的是邦国君主的亲兵侍从。对这些人不仅要以亲和态度相待，在生活待遇上亦不可吝啬菲薄，至少要让他们有酒有食。这样，在危难关头，或发生意外险情之际，他们才会主动地舍命相保，这便是所谓终来有他吉。反过来说，若悭吝菲薄，这些人都是武士，很容易逃往他国，危难时刻，更不会舍命相保，那便是终来有凶了。

这个教诫辞也是有象可依的，因本爻居下坤之初，爻变成震，震乃仰盂之象，其上卦坎为酒浆之象，故有“有孚盈缶”之象也。

这个教诫辞表明《易经》作者对亲兵扈从的极端重视，显然是邦国君长的思维方式，它代表了一种明智的价值取向，也可以说是周初圣君的经验之谈。

六二　比之自内。贞吉。

解：比之自内。象辞。

依数理事理物理综合取象：本爻处内卦之中，上比于五。内卦坤为国，以国中而上比于五，故有比之自内之象。

贞吉。占辞。这是依爻象的事理作出的应然判断。有刚健中正之德的明君，初能亲比于孚从的近卫，进而能亲比于一国之人民；或者说，既得到孚从者的亲附，又得到国人的拥戴，这当然是美善之事，故其占为吉也。

六三　比之匪人。

解：比之匪人。象辞。

字义：匪，通非。匪人，为非之人。为非仅是行为不轨，不依礼俗，但未至于犯禁，与刑人有别，亦非盗寇。

依数理事理及物理综合取象：本爻以阴居阳位，不比于五而居众阴之中，下体之上，有比党于群小之象；本爻变，下体成艮，艮为门阙，居艮上，有自立门户之象；互艮变离，上交于坎，与五交争而不协和，故有匪人之象。又本爻居坤上，乃国中上层人物，必比的对象，故有比之匪人之象。

本爻不系占辞，诸家历来均以为不吉之占。《象传》说："比之匪人，不亦伤乎！"朱夫子更进一步说："阴柔不中正，承乘应皆阴，所比皆非其人之象，其占大凶，不言可知。"这些说法，从个人择交而言，当然是不错的，但是，既然大凶，为什么《易经》的作者却不加占辞呢？这里显然另有深意，我们在坤·上六及小畜·九三的释义中曾经讲到，经文不系占辞的情况约分三类：其一是不系占辞而吉凶自明，其二是小事不足以论吉凶，其三是理之所在，事之当为，吉凶在所不计，如明夷·六四、兑·上六之类。本爻不系占辞，实属于第三类，即理之所在，不得不为是也。因为比卦主旨不是讲个人择交的问题，乃是讲比德之用，是和协邦国的大道。一个人交朋友有选择的必要，但要平治天下，就少有选择的可能。初爻已讲了要亲比于孚从之人，继之又讲了要亲比于国族之人，进一步更要亲比于其他加盟邦国，而无论国内国外，都难免有言行不轨之人，喜欢捣蛋和唱对台戏的人，对这样的反对派或不依教的人该怎么办呢？难道通通杀而诛之吗？那样岂不是先就从内部大开杀戒？邦国内部都陷于纷争内乱，又怎么能去比之于加盟邦国呢？又怎么能体现君主应有的比德呢？实际上反对派也有一定的积极作用，老子就认为"不善人者，善人之资"①。作为一国之君主，是否圣明，首先就在于能够团结不同意见的人一道工作，能容许反对意见而存异求同，善于化解矛盾，化消极因素为积极因素。这个工作是艰难的，但又是应当作的，作为要平治天下的君主来说，更是不能不作的。所以，比之匪人，是和协国族所必须做的一项工作，是和协万邦的一个必经过程，这便是理之所在，事之当为，吉凶是在所不计的。尽管其中难免出现一些不利的事情，但最终结局是利大于弊的。反之，便是弊大于利了。当然，取得成功的关键在于当事者的圣明气质与才干，这些问题，在我们通观全卦之后便会更加明白了。

---

① 《老子》第27章："善行无辙迹。"

六四　外比之。贞吉。

解：外比之。象辞。

依数理及事理取象：本爻居外卦之下，上承九五，于比德之主体而言，乃亲比外族，协和外邦部族之象，故曰外比之。

贞吉。占辞。这是依爻象的事理作出的应然判断。因为以刚健中正之明君，前已协和本国之亲族民众，以及于内部的反对派都能团结，现又进而协和近邻之邦国部族，达到更大范围内的团结合作，共谋发展，自然是吉利的了。《尚书·尧典》称颂帝尧的功德说：“克明峻德，以亲九族；九族既睦，平章百姓；百姓昭明，协和万邦。”这位比德的主体人物，现在已达到协和万邦的境界了。

九五　显比。王用三驱，失前禽，邑人不诫。吉。

解：显比。象辞。

字义：显，金文。《说文》：“显，头明饰也。从页，㬎声。”林义光《文源》：“显训头明饰无所考。《说文》：‘㬎，众散杪也。从日中视丝，古文以为显字。’日中视丝，正显明之象……象人面在日下视丝之形，丝本难视，持向日下视之乃明也。”按：林说有理，惟字中无手持之象，蚕丝亦非难视之物，其所视者当为游丝，蛛丝之类，乃需在日光照射下方显明可视也。故显之本义即为明显、显明，引申有光明，显扬，显露等义也。此处即用光显义。显比，谓光显其比德也。

依数理取象：本爻为比德之主体，王弼所谓卦主之爻是也。本爻以一阳居尊位而众阴比附之，故有光显其比德之象。这个象辞，实有教诫之意，教诫在位大君当光显其比德也。所以又可视为象诫合辞，并以象代占。

王用三驱，失前禽，邑人不诫。喻辞。

字义：驱，《说文》：“驱，马驰也。从马，区声。”三驱，指三方合围而驰的马队。《汉书·五行志》所谓“田猎有三驱之制”是也。

禽，甲文，金文。马叙伦《六书疏证》：“禽，实‘擒’之初文，禽兽皆取获动物之义。禽字金文……皆从毕，今声。‘毕’所以捕取动物，故即从毕。”前禽，谓前方逃走之禽兽。

邑人，田猎者所属城邑的民众。

诫，《说文》：“诫，敕也。”意即告诫。引申为警诫、警惕、戒备。邑人不诫，谓行猎之邑，民人不戒备以助猎也。李镜池先生谓诫通骇，惊骇也。邑人不诫即邑人无有惊骇，其说亦通。

辞意是说，圣明而能光显比德的君王，在行猎时依三驱之礼，从左右后三方合围，开前方以为生路，使健壮之禽兽可以逃避，以利于来年之繁殖。(这是古人的生态保护意识) 所在之邑，民人也不必前来戒备合围。或者说民人都体会到君王的好生之德，更不担心其有扰民之举，因而乐从其风化。这正是《尚书·尧典》中的“克明峻德……协和万邦”更进而达到“黎民于变时雍”的境界，这才算光显其比德了。所以这一句系辞是对显比的一种譬喻性的说明，我们称之为喻辞。

喻辞的应用在经文中较为常见。例如明夷·初九的“明夷于飞，垂其翼”，大过卦辞的“栋桡”等均是用于对象辞寓意的譬喻性说明。

吉。占辞。这是从象辞的事理中作出的已然判断。因为既然已光显其比德，推恩至于禽兽，民人均乐从其风化，自然是美善之事，当断之为吉了。

值得注意的是，史书上曾记载道：“汤出见野张网四面，祝曰：‘自天下四方，皆入吾网。’汤曰：‘嘻，尽之矣。’乃去其三面，祝曰：‘欲左左，欲右右，不用吾命，乃入吾网。’诸侯闻之曰：‘汤德至矣，及禽兽。’”① 这件事在当时影响极大，《周易》在解释显比时却不加引用。显然是作者认为汤的做法不符合显比之德。因为，汤的做法，根本上离开了捕猎行为的目的而具有政治宣传的性质，无实事求是之意，有哗众取宠之心，不是真正的亲比之德，也不是正常的狩猎行为，更是不合于周初的礼制精神的。在作者看来，要真正光显其比德，就必须依礼行事。这大约正是作者在本爻中在显比之后要系以喻辞专门加以解释的缘故。其用意就在于将一切社会行为规范——包括光显比德这类大事，都纳入礼制的范围。

上六、比之无首。凶。

解：比之无首。象辞。

① 见《史记·殷本纪》。

字义：首，本象人头，引申有始、本、先、君、等义。

依数理及物理取象：本爻居上位，于人身为首；本爻变，上体坎成巽，巽为风，为陨落，无首之象也。以其在比上，故曰比之无首。

依数理取象：本卦以九五君位为比德之主体。本爻上乘九五而下比六三，有下结群小以凌于君主之象，故曰比之无首。

凶。占辞。这是依爻象的事理作出的全称性否定评判。因为无论是无头、无本、无君，这一类比附，都属于无原则的勾结，属于朋比为奸，在一个群体中会导致纷争，若在国家天下，更会导致分裂以至大扰乱，结局都只能是凶。这样的互相阿比，实际上是对《周易》所提倡的比德的败坏，所以对之取彻底否定态度。

总之，比卦的主旨在于彰明亲比之道。其大用则在于协和邦国。从卦辞到各爻系辞，几近于是专就帝尧的德治纲领的具象化与体系化的生动说明，这种同义性的叙述并非由于偶合，而实有其近似的社会根源和思想根源。因为尧、舜所处的时代是我国原始社会末期的军事民主制时代，周初建国时也还保留着浓厚的原始民主制遗风，二者在政治观念上是自然相通的。但是，一讲到亲比之道，在今人的观念上又很容易同朋党之争，择臣之道，驭臣之术等联系起来，为了辨明此数者之间的歧义性以加深我们对比卦精神的理解，有必要对之作一些比较和说明。

首先，作为亲比之道，其行道主体在人君。人君行亲比之道，首先必须有刚健中正之德，从修身齐家做起，自亲比于孚从之众，进而亲比于亲族邦国，及至于各加盟邦国以至天下黎庶，以自己为核心，形成一种团结和睦、有序有则的政治局面。显然，这和后世的朋党之义是不同的。我国古代关于朋党之说最集中的莫如宋代欧阳修的《朋党论》，欧公以道义相守为朋立论，认为“惟君子乃有朋而小人无朋”，“其暂为朋者，伪也”。他主张“为人君者，但当退小人之伪朋，用君子之真朋”，并称引史实说：舜禹之世，“更相称美推让而不自疑，莫如舜之二十二臣，舜亦不疑而皆用之，然而后世不诮舜为二十二人朋党所欺，而称舜为聪明之圣者，以能辨君子与小人也。周武之世，举其国之臣三千人为一朋，自古为朋之多且大莫如周，然周用此以兴者，善人虽多而不厌也”。按照欧公这种立论，圣王得善人之朋乃兴，从中很可以引申出一种君主立宪下的政党政治来，但在封建君主集权制度下，实际上却是行不通的。我国自尧舜大部落联盟建立以来，如欧公所举舜之二十二人与周武之世的三千人，都不能看成朋党，只不过是军事民主制及其遗风而已。我国古代文献中，除《逸周书·酆保》仅指斥“比党不检”外，至《荀子·臣道》中的“朋党比周”，《战国策·赵策二》所谓明王“塞朋党之门”，《史记·范雎蔡泽列传》所谓“禁朋党以利百姓”，《晋书·郤诜传》所谓“朋党则诬谲”，以至后世的成语“朋比为奸”等，对“为朋结党”都是取否定态度的。实际上，这正是封建集权制度的主流意识形态。

《易经》比卦所讲的比，既不是朋，也不是党。朋是平等交往关系，党是排他性集团，比卦表达的都不是这类关系，而有如下特征：

其一，比是有主体、有中心的。这个主体之所比者，有孚从之属，有族内之属，有族外之属，有邦国之属。比的最高境界是显比，即显明比德于天下。所以这个主体是邦国部落联盟的首领或大君①。他是亲比的中心，具有美好的比德是天下人对他的要求，也是他自身应有的自觉意识和行为准则。

其二，比德的基本要求是刚健而中正，如九五之刚健中正而得位，为众阴之所亲附乃吉。“比之匪人”对君长来说是一种不得已的抉择，对众属来说即等同于“比之无首”而凶。这里透露出来的近似《尚书·洪范》九畴的中心思想，即所谓“建用皇极”。其文曰：“皇建其有极。敛时五福，用敷锡厥庶民，惟时厥庶民，于汝极，锡汝保极。”意思是说，君主应树立大中至正的行为准则。首先要使庶民能得到寿、福、康宁等五福，民众也就会遵循和维护你所树立的准则。此段结文“无偏无陂，遵王之义；无有作好，遵王之道；无有作恶，遵王之路；无偏无党，王道荡荡；无党无偏，王道平平；无反无侧，王道正直。会其有极，归其有极”。都是讲以刚健中正之德以行王道而天下亲附之意，与比卦的亲比原则颇为接近。这是因为《洪范》反映殷初的政治观念，与比卦反映的周初政治观念都带有较为浓厚的原始民主制遗风密切相关。当然，从这种以君主为中心的比附观念中，也自然可以发展出以君主为中心的集权政治来，历史的进程也果然如此。

其三，比德也不是后世君主的用贤之道。用贤之道是建立在绝对的臣

① 周文王三分天下有其二及武王合诸侯以伐纣并封邦建国。均带有这种联盟大君的性质。

属关系之上的，目的仅在于以能臣为我所用，国君是否具有刚健中正或大中至正的美德只是充足性条件而非先决条件。例如司马光讲："为政之要，莫先于用人。"[1]"官人之道，以德贤为本。"[2] 又说："致治之道无他，在三而已：一曰任官，二曰信赏，三曰必罚。"[3] 都没有提到国君本身的德行问题，这同比卦以及《洪范》首先要求行为主体应具备高尚的品德是迥然不同的。

比卦更不是君主的御臣之术。御臣之术是以君臣利害相左、尖锐对立为前提，彼此之间不仅无亲比关系可言，甚至根本没有道义之责可言。如像《韩非子·备内》所说："人主之患在于信人，信人则制于人。人臣之于其君，非有骨肉之亲也，缚于势而不得不事也。……为人主而大信其子，则奸臣得乘于子以成其私，故李兑傅赵王而饿主父；为人主而大信其妻，则奸臣得乘于妻以成其私，故优施傅丽姬杀申生而立奚齐。夫以妻之近与子之亲而犹不可信，则其余无可信者矣。"所以他主张专任刑罚以为治，以信赏必罚为御臣之要术，这是君主专制思想，与比卦的意趣更是大相径庭的。

比卦所讲的比，其大用在于协和邦国，其内涵主要是亲比，是一种敦睦风范。无论在上下内外的关系上，它强调的是矛盾的统一方面，即相互利害的共同方面。作为最高的境界——显比，是以君主本身具有刚健中正的品德为前提的，其用意不在于使贤臣为我所用，而是要在深刻理解君臣利害的共同性的基础上建立起一种较为平等与亲和的关系。所以它讲的既不是择友之道、用人之道，更不是御臣之术，而是修、齐、治、平的圣王之道。从后世儒者所讲的用贤之道中，最多只能引申出一种贤人政治，从比卦中引申出的则是一种典范性的德治或道治。这种德治或道治是在社会矛盾尚不曾激化的条件下才有可能实行的，如像二帝三王之初，确也有过一种上下亲比、内外协和的大联合局面。因此，比卦的内涵，既可说是这种政治局面的历史记录，也可以说是《易经》作者为后世标榜出的治国平天下的政治理念和政治纲领，在周初贤圣的观念中，正是崇德广业之要道，其基本精神可以概括为协和以成治。

---

① 《资治通鉴》卷 73。

② 《传家集·乞简举御史条约上殿札子》。

③ 《司马温公集·言御臣上殿札子》。

13. 讼：明断以息讼

䷅　讼。有孚，窒惕，中吉，终凶。利见大人，不利涉大川。

解：讼。象辞。

字义：讼，金文作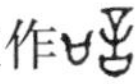。《说文》：“讼，争也。”这个解释太含混，因为一般的争执无论多么严重都不能成讼，必有第三方，且为尊尚之人加以依礼仲裁，讼事乃成。《周礼·秋官·大司寇》：“以两造禁民讼。”郑玄注：“讼，谓以财帛相告者。”《礼记·曲礼》：“分争辩讼，非礼不决。”孔颖达疏：“争罪亦曰讼也。”这些是对讼的较好的说明。《正字通·言部》：“讼、《六书故》：争曲直于官有司也。”这是对讼义的较确切的说明。

依物理及事理取象：本卦下体坎互离，水火交胜，争讼之象；上体乾互巽，乾为君，巽为驯服，君主依理断讼之象，故取象曰讼。爻辞九五：“讼。元吉。”此义更明。

有孚，窒惕，中吉，终凶。占辞。

字义：孚，此处用俘获义。

窒，《说文》：“窒，塞也。”《集韵·屑韵》：“窒，塞孔穴也。”这里用闭塞义。

惕，《说文》：“惕，敬也。”《玉篇·心部》：“惕，惧也。”又：“忧也。”这里用警惕、戒惧义。

辞意是说，有所俘获，窒闭而慎防之，即严密地关起来，虽可防止逃脱，但最终会导致死亡或反抗，所以是中吉而终凶。

这是从卦爻组合中另行取象作出的应然性判断。本卦下体坎为陷、为忧，故有窒闭及惕惧之象；下互体离为明，有中吉象；上互体巽为进退，为不果，于所俘为亡失，故有终凶之象。此诫人当慎于争讼之意也。

利见大人，不利涉大川。并列占辞。

这是依卦象的物理和事理作出的应然判断。本卦上体乾为君，下互离为明，明君在上，故有利见大人之象；本卦下体坎为水，为大川，上互巽为进退，为不果，故有不利涉大川之象。于讼事而言，自应近求明断于有德之大人，而不利于远行争胜也。

占辞并列是《周易》常用章法。例如：前引晋·上九爻辞、损卦辞及损·上九，均属此类。

初六　不永所事，小有言。终吉。

解：不永所事，小有言。象辞。

字义：永，此处用长久义。不永所事，谓不持久进行争讼。

言，《说文》：“言，直言曰言，论难曰语。”有言，谓有所非议。参见需·九二释。

辞意是说，没有将官司打下去，引起一些非议。

依物理及事理取象：本卦讲争讼之事，初爻当坎初，与互离相交，水火相胜，有争讼象；本爻变则下坎成兑，兑为悦，交互离为明，明而悦，乃和悦之象，失交争之义，故其于争讼有不永所事之象也。

又兑为言，上互巽为倒言，二言相反，非议之象；因其位在初，于事未深，故曰小有言也。

终吉。占辞，谓最终可得吉也。

这是依爻象的事理作出的应然判断。盖争讼之事，当不得已而为之，久则两伤。若能于争讼之初，悟久争之害，能互相忍让，虽难免招致非议，但不致有更大的损失，故有终吉之善也。这一占断，显然以戒讼为宗旨，与周初提倡礼让观念是一致的。于史实考察，如《史记·周本纪》所载：

> 西伯阴行善，诸侯皆来决平。于是虞芮之人有狱不能决，乃如周。入界，耕者皆让畔，民俗皆让长。虞芮之人未见西伯，皆惭，相谓曰：“吾所争，周人所耻，何往为？只取辱耳。”遂还，俱让而去。诸侯闻之曰：“西伯盖受命之君。”

这段记载充分说明，周初确立的礼义为本、教化先行的根本方针是非常有成效的，本质上就是一种崇德广业之道。以礼止讼便是其中的一个重要方面。

九二　不克讼，归而逋，其邑人三百户无眚。

解：不克讼，归而逋，其邑人三百户无眚。象占连辞。

字义：克，《说文》：“克，肩也。”徐锴系传：“肩者，任也……能胜（shēng）此物谓之克。”此处即用“胜”义。不克讼，即不胜于讼。亦即败诉。

逋，《说文》：“逋，亡也。”李鼎祚《周易集解》引荀爽曰：“逋，逃也。”此处用奔窜义。

邑，甲文，金文。《说文》：“邑，国也……先王之制，尊卑有大小，从卩。”朱芳圃《甲骨学》引叶玉森曰：“从囗象疆域，巴象人跽形，乃人之变体，即指人民，有土有人，斯成一邑。”其论可取，唯所谓“象人跽形”实即象人居处之形。所以邑字的原意是泛指人众聚居的地方。殷周之际，已形成都、邑、里、井等大小不等的聚居地，其中都为一国中的都城，邑为次级结构，里井相当于村社。邑人指邑中居民。经文中有邑及邑人等词共九处，其中：

谦·上六：“鸣谦。利用行师，征邑国。”

井：“改邑不改井，无丧无得。”

无妄·六三：“无妄之灾。或系之牛，行人之得，邑人之灾。”

这些记录将邑、国、井、邑人、行人并列，最足以说明邑乃介于国都、井里之间的层级结构，及邑人与一般人有所区别。现代考古资料已充分证明，邑人主要为同一家族成员：武士、农、工、商及外来移民，或有若干奴隶。邑的领有者多为家族长，小邦君。

三百户之邑。当时是较小之邑。郑玄注云：“小国之下大夫，采地方一成，其定税三百家，故三百户也。”其说可取。

眚，《说文》：“眚，目病生翳也。”因日月之蚀如目生翳，遂称为“日月之眚”。后遂引申为灾咎、损伤。马融曰：“眚，灾也。”即用灾咎义。此处可理解为损害，损失。

辞意是说，一个小邦君与人争讼而败诉，他赶快奔窜回自家的领地（大约是为了防止邑人因惊恐逃散），幸好他的领邑中三百户人都还在，没有损失。

此辞象占不可分割，故为象占连辞。其取象特点主要依事理及物理取象。

本爻当下体坎之中，互体离之下，坎离乃水火交争之象，为争讼之主；上互巽为不果，不克讼之象；本爻变，互离成艮，艮为门阙，坎为隐伏，有窜归之象；下体变坤，坤为邑、为众，当离下，上交乾，离数三，乾数一，进位为百[①]，故有邑人三百户之象；又坎为忧，变坤为众，为顺，故有无眚之象。

此辞也可能选自当时的一条筮占实录，作者选录此辞，显然意在进一步说明无讼为上，及早止讼为佳。

本爻之讼主既为小邦君，与之争讼者亦必是另一小邦君，其争讼之主断者必为较他们高一级的较大的邦君。败诉后其领邑的居民则有逃佚之可能。这些对于了解当时的社会结构，以及讼字的确切含义，都是极有参考价值的。

六三　食旧德。贞厉，终吉。或从王事，无成。

解：食旧德。象辞。

字义：食，甲文，金文。本义为进食，引申有享有、受纳等义。经文中共十处，多用进食义，井卦中三食字则有享有义，如井·初六之“井泥不食”，即是。此处亦用享用义也。

旧，繁体舊，本象猫头鹰，原意为久，有古老、陈旧、原有的等义。此处用原有义。

德，甲文，金文。《说文》：“德，升也。”观字形乃象在通衢之间已有明确的前进方向之形，后加心，表示心有所明，引申为有所得。有道德、恩德、恩惠等义。经文中德字或通得。如小畜·上九：“既雨既处，尚德载……”但多用恩惠义。如益·九五：“有孚惠我德……”即用恩惠义。

食旧德，意即享受旧有的恩赐。此处指小邦君享有国君原有的封邑之事。

依事理取象：本爻当互体巽下而上承于乾，乾为君，巽为伏，伏承于君，即承受君恩而服侍之，故有食旧德之象。

贞厉，终吉。占辞。

另行取象定占：本爻当坎上而互离中，坎为水，离为火，两相争讼之

① 进位取数，殷、周易之所同，参见本书上篇第三章秦筮与晋战。

象；而本爻以下争于上，以下讼上，其事必危。故贞厉；本爻变互离变乾，讼象不具而其卦之姤，姤，遇合之义，故有终吉之象。

或从王事，无成。验辞。

经文“或从王事”有二，皆为已验之辞，意谓其人随王出征事。参见坤·六三释。

验辞不必取象，唯录其实。但此处亦可以象明之。本爻当离中而上承于乾，离为戈兵，乾为君，故有从王出征之象。

又，本爻当互体巽下，巽为进退，为不果，故有无成之象也。

本爻与九二爻合观，或为同一贵族之两次筮占实录。盖此贵族为享有领地邑人三百户之小邦君，因讼事不胜，邑内人心浮动不安，彼虽速窜归邑，暂得无眚。若不求立新功，安于享受旧有的恩赐，则必有危厉之忧，因而从王出征，企求得到新的功赏，而最终则并无成功也。这一验辞与终吉之占不太符合，作者仍然选录于后，表明他所更为重视的是应验的事实而不是原有的占断。这可以说是作者在筮占问题上的一种理性态度，自然地有利于启迪求筮者的理性思考。

九四　不克讼，复即命。渝，安贞吉。

解：不克讼，复即命。象辞。

字义：克，胜也。义同九二释。

复，本指地穴居处往来之复道，引申有返还义。此处即用此引申义。参见复卦释。

即，就也。本义为就食，引申为就受、就承，此处用就承义。参见屯·六三释。

命，甲文，金文。《说文》：“命，使也。从口，从令。”林义光《文源》“按：诸彝器令、命通用，盖本同字。”古多指君主对下臣的锡命、诰命等。经文中命字四见。除革·九四：“改命吉。”特指天命之外，其余皆谓君命，此处即指君主的命赐。

辞意是说，不胜于讼事，回复到承受君主原有的命赐，即返就本邑也。

依物理及事理取象：本爻当上乾下，乾为言。又当互离上，变成震，震亦为言。两言交争，有讼象。本爻又当互巽中，巽为不果，有不克讼之象。巽又为进退，有复象；上承于乾，乾为君、为言、为命，故有复而就承于君命之象。

渝，安贞吉。教诫辞，以诫代占。

字义：渝，《说文》：“渝，变污也。”《尔雅·释言》：“渝，变也。”《诗·郑风·羔裘》：“彼其之子，舍命不渝。”郑玄笺：“是子处命不变，谓死守善道，见危授命之等。”这是渝与命连用，而不渝其命之意。本爻渝字接复即命而言，是改其旧过而复就承王命之意。渝，改变其致讼之行也。安贞吉，息讼而安处乃可得吉也。所以这条占辞的用意在于教人善于反思自身在为人处事方面的失误，自觉地改过迁善，从根本上减少争讼之厉，因而属于教诫辞性质，并以诫代占。

本爻与九二、九三合观，可能为同一贵族，初与人争讼不胜，窜归其邑而得人口无眚；又不甘于食旧德而往从王事，企求以新的功赏来改变其不利的处境，但又无功而返；乃复归其邑，认真反思致讼之由，明白了自身在为人处事方面的缺失，乃决心改过迁善，终得安居之吉。作者选录这样一连串的占验之辞，显然在于说明，争讼之事，不在于外求功赏可以权势压人；而在于反思自身的缺失，在行为规范和德性修养上多下工夫。这样的见地，不能不说是非常明哲的。老子讲“自胜者强”①，孔子主张“能见其过而内自讼”②，这些哲理，看来在《易经》中早已成型，只不过还处于藏而不露状态，需要我们多下一番探赜索隐、钩深致远的功夫罢了。希望有心学易的同道们不要浅尝辄止。

九五　讼。元吉。

解：讼。象辞。

依数理及事理取象：本爻处卦之君位而当上乾之中，刚健中正而得位者也。其于讼事，即断讼者之象也。中互巽为承伏，执事佐使之象也。下互离交下体坎，水火相煎，争讼者之象也。下有所争而听断于上，讼事乃成，讼象乃备，故明其象为讼也。参见卦辞释。

元吉。占辞。

字义：元，初义指人首，引申为上，为大，为长；吉，初义为善。元

① 《老子》第33章：“知人者智，自知者明。胜人者有力，自胜者强。”

② 《论语·公冶长》：“子曰：‘已矣乎，吾未见能见其过而内自讼者也。’”

吉可直释为上善，为大吉。（参见乾卦辞及坤·六五释）

占辞的意思是说，筮遇此爻，是很吉利的。《周易》既然以提倡礼让息讼为尚，为什么在这里讼事成了元吉呢？显然因为本爻代表了一种讼事的理想状态。作者非常明白，争讼之事，在社会生活中是难以避免的，也不可能以礼让之教而完全消除，在必要的时候，通过争讼诉诸礼法加以裁决，总比诉诸武力好得多。关键的问题在于诉诸礼法之时，能不能得到一种公正的裁决。从本爻的事象来看，既然是有刚健中正之德的君主居于断讼的地位，中有严明的佐使以为助断，于所争之事必能作出合理公正的判决，这样无论对于争讼的双方，或对社会正气的伸张，社会风气的改善，都是有利的。即使败诉的一方，也可从中吸取教训，避免再犯类似的错失。正因如此，作者才加以全称性的肯定性评判，元吉！这不仅与礼让之教没有矛盾，更是其不可或缺的重要方面，所谓法教之事，德主刑辅是也。

上九　或锡之鞶带，终朝三褫之。

解：或锡之鞶带，终朝三褫之。象辞，以象为断。

字义：锡，《尔雅·释诂》："锡，赐也。"《尚书·禹贡》："禹锡玄龟，告厥成功。"《尚书·尧典》："师锡帝曰：'有鳏在下曰虞舜。'"蔡传："锡，与也。"这里即用赐予义。

鞶带，《说文》："鞶，大带也。"鞶带实即大的革带，古以革为大带，便于佩刀剑，上或有金玉之饰，常作为君主对臣下的赏赐品。

朝，《说文》："朝，旦也。"原意为早晨、平旦之时。后引申指白天，与暮夜相对。终朝即从早到晚，亦终日之意。

褫，《说文》："褫，夺也。"又，衣部："褫，夺衣也。"古以衣带表官阶，三褫是连续遭到几次贬谪之意。

依数理及事理物理综合取象：本爻以乾上过刚之质，居讼事之最上位，亦听讼断事者之象也。上乾为君为言，有所命赐之象也。乾为大，互体巽为帛、为绳、亦为带，故有或锡之鞶带之象。互体上巽下离，巽为木，离为日，日下于木，终朝之象也。又，离数三，巽为陨落，三夺之象，故有终朝三褫之之象。

本爻以象代占，有如坤·上六，虽不言凶而凶象自明也。而《象传》谓"以讼受服，亦不足敬也"。自此以来，诸家均以倚讼胜诉，虽暂有所得而终将失之作解，这样来理解《周易》的诫讼之意，是相当肤浅的。实际上本爻的根本用意乃在于揭露和嘲笑断讼者的昏暴。因本爻以乾上而处讼事之上，显为断讼者之象。但是这个断讼之人却无明君之德而有亢龙之象，他的判决是非常昏暴的。初时因胜诉便赐以鞶带，这种非有功而行其赏，是其昏庸；不久又突然变卦，一天之内，连续贬谪几次，更显其残暴。这种以断讼为儿戏的昏暴行为，大约只有当时的殷纣王才干得出来。本爻没有占辞，很可能不是选自从前的占断，而正是当时殷纣暴政的一项实录。这样的事在当时必广为流传。《易经》直录其事以为讼·上九的系辞，用意正在于进一步说明争讼之事，当求决于贤明的君主，切不可求决于昏庸暴虐之王，这显然是对殷纣暴政的一种申斥，也是对那些尚执迷不悟地听命于殷纣的诸侯邦君的严肃告诫，它的政治意义与教化意义都是非常深刻的。

总之，讼卦是倡导礼制精神的卦，也是体现崇德广业精神的卦。它虽以诫讼为主旨，但不否定必要的争讼。作者是深明讼事之利害的。一般说来，争讼之事，害多利少，故当以无讼为上。若不得已而行讼，则当求决于有刚健中正之德的贤明君主，方可伸张正义，摧伏邪险，否则必致是非颠倒，祸患无穷，虽胜亦凶。古代自然经济社会，契约关系很不发达，社会关系的调整，主要依靠伦理、德行的作用，忍让是容易取得同情和减少危厉的通行方式，所以作者着重提倡礼让，但也重视礼制，强调为上者应依礼断讼，不可任意而为。当今法制社会，虽可据法论理，但因法制或不健全，或因官吏腐败、贪赃枉法，当事者往往备受敲诈而有理难申，所以讼事依然是凶多吉少。《周易》诫讼的精神，到今天也还有其合理性和明智性。

此外，作者在提倡礼让和强调礼制的同时，还强调“渝，安贞吉”之理，意在教导争讼者善于从致讼之由，反思自己在为人处事方面存在的缺陷和失误，自觉地改过迁善。这种“见其过而内自讼”的态度，从根本上减少争讼来说，显然是更为合理的和明智的。否则，一味提倡忍让止讼，不仅在实际生活中行不通，也是不符合礼义是尚的精神，有违于教化先行之义的。

以要言之，讼卦的主旨实在于明断息讼。上古邦国部族众多，争讼之事不少，若不能依礼明断，势必激化矛盾，导致争战。所以，明断息讼，是协和邦族的必要环节，也便是崇德广业的重要内涵。可以说，协和邦族是崇德广业的大纲，明断息讼则是其要目。

14. 噬嗑：严明以用狱
（附：林晨光论隐喻）

䷔ 噬嗑。亨。利用狱。

解：噬嗑。象辞。

字义：噬，《说文》："噬，啗也，喙也。从口，筮声。"啗同啖，意为咬、啮。

嗑，音 hé，闭合也。噬嗑，即咬啮而合。

依审美取象：卦形似口中含物，齿以啮之而合也。《彖》曰："颐中有物曰噬嗑。"朱熹注："噬，啮也。嗑，合也。物有间者，啮而合之也。为卦上下两阳而中虚，颐口之象。九四一阳间于其中，必啮之而后合，故为噬嗑。"甚得辞意。

亨。叙辞，明享祀之时筮遇此卦，因而有其权威性也。

利用狱。占辞。

字义：用，金文作。《说文》："用，可施行也。"字形象卜而得中，故其初义为可以施行。引申有使用、运用、任用及主宰等义。参见乾·初九释。此处即用主宰义。

狱，金文作。乃两犬相吠啮之形。间以言字，构意即谓人之争讼，如狗之相啮，以喻情节严重的争讼，故有"争财为讼，争罪为狱"之说。罪则有刑罚之用，故刑狱连词，盖狱必及刑也。

利用狱，即利于主断刑狱也。这是依象辞及卦象的事理作出的应然性判断。

自象辞言之，噬嗑乃颐中有物，啮而合之之意。啮而合之即断其梗阻然后闭合，亦即断狱之象，故占曰利用狱。

自卦象的事理言之，本卦上离下震，离为明，震为威、为畏，上明断而下畏威，明威相济，断狱之事也，故断之以利用狱。《象传》云："雷电，噬嗑。先王以明罚敕法。"《集解》引宋衷曰："雷动而威，电动而明，二者合而其道彰也。用刑之道，威明相兼，若威而不明，恐致淫滥；明而无威，不能伏物，故需雷电并合而噬嗑备。”甚得经意也。

初九 屦校灭趾。无咎。

解：屦校灭趾。象辞。

字义：屦，音jù，《说文》：“屦，履也。”指革履。作动词意为所履，即践踏。

校，《说文》：“校，木囚也。”古刑具，枷械之统称，桎梏枷之类。孔颖达曰：“在足曰桎，在手曰梏；枷则为颈械。”

灭，灭没也。

屦校灭趾，即贯械于足而灭没其趾之意。

依物理取象：本爻当震初而上互坎，震为足，足之初为趾；坎为丛棘，象械具；坎又为陷为水，故有灭没义，是有屦校灭趾之象。

无咎。占断辞，谓虽屦校灭趾而可以无咎也。《系辞・上传》云：“无咎者，善补过也。”盖本爻当震初，震为躁动，因躁动而被刑。本爻变，下震变坤，坤为顺、为众、为和合，故有过而能改，尚可免于重刑之义，是以断之曰“无咎”。

朱熹注曰：“初上无位，为受刑之象。中四爻用刑之象，初在卦始，罪薄过小……止恶于初，故得无咎，占者小伤而无咎也。”其说差可。

《系辞・下传》引子曰：“小人不耻不仁，不畏不义，不见利不劝，不威不惩。小惩而大诫，此小人之福也。易曰：‘屦校灭趾。无咎’，此之谓也。”亦发明此意。

六二 噬肤灭鼻。无咎。

解：噬肤灭鼻。象辞。

字义：肤，《说文》：“肤，皮也。”亦指肉类，泛指禽兽肉，又专指豕肉。《集解》引马融曰：“柔脆肥美曰肤。”此处用指无骨鲜肉。

辞意是说，吃大块美肉，将鼻头都遮住了。

依物理取象：本爻当中艮初，艮为狗，有肉象，初至四交互成颐卦，颐为饮食部位，故有噬肤之象。又艮为鼻，入于上互坎，坎为水，有灭鼻之象，故曰：“噬肤灭鼻。”虞翻曰：“噬，食也。艮为肤、为鼻，鼻吸灭坎水中，隐藏不见，故噬肤灭鼻。”其说甚是。

依事理及数理取象：本爻当用狱之初，事浅易断，依惯例，争讼者必先致讼金然后听讼[1]，主事者有利，故有噬肤灭鼻之说也。李镜池《周易通义》曰：“这是说贵族大啃其鲜肉鲜鱼，连鼻子也给遮住了。”甚为形象，但未及其实质。王弼注云：“噬，啮也。啮者，刑克之谓也。处中得位，所刑者当，故曰噬肤也。乘刚而刑，未尽顺道，噬过其份，故灭鼻也。”其说近是。

无咎。占断辞，谓筮遇此爻，于断狱者可无灾咎也。这是依爻辞的事理作出的或然性判断。讼狱初起，或事浅易断，讼者必皆致讼金方可得听讼，听讼用狱者有受金之利，皆如噬肤之事也。或有受金过多如“噬肤”而致“灭鼻”者，因尚未断决，故其事可无灾咎，然因可能有贪贿之丑，故不言吉利也。由此可见，《易经》作者对收取讼金之事，取一种照顾习惯的明智态度。因为当时没有交诉讼费的明文规定，收受一定讼金，在适当的程度上，是符合当时习惯的，但是不宜贪多过度，如噬肤而至于灭鼻，则是不合理的，甚至有受贿之嫌，故不能断其为吉利，仅因其在用狱之初，尚未影响最终判决，故仅断为无灾咎而已。这种态度，既表明作者对用狱之丰富经验与深刻了解，也透露出作者对财贿问题，本质上仍取“见利思义”的正确态度。

六三　噬腊肉，遇毒。小吝，无咎。

解：噬腊肉，遇毒。象辞。

字义：腊，籀文作，音 xī，通“臘”。《释名·释饮食》：“腊，干昔也。”即通常所谓腊肉也。腊肉皆带骨之肉，先风干，经日晒再及于烟熏之。马融曰：“晞于阳而炀于火曰腊肉。”此之谓也。

毒，孔疏：“毒者，苦恶之物也。”苦恶则胃不适，故有中毒之意也。

辞意是说，吃腊肉引起中毒反应。

依物理取象：本爻当互艮中，艮为狗、为坚，近离下，离为日、为火，有腊肉之象；初至四交互成颐，本爻当颐中，故有噬腊肉之象也；又当互坎下，坎为矢，为多眚，引申为矢毒，故曰“遇毒”也。

依数理及物理取象：本爻当下卦之上，如断下民之刁顽狡计者之狱，非可易与者也。又上应上九，如下民之有交于上；艮为山、为坚、为止，更见其多有梗阻也。主此类讼狱，往往出现麻烦，遭遇梗阻，有如噬腊肉

[1] 参见九四爻“得金矢”注。

之遇毒。腊肉者，连骨带皮而暵干之肉，虽有味而较难啮断者也。王弼注曰：“噬以喻刑人，腊以喻不服，毒以喻怨生。”可谓深得之也。

小吝，无咎。占断辞。

易之吝占，有耻、惜、碍难等义。辞意即有碍难而无大咎之意也。此亦自事理而言，盖下民虽刁顽不服，加以上有梗阻，而于用狱者仅能造成一定困难，尚不致受其灾咎也。又自卦象言，本爻变则上下皆离，离为明，上下皆明，故可以无咎也。

本爻辞亦可见《周易》作者对用狱之难易，了解甚深，态度亦甚谨慎而积极，故断之以小吝无咎也。遇毒，小吝，意在诫用狱之慎，无咎则鼓励断狱者当积极从事，不可畏难苟且也。

九四　噬干胏，得金矢。利艰贞，吉。

解：噬干胏，得金矢。象辞。

字义：胏，《玉篇·肉部》：“脯有骨曰胏。”

辞意是说，啃干肉，发现藏于其中的铜箭头。

依物理取象：本爻当互艮上及上离下，艮为坚、为狗，离为日，为火，干胏之象也；爻变成颐，故有噬干胏之象。本爻又当上互坎中，坎为矢，有得矢之象；矢之入于脯而未能拔出者，明其贯之甚深，非骨镞、石镞之所能及，故为得金矢之象也[①]。

利艰贞，吉。占辞。

利艰贞之占，经文有四：多为艰难其事之意，参见泰·九三释。刑狱

---

① 关于“得金矢”，历来有两种解释。其一谓金矢为射中兽骨之箭镞。如《集解》引王肃曰：“金象所以获野禽，故食之反得金矢。”近世李镜池《周易通义》曰：“金矢，铜镞……吃干肉而发现肉中有铜箭头。”又高亨《周易古经今注》：“噬干胏而得金矢者，盖有人射兽，矢著兽体，镞折而钳于肉中，未引出，故噬胏而得金矢也。”皆属此类。

其二谓因狱事而所入之束矢。如朱熹《周易本义》注云：“周礼，狱讼入钧金束矢而后听之。”近世尚秉和氏亦承此说。

今按《周礼·秋官·大司寇》：“大司寇之职，掌建邦之三典，以佐王刑邦国，诘四方……以两造禁民讼，入束矢于朝，然后听之。以两剂禁民狱，入钧金，三日乃致于朝，然后听之。”注谓争财为讼，讼者双方，各先送三十斤金（一般为铜）于朝，三日后乃听其讼。这显然是稍后的礼制规定。这种礼法，是对于讼狱的一种限制。一方面可以避免小事情也要闹上访，争到朝廷里来；另一方面则有告诫义：矢为直，金为坚，入束矢钧金，即告诫其必须直陈其理，不可曲为其说；听狱者亦当秉公直断，不得匿罪藏奸。最后，这束矢钧金入于官府，也可说是预交的诉讼费。至于这束矢钧金是由朝廷入库，还是分给听狱之人呢？若入于朝廷，则无所谓“得金矢”“得黄金”之说。若分给听狱之人，又不合礼制之用意。所以，我们对这两种解释，倾向于前一种，对束矢钧金之说，则取存而不论的态度。

之艰难，如《尚书·吕刑》“哀敬折狱”、《尚书·康诰》“汝亦罔不克敬典，乃由裕民，惟文王之敬忌”是也。

《吕刑》又云：“在今尔安百姓，何择非人，何敬非刑，何度非极，两造具备，师听五辞，五辞简孚，正于五刑。”皆艰难于狱讼之事之意也。

本爻断以“利艰贞，吉”，亦可视为教诫辞。即教诫用狱者当以艰难其事的态度，勤谨从事，乃可得吉也。反过来说，若不能艰难其事而勤慎为之，则为不吉，故可视为以诫为断。

这一占断，乃是依爻象的事理作出的应然性判断。盖本爻乃噬嗑中当断之物，一卦之主，也是用狱的主要对象，而其位居上卦之下，在公卿之位，有如当权贵族，与之争讼者亦必是有位之人，所争之事又必甚严重，乃狱讼之最为难断者也。故以“噬干胏”而又遇金矢之事象以喻之。狱事深重，则不可轻断；争在贵族，更不可易断；必艰难其事而勤谨为之，方可明断而止狱。于深重之狱，难断之事而能明断以止狱，即能使民人悦服而钦敬，因而得吉也。如《尚书·吕刑》“哲人惟刑，无疆之辞，属于五极，咸中有庆”是也。由此可见《周易》作者之于狱事，既有公正之态度，又有廉明之干才，且有于挑战中见机遇之明智，更有敢犯难以求成功之勇气也。简言之即公正、严明、机敏、勇锐，这可以说是对执法者提出的基本要求和必具品格。这样的品格，后世只能见于包公那样的理想人物之中，事实上没有几个人能够四德具备，但是在《周易》时代，作者即提出了上述标准，而且似乎是事理之当然，本来应如此。从中我们也可以体会到作者所具有的圣贤气质，能给后世以鼓舞和启导。

六五　噬干肉，得黄金。贞厉，无咎。

解：噬干肉，得黄金。象辞。

词义：黄金，《正字通·金部》：“金，五色金也，白金银，青金铅，赤金铜，黑金铁，黄金为之长。”则黄金即真黄金也。

依物理取象：本爻当离中，离为雉、为龟鳖，又为日、为火，依噬嗑之事，是有噬干肉之象也。爻变上体为乾，乾为金，离色黄，故有得黄金之象。虞翻曰：“阴称肉，位当离中，日烈，故干肉也。乾金黄，故得黄金。”近是。

依物理及事理取象：本爻处离中而当坎上，遇水火交争之势，处尊位以断之，狱事之大而难中之较易者也，故有噬干肉之象。朱熹注："噬干肉，难于肤而易于腊胏者也。"其说近是。既处尊位而断大狱，必有重金之奉，故有得黄金之象[1]。

贞厉，无咎。占断辞，谓有危厉而无灾咎也。此断辞亦有物理及事理二象可据。

自物理象言：本爻当中坎上，坎为陷，为忧，危厉之象也，故贞厉。又当离中临震上，离为明，震为威，明威相济，故可以免于灾咎也。

自事理象言：本爻处尊位而得中正，以断大狱，得黄金明狱事之重，狱事重而收多黄金，则有贪赃枉法之厉，然以处尊位而得中正，有日月之明与雷电之威，亦可以刑狱得当而无咎也。

本爻与六二有同有异，其同在于可能受贿，皆以得中正而无咎。前已说明，古代无诉讼费之制，狱事输金，有其习惯上的合理性。要在能归诸于公，且适度而不枉法而已[2]。故本爻与六二皆同此"无咎"之占矣。其不同处在于初、二乃下位人之争讼，其事浅而易断，故不至重贿，断之较易，六五则为上位之人，犯重大之狱，重贿以请，故难断而易致危厉也。然虽难断而易致危厉，能以明威中正的原则处之，亦可以无咎也。虽可以无咎，而刑狱在本质上无利益可言，故又不许以吉、利也。

上九　何校灭耳。凶。

解：何校灭耳。象辞。（请读者试为之解，本书另有附页）

总之，噬嗑集中体现周初贤圣的刑狱观，讲的是用狱之道。

刑狱之事，在社会学中，属于刚性整合范畴。为了保证社会生活能够协调有序地进行，人与人之间以及群体之间，必须确定一定的社会规范。为了使这些规范能够得到遵守，即使这些规范的运作具有有效性与可持续性，就必须有相应的社会力量加以操作。柔性的是用道德的力量，刚性的

---

① 朱注以金为钧金。前注已明，钧金之事见于周礼秋官大司徒，当狱事者各入金一钧然后听讼。一钧为三十斤，此金必非黄金而谓铜也。本爻所谓"得黄金"既明明称其为黄金，则非赤金铜而为真黄金也，而黄金则非钧金之金也。故此处可知其非钧金。

② 古虽在习惯上允许狱事输金，但也当适度，并归诸属官，若私与重金，亦属贿赂行为。《吕刑》中已对此明加罪罚，所谓"五过之疵，惟官、惟反、惟内、惟贷、惟来、其罪惟均"是也。

便是运用刑罚的力量。这两种力量都应当体现在用狱之道中，也就是《周易》所标榜的明威相济。明以保证正确引导，威以保证强制遵行，两者缺一不可。噬嗑一卦，上离下震，取上明下威之义，正好体现了明威相济的原则，体现了从功能整合达到规范整合的价值取向，这是《易经》作者深明刑狱的社会整合功能的表现。

诸爻系辞，分别揭示了用狱的目标层面与操作层面的不同取向。

从目标层面看："噬嗑卦六爻中五爻皆不吉或凶，可见作者对刑狱之事总的持贬抑态度，所谓断狱之明，不如无狱也。孔子曰："听讼吾犹人也，必也使无讼乎。"[①] 又曰："道之以政，齐之以刑，民免而无耻；道之以德，齐之以礼，有耻且格。"[②] 正是以"无狱讼为尚"之意。但是，现实生活中，要做到"无狱讼"是不可能的。所以，《周易》作者既讲讼事之道（见讼卦），又讲刑狱之道，惟期其明断而已，仅占辞中不著吉利之占，以示其"不得已而用之"之意。从初九的"屦校灭趾，无咎"到上九的"何校灭耳，凶"，更谆谆教人小惩而大诫，不要弄到罪大不解的程度。这些都体现了一种"刚性控制，柔而用之"的目标取向，正是人文化成之道的深层内涵[③]。

自用狱之操作层面而言：二至五爻，可以说都在于表明当不得已而用狱时，必须以明断而中正的态度处之。而最集中地又体现在本卦主爻——九四爻的"利艰贞，吉"的占断上，实际上提出了"公正、严明、机敏、勇锐"四德，作为断狱者必具的人格风范。在今天的法制社会，仍有其重大意义，其知难而进的勇锐精神，更为可贵。

从辞章学方面来看，本卦还有个突出的特点，便是它的用喻非常巧妙。无论是以噬嗑之象比喻断狱之事或是以噬肤、噬干胏、噬腊肉等喻断狱的艰难梗阻，可以说都达到恰到好处的程度。近人林晨光认为："隐喻作为人类表意行为的特殊方式，以部分代替整体的原则，把语言从部分的有限性带向了整体的无限性……借助隐喻方式，语言完成了在'不确定'与'无

---

① 《论语·颜渊》。

② 《论语·为政》。

③ 这一取向的深刻性可以逆向思维方式加深理解：若"柔性控制，刚而用之"，有如古代以焚书坑儒、文字狱控制思想，党内批评搞残酷斗争，无情打击等，便与人文化成的目标背道而驰了。

限’之间的沟通……激励着人们创造性想像活动的进行……”① 《易经》中的隐喻，既是特殊的表意形式，又是一种特殊的运思方式，它将语言的多义性与符号的具象性巧妙地结合为一体，达到不确定与确定、无限与有限之间的互动；以巧妙的构思，深刻的创意，强化了自身的表意功能与认知功能，具有无比丰富的审美内涵。从文学层面上讲，可以说整部《易经》都是一种隐喻的艺术，而噬嗑一卦，则是其非常完美的体现。

讼、噬嗑合说（请读者试为之说）

15. 临：惇德以临民
（附：关于人格型管理的讨论）

䷒ 临。元亨。利贞。至于八月有凶。

解：临。象辞，通常用为卦名。

字义：临，金文。《说文》：“临，监临也。从卧，品声。”林义光《文源》：“品，众物也，象人俯视众物形。”监临非独监视下民，亦有以下鉴上之意，此处用喻临民治国之道。

依物理取象：本卦下兑上坤，坤为地，兑为泽，有地临于泽，以泽为鉴之象。荀爽曰：“泽卑地高，高下相临之象也。”其说甚是。

元亨。叙辞，叙述筮遇此卦，在大享祀之时，且有验于后，因而有很大的权威性也。

利贞。占辞。这是依卦象的事理作出的应然性判断。本卦下兑上坤，坤德顺而兑德悦，上临民以顺而施治，下从上而悦服，此上下相临之正道，故其占为吉利。

至于八月有凶。验辞。

验辞是对占断的验证性记录。本卦之占断本为“利贞”，及至岁终计占，则发现并非始终吉利，到了八月还是发生了凶事，故系其验曰：“至于八月有凶。”这是尊重事实的理性态度，也是《周易》系辞的一贯章法，本不必另行取象。先儒不明此法，勉强取象，参以历数，如郑康成以临卦用

① 《新华文摘》94.3.193 页。

事自周正二月讫于七月之卦气说之，虞翻又以临六月之卦旁通于遁消息之理说之，孙星衍复以临为十二月之卦历八月成否等说之，互相矛盾，至于八月何以有凶，亦不能自圆其说。所以懂得《周易》系辞的章法，对于研习易学是非常必要的。

初九　咸临。贞吉。

解：咸临。象辞。

字义：咸，甲文，金文。《说文》：“咸，皆也，悉也。从口，从戌。戌，悉也。”其字象持戈卫口之形，口乃城邑聚落之象，古代保卫城邑，人人有责，亦人人皆受保卫，故有“皆”“悉”“遍”等义。《庄子·知北游》：“周、遍、咸三者，异名同实，其指一也。”甚得咸之本义。其后由互相护卫引申出“协”“同”等义，又由协、同引申出“相感”义，参见咸卦释。此处即用感化之义。咸临，谓以感化之德以临其民也。

依数理及事理取象：本爻以阳刚之质，处最下之位，当兑体之初而上体为坤，坤为众，兑为悦，有君主以刚健之德下民而悦从于众之象。君来下民且悦从于众，乃以德化民之事，故有“咸（感）临”之象也。

贞吉。占辞。这是自爻辞的事理作出的应然性判断。既然为上者能以德化民，民众亦必心悦诚服，自然于事皆吉了。

这样的占断，是有充分的历史事实作为根据的。二帝三王之世，感临之事甚多，略而言之有“舜勤民事而野死，鲧障洪水而殛死”[1]；大禹治水，亲执耒插，胼手胝足，在外十三年，三过家门而不入；周族之太王去豳迁岐；“文王卑服，即康功田功”[2]；这一类“以死勤事”“以劳定国”的事迹，都深得民众的爱戴和感恩，易传发挥为“与民同患”的思想，并成为德治主义的一项重要原则，临卦的内涵，正是从操作层面上为这一原则提供了基本构架。这一点，我们通观全卦便当更为明了。

九二　咸临。吉，无不利。

解：咸临。象辞。

---

① 《国语·鲁语上·展禽论祭爰居非政之宜》。

② 《尚书·无逸》。

词义：咸临即感临，谓以德行感化民众，但与初爻之感临有所不同，初爻之感临在于与民同患，此处则在于与民同乐，即共享福寿康宁。

依数理及事理取象：本爻以刚来下柔，以一阳而承众阴，居中正之位而上有应，贤君能以德化民之象也。本爻又当兑中而互震初，上交于坤，是悦从于众之象，其德足以化民，故曰“咸临”。

吉，无不利。占辞。这是自以德化民的事理中作出的应然性判断，但与初爻的占断有所不同，初爻仅作“贞吉”，本爻则更系以“无不利”，原因何在呢？这是由于二者时位有别，感化的内涵也有所不同。

初爻之“咸临”，皆以死勤事、以劳定国、能御大灾、能捍大患之类，功烈巍巍，足以感化民众，故有“贞吉”之占。然而初爻变则下体成坎，坎为陷、为忧，是其德虽足以化民而未必“无不利”也。从以死勤事、以劳定国、能御大灾、能捍大患这些功烈来说，于国于民皆可以为吉利，而于己身则必有忧危困厄。如“舜勤民事而野死，鲧障洪水而殛死”，禹之抛妻别子，胼手胝足，王季之遭囚杀，显然都不能说是“无不利”。只不过，圣王以天下国家为己任，当天下之大难，于自身的利害就在所不计了，这正是初爻咸临仅系以“贞吉”的缘由。

本爻处中正之位，有刚健之德，下有比而上有应，有上下悦从之象而无坎陷之忧；本爻变，其卦之复，复卦辞：“复。亨。出入无疾，朋来无咎。反复其道，七日来复。利有攸往。”均为美善之意，故更系以“无不利”之占也。从象征意义上讲，便有如贤圣之君而处太平之世，仍能布德修善，化民成俗而臻于至治，所以是一种与民同乐的用意。

在常人的观念中，与民同患是难能可贵的，与民同乐，则是容易做到的，似乎不足为训。这种看法其实是较为浅见的。实际上，人君当国之艰危，一般尚能顾念民情，以至依靠民众，共同奋斗；而当太平之世，则往往只顾享乐，不恤民情，昏乱暴戾者比比皆是，虽中人之君，有能顾念民情者，也不过救灾济困之类，至于如何使民众都能共享太平之福，就更不知从何作起。《尚书·洪范》在这方面则作出了重要的示范，可以代表周初圣王的与民共乐的思想，现录其《皇极》章如下：

> 皇建其有极。敛时五福，用敷锡厥庶民……凡厥庶民，有猷有为有守，汝则念之。不协于极，不罹于咎，皇则受之，而康而

色。曰：“予攸好德。”汝则锡之福，时人斯其惟皇之极。无虐茕独，而畏高明。人之有能有为，使羞其行，而邦其昌。凡厥正人，既富方谷。……凡厥庶民，极之敷言，是训是行，以近天子之光，曰天子作民父母，以为天下王。

这段话的大意是说，大君应当树立四方可以仿效的行为准则，并将所集聚的福德布敷于民众，对民众中的智能之士应当顾念奖励；虽有不同意见，只要不至于犯罪，也要容受，并要和悦相待。如果他表示爱好德行，便给予应有的福惠，这些人便可回到共同的轨范上来。不要虐待茕独之人而应当敬畏高明之人。对有才能的人要让他增进其德行，国家才会昌盛。对官吏则要先能富国富民才能任用。这样，民众便会自觉地遵循你树立的准则，亲近天子的光明，称赞天子能作民父母，够得上天下之王。

我们从中不难看出，这段话的核心问题在于国君应当为民众树立行为准则以化民成治，而化民成治的前提又在于将聚集的五福布敷于民，与民共享，这五福便是寿、富、康宁、攸好德、考终命，也就是长寿、富有、康宁、好的道德风尚、子孙绵长。这些显然是太平盛世的康乐之福，国君应当布敷天下，与民共享，这正是九二咸临的主旨所在。

以要言之，初爻之咸临为“与民同患而能首当其难”，重在人格之感召；九二之咸临为“与民同乐而布敷其福德”，重在礼义教化。同为管理意识的操作层面，而其入手处有所不同，危难之世不惜冒死犯难以舒民困而成民利，晏安之世则以中正之极示范于民而布敷其福乐，合起来便是“吉凶与民同患”，此周初圣王管理天下国家之大经也。后世君主之能与民同患者往往不能共福乐，安定不久即堕落腐败，以至于乱亡，不能全其咸临之德之过也。

六三　甘临。无攸利，既忧之，无咎。

解：甘临。象辞。

字义：甘，甲文作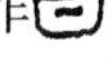，篆文。《说文》：“甘，美也。”本义为甜味，引申为美言，此处用引申义。甘临，谓以甘言美语笼络人心或无原则地施与小惠而无所建树之类。

依事理取象：本爻当兑上而互震中，上承于坤，兑为悦，震为言，上坤为众，有专事空言以悦从其众之象，故曰甘临。

无攸利，既忧之，无咎。占辞。

这是依甘临的事理作出的应然性判断。因为专事空言或纯以小惠取悦于众而无实际建树，于国于民自然均无所利，最终还可能导致很大的祸患，若能思虑及此，多办实事，这就利国利民，自然无咎了。

这样的占断在当时也必有史事可据，《逸周书·史记》有如下记载：

“文武不行者亡。昔者西夏性仁非兵，城郭不修，武士无位，惠而好赏，财屈而无以赏，唐氏伐之，城郭不守，武士不用，西夏以亡。”

这个西夏小邦之君，大致便属于“甘临”之类。

六四　至临。无咎。

解：至临。象辞。

字义：至，甲、金文作  。罗振玉认为是“象矢远来下至地”之形。《说文》：“至，鸟飞从高下至地也。”

至临便是国君勤劳治事，亲接于民之意。

依物理取象：本爻当坤下及互震上，震为君、为足、为行，坤为国、为众，震及于坤，有国君亲接于民众之象，故曰至临。

国君勤政，亲接于民，是周初的行政风范。

《逸周书·大匡》：“维王宅程……召冢卿、三老、三史、大夫……问罢病之故……”

《逸周书·籴匡》：“君亲巡方，卿参告籴。”

《逸周书·酆保》：“五祥：一君选择，二官得度，三务不舍，四不行路，五察民困。”

这些是文王躬亲政治的实录，主要是察民之所困，解民之所难，是民本主义观念的表现，属于与民同患的范围。周族灭殷以后，周公更将这一精神加以发挥，在《尚书·无逸》篇中，一开始便郑重地号召“呜呼！君子所其无逸。先知稼穑之艰难……知小人之所依”，接着便征引殷族历代先王中的贤圣之君中宗、高宗、祖甲、都曾深入民众，从事劳作，因而“知小人之依，能保惠于庶民”，国家得以长治久安。后来的殷王则好逸恶劳，只知贪图享乐，国事日非，自身也都很短命。最后，周公更强调说：“呜呼！厥亦惟我周太王、王季，克自抑畏；文王卑服，即康功田功，徽柔懿恭，怀保小民，惠鲜鳏寡，自朝至于日中昃，不遑暇食，用咸和万民；文王弗敢盘于游田，以庶邦惟正之供。”并号召“继自今嗣王，则其无淫于观、于逸、于游、于田，以万民惟正之供”。

可见周公特别重视的是国君要深入民众，先知稼穑之艰难，才能知小民之所依，也才能勤政爱民，不敢盘游，不多取费供。这些都是至临精神的集中体现。至于周公之勤政爱民达到一沐三握发，一饭三吐哺的事迹，更可说是至临的典范了。

无咎。占辞。

这是依爻辞的事理作出的应然判断。国君能做到躬亲治事，亲接于民，为政施治，自不会有过咎。

六五　知临。大君之宜，吉。

解：知临。象辞。

字义：知，通智。知临即是以圣明的智慧临民莅政。

依数理及事理取象：本爻以柔顺之质而处君位，变则上体成坎，下体为兑，其卦之节。坎为忧思、为水，下兑为泽，节者，调节，有人君忧于政事而思调节之象，故曰知临。

大君之宜，吉。占辞。

词义：大君，即大国之君。参见履·六三及师·上六释。

这是依爻象的事理作出的应然性判断，但它是有条件的，属于限制性判断，也就是说，只适用于大国之君。为什么智临只适用于大国之君呢？这与智临的特殊内涵有关。前面我们讲到智临是以圣明的智慧临民莅政，而所谓圣明的智慧，即不是通常的聪明才智，权谋诈变，而是一种通达天理人情，体现道德精神的大智、睿智，也就是所谓德配天地之智。《中庸》第三十一章有云：

> 唯天下至圣，为能聪明睿知，足以有临也；宽裕温柔，足以有容也；发强刚毅，足以有执也；齐庄中正，足以有敬也；文理密察，足以有别也。

这里所讲的临民莅政的睿知，就包括了宽裕温柔、发强刚毅、齐庄中正、文理密察，也就是仁义礼知四德在内。而且，对于这样完美的智德，还要能“溥博渊泉而时出之”，更要达到“溥博如天，渊泉如渊”的程度，以至于“见而民莫不敬，言而民莫不信，行而民莫不说。是以声名洋溢乎中国，施及蛮貊，舟车所至，人力所通，天之所覆，地之所载，日月所照，霜露所队，凡有血气者，莫不尊（之）亲（之），故曰配天”。

这样的配天的智德，有如帝尧之敦叙九族，平章百姓，协和万邦，治历明时；帝舜的设官分职；禹平水平，任土作贡；文王的厚德广惠，制作《周易》；周公的制礼作乐等等。包括了生产关系、社会制度、政治制度以及文化教育制度的重大革新和完善，自然只能是“大君之宜”，也就是大君应该具备的临民之智。至于小邦之君，中人之质，都不能达到这个标准，也就不应该向他们提出不切实的要求，所以断之曰：“大君之宜，吉。”反过来讲，大国之君，若不能以此种圣智临民，或至以权巧诈变之智对付民众及臣下，有如殷纣之恃才以拒谏，恃智以饰非，那样的大国之君，就有乱政丧国之危，也就非吉而凶了。

上六　敦临。吉，无咎。

解：敦临。象辞。

字义：敦，金文。《说文》：“敦，怒也、诋也。”《尔雅·释诂上》：“敦，勉也。”字象驱羊以进入高屋之形，故有诋怒、敦促、敦睦等义；又因敦本为古食器之名，其器如鼎而浑圆，故又出浑厚，笃实等义。经文中敦字三见，已诸义并用，此处亦诸义并用，参见复·六五及艮·上九释。

敦临者，谓以敦厚之德临民，以敦促之意临官，以敦睦之风范比临于天下也。三者之中，敦厚之德乃是其基础。

依物理取象：本爻居最高之位以临于下，本爻变，上体成艮，艮为山，下兑为泽，有以敦厚笃实之德以临于下之象，亦见敦促，敦睦之意也。

吉，无咎。占辞。

这是据爻象的事理作出的应然性判断，可分三方面来讲：

第一，以敦厚之德临民，主要是明德慎罚，以德化民，重德教而轻刑罚。苏轼《刑赏忠厚之至论》云：“尧舜禹汤文武成康之际，何其爱民之深，忧民之切，而待天下以君子长者之道也……书曰：‘罪疑惟轻，功疑惟重，与其杀不辜，宁失不经。’呜呼，尽之矣。”这便是一种敦德临民的态度。实际上，敦临之义乃是两种咸宁及甘临、至临、知临诸爻的根本精神的概括与深化。集中体现国家管理问题上的伦理原则。切实行之，自然是吉而无咎的。

其二，以敦促之意临官。也就是督促臣下与侯伯贯彻临民以德的原则，在操作方式上主要有巡狩与朝觐两个方面。如帝舜时期的“五载一巡狩。群后四朝，敷奏以言，明试以功，车服以庸”，及“三载考绩。三考黜陟幽明”，这可说是敦临的初步制度化。周初文王之召三老向罢病，亲巡方，察民困；武王克殷二年巡狩方国，自殷以东，旅谒诸侯；成王时，周公制礼作乐，敦临制度便趋于完善化了。

其三，以敦睦风范君临天下，如帝尧之“克明俊德，以亲九族；九族既睦，平章百姓；百姓昭明，协和万邦。黎民于变时雍”[①]；帝舜之“慎徽五典，五典克从。纳于百揆，百揆时叙。宾于四门，四门穆穆”[②]；汤之“不竞不絿，不刚不柔，敷政优优，百禄是遒”[③]；太伯虞仲季历之相让[④]；文王之“小心翼翼，昭事上帝，聿怀多福，厥德不回，以受方国”[⑤]；武王之“民德作求，永言配命，成王之孚”[⑥]。周公制礼作乐以后，更将这种世代相传的敦睦风范，制度化于相关的朝聘礼仪之中。

敦临的制度化，实际上便是国家制度的完善，是宏观管理的程序化与可操作化，是政治史上的重大进步。

王者的敦厚之德与完善的制度相结合，是管理意识的深刻化与科学化的体现，足以成就临民治国的大功，自然是吉而无咎的。

总而言之，临卦是讲临民治国之道。用现代语言来说，是讲国家管理的操作层面的根本原则。主要特点在于：

（1）重视人格感化与道德教化。具体操作上，困难时期要与民同患，如初九之咸临；安定时期要与民同乐，共享其福寿康宁，如九二之咸临。

---

① 《尚书·尧典》。
② 《尚书·尧典》。
③ 《诗·商颂·长发》。
④ 《诗·大雅·皇矣》。
⑤ 《诗·大雅·大明》。
⑥ 《诗·大雅·下武》

（2）要多为民众办实事，不可徒事空言，甘言美语，哗众取宠，华而不实。

（3）国君应躬亲治事，深察民困。

（4）大君应有通达天理人情，包含仁义礼智的道德智慧，也就是与天合德的大智，经理天下，化民成俗。

（5）一切措置应以敦厚之德行之，与人为善，期人为善，导人于善。要明德慎罚，要有敦促制度，要有敦睦风范，等等。

综上所述，临卦所讲的国家管理原则，用现代管理学的观点来衡量，出于人性善论的假设，属于伦理型人格型的管理，是周初圣王的民本主义观念在管理问题上的体现，它还特别强调管理者的感化力、亲和力，即推重领导者的精神品格和道德威信，这在一般情况下是很难做到的，因而具有理想主义的性质，但并不是纯粹的空谈。因为，这样的领导类型，管理模式，在上古原始民主制保留较多的环境中是屡见不鲜的，当然就应当是可以做到的。后世社会矛盾复杂，封建制度的专制统治更与此背道而驰，一般的统治者当然都做不到。但是，提出了咸临、甘临、至临、知临以至敦临这一系列的治国临民的总方针，大原则，毕竟是为后世君主以及统治者们树立了一面旗帜，作出了一种榜样，倡导了一种行政规范，因而在道德上和舆论上都可能形成一种有力的监督，在缺少民主监督的条件下，这样的监督也还是有一定的积极意义的。

由于临卦在临民治国问题上，所强调的是管理者的人格风范，所以，可以将它的基本精神概括为惇德以临民。

16. 观：勤察以任官

䷓　观。盥而不荐，有孚颙若。

解：观。象辞，通常用为卦名。

字义：观，甲文作，金文作，字形与“雚”同。《玉篇》：“雚，水鸟也。”《说文》：“观，谛视也。”盖雚鸟能见水中之鱼，有明察潜隐之功能，加见，指鹳鸟之功能，故观为谛视明察之意。

依物理取象：本卦下坤上巽，坤为地，巽为风，风本不可观，但风行地上，则草木偃然飘摇遂可得而观。草木偃则隐伏之鸟兽可见，亦可得而观，故有明察幽隐之象。《象传》云："风行地上，观，先王以省方，观民设教。"其意近之。不过观卦的重点还不在于观民设教，而在于观君子以施礼教。

先儒多释观为以下观上，是据《彖传》"观，盥而不荐，有孚颙若，下观而化也"句为说，实属误解，亦失上句"大观在上，顺而巽，中正以观天下"之意。观卦诸爻，都讲的是以上观下。

盥而不荐，有孚颙若。释辞。

字义：盥，同祼，祭名。《说文》："祼，灌祭也。"李鼎祚《集解》："盥者，进爵灌地以降神也。"《尚书·洛诰》："王入太室祼。"《诗·大雅·文王》："祼将于京。"祼都是行灌祭之意。

荐，献也，指献牲。

孚，同俘，指俘虏。

颙，《说文》："大头也，从页，禺声。"

李镜池曰："凡祭祀，都先灌酒，后献牲。但现在却灌酒降神而不献牲，这是因为用作祭牲的俘虏被打伤，伤得头青脸肿，不宜用于献神。古代祭神，必定用完好的无缺的。春秋时用牛牲，牛角伤坏的就不用；周人早期用俘虏作人牲，战俘被打伤也就不用了。象祭祀这样大的事，因为牺牲不完好，不得不停荐，可见观察的重要性。"

按：李说可从。随·九五："孚于嘉。吉。"上六："拘系之，乃从维之。王用亨于西山。"即用俘虏做人牲以供享祀之事，李说为有据。

先儒因一律释孚为信，又错解颙为敬，遂致释观为下民观于祼祭之礼而得感化，皆脱离历史背景而专从字面上作解，于"方法论释义学"而言即为"失实"。至于颙之敬顺义及威容、温润等义，皆据虞翻易解引申，后世遂以误传误，不足为训也。

盥而不荐，有孚颙若。实无象可取，乃是对观的一种说明，故应理解为"释辞"，而不作占辞。占辞一般是有象可取的，或即自象辞中逻辑地引申而来，这里若要从观象中引申出来，必至牵强附会，故自易传至汉儒均不取象作解。近世尚秉和氏因主《易经》字字有象，乃谓"卦巽为白茅，茅在地上，坤水沃之，缩酒之象也……"其"以坤为水"，不知何据？又"以茅缩酒"与"进爵灌地"之祼祭原非一事，今混为一谈，尚氏实不能自圆其说也。

《易经》在象辞后继以譬喻性的释辞，其例非一，如："泰。小往大来。吉，亨。"其中泰乃卦象，其"吉，亨"为占辞，其"小往大来"乃"泰"之释辞，谓小往大来是以能安泰也。观之"盥而不荐，有孚颙若"之为释辞，实属同一章法。经文之有释辞而不著占断者，皆以释为占。"观"之一事，本无吉凶可言，唯当善于观察、勤于观察。故以"盥而不荐，有孚颙若"作为譬喻。

初六　童观。小人无咎，君子吝。

解：童观。象辞。

字义：童，经文中"童"有二义，一为"童稚"义，一为"童仆"义。本爻之"童观"当为童稚义。

依数理及事理取象：本爻当观之初，阴柔在下而上无应；又当下体坤初，坤为众，居众人之下，皆有童稚、童蒙之象，以童稚、童蒙之见解而行观，是谓童观。

小人无咎，君子吝。占辞。

这是自童观之事理中作出的可然性判断。盖以童稚、童蒙之浅见而行观，所见必狭隘浅显，小人不预礼法大事，尚可无害于事；君子系家国之重任于身，以浅陋之智观于天下，则必致失误而贻害。故断之曰："小人无咎，君子吝。"《周易》多以君子、小人对比定占，如否·六二："包承。小人吉，大人否亨。""遯·九四："好遯。君子吉，小人否。"皆因其社会地位不同，社会责任有别而其占遂别，这是事理逻辑使然，实足以见理性思维在《周易》的价值评判中较之神秘思维更有优势也。

六二　窥观。利女贞。

解：窥观。象辞。

字义：窥，《说文》："窥，小视也。"《集训》云："门中窥见也。"经文丰·上六"窥其户，阒其无人"即用此义。

依物理取象：本爻处坤中，有众人环绕之象，又当互艮前，艮为门阙，有自门内而外视之象，故有"窥观"之象也。

利女贞。占辞。

这是自爻辞的事理中作出的应然性判断。由于窥观乃一孔之见，眼光狭隘，观而不全，必多致失误，本不可取；但窥观有隐蔽自身以窥探于他人之利，若少女之相亲，则颇相宜，故其占仅为“利女贞”。高亨曰：“余疑周初女子许嫁之前，得一窥男子，而自决可否。窥观之后，亦或筮之，若遇此爻，许嫁则利，故曰窥观，利女贞。”① 证之屯·六二：“屯如，邅如，乘马班如。匪寇，婚媾。女子贞不字，十年乃字。”是古人求婚时，女子有行贞问以定是否许嫁之事，其时或当一窥男子而后行贞也，故高说可从。

六三　观我生，进退。

解：观我生，进退。象占合辞。

字义：生，通姓。《说文》：“姓，人所生也。”徐灏注笺：“姓之本义谓生，故古通作生。其后因生以赐姓，遂为姓氏字耳。”史颂簋：“里君百生。”伯吉父盘：“其惟诸侯百生。”百生皆百姓义。盖母系制时代，同一始祖母者为一部落，同一部落即同一姓也。其后部落联盟建立，加盟部落甚众，遂有百姓之说。又其后依部落之特长而设官分职，遂又从百姓引申出百官之义。《尚书·尧典》：“九族既睦，平章百姓；百姓昭明，协和万邦。”其所谓百姓，即指各加盟部落。此观卦之“我生”“其生”，即指我部族众及其他部族众而言。

进退，《说文》：“进，登也。”字形作，从，从（chuò）。取雀行于地，有进无退之义，故有登义，一般皆以进为升进。退，《玉篇》：“却也”。故“进退”即陟、黜之义。陟黜者，如《尚书·尧典》“五载一巡狩。群后四朝”，“三载考绩。三考黜陟幽明”是也。

总而言之，“观我生，进退”，实即观察我部族众之贤不肖而定其进退陟黜之意。

依事理取象：本爻当坤上而交互艮及上巽，坤为众，艮为门阙，位在公卿，巽为进退。故有观于众人之上而定进退之象也。

观察族中之人之贤能与否而定进退，是周初圣王的授权意识的集中体现。例如：《逸周书·酆保》其“五祥”曰：“一君选择，二官得度。”即君主当选贤能以授官。

① 高亨《周易古经今注》。

《逸周书·文政》其“九典”曰：“一、祇道以明之。二、称贤以赏之。三、典师以教之。四、因戚以劳之。五、位长以遵之。六、群长以尧（率）之。七、群丑以移之。八、什长以行之。九、戒卒以将之。”这便是君主察族众之情，因其贤能而赏劝之，因其庸丑而退黜之、教化之、管领之之意。

《逸周书·五权》“三机”：“一、疑家。二、疑德。三、质士。疑家无授众，疑德无举士，质士无远齐。”即是说：权比于主家者不可授以众，拟似有德者不可举以仕，不学之质士，则不可以远举高任以齐预国事，此三者乃为政之机要，授权的前提。又“五权”：“一曰地，地以权民。二曰物，物以权官。三曰鄙，鄙以权庶。四曰刑，刑以权常。五曰食，食以权爵。”此权字皆权衡审度义。这些都是观我生以定进退、陟黜及审度我为政之得失之义。

进一步的考察可发现：《酆保》乃文王谋商时之作，《文政》则为武王告诫管叔蔡叔以遵文王政训之辞，针对性很强。《五权》则武王之遗嘱于周公以辅成王之事，其见地已很深刻。据此可以说明：“观我生，进退”，作为一种政治理念，是有一个逐渐发展不断加深认识的过程的。《酆保》重在进贤；《文政》包括陟黜、管领、教导；《五权》则提出防止伪善，以及对于地、物、民、官与刑赏黜陟的综合权度。其所观察审度的范围，皆在本部族众以内。属于“平章百姓”范围，这是“观我生进退”的本义。先儒及近世诸家，或单以义理、或仅从象数作解，离开了具体的历史环境，往往歧见百出，例如：

虞翻曰：“坤为我，离震为生，生谓坤，民生也；巽为进退，故观我生进退。”①

王弼曰：“居下体之极，处二卦之际，近不比尊，远不童观，观风者也。居此时也，可以观我生进退也。”②

朱熹曰：“我生，我之所行也，六三居下之上，可进可退，故不观九五而独观已所行之通、塞，以为进退，占者宜自审也。”③

来知德曰：“下爻皆观乎五、三、四，四已观国之光，三惟观我生而

---

① 见孙星衍《周易集解》。

② 同上。

③ 朱熹《周易本义》。

已。我生者，阴阳相生之正应也，即上九也。巽有进退之象，故曰云云。”①

尚秉和曰：“凡我生皆谓应与，《诗·小雅》：‘虽有兄弟，不如友生。’易以阴阳相遇为朋友，故谓应与为我生。三应在上，故曰观我生。进退，上巽为进退。进退者，上下也。三与上相上下，谓三宜进居上，上宜退居三，各当位也。故象曰，不失道。”②

胡朴安曰：“观我生进退者，朱熹曰：‘我生，我之行也。’此说可借用，民众自观已窥观之行为可丑，用之或进或退而不安矣。虽不安尚未甚失，故象曰：未失道也。”③

这些解释，都非常牵强，甚至有些不知所云。可以说，都不足为训。

六四　观国之光，利用宾于王。

解：观国之光，利用宾于王。象占连辞。

字义：光，甲文，金文，乃巫师舞火之象。《说文》：“光，明也。从火在人上，光明意也。”《尚书·尧典》：“光被四表，格于上下。”郑注：“其德光耀及四海之外。”孔传：“名闻光溢四外。”于此可知上古以有德望者为有光明。观国之光，即察访国之大贤。

宾，《说文》：“宾，所敬也。”周初以前以尧、舜、禹、汤之后为宾，示不臣之意。在《诗·周颂·振鹭》及《诗·周颂·有客》中，则称之为客，均有敬重之意。这里则用师友佐助之义。

“观国之光，利用宾于王。”即是访求国之大贤，以为辅佐，这是知临的知人善任的一项具体操作，也是大君行观的主要目的。

依数理及事理取象：本爻当巽下而上临于坤，为观之主。坤为国，巽为进退，有观国之光以进贤之象。居四乃公卿之位，直承九五，故有利用宾于王之象。

九五　观我生君子。无咎。

解：观我生君子。象辞。意即观察我同姓之贵族。

---

① 来知德《周易集注》。

② 尚秉和《周易尚氏学》。

③ 胡朴安：《易周古史观》。以上诸书，再引其文时不另作注。

依事理取象：本爻处巽中而下互坤，风行地上，有观象，坤又为邑，我生之象。又当中艮上，艮为门阙，有君子象，故曰观我生君子。

无咎。占辞。

这是依象辞的事理作出的应然判断。君子乃国中的贵族，观本族之贵族阶层之动向以定策略，或考察其贤能与否而定其进退陟黜，自然是不会有灾咎或过失的。

上九　观其生君子。无咎。

解：观其生君子。象辞。意即观察外姓之贵族。

依事理及数理取象：本爻当外卦之上，远离下坤，有观于外邦之上层之象，故曰："观其生君子。"

无咎。占辞。这是据象辞的事理作出的应然判断。既然能远察其他加盟邦国部落贵族阶层的动向与状态，就能够及时地采取适当的对策和措置，自然是可以无有灾咎或过咎的。

总的来看，就观卦的主旨而言，与临卦同为临民治国之道。临民治国，要在知人与安民。知人的内涵，包括知人善任，知人善防，知人善教，知事善断。要达到这几方面的"知"，就要调查研究，掌握情况，这就是要善于观察。善于观察，则不能止于童观、窥观，而当善观于邦国内外贵族之情况。

于史实考察，有如文王长期服侍于商，以为对付戎狄之后盾，本无伐商之意。其后观察到殷纣不用贤臣，暴虐百姓，残害亲族，知殷必亡，因而制定灭纣兴周的策略：养老敬贤，访求贤士，宾礼诸侯，笃行仁政。与殷纣之"惟妇人之言是用……昏弃其遗王父母弟不逮，惟四方之多罪逋逃，是崇是长，是信是使，是以为大夫卿士"形成鲜明的对比，创造了三分天下有其二的局面。武王伐纣，止于盟津，诸侯不期而会者八百，皆曰纣可伐矣。武王则说："汝等未知天命。"就是看到殷王朝的贤臣，亦即殷国之君子阶层没有动静，决定暂停军事行动以观其变。过了两年，得知"纣昏乱暴虐滋甚，杀王子比干，囚箕子，太师疵，少师彊抱其乐器而奔周"①。

① 《史记·周本纪》。

也就是殷族的贵族阶层已完全分崩离析的情况下，武王才遍告诸侯曰：“殷有重罪，不可不毕伐。”在伐纣过程中，他还向诸侯宣称：“受有臣亿万，惟亿万心，予有臣三千，惟一心……商罪贯盈，天命诛之……时哉弗可失！”这就是观察分析了双方的贵族阶级的状况后作出的决策。

在《尚书·康诰》中，周王告诫康叔封，“元恶大憝，矧惟不孝不友。子弗祗服厥父事，大伤厥考心；于父不能字厥子，乃疾厥子。于弟弗念天显，乃弗克恭厥兄；兄亦不念鞠子哀，大不友于弟。惟吊兹，不于我政人得罪，天惟与我民彝大泯乱。曰：‘乃其速由文王作罚，刑兹无赦。’”这是观察国中族姓的乱德，以决定处置。

在《尚书·酒诰》中，周公又告诫康叔，“我西土棐徂，邦君、御事、小子，尚克用文王教，不腆于酒……越在外服：侯、甸、男、卫邦伯，越在内服：百僚、庶尹、惟亚、惟服、宗工，越百姓里居，罔敢湎于酒。不惟不敢，亦不暇。惟助成王德显，越尹人祗辟……厥或诰曰：‘群饮。’汝勿佚，尽执拘以归于周，予其杀。又惟殷之迪诸臣惟工，乃湎于酒，勿庸杀之，姑惟教之……”

这是观察我生及其生君子的动向，以定惩处。

总之，观我生君子、观其生君子的内容很复杂，史实经验也越来越丰富，其后，从中发展出选举制度、谏议制度、监察制度，都属于观的范围。

由此可见，《周易》时代，观的内容已很丰富，但操作上没有制度化，它用观卦六爻来叙述它，也有了一种条理化的含义，至少起了一种示范的、指导的作用，这毕竟是正确地提出了问题，也就有利于解决问题，这便是一种初开混沌的功劳。

由于观卦所强调的是观君子的作为以定进退。所以，可以将它的基本精神概括地表述为勤察以任官。

17. 泰：宜保泰以去否

䷊ 泰。小往大来。吉，亨。

解：泰。象辞，通常用为卦名。

字义：泰，古文作厺。《说文》：“泰，滑也。”意谓“通畅”。但泰之古文从二大，乃大而又大之意。经文中多以“泰”为“大”，帛书本泰卦之泰字损没不见，但其大畜、大壮、大过三卦的“大”字均作“泰”，可见“大”是泰的初义。但，泰不是一般的大，《尚书·泰誓》孔疏曰：“泰者，大之极也。”极大则安定，故引申有安宁、宽裕、侈费、骄惰等义。此处实用“安宁”之义。

自易传以“交”“通”释泰，后儒皆风从其说。如《彖传》“泰，小往大来。吉，亨，则是天地交而万物通也，上下交而其志同也……”《象传》“天地交，泰”等等，皆取阴阳交感而通达之义，于阐发《易经》的交感原理，颇富于辩证思维，故为历代易家所推重。但是，我们细审卦义，终觉以泰为通，不如取“安宁”义为长，理由有三：

（1）以泰为通，不能明小往大来之旨；

（2）以泰为通，必以否为塞，而否卦之否均为不善义而非阻塞义，若此亦不能明否卦之旨；

（3）以泰为通，必取上体为坤，下体为乾，谓地上天下，方可交通成泰。而天上地下，则不可交通，是为阻塞。这种观念，根本违背事实，违背八卦文化的传统观念，明明天上地下，万物萌发，有何不通？八卦定位也是乾上坤下，乾坤岂可随意颠倒，所谓阳下而上升，阴上乃下降，二者交感生物，乃是春秋以后，阴阳家们的观念。《易经》作者，在自然观上直接继承八卦文化以天上地下定位的朴素观念，并引申为天尊地卑，阳大阴小的尊阳轻阴意识，这是对殷人的尊阴观念的一种纠正，也是在社会生活中母权制被父权制完全取代这一事实在人们观念中的合理反映。正是因为如此，泰、否二卦系辞都明白地以阳为大，阴为小，泰卦以积阳刚以承阴柔乃有安宁之象，否卦以积阴柔以承阳刚乃有不善之象。怎么能以小承大而为通，以大承小反而为塞呢？

综上所述，我们认为泰字当从其本义为大，泰卦便是善大而安宁之象。

泰卦为什么有善大而安宁之象呢？经文已作了明确的解释，那便是“小往大来”。

小往大来。释辞。这是对本卦取泰象的解释，其章法与观卦的“盥而不荐，有孚颙若”及履·六三的“履虎尾，咥人。凶”后附的“武人为于大君”句相类。辞意是说：泰卦三阴为小，又在外卦，在外为往，故曰“小往”；三阳为大，又在内卦，在内为来，故曰“大来”。这便是依数理取象之法，其象征意义便是说，凡阴暗的事物，邪小的人员都应该去除掉；

凡光明的事物，正大的人士，都应该团结争取，这样国家便可保安宁。

吉，亨。占辞。

这是依卦象的事理作出的应然性判断。亨字作为占辞时用通达义。泰既然是善大安宁之象，为政能弃阴暗而从光明，来善人而去邪人，自然是吉利而通达的。

初九　拔茅茹，以其汇。征吉。

解：拔茅茹，以其汇。象辞。

字义：茹，牵连、糅杂貌。

汇，古作蝟，通猬，帛书本作胃、萺。丛聚貌，如猬类毛刺之丛聚也。

拔茅茹，以其汇。是一句农事谚语，有如小畜之“密云不雨，自我西郊”之类。

辞意是说，茅草丛生如猬刺之聚，不可单株拔起，当连根尽薙而拔除之也。

依审美取象：本卦下体三阳相连，如茅草丛生，初爻变，有连根拔去之象，故借用当时的农事谚语曰：“拔茅茹，以其汇。”

征吉。占辞。

这是从象辞的事理中作出的应然性判断。因为“拔茅茹，以其汇”的象征意义是说对坏人坏事要连根拔除，但坏人坏事既然如茅草从生，里里外外，牵连在一起，要连类而去之，必然遭到顽强的抵抗，难免要诉诸武力；既然坏人坏事已形成团伙势力，更不能听任其滋长蔓延，理当在发现的时候及早除灭之，即使要用兵征讨也不可迟疑，故断之以征吉。此防微杜渐，不可养痈遗患之深意也。

从史实背景来看，周族太王为避开戎狄的侵掠，自豳迁岐，生产发展，处境相对安宁。但时过不久，戎狄之族又进逼岐周，不断骚扰，若不早下决心驱除，必致酿成大患。所以王季之世，大举征伐戎狄，七次出征，六次大胜，终于保卫了国境的安宁，奠定了立国的基础，否则到了殷纣之世，就可能处于两面受敌的地位，国势的倾危就可想而知了。这便是泰卦初爻讲“征吉”的实际含义。

九二　包荒，用冯河，不遐遗，朋亡，得尚于中行。

解：包荒，用冯河，不遐遗，朋亡，得尚于中行。象辞。

字义：包，帛书本作“枹”，指枹瓜。此处即用枹瓜义。如姤·九五“以杞包瓜”之义。

荒，金文。《说文》：“荒，芜也，从草，巟声。一曰草淹（掩）地也。”可知荒的本义象田地荒芜、荒废，引申有荒年、沉溺、亡败、虚、空等义，此处即用空、虚义。

包荒，谓挖空的枹瓜。古代用作盛器，其大者，可负以泅水而不溺，古人通用的渡河工具，相当于现代的救生圈。

冯，通凭，即依托。冯河，凭水渡河，即涉泅而渡。古代河泽纵横，舟梁太少，遇水多泅而渡，其不善水者皆负枹瓜而渡，行军时更多用为饮器及泅渡工具，故有枹荒用冯河之说。

遗，金文，篆文，像携贝于道途而坠失之象。原意为丢失、坠落，此处即用坠失义。

朋亡，帛书本作“弗亡”，朋弗形近，当从帛书本。

尚，助也。参见本书上卷第二章“尚象”释。

中行，即行进的中途。参见益·六三释。

辞意是说，把枹瓜挖空，用来凭水渡河，不远便坠失，但没有丢掉，由于中途得到别人的帮助，终于脱险。

依物理取象：本爻当乾中，变而成离，外实内虚，有枹荒之象；下互兑变坎，上互震为足，有冯河之象；兑本为缺失，兑变乃失而不亡之意，故有弗亡之象；坎上交坤，水行地中，得尚于中行之象。

本爻不系占辞，乃以象代占。因为本爻情况复杂，象辞已反映出一种否、泰交替的过程，难以吉凶悔吝断之。由于冯河乃是危险的事，关键是要善于利用凭水工具，不可丢失，若有坠失，能得到别人帮助而脱险，也可说是终吉之占了。

本爻大约是一段史实记录，或即以王季的经历为背景。

据《竹书纪年·殷纪》：“文丁二年，周公季历伐燕京之戎，败绩。”王季在此以前曾三伐西戎均大获全胜，为什么这次会败绩呢？史载燕京之戎，在今河北岚县、静乐一带，季历自岐地出兵远征，行程千里之遥，又必经泾河、洛水，以至黄河而向东北进发，即使不攻其本土而战于河洛之间，亦必有率军渡河之事，在泅涉过程中曾经遇险得救，实属可能。这件事虽没有直接的文献记录，但从他下一次征伐的时间条件却可以找到一些踪迹。

据《竹书纪年·殷纪》："文丁三年，洹水一日三绝。四年，周公季历伐余无之戎克之。"余无戎在今长治附近，这次出兵，可能自殷王国境内北征，利用天旱不少河流断流以后，易于渡河的有利条件，因而取得胜利，这可视为前一年渡水遇险吸取了教训的表现。

总之，包荒用凭河在古代是常事，《易经》专门加以记录，则不能视为寻常之事，不管王季是否有渡河遇险之事，王季远行征伐，本意就在于保泰必先去否，与初爻"拔茅茹，以其汇"的用意一脉相承，他的用意是完全合符泰卦的主旨的。实际上整个泰卦都依据王季文王之际的时代背景来陈述保泰去否之道，本爻系辞当不会例外。

九三　无平不陂，无往不复。艰贞无咎。勿恤其孚，于食有福。

解：无平不陂，无往不复。象辞。

字义：陂，障水之岸。《尚书·禹贡》："九泽既陂。"蔡传："陂，障也。"引申为岸堤，为斜高之地。泽必有陂为障，即平面必至于斜坡。

复，此处用返还义。参见复卦释。

辞意是说，平面必至于崖岸，长往必至于返回。这是当时的一句谚语，极富哲理性。《易经》引述这一谚语，意在说明泰否相循之理，教人当居安思危而有以自处。

依物理取象：本爻上邻于坤，又当互兑上，兑为泽，泽地相接，故有无平不陂之象。本爻又当乾上，互兑中，天下入于泽之象；天下入泽是天的倒影在泽中，天极高而泽极低，极高来入于极低，故有无往不复之象。

艰贞无咎。占辞。辞意是说，能艰难其事谨慎处之则可无咎。参见大有·初九"艰则无咎"释。这是依象辞的事理作出的条件性可然判断。既明于"无平不陂，无往不复"之常理，便当有于安思危，于高思坠的觉悟，对持盈保泰之事便当艰难从事，谨慎处理，及时去除否害因素，方能免于灾咎也。

无平不陂，无往不复讲客观规律性，艰贞无咎讲主观能动性，既重视客观规律，又强调主观能动作用，《周易》哲学是极富主体性的，具有实践的唯物主义品格。

勿恤其孚，于食有福。验辞。

字义：恤，忧也。经文五处恤字均用忧虑义。参见小畜·六四释。

孚，此处用信从者之义。参见讼、比“有孚”释。

福，甲文，金文。《说文》：“福，佑也。”段注：“福，备也。”其字本象酒器尊之形。农业民族，谷物丰富方可酿酒，故古人以酒象征生活的富裕，后加手与示，象双手捧尊以酒祭神之形。此处用祭酒之意。

辞意是说，不必担忧孚从之人，他们的饮食也有祭神的酒。祭神的酒一般赐予亲族宠臣，谓之致福。对孚从之人也赐予祭酒，显然是对信从者的优待。

这个验辞的含义较难理解，为什么在无平不陂，无往不复，艰贞无咎的象占辞后要附上这个验辞呢？这与周初贤圣们保泰去否的深刻用意有关。我们在比卦中讲到经文中的孚字含义很复杂，它的初义是指俘虏。经过对俘虏取宽大、关心、优待种种措施，这些人渐渐地转而拥护、信从于君主，便成了孚从者。这样的孚从者多半成为君主的侍卫、亲兵，后来便泛称信从者为孚或有孚，再后来更从信从者的含义中引出信实之义。这一演进过程的完成，实际上便是将消极因素转化为积极因素，将反对者转变为拥护者，化敌为友，也就是化否为泰。这里讲的勿恤其孚，于食有福，正是在作这项转化工作，而且取得了成功，所以将它作为艰贞无咎的验辞，证明只要认真做工作，即艰难其事，俘虏都可转化为信从者，也就是将否败之事转化成了安泰之事，这才是最高明的去否保泰之道。（参见益·九五“有孚惠心”“有孚惠我德”之释）

于史实背景考察，这条验辞也可能以季历、文王征伐之事为背景。因为周族在季历以前基本上没有什么征伐活动，到了季历，为对付戎狄的不断骚扰，在殷王武乙、文丁的支持下才大举征伐，七次出征，六次大胜，俘虏不少，其中俘戎狄之君一，大夫有三。以后文王征伐时更重视对俘虏的转化工作。由于这些征伐都是为了消除外来之否以保国家之泰，所以才会有含义这么深远高明的验辞。

这条爻辞的内容十分丰富，且具有现代意义。这还不仅是通常讲的俘虏政策，睦邻政策而已。从现代管理学的角度来看，它还提供了一种模式。

其象辞“无平不陂，无往不复”是国家管理的根本性原理，是管理学的形而上学层面，它解决为什么要管理——即为什么要保泰去否的问题；占辞“艰贞无咎”，是管理的动力层面，它解决管理中求善的动力，即力争完善的动力问题；验辞“勿恤其孚，于食有福”属于管理的操作层面，它解决实现最佳管理的具体做法问题，其基本精神就在化否为泰。从管理学的一般原理来讲，形而上学层面是导向，动力层面是基础，操作层面是条件，三者是互为表里，不可或缺的。在这条区区 20 字的爻辞中竟然将它包揽无遗。《周易》的作者当然没有撰述管理学的意识，但是它反映了周初贤圣们的政治理念，由于他们都是当时最优秀也最成功的大政治家，他们的治国之道与现代管理学的科学原理达到天然的一致，也就不足为奇了。这一事实足以提醒我们，学易不能仅仅停留于字面的理解而应当深入于作者的精神世界。

六四　翩翩不富以其邻。不戒以孚。

解：翩翩不富以其邻。象辞。

字义：翩，《说文》：“翩，疾飞也。”翩翩，连续不断地飞动，此处即用连续不断义。

富，金文作，篆文，象宀内藏酒，示富有之义。参见小畜·九五及上爻福字释。

辞意是说一再遭受邻人抢掠而不能致富。参见小畜·九五“富以其邻”释。

依审美及物理、事理综合取象，本爻当互震中，震有翼象；本爻变，上坤成震，震而又震，有翩翩之象。本爻又当坤下，下邻于乾，互体为兑，坤为帛、为禾，乾为金、玉，兑为缺失，金玉禾帛皆缺失，不富之象；本爻当坤下兑上，二体相邻之际，土地毁损，即邻邦不善之象，故曰翩翩不富以其邻。

不戒以孚。诫辞，以诫代占。

辞意是说，处于邻邦不善之境，既然常遭侵掠而不能致富，若不常存戒惕，更可能遭其俘掠。

这一诫辞也可能有当时的史实为据。联系本卦初、二、三爻皆与王季时代的情况吻合，六五爻又系文王即位之初的史事来看，很可能与王季遭囚的事件有关。据《竹书纪年·殷纪》：商王文丁十一年，“周公季历伐翳徒之戎，获其三大夫来献捷。王杀季历”。附注云：“王嘉季历之功，赐之圭瓒秬鬯，九命为伯。既而执诸塞库，季历困而死。”这件惨痛的史事，在履卦和归妹卦系辞中都有反应，对周人的震动很大，教训也十分深刻。泰卦的主旨在于保泰去否，保泰去否的最佳目标是化否为泰，于行事上要化敌为友，邦国关系上要善于睦邻，对不能相睦的邻人便须常怀戒惧。但是，有些邻人是防不胜防的，尤其是当你去否止否大功告成之际，原来与你保持亲睦的邻人，惧怕你的强盛，就可能转而与你为敌，趁你戒备不周之时，对你搞突然袭击。季历七伐戎狄，远征燕京之戎，余吾之戎，战于殷都附近，实际上都是在帮殷王国作战，这是殷王武乙以来实行的以周御戎的一贯策略。周族也依靠文化先进的大邦殷的支持以对付戎狄。待到季历七战六捷，大功告成之际，却忽略了鸟尽弓藏之理，亲自到商都献捷，结果被一贯作为友邻的殷王困囚而死，周族也因此陷入了一种生死存亡的危机之中。这一教训是太深刻了，《周易》将它作为戒辞记录下来，目的在于告诫后世子孙，在友邻关系上不可过于天真，更不能倚为靠山，必须常怀戒惕，立足于自力自强。参见履卦释。

六五　帝乙归妹以祉。元吉。

解：帝乙归妹以祉。象辞。

字义：帝乙，即商王帝乙，商王文丁之子，纣之父。

妹，少女的通称。归妹，少女出嫁。参见归妹卦释。

以，通与。

祉，甲文。《说文》：“祉，福也。”以祉，即与之福庆。

辞意是说，商王帝乙将商族之少女嫁与文王是给予周国的福祉。

依数理取象：本爻与下三爻交互为下兑上震，即归妹卦之象，位在君位，故取象曰帝乙归妹；本爻又当坤中，坤为国、为众、为禾、为帛，福祉之象，故曰帝乙归妹以祉。

元吉。占辞。这是依象辞的事理作出的已然性判断。帝乙将商族少女嫁与文王，这样的福庆，无论于商于周自然都是大吉大利的。为什么这样说呢？

从史实背景来看，殷王文丁十一年，囚杀季历之事，引起了周族的极大震惊和愤慨。第二年，文王主周，急于要报文丁杀父之仇。但在第三年，文丁便去世了，其子帝乙即位，文王认为有机可乘，便兴兵击商，未能获胜。商周关系处于极其不善——也就是大否的状态。文王虽击商未胜，但周邦势力不小，殷虽大国，但帝乙新立，地位不牢，加以杀人之父，自觉理亏，也没有对周用兵。此时刚好发生了“密人不恭……侵阮徂共”① 之事，即密人乘机侵犯，殷周有联合对敌的必要，帝乙乃主动许嫁殷族少女与文王联姻。文王也意识到国力尚不能与殷匹敌，不可意气用事，殷王既然许嫁少女和亲，已有赔罪之意，因此也就乐于接受了这门亲事。此事详见于归妹卦及《诗·大雅·大明》等篇中，参见本书上卷第四章第三节及归妹卦释。

殷周和亲是历史上最早的也是最成功的一次政治婚姻，对殷周二国都收到了化敌为友，转否成泰的效果，所以占断为大吉大利，便绝非夸诞之辞了。

上六　城复于隍。勿用师。自邑告命，贞吝。

解：城复于隍。象辞。

字义：城，金文。《说文》：“城，以盛民也。”这种解释是只解字而未说文。金文象城郭，以守卫之。所以城的原意是指都邑四周用于防卫的墙垣。引申乃有盛民义，用作动词即筑城。此处用城垣义。

复，通覆，坠也。

隍，《说文》：“隍，城池也。有水曰池，无水曰隍。”即城下的壕沟，这里指无水的护城壕。

辞意是说，城墙垮下来，堙塞了壕沟。

依物理取象：本爻当坤上，坤为国，国之周边即城。坤下互兑，兑为泽，有隍象，坤入于兑，有城复于隍之象。

勿用师。诫辞，以诫代占。

词义：用师，出兵打仗。经文有师出、用师、行师等词，皆为出兵打仗之意。

① 《诗·皇矣》。

辞意是告诫问筮者不可出兵打仗。这是依象辞的事理作出的应然性判断。因为城池是防卫设施，既然城墙崩坠，把壕沟都堙塞了，若遇敌人来攻，无险可守，必遭重大损失。于事理言，自不可贸然出兵远征，而当先行修复城池，故诫之以“勿用师”。诫辞不必另行取象，以诫为断也是《周易》章法的一种通例。

自邑告命，贞吝。释辞，这是对于“勿用师”这一占断和教戒辞的进一步解释之辞。辞意是说，从都邑方面传来命令，对城复于隍这一突发事故进行筮贞的结果是“吝”，也就是不利，所以告诫“勿用师”。其潜辞自然是先要修复城池，巩固后方。

这一系辞也可能是当时的占验记录。我们在本书多处已提到约在帝乙元年，文王为报杀父之仇，可能曾经兴兵击商。二年，帝乙归妹，与文王联姻，殷周重归于好，共同对付戎夷之族的进犯。据《竹书纪年·殷纪》：帝乙三年，“王命南仲西拘昆夷，城朔方”。南仲是文王之臣，实际是周邦奉殷王之命，派了大将南仲筑城于朔方，大约在筑城过程中，曾经发生城墙崩坠之事，可能影响到出征的预计，因而报告文王，文王在程邑得报后，经过筮占，认为不利出师，故告以“勿用师……贞吝”云云。这是周族处于泰境时期关于如何保泰去否的一项重要决策，以后的实践证明这一决策是完全正确的，所以《周易》作者将它选录为泰·上六的系辞，以进一步说明保泰去否之要点乃在善于化否为泰。作者的用意是很深远的，思想则是很质朴的，这也可说是整个《周易》的一般特点。

综观泰卦系辞可知，泰卦的主旨在于说明泰否相循之理而当善于持盈保泰。从爻辞中可以明显地看出它是以周族处于相对安宁的政治环境为背景的。保泰的目的在于长治久安，而保泰的前提是要去否。去否应当有“拔茅茹以其汇”的精神，及早行动，彻底根除。但在具体操作上则有和缓的与激烈的两种形式，一是如优待俘虏，睦邻联姻等以求化敌为友，转否成泰；一则是进行必要的征伐。这些作法显然都是在对付外来之否，是周邦正处于兴盛时期的观念形态。所以爻辞都集中在选用季历至文王初期这段时期的史事背景和筮占记录。与否卦对照，否卦则是以殷纣之事为背景以明去否求泰之道，其历史特征是非常明白的。

保泰去否的用意在于天下国家的长治久安，绝不是一般人理解的百事亨通，一团和气。其思想成就更达到了一个新的高度，最明显的便是它提出了“无平不陂，无往不复，艰贞无咎”这种极富于辩证思维的原理，已上升到国家管理的形而上学层面，在哲理思维上达到了一种新境界，在物极必反的原理上已开老子哲学的先河，对传统哲学的理论构建，影响是至为深远的。

18. 否：务去否以求泰

（附：关于管理的系统学原理及本章概括）

䷋ 否之匪人。不利君子贞。大往小来。

解：否之匪人。象辞。

字义：否，音 pǐ，初文为不。甲文作，金文作。《说文》：“不，鸟飞上翔，不下来也。从一，一犹天也，象形。”“否，不也。从口，从不，不亦声”。段注：“不者，事之不然也；否者，说事之不然也。故音义皆同。”观字形实象鸟之惊起而飞去之状，“否”则状其惊飞振翅之声也。既惊飞去地而高远，故出丕显义、高显义、大显义，既去而不来、失而不得，故又出“不善”义。

经文中“否”义两用，一为“不善，一为否定词，此处即作否定词。

匪，通非，“否之匪人”，高亨曰：“否其所不当否，是谓否之匪人。”此说可取。

依数理取象：经义以阳刚为大，阴柔为小，外为去，内为来，卦形外阳刚而内阴柔，所去者正大而所纳者邪小，故有“否之匪人”之象也。

不利君子贞。占断辞，这是依象辞的事理作出的已然性判断。因为所去者正大所纳者邪小，于正大之君子自然不利，故占曰“不利君子贞”也。但占辞也不讲利于邪小之人，这是因为“易为君子谋”，故置而弗论矣。

大往小来。释辞，是对卦象的进一步说明。谓外卦纯阳为往，内卦纯阴为来，是大往而小来之象也。亦如泰之解释“小往大来”。二卦内外颠倒，其象相综，其义相反，故泰乃安宁义，否乃悖乱不善之义。泰卦之主旨言“保泰去否”之道，否卦主旨则申“去否求泰”之义也。泰卦以周邦政治形势为背景，否卦以殷纣朝廷之政治形势为背景，于史实观之，其意自明矣。参见本书下篇第五章及明夷卦释。

初六　拔茅茹，以其汇。贞吉，亨。

解：拔茅茹，以其汇。象辞。词义同泰·初九。

依审美取象：本卦三柔丛聚，如茅草丛杂。亦如泰之三刚丛聚，皆取茅茹之象。既丛聚而本爻变，则有拨去之象。以其丛聚，则必连类而拔之方可，故曰："拔茅茹，以其汇。"与泰·初九取象同。"拔茅茹，以其汇"，是当时一句农事谚语，意谓茅茹不可不连类而拔。此处用以喻去否之道，除恶务尽之义也。

贞吉，亨。占辞，谓筮遇此爻，所贞之事吉利而亨通也。此亨字作为占断辞，乃通达之意。与泰卦辞之吉，亨同。

这个占断辞与泰·初九基本一致，惟不用"征吉"而用"贞吉"，且加一"亨"字，诸家未得其旨。小象泰·初九云："拔茅征吉，志在外也。"否·初六云："拔茅贞吉，志在君也。"胡朴安引申其义曰："否之吉与泰之吉不同：泰志在外，欲发展国力于外；否志在君，君有失德之行为而思有以匡救之也。"此说仅略近辞意。盖自史实背景而言，泰乃周邦安宁兴盛之时，而外有祸患，为保泰去否，必以攘外为吉，故曰"征吉"。否乃殷纣悖乱之际，否自内生，为去否求泰，当以内除凶顽为吉，故曰"贞吉"。谓预示其可以吉而尚未可必也。更系之以"亨"者，欲其于否乱之事、邪恶之人，连类而去之，可至于政通人和也。这是一种可然性判断，实际上代表了筮官的一种政治预期和现实诉求。

六二　包承。小人吉，大人否亨。

解：包承。象辞。

字义：包，包容；承，承受，承负。

依数理取象：本爻处众阴之中，上下皆阴，有既包且承之象也。

小人吉，大人否亨。占辞。

这是依事理作出的应然性判断。盖自事理而言，当否之时，不惟不将否败之人与事连类而去之，反包容之，承当之，势必否败愈甚，邪小匪人势盛而大人君子势危矣。故其占曰："小人吉，大人否亨。"否亨者，否其亨也。初六，"拔茅茹，以其汇"，乃可吉亨，今反其道而行，故大人否亨也。

于史实背景，亦如殷纣之“卿士师师非度”①，“惟妇言是用，昏弃厥肆祀弗答，昏弃厥遗王父母弟不迪，乃惟四方之多罪逋逃，是崇是长，是信是使，是以为大夫卿士，俾暴虐于百姓，以奸宄于商邑”②，此即于否败之人与事自上包之，自下承之，其结局至于“小人吉，大人否亨”乃是必然的。

六三　包羞。

解：包羞。象占合辞。

字义：羞，甲文作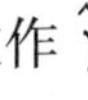，金文作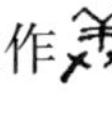，皆以手奉羊而进献之象。《说文》：“羞，进献也。从羊。羊，所进也。”羞，通馐。

但持羊进献，又有两种情况：一者膳夫献于主；二者，投降之时，献牲以为礼。二者皆有耻辱之感，因又引申为羞耻之羞。

经文于此即用羞辱义也。

依数理取象：本爻以阴柔而处二阴之上，如包容群小，足以自辱也，故有包羞之象。

本爻为象占合辞，象中即含断。盖承六二而言，包而承之，小人吉而大人否亨，今更包容之，必致自辱也。

于史实背景，当如纣之“惟四方之多罪逋逃，是崇是长，是信是使……俾暴虐于百姓，以奸宄于商邑”，“惟妇言是用”，更作炮烙之刑，既杀九侯而醢鄂侯，囚西伯于羑里，复杀比干，贬商容③，此皆使君子受辱，纣亦以自辱。故曰“包羞”，讥其辱而不自省，而以此教诫于后世也。

九四　有命。无咎。畴离祉？

解：有命。象辞。

字义：命，此处用命令义。参见师·上六释。

依事理取象：本爻当乾下，乾为君，为言；变巽为伏、为顺，有顺受上命之象。讼·九四：“不克讼，复即命。”亦以上乾为君、为言，变巽为顺伏，为有命之象。

---

① 《尚书·微子》。

② 《尚书·牧誓》。

③ 《史记·周本纪》。

无咎。畴离祉？占辞。

字义：畴，甲文作 。篆文作 、 。《说文》："畴，耕治之田也。从田，象耕屈之形。"又 ，谁也。《一切经音义》引《楚辞》王注云："二人为匹，四人为畴。"盖畴本为田界之象，古井田制，一井为畴，九夫为一井，井之一界相邻者为匹。 字之弓为田界，其中之工，即房舍形，以象邻也。四界相邻为畴，故有类义。又四邻不同，以言相询，必问其系何界之邻，乃引申出谁何义。《尚书·尧典》："畴咨若时登庸？"《史记》引作"谁可顺此事者"。是古以畴作疑问指代词"谁"，其义明矣。此处即用谁何义。

离，此处用遭遇义，参见离卦辞。祉，《说文》："祉，福也。""畴离祉"意即"谁得其福祉"也。

辞意是说，虽有命无咎，谁又能得其福祉呢？这是依事理作出的不定性判断。这个占断辞的特点在于以疑问句出不定意，这种章法较特殊，另有几例以疑问句出肯定意，可参看：

睽·六五："悔亡。厥宗噬肤，往何咎？"

损："有孚，元吉；无咎，可贞。利有攸往。曷之用？二簋可用享。"

随·九四："随有获。贞凶。有孚在道，以明何咎？"

小畜·初九："复自道，何其咎？吉。"

凡此皆以疑问式作占断。大体上凡不可必之情事，《周易》均以疑问章法系辞也。于事理言，本爻当公卿之位，处否乱之朝，虽有命无咎，其谁能得其福乎？故虽无咎而复问之以"畴离祉"，盖谓其虽吉而未为吉也。此临难毋苟免之意。以苟全为可耻，不因利以害义之深意也。

于史实背景言，当殷纣之无道，虽其有命而免祸，又谁能得其福哉？这是就一般情况而言，但本爻似有特指，盖初爻总论求泰之道，首当尽去其否；六二包承，谓当殷纣之否，不惟不去，反包之承之，此即指殷纣之包，亦斥在朝者之承。比干、商容、九侯、鄂侯及西伯昌等，虽行诤谏，犹臣顺其事，亦在包承之例也；六三包羞，是诸臣皆自取其辱，或贬或诛或囚之事也；本爻"有命"，当指西伯昌遇赦事，很可能是他被囚过程中，曾筮遇此爻而见"有命"之象，其占"无咎"，但不可必其祸福，故又系以"畴离祉？"《周易》成书时，取此占验以为本爻系辞，这是符合《周易》系辞当择其占验者而定占的原则的。观于九五爻，其义更明。

九五　休否。大人吉。其亡，其亡，系于苞桑。

解：休否。象辞。

字义：休，甲文，象人倚树而息。《说文》："，息止也。从人依木。"皆有暂止之意。休否，即暂息其否。

依事理取象：本爻当乾中，本爻变，上体成离而互艮，离为明，艮为止，上明以止否，故有休否之象。

大人吉。占辞。依象辞的事理作出的应然性判断。上能暂息其否，乃有自暗转明之机，故于在位之君子为吉也。

其亡，其亡，系于苞桑。诫喻辞。

字义：亡者，亡失；苞桑者，丛生之桑。辞意是说，将牲畜拴系在丛生之柔桑上，很可能会跑掉。诫辞不必取象，但此诫辞有象可取。盖本爻当互巽上，巽为木，上爻变，有陨落之象，故曰"其亡"。巽又为绳，上交乾为马，下互坤，坤三阴如草木之丛聚，丛聚则柔败而不胜其所系，不胜其所系则有亡去、亡失之忧，故曰："其亡，其亡，系于苞桑。"这也是当时一句农事谚语，其章法与"拔茅茹，以其汇"同。盖谓系牛马于柔桑，必致亡失，故诫之以"其亡其亡，系于苞桑"也。经文用此谚语作为诫辞，则反其意而用之，因为休否仅是暂息其否之象，于大人虽吉，然不可恃以为安，宜借此机会，早日离去，故申此诫也。

于史实背景而论，本爻更明显为特指西伯被囚而获释之事。上爻乃于囚中筮得"有命，无咎"之占，然不可必其祸福，故申以"畴离祉"之问。今果蒙赦宥，是得其吉也，然以纣之无道，此不过暂息其否尔，否道未改，岂可恃以为安乎？观卦象而有陨失之象，故戒以"其亡其亡，系于苞桑"之谚，明其当速离殷纣否败之朝为安也。传说中文王被释之后，拜谢纣恩，即连夜逃归于程，此或为当时之实占记录也。

上九　倾否。先否后喜。

解：倾否。象辞。

字义：倾，此处用倾覆义。倾否，尽去其否也。

依物理取象：本爻当乾上，变而为兑，兑为毁折，下互巽交坤，巽为木，坤为众、为多，毁折其丛生之木，对应于“拔茅茹以其汇”之事，故有倾去其否之象也。

先否后喜。占辞。这是依象辞的事理作出的应然性判断。于事理而言，本爻处否之极，虽休否不足为安，必倾覆其否，连类而拔除之，乃能长治久安也。而倾否拔茅，皆犯难之事，必用大力而有大艰，然既能尽除其否，终当获吉而转危为安，变乱为治，故曰先否而后喜也。又本爻变，上体为兑，兑为悦，亦先否后喜之象也。

于史实背景观之，此武王伐纣，一戎衣而天下服之意也。

总的来看，否卦讲的是去否求泰之道。去否求泰，意在本身已处于否败之境，理当去否而求泰。若不能自去其否，则他人亦当力求去之，以求天下四邻之泰也。去否之道，其始即当如拔茅茹之事，对否乱之人或事，皆连类而拔除之，非如此不足以转否为泰也。若不如此反而包之、承之，则必否乱愈甚，邪小群聚为恶，大人君子蒙羞，其间虽间或有休否之兆，亦不足为安也，必倾覆而尽除之，方可转危为安，化乱为治。避开历史事实不论，此一逻辑结论亦是主张以革命方法解决乱政问题，这是《周易》的社会革新意识的突出表现。不过，乾坤乃言国家管理之哲理层面，革鼎乃其操作层面，否泰则为其具体的目标、价值层面也。参见本书下二章及泰卦讲解。

从管理的系统学原理来讲，整体性原理要求以整体的最优化为其管理目标；动态性原理要求把握系统的运动状态及其发展趋势，树立超前观念，使系统的发展趋于期望目标；开放性原理要求吸纳外部的物理能量和有利信息以强化自身的功能；环境适应性原理要求有极大的勇气革除主客观上的不适应因素；综合性原理要求善于综合审度，作出最佳决策，善于将不利因素的集结及早化解。这些原理，我们从否、泰二卦关于去否求泰与保泰去否的目标与具体操作中，都可以找到它们的闪光之点。这一事实说明，经验型的管理并不全然是落后的，或不可取的，有些高明的管理经验，与科学管理，尤其是人本主义的文明管理，更是天然吻合的。道理很简单，人本主义管理的根本目标是人性的全面发展，这要求管理者首先应成为人格上完善的人，而周初的贤圣们正是在当时的社会实践中勇于承担并完全实现了历史使命的在人格上达到了完善境界的人。他们的管理经验达到与现代文明化管理的原理上的诸多一致，也就不足为怪了。

综合本章七卦，从比、讼……以至泰、否，比较集中地反映了周初贤圣们的政治理念与管理意识，以其根本取向为依德论治，故目之曰崇德广业之道。

附：噬嗑·上九解

上九　何校灭耳。凶。

解：何校灭耳。象辞。

字义：何，通荷。校，颈械。辞意谓颈部带械具，至于灭没其耳。

依物理取象：本爻当离上而互坎，离为目，目上近耳；坎为丛棘，象械具。械及其目上，故有荷校灭耳之象。

凶。占辞。《系辞·下传》第五章引孔子曰："善不积不足以成名，恶不积不足以灭身。小人以小善为无益而弗为也，以小恶为无伤而弗去也，故积恶而不可掩，罪大而不可解。《易》曰：'何校灭耳。凶。'"盖深诫之辞也。

第四章　临难用众之道

——周人的应变方略

19. 睽：孤子尚能复国

（附：夏少康复国形势图）

䷥　睽。小事吉。

解：睽。象辞。通常用为卦名。

字义：睽，金文、。《说文》："睽，目不相听也。从目，癸声。"听义为从，目不相从，即所视相乖违也。帛本睽即作乖。又癸字甲文作，金文，石经。籀文改从足，作又从矢。象乖离之形也。

依物理及事理取象：二至上交互成重离，二目之象也。初爻象道途，与金甲文之象正合，二人乖违，乖离于途之象也。又，离字象鸟飞出离去，初爻象道途，离而又离，亦远离之象也。

小事吉。占辞。谓于小事为吉，大事则可能不吉也。这是依卦象的事理作出的应然判断。盖事属乖违，于小事犹可，于大事则不可，其理甚明。但是，占辞不说小事无咎，而曰小事吉，乃是充分肯定之辞，即认为小事应当有所乖违，有所不同。这是一种"和而不同"的观念，也可以说是以异求同的观念，所以《彖传》说："天地睽而其事同也，男女睽而其志通也，万物睽而其事类也，睽之时用大矣哉。"就是承认事物应有不同的属性，才能发挥出各种不同的功用。这可以说是一种朴素的矛盾统一观念。

《易经》蹇卦《彖传》有“蹇之时用大矣哉”，革卦《彖传》又有“革之时大矣哉”，都主张在变革中求通达，在乖违中求变通，都可说是在矛盾中求统一的思想，表明它对社会生活中相反相成、相灭相生的道理已经达到了一种哲理性的认识了。

小事吉隐含着大事不吉的意思。古时以祭祀与打仗为大事，祭祀包括会盟，这样的大事如果互相闹别扭，乖违异趣，就会破裂失败，因此是不能允许睽违现象的。《易经》以聚众出征为“同人”，师卦初爻就讲“师出以律。否臧，凶”。就是讲大事要团结，行动要顾大局，识大体。不过它没有明确的说出来，也就表明大事也可能有虽睽而吉的，如天地之睽即是，故不可作全称性否定。

初九　悔亡。丧马勿逐，自复；见恶人，无咎。

解：悔亡。占辞。谓筮遇此爻，悔恨可无也。亡当读无，悔亡实乃无所失之意，亦寓无所得也。本爻占辞前置，乃《周易》的一种章法。经文占辞前置甚多，有两种类型：一因其象甚明，一因事理甚明。本爻二者兼之，于事理言，卦辞已明睽违之象，于小事是吉利的，本爻位处睽初，睽象初现，作用微小，虽非必吉利但可以无所悔失，故断以悔亡。自卦象言，本爻当兑初，兑为悦，虽有乖违，事在悦乐之始，自可无所悔恨，故断以悔亡。二者兼之，于象于理皆可无悔失，故将占辞置前，以强调对睽违之事，不可过分明察，宁可失之疏阔也。这是一种模糊性逻辑观念，在孔子哲学中叫做“大德不逾闲，小德出入可也”（《论语·子张》），在《老子》哲学中便发挥为“其政闷闷，其民淳淳，其政察察，其民缺缺”“我愚人之心也哉，沌沌兮”“俗人昭昭，我独昏昏，俗人察察，我独闷闷”，本质上是一种“大巧若拙”“大智若愚”的心态。这一观念在政治上是非常必要的，在我国外交上就演进为“求大同，存小异”的方针，在国内就体现为“创造一种宽松的政治环境”，运用到科学上开初有碍于分析性思维的发展，使我国的逻辑学不发达，分析论证不严密，但对当前兴起的混沌哲学、模糊逻辑则颇有启迪意义，至少在思维定势上提供了一种有利的态势。

丧马勿逐，自复；见恶人，无咎。释辞。

这是对占辞“悔亡”的具体解释，是依据本爻及其变象作出的。盖本爻当下体兑下而上互坎，兑为缺损，有失象；坎于马为美脊、为亟心，亟心即性情急躁暴烈之马，二体交互，有丧马之象。本爻变，下体复为坎，有其马自复之象，故曰“丧马勿逐，自复”。又互坎为盗寇，上离为目、为见，故曰“见恶人”。下兑为悦，本爻居兑初，居而悦，故有无咎之意也。无咎即无有灾咎而其悔可亡，所以这是对“悔亡”之占作出的一种具体解释。《周易》对占断再依象加以解释，也是一种常用章法，本卦六五爻亦属此类。

九二　遇主于巷。无咎。

解：遇主于巷。象辞。

字义：遇，《说文》：“遇，逢也。”亦即会遇，参见丰·初九释。

主，此指家主。经文中主字均作家族之主，或商业交往的买、卖之主，无作君主者。参见丰卦及小过卦释。

巷，《说文》：“巷，里中道也。”里为古民居村落之泛称，其道狭隘，今犹称小街为里、巷也。

睽违之人自不在本家，所遇之主当为寄住之家主。

辞意是说，有睽违于外之人，遇逢其寄住之家主于里居之小巷也。

依物理取象：本爻当下兑中，变则下体成震而互离成艮，虞翻曰：“二动体震，为主为大涂，艮为径路，大道而有径路，故称巷。”又震为足，为行，艮为倒震，二足正反相接，有遇合之象，故曰遇主于巷。

无咎。占辞。谓筮遇此爻，可无灾咎也。这是依爻象的事理作出的应然判断。盖遇主于巷，是指睽违在外之人，遇会其寄住之家主人于里巷之间，于事多有方便而不致遭受灾祸，故断之以“无咎”。

六三　见舆曳，其牛掣，其人天且劓。无初有终。

解：见舆曳，其牛掣，其人天且劓。象辞。亦可视作叙辞，乃叙述行筮之由也。

字义：曳，篆文。《说文》：“曳，臾曳也。从申，丿声。”意为牵引，俗曰拖。

掣，《尔雅·释训》：“掣曳也。”郝懿行疏：“掣者，《说文》作瘳，云：‘引纵曰瘳。’”亦为牵挂之义。

天，甲文，金文。《说文》："天，颠也。至高无上。从一、大。"王国维《观堂集林》："古文天字本象人形……本谓人颠顶，故象人形……所以独坟其首者，正特著其所象之处也。"所以天字的原意是象人的头和额。古代一种刑罚，在人面或额上打烙印，谓之剠刑，故虞翻解曰："黥额为天。"

劓，古刑罚的一种，割鼻为劓。

依物理取象：本爻当互离中，离为目，有见象；上互坎为舆，又交上体离，离为牝牛，二牛曳掣之象，故曰见舆曳，其牛掣；三当人位，本爻变，下体成乾，天颠之象；互坎成兑交离，离为戈兵，兑为缺损，以兵损头面，即劓黥之象，故曰"其人天且劓"。

无初有终。占辞。这是依爻象的数理及物理作出的可然性判断。盖本爻以阴居阳位，其卦为兑、为缺损，故曰无初；本爻变则下体成乾，为金、玉，故曰有终。《象传》云："见舆曳，位不当也。无初有终，遇刚也。"虞翻亦曰："失位，动得成正乾，故无初有终。"王弼则曰："应在上九，执志不同，虽初受困，终获刚助。"这些都是从爻位的数理象中引出的占断，其义相近。也都可说明这一占断与"见舆曳，其牛掣，其人天且劓"的象辞无关。实际上，从这一象辞中也不能引申出"无初有终"的占断。李镜池解曰："这是写奴隶赶车运输，旅人在路上看见的情景：前面有一辆拉货的车，走近一看，是牛拉的车，拉得很费劲……拼命拉还是拉不动，赶车的人帮着推，一看，原来是个烙了额、割了鼻的奴隶。开始拉不动，后来终于拉走了。"这个解释，不分象辞、占辞，是不合《周易》章法的。以"开始拉不动，后来终于拉动了"解释"无初有终"也是不恰当的。但是所叙述的情景则是符合经文原意的。因此，可以将前面的"见舆曳……"等辞作为一种叙辞来看，即是说明行筮的原因，是有睽违于外之人在途中遇到"见舆曳，其牛掣，其人天且劓"这种颇为奇特的现象，认为可能是这次出行是否吉利的预兆，因此行筮。筮人据爻象之数理为其作出占断为"无初有终"，即认为此事预兆着这次出行开初无所依恃，最终则能达到预期的成功。

九四　睽孤遇元夫。交孚。厉。无咎。

解：睽孤遇元夫。叙辞。

词义：睽孤，孤之简文为，象小儿有所执举以事劳作之形，本为孤

儿之义。《说文》："孤，无父也。从子，瓜声。"《孟子》："幼而无父曰孤。"引申之，凡单独皆曰孤。睽孤即睽违在外之孤人，可能是当时的一种特称，如指无家、无父母或无子女而在外游历之人，多为无妻室子女在外行商者，亦可能指未曾见过亡父的遗腹子一类。

叙辞但叙行筮之由，不必取象。本爻亦无孤象，不可强取。王弼、虞翻，以及尚秉和氏所说，皆牵强难通，今皆不取。

元夫，元用大义，夫为成年男性，与丈夫相较，丈夫与小子相对，泛指成年男性；元夫当为平民或家臣之成年男性也。元又有长义，周初称士之长为元士，犹今之上士；又称下士为庶士（见《国语·鲁语下·公父文伯之母论劳逸》），故元夫又可理解为众夫之长。虞翻以爻变而中爻成震，谓震为元夫，尚秉和氏以坎为元夫，实际上，无论震或坎，其取象只能证其为夫而未能证其为元夫也。震为长男，坎为中男，曰夫则可，曰元夫则未可也。

所以，我们认为"睽孤遇元夫"之取象很难成立，加以睽孤乃当时的一种特称，睽孤当特指某睽违在外之孤人，"遇元夫"则是特指此人当时所遇的某一众夫之长，以因遇元夫或将有共同之行动乃行筮占其吉凶，这样就可以说"睽孤遇元夫"乃是一个叙辞，如六三之"见舆曳……"等事，叙述其行筮之由也。叙辞是不必取象的。

交孚。象辞。谓交相俘获也。

依物理取象：本爻当互坎中，坎为中男，上下交互二离，入于网罟之象，亦交相俘虏其人之象，故曰交孚。

厉。占辞。谓筮遇此爻，所贞为危厉也。这是依爻象的事理作出的可然判断。盖睽违在外之孤人，虽遇元夫而得助，贞其所共谋之事，而有交孚之象，其占自有危厉也。

无咎。验辞。其占虽有危厉，但事后验证，并未造成严重后果，故系之曰无咎也。

高亨先生以本爻与上九爻所记皆为夏少康故事，其说颇有可取，当于上九爻并论之。

六五　悔亡。厥宗噬肤，往何咎？

解：悔亡。占辞，谓筮遇此爻，悔吝之忧可无也。如初九悔亡之章法，将占辞置前，是因为从数理上已可直接作出判断，故不必先系象辞。本爻以阴柔而处君位，当睽违之事，本有悔吝之咎，然下有九二与之相应，如得能臣相助于内，则悔吝可无，故占曰“悔亡”也。

厥宗噬肤，往何咎？释辞，亦诫谕辞。这是对悔亡的占断作出的一种解释和告诫。

字义：厥，作代词，通“其”。

宗，甲文作，金文作，乃室中供设神主之形。《说文》：“宗，尊祖庙也。”通常指祭祀祖先，又指同族。参见同人·九二释。

肤，《说文》：“皮也。”《广雅·释器》：“肉也。”噬肤，即食肉。参见噬嗑·六二释。

可见，厥宗噬肤，是其宗族祭祖食肉之意。往何咎？即是说：去有何妨？辞意承上爻，睽孤得会遇元夫相助，今欲返归本族而行筮，得悔亡之占，筮者更告以当于宗族祭祖宴飨之时回去，自可无咎也。释辞与诫辞均不必取象。但此辞亦有象可取，盖本爻变，上离成乾，乾为宗，互离为肤[①]，下体兑为口，为噬，故有“厥宗噬肤”之象也。又，“厥宗噬肤，往何咎”亦可解为所欲往依止之族，乃富裕之家或渔猎之族，往依止可无灾咎之意。

上九　睽孤见豕负涂，载鬼一车，先张之弧，后说之弧，匪寇，婚媾。往遇雨则吉。

解：睽孤见豕负涂，载鬼一车，先张之弧，后说之弧，匪寇，婚媾。叙辞，叙述行筮之由也。

字义：涂，涂饰、涂抹。《穀梁传·襄公廿四年》：“台榭不涂。”注曰：“涂，涂饰。”清·郑珍《说文新附考》：“凡以物敷物皆曰涂，俗以泥涂字加土作塗。”

鬼，指化装之人。

弧，指弓弧。说，通脱。

叙辞承上爻，谓有睽违于外之孤子，欲往依止某噬肤之宗族，忽见有被涂抹上色彩花纹之豕出现，又见化装若鬼之人一车，开初大吃一惊，张弓欲射，后来松手不射，因为这伙奇形怪状之人并非盗寇，乃是求婚之人。

① 离虚内实外，皮肤之象也。

有了这场虚惊，不知是何朕兆，乃行筮而占。

往遇雨则吉。占辞。承上爻，行筮的结果，筮遇睽·上九，筮人乃断以“往遇雨则吉”。这是一个有条件的占断，属于限制性判断。这个占断是以爻象为根据的，因为本爻变，上卦成震为雷，下互坎为雨，有雷雨之象，而全卦之“归妹”，故断以往遇雨则吉。

高亨《周易古经今注》云：“九四及本爻所记疑皆夏少康故事。《左传·哀公元年》：‘昔有过浇，杀斟灌以伐斟鄩，灭夏后相，后缗方娠，逃出自窦，归于有仍，生少康焉，为仍牧正。惎浇能戒之，浇使椒求之，逃奔有虞，为之庖正，以除其害，虞思于是妻之以二姚而邑诸纶。’今本《竹书纪年》文略同，易文之睽孤似即少康。”并云：睽·九四“盖少康由有仍奔有虞时遇一大夫从之，曾俱被俘而终脱去也”，睽·上九“盖少康自有仍奔有虞时，夜行遇有虞人之情状也。匪寇婚媾者，即指虞思妻少康以二姚而言也。故简残阙，未由证成吾说已”。

今按：高说实有可取之处。盖《易经》乃集择夏、商及周初原已有验之筮辞而成，其中涉及上古史事甚多。如：

师卦记文王及武王用兵故事；

比卦记禹诛防风氏故事；

同人卦记殷末周初一次部落争战故事；

谦卦以文、武、周公之德行为基础；

泰卦记王季用兵之事及帝乙归妹于文王之事；

离卦记周初征伐壴族——有嘉之事；

遯卦记殷之“三仁”之事；

晋卦记康侯用兵之事；

明夷卦记殷末、箕子、殷纣之事；

革卦记武王伐纣之事；

震卦记武王行军之事；

归妹卦记帝乙归妹于周之事；

旅卦记殷王亥服牛行商之事；

涣卦记周初水灾之事；

既济、未济卦记殷高宗伐鬼方事等等。

以上十六例乃就全卦之大体而言，其中记周人之事者九例，记殷人之事者六例，最早者有王亥服牛行商而遇害之事，其记夏以前者，有禹诛防风氏故事。而夏代少康的故事在当时是各族共知的，因为这是夏朝由失邦到复兴的大事，其筮占记录必有存于《连山》之中者，周初作易时选用其已验之辞来论述如何处睽违之逆境，以教诫后人，乃是符合作易的主旨和原则的。至于高亨先生谓"故简残缺，未由证成"之说，乃是一种谨慎的说法。这种虚心的态度是应当肯定的，只是在利用已有资料上似嫌不足。首先，今本《竹书纪年·夏纪》记少康事尚有如下重要情节：

帝相二十八年，寒浞使其子浇弑帝；

后缗归于有仍；

伯靡出奔鬲；（杜预注：伯靡谓夏遗臣）

夏世子少康生；（按：少康即相之遗腹子，所谓"睽孤"是也。）

少康自有仍奔虞；（注谓少康既长，为有仍氏牧正，浇使椒求之，将至仍，少康逃奔有虞为之庖正，时年二十，虞思于是妻之以二姚而邑诸纶，有田一成，有众一旅。）

伯靡自鬲帅斟鄩、斟灌之师以伐浞；

世子少康使汝艾伐过杀浇；

伯子杼（少康子）帅师灭戈；

伯靡杀寒浞；

少康自纶归于夏邑。（自太康失邦至此夏方复国，史称"少康中兴"。）

据以上事迹，则"睽孤""丧马""见恶人""遇主于巷""遇元夫""交孚""厥宗噬肤""匪寇婚媾"等似皆可视为有关联之事件，大体上可作如下叙述：

初九记少康为有仍牧正时曾有丧马之事，又曾见浇遣使椒来有仍欲行捕杀少康之恶人；九二叙少康遇有仍之族主于小巷中，主未加系捕而命其逃遁；六三为逃遁途中所见而行筮，得"无初有终"之占；九四即谓其得与夏之遗臣而曾逃奔鬲族之伯靡相遇，二人被当地之族人所执而最终得以获释；六五叙少康、伯靡相议使康往依有虞氏，有虞氏系帝舜之族，与夏族世有联盟关系，长于渔猎，生活较富裕。从少康归有虞后，“有田一成，有众一旅”来看，有虞氏还可能早就收养了夏族之不少遗民，所以有“厥宗噬肤，往何咎”之占诫；上九即少康为有虞氏庖正而有虞之君妻以二姚之事也。

综上所述，大体上可以将睽卦理解为是依据夏少康逃睽亡而能复兴的史事及有关占断选辑而成的卦。作者意在取其事以明善处睽违之道者也。卦辞谓小事吉，是对日常事务，应允许有差别，有分歧，而能求同存异的明哲观念，爻辞则着重说明睽违之事于大事是很危厉的，应当避免发生。但是，如果不幸发生了，也不必绝望，更不可自暴自弃，只要能以艰苦奋斗，自强不息的精神对待，善于联合盟友，利用敌人矛盾，不断壮大己方力量，最终亦有复兴之望。夏代虽因太康失邦而几至灭亡，少康以一遗腹子——睽孤之身仍能复兴夏室，便是最好的明证，也是临难用众之道的最佳典范。

《周易》著成的时代是周族鼎盛的时代，在这样的时代却没有忘记用前代亡国、复兴的经验来教诫后世，周初圣王的忧患意识深重如此，这正是所谓“安而不忘危，存而不忘亡，治而不忘乱”的贤圣情怀，是学易者应当仔细领会的。

附：夏少康复国形势图

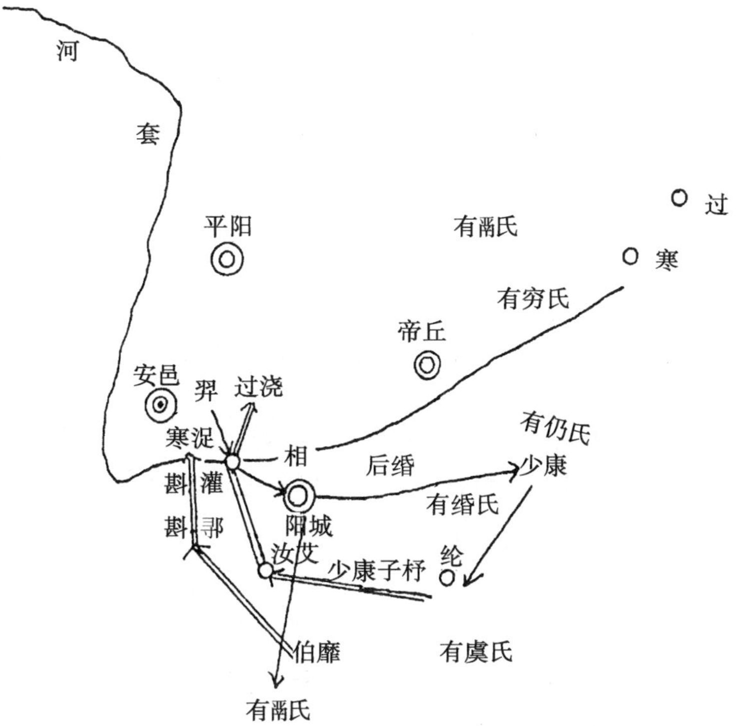

图例：→少康睽孤时经历路线

⇒少康、伯靡复国进军路线

20. 习坎：险难当能互济

☵ 习坎。有孚。维心亨，行有尚。

解：习坎。象辞，通常以坎名卦。

字义：习，此处用重复义，详坤·六二释。

习坎就是重坎。为卦坎上坎下，故曰习坎。坎之单卦象水，重卦则象坎窞，即地面低陷之处。古代低陷之处多积水，坎窞连布，则艰阻难行，故本卦又有艰困义。

有孚。占辞。同于需、讼之“有孚”。谓筮遇此卦，可有俘获也。这是自习坎之物理作出的可然性判断。盖古代积水之坎窞则可行渔获，而捕兽所掘之坎窞则可以猎获，故其占为“有孚”。

维心亨，行有尚。教诫辞。

字义：维，经文中有二义：

随·上六：“拘系之，乃从维之。王用亨于西山。”此维字用大绳捆系之义。

解·六五：“君子维有解。吉。”亦用捆系义。

晋·上九：“晋其角，维用伐邑。厉、吉、无咎，贞吝。”此维字作语辞，同于唯、惟，此处之“维心亨”即用作语辞。

尚，助也。参见泰·九二释。

亨，此处用通达义。

诫辞意思是说，筮得习坎，虽有俘获，但是有条件的。其一是“维心亨”，即心通坎窞渔猎之道，不可盲目从事，若不心通其道，则不能有所俘获，且有误坠坎窞之危；其二是“行有尚”，即行动要有人相助，因为在坎窞间以行渔猎，乃危险之事，需有多人合作，不可单独操作，否则不可能有获，更有陷溺之忧。这种教诫辞，实际上是对占辞的一种条件性说明和限制，将它视为占辞亦无不可，都足以表明《周易》占断中的理性主义性质，理性思维在《易经》中始终处于主导地位，更集中地体现在教诫辞中。直觉主义、神秘主义，则处于从属的，仪式性的地位。

初六　习坎，入于坎窞。凶。

解：习坎，入于坎窞。象辞。

字义：习，此处用练习、习作之义。参见坤·六二释。

窞，《说文》："窞，坎中小坎也。"

依数理及物理取象：本爻当习坎之初，始习作于坎之象也。本爻变，下体成兑，兑为泽，即深坎，故有入于坎窞之象。干宝曰："窞，坎之深也。江河淮济，百川之流，行乎坎中，水之正也，及其为灾，则泛滥于地而入坎窞，是水失其道也。"正谓坎变兑，水成泽之象。

凶：占辞。

这是依爻象的事理作出的已然性判断。初始习作于坎即误入深窞，自然是凶险之事了。

九二　坎有险，求小得。

解：坎有险，求小得。象占连辞。依数理取象：本爻处下坎之中而上无应，无应即无助，故为"坎有险"之象。变而全卦之比，本爻上比九五，故有"求小得"之象。辞意是说，坎虽有险，亦可小有所得，教人不可畏难，亦不可贪得也。

本爻可说是对坎窞的一个基本评价，一方面指出其有险，一方面又强调其可以"求小得"。一方面表现出刚健有为的态度，不因有险而逃避，一方面又深知其所得有限，只能有条件地加以利用，不可盲目贪求，表现出一种明智的功利观念。

六三　来之坎坎，险且枕，入于坎窞。勿用。

解：来之坎坎，险且枕，入于坎窞。象辞。

字义：之，指代词，犹"此""是"。经文用"之"字甚多，或作结构助词，如"牝马之贞""不速之客"之类；或作代词，如"比之""伏之""维之"之类，此处即作指代词。来之坎坎，即来此坎窞连布之地也。

枕，《说文》："枕，卧所荐首者。"指枕头，此处于义不通。《释文》："枕，古文作沈。"司马注："沈，深也。"高亨曰："枕当读为沈，同声系字，古皆通用也。”[1] 其说可从。“险且枕”即险而深的意思。

依物理取象：本爻当下坎之上，接于上坎，是坎窞连布之地也，故有“来之坎坎”之象。坎窞连布，又当艮下，艮为山陵，故有“险且枕”之象；进退皆坎，不能得出，故又有“入于坎窞”之象。

勿用。占辞。谓筮遇此爻，不可有所施行也。这是依爻象的事理作出的教诫性判断。盖本爻于狱事而言，则喻人之陷于重狱，无可自脱，若有施行，将重增其罪罚，故不可有所施行，此大凶之占也。与潜龙之勿用，是根本不同的。潜龙是主动地勿用，此处则是被迫忍受，无可作为。于渔猎而言，即是不可施行。

六四　樽酒簋贰用缶，纳约自牖。终无咎。

解：樽酒簋贰用缶，纳约自牖。象辞。

字义：樽，《玉篇·木部》：“樽，酒器也。”此处用作量词，樽酒即是一樽酒。

簋，甲文作，金文作。《说文》：“簋，黍稷方器也。”簋，乃古代食器及礼器，或以竹编，或以陶制，后用为陶瓷器皿的雅称。簋贰，谓二簋之食也，言食足之意。《诗·秦风·权舆》：“于我乎，每食四簋，今也，每食不饱。”其意类此。

缶，甲文作，金文作。《说文》：“缶，瓦器，所以盛酒浆……象形。”

约，《说文》：“约，缠束也。”亦指绳子。《左传·哀公十一年》：“公孙挥命其徒曰：‘人寻约，吴发短。’”杜预注：“约，绳也。”

牖，《说文》：“牖，穿壁以木为交窗也。”段注：“交窗者，以木横直为之……在墙曰牖，在屋曰窗。”

辞意是说，以樽、簋盛酒饭，二器皆不用木制而用陶制之缶，用绳子系住从天窗上吊下来。

依物理取象：本爻当下互体震上，震象仰盂，故有樽、簋、缶之象；当上坎下，有酒浆之象；互体成颐，有食象；故曰樽酒簋二用缶；又本爻

---

① 高亨《周易古经今注》坎卦释。

变，当兑下交巽中，兑为附决，上缺为天窗，有牖象；巽为绳，下入于牖，故有纳约自牖象。

终无咎。占辞。这是依爻象的事理作出的应然判断。这里指的是狱囚饭食之事，因为，平常人的饮食没有“纳约自牖”之事，所谓“纳约自牖”，是指用绳子束住器物，从天窗上吊下来。据李镜池《周易通义》引《周易义证类纂》云：“土狱，凿地为窖，故牖在室上，如今之天窗然。以地窖为狱，则狱不可见，唯见其牖。书传称殷狱曰牖里，或以此。”此说可从，所以纳约自牖是指狱囚饭食之事。但是狱囚通常是不能饮酒的，更不用瓦器送饭，因为怕打破器皿，而且要防止用陶瓷器自杀、自残，所以一般都用竹木器。既然关在地牢中，当然是重囚，重囚突然受到如此优待，有酒有饭，只能有两种情况：一是临刑的前一天，为显示仁道，使其酒足饭饱；另一种则是狱事缓解，特示优待。由于临刑前的优待，为防备自杀，一般盛酒饭之器也不用陶器，现在盛饭的两种器皿都是用陶器，而且樽酒簋二，足以酒足饭饱，显然是狱事缓解之兆。狱事缓解而得如此优待，显然很快可能获释，故其占为终无咎。谓其现时虽凶，终无灾咎也。

九五　坎不盈，祇既平。无咎。

解：坎不盈，祇既平。象辞。

字义：盈，此处用满义。不盈，谓水浅或无水。

祇，郑康成曰：“祇当为坻，小丘也。”京房本作禔，帛本作堤。《诗·蒹葭》：“溯游从之，宛在水中坻。”注曰：“坻，小渚也，水中地。”意指坎边积土所成之小丘。

既，尽也。

辞意是说，坎里水浅，埂坻也成了平地。

依物理取象：本爻当上坎之中，坎不盈之象也；又当互艮之上，艮为山，在水中为小坻，交坎中，乃坎埂已平之象。故曰：“祇既平。”其象征层面即有坎而无险陷之意。

无咎。占辞。这是依爻象的物理所作出的应然性判断。盖坎不盈则积水不深，堤埂平则行而无险，故其占为无有灾咎也。

本爻的象征隐喻层面，就是讲对刑狱之罚应有宽松和公平的精神。于渔猎则所获不多，故不断以吉利。于狱事则有平反之象，故断以无咎。

上六　系用徽纆，寘于丛棘，三岁不得。凶。

解：系用徽纆，置于丛棘，三岁不得。象辞。

字义：徽纆，《说文》："徽……一曰三纠绳也。""纆，索也。"刘表云："三股为徽，两股为纆。"均指粗韧结实的绳子，用于系缚犯人。置，谓安置、弃置。

丛棘，有二义：一是指听讼之处。参见困卦释。

其二，指牢狱。古代置犯人于土牢，牢外又围种丛棘以防其逃跑。《左传·哀公八年》："邾子又无道，吴子使大宰子馀讨之，囚诸楼台，栫之以棘。"是春秋时贵族被囚于楼台而犹种棘防范之事。

从爻辞的全句意义审度，当从第二义，释丛棘为牢狱为当。意思是说将犯人用粗绳拘系并弃置于丛棘围困之土牢中，三年都不得出。

依物理及数理取象：本爻变，上卦为巽，巽为绳，互体艮为手，绳加于手，故有系用徽纆之象；又坎于木为坚多心，重坎相叠，丛棘之象也；坎数六，下三无应，三岁不得之象也。不得者，古制，上罪三年而赦，此谓三岁而不得赦也。高亨谓三年不得其情，集解谓三年而不思改正当杀。意皆相近。

凶。占辞。这是依爻辞的事理作出的实然性判断。作为重囚，置于坚牢，三年而不得其情，或不得复出，其凶可知，杀与不杀皆为凶事何疑。

总的来看，习坎一卦，言重险之事，以明处险之道也。反映古代生活之艰险危厉，时人之心态亦甚抑郁也。卦辞讲险中求得，乃不得已而为，盖古代生活条件危险甚多，无法回避。渔猎生产，冒险性更强，作者教其一当明处险而求出之理，再则当有群体协同互助也。前三爻明生产活动之危险性，均以教诫为主旨，以不致误入坎窞为目的。四爻至上爻，明社会政治生活中的危险性，主要谈狱囚之事。狱囚皆入于坎而求出者也。遭囚而求出乃人之常情，然此种愿望一般很难实现。六四公卿之位，而以柔居柔，上承九五，有如贵族承事于阳刚中正之君，乃有得赦获释之希望，故占为终无咎。上六处险之极，所犯重而无应援，其凶可知，然置于丛棘，系用徽纆，其处境惨厉，求出当更为迫切。此或为当时实占记录，作者用为教诫之辞，令人不可犯重，亦略见悲悯之意也。

九五则明显地寄希望于中正有为之君主，于生产场地能尽平邱坎，以减少坎窞之危；于社会事务中能平断狱讼，不使蒙冤受屈，这正是处险之道的深意。孔子曰："听讼吾犹人也，必也，使无讼乎。"无讼当然更好，有讼能平断之，也是好的。因为无讼是做不到的，取消狱事也是办不到的。所以作者只提出"坎不盈，祇既平"的要求，只要能平断狱囚之事就不错了，这是比较切合实际的态度。本卦只讲求得与出险，即只讲利害，不讲取义，因为这里是讲在险而求出险，不是讲社会理想，它的道义性便在于对处险之道的教导之中。

与离卦相比较，离之灾自外来，故重在外防。坎之灾多自陷。自陷之事，有知其险而犯难致陷者，渔猎生产行为中多有之，属于难免的性质，所以卦爻辞都取教导之意；有不知其险而陷入者，社会生活中多有之，卦爻辞取告诫之意，并寄希望于刚健中正之君，能平坎去险，平断狱讼。《周易》作者与民同忧的心态已朗然可见。

21. 同人：征伐与民共患

䷌ 同人于野。亨。利涉大川，利君子贞。

解：同人于野。象辞，通常以"同人"为卦名。

后世注家，一般认为"同人于野"之前另有"同人"二字作为卦名，其实是一种误解。因为，《易经》的作者，最初并没有要替卦安名的想法，他考虑的是首先应当明乎卦象，才能从卦象的时空描述中，引申出某种逻辑结论，构成因果描述，借以作出合理的占断。例如："履虎尾，不咥人""艮其背不获其身"等均属此类。但是为了便于称呼，习惯上便将各个卦象辞的前一个或两个字作为它的代称，这样才形成了卦名的观念。所以卦名只是约定成俗的说法，象辞才是它的本义。这样，我们对卦辞的理解，首先就应该弄清楚象辞与占断的关系，而不在于弄清楚它为什么会取这个卦名了。当然，一般情况下，将卦象与卦名混为一谈也没有多大妨碍，因为多数情况下二者是完全一致的，只是在某些特殊情况下便不够准确。即以本卦而论，若仅以"同人"为卦象，其取象便只能如《象传》所谓"天与火，同人"，为什么天与火便叫同人呢？郑康成说："天在上，火炎上而从之，是其性同于天也。"按照这种理解，只能说是"同上"，哪里有"同人"

的意思呢?《九家易》说：“乾舍于离，同而为日，天日同明，以照于下，君子则之，上下同心，故曰同人。”其实，按这种解法，也只能叫作“同明”，而不能叫同人。至于《彖传》所谓“柔得位得中而应乎乾曰同人”，是一种取数理象的解法，这种解法用于此处也是非常牵强的。为此，我们有必要先弄清楚“同人于野”究竟是什么意思，先看字义：

同，甲文作，金文。《说文》：“同，合会也。从，从口。”之金文作。，郭沫若《卜辞通纂》：“槃之初文也，象形。”可见同字就是从槃从口。槃是食器，口在槃上，就是同餐共食。上古同餐共食通常是家庭公社的标志，大一些的会餐，则包括家族部族等同族之人，所以“同”有“会合”“聚会”的意思。《诗·豳风·七月》：“嗟我农夫，我稼既同，上入执宫功。”郑笺：“既同，言已聚也。”又：“二之日其同，载缵武功。”郑笺：“其同者，君臣及民，因习兵俱出田也。”由此可见，同人，就是会聚众人的意思。

野，甲文作，金文作。《说文》：“野，郊外也。”《尔雅·释地》：“邑外谓之郊，郊外谓之牧，牧外谓之野。”

由此可见，同人于野的意思是在城邑郊外旷野之地会聚族众，也就是族众大会。这种大会来源很古，在氏族社会非常普遍，或因共同祭祀，或因共庆节日，或因会同出猎或出征，一般都是在氏族部落的公地旷野中，燃起熊熊篝火，族众即围绕火堆举行会议、舞蹈、会餐。相沿成习，至今少数民族中还有这种习俗。这种聚会的基本特征就在于聚众人于旷野，并围绕着火堆。既然是在旷野之中燃起火堆就不能取别的物象，只能用上天下火来表示，所以下离上乾便有“同人于野”之象。

亨。叙辞，叙述筮遇此卦，在享祀之时，其占断因而具有相当的权威性也。

利涉大川，利君子贞。占辞。

涉大川就是远行，一般指比“有攸往”更为重大的事件，例如出征、部落迁徙、商队远出之类。这类牵涉到整个部族的行动一般都要经过族众大会的民主公决才能实行。现在筮遇同人于野之卦，正是召集族众大会举行民主公决之象，从事理上看，完全符合原始民主制的精神和当时的礼制规范，必能获得广大族众的拥护，故断以“利涉大川”。这个利是对整个部族而言，为什么又加上“利君子贞”呢？君子是贵族的通称，是邦国部族中的领导阶级，对于部族远行远征等大事能够聚众讨论以行公决，这是对原始民主制的尊重，也是得到族众拥护的表现，所以对他们是更为有利的。

利涉大川、利君子贞，看起来对上对下普遍都有利，但是，这并不是一种全称判断，而是一种特称判断，它实际上是指出，筮遇此卦，只有在“涉大川”这样的问题上才是有利的，如果是买牛买马，安居建宅，或是通常的出行或是平民结婚、贵族治病这类事情上就不能说是有利的了。理由很明显，这类事情是不需要经过族众大会来讨论公决的。所以，这种特称判断，实际上是一种限制性判断。

初九　同人于门。无咎。

解：同人于门。象辞。

字义：门，这里指王门，宫门。

依物理取象：本爻当同人之初位，变则下体成艮，艮有门阙之象，故曰“同人于门”。高亨《周易古经今注》曰：“同人，犹言聚众也。同人于门者，国有大故，君致万民于门，有所询也。《周礼·大司徒》：‘若国有大故，则致万民于王门。’《周礼·小司寇》：‘掌外朝之政，以致万民而询焉。一曰询国危，二曰询国迁，三曰询立君……’所谓外朝，即王门之外也。”此说甚当。所以，同人于门的意思便是会聚臣僚及民众于王门以共决大事之意。

无咎。占辞。谓筮遇此爻，所占无有过咎也。这是依爻象的事理作出的应然判断。既然能聚众于王门，以公决大事，这就符合原始民主制的精神和当时的礼制，也必能得到广大族众拥护，无论最后结局的成败如何，这种作法都可以说是没有过咎的，故断之曰“无咎”。

六二　同人于宗。吝。

解：同人于宗。象辞。

字义：宗，《说文》：“宗，尊祖庙也。从宀，从示。”于省吾谓“示”象神主，“宗”当是室中立神主之形。所以，同人于宗是在祖庙之内聚众的意思。

依数理及物理取象：本爻与九五相应，九五当上乾之中，乾为君、为主、于家族及部族即为宗，故有同人于宗之象。

吝。占辞。谓筮遇此爻，其行事乃鄙吝不公之意也。参见屯·六三释。这是依爻象的事理作出的实然判断。因邦国部落的大事，是应当同人于门，广泛征求群众意见的，现在仅仅在宗庙之内聚众商讨，其参与者便只限于同宗的贵族，而排斥了其他宗族的贵族及本族的民众，这种作法是违反原始民主制精神和当时礼制的。实际上更可能是由于当时兴师动众的目的仅是为了宗族贵族的利益，不是为了整个部族或邦国上下的全体公益，得不到广大群众的支持的缘故。这种只顾宗族贵族的私利而不顾部族或举国公众利益的行为，显然是鄙吝之行，故断之以“吝”。

九三　伏戎于莽，升其高陵，三岁不兴。

解：伏戎于莽，升其高陵，三岁不兴。象辞。以象代占。

字义：莽，《小尔雅·广言》：“莽，草也。”唐玄应《一切经音义》卷十一引《说文》：“木丛生曰榛，众草曰莽。”

岁，繁体歲。甲文，金文，其字从步、从戉（钺），是一种仪式之象。三代以前，有年终之祭，步戉（钺）以为仪。遂以此祭为步[①]，后遂以岁称年，这里便用年岁之义。

兴，繁体興。甲文，《说文》：“兴，起也。从舁，从同。同力也。”

辞意是说，将军旅埋伏在草莽之中，隐蔽地登上制高点，为了伺机进攻，要准备长期埋伏，哪怕三年也不许暴露。

依物理取象：下体离为兵戈，互巽为草莽有伏戎于莽之象；本爻变，下互体成艮为山陵，有进而升于山陵之象；离数三，互巽为草木，草木荣枯以岁，有三岁象；本爻变，上互卦亦为巽，为进退，为不果，故有三岁不兴之象。

本爻不着占辞，是以象代占。

三岁不兴之占，或以为太久，伏戎于莽岂可达三年之久？于理为不通。故有人欲因岁字从戊而改为“三戊不兴”。但是这种改法是缺乏根据的，因为三戊不兴就是30天都不兴起，这也是不可能的。实际上三岁不兴，只是

① 《周礼·夏官·校人》有“冬祭马步”之制，当属此类。

一种强调的说法，这也是《周易》的一种章法，通常用来表示一种决心，一种坚定的态度和合理的选择，属于应然判断，并非实然判断。例如：复·上六的"至于十年不克征"和屯·六二的"女子贞不字，十年乃字"。都是表示的一种坚决的态度，或坚定的信念。这里正是对长期潜伏的必要性的一种强调，是军事行动中的一种绝对禁令。

因为同人一卦乃叙述部落或邦国之间的冲突，初九、六二属于动员群众阶段，九三已进入实战阶段，大约敌方依山麓筑城，攻方采取偷袭战略，带领族众埋伏于丛林草莽之中，迂回奔袭，攀登于高陵，而据居高临下之有利地形，意图出其不意，攻其不备，所以下了一道死命令："三岁不兴。"就是说，行军中要始终隐蔽，时间再长，哪怕长到三年，也不许暴露形迹。于此，可知其志在必得，决心之大，亦足以说明这次邦国冲突的严重性。这一性质，从其兴师动众，大师相遇等情亦可见一班。

九四　乘其墉，弗克攻。吉。

解：乘其墉，弗克攻。象辞。

字义：乘，登也。墉，土城垣。克，用成、胜义。

依物理取象：本爻当互体巽上，巽为工，有墉象，当墉上，是乘其墉之象也；上交乾，乾为圜为君，有内城之象，进则为城垣所阻；巽为进退，为不果，故有弗克攻之象。

吉。占辞。谓筮遇此爻，所占为吉也。这一占断，乃据当时之实战形势而言。盖此次战争，形势严峻，攻方聚众潜袭，登高以临下，志在必得；而彼方亦知关系邦国存亡，势必决死以争。攻方虽能乘其墉垣，彼方犹据内城以顽抗。因此虽已乘其墉垣而未能完成攻城得国之目标，此时双方军士伤亡甚大，彼据内城以固守，若急攻之，其势难以速胜，不如围而困之，彼内城之中，粮草水源均将不支，攻方即可乘其弊而取之也。兵法云："善战者，居之不挠，见胜则起，不胜则止"（《六韬》军势篇），此之谓也。

关于外城、内城之分，在上古已初具规模。近年以来，无论中原地区以至长江中下游及上游成都平原，发现距今约 4000 年前的具有内外城格局的城垣遗址颇多。例如成都宝墩文化二期的都江堰芒城与崇州双河古城，距今约4000年前，都是“回”字形的双圈层城垣[①]。郑州小双桥商代遗址，总面积达120万平方米，其中有称作“周勃墓”的夯土建筑基址长50米，宽40米，夯土厚度达12.8米，祭祀坑分人祭坑与牲祭坑两种[②]。这种带有庙宇宫殿的有高墙环绕的小城圈，便是一种内城。这些内、外城结合的城址建筑是适应当时阶级分化，贵族统治权力形成与战争的实际需要而构筑的，这样的内、外城结合形式，一直沿用至于晚清时代，如北京城内有故宫，成都城内有皇城是也。由于《周易》作于周初，当时邦国城址分为内城外城已是普遍形式，所以本爻中的乘其墉，当是指攻上外城，弗克攻则是指未能攻克内城而言。断之曰：“吉”，则有两层意思。第一是已经攻破外城，显然是重大胜利；第二，暂不强攻，围困而取之，可以避免更大伤亡，减少损失而又稳操胜算。所以这一占断，体现了一种军事策略，对当时及后世的攻坚战都有明显的指导意义。

简单说来，乘其墉，弗克攻，是就战役而言，特指这次奔袭，取得阶段性胜利，但未达到战役目标；吉是从策略上评价，认为攻占外城后，对内城取围困战术，乘其弊而取之，可以成功，最后达到战役目标。

九五　同人先號咷而后笑，大师克相遇。

解：同人先號咷而后笑，大师克相遇。象辞，以象代占。

字义：號，通号，《说文》：“號，痛声也。”即大哭。咷，《说文》：“咷，楚谓儿泣不止曰噭咷。”所以号咷是大哭不已之意。后书作号啕、嚎啕。

大师，据师卦解，师为王及诸侯国的正规编制军队，大师即大邦国之师，此处指发起军事行动的小邦或部落所归附的大邦的正规军。盖小邦、部落尚无正规军建制，首领虽有一定的亲兵群，数量甚少，仅充侍卫。凡遇大规模部落或邦国冲突；必以“同人”方式动员部族民众之男性成员全部参与，这些参与的族众经过编制而组成临时的军事组织，便称为戎旅或“同人”。大邦的正规军即称为大师。

遇，《说文》：“遇，逢也。”即会合之意，参见小过卦释。

---

① 江华章等《成都平原的早期古城群——宝墩文化初论》《中华文化论坛》1997年第4期。

② 《95全国十大考古新发现》（《光明日报》1996年3月26日）。

依物理取象：本爻当中乾上，乾为言，下互巽，巽为反兑，兑为口，即反言，二言相反，呼号不协，号咷之象也。又本爻变，上乾成离，为明、为丽，呼叫而又明、丽，大笑之象也。故有“同人先号咷而后笑”之象。又本爻以乾中而居君位，有明君之象；下有六二离中相应，离为戈兵，大师之象；本爻变，上下离重见，故有大师克相遇之象。

本爻不着占断，以象代占，盖象中已有占断之意也。其义则承上文而来，因为此次军事冲突，乃由某个部落或小邦发起，先会聚部族民众，然后潜行偷袭，战斗激烈，虽乘其墉而未能攻克，双方处于僵持，皆欲请求外援。此时果有外援大军前来，攻方同人先以为敌方外援骤至，遂惊恐号咷，最后发现是己方外援前来助战，因而欢天动地，终于取得此次战役之胜利。这些大体上都是当时史事的实录，在《周易》中可以看出，小邦或部落之间的冲突，得到所归属的大邦出兵援助的情况是相当多的。例如：离卦就完整地叙述某一部落或小邦，受到外族（有嘉）侵掠，周王为其亲自出征的史实。参见该卦讲解。这里的大师，既为明君之师，也可能是周王兴兵助战的反映。

上九　同人于郊。无悔。

解：同人于郊。象辞。

字义：郊，《尔雅·释地》：“邑外谓之郊。”

依物理取象：本爻当互体乾上，乾为君，为圜，有城邑象。在乾以上，是城邑之外也。以本爻当同人之终，故有同人于郊之象。

无悔。占辞，谓无可怨悔也。“无悔”于《周易》12种占断中，属于较好的占断，意谓得大于失，或虽有所失而于义无可怨悔。这是对这次邦国冲突的总体评价。

盖此次出征，战斗激烈，己方亦损伤颇重。但道义在于此方，因而能得到大国的正规军援助，终于取得胜利，所以无可怨悔。

为什么同人的结尾要“同人于郊”呢？

高亨曰：“同人于郊，疑指祭祀之事而言，古者祀上帝于郊，因而此祭亦名郊……然古人祭祀在郊，当不止祀上帝一事也。祭祀于郊，必有多人同往，故而以同人于郊四字概括之。”今按：高说近是。但也有可能就是凯旋之后开个大型的庆祝会。既然凯旋庆祝，自无可怨悔，但也不断之以吉、利，这是因为军事行动，必有伤亡，不可言吉、利，但求符合道义原则，无可怨悔而已。《老子》第三十章云：“以道佐人主者，不以兵强天下……善有果而已，不敢以取强。果而勿矜，果而勿伐，果而勿骄，果而不得已，果而勿强。”第三十一章又说：“兵者不祥之器……不得已而用之，恬淡为上，胜而不美，而美之者，是乐杀人，夫乐杀人者，则不可以得志于天下矣。”而同人·上九断之以“无悔”，正是体现了一种“果而勿伐”与“胜而不美”的态度。

总的来看，同人卦讲述的是早期邦国之间的军事冲突，而体现的是临难用众之道，与师卦之特别重视纪律不同，而是特别重视动员群众与争取大国帮助，而动员群众与争取大国明君的帮助又取决于战争的道义性，因而同人在一定程度上是上古时代的用武之道的体现。《周易》讲军事行动的有革、离、晋、谦、同人等卦，都没有很明确地提出武德问题，但综合审视，则武德观念已相当成熟，大体上有如下几方面：

（1）出师的道义性。较直接地体现在革·九四的“有孚，改命”与九五的“未占有孚”，以及谦·六五的“不富以其邻。利用侵伐”与晋·六三的“众允。悔亡”。

（2）大国应主持正义。较直接地体现在离·上九的“王用出征，有嘉折首”以及同人·九五的“大师克相遇。”

（3）兵不以取强。比较集中地体现在谦·上六的“鸣谦。利用行师，征邑国”，离·上九的“获匪其丑。无咎”，以及同人·上九的“同人于郊。无悔”等。

至于纪律问题，动员民众的程序性问题等都是从属于用师的道义性的。

这些思想最早体现于《易经》之中，尤其显得可贵，这正是《老子》、《孙子》等军事性论著都特别重视道义性的源头所在。

22. 离：修兵当为助义

䷝ 离。利贞。亨，畜牝牛吉。

解：离。象辞。

字义：离，繁体为離，甲文作，器文作，篆文作。《说文》：“離，

離黄，仓庚也，鸣则蚕生。从隹，离声。”其字初文盖象以网捕兽鸟之形，因☲卦形似网罟，后世遂名其卦曰离。

依审美取象：卦形如网罟，字形如遭遇，如脱离。

依物理取象：二火相炽，火势旺盛，有大明之象，又有火灾及兵燹之象。彖曰：“离，丽也，日月丽乎天，百谷草木丽乎上，重明以丽乎正，乃化成天下。”丽本有附丽、美好二义，象曰：“明两作，离，大人以继明照于四方。”二说均仅言其明而未及灾义，未得经文全旨也。

利贞。初占辞。这是自离为网、为火之物理中作出的实然判断。盖网能捕获，火能照明以及熟食，功用甚大，故曰利贞也。

亨，畜牝牛吉。再占辞。亨者享祀义，乃叙辞，说明再筮之时乃在享祀过程中，其占为畜牝牛乃吉也。

本卦来源甚早，初期筮遇此卦，但取网、火等义，故其贞为利；其后或有不验，乃于享祀时再筮之，更断以“畜牝牛吉”也。畜牝牛吉是一个限制性判断，即并非一切皆利，惟于畜牝牛乃吉，其他贞问则未必有利，若畜牡牛则为不吉也。《左传·昭公五年》，有“纯离为牛”之说，荀《九家易》亦有“离为牝牛”之说，其据未详。王弼注有“外强而内顺，牛之善也”之说，或可备一说。余谓离卦形似网罟，亦象藩篱，藩篱之内，于事理言自以畜养牝畜为吉，牝牛性驯顺，故畜之可吉，若羝羊犹有触藩之患，牡牛自不可以藩篱而畜也。可见再筮的占断，也是自离卦卦象的物理中作出的，虽然还没有灾害的含义，但已对灾害问题有所隐喻，而对利的方面已加以极大限制了，在爻辞中，离象才主要取灾害义。本卦可证明《易经》中有些卦的卦辞形成的时代比爻辞可能早得多。如需之言交换，同人之言聚众，爻辞均明显晚于卦辞也。

初九　履错然。敬之，无咎。

解：履错然。象辞。

字义：履，《说文》：“履，足所依也。从尸从彳，从夂，舟象履形，一曰尸声。，古文履，从页，从足。”徐灏注：“履，践也，行也，此古义也。”朱骏声《说文通训定声》：“此字本训践，转注为所以践之具也。”此处实指履践之迹。参见履卦释。

错，《说文》：“错，金涂也。从金，昔声。”《诗·小雅·采芑》：“约軧错衡，八鸾玱玱。”《毛传》：“错衡，文衡也。”《国语·晋语八》：“而能金玉其车，文错其服。”韦昭注：“错，错镂也。”这些都说明“错”字本为涂饰金银文彩于器物之意。引申乃有交错，错出，错过，错误等义。“履错然”，可有二解：其一谓履舄之饰有金银者；其二则谓履舄之迹交错于途。审度全卦，此处以用第二义为当。

依事理取象：离者离去，本卦上离下离，是离而又离，去者甚多之象。离去必有履迹可寻，以去迹甚多，故曰履错然也。

敬之，无咎。占辞。

字义：敬，此处用警惕义。参见需·上六释。辞意是说：警惕其事，乃可以无咎。

这是从爻象的事理作出的应然判断。因为只见履迹错杂而不见人，可知是夜间有不少人曾来窥探路径，并察虚实，很可能要来进行寇掠，自然应提高警惕方可无咎。故此占辞有教诫义。教其若见履迹错杂即当警惕防范也。

六二　黄离。元吉。

解：黄离。象辞。

字义：黄，《说文》：“黄，地之色也。”

离，象形为网；取象声，则为离黄鸟鸣之声。

黄离，即指离黄鸟，今所谓黄鹂也。

依物理取象：本爻当离中，离为火为明丽，于色为黄，于物象雉，即象羽毛美丽光泽之鸟禽，故有离黄鸟之象。

元吉。占辞。这是依爻象的事理作出的实然判断，盖黄鹂羽毛洁丽，红喙黑眉而黄羽，鸣声悠扬婉转，春夏之交喜嘤鸣求友于绿柳垂杨之间，樱桃挂彩之际，盎然春色，令人愉悦。又因黄鹂性情柔顺胆怯，天灾人祸之地，猛禽去来之处皆避而不至，故古人有见黄鹂飞鸣为吉安之兆，是以其占为元吉，谓其元本乃吉象也。《诗·豳风·七月》：“春日载阳，有鸣仓庚[1]。女执懿筐，遵彼微行，爰求柔桑。”正是愉悦的劳动景象。前人文云：

① 仓庚，黄鹂之别名。

“暮春三月，江南草长，杂花生树，群莺乱飞。”杜甫诗：“两个黄鹂鸣翠柳，一行白鹭上青天。”皆以莺啼燕语为良辰美景，即本吉之意也。

九三　日昃之离。不鼓缶而歌，则大耋之嗟，凶。

解：日昃之离。象辞。

字义：昃，甲文作，象日照人影倾侧，太阳偏西之象也。《说文》：“昃，日在西方时，侧也。从日，仄声。”

离，此处用灾义。

依物理取象：离为日，本爻当下体之终，故有日昃之象。本爻变下体成震，上体离为火，为戈兵，戈兵震动，是兵燹之象也。故曰：“日昃之离。”

不鼓缶而歌，则大耋之嗟，凶。占辞。

字义：缶，《说文》：“缶，瓦器，所以盛酒浆，秦人鼓之以节歌。”

歌，《说文》：“歌，咏也。从欠，哥声。謌，歌或从言。”歌有二义，一为歌颂，一为哀叹。《诗·魏风·园有桃》：“心之忧矣，我歌且谣。”即用“歌”之哀叹义。

耋，《尔雅·释言》：“耋，老也。”郭璞注：“八十为耋。”大耋，指族中长老。

嗟，《玉篇·口部》：“嗟，嗟叹也。”

辞意是说，日昃之时遇上寇掠之灾，若不鼓缶而歌，奋起反击，族中长老便会哀叹和训斥！结果必凶。

这是自爻辞的事理作出的将然性判断。因为黄昏时分，敌人来袭，不击缶呼号，鼓舞斗志以求自卫，是松懈麻痹，缺乏自卫勇气的表现，长老们当然会哀叹训斥，结果如何，势将不堪设想。断之以凶，有告诫意。后来果然被烧杀得很惨，续观下爻自明。

九四　突如其来如，焚如，死如，弃如。

解：突如其来如，焚如，死如，弃如。象占合辞。

字义：突，甲文，古钵作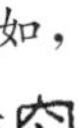。《说文》：“突，犬从穴中暂出也。”徐锴传：“犬匿于穴中伺人，人不意之，突然而出也。”此处即用突然而出

之意。

弃，繁体为棄，甲文，金文，象弃子形。《说文》：“弃，捐也。从廾，推𦍌，弃之，从𠫓，𠫓，逆子也。”

依物理取象：本爻当下离之上方，离为火，火之上方位上之物为烟突；又离中虚象穴，本爻变，上体成艮，艮为犬，犬出于穴外，正是突如其来之象；又本爻当中巽上，巽为草木，位在离上，离为火，木当火上，焚如之象也；又本爻变，下离入于中坎，火入于水，息灭之象也，故曰“死如”；本爻当下离之外，离去之象也，又为上离之下，离而又离，离弃不取之象也。故曰“弃如”。

李镜池《周易通义》曰：“这是写敌人的另一次袭击：突然冲过来，能烧就烧，见人就杀，抓到小孩就摔（死），残暴得很，使被袭方遭了一场大灾难。”其说可从。

本爻象占一体，故当为象占合辞。

六五　出涕沱若，戚嗟若。吉。

解：出涕沱若，戚嗟若。象辞。

字义：涕，初文。《说文》：“涕，泣也。”《玉篇·水部》：“目汁出曰涕。”实指眼泪及鼻液。

沱，金文。《说文》：“沱，江别流也，出岷山，东别为沱。从水，它声。”许氏但以沱江名释沱而不及其文，是解字而不说文也。近人尚秉和则据《说文》之“江别流”释为“水别流，言涕被面而支溢也”。实际上，沱字从水，从它，它，蛇也，象形，蛇行曲，蛇盘旋，沱则水流盘曲处也。金文沱、池同一字，故水积深亦曰沱，俗称回水沱是也。出涕沱若，言泪流满面也。

戚，本为干戚形，斧钺的一种，用于争战，因引申为忧戚、忧愁之意。《诗·小雅·小明》：“心之忧矣，自诒伊戚。”《毛传》：“戚，忧也。”

嗟，同九三之嗟，叹词。

依物理取象：本爻当上离中、互兑上，离为目，兑为泽，泽，积水之象也。目中出水如积，故有“出涕沱若”之象；互体象大坎为忧，兑上为口，有嗟叹之象，故曰“戚嗟若”。

辞意承上爻，以遭烧杀之灾，族人哀伤呼号，痛哭流涕。

吉。占辞。谓筮遇此爻，于事为吉也。这一占断甚有深意，据爻象本不吉，曰吉者，取哀兵必胜之义，亦坏事可以变为好事之谓也。盖三爻日昃之离，不击缶而歌，即受灾而未鼓舞士气，部落长老已嗟叹其必有凶险之事；四爻果遭到突袭，烧杀得很凄惨；现在大家哭泣忧愁，记取教训，准备决战以保卫本族生存，是坏事可以变成好事，此哀兵必胜之理，因断之以吉，谓其族人可以有复兴之望也。这样的哲理思维是颇为高深的。但在周初贤圣的实际经历中却是屡见不鲜的，所以在他们进行事理判断时，通常都能超越感性直观层面而达于哲理反思高度，例：

泰·九三："无平不陂，无往不复。艰贞无咎。"

同人·九四："乘其墉，弗克攻。吉。"

噬嗑·初九："屦校灭趾。无咎。"

蹇·初六："往蹇，来誉。"九五："大蹇，朋来。"

萃·上六："赍咨涕洟。无咎。"

鼎·初六："鼎颠趾，利出否。"

中孚·上九："翰音登于天。贞凶。"

综观以上八卦九爻，或以凶象而占吉，或以吉象而占凶，皆自事理之"祸福相因、相循"之理而定占，这种哲理思维实基于丰富的社会实践。到春秋时期，老子就明白系统地加以论述了。所谓"祸兮福所倚，福兮祸所伏"① 即是最集中的概括。

上九　王用出征，有嘉折首，获匪其丑。无咎。

解：王用出征，有嘉折首，获匪其丑。象辞。

字义：用，作介词同"以"；作连词表示因果关系，相当于"因而""于是""以此"，此处用作连词。

嘉，金文。《说文》："嘉，美也。从壴，加声。"段注："壴者，陈乐也。"壴即乐器，鼓也。殷墟卜辞中，"壴"字屡见，乃壴族之名，参见随·九五释。

有嘉，古国名，即壴族之国，与随·九五之"孚于嘉"同指一方邦。

① 《老子》第五十八章。

获，擒获。匪，通非。

丑，《广雅·释诂三》："丑，类也。"《尔雅·释诂上》："丑，众也。"获匪其丑，意即擒杀的不是有嘉的族众。

辞意是说，周王兴兵出征，俘获了有嘉之国的首领，而不是普通族众。

依物理取象：本爻当上离上，离为戈兵，本爻变，上体成震，震为威，有王象；震又为动、为出，戈兵震动，声势浩大，王用出征之象也。互兑为悦乐，为嘉，据嘉之上，有俘于嘉之象也。本爻变，有嘉折首之象。本爻当上离之上，变则成震，与下离不相比类，故有获匪其丑之象。

无咎。占辞。这是依爻象所据的史实作出的实然性判断。从初至五爻可知，有嘉是一个较强大而野蛮的部落，他们首先发动了对周邦某一邑聚的侵掠，杀人放火，残暴异常，周王不得不大举出征，俘其首恶之属以示惩戒，属于自卫性质，合于武以禁暴的道义原则，何咎之有。这一占断的史实有周原甲骨卜辞为据，详见随卦释。

总而言之，离卦与坎卦都讨论了灾害问题。坎卦主要探讨牢狱之灾，重在善以自处；离卦则探讨兵燹之灾，意在善于用众。离卦内容与随卦有关，似皆取自周初的部族冲突，而且基本上围绕着周族的一支与壴族之间的冲突展开的，从初爻开始就提出要随时观察行人来往的状况，保持高度警惕，若不警惕则遭致焚如死如弃如之大祸；大灾大祸之后不被吓倒，起而自卫反击，周王亲自出征俘其首领以示惩戒。对这种自卫反击的评判是无咎无过，说明周族对于征伐问题一直奉行"武以禁暴"的原则，与谦·六五之"不富以其邻，利用侵伐，无不利"，及上六"鸣谦，利用行师，征邑国"的精神是一致的。这一原则实际上形成了我国传统武德之基础，后世孙子主张"五校"而以"道"为首①，即用武合于道义的观念，实源于此。《逸周书·大明武》曰："天作武，修戎兵以助义"；《小明武》曰："攻其逆政，毁其地阻……胜国若化，故曰明武"；《柔武》曰："以德为本，以义为术，以信为动，以成为心；（其成功也）以决为计，以节为胜，务在审时，纪纲为序，和均道理，以匡辛苦；（同时反对）见寇国戚，靡适无国；（要求作到）胜国若化，不动金鼓，善战不斗，故曰柔武"等，则是更成熟

① 孙星衍据通典古本点校《孙子·计篇第一》。

的用武之道，皆已于离卦中见其端倪。在《太公六韬》中，列“文韬”于第一，提出了“义胜欲则昌，欲胜义则亡，敬胜怠则吉，怠胜敬则灭”的武德要领；《司马法》则以“仁本”为第一，“天事之义”为第二，都是强调用兵的道义原则。现代战争，我们仍然强调以革命的正义战争反对反动、侵掠战争，主张“人不犯我，我不犯人，人若犯我，我必犯人”，仍然是传统武德的发扬。从其本质上讲，这样的武德，正是临难用众之道的集中体现。

23. 随：用众当善用官

䷐ 随。元亨。利贞。无咎。

解：随。象辞，通常用为卦名。

字义：随，《说文》：“随，从也。”

依物理取象：本卦上兑下震，兑为少女，在前；震为长男，在后，如父辈之护佑其子女，随之而行，义同雷泽归妹之取象。

依事理取象：兑为悦，震为动，下动而上悦，下以随上之义也。《系辞·下传》二章：“服牛乘马，引重致远，以利天下，盖取诸随。”朱熹注：“下动上说。”此古义也。

元亨。叙辞。谓大享之时筮遇此卦也。参见乾卦辞。

利贞。占辞。谓所贞为利，于事能成也。这是依卦象的事理作出的应然判断。下之行而随上所悦，自然于事有利了。

无咎。验辞。此即岁终计占所系之辞，谓其占有验，亦非大利，故系之曰“无咎”。《系辞·上传》第三章：“无咎者，善补过也。”盖随卦讲随王出征之事，其占虽利，犹虑或有灾变之事，虽得吉占犹未敢怠忽，故系之以验辞“无咎”。以警其当谨慎从事，有过则改，方可得吉也。叙辞、占辞、验辞并列，突出戒慎之意，是对理性的推崇，此乃《周易》之显著特征，是八卦文化的优良传统，也是周初贤圣的理性精神的自然展现，其影响至为深远，在我国文化史上功不可没。在看了以下各爻系辞之后，对于卦辞“无咎”的含义也就更会明白了。

本卦与离卦为同义互释之卦。因为：

（1）二卦的性质皆为部落战争之实录。参见离卦释。

从离卦的卦爻辞可知，离卦乃记述周初遭邻近部落有嘉侵略之事。有嘉之侵掠，纯为烧杀劫财，未见俘虏人口。可见该部落尚在蒙昧时期也。周王则兴师讨伐，意在申道义而有掳获，是进入国家组织之表现。随卦叙随王出征之事，主要讲俘获，将出征之性质表明，非为掠杀，实乃周初酋邦扩张之事也。

（2）二卦所叙之有嘉，实为同一个部落。从离卦看出有嘉较强大而野蛮残暴，王乃愤而征之。从随卦看出，出征以俘获为主，所俘主要为有嘉首领之属，并以其充当人牲以献祭，有惩戒首恶的用意。离·上九之“有嘉折首，获匪其丑”与随·九五之“孚于嘉，吉”，及九四之“有孚在道以明”、上六之“王用亨于西山”，可互相发明。

（3）周王征伐有嘉之事，已为卜辞所证实。

近年陕西岐山凤雏村出土西周甲骨第三片（H11：20）卜辞四行八字[1]。

重亡眚

祠自

蒿于

壴

陕西周原考古队队长陈全方释曰：

“祠、即指春祭。

蒿，当是地名镐京。

壴，亦为地名，殷墟卜辞中屡见。如

“贞叟于壴。”郭沫若释壴“乃鼓之初文”。

本卜辞时代约当文王末年，武王初年。

壴既然为地名，其地所居之族以壴为氏，以嘉为其部落或地区之称，乃属自然。壴族既与殷王国关系密切，对新迁来岐地的周族进行劫掠，亦属部落时代之常事，而此卜辞之原义可释为：

惟无灾眚。

春祭自镐京往，

取壴（以祭）。

---

① 原文右往左行，今改书如此。

其意与“孚于嘉，吉。拘系之，乃从维之，王用亨于西山”正相吻合。可证周文王末年，确曾有因受嘉人的侵掠烧杀而起兵伐之，俘其首众，并用为人牲以祭祀之事。

从以上三个方面，我们断定随卦乃与离卦同义互释之卦，随卦乃叙随周王以伐有嘉之事，其辞乃可得而解。

初九　官有渝。贞吉，出门交有功。

解：官有渝。象辞。

字义：官，杨树达《积微居小学金石论丛》：“官字从宀，凡从宀之字皆以屋室为义。官字下从𠂤，盖象周庐列舍之形，谓臣吏所居，后乃引申为官职之称。《周礼》官府都鄙并称是其本义也。”此解可从。

经文有“宫”字，指大构形之建筑物；

经文有“庭”字，指王庭。

官乃与庭、宫不同的所在，将它理解为“臣吏所居”之所，是较切合的。

渝，《说文》：“渝，变也。从水，俞声。”经文讼・九四，以及豫・上六等，共用三“渝”字皆用“变”义，有人解为“谕”或“输”，都是不符经文原意的。

官有渝，即“官吏所居之处出了变故”，亦可解为居官而发生变故。从史事背景看，当指有嘉劫掠焚烧之事，此官或即遭受嘉人劫掠之邑宰也，而这类邑宰当时一般都由家族首领充任。

依物理取象：本爻当震下，震为倒艮，艮为门阙，门阙倒毁，故有官舍灾变之象也。

贞吉，出门交有功。占断辞。

贞吉，谓官舍发生灾变，而贞之得吉也。灾变而吉，其吉何在？如下文所云“出门交有功”也。

交，有“多”义。《小尔雅・广言》：“交，俱也。”《广雅・释诂二》：“交，合也。”高亨据之释“交”为“多”，可从。“交有功”者，谓多有成功也。

这是依爻象作出的将然性判断。盖本爻在互艮之外，故有“出门”之象；下震上交于互巽，而成益卦，故有“出门交有功”之占也。

本爻表明有一在官之贵族，因遭受有嘉劫掠之灾变，行筮得吉，其兆为出门多有成功，故决心随王出征也。由于这次灾变主要乃因有嘉所致，周王未降罪此官，有令其戴罪立功之意也。

六二　系小子，失丈夫。

解：系小子，失丈夫。象占合辞。辞意谓抓住了小孩子，跑掉了成年人。

依数理取象：阳大阴小，本爻当二位，于前为往，为得；于后为去、为失；前六三为阴爻，故曰“系小子”，后初九为阳爻，故曰“失丈夫”。李镜池先生解为“抓住了小奴隶，丢掉了大奴隶”，颇得其社会学含义。由于是随王出征，意在俘获，只要释为俘获了一些小孩子，跑掉了大人便可以了。

六三　系丈夫，失小子。随有求，得。利居贞。

解：系丈夫，失小子。象占合辞。如六二之取数理象，本爻往前为阳爻，往为得，阳为大，故曰“系丈夫”。后为阴爻，遗后为去、为失，阴为小，故曰“失小子”。即俘获了大人，跑掉了小孩子。

随有求，得。利居贞。占诫合辞，诫其从征能有得，则当安于其事也。这是据爻象作出的应然判断，可依物理取象：本爻当互艮中，艮为手，上交兑为悦，为有求而得之象。又，本爻居互艮中而上交兑，艮为门阙，兑为悦，安处而悦之象也。辞意诫其随王出征，有求而得，当安于其所职事，不可妄求也。盖自六二及六三皆见其有得有失，且与周王“有嘉折首，获匪其丑”的用意不甚相合，故不可居功妄求也。下爻言之更明。

九四　随有获。贞凶。有孚在道，以明何咎？

解：随有获。象辞。古田猎之事，以得鸟兽为有禽获，其后部落冲突，乃以有所俘为有获，辞意谓随王出征而有所俘获。

依事理取象：本爻当兑初，兑为悦，随王出征而得悦乐，依事理言，必是有所俘获也。

贞凶。占断辞。谓有获而行占，得兆为凶也。这是依爻象的物理作出的可然性判断。本爻当互巽中，巽为进退，不果之义。爻变则当坎下，坎为险为陷，进而遇险，故贞凶也。

有孚在道，以明何咎？教诫辞。

字义：道，此指道途。在道，是说在押送途中。

明，有二义：或指天明，或谓明告。本爻处兑下而居震上，兑为口，震为言，有明告之象，故当以用“明告”义为当。

何咎？反问肯定句，意谓何来其咎也？

全句意思是说：虽有俘获，在押送途中，若能明告于上，怎么会有灾咎呢？

这是依前面象占辞“随有获，贞凶”所作的教诫之辞。作者认为：随有获而贞凶，可能是多俘族众，与王意不符，或是将俘获的人及财物归藏于己而不奉献于王之故，所以教导他，在押送途中便应将有获之事明告于王，这样就不致有灾咎了。

九五　孚于嘉。吉。

解：孚于嘉。象辞。

字义：嘉，指有嘉之族，说见前。嘉系地名，亦部落名，参见离·上九释。本卦叙随王出征，目标在嘉，故有“孚于嘉”之事也。

依物理取象：初至本爻，有风雷相益之象。又本爻当兑中，兑为悦，益而悦，战胜得俘之象也。

吉。占断辞，谓于嘉邑得孚，其占为吉也。这是依爻象的事理作出的实然性判断。因为嘉是征伐的主要对象，能得其俘，自为吉利。从下爻可知，所俘当为嘉邑首领。

上六　拘系之，乃从维之。王用亨于西山。

解：拘系之，乃从维之。象辞。

字义：维，系也。

维字篆文“維”，甲文，皆以绳系鸟之象，故初义为系。又：《玉篇·系部》：“维，纮也。”意指大绳。维之，即以大绳系之也。参见解·六五释。

辞意承上爻，既已有孚于嘉，乃将俘虏拘系起来，并用大绳将若干个俘虏联系起来使不易逃脱。

依物理及事理取象：本爻当兑上，兑为倒巽，上互体亦巽，巽为绳索。两巽交互，故有拘系之，乃从维之之象。

王用亨于西山。占辞。

字义：用，通以，取。亨，用享祀义。

辞意是说周王用战俘以祭告于祖庙。这是依爻辞的事理作出的应然判断。从事实上看，文王征有嘉，见于周原卜辞。征灭有嘉，归镐京而取壹以祭，即此所谓王用亨于西山之事也。自离・上九“有嘉折首”可知，所用为其首众也。

总的来看，随卦是一个内涵非常丰富的卦。

从行为学的向度来讲，随卦是以陈述随顺之道为主旨的卦。它与比卦有别，比卦的比是二人并行之象，以喻亲比关系，它强调亲比之道应以刚健中正之德的君主为中心，君主又必须以平等态度对人，善于团结大多数以成圣王之治。这是从国家管理的主体的立场立论，可以说是属于领导学范畴。这种领导是圣智的类型，即有圣王之德。

随卦的主旨是讲随顺之德。《说文》：“随，从也。”一前一后谓之随，一上一下谓之从。随之主体为臣下，故以随顺为其主旨。坤・六三：“或从王事，无成有终。”《文言》曰：“地道也，妻道也，臣道也，地道无成而代有终焉。”即是讲臣道的中心在随顺。故随卦为贤臣之道，于领导学来说是如何当好被领导者，从管理学来说是如何当好助手。

作为被领导者或助手，一方面要有能耐，能够办好事情；再方面是要谦慎，不逞能，不凌上，使在上者满意。因处于二难境地，往往容易出差错。

最易出差错的时候是处于上体之下，即公卿之位时，作为领导的直接助手，此时容易取得成功，故九四爻辞为“随有获”，但其占为凶，这是何故？因为此时容易居功贪得，贪上下之功以为己有，必至于傲上慢下，遭致凶危。要知道，处于直接助手的地位，是比较容易取得成功的。因为这个地位对你有利，可以借上者之威，又可以集下者之智。但是，这个地位是领导者给你的，成功是在下者共同努力的结果。不明白这一点，就容易贪功贪利，傲上慢下，为上下所共恶，其为凶明也。所以诫辞又教导你，

“有孚在道以明，何咎”，将所获明告于上，以示不贪，则可无咎。其用意实在于既不居功，又不贪利，以谦慎之道处之即可。

从文化学的向度来讲，随卦反映出周初建国以前，与周围部落间也存在严重冲突，但在冲突中，它是以征服和俘获奴隶为主，与“焚如，死如，弃如”的杀掠不同。这是它已经进入初期国家组织的标志。而且，在周初已有地方官的设置，失官者可以随同出征，以建功业，这也是初期的国家制度的表现。

另外，周族对有嘉的征伐是由于有嘉先来烧杀劫掠，有武以禁暴的性质。武以禁暴即是义即是利，那时的义、利与用武是统一的，这种观念便与离、师、同人等卦的武德观念完全一致了。

随卦记录的显然是一位有过失的官吏戴罪立功的过程，从周王的角度来看，便是用众当善于用官。

24. 师：用武之道在德

䷆ 师。贞丈人吉，无咎。

解：师。象辞，通常用为卦名。

字义：师，甲文作，金文作，石经作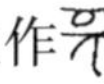。《说文》：“师，二千五百人为师。从帀，从𠂤。𠂤，四帀，众意也。”是知师字为古代军旅之象形，后作为一种军队编制。《诗·小雅·采芑》：“陈师鞠旅。”郑玄笺：“二千五百人为师，五百人为旅。”《周礼·地官·小司徒》：“五人为伍，五伍为两，四两为卒，五卒为旅，五旅为师，五师为军。”郑玄注：“师，二千五百人。军，万二千五百人。此皆先王所因农事而定军令者也。”这样规整的编制，大约是殷周时期逐渐形成的。不过，军事编制乃用兵打仗的客观需要。原始社会末期，部落冲突频繁，较规范的军队编制已有必要，所以卜辞中便有“丁酉贞：王乍（作）三𠂤（师）又（右）、中、左”（粹五九七）的记载，周制天子六军，诸侯三军。《左传·成公二年》：“晋作六军。”《左传·襄公十一年》：“鲁作三军。”表明军事编制在随国力之扩张而扩大。

依审美取象：为卦一阳居后中之位如中军主帅，上四阴分列于前，下一阴布列于后，如四方护卫，有行师布阵之象，故曰师①。

贞丈人吉，无咎。占辞。

字义：丈，篆文作，象以手持杖之形，初义当为杖，古代以杖量地而计亩，故用为丈量之丈，又用作量词，十尺为丈是也。丈人者，持杖之人也。古代部落习俗，长老有权丈，用以指挥族众，指挥军事，或丈量土地，后遂用为权力的象征，引申为军事首领。贞丈人吉者，谓筮遇此卦，于贞问军事指挥之人选为吉也。更断之以无咎，是进一步肯定所贞问的军事行动，能得而无失，可以成功。这是依卦象之事理作出的应然判断。师卦既然有主帅居中正之位而法度严谨有序之象，于贞问选用将帅及用兵之得失，自当是吉而无咎的。《孙子·计篇第一》曰：“兵者，国之大事，死生之地，存亡之道，不可不察也。故经之以五校之计而索其情。一曰道，二曰天，三曰地，四曰将，五曰法……将者，智信仁勇严也……”把用将放在五校的中心地位，说明用兵打仗，得失成败，关键在于用将。将之五德于卦爻象之阳刚中正，法度严谨中见之，故其贞为吉，无咎。曹操注《孙子》曰：“将宜五德备也。”李筌曰：“以五者为将之德，故师有丈人之称也。”是得其旨。又：《管子·问》“问兵官之吏，国之豪士，其急难足以先后者几何人？慎谋乃保国，问所以教选人者何事”。都含有用师当慎选将才，即“师贞丈人”之意。

初六　师出以律。否臧，凶。

解：师出以律。象辞。

字义：以，甲文作，金文作。《说文》：“㠯，用也。从反巳。”据甲金文可知㠯字本作耜形，为原始农具，故借㠯出“用”义。秦代始作，后书作以，一般用作介词，相当于“用”“与”“因”“由”等义。此处可作“用”“因”解。

律，甲文作。篆文。《说文》：“律，均布也。从彳，聿声。”段

---

① 《逸周书·武顺》：“五五二十五曰元卒，一卒居前曰开，一卒居后曰敦，左右一卒曰间，四卒成卫曰伯，三伯一长曰佐，三佐一长曰右，三右一长曰正，三正一长曰卿，一卿一长曰辟。辟必明，卿必仁，正必智，右必和，佐必敬，伯必勤，卒必力。”这里讲的是周初行师布阵的法式。九右三正而成军，以卿主之，听命于辟，辟居军中以主师。故列阵如师卦之形。

注："律者，所以范天下之不一而归于一，故曰均布也。"原指古代定音的竹管，古制吹律定声，黄钟，径一寸，长九寸，实一籥；以下大簇、姑洗、蕤宾、夷则、无射等，各为八、七、六、五、四寸，此为阳律，阴律大吕之属则各短 0.5 寸。《尚书·舜典》："同律度量衡。"《大传》云："黄钟为万事根本，度量衡皆以出。"班氏注："度起于黄钟之长，量起于黄钟之龠，衡起于黄钟之重，故同律在度量衡之先。"古人定律，即准确制定计量单位，是很科学严谨的，百事赖之，故引申为纪律、法律、律则、规律等等。又因律管之排列有序，管共 12 枚，按低音到高音排列，依次为①黄钟；②大吕；③大簇；④夹钟；⑤姑洗；⑥仲吕；⑦蕤宾；⑧林钟；⑨夷则；⑩南吕；⑪无射；⑫应钟。其中奇数的六管为阳律，叫"律"；偶数六管为阴律，曰"吕"，统称十二律。故《说文》释律为均布也。即是说，律吕的排列极为有序，不可淆乱。辞意是说：出师征战，须有严明纪律。

依数理、事理及物理综合取象：

本爻在初位，于行师为始出之象，故曰师出；本爻当坎下，坎为水，水无定形，随器成形，顺道而成江河，其流动则有规范；本爻变，下体成兑，是水蓄于泽，有所规范之象。故有师出以律之象。

否臧，凶。占辞。

字义：否，金文作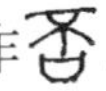。《说文》："否，不也。"徐锴系传："否者，不可之意见于言也。"（参见《否卦》释）用作表示否定的副词。

臧，甲文、金文。《说文》："臧，善也。从臣，戕声……"杨树达《释臧》："盖臧本从臣戈会意，后乃加爿声……甲文臧字皆象以戈刺臣之形，据形求义，初盖不得为善，以愚考之，臧当以臧获为本义也。"今按：杨氏释臧为臧获，是得其本义，然既有所臧获，则有善于猎获之意，亦所获甚善之意也。由于经文中凡俘获之事，均书作"有孚""有获""有禽"，唯此处"否臧"不作"匪孚"或"无禽"，则臧不用获义而善义明矣。"否臧凶"就是"不善于其事则凶"的意思。这是依据象辞所述的事理作出的条件性判断。它的完整的含义是说，出师打仗是凶险的事，必须有严明

的纪律，如果纪律不严，便会失败①。

九二　在师中。吉，无咎。王三锡命。

解：在师中。象辞。

依审美取象：本爻当行师布阵之中军主帅位置，故曰“在师中”。

吉，无咎。占辞。这是依爻象的事理作出的应然性判断。本爻为卦之主，于用兵打仗，行师布阵而言，主帅处中军指挥位置，前后左右布列严整，自当吉而无咎。

王三锡命。验辞。

字义：锡，通赐。三锡命，多次命赐也。

“在师中……王三锡命”，作为验辞，自当有殷周之际诸侯出师而受王锡命的实录为据。历史上可以查到的这类记录有二：

其一，季历受武乙及文丁之赐。

《竹书纪年·殷纪》：武乙三十年，周师伐义渠，乃获其君以归。三十四年，周公季历来朝，王赐地三十里，玉十珏，马二疋。殷王文丁四年，周公季历伐余无之戎，克之，命为牧师。

文丁十一年，周公季历伐翳徒之戎，获其三大夫来献捷，王嘉季历之功，赐之圭瓒秬鬯，九命为伯。

其二，帝辛赐西伯昌。

《竹书纪年·殷纪》：“帝辛二十三年，囚西伯羑里。二十九年，释西伯。”

《史记·殷本纪》：“西伯归，献洛西之地，以请除炮烙之刑，纣许之，赐弓矢斧钺，得专征伐。”

这两件史事比较起来看，师·九二“在师中……王三锡命”之记录，当以季历出师而多次受殷王之赐命更为恰当。“王三锡命”，即受殷王多次锡命之意。

---

① 武王伐纣，战于牧野，其誓师之言曰：“今予发，惟恭行天之罚，今日之事，不愆于六步七步，乃止齐焉，夫子勖哉！不愆于四伐五伐六伐七伐，乃止齐焉，勖哉夫子。”对士兵的进止击刺都有严格规定，意在保持队形，避免冒进贪功而造成战阵混乱。可见周初对军事行动中的纪律问题，是极为严格的。

六三　师或舆尸。凶。

解：师或舆尸。象辞。

字义：舆，甲文。《说文》：“舆，车舆也。从车，舁声。”原指坐人的车厢，字象乘舆而众人抬举之形，故又出乘载、众、多等义。此处用载义。

尸，甲文。金文，。《说文》：“尸，陈也。象卧之形。”容庚《金文编》按：金文“象屈膝之形”。段玉裁注；“祭祀之尸，本象神而陈之，而祭者因主之”。《礼记·郊特牲》：“诏祝于室，坐尸于堂……尸，神象也，祝将命也。”《仪礼·士虞礼》“祝迎尸”注曰：“孝子之祭，不见亲之形象，心无所系，立尸而主意焉。”

《公羊传·宣公八年》：“壬午犹绎，万人去籥。”何休注：“祭必有尸者，节神也。礼，天子以卿为尸，诸侯以大夫为尸，卿大夫以下，以孙为尸，夏立尸，殷坐尸，周旅酬六尸。”疏云：“周旅酬六尸，使之相酌也。”甲文中多以（子）表尸，或即因其用孝孙为尸之意也。

据上可知尸有二义，一曰尸陈，今借为死尸横陈之义也；二曰神主之代，今用为“主”义也。这样“舆尸”一词，历来遂有二解，一曰：“众人为主”，如来知德《易经集注》云：“舆者，多也，众人之意……尸者，主也。言为将者不主而众人主之也。”一曰“载尸”，如朱熹注：“谓师徒挠败，舆尸而归也。”二说孰是，当以卦象定之。本爻当中坤之下，有“众”象而无“主”象，来氏于主象亦无所取定。且经文中主客对言之文甚多，如坤“先迷后得主”之类，未有以尸为主之意。故不得释为众人主师，依物理取象：本爻当互体震中，震为车，车之中，载乘之象也；当坎上，坎为棺椁，陈尸之具也，故又引申为尸。则“舆尸”以释为“载尸”为当。又本爻变，下体成巽，巽为进退，为不果，“或”之义也，故有师或舆尸之象。

凶。占辞。

这是依爻象的事理作出的或然性判断。战争中死人甚多，一般就地掩埋或陈尸旷野，不会载尸而归，既然师旅之中载着死尸，这便不是死了一般将士，必是担任高级指挥的贵族，显然是打了败仗，遭受严重损失，非凶而何？这一占断说明用兵打仗是凶险的事，可能遭受重大伤亡，在战争的中期阶段尤其是如此，当然这只是较大的可能性，而非必然性，所以加了个“或”字，是一种或然判断。

六四　师左次。无咎。

解：师左次。象辞。

字义：左，金文、、。《说文》：“左，手相左助也。”原意为辅佐。盖人之习惯，多用右手，而以左手辅助完成各种动作，故左为佐助之义。然左右不可偏废，古右亦有佑助之义，但古人尚右，军礼更明，《老子》第三十一章云：“君子居则贵左，用兵则贵右……吉事尚左，凶事尚右。偏将军居左，上将军居右……”故左有下降意，今犹谓官吏降职为“左迁”也。这里即用降黜义。

次，《说文》：“次，不前不精也。从欠，二声。”不前即居次位，不精即较粗劣。又因古人之更衣处、丧寝处及官吏治事处房舍简陋，皆称为“次”。故又出“舍止”之意。参见旅·六二“旅即次”、旅·九三“旅焚其次”释。此处用舍止义。“师左次”即军队往后撤。

依物理及事理取象：本爻当互震上，震为足，下入于坎，有陷困之象；震于卦位当左下方，是有行师遭挫折而退舍之象，故曰“师左次”。本爻意承上爻，师或舆尸，是遭受损失，故宜行主动后撤，是重视战略转移的意思。

无咎。占辞，这是依爻象的事理所作出的已然判断。无咎者，善补过也。盖行师遭遇挫折，主动撤退，乃用兵之常理，亦补过之事宜。故小象曰：“左次无咎，未失常也。”这一占断是对于主动撤退的肯定性评判，反应了《易经》作者在军事理论上的成熟性，明确地反对军事冒险主义。大一点说，是对战略转移的评判。据《逸周书·柔武》：“故必以德为本，以义为术……以节为胜，务在审时。”《老子》第六十九章也说：“用兵有言：吾不敢为主而为客。不敢进寸而退尺。”这些都是对战略转移的肯定态度。是军事理论趋向成熟的表现。

周初战争频繁，王季文武周公，可以说都是大军事家，王季七伐西戎，六次大胜，一次败绩，反映在泰·九二，便可能是一次有计划的撤退（说详泰卦释）。文王时代，周人已对主动转移达到了战略认识的高度，才能有本爻“师左次，无咎”之占。这是爻辞的历史反思层面的含义，与同人·

九四“乘其墉，弗克攻。吉”的占断是同样具有军事哲理意味的。

六五　田有禽，利执言。无咎。长子帅师，弟子舆尸。贞凶。

解：田有禽，利执言。象辞。

字义：田，甲文作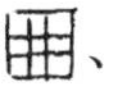、，金文。《说文》：“田，陈也，树谷曰田。象四口，十，阡陌之制也。”蒋礼鸿《读字臆记》：“有树谷之田字，有猎禽之田字，形同而非一字也。……田即网也，田所以取鸟兽，因之凡取鸟兽皆曰田矣。”其后因别用“畋”，以作畋猎之田。此处“田”字即用畋猎义，与恒·九四“田无禽”之“田”同义。不过，此处之“田”已非通常的田猎而是引申为战争之事了。

禽，此处用擒获义，参见比·九五释。

“田有禽”，本义当为畋猎而有所擒获，今用于行师，则意指战争中擒到了俘虏。《正字通》：“禽，战胜执获曰禽，俗作擒。”是也。

执言，犹“执讯”。《虢季子白盘铭》：“搏伐严允，于洛之阳，折首五百，执讯五十。”执讯即执其可讯问者，犹今言“抓活口”。《诗·大雅·皇矣》叙文王伐崇，“临冲闲闲，崇墉言言，执讯连连，修馘安安，是类是祃，是致是附，四方以无侮”，疏曰：“执其可言问者，连连然舒徐尽其情而不逼迫也。”是为执言与执讯相通，意为“抓活口”之明证。

依物理及事理取象：本爻当上坤中，坤为地，为田，本爻变，上体成坎，坎为弓为轮，是有行猎于田之象；又本爻变，上互体成艮，艮为黔喙之属，兽类之象也；下体坎为弓为轮，故有“田有禽”之象。又下互体震为言，艮为执，执禽而能言，是“执讯”之象，故曰“田有禽，利执言”。

无咎。占辞，这是依爻象的事理所作出的应然性判断。意承以上诸爻。师出以律，布阵严整，虽或有伤亡之凶，经战略转移而战争形势已变得对我有利，至此接连取胜，擒获颇多，当不重杀伤而重在俘获活口，以了解敌方实情，增强我方实力，以便最终能大获全胜也。

长子帅师，弟子舆尸。贞凶。验辞，以验为诫也。盖本爻原筮之占本为“田有禽，利执言。无咎”。经岁终计其占之中否，发现有“长子帅师，弟子舆尸”之事，更查爻象，本爻当坤中，下互震，震为长子，震初爻为卦之主，故有长子帅师之象；本爻变，上互体成艮，艮为少男，弟子之象，上体坤成坎，为棺椁，中坤为大舆，舆尸之象，故曰弟子舆尸。贞凶是已然判断，即是说，出现了长子帅师，而弟子不听指挥，造成重大损失伤亡大将，其后果是凶，因而系以“贞凶”。这一验辞应当有一定的史实作根据，联系上爻看或与文王伐崇时，武王帅师，叔鲜、叔度随行，二人或有违命进兵而造成重大伤亡之事，但因文字过简，无从细考。

当然，弄清史实对了解《周易》经文的依据是有益的，但《易经》的主旨又并非停留于史事，它是应当上升到具有普遍意义的哲理层面的，那么，关于六五爻辞意的大旨就应该这样来理解：

行师用兵接近大功告成的阶段，已多有俘获，此时应当注意瓦解敌人，多争取敌方来降而避免多作杀伤。但是大功将成之际，又是决战前夕，多抓对方俘虏，详细了解敌情，自然可以免除过咎和失误；同时又更应当注意我军内部的动向，如有人想争功邀赏，违反统一部署，可能招致重大伤亡；有人则出于畏敌怯战或内部争权夺利之阴谋而搞分裂活动，以致造成重大伤亡。如果有这类现象，那结果就很凶险，作为主帅，对这一类危险决不可不有所警觉和防范，这样才能保证不致功败垂成。用军事俗语来讲，也可说是在决战前夕，更应知彼知己，方能立于不败之地。

上六　大君有命，开国承家。小人勿用。

解：大君有命，开国成家。象占连辞。

字义：大君，经文用大君有三，除本处外，尚有：

履·六三：“眇能视，跛能履；履虎尾，咥人。凶。武人为于大君。”

临·六五：“知临。大君之宜，吉。”

经文中，帝、王、大君，都是当时大国之君的特称，其中，帝指上帝，如益·六二之“王用享于帝”；或专指帝乙，如泰·六五“帝乙归妹以祉”；归妹·六五“帝乙归妹”等是。王，一般指周文王，如随·上六之“王用享于西山”，益·六二“王用享于帝”，升·六四“王用亨于岐山”等是。或指殷王，如师·九二之“王三锡命”是。大君，指主领多邦的大国之君。履·六三之“武人为于大君”，指王季效力于商王帝乙，临·六五之“知临。大君之宜”，泛指殷、周统一天下的大国之君；本爻之大君，从六五爻可知是指称周文王，并据此可推断此事当发生在帝辛三十三年“王锡命西伯得专征伐”之后，此时诸侯归周者众，方可有大君之称也。

命，《说文》：“命，使也。从口，从令。”林义光《文源》：“按：诸彝器令、命通用，盖本同字。”这里指大君的爵命。参见旅·六五释。

开国承家，即封邑建国。

辞意是说，行师得国之后，大君爵命有功之子建国承家，臣属于周。

依物理及事理取象：本爻居上体坤之上，坤为国为众，国众之上，大君之象也；坤互震，震为君为言，诰命之象也，故曰大君有命。又，上坤为国，上爻变而成艮，艮为门阙，公卿之象也，故曰开国承家。

小人勿用。有二解：

其一，作诫辞，谓“大君有命，开国承家”之占，仅适用于大人，若小人筮遇此爻，则不可行用，与大有·九三“公用亨于天子。小人弗克”、既济·九三“高宗伐鬼方，三年克之。小人勿用”义同。

其二，作为命辞，与开国承家，同为当时周王之诰命，意在告诫开国承家之封君，不可以如同殷纣重用小人也。小人之称在当时虽为泛指商工农业之自由平民，但在文王晚年，殷纣已因欲彻底摧毁巫史贵族势力而重用商业奴隶主及军事奴隶主而造成了“小民方兴，相为敌雠”“卿士师师非度”的严重混乱政治局面，正是必将丧亡的祸根，文王在封邑建国的时候告诉邦君不可重用小人，乃是以殷为鉴的一种禁令，其在社会学上的意义十分重大，而“小人”一词，从此也开始有道德评价的含义了①。

总的来看，师卦讲的是行师之道。行师之事，一在用将，一在用兵。用将必得有权威之人，故以“贞丈人”为吉；用兵首在纪律严明，所以强调“师出以律。否臧，凶”；次则当布阵严整有节，主帅当在中军运筹指挥，故曰“在师中。吉”；战争中期，伤亡在所难免，但应避免丧亡大将，故曰“师或舆尸。凶”；战争过程中应以歼灭敌方有生力量为主，不应过分重视一城一地的得失，若形势于我不利时，宜作有计划的撤退，以避免我方之重大伤亡，故曰“师左次。无咎”；战争变得于我有利时，敌方已处于动摇瓦解状态，此时不宜过多杀伤，应注意多所擒获，招纳来降，以利于瓦解敌人；但要注意在临近决战之际，我方内部或有贪功冒进，或有畏敌惧战，或有阴谋投敌等分裂活动，尤其在领导层内部有人抗命违纪，将造成重大伤亡，应当严加防范，以免发生“弟子舆尸”之凶而导致功亏一篑；

① 参见遁、明夷等卦讲解。

决战胜利后，当论功行赏，或开国，或承家，以巩固胜利成果，达到武以去秽，文以成治的根本目标。这便是周初贤圣们的基本的军事思想，这些思想本质上是功利主义的，也就是将用兵看成达到某种政治目的的手段，至于这种政治目的的道义性问题，这里没有明白地叙述，我们只能在六五、上六两爻的辞义中，在了解其历史背景的情况下才能有所体认，所以关于“武以禁暴”“武以止乱”“武以去秽”等武德观念，还应结合同人、离、谦、晋、革等卦才能充分理解。至于师卦在用将用兵上的纪律观念，战略意识等，都是完全正确的，这些都为后世兵家以及哲学家们提供了丰富的资料和思想启迪，可以说是军事哲学的先导，是值得认真加以发掘的。

行师克敌，是临难用众的最高形式，本卦可以说是作了较为体系化的陈述。

25. 困：以众正当能先自正

䷮ 困。亨。贞大人吉，无咎。有言不信。

解：困。象辞。通常以为卦名。

字义：困，甲文见蒙·六四，篆文作。《说文》：“困，故庐也。从木在囗中。朱，古文困。”故庐之训，学者皆未详所据。古文献中最早用困者见于《尚书·盘庚中》：“汝不忧朕心之攸困。”杜氏释为“困郁”，已将困用于心境之描述，可见为稍后之义，初义当为事境之描述，即困穷、困难、困厄等义。温少峰释困为以滚木行重物，故困难。《广雅·释诂四》：“困，穷也。”当为得其本义。

又按：《说文》释困为故庐者，以庐为农时寄居田野的棚舍，亦泛称旅途寄居或守墓时寄居之简陋住处，无人居住时则草木滋蔓于围中，因而有困象。则象滚木之可行而甚难，皆与困穷之义相契。而据本卦内容，困字当为囚禁之义，土牢之形，古代监狱，四面围以高墙，墙上植蒺藜，或径以甚高之木柱围成土牢，困字即其象形。其说详上六及九五释。

依物理取象：本卦内坎外兑，坎为水，兑为泽，人处其间则进退两难，故有困穷之象。

亨。叙辞，义同前述，以下一般不再解释。

贞大人吉，无咎。占辞，意谓贞问大人之事，则虽困犹可吉而无咎也。这是一种条件性的可然性判断，虽困而吉的条件或前提便是大人之事。大人在《易经》中是指在位贵族而且有德之人。作者认为，对这样的人来说，艰苦困厄，并不见得只能得到凶吝的结果，如像文王被囚于羑里，那是遭遇极大的困厄，但是他利用此时，冷静地进行深刻反思，总结了成败存亡的重大历史教训，制定了兴周灭纣的大计，为日后的成功打下了思想基础，这不是虽困而能转化为吉而无咎吗？这便是通常说的“艰难困苦，玉汝于成”的道理。易传对处困之道的发挥则更见深刻细密，《系辞·下传》中，孔夫子三陈九德时讲：“困，德之辨也。”就是说一个人处于困境之际，能不能惩忿窒欲以修身，迁善改过以进德，虽困而不失其所守，乃是有没有大人品格的表现；又说：“困以寡怨。”认为困穷之事，对人也有好的一面，那些本来对你有怨怼的人，看到你受到过分的处理，蒙受很大的委曲，就会不再怨怼你，甚至转而同情你；又说：“困穷而通。”就是断定困穷是可以转化为通达的。这些都可以说是对困而贞大人吉的极好发挥和说明，显然是深刻的辩证观念和生活智慧的体现，是非常值得珍视的精神遗产。

有言不信。诫辞。谓身处困厄之时，虽有可辩之理，而往往不能取信于人，因而告诫贞者不可致力于辩辞以求解脱，而当致力于总结经验教训，反思致困之由，坚定意志和信念，以求化凶为吉也。《彖传》说：“有言不信，尚口乃穷也。”王弼注也说：“处困而言，不见信之时也。非行言之时而欲用言以免，必穷者也。其言在于贞大人，口何为乎？”是深得其旨者也。

有言不信亦有象可据，盖本卦上兑下坎，来知德《易经集注》曰：“兑为口，有言之象；坎为耳痛，耳不能听，有言不信之象。”其说甚当。

初六　臀困于株木，入于幽谷，三岁不觌。

解：臀困于株木，入于幽谷，三岁不觌。象辞，以象代占。

字义：株木，株之初文为朱，朱之甲文作，金文作、。《说文》：“朱，赤心木，松柏属。从木，一在其中。”郭沫若《金文丛考》：“‘朱’乃‘株’之初文，与‘本’‘末’同意……金文于‘木’中作圆点以示其处，乃指事字之一佳例，其作一横者，乃圆点之演变。作二横者，谓截去上下端而存其中段也。”今按：郭说有理，许说乃与朱色相关，大抵古代截取树木之中干为杖，必选坚实之植株，朱木乃松柏之属，其干直而木

坚，多用作截取为杖之原材料，因其中心木质呈红色，遂以朱为朱心木之代称，此稍后之义也，原义仍以指树干为当。

觌，音dí，《说文新附》："觌，见也。从见，卖声。"觌之见与见有别，见或有现义，觌乃相见之义，经文丰·上六："阒其户，阒其无人，三岁不觌。"亦用觌为相见义，今犹通称"觌面"也。

幽谷，幽，《说文》："隐也。"幽谷，指深谷，实指土牢，上古多以土牢、山洞作为牢狱以囚禁犯罪嫌疑人，故幽字有囚、禁等义。《周易》经文中有幽人、幽谷等辞，如履·九二："履道坦坦，幽人贞吉。"此幽人指幽囚槛中之人。此处幽谷，即指土牢。

臀困于株木，入于幽谷，三岁不觌。意思是说有人臀部受株木之杖刑，然后被幽禁于土牢之中，三岁都不得见面。与坎·上六之"系用徽纆，置于丛棘，三岁不得"意同，只不过丛棘指围以丛棘之牢狱，幽谷则指土牢而已。

依物理取象：本爻当坎下，坎为沟渎，有臀象，如姤·九三"臀无肤"以下巽变坎为沟渎而取臀象也。坎上交巽，巽为木，木在臀上，杖刑之象也，故曰"臀困于株木"；坎为隐伏，为坎陷，为牢狱，在坎下，入于土牢之象，故曰"入于幽谷"；坎又交离，离数三，离交巽，巽为草木，每岁一出，今巽出于离，是木三出，故有三岁之象；离为目，上交兑，本爻变则下体亦为兑，兑为毁折，为缺损，目损则不可得见，故有三岁不觌之象也。

本爻不另系占辞，盖不系占而其凶可见也。与坤·上六"龙战于野，其血玄黄"之章法相同。帛本《周易》三岁不觌之后有凶字属于占辞，唯未见于别本，今暂依通行本。

高亨曰："臀困于株木者，盖谓臀部受杖刑也，杖以木株为之……捶楚以杖，刑杖则谓之株木明矣。入于幽谷者，盖谓入于圜土也。《周礼·司救》：'掌万民之衺恶过失……其有过失者，三让而罚，三罚而归于圜土。'郑注：'罚，谓挞击之也。圜土，狱城也。'《周礼·司圜》：'掌收教罢民，凡害人者，弗使冠饰而加明刑焉，任之以事，而收教之，能改者上罪三年而舍，中罪二年而舍，下罪一年而舍，其不能改而出圜土者杀。'本爻之'三岁不觌'，即周礼之上罪三年而未舍也。"[①]

① 高亨《周易古经今注》。

按：高说有理。惟本爻虽凶而不系以凶占之辞，则或与其事后之验证有关，即当时虽占到三岁不觌，但并不因三岁不觌而见杀，其后或尚得出狱。如文王囚于羑里，六载后方得出狱，故虽三岁不觌，已见其凶，而不另系占辞者，以可见其未必绝望也。这是对处困遭囚之人的一种同情和鼓励态度，从定占的实际操作上讲，是一种留有余地的占断法。

九二　困于酒食，朱绂方来。利用亨祀，征凶，无咎。

解：困于酒食，朱绂方来。象辞。

字义：困，此处用困顿义。困于酒食，意指酒食过量而困顿。

绂，祭礼中的服饰，缝于长衣之前。朱绂即红色的祭礼服饰。周制：天子、诸侯及诸国的上卿皆朱绂。

方，甲文作，金文。《说文》："方，并船也，象两舟省总头形。汸，方或从水。"《汉语大字典》："按：方象耒……古者，秉耒而耕，刺土曰推，起土曰方。"今按："起土曰方。"当为方之初义，故以起土之工具耒象之。《说文》："耒，广五寸为伐，二伐为耦。"《周礼·冬官·匠人》："耜广五寸，二耜为耦，一耦之伐，广尺深尺谓之甽。"耦即并耜而耕，以其一伐即广尺深尺，呈正方体，故出方正之义，引申有方向义，以其并耜乃方，故又出并义，并舟为方当是后起义也，其字当作汸。《易经》方字四见而有三义：

坤·六二："直、方、大。不习，无不利。"方用方正义；

比卦辞："不宁方来，后夫凶。"方用邦国义；

鼎·九三："雉膏不食，方雨亏悔。"方用并、当、遇之义。

本爻朱绂方来，即用并、当义也。

辞意是说，当酒食过量而困顿之际，适值国君赐予朱绂之饰也。依《象传》"困于酒食，中有庆也"，则可理解为因国君赐以朱绂之庆而困于酒食。因为受朱绂之赐是升官之喜，所以喝得酩酊大醉。

依物理取象：本爻当坎中，坎为酒食，如需·九五亦以坎为酒食也。本爻变则当中艮下，艮为山，为止，有困象；故曰"困于酒食。"本爻当互离之下而上交巽，离为火，其色为朱，巽为帛，上临于本爻，故有"朱绂方来"之象。

利用亨祀，征凶，无咎。占辞。这是依爻象的事理作出的应然判断。盖自爻辞的象征层面而言，国君赐以朱绂，乃升官或复职之象，由此庆幸而多饮酒食，自然是无咎的。朱绂本用于朝觐祭祀之饰物，自然是利以亨祀的。无论是升官还是复职，在这种喜庆之际自然是不利于进行征伐的。

自史实层面而言，本爻象占辞可能与周文王自羑里获释之事有关。初爻臀困于株木，入于幽谷，以纣囚文王之事而言，是否用过杖刑很难判断，因为文王是邦国之君，一般是不能用刑罚的，但是纣王暴虐，当时信谗欲置文王于死地，滥用杖刑，又并非不可能，而囚于羑里是实，三岁不觌也是实。本爻承上爻言困于牢狱之事，文王被囚六年余，因太颠闳夭等营救，选了美女和文马送给纣而得到释放。释放之时复文王的侯伯之职，赐予朱绂，并赐予酒食加以抚慰，也是完全可能的。本爻的占断，正是告诫文王只宜亨祀神祇，对殷纣表示恭顺，不可急于从事征伐活动。总之，初、二两爻从史实背景上看或与文王之事有关，其余五、六诸爻抑或有与文王遭囚之事相涉，不过，《周易》作为筮占之经，已将具体事实上升为普遍性原理，我们也不必拘泥于史事之是非，而应当着重探究卦爻辞中所体现的处困之道，才能把握它的主旨。因此，这一爻辞的行为学层面的含义乃是处困之际，若有解困之喜，应当感谢神祇，在团结亲族百姓上下功夫，宁可委曲求全，是不可轻举妄动的。这仍是君子处困则朝乾夕惕，方得虽危无咎之道。

六三　困于石，据于蒺藜，入于其宫，不见其妻。凶。

解：困于石，据于蒺藜，入于其宫，不见其妻。象辞。

字义：据，繁体为據。《说文》：“據，杖持也。从手，豦声。”意为凭倚，依据。

蒺藜，有棘刺的藤蔓植物，坚韧不折，古代植之于土牢之围墙，以防囚犯脱逃。

宫，泛指居室。经文中用宫字仅二处，另一处即剥·六五：“贯鱼，以宫人宠。”宫人则指宫廷中之眷属，侍从之人。

依物理及事理取象：本爻接兑下，兑为泽，泽之内上为水，其外及下皆土石，今本爻接兑之下，为兑岸所阻，故有困于石之象；又本爻当坎上，坎为棘刺，为坚木，故有据于蒺藜之象；本爻当互巽下，巽为入，坎为宫（据《九家易》），有入于其宫之象；巽为伏，交上兑为妾，有妾而伏藏，故有不见其妻之象。

凶。占辞，谓筮遇此爻，所占为凶也。这是依爻象的事理作出的实然性判断。象辞意谓有人陷入土牢，困于石壁之中，乃据墙越蒺藜而逃出，径入其家，其妻已亡去，不得一夕之安居。越狱乃重罪，家破人亡，更无去处，非凶而何？

《系辞·下传》引子曰："非所困而困焉，名必辱；非所据而据焉，身必危。既辱且危，死期将至，妻其可得见耶？"是对本爻当事人的处境凶险的确切说明。

世传纪晓岚应试后，其师行筮，得遇此爻，谓不吉。纪曰："我尚未娶，不见其妻乃得其正；至于困于石，当是姓石之人名列我前；据于蒺藜，则当是米姓之人名列我后尔。"及榜出，状元石姓，探花米姓，纪中榜眼，介于二者之中，其占果应①。此事不论其真实性如何，我们当可将其作为解卦的实例来看待。即是说：在实际筮占中，对卦、爻辞的解释，应依具体时、空关系及人事状相之不同而论，不可纯执一端。从这方面看，纪的解释乃是符合《周易》筮占的基本精神的。其师之解，囿于文辞，违背实情，表面上虽依爻辞定占，其实乃是不可取的。这类现象，我们即谓之"操作意识"，即对于卦、爻辞的解释，当依来求筮者之不同提问，不同情况，作出合理解释，才算符合《周易》所谓"明于天之道而察于民之故"的原则。

又，本爻系辞当为筮占实录，当时或有其人其事而有此占，但时代邈远，已无从实考，于今但求能明其理即可。

九四　来徐徐，困于金车。吝，有终。

解：来徐徐，困于金车。象辞。

字义：金车，金属之车，即重囚之车，如金属加固的囚笼之类。

依物理及事理取象：本爻当互巽中，巽为进退，故有来徐徐之象；下互离及坎，离色黄，坎为车，有金车之象；爻当离上，有置诸金车之上之象，即禁于囚笼之中也，故曰困于金车。

《周易》多以离坎为金车、金夫、黄矢之象，如：噬嗑·九四："噬干胏，得金矢。"六五："噬干肉，得黄金。"解·九二："得黄矢。"皆以离互坎取象也。

① 据《阅微草堂笔记》卷七《如是我闻（一）》"亥有二首六身"条云：纪殿试中二甲第四，则所传有误，然其析理可取，姑存之待考。

吝，有终。占辞。谓虽可羞吝，而结局尚可也。这是依爻象的事理作出的应然性判断。盖金车为押送重囚之车，其人囚于金车，是被作为重囚，其事本属羞吝；但车行徐而不疾，则非押赴刑场，当属解送上司而其事可缓解也，故其占为“有终”。

这一占断抑或实有其人其事，不可详考。自占辞之生活哲理而言，则表现了《周易》作者的深刻的生活智慧，作者深深懂得，押运重囚通常是戒备森严，催逼甚急的，今见其禁车缓缓而行，即可作出“有终”的判断，其知识阅历显然是常人不可及的。且不论一般人是否能作出此种判断，纵观二千年间，注易者以千计，名家权威之作不少，亦未能作出这样的解释，这显然不是学者大师们的疏忽，问题在于缺少一种参与意识和操作意识。即在解易时不曾作设身处地的体察，以把握其真情实景，领悟其事理内涵，也就很容易从字面上泛泛而谈了。

九五　劓刖，困于赤绂，乃徐有说。利用祭祀。

解：劓刖，困于赤绂，乃徐有说。象辞。

字义：劓刖，割鼻曰劓，断足曰刖，皆古代五刑中之较轻刑罚。但王肃本、陆绩本、荀爽注本皆作“臲卼”，郑玄注谓劓刖当作“倪（同隉，危也）仉（同卼）”，马王堆帛书本作“贰（臲）椽（卼）”，可见汉时诸本皆作臲卼、倪仉，今当改作臲卼为当。臲卼之义，据荀爽注谓“不安貌”，近人李镜池氏《周易通义》解困·上六云：“臲卼，木桩，围在狱外，以防犯人越狱。”今按臲字从臬，从危，臬从鼻从木，乃射箭时观测准的或测日影时观测木表之象，故有准的及木表二义，又引申为法度、刑法及木桩；危字据《说文》：“危，在高而惧也。从产，自卪止之。”故危有高义；卼字从兀，从臬；兀乃尢之异体，有二义，一为跛足，一为特异，突出。综观臲卼二字，皆有木柱甚高之义，今当从李氏解，以臲卼（卼）为土牢外所围之木柱为宜。

赤绂，赤色的服饰，诸侯、大夫祭祀时所著，因以代表诸侯大夫之职也。参见九二爻释。

说，通脱，如小畜·九三“舆说輹”之以说为脱也。

象辞意谓有人因作为诸侯而被囚禁，其土牢之周围木桩甚高，但渐渐地得以解脱释放。

依物理及事理取象：本爻当兑中互巽上，巽为木、为直、为高，有臲卼之象；巽又为帛，下互离为赤，故有困于赤绂之象；巽又为风，有徐象；而交兑为缺、为悦，有脱之象，故曰“乃徐有说”。

利用祭祀。占辞，谓当祭祀酬神祇也。这是依爻象的事理作出的教诫性占断。因以诸侯之职位而被囚禁，其土牢之周围又围以高高的木桩，当是被作为重囚看待，其凶危可知，但终能获释，实属万幸，若非祖先积德所致，亦是天地神祇之佑使然，故当祭祀以礼谢之也。古代以有牲曰祭，无牲曰祀；又以祀特指祀天地，此处祭祀连用，则是并天地祖先而祭祀之，有牲无牲皆可也。由此可见此被囚之人必是诸侯身份也。

本爻占断用意与大畜・初九“有厉。利已”甚为相近。即有厉或有幸之时，都应当祭祀神祇，反映了周初对天地祖先的崇拜心理，以及对自我命运不能把握的宗教情绪。本爻事迹亦可能与文王有关，盖文王乃殷纣之诸侯，因有德而遭囚禁，出狱后乃有祭祀天地祖先之礼仪。又羑里故址在今汤阴城北数里，古距朝歌——今淇县境，仅数十里。羑里城是在平坦的田野筑起一处高约 5 米，面积逾万平方米的正方形土台，当时羑里周围必然要围以很高的木桩，以至种上棘刺藤蔓之属，方能防范囚犯脱逃也。

上六　困于葛藟，于臲卼。曰动悔，有悔，征吉。

解：困于葛藟，于臲卼。象辞。

字义：葛藟，皆藤本植物，古代常连用。《诗・周南・樛木》：“南有樛木，葛藟累之。”孔颖达疏云：“引蔓缠绕之草。”甚是。

臲卼，高而直竖之木柱，说见上爻。

依物理取象：本爻当兑上，下互巽，虞翻曰：“巽为草莽，称为葛藟……兑为刑人，故困于葛藟，于臲卼也。”意即刑人困于围有木柱及藤蔓的土牢之象也。

曰动悔，有悔，征吉。占辞。

字义：曰，发语辞。经文仅此一曰字，王弼注：“曰者，思谋之辞也。”今查《诗经》中多有“曰”为拟议之辞，如《诗・小雅・采薇》：“采薇，采薇，薇亦作止。曰归曰归，岁亦莫止。”故可解作拟设之辞。曰动悔者，设若行动，则将有悔也。

有悔，一般释为有所失误而招致悔吝，如乾・上九“亢龙。有悔”之意也。这里与曰动悔之占并列，辞义不当重复，当与征吉相关，作为条件性判断之前提，谓有所悔悟，乃得征吉也。征，或释为进，但经文中用征字者七处，皆征伐之意，易之谓进则用晋字，故此处征吉当释作征伐之事则吉为当。

占辞意思是说，若急于行动则将招致悔吝，若能有所悔悟，则于征伐可得吉也。

这是从爻象的事理物理及数理中综合思辨而得出的教诫性判断。

盖本爻处困之上，当困境之极，置身于绕以葛藟木柱之土牢中，未可轻动之时也。本爻变，其卦之讼，是动必有悔吝之咎之象也。本爻当兑上，下互巽及离，兑为悦，巽为驯，离为戈兵，是有悔悟而顺势用兵征伐，则有喜悦之吉也。这样的带分析性的，有条件的吉占，纯粹在于教诫当事人善处困境之道，故作为“思谋之辞”理解是完全恰当的。这样的占断，在当时必是实有其事其人的，看来与文王被囚获释而伐殷之事也有相近之处，只不过辞意太简，不可确指，而且易辞已从具体事件上升到事理性的行为准则，也就无须刻意附会于某人某事了。

综上所述，困卦乃是专讲处困之道的卦，而这里所说的困，并不是一般所说的困难，而是特指牢狱之困。首先，六爻之中，除九二以外，其余五爻均明白地讲困于牢狱之事；其次，从困字的初义来看，谓故庐，谓捆似皆非其本义，其从囗即围字，环闭之象；从木，非谓木在囗中，实指以木柱或蒺藜围之。所以，困即是土牢之形，其后乃引申出困穷、困难等义。

至于所记处困之事，则多与文王遭禁之事有关，大体上卦辞及初、四、五、六等爻均有形迹可寻，我们虽不必勉强附会，但了解这一背景，对了解卦、爻辞的内涵则甚有帮助。其中最值得注意的是卦辞“困。亨。贞大人吉”，充分体现了有大人品格之人，对于遭囚禁这样的大困境，取毫不畏缩的态度，甚至将困境作为一种考验、锻炼，乃至一种困穷而通的机遇，这显然体现了一种革命家的气度；其次，“有言不信”“动悔”之占，则体现了对困境的极端严肃谨慎的态度，这就与亡命之徒的不畏死的玩命态度迥然有别。作者完全明白，困境虽不可怕，但困境毕竟是很险恶的，要从困境中转而得吉，是要经过努力奋斗并慎重行事，和认真总结经验教训，真正有所悔悟的。最后是“征吉”之占，与九二征凶之占相对照可知，九二叙述在得朱绂之赐时，开怀畅饮，酩酊大醉，此时虽有庆喜，但若行征伐则凶，因为尚未总结经验教训，对处困之道还没领悟，只有到了最后，处困之终，有所悔悟时，进行征伐，乃可成功，并避免重蹈覆辙，因而才可得吉。这些都可以说是处困之道的结晶。至于“利用亨祀，利用祭祀”虽反应了一种宗教情绪，有消极性，但从不自恃聪明能干，能重视积德，重视优秀传统与团结亲族来看，则是有积极意义的。

文王之后以迄于今，不少革命家、改革家，乃至普通的有志之人，往往在牢狱中都能认真总结经验教训，著书立说，或进行革命改革的谋划；一般的人若能认真学习，也可获得某种专业技能，出狱后因而取得很大成功。这些都是困而贞大人吉的极好例证。可以说《周易》困卦的处困之道早已为后世树立了“困穷而通”的典范，这正是最宝贵的精神财富。

与噬嗑比较：困卦的处困之道与噬嗑的刑狱之事是不同的。噬嗑是小人受刑狱之事，主旨在于小惩而能大诫；困卦所体现的实际是大人在困厄之际应有的品格。殷末周初的大人，是以王臣辅相，诸侯邦君卿士为主体的当权贵族，是身当天下、国家重任之人。其社会职能就在于勤政爱民，治国平天下，通常情况下他们是不会遭受牢狱之困的。但是在最高统治者失道乱政、滥用刑罚的情况下，就面临着重大的政治抉择问题，若助纣为虐，便是放弃职责，同流合污；若卫道尽职，便叫作犯上不忠，不仅有牢狱之困，甚至有丧身灭国之虞，是逃避、隐忍，但求免祸，还是面对困厄，追本穷源，力求从根本上彻底解决，这是常人与大人的根本区别，是有没有自觉的社会责任感与庄严的历史使命感的集中表现。《周易》作者在困卦中提出的“贞大人吉”“有言不信”“有悔征吉”三条原则，正是这种大人品格的具体展现，显然是以文王困囚羑里的史实作为其构思背景的，它向我们展示的不仅是一种严肃的处困之道，而更重要的还在于昭示出一种刚健中正的大人品格。从临难用众的向度来讲，可概括为以众正当能先自正。

周易見龍

（修订本）

《易经》的社会、历史、哲学、文化汇解与评析

下卷

巴蜀书社

第五章　革故鼎新之道

——周族的革命战略

26. 履：王者以史为鉴

䷉　履虎尾，不咥人。亨。

解：*履虎尾，不咥人。*象辞。通常以履为卦名。

字义：履，古文作。《说文》：“履，足所依也……舟象履形……古文履从页从足。”徐灏注曰：“履，践也，行也，此古义也。”今按：徐说可从，但践不是践踏，行也不是行步，而是实践，实行。从古文可知，（舟）象鞋子，即足所依也；足表行进，页表示用头脑观察、思维、引导，总起来说，是表示有计划，有目标，有规范的行动，所以相当于现代语言中的实践，实行，经历等义，引申乃有鞋子、践踏以及行为，礼仪等义。这里用行义。

虎，《说文》：“虎，山兽之君。”这里用喻人君。

尾，通常指尾巴，因尾在体后，故有尾后，尾随等义。《广雅·释诂四》：“尾，后也。”此处即用后义，如遯·初六：“遯尾。厉。”即是说遁隐迟滞在后，很危险。

咥，音 dié。《广雅·释诂三》：“咥，齧也。”齧，就是咬，噬。

辞意是说，跟在老虎后面走，老虎没有咬他。

综合取象：本卦上乾下兑，主爻六三，居乾后兑上，乾为君，山君即虎，兑为悦，有尾随虎后而能悦之象，故曰“履虎尾，不咥人”。

亨。占辞。意谓通达，顺利。

这是从爻象的譬喻层面作出的事理性判断。就爻象的直观层面而言，跟在老虎后面走，老虎没有吃掉他，只能算是一种幸运，本是危险的，占辞应是厉，或贞厉。现在断以亨通，顺利，当是从卦的象征隐喻层面来看，这里是以虎象刚健有为之君，履虎尾便象征大臣随君施治，不咥人就是不曾伤害人。为什么就亨通，顺利呢？履卦上体乾为刚健有为之君，互体巽、离居中，巽为驯顺，离为明，有大臣顺君而光明正大行事之象；下体兑为悦，有下民悦乐其治之象；所以占辞就应当是亨通，顺利了。

君主刚健有为，大臣顺行政事而光明正大，民众心悦诚服，这可以说是一种理想的政治局面，完全符合周初礼制精神，所以，可以从履虎尾，不咥人的卦象中引出礼治的含义。帛书本《周易》即名此卦为礼，原辞为“礼虎尾，不真（咥）人。亨”。《说文》也有“礼，履也，所以事神致福也”之解。可见履有礼义，是两汉时人的通行观念[①]，很可能与履卦的象征意义有关。

初九　素履。往无咎。

解：素履。象辞。

字义：素，金文，篆文。《说文》：“素，白缴缯也。从系、𠂹，取其泽也。”原象本色的丝织品，即未加染色的生帛。本色的丝都洁白而有光泽，故有纯洁，质朴，素质等义。此处用纯正义。

履，用行义，指行为、行事。

素履，纯正质朴以行事。

依物理取象：本爻当兑下，变则成坎，兑为泽，坎为水，皆清明无染之物，在履之初，故有素履之象。

往无咎。占辞。

往者，持续其行事。辞意是说，保持素履之德，不会有错。

这是从素履的事理中作出的应然判断。因为素履是纯朴之行，一个人德行纯正质朴，行事自然都能依理而行，自然不是过咎。

---

① 帛书本《周易》是汉文帝时的抄本，许慎《说文》乃东汉初的著作。

因为履卦是陈述履践施为之道，履践施为，是指已有计划，目标或某种理想而付诸实行的意思，所以经文一开始便强调行为动机的纯正，纯则不虚饰，正则不邪曲，不动摇，惟其能纯而且正，乃能一往无前，不畏艰险，不为物迁，而期于成功。

九二　履道坦坦。幽人贞吉。

解：履道坦坦。象辞。

字义：道，指道路，参见小畜·初九。

坦，《说文》："坦，安也。"《玉篇·土部》："坦，平也。"又，"坦，宽貌"。今按：坦从土从旦，旦乃日出地平面之象，故坦之本义应为平，为宽，安当为其引申义。此处即用平、宽义。坦坦，宽平之貌。

履道坦坦，意谓行道平坦宽畅。

依物理取象：本爻当兑中，变则下体成震，互体成艮。震为车，艮为门阙，为径路，门阙径路能行车马，自是行道平坦宽畅之貌，故曰履道坦坦。这里用喻行事正大，胸怀坦荡。

幽人贞吉。验占合辞。

字义：幽，《说文》："幽，隐也。"这里用幽禁义。

人，《周易》指称的人，都是具有相对独立人格的人，与僮、仆等不同。大人指在位之人，小人指无位之平民，幽人指被幽禁的人。一般释幽为囚，将幽人释为囚犯，并不贴切。实际上，幽禁要宽松一些，是对贵族有位者的一种禁制。《荀子·王霸》："公侯失理则幽。"《尸子》："文王幽于羑里。"（《御览》人事部一二七引），正是指的这种幽禁。

幽人贞吉，是说有人遭禁时曾筮遇此爻，其占为吉，后来果然应验，遂将此事录为验占合辞。此事可能与文王遭禁于羑里之事有关，因为：文王正是当时曾遭幽禁的诸侯。也正是文王在幽禁中有自行筮占的条件，爻辞不讲利幽人之贞而讲幽人贞吉，正是指幽人自行筮占；也正是文王自思所作所为，光明正大，与卦象之履道坦坦相应，因而占断为吉，后来果然能获释归周。这一历史经验非常重要，它证明一个人只要志行纯正，总可以转危为安，逢凶化吉。这正是得道多助、德义必胜之理，录为爻辞，便是力图将这一信念传诸后世。而经文中的道字，在此也开始蕴涵了道义之义。

六三　眇能视，跛能履；履虎尾，咥人。凶。武人为于大君。

解：眇能视，跛能履；履虎尾，咥人。象辞。

字义：眇，《说文》："眇，一目小也。"一目小故有偏盲义，有详视义，详视必有妙处可观，故又通妙。此处用偏盲义。

履，用行义。

咥，用咬、噬义。

"眇能视，跛能履"是一句谚语（又见归妹卦），意思是虽偏盲犹能看见，虽跛足犹能行走，比喻虽有缺陷，尚能自主行事。此处用喻不可随人后而不自主。

全句意思是说，行事应当独立自主，虽艰难尚能有功；若随行于虎后，虽可借威，却会遭到杀身之祸。

依物理取象：本爻当兑上而互离中，兑为缺损，离为目，故有眇目之象；本爻又当互巽之下，巽为股，股之下为足，兑为毁折，故有跛足之象。偏视、跛足，都还有视与行的功能，故曰"眇能视，跛能履"。

依数理及事理取象：本爻处下体之上，上乾之后，紧随于刚强独断之君，是履虎尾之象也。其未变之时，以柔承刚而上有应，中顺明而下悦从，故卦辞有不咥人之吉；其变而为刚，则以下体之刚而逼于上体之刚，与上爻敌应，中不巽顺明断而下不悦从，其有杀身之祸明矣，故曰"咥人"。

凶。占辞。这是从爻象的事理作出的将然性判断。不能独立自主而听命于刚愎之君，自然不免于凶危。

武人为于大君。释辞。

词义：武人，指有武德或有武功的大人，不是一般的武士，武士在《诗经》中称为武夫，《书经》中称为甲士，《易经》中称为金夫。武人本身可能就是一国之君，其社会地位比武士高得多，所以才能直接"为于大君"。

为，繁体爲，行为。王引之《经传释词》曰："爲，犹用也。"帛书本作"迵"，如乾·迵九、坤·迵六之迵，义通于"用"。

大君，大国之君。

武人为于大君，即武人用于大君，也就是有武德之人，用命于大国之君。

辞意显然是对"眇能视，跛能履；履虎尾，咥人。凶"这条象占之辞的解释，意在说明其政治内涵，是指武人为于大君这类事，教导后人应透过爻辞的直观层面而领悟其象征隐喻之意，吸取深刻教训。

武人为于大君之事在夏、商历史中均曾有过，也都很危险。例如：商汤也算是一位有武德的国君，初时为夏的属国，也就是效命于大君。据《竹书纪年·夏纪》：帝癸（桀）二十一年，商师征有洛，克之。二十二年，商侯履（汤）来朝，命囚于夏台。这就是遭到咥人之凶，幸好第二年获释。周族的季历臣属于殷，七征戎狄，六次大胜，也是以武德见长、武功赫赫的邦君，这也是以武人为于大君，最后竟遭殷王文丁囚杀。这些都可说是以武人为于大君而陷于凶危的史实，尤以季历之被杀对周人的教训最为惨痛，在《易经》中多处涉及此事，都讲得不太明白，这里特意明确的讲出来，显然是为了告诫后世子孙，不要忘记这一惨痛教训。

本爻象占之辞，意义已很完整，一般来说，没有再加解释的必要，为什么又特意加上一条明确具体的释辞呢？我们细味其辞，“武人为于大君”，这样旨意宏深的语言，非文武之君不能道，所以，其用意可能与文王有关。因为履卦是讲从政修养的卦，本爻为全卦之主，初爻讲了要志行纯正，二爻讲行事要正大光明，占断都比较好。但到了本爻却出现了咥人之凶，这就表明，政治生活中，即使志意纯正，行事光明，在某种情况下，仍是难免有凶险的。本爻处下体之上，其凶险之处实际是在于以武功用命于大君。如像商汤、王季以及文王自身，都可说是光明纯正的人，开初都用命于大君，一当武功显赫，便形成威逼于上之势，也就难免功高震主之危，政治行为凶险如此，历史经验的深刻性又如此，所以不能不反复强调，明指其事实，让后人于此种情境善自惕励，真可说是用心良苦。《周易》作者对文王的用意领会甚深，所以才出现了这样明指其事的释辞。我们试观后世历代“鸟尽弓藏”之喻，与“伴君如伴虎”之谚，便可知这一释辞用意的深远和恳切了。但是，《周易》这条释辞的用意似乎没有被后人认真领会，也有可能，即使有所领会，仍然不可避免，在封建专制政体下，因功高震主，威德上逼而招致杀身之祸者比比皆是，似乎成了武人们的宿命，实在可悲可叹！

九四　履虎尾，愬愬。终吉。

解：*履虎尾，愬愬。象辞。*

字义：愬，音 sù。《玉篇·心部》：“愬，惊貌。”愬愬，惊惧戒慎之貌。

辞意是说，尾随虎后，保持戒惧。

依物理取象：本爻当乾下，居君后，尾随于虎之象也。本爻当互巽中，变则上体成巽，巽为驯伏，驯伏而又驯伏，心怀恐惧，保持戒惕之象也，故曰履虎尾，愬愬。

终吉。占辞。这是从爻象的事理中作出的将然性判断。尾随虎后能保持戒惕，臣属于大君而能保持警惧，表现驯伏于君威，虽有危厉但最终可以免祸，能免祸也就算是吉利了。本爻占断也可能以文王臣属殷纣的史实为背景，因为文王自与殷族联姻之后，一直臣属于殷，遭囚禁时，隐忍承顺，献美女、宝马、稀奇怪物于纣，得以获释，并被命为西伯。当时诸侯向周，已成三分天下有其二之势，文王仍然率诸侯以朝商，正是以这种戒慎恐惧的态度，为周邦的进一步强大赢得了时间，奠定了代殷而有天下的基础。但是，对本爻的用意，却不应从政治权术方面来理解，因为“履虎尾，愬愬”是不得已而为之，是教人在身不由己地受制于某种暴力，处于险境时应取的自处之道，属于正当防卫性质，不是教人伪装驯顺，博取信任而伺机夺权。文王本来并没有取代殷商的想法，武王灭殷，乃是周邦的社会结构，政治、经济、文化政策，较之殷纣的普遍奴隶制倾向更能适应社会发展的需要，仅靠阴谋权术是成不了大事的。

九五　夬履。贞厉。

解：夬履。象辞。

字义：夬。篆文作。《说文》：“夬，分决也。从又（手），象决形。”分决便是分流，分道。夬履便是行事离开了原定目标，或目标分散。

依物理取象：本爻当互巽上，巽为进退，为不果，均有行事离开原定目标之意，故曰夬履。

贞厉。占辞。即于事危厉不佳。这是从夬履的事理作出的将然性判断。一种远大目标的实现，必须集中精力，持之以恒，若中途变更，或目标分散，必然难以成功，更不免功亏一篑。

本爻居九五之位，行事将终之时，此时或因多受挫折，灰心失望，或因已有一定的成功而胜利冲昏头脑，都可能导致改弦易辙，节外生枝，偏离原定目标，以至功败垂成，有志者都应当引以为戒。

上九　视履，考祥其旋。元吉。

解：视履，考祥其旋。象辞。

字义：视，此处用检视、察看义。视履，即检视以往的行事。

考，用考察义。

祥，通详，详审、辨析。

旋，甲文，金文。《说文》："旋，周旋，旌旗之指麾也。"由周旋出回复义，此处即用回复义。

辞意是说，检视以往行事，考察详审其发生反复曲折之由。

依数理及物理取象：本爻当履之上位，以上临下，有检视往行之象，故曰视履；本爻当上体乾上，下体为兑，本爻变，上体亦变为兑，是履之终出现回复之象，故曰考祥其旋。

元吉。占辞。这是从爻象的事理作出的应然判断。当履之终，能检视往行，考祥其发生曲折反复之由，便是自觉地总结经验教训，必能增进智慧，增长才干，在今后的行事中避免失误，取得更大的成功，故断之以元吉。

元吉之占，在易筮中是最好的一类，共 11 事，仅占 64 卦、384 爻的 2.4%；在上爻中，仅有其二，（另一处为井・上六）于此可见《周易》作者对总结经验教训的极端重视。

综观履卦系辞，我们可以概括地说，履卦讲的是履践施为之道。李镜池先生说："这是一个行为修养之卦，作者主张行为纯洁，胸怀坦荡，又要反复而周详地考虑，反对急躁莽撞，表现出相当高的思辨能力。"[①] 这个评价，就一般的行为修养而言是正确的，但有几点应当补充：

（1）履卦不是讲一般的行为修养的卦，它是讲履践某种理想，达到某种预期，或开拓某种事业。履者，履其志。践者，践其行。履践是具有明确的奋斗目标的行为，是行为已上升到自觉层面的表现。所以，更确切一些，应当说履卦是讲从政修养的卦，谈的是政治实践问题。

（2）履卦也不是一般的——抽象地讲从政修养，它是以实际的政治实践、以重大的历史经验为依据的。和整部《易经》一样，是商周史实的大

① 《周易通义》履卦释。

总汇，是周人政治史观的大展现。

(3) 本卦具有政治上的理想主义色彩，主张奋斗当有理想，理想必须纯正，行为应当光明，既要认真坚持，又要随时考察失误加以修正，有明确的自我实现、自我完善意识。

《易经》也从总体上表明周人是善于自我反思，自我完善的民族，在社会生活中，历史过程中，他们都能保持清醒的头脑，不断地自我审视，自我反思，自我调整，自我完善，从而达到目标的实现。无论从政治实践来说，或是从个体的人格修养来说，没有这样的自省精神，要达到完善的境界都是不可能的。

近人研究文化类型时，将文化分为自我异化型、自我崇拜型与自我审视型。大体上，各民族历史的早期，以至西方中古的宗教统治，都属于自我异化型；近代西方的征服观念，属于自我崇拜型；现代人才开始从自然的报复中转向自省型。中国文化，从最早的八卦文化开始，便具有一种朴素的自省性质，整部《易经》以及履·上九的“视履，考祥其旋”，都可说是较为成熟的自省意识的体现，是非常值得重视的。

履卦在政治学方面的重大成果是从“武人为于大君”的政治实践中领悟到“履虎尾”之凶，即后世所谓“伴君如伴虎”这类明智观念。文王正是从王季和自身的政治实践的反思中切实地领悟到对殷纣这样的暴君，绝不应再为他去征伐建功，而应当从根本上革除暴政，代以德政。因此，履卦的政治意义实在于它是周族确立革命战略思想的逻辑起点。

27. 蹇：往蹇贵在来反

（附：关于“交往”的讨论）

䷦ 蹇。利西南，不利东北。利见大人，贞吉。

解：蹇。象辞。通常用为卦名。

字义：蹇，《说文》：“蹇，跛也。从足，寒省声。”足跛则行难，这里用以喻邦交之险难。

依物理取象：下艮为山，上坎为水，山道险阻难行，更前遇水环之，则难行加甚，故有蹇象。

利西南，不利东北。占辞。

这是从邦交之险难的事理中引出的二歧判断。由于周族所居之地，东北乃戎狄之族，常来侵扰，太王去豳迁岐以避之，此事反映在坤卦中即有“西南得朋，东北丧朋”之占。既迁岐之后，戎狄犹步步进逼，乃有王季七伐戎狄之事。可见同西北部落邦国的交往为险难之途，而西南之庸、蜀、羌、髳等族则为周之同盟部族，故于邦交往来之事多有“利西南，不利东北”之占也。

利见大人，贞吉。补足性占辞。

字义：见，读为“现”。

大人，指当权贵族之有德者，具有与天合德之气概，且富有人格之感召力的伟大人物。

辞意是说，无论对相善的友邦还是不相善的邻邦，都应以大人的气概对待，交往中要崇德尚义，使诸侯怀德畏威，乃可得吉。此辞可视为补足性占辞，并具有诫谕性质。

这是从邦国交往的事理中作出的可然性论断。这样的邦交原则，是周初圣王的德治观念在邦交问题上的体现。

初六　往蹇，来誉。

解：往蹇，来誉。象占合辞。

字义：誉，《说文》：“誉，诵也。”即称赞。

辞意是说，当邦交恶化之始，使臣知难而往，多遇蹇难，不可责其无能，而当据实以称誉之，以慰其辛劳。

依物理及事理取象：本爻当艮下，进则遇坎，有往蹇之象；反观则本爻当倒震初、互离，震为言，离为明为丽，有称誉之象，故曰往蹇来誉。

往蹇来誉是周初圣王以臣为友的态度，也是一种高明的大人气概。

《诗·小雅·四牡》传云：“四牡，劳使臣之来也，有功而见知则说矣。”笺谓“文王为西伯之时，三分天下有其二以服事殷，使臣以王事往来于其职，其来也，陈其功苦以歌乐之”，正同此意。

用现代领导学的语言来讲，便是在外部环境恶化的条件下，尤其要重视内部的问题，以内部的良性交往对付外部的恶性交往，使交往实现主体在我的转化。

六二　王臣蹇蹇，匪躬之故。

解：王臣蹇蹇，匪躬之故。象占合辞。

字义：躬，《说文》：“躬，身也。”指自身。

辞意是说，使臣外交受挫，并非其自身无能。

依物理取象：本爻当艮中，艮为门阙，为公卿，故有王臣之象；本爻当中坎初，又上交坎，坎为险难，险难重重，故有王臣蹇蹇之象。

自数理象考察，本爻正应于九五，乃贤臣之象，其蹇自外来，故曰匪躬之故。

又据文王卦位，艮在东北，卦辞已有“不利东北”之占，本爻当艮中，即出使东北之使臣也。其事险难，蹇蹇不利，实因与国之不善而非使臣自身之无能。所以这一象占合辞，既是对王臣遇蹇阻的原因的一种解释，也是对王者的一种诫谕，谕其当体恤使臣之艰难，不可责之以无能。这是上爻“往蹇，来誉”精神的进一步体现。在《诗经》中有不少的诗都表现了这种精神。以《小雅·四牡》为例：

“四牡騑騑，周道倭迟。岂不怀归？王事靡盬，我心伤悲。”以下尚有“王事靡盬，不遑启处”“王事靡盬，不遑将父”“王事靡盬，不遑将母”等句。其中，“王事靡盬”即对王事无不尽心尽力之意[①]。这种对使臣的体谅态度，始于周初与殷王国邦交中对使臣的信任和尊重，后来形成一种传统，反映在《诗经》中，其形成应与《周易》蹇卦的导向有关。

《周易》的这种态度，也与当时的使臣的品格相关。大体上，文王时期，与殷王朝交往的使臣，都是文王四友之类的贤大夫，对周邦之事都是忠心耿耿的，而且是精明能干的。从纣囚文王羑里，太颠、闳夭等人献文马、骊姬乃使文王得以脱险之事即可见一斑了。到了春秋时期，使臣往往借出使而交通异国以为己助，使臣与王朝的关系就完全改观了[②]。

九三　往蹇，来反。

解：往蹇，来反。象占合辞。

字义：反，甲文，金文、。《说文》：“反，覆也。从又、厂。

① 参见《诗·唐风·鸨羽》“王事靡盬”传。

② 参见《左传·襄公26年》载行人子朱事。

反形”。字象攀崖而复下，引申为返回、反复、反抗、反对、反省、反思等，此处用反命、反思之义。

依物理及事理取象：本爻当艮上，前临于坎，有往蹇之象；本爻变，互离成艮，自艮而反艮，故有来反之象。

作为占辞，意思是说，若往使而再三遭遇艰难梗阻，归来时即当反命于王，王则当反思自身当何以处之也。

这是依外交的事理作出的应然判断。因为初六往蹇为邦交恶化之始，六二更遇多重梗阻，已明“王臣蹇蹇，匪躬之故”，既不是使臣的无能，那便是与国不相善，便应当思考邦交恶化的严重局面，采取必要的对策。显然，对外交中的困难，仅仅慰劳使臣、体谅使臣都是不够的，这只是正确处理邦交困难的一个方面，更重要的还在于要了解与国之动向，正视前途之困难而预为谋划。

《诗·小雅·皇皇者华》有：“皇皇者华，于彼原隰。駪駪征夫，每怀靡及。我马维驹，六辔如濡。载驰载驱，周爰咨诹。我马维骐，六辔如丝。载驰载驱，周爰咨谋。我马维骆，六辔沃若。载驰载驱，周爰咨度。我马维骃，六辔既均。载驰载驱，周爰咨询。”《毛传》云：“征夫，行人也。”这里所谓行人，正是出使之臣，他们来去忙碌，都为了弄清周邦与国的政治动向，以便咨诹、咨谋、咨度、咨询，也正是为了反报所知，以自谋度。在周初与殷王国的交往中，更直接为了利于兴周灭纣的谋划。

六四　往蹇，来连。

解：往蹇，来连。象占合辞。

字义：连，《说文》：“连，负车也。”即古文“辇”。辇由十至二十人或多人合力牵挽以行之，故引出联合、连接、连续、牵连等义，此处即用“联合”义。

依物理取象：本爻当上坎之初，互坎相接之位，故有往蹇来连之象。

作为占辞，意思是说使臣再四遇蹇，表明邦交恶化已不可挽回，必有大蹇之祸，不可自我孤立，对那些能够主动前来与我亲善之友邻邦国，则当及早联合，以共谋御敌之策。

就史实层面考察，据今本《竹书纪年》所载，帝辛四年，大蒐于黎，而戎狄叛之；作炮烙之刑，诸侯畏之；五年夏，筑南单之台，而民病之；

九年，王师伐有苏，获妲己以归，诸侯离之。这些都可说明“往蹇”乃当时诸侯的共同遭遇。帝辛二十一年春正月，诸侯朝周，伯夷叔齐自孤竹归于周，则表明“来连”是当时各国诸侯共同的政治倾向，目的是为了联合对付殷纣的步步进逼。而《史纪·周本纪》有云：文王“遵后稷公刘之业，则古公公季之法，笃仁敬老慈少，礼下贤者，日中不暇食以待士，士以此多归之。伯夷叔齐在孤竹，闻西伯昌善养老，盍往归之；太颠、闳夭、散宜生、鬻子、辛甲大夫之徒皆往归之”。这可视为文王在“往蹇，来反”的过程中，经过深思熟虑后采取的政治路线和政治策略，以仁民爱物的路线与商纣之逆天暴物相对照产生的政治感召力，成了诸侯联合抗殷的旗帜，也就是收到“往蹇，来连”的效果。

九五　大蹇，朋来。

解：大蹇，朋来。象占合辞。

字义：朋，有二义：一曰朋贝，一曰友朋，参见坤卦释及咸·六四释，此处用友朋义，指相善之与国诸侯。朋来，即是说，友邻邦国均来共谋与事。

依数理及物理取象：本爻当君位，为蹇之主，又居上坎之中，故有大蹇之象。

朋来之占非出自“大蹇”之象，乃出自卦变之象。盖本爻变，二至上成师，全卦之谦，师为众，有谦则得众之义，是有“朋来”之象也。而“大蹇朋来”之占，极富哲理性，它反映了社会行为学中的“谦则得众”与“否极泰来”之类的转换性规律。当然，这一定要有往蹇来誉、往蹇来反、往蹇来连等合理的行为抉择作前提，否则大蹇便不是朋来而是作鸟兽散了。如殷纣之积怨于诸侯，遇大蹇而土崩瓦解乃是其必然结局。

于史实层面而言，则相类于文王被囚近获释之事。《逸周书·程典》有文王遭囚以前，诸侯“逆诸文王”，共谋助周抗殷之事。今本《竹书纪年·殷纪》和《史记·殷本纪》也都载有文王遭囚近七年获释之时，诸侯逆西伯归于程之事，这些都可说是“大蹇朋来”的实际例证。

上六　往蹇，来硕。吉，利见大人。

解：往蹇，来硕。象辞。

字义：硕，《说文》："硕，头大也。从页，石声。"简用其义为"大"，转义为"美大""大德"等义。《诗·邶风·简兮》："硕人俣俣，公庭万舞。"《毛传》云："硕人，大德也。俣俣，容貌大也。"郑注以"硕"为美大之称。剥·上九："硕果不食。"亦以硕果为美大之果也。

往蹇来硕，是说往虽遇蹇，但大德耆硕之人反而能来归于我，这是蹇难将终时的表现。

依数理及物理取象：本爻当卦之终，亦上坎之上，蹇已将去之象也，故曰"往蹇"。本爻变，上体成巽，巽为市利三倍，又为木果，来者多而美之象，故有来硕之象。

往蹇而能来硕，亦应以"来誉""来反""来连""朋来"等为前提。于史实层面考察，则相近于西伯归程之后的政治动向：

据《竹书纪年》载：帝辛二十九年，释西伯。三十年春二月，西伯率诸侯入贡。三十一年，得吕尚以为师。三十九年，大夫辛甲出奔周。四十一年，西伯昌薨。四十二年，武王即位。四十七年，殷内史向挚出奔周。五十一年，周武王观兵盟津，诸侯不期来会者八百。还居二年，纣杀王子比干，囚箕子，太师疵、少师强抱其器而奔周……这些归周奔周的都可以说是当时商朝的耆硕，故有"往蹇来硕"之说。这一过程经历 21 年之久，是蹇难之去，耆硕之来，是一个较长的过程。

吉，利见大人。占辞，亦谕辞。

字义：见，当读为现。

这是从往蹇来硕的事理中作出的应然判断。因为往虽蹇而蹇已将去，而来者更多耆硕、大德之人，于事即可成大功，故其占为吉；其来者既为耆硕，皆德高望重之人，自当以与天地合德之大人气概总领之。这可说是对殷周关系的历史经验的总结，这一占辞因而又具有诫谕之意。

于史实言，武王灭纣之后，先封商纣子禄父殷之余民，已而释箕子之囚，释百姓之囚，表商容之间，散鹿台之财，发钜桥之粟以振贫弱，封比干之墓；以后又分封诸侯，封神农之后于焦，黄帝之后于祝，帝尧之后于蓟，帝舜之后于陈，大禹之后于杞……然后再分封功臣及宗亲。这些措置在当时来说，体现了使诸侯各安其位，和合天下，同德分治的德治观念，符合于当时的分级领有制的社会状况，适应了从普遍奴隶制向封建领主制转化的时代要求[①]。都可以说是“利见大人”之胜举。

总起来看，蹇卦是一个专谈邦交问题的卦，讲的是善处邦交恶化之道。

邦交问题，是社会生活中重大的政治问题。若邦交正常，则外部环境安定；若邦交恶化，则外部环境不安。外部环境不安，有发展至边境冲突与全面战争之可能，内部亦可能因之而分崩离析。使臣是邦交使命的承担者，他是本国的耳目手足，也是敌国争取的对象，就是说也有可能成为敌国的耳目手足。所以对使臣的任用，一定要非常慎重，既已任命就应当敬重他，信任他，在初使不利时，也应加以慰劳，不应妄加责罚；使臣自身的素质一定要优越，具有忠心耿耿，为国忘家的品格，勇于知难而进，临蹇不避；若数往皆蹇，则应全面反映与国之情况，反思我方之失误，明白彼方之动向而助成国君以制定相应的对策；若邦交继续恶化，则当及时联合友邦共同应付，即使遭到极大的险难，也会得到众多友邦的应援和帮助。这种情况下邦交仍继续恶化，即可使对方处于分化瓦解，其明智之士可以转向我方，来归我国，这便是以决战求统一的大好时机；这段时期中，在邦交关系上，决不可傲慢自恃，或只顾本国利益，一定要有“与天合德”的大人气概，仁民爱物，礼敬诸侯，柔迩怀远，方可以实现邦国大联合，致天下于太平。这便是蹇卦的大意。从中可以看出：

其一，作者作为社会行为的主体，具有极高的社会道义的自觉性与政治上的成熟性。在邦交恶化问题上，既有忧危意识，又有机遇意识，能够将不利环境转化为有利的发展条件，这是极高明的政治人物才能达到的水平。

其二，爻辞的时序性说明作者是从历时性的维度，对事件的发展过程加以审视并作出判断的。这是历史反思的思维方式，明显的是周初邦交问题上的经验总结。与谦、豫，等卦参看，此意更为明了。

现代的交往理论认为，交往是互为主客体的社会实践活动。邦交是最大的交往行为。交往中的主客体关系处于一种动态的转换中，能争得交往的主动权，就能使自己保持主体地位而令彼方处于被动、从属、服从以适应于我的客体地位，犹如战争交往中的主动权，上下交往中的领导权，司

① 参见革卦附论

法过程中的执法权，以至朋友交往中的选择权等等。如果二国之间，具有敌对倾向，邦交的根本问题就在于掌握主动权，强大国家一般处于主动地位，弱小国家则处于蹇难境地，为了变被动为主动，根本在于使自身强大，和使对方削弱，往蹇而能来誉，来反，来连，以至于朋来，来硕，便是实现这一转化过程的合理操作，其决定性的措施则为“利见大人”。这些正是蹇卦所体现的处蹇之道。从社会行为学的角度看，可以说是自然地体现了交往过程中的主体变换的基本规律的。

在兴周灭殷的总体战略中，蹇卦可以说是周人卓越的外交实践的高度概括与外交策略的系统总结。

28. 豫：大事须豫乃立

（附：关于豫虑与阴谋问题的讨论）

䷏ **豫。利建侯、行师。**

解：豫。象辞，通常用为卦名。

字义：豫，《说文》：“豫，象之大者。”象的体态安闲，行动徐缓，有逸悦之象，故豫之本义为逸豫、悦豫；象又有预虑之功能，其涉水则先以鼻探其浅深，其将死则先择葬身之地，其换牙则择地以土埋之。故豫字又有豫虑之意。古人造字，经仔细观察，从动物行为学的角度取特性以明豫虑之道而创为“豫”字，如以狮子之大小相从而行止有序而创为师从之“师”字也。其后，对人体器官之功能渐有认识，明白了豫虑之功能实在于头部，乃改从象而从页（首），书豫为预，以明预虑之意，豫字则多用其逸悦之意。经文中，卦爻辞的“豫”字均用预虑义，这实际上是八卦文化的传承。《系辞·下传》第二章：“重门击柝，以待暴客，盖取诸豫。”便已说明，从神农、黄帝以来，豫卦之象，都取豫虑之义，后儒以逸悦释豫卦之豫是不符合经文原意的。

依物理取象：本卦下坤上震，坤为地，震为雷，为雷发于地之象。雷发于地，必先有闪电，乃预先有所准备和告谕之象，故有预虑、预告、预备之义。

利建侯、行师。占辞。

这是从象辞的事理中作出的应然性判断。建侯即封建侯卫之国，行师即用兵打仗，这些都是关系到安危存亡的天下大事。《孙子·计篇》一开头便说：“兵者，国之大事，死生之地，存亡之道，不可不察也。”师·上六：“大君有命，开国承家。小人勿用。”都强调建侯行师这样的大事不可马马虎虎，必须豫虑周全，故其占曰：“利建侯行师。”于此我们也可以明白，豫卦实不可取逸悦之义，若耽于逸乐，无论建侯还是行师都是不允许的，尤其是行师而耽于逸乐，就非吃败仗不可，归根结底都会祸国殃民，还有什么利之可言呢？

初六　鸣豫。凶。

解：鸣豫。象辞。

字义：鸣，甲文，金文。《说文》：“鸣，鸟声也。从鸟，从口。”段注：“引申之，凡出声皆曰鸣。”从鸟叫为鸣之初义，引申为出声，又引申为申告、呼吁、抒发、发表等义，故又通明。经文已诸义并用。

鸣豫。即宣布、明示其豫虑之事。

依物理取象：本爻当坤初，变则下体成震，而上体亦震，有雷电交作之象；雷以声示人，电以光示人，于豫虑而言，有宣示其豫虑之象，故曰鸣豫。

凶。占辞。

这是依象辞的事理作出的将然性判断。因爻居初位，于豫而言，乃谋划决策之始，如果此时便公开宣布，大肆张扬，必然会引起敌对势力的警觉，制定对策，使自己陷于被动，故其占为凶。

从这一占断中可以看出，豫卦所讲的豫虑，不是指通常人在日常事务中的某种预期或预想，因为这一类预期或预想，一般不会引起别人的注意，更不会招致敌人的反对和破坏，所以说说也无妨，谈不上什么凶危。豫卦所讲的豫虑，显然是军国大事，属于国家机密，一开始便公开张扬，自然会招致凶危的后果。从当时的政治背景来看，很可能与文王兴周灭殷的政治谋划有关。

据《竹书纪年》等史籍记载，帝辛二十三年，囚西伯昌于羑里。二十九年，释西伯，诸侯逆西伯归于程。《逸周书》书序：“文王在程，作《程寤》《程典》。”在《程寤》逸文中有：“文王去商在程，正月既生魄，太姒梦见商之庭产棘，小子发取周庭之梓，树于阙间，化为松柏棫柞，寤惊，以告文王。文王乃召太子发，占之于明堂，王及太子发并拜吉梦，受商之大命于皇天上帝。”[①] 前已述及，文王在遭囚以前，尚无灭殷的打算，（参见《程典》序）在被囚的六年多的时期内，经过对殷、周政治路线，政治体制的综合权衡，历史上兴亡更替的经验教训的深刻反思，认识到殷纣暴政必然导致分崩离析的恶果，因而才有了兴周灭殷的重大政治谋划，《易经》的制作便是构想中的思想文化以及政治教育工程之一。但是他的具体谋划显然是不能为他人道的，在他刚刚出狱回到程邑后，太姒就作了这个梦，文王认为意义重大，连忙进行占卜，认为是大吉之兆。由于古代庙庭之间，各依土地之宜和民俗差别而植树于社稷之旁，夏后氏以松，殷人以柏，周人以栗。太子发以梓木树于殷阙而化为松柏，文王认为是太子发将入主殷商社稷之兆，所以与太子发“并拜吉梦，受商之大命于皇天上帝”。这可以说是文王第一次受命，也表明文王的豫虑正是受命代殷。这样的豫虑显然是不能张扬其事的，所以，这次梦占和受命都是在明堂中秘密进行的，在场的大概只有他和太子发二人，也没有举行典礼，只是“拜受”而已。在《博物志》的有关引文中，“以告文王”句下还有“文王曰：‘慎勿言’”一语，可见文王对这一豫虑的慎谋勿泄的严肃态度。道理很明显，这样的豫虑如果在准备不充分，条件不成熟的时候张扬出来，势必引致商纣的讨伐，其凶危也就可想而知了。这一史实可以说正好是“鸣豫。凶”辞意的极好注脚。

六二　介于石，不终日。贞吉。

解：介于石，不终日。象辞。

字义：介，甲文，金文。《说文》：“介，画也。从八，从人，人各有介。”罗振玉以为“介”象人着介（甲）形。由人身着介甲故有增大义，有介隔、介画、介绍、介系等义，引申而有介怀、介虑之义。此处即用其介画与介虑之意也。

介于石，当指树吾于酆之事。据《逸周书·酆保》：帝辛 36 年，文王灭崇，居酆，诸侯来会。王命三公九卿及百姓之人，恭敬齐洁，咸格而祀于上帝，因飨诸侯……树吾于酆，内备五祥、六卫、七厉、十败、四葛，

① 逸文并见于《御览》及《文选》注。

外用四蠹、五落、六容、七恶。此即文王应诸侯推举，受命称王之事。当时文王已公开与殷纣分庭抗礼，伐商之举指日可待，其所预虑之事，主要已不在灭纣问题，而在于灭纣之后，既有天下，如何能保持长治久安，避免重蹈桀、纣亡国的覆辙，故作《酆保》之诰，而勒之于砮石，言“内备”“外用”诸事，皆保国以道之意。砮石就是美质之石，大约如现代汉白玉之类。介于石当是指树砮于酆之事，不终日，即不日而树成之也。

依物理取象：本爻当互体艮初，艮为山，为大石，当其基，树砮之象也。本爻变，互体成离，离为日，当离初，不终日之象也。故曰“介于石，不终日”。

贞吉。占辞。谓行贞而得吉善之占也。

这是依爻辞的事理作出的实然性判断。将保国安民之道勒石树碑，昭告天下，遗教子孙，是长治久安的大计。不日而树成之，说明甚得人心，树成而行贞问卜，又得吉占。这是当时的实录，故选录其辞曰：“贞吉。”而不曰“吉”也。

先儒多以“坚如石不终日”为吉，或以“困阻于石，不终日得出”为吉，所说皆远离预虑之道。今暂取介虑、介画为树砮之事，亦嫌论据不足，聊备一说，以就教于方家也。

六三　盱豫。悔，迟有悔。

解：盱豫。象辞。

字义：盱，《说文》：“盱，张目也。”《尔雅·释诂》：“盱，忧也。”盱豫者，专注审视其预计之事而思虑之。

依事理取象：本爻当互坎初，坎为忧、为虑，思虑其所豫谋，必心意专注，心意专注则神定目张，故有盱豫之象。

悔，迟有悔。诫占连辞。

字义：悔，《说文》：“悔，悔恨也。”《玉篇·心部》：“悔，改也。”《公羊传·襄公二十九年》：“天苟有吴国，尚速有悔于予身。”何休注：“悔，咎。”大体上，悔本义乃自恨其过失之意，自恨其过则有悔改义。“有悔”则为有过咎或灾咎之意。作为诫辞用悔改义，作为占辞用过咎义。本句中第一悔字为诫辞，诫其当有所改悔，后之“有悔”即是占辞。辞意是说，此时当有所改正，迟了就会发生失误。

这是从盱豫的事理作出的教诫和占断。因为本爻处下卦之终，于预虑之事而言，预备已经停当，即将进入实施阶段，此时当周详审度其原有的计划，依形势的变化，事态的发展，双方条件的变化而作必要的改变，调整部署，不可固执成见。因为原来的预虑不可能万无一失，故先诫之以应有所悔改，然后实施，若迟滞不改，急于照过时的计划部署行动，则必致发生失误。由于这里的诫辞与占辞具有逻辑上的因果关联，所以我们称之为诫占连辞。与家人·九三："家人嗃嗃。悔，厉、吉"及解卦辞："无所往，其来复，吉。有攸往，夙吉"等辞章法一致。

诫占辞系据事理而言，一般不必另行取象，仅依逻辑推断即可，但本爻诫占辞亦有象可据。盖本爻当互艮之中，艮为止，艮中即暂止其事，故有悔改象；本爻变，互艮变巽，巽为进退，为不果，有迟疑不改，招致失误之象。故曰："悔，迟有悔。"

于史实背景而言，可能与武王伐纣，止于盟津之事有关。这是殷周之际震动天下的大事件，不能不在《易经》中有所反映。正因为这是在预计实施过程中，经过仔细审度，中途改变原有计划，且为后来史实证明其为正确的预虑，故将它系于豫卦九三爻辞中，完全体现了逻辑与历史相统一的科学精神。

九四　由豫。大有得。勿疑，朋盍簪。

解：由豫。象辞。

字义：由，经由、循行。由豫即遵循其豫虑，按计划实施。

依事理取象：本爻当上震初，变则成坤，震为动、为行，坤为顺，行而有所循之象；又其卦之坤，上下皆顺，前后相从，于豫虑之事而言，即遵循其豫虑而施行也，故有由豫之象。

大有得。占辞。谓遵循其所豫虑而行之，当大得成功也。这是据象辞的事理作出的应然性判断。本爻当上体之初。二体交变之际，是将其豫虑付诸实施之时也。六三既已盱豫而调整其部署，此时循遵其豫虑而力行之，当然稳操胜券，故占曰大有得。大有得这样的占辞极为特殊，当是指得地、得民、得天下之事，吉凶悔吝等辞不足以明其占，故断之以"大有得"，以明其所得甚大也。这样的占断自不能仅依事理推导而当有卦爻象可据。盖本爻为卦之主，即豫虑的主体，以一阳居交变之位而众阴比从，爻变则其卦之坤，坤为国、为众，动而得地得民之象也，故系其占曰“大有得”。

勿疑，朋盍簪。诫辞。

字义：朋，此处用友朋义。

盍，通合，聚合义。

簪，篆文，《说文》：“兂，首笄也。从人、匕，象簪形。”簪为古人绾发用品，由绾挽而有连缀义，此处即用连缀之义。

辞意是说，不要迟疑不决，朋友们都会前来联合行动的。

这样的诫辞显然也是特指一次重大的行动而言，因而也当有象可据。盖本爻当上震下，震为动，下体坤为众、为顺，上动而下众顺，是朋友能来会之象；本爻变，其卦之坤，上下皆顺，友朋皆至而能联合行动之象。其事必成无疑，故告以“勿疑，朋盍簪”。

综观辞意可知其史实背景显然与武王再合诸侯会盟伐纣之事相关。

首先，大有得这样的占辞非常特殊，前已说明，它显然是针对特别重大的行动而能成就大功而言。而前提是由豫，即遵循原有的谋划。这样的谋划既然涉及得民心，得天下，所以应是与伐纣灭殷之事相关。

其次，前已说明，武王即位之第九年，即商王帝辛五十年，武王曾兴师伐纣，诸侯不期来会者八百，师渡盟津，诸侯皆曰“纣可伐矣”。而武王却止而不进，观兵盟津达三个月之久，最后决定还师以待其变。其后，殷纣“昏乱暴虐滋甚”，殷族贵族大臣们或被杀，或被囚，或逃亡，闹到众叛亲离的程度，这时武王认为时机已经成熟，因而再次大会诸侯以伐纣。但是，由于前一次兴师来会时，武王没有听从诸侯的意见而即行回师，他的用意所在，诸侯未必都能理解和认同，如今再次兴师，诸侯能不能如约前来联合行动呢？这不能不说还是个问题。诫辞的“勿疑，朋盍簪”，显然正是针对这样的疑虑而言。据《史记》所载：“于是武王遍告诸侯曰：‘殷有重罪，不可不毕伐。’乃遵文王，遂率戎车三百乘，虎贲三千人，甲士四万五千人，以东伐纣……诸侯兵会者，车四千乘……”云云，表明这次兴师东伐之前，的确是作了一番动员和解释工作的，最后是遵循文王的既定方针，果然一戎衣而有天下。验证了“由豫，大有得”的占断。

六五　贞疾，恒，不死。

解：贞疾，恒，不死。象占连辞。

词义：贞疾，贞问疾病能否痊好。

恒，《说文》："恒，常也。"此处用长久义。参见恒卦释。

辞意是说，贞问病人的病情如何，这病会长久拖下去，但近期内还不会死亡。

依物理取象：本爻当互坎上，坎为心病，为疾；本爻变，互坎变巽，上体变兑，巽为进退，为不果，疾病难愈之象；兑为悦，虽病而不至于死之象，故曰："贞疾，恒，不死。"

本爻象辞与占断具有直接的因果联系，故为象占连辞。这一连辞的寓意应从直观与象征的不同层面上加以理解。

就直观层面而言，系辞明显地是有人因病而行筮，本卦乃陈述豫虑之道的大卦，这位贞疾中的病人，自然应是豫虑的主体，而不是凭空跑出个病人来，因此，辞意当与武王生病的事有关。据《史记·周本纪》："武王已克殷，后二年……武王病，天下未集，群公惧，穆卜，周公乃祓斋自为质，欲代武王，武王有瘳，后而崩。"① 这正可说是"贞疾，恒，不死"的史实依据。

就象征层面而言，本爻已近卦终，就豫虑之道来看，谋虑已将完全实现之时，此时最易发生始料不及之事。由于强敌已摧，内部矛盾逐渐上升到首位，而人们往往虑不及此，有些问题，好像疾病一样，使人防不胜防。例如有的内部发生权力之争而至于变乱，有的则因胜利冲昏头脑而自己走向反面，历史上这类功败垂成的事例比比皆是。周族历史上就曾经历过王季平定戎狄之后即被囚杀，文王在即将伐商之前病故，武王又在天下初定而大统未集之时生了重病，去世后又的确发生了三监与武庚的联合大叛乱，类似这样预料不及的事件，都有使以往最周全的谋虑毁于一旦的可能。《易经》在讲豫虑之道的卦中，将它放在君位之爻来加以陈述，而且以病为喻，显然具有深刻用意。它可以充分地警醒豫虑的主体，不要以为一切都在预料之中，事实上，正如生病一样，不可预虑的事情比可以预虑的事情其实要多得多，何况"智者千虑，必有一失"。所以，不要把一切想得过于简单，过于顺利，尤其在接近大功告成的时候，也正是最容易发生意外的时

① 据《竹书纪年·周纪》：武王灭殷，诞受天命，第二年大封诸侯，第三年王有疾，周公祷以身代，第六年，命世子诵，冬十二月陟。所以武王之病拖了三年之久。

候，对于新形势下，新矛盾、新问题的出现，必须保持清醒的头脑，应有应付一切意外的充分准备，把许多难以预料的可能性都估计进去……才不至有功败垂成之憾。这正是《周易》在预虑观上高明和深刻的地方，大概对于今天和将来都不会失去其应有的意义。

上六　冥豫。成，有渝，无咎。

解：冥豫。象辞。

字义：冥，诅楚文，乃日暮之象。《诗·小雅·斯干》：“哙哙其正，哕哕其冥。”郑玄笺：“正，昼也。冥，夜也。”暮则天色幽暗，故出幽暗义；夜则天穹玄远，故出深远高远等义，此处当用深远义也。与升·上六之“冥升”意略同。

冥豫，深远的豫虑。

依数理事理综合取象：本爻当豫之终，所豫已成就之时也。变而上体成离与下体坤相接，离为日，坤为地，日接于地，有日暮之象；其卦之晋，有高远其所虑之象，故曰冥豫。

成，有渝，无咎。占辞。

字义：成，成功。渝，变也。

辞意是说，其事能成功，虽有变故，而终可无咎过、灾害。

这是依爻辞的事理作出的应然性判断。在所豫虑之终结阶段，尚能深远其虑，周防其衅，自当取得完全成功，虽有变故，亦不致酿成大过也。

从史实背景考察，武王胜殷之后，封建诸侯，返归于周，犹自夜不寐，忧虑殷虽失德，但其族众依然势力强大，周室尚“未定天保”，与周公旦计议“营周，居于洛邑”，命迁九鼎于洛，命南宫括完成《周易》之作，并命世子诵以为储君，这些都可以说是对身后之大事，所作的长远安排，也就是他的深远的豫虑。这样，在他去世后，虽然发生了武庚与三监的联合叛乱，终于得以平定，这正可说是“冥豫。成，有渝，无咎”的史实依据。不过，爻辞的本意并不在于记录史实，而在于据事以明理。它依据史实而又超越于具体事件，是一种由特殊到普遍的运思过程。本卦自始至终皆依兴周灭纣的实际过程以明豫虑之道，灭纣之事可以到此终止，而豫虑之道则不可终止，尚需总结经验教训，以求更始更新，防患于未然，有备于可能的变故，这才是高远之见，深谋远虑之道。与履·上九之“视履，考祥其旋。元吉”的用意一致。引而申之，即使在日常行事中，能做到旦以行之，暮以虑之，终日乾乾，夕犹惕若，则虽难免有渝变之厉，亦可以不至灾咎也。

总体来看，豫卦讲的是豫虑之道，而且着重讲的是政治问题上的深谋远虑之道。其主旨在于教导统治者在建侯、用兵这样的国家大事方面，既要有周全的谋划，又要随时调整部署，以求善始善终，更须终而虑始，惕厉不懈，于更始更新中求得长治久安。它不是空谈道理，而是依据历史事实和实际经验，以事明理，从而使卦爻的主旨达到了历史的与逻辑的统一。在具体操作上，它重视豫虑之初的政治警惕性，强调保守秘密；在实施过程中则主张伸张正义，使众人信顺乐从；在采取决定性行动以前要重新审视原来的计划，作必要的修改而调整部署；在关系全局的行动中要遵循既定方针，坚定不移；在取得重大成就的时刻要防止胜利冲昏头脑，预防不测之事；在大功告成之际要高瞻远瞩，以求更始更新。不能不说，这是一整套完美的谋虑之道。其中，在豫虑接近完成的时候特别强调预防不测之事，以防功败垂成，乃是将不可预虑之事也纳入预虑的范围，更是特别高明之处，显示出《易经》作者的超常智慧，至今犹能给人以深刻启迪。

值得特别提出的问题是《易经》的豫虑之道与通常所说的阴谋诡计是不是一回事？对这个问题的回答可以从两方面来谈：

其一，要考察其出发点的正当性与合理性。以经文所依据的伐纣灭殷的史实来看，文王被囚以前，并无灭殷之意，被囚之后，经过深刻反思，审时度势，才有了兴周灭纣的谋划。这样的豫虑，首先具有自卫性质，同时是顺应了时势的需要，因而在实行中得到了普遍的支持和拥护。武王戡黎，殷族民众都发出了“天曷不降威，大命胡不至”[①] 的呼声，可见灭纣兴周，代表了当时的社会需要，是历史的主题。这样的豫虑，正是一种历史使命感的体现，是完全正当的，合理的。

其二，要考察预虑的根本用意是在于损害他人，还是在于完善自己。一般地讲，凡属阴谋诡计，都是以破坏别人来达到自己的某种目的，而不顾及自己的目的是否正当和合理，也就决计想不到自我完善的问题。如像

① 《尚书·西伯戡黎》。

老子讲："将欲歙之，必固张之。将欲弱之，必固强之。将欲废之，必固兴之。将欲夺之，必固与之。"[①] 这就很容易被野心家利用来搞阴谋诡计，因为其侧重点仅在于败坏别人而不及于自身的完善。以至于孙子谋攻，吴子图国，鬼谷子讲揣、摩、谋等，都是以对付别人为主旨；韩非子的《内储说》《备内》等篇，更是以臣民乃至亲族为敌人，从这样的侧重点上进行预虑谋划，就很容易滑向阴谋诡计。而豫卦所讲的豫虑，则始终以自我完善为目标，而不在于加深别人的失误，如像在六三盱豫之际，若对方已改恶从善，不再以我为敌，则要求改变以至放弃原来的谋划，这就毫无损人利己之心了。所以《周易》的豫虑，本质上是一种自我保护，自我求全，自我完善之道，与其说它是针对别人，不说是针对自身的不足。正是从这个方面来说，我们也可以将它看作是讲行为修养之道。在六二"介于石，不终日。贞吉"的寓意中，这种自我教育，自我完善的意识表现得最为清楚，与损人利己的阴谋诡计是不可同日而语的。有些人喜欢把人都想像得很坏，如像说"人不为己，天诛地灭"，或者说"人对人是豺狼"。这种绝对化的思维方式，恐怕只能用于阴暗心理的自我辩解，若要推广于一切人，尤其是以之衡量古代圣贤，恐怕就过分离谱了。

29. 谦：谦为仁德之用

（附：关于殷末社会畸变的讨论；张岱年、萧萐父二先生论易；老子论谦德及其评判）

䷎ 谦。亨。君子有终。

解：谦。象辞，通常用为卦名。

字义：谦，《说文》："谦，敬也。从言，兼声。"杨树达《积微居小学述林》："敬，《说文》训肃，主从心言之，谦字从言，义不相副，此许君泛训，非胜义也。愚以兼声声类求之。谦，盖谓言之不自足者也。知者，兼声之字多含薄、小、不足之义。"此意可取。帛书本作嗛，通歉，正用不自足之意，犹今言谦虚也。本卦中则用谦慎与谦敬义。

依物理取象：本卦艮下坤上，地中有山，高而见平，自谦之象，亦谦

① 《老子》第三十六章。

慎之象也。

亨。叙辞。叙述筮遇此卦，在享祀之时，因而具有权威性。

君子有终。占辞。

字义：终，成也。即筮遇此卦，于所贞事为有成。亦谓君子具有谦慎之德，则于其所从事能有所成就也。

这是从象辞的事理作出的应然判断，同时也有象可据。盖艮为门阙，为少男，有君子象；互震为往，往于坤为有国、有众，乃有成之象，故占曰君子有终。

本卦之占，惟言君子，不及小人，盖以君子方有谦德之可言，小人无所谓谦德，若筮遇此爻，则不必有终，然亦不致有悔，故不着小人之占也。又，谦卦主旨在申谦仁合德之义，惟贤圣君子可以当之，或以文武周公之行事为依据也。这是因为“君子有终”之占，经文中多为实指，而非泛泛之说。今卦辞及九三爻辞均有此占，可见其必非泛称也。其次，依卦爻主旨为谦仁合德，非文、武、周公，其谁当之？说详后。

初六　谦谦。君子用涉大川，吉。

解：谦谦。象辞。

依物理取象：谦象以山下于地，本爻当艮初，在山之下，有谦而又谦之象，故曰谦谦。

君子用涉大川，吉。占辞。

词义：用，通以。涉大川，指远行、远征、朝觐、会盟等事。

这是从象辞的事理作出的应然判断。因为远行、远征，皆以上下和协，内外和顺为条件，君子能以谦慎之德处之，方为吉利，故断之以君子用涉大川，吉。自物理象言之，本爻处艮之初，艮为阙，为少男，有君子象；进当中坎，是为大川，涉而往前，则入坤顺之境，故有用涉大川得吉之象也。

君子用涉大川吉，是一个特称判断，即是说，它只适用于涉大川这类事，犹如坤之仅利牝马之贞而不利于牡马之贞一样。为什么谦谦仅利于涉大川之贞呢？这表明《易经》作者对谦而又谦，并不是无条件推崇的。事实上，谦而又谦，并不是对任何事都适用的，尤其是身当天下国家之重任的君子，在很多的时候，很多事情上，是更需要见义勇为和当仁不让的。

如果把谦而又谦推崇为最高美德，那就会导致利己主义的伪善，根本违反谦慎之德。《周易》在这个问题上不作全称判断，一方面表明作者思想境界的高明，另一方面，也可能是以史实为依据，其高明之处乃是在于他是从国家命运的主宰和历史使命的承担者的角度来阐述谦慎之道。非常明白，谦虚退让，只能适用于某些事情，某种条件，绝不是一种普适原则。这里所依据的正是文、武、周公的道德实践，例如文王在远离周邦臣事于殷纣的时候，（这正是属于“涉大川”之类）他是以臣下自居，表现得非常谦慎的。甚至在三分天下有其二的情况下，他仍率诸侯以朝商，这可以说是谦而又谦的。但是在他断定殷纣已无可救药时，便毅然“取耆及邘伐崇”，对殷纣形成包围之势，而且更自行受命称王，与殷纣直接对抗，这时候就谈不上谦让，更谈不上什么谦而又谦了。武王树文王木主以伐纣，明不敢自专，这可以说是谦慎之道，进入朝歌，他轼商容庐，对商之百姓答拜，这也是谦慎，但他膺更大命于殷社，而封赐诸侯，这就谈不上什么谦让之事了。周公一沐而三握发，一饭而三吐哺以待天下贤士，这算是谦慎之道。但在武王去世，成王年幼不能行政之时，他冒天下之不韪而摄行大命以代成王，以求周族统治的巩固，这些都可说非谦让之所宜。明白周初的历史实际，对于我们正确理解《周易》所讲的谦慎之道的实质，亦即把握谦卦的基本精神是非常必要的。先儒以至近世一些学者，极力推崇谦德，以为是最高准则，与《易经》的精神是不符合的①。现在回过头来再来看本爻系辞，它不说“谦谦。利涉大川”而是说“谦谦。君子用涉大川，吉”就可以体会到它不是泛指一般的涉大川而言，而是特指某君子涉大川之事了。因为“涉大川”之占在经文中共有 12 条，见于爻辞者仅 4 条。涉大川主要指远行，如迁徙、巡狩、祭祀山川、会盟、朝觐之类，商旅远行则不在君子之列，而迁徙巡狩，其用不在于谦，只有会盟之事，乃当以谦慎行之。至于谦谦，则当对朝觐之事而言。所以这里讲“谦谦。君子用涉大川，吉”是指殷末文王朝商之占。当然，超越史实而论，则周初封建诸侯之后，诸

① 《系辞·下传》说：“谦德之柄也……谦尊而光……谦以制礼。”对谦德的推崇，着重在它的社会效果上，并没有当成最高准则或德之本，或德之基。基是履卦，本是复卦，所以后世的谦德最高的观念，乃是出于一种推崇。这与老子学说的影响有关，老子主张谦退不争，针对过分计较眼前得失而言是很高明的，但作为一种普适原则则是偏颇的，容易被人利用。他们自己大搞权术，而对人民群众，则要求谦退辞让，乃是有意识的误导。

侯朝周，以至贵族之觐君，皆当以谦谦之用为吉也。

六二　鸣谦。贞吉。

解：鸣谦。象辞。

字义：鸣，通明。鸣谦，即明智之谦。

依物理取象；本爻当艮中，互坎初，艮为山，坎为水，山在水中，是水色澄明而见山之倒影，故有明象；其于谦道，有明达、明智等意，明达则深知天下之事理无穷而一人之智力有限，随时看到自身德力之不足；明智则善于发现他人之优长而随时吸取经验教训，增长智慧才德，获得众人的信任与助力，本爻之明谦，即明达谦道而能以明智的态度行用之也。谦卦六爻，系辞三论，以及老子不敢为天下先都是明智之谦。

贞吉。占断辞。谓能明智地运用谦道，则其所贞为吉也。这是从象辞的事理中作出的应然判断，其在周初，文、武、周公之于谦道都是十分明达而能运用自如的。所以“鸣谦。贞吉”之系辞，也可说是《周易》作者对文、武、周公的道德实践心领神会的自然流露，或者更确切一点说，是作者与文、武、周公德智相侔，同臻上境的表现。前面我们已经说明，《周易》之作始于文王，其完成者，亦即实际作者是南宫括。南宫括是文王四友中文化修养最为高深博洽的人物，他参与了文王兴周灭纣的整个谋划与实践过程，同为周革殷命的决策者、组织者与领导者。以当今流行语言来讲，他可以说是文王的亲密战友之一。他既是《周易》的实际作者，也就是文武之道的集大成者之一，与周公的才德是不相上下的。反过来说，正因为他与文武周公德智相侔，同臻上境，所以文王作易之志才能够由他来加以完成，这种境界上的一致性与同臻性，我们在读易的过程中是随时可以感受到的。

九三　劳谦。君子有终，吉。

解：劳谦。象辞。

字义：劳，金文、。《说文》：“劳，剧也……用力者劳。”是劳之初义本为劳作，引申有劳役、辛劳、劳苦、劳慰、劳绩、劳费等义。今据《说卦》以坎为劳卦，盖源于《连山》易之“战乎乾，劳乎坎”。战乎乾者，

谓秋收后御防抢掠争战之事；劳乎坎者，谓冬修水利之事。后世冬官为司空，即主公共工程者，必鼓舞民众，勤劳从事。鼓舞民众必有所慰劳，故又引申为劳来子民等意。兴修水利则有功于民、有功于国，故有功劳意，传云："劳谦。君子有终，吉。子曰：'劳而不伐，有功而不德，厚之至也，语以其功下人者也。'"可见其释劳为"功劳"。来知德释为"劳之来之"，即"慰劳"。其实，依《连山》易可知勤劳乃劳之初意。《周易》当用此意，谓勤劳国事民事而能谦也。

依物理取象：本爻当艮上互坎中震下而入于坤。艮为手，坎为劳，震为动为足，坤为地，手足皆劳作于地，劳谦之象也①。

君子有终，吉。占辞。

字义：终，成也。辞意是说君子能成就功业而得吉也。

这是依象辞的事理作出的应然判断。君子能勤劳国事民事而又以谦慎处之，自然可以成就功业而得吉了。此君子亦特指文、武、周公事。文王朝乾夕惕，忧勤天下，三分天下有其二犹服侍于殷，及其灭崇受命，犹宾礼诸侯，劳来百姓；武王吊民伐罪，尊礼伏羲、神农以及夏殷之后，皆封土建国，而犹问政于箕子；周公握发、吐哺以礼待各方贤者，此皆勤劳谦慎之著者也。君子有终，即劳而谦则有大成，故占为吉。经文"有终"者六，仅此一吉也。

六四　无不利。㧑谦。

解：无不利。占辞，谓筮遇本爻，于事无所不利也。这是以爻象为依据的已然性判断。本爻在震初，出坎而交坤，是动而免乎险，更入于顺境之象，故有无不利之占也。

㧑谦。教诫辞。

字义：㧑义同挥，㧑谦，谓当发挥其谦德也。

《周易》经文在序数辞后直接系以占断辞者颇多，屡见于大畜·初九、恒·九二、大壮·九二等，共十六条，其中以升·六五"贞吉。升阶"之辞与此爻最为接近。今查升·六五之"贞吉。升阶"，其中"贞吉"是占断辞，"升阶"是教诫辞，意谓筮遇此爻得吉，当升进其爵位之意。仿此，则

① 经文中劳字仅此一见，帛书本同。

谦·六四之“无不利”为占断辞，“㧑谦”乃教诫辞，教其当发挥其谦德也。这个教诫显然有两重含义：一方面是说，当你处于上体之下，无有不利境况之际，应当继续保持和发扬谦慎的美德，不要因处于顺境，便放肆自恣，而导致失误；另一方面则是教其应当很好地发挥谦慎之德，以图继续升进，因为你是处于上体之下，是最利于升进的地位。这两方面的含义，本来是统一的，不过，从它不是先教以“㧑谦”，再断以“无不利”来看，它的侧重点是已处于“无不利”之境，应当更自觉地发挥谦德，乃是重进取而不可安于现状之意。结合周初史实来看，文王居酆，已处于“无不利”之地位，但不是安于现状之时，所以当进一步发挥谦德，以团结更多的与国，完成伐纣灭殷的历史使命。《逸周书·酆保》：“维二十三祀，庚子朔，九州之侯，咸格于周。王在酆，昧爽，立于少庭，告周公旦曰：‘呜呼！诸侯咸格来庆，辛苦役商，吾何保守，何用行?’旦拜手稽首曰：‘商为无道，弃德刑范，欺侮群臣，辛苦百姓，忍辱诸侯，莫大之纲，福其亡，亡人惟庸。王其祀，德纯礼明，允无二，卑位、柔色、金声以合之。’”这里讲的“卑位、柔色、金声以合之”便是发挥谦德以团结诸侯，共行伐纣，这是针对商纣“欺侮群臣，辛苦百姓，忍辱诸侯”而取的一种对策，所以叫作“㧑谦”，也就是谦德的一种发挥。它的用意显然在于进取而不是守成，更不是明哲保身的谦退。这个用意，联系下爻系辞来看，就更为明白了。

六五　不富以其邻。利用侵伐，无不利。

解：不富以其邻。象辞。

字义：富，富有。以，用“由”义。邻，邻国。

辞意是说，不能致富，是由邻国侵掠所致。与泰·六四之“翩翩不富以其邻”含义相同，但这里可进一步指出，这个邻是指邻国，而且是特指殷王国。因为，邻字在经文中四见，大体上都与殷王国有关：

小畜·九五：“有孚挛如，富以其邻。”这个邻是否指更强大的邻国，判断的根据还不够充足，因为，将它作为友好邻里来理解也未尝不可，所以只能作为一个参照。

泰·六四：“翩翩不富以其邻，不戒以孚。”前已指出，这可能特指周公季历多次奉殷王命出师征伐戎狄，以致国家不能致富，最后因缺少必要的戒惕，去向殷王文丁献捷，反而被囚困而死的事。这个邻人，较为明显的是指殷王国；

既济·九五："东邻杀牛，不如西邻之禴祭，实受其福。"这里的西邻即周邦，东邻就明确的指称殷王国，因为夏时之祭，殷王国必用大牲，周文王则改行禴祭，可证东邻为殷王国无疑。

最后便是本爻的"不富以其邻"，联系卦爻辞的史实背景来看，也是指殷王国无疑。

据此，我们当确信，本爻的辞意是说，周邦以及诸侯不能致富，是由于殷纣的无止境的掠夺所致。这是周人对殷纣暴政导致的邦国关系恶变的总体性评判，等于将殷纣王朝定性为寇盗之国，因而也是联合诸侯发起武装革命的有力号召。

依物理取象：本爻当坤中，坤为国、为众，变而成坎，坎为盗寇，邻国成为盗寇之象也；下卦艮，后天卦位在东北，东邻之象也；东邻之国成为盗寇则天下扰乱困穷，故有不富以其邻之象也。

利用侵伐，无不利。占辞。

字义：用，作介词，用"以"义。

侵，甲文、，金文。《说文》："侵，渐进也。从人、又，持帚若埽之进。又，手也。"据此可知侵之本义为渐进以扫除，其后与犯、掠等字连用乃有侵犯、侵掠等义，此处即用其本义。

伐，甲文，金文。《说文》："伐，击也。从人持戈，一曰败也。"甲、金文实象以戈击杀人之形，故其初义为击杀、砍伐、击刺；引申乃有征伐、攻打、除去、败坏以及功劳、夸耀等义。此处用攻伐义。

侵伐，即渐进的攻伐，与征伐有别。征伐具有远行攻伐之意，侵伐是指渐进的，由近及远的攻伐。

利用侵伐，无不利。就是说利于就近攻取，逐步推进，这样没有什么不利。

这是从爻象的事理作出的具有教诫性的应然判断。出兵打仗，是非常重大的事情，孙子就说："兵者，国之大事，死生之地，存亡之道，不可不察也。"① 更何况是对殷王国作战，要作出"利用侵伐"也就是应该"侵

① 《孙子·计篇第一》。

伐”，而且“没有什么不利”这样的占断，绝不是仅凭一个卦爻象就可以使人信服的，必然要以对当时政治经济形势、军事势力的对比等的清醒分析为基础。这样，我们也应当对当时的史实背景作一些必要的考察。

首先应了解殷王朝何以被定性为寇掠之国，也就是强盗之国，这牵涉到战争的正义性问题。前面我们谈到，上古时代，氏族部落之间，互相抢掠之事是较为常见的现象，尤其是邻近游牧部族的边界上，更为频繁，农业民族则多受其害。但是作为殷王朝这样的大国，竟然成了四邻不富的根源，被看成是天下的大盗，显然与其社会形态的畸变相关。我们知道，殷商民族的早期历史上便是长于商业行为的民族。在旅卦、丰卦中可以看出其发展线索，到殷王朝后期，商队远行贸易已有相当大的规模，武装组织已盛大到旗幡蔽日的程度。商队远行的目的不在于互通有无，而在于获取宝玉与俘掠奴隶和财物，这样的武装商队已与寇盗没有多少区别。所谓的正常交易仅是在他们的“配主”“夷主”，也就是商队之间，商业贵族与军事贵族等奴隶主之间进行而已。弱小邦国，落后民族，实际上都是他们的掠夺对象。（参见需、旅、丰诸卦讲解）

商王武乙时代，这样的掠夺性贸易达到了繁盛时期，新兴的商业奴隶主与军事贵族的势力强大起来，商王武乙正是依靠这批新兴势力给予代表神权的旧贵族——巫史贵族以沉重打击，到了殷纣时代，更将一些新起的商业奴隶主和军事奴隶主封官晋爵，以对付旧贵族的反抗，实行以商业贵族与军事贵族为基础的暴王政治。这些人的势力迅速膨胀起来，形成“小民方兴，相为敌仇”[①] 的恶性政治局面。与此同时，他们的私欲也大肆膨胀，肆行征伐，寇掠四邻，享乐无度，淫乱腐败，上行下效，日盛一日，以帝纣为代表。

据《史记·殷本纪》所载：

（帝纣）好酒淫乐，嬖于妇人……使师涓作新淫声，北里之舞，靡靡之乐；厚赋税以实鹿台之钱而盈钜桥之粟；益收狗马奇物，充仞宫室；益广沙丘苑台，多取野兽蜚鸟置其中；慢于鬼神，大最乐戏于沙丘，以酒为池，悬肉为林，使男女倮相逐其间，为

① 《尚书·微子》。

长夜之饮。百姓怨望，而诸侯有畔者。于是纣乃重刑辟，有炮烙之法……

这一段可以表明殷纣王朝对商国百姓的横征暴敛与荒淫无度，这样的不顾民众死活，自然会招致社会经济的破坏，以致农村公社与邑聚一体的社会结构的解体，使大量平民沦为债务奴隶与军事奴隶，众多的中、小贵族，则沦为专事征伐寇掠的寇盗或游民，促成社会形态趋向普遍奴隶制化的畸变。（参见井卦讲解）

至于殷王朝对四邻邦国的掠夺，则有如《逸周书·酆保》中周公所说：

商为无道，弃德刑范，欺侮群臣，辛苦百姓，忍辱诸侯。

具体事实可以文王遭囚为例。据《战国策·赵策》：

鲁连子曰：“纣醢鬼侯，脯鄂侯，文王闻之，喟然而叹，故拘之于羑里之库。”

《史记·周本纪》载：

帝纣乃囚西伯于羑里，闳夭之徒患之，乃求有莘氏美女，骊戎之文马，有熊九驷，他奇怪物，因殷嬖臣费仲而献之纣。纣大说，曰：“此一物足以释西伯，况其多乎。”乃赦西伯，赐之弓矢斧钺，使西伯得征伐……西伯乃献洛西之地，以请纣去炮烙之刑，纣许之。

这一段记载，已可见殷纣“忍辱”诸侯之一斑。所谓“忍辱”，即是残忍的戮辱，包括酷刑、虐杀，强迫献纳土地、珍宝奇物、美女……即任意剥夺他们的生命权、财产权等等。至于“赐之弓矢斧钺，使西伯得征伐”。则是要求周文王像季历一样，继续为他保卫西北边疆，寇掠戎狄之族的人口财宝，再如季历一样向殷王国“献捷”而已。

正是由于季历征伐戎狄曾经远达殷都之东北，所以，文王欲行征伐，就有个是利于远征还是利于近取的问题，后来的事实证明，文王受命行征伐之后，是先行“取耆及邗遂伐崇”[1]。也就是就近攻取，逐步推进的策略，这便是本爻占辞所说的“利用侵伐”。

殷纣向诸侯的索取还见于《竹书纪年·殷纪》：

> 帝辛四十年，王使胶鬲求玉于周。

又《逸周书·世俘》：

> 时甲子夕，商王纣取天智玉琰五，环身厚以自焚，凡厥有庶告焚玉四千……凡武王俘商旧玉亿有百万。

这些玉，据说武王都发还予诸侯，可见殷纣向诸侯掠夺的宝玉数量之大，将他定性为强盗王国的暴君看来是非常准确的，因而对诸侯会同伐纣也是有极大的号召力的，所以占辞更断以“无不利”。

由是可见，“利用侵伐，无不利”从社会学的角度来讲，并不是主张到处侵掠；从文化学的角度来讲，也与谦德并不矛盾，它实际上讲的是当仁不让，见义勇为。这是谦仁合德的用意，是周初圣贤勇于承担历史使命的崇高品德的体现。

上六　鸣谦。利用行师，征邑国。

解：鸣谦。象辞。

字义：鸣，通明。鸣谦，即大明其谦德。

依数理取象：本爻当谦道之终，谦德之极，当大明其谦也。

依物理取象：本爻变，其卦之艮，是为敦艮，原卦以山下地，现在地复为山，且为崇山之巅，是为谦道大明之象。

利用行师，征邑国。占辞。即利于用兵征伐。这是依爻象的事理作出的应然判断。

自卦象言，互震交上坤，以威临于国，是行师征邑国之象，故断之曰

[1] 《竹书纪年·殷纪·帝辛三十四年》。

"利"；自事理言，大明其谦，是谦以行仁之意，并不是以让为美，故对于助纣为虐之邘、崇等国，均当伐灭之。最后更当伐纣灭殷，使暴乱之世归于大治，这才是谦道的发扬光大。显然，这是谦以行仁、谦以达仁的意思。到此为止，我们就可以更明白地了解《易经》作者所讲的谦德，与通常的谦退辞让，即谦让之道是不同的事。

其一，它是站在以天下国家为己任的立场上来讲谦德的，而不是从通常的为人处事，搞好人际关系的角度上讲的。

其二，它是将仁德置于最高地位，置于谦德之上的，并不以谦道为至德，至于易传所谓"天道亏盈而益谦，地道变盈而流谦，鬼神害盈而富谦，人道恶盈而好谦"，便只是就一般人立身处世而言，把谦德推崇到最高最美的地步，实际上是春秋战国时期士、大夫阶级的观念，与《周易》的圣王之道，根本不能相提并论。

其三，它是将谦德作为仁德的起点来看的。一个人，特别是一位国君，毫无谦虚谨慎之意，自以为了不起，什么都由着自己蛮干，那就是桀纣之流。《史记·殷本纪》说："帝纣资辨捷疾，闻见甚敏，材力过人，手格猛兽，知足以拒谏，言足以饰非，矜人臣以能，高天下以声，以为皆出己之下……"正是表明他毫无谦慎之德。显然，这样的人，在缺乏有力监督的环境中，只能至于狂暴，决不能达到仁德义举。所以，我们也不能因为以仁义为美德就轻视谦慎之德，应该懂得谦是德之柄，无谦即不能执持其德，并应作到谦以制礼，即不应当停留于作风上的谦慎，而应当在行为上体现和维护应有的规范，也就是谦以行义，谦以行仁，谦以达仁。这样才能作到谦道大明，或大明其谦。

总起来看，谦卦是讲谦仁合德之卦。与其说是讲思想作风上的修养，不如说是讲道德行为的实践，所以它同履卦实有相同的旨趣。学习谦卦，我以为首先要从历史的实际上加深对周初圣王的道德实践的理解，才不至于空谈心性修养，从而可以体会到周初圣王的精神境界，接受他们的道德精神的感染，在增强自己的历史使命感的基础上来提高自己的道德意识，这也是学易的根本所在，是上上乘的学易，是易教的上上乘。

从谦·六五系辞来看，它反映出的社会学内涵是异常重要的，但是从全卦来看，由于易传的单向发挥，它在文化学上的影响就更为深远。以谦虚为尚的精神实际上几乎渗透于《易传》的全文之中，因此有必要在这方面多费一些笔墨。

近人张岱年、萧萐父两位先生对《周易》的文化内涵，曾有如下概括：

张先生说：传统文化要解决的问题主要在四个方面。①理欲之辨；②义利之辨；③德力之辨；④法教之辨。那么，我们来看，谦卦的价值取向如何呢？首先它是重视“理”的，所以主张为人谦慎，但它不废“欲”，主张㧑谦、鸣谦，满足人们的欲望，因而是理欲的统一观；它重视利，也重视义。“不富以其邻，利用侵伐”，归根结底是对己、对人都应有利，因而是义利统一观；它强调德，但主张“利用行师，征邑国”。这是以力显德，力和德在这里是分不开的，没有力如何显德，没有德如何能有足够的力，真理要有强权维护，但强权不等于真理。周初圣贤对这些问题是天然地统一的；法教之辨也是如此，教而不行即当用法，最大的法就是革命。总之，这四方面，它是不偏不执，亦偏亦执，应时而变，依理而为，允执厥中。

萧先生说，人文易中可以视为民族魂者有四：①时代忧患意识；②社会改革意识；③德业日新意识；④文化包容意识。我们感到，这四种意识，在《易经》中的确都是非常鲜明强烈的。在谦卦中，只要我们能从历史的实际出发，从文武革命的道德实践上去理解，那也是非常鲜明，非常强烈的。在《易经》中，有两卦集中地讲革故鼎新之道，堂而皇之地提倡社会改革，在谦卦中又大讲其“利用侵伐”，“利用行师征邑国”，其时代忧患意识、社会改革意识、德业日新意识，何等鲜明而强烈，文化上的包容也自然包含其中了。这样的时代意识绝不是没落的社会阶级可能有的，它只能是新兴的革命阶级的意识。周初圣王之所以天然地达到这种境界，在根本上正是由于他们的社会地位、历史地位所决定了的。可以说，这些意识，都是从他们的社会责任感与历史使命感中自然发生的。也许他们并不十分明确，但是，有了这种责任感和使命感，也就不难形成这样的自觉，也就自然地会有合理的价值取向，这一点对于我们的伦理教育、道德教育，也可能是大有启迪的。至于周初圣贤如何代表先进的社会意识，可再参看明夷、遯、革、鼎等卦爻讲解。

有了社会责任感与历史使命感的自觉以后，我们再来看看《老子》所讲的谦德与《易经》的谦德有何不同，就容易把握了。

《老子》一书，洋洋五千余言，与《易经》相当。老子的道，政治上集中体现为“无为而治”，修养上可以说便是集中在“谦退以为用”。今本《老子》81章中，直接讲到谦退之用的就有34章，其余各章可以说也不离谦退二字。《汉书·艺文志》说：“道家者流，盖出于史官，历记成败存亡、祸福、古今之道，然后知秉要执本，清虚以自守，卑弱以自持，此君人南面之术也。合于尧之克让，易之嗛嗛，一谦而四益，此其所长也。”这个评价，可以说抓住了道家思想——首先是《老子》思想的本质——谦虚、谦让、谦退。

谦道在《老子》一书中，表现为不恃（为而不恃）、不争（为而不争）、不居（功成而弗居）、不耀（光而不耀）、不先（不敢为天下先）、不盈（保此道者不欲盈）、不自见、不自是、不自伐、不自矜、不自贵、不自为大，去甚、去奢、去泰，上德不德、知者不言，等等。从正面讲是和光同尘，处恶处下，功成身退，能敝而新成，曲则全，少则得，洼则盈，受国之垢，受国之不祥等等。

其根据是：柔弱胜刚强、明道若退、大白若辱、大成若缺、大盈若冲、大直若屈、大巧若拙、大辩若讷、能下者王、天之道损有余以补不足、正言若反。

其实际运作表现为：知雄守雌、不争而善胜、不言而善应。

其根本用意在于：无私以成其私、不伐而有其功、善用人之力、处上而民不重、处前而民不害。

如此等等。

老子谦道思想，本来包含有一种民本意识，它对于国君的行为导向也有良性的制约作用，而且老子的谦与《易经》的谦有其相同之处，二者都是以功德取向为前提①，后世离开功德讲谦虚，乃是一种误导，弄得不好便成为欺人之谈或骗术。

老子的谦与《易经》之不同：首先在于《易经》以谦行道，谦以行仁，仁义才是道德的最高范畴，谦慎是行仁持德之柄；是方法、道路，不是最高德行。谦卦的最上两爻，最终目标，是行仁取义；老子则以谦为德，而且是最高的道德，有了谦就合于道，就能为社稷主，为天下王，然而实际上仅仅是谦让、谦退，并不能成就功德。功德仍以仁义为前提，仁义的实

---

① 借用佛学名词，利他、利人、利众生的事功，谓之功德。

质就是社会责任感和历史使命感，没有这种责任感和使命感，便只能为自己的利害着想，容易流于利己主义，《老子》书往往为后世阴谋家所曲解利用不是偶然的。其次，老子的谦让、谦退，实际是以退为进，以不争为争，以不为而为，引而申之，以无功德为有功德，这很容易被不学无术之徒所利用，明明无所作为，却可以自命为谦让、谦虚，对于实干、苦干，而有真才实学者，反而可以加上狂妄自大，个人野心等等罪名，窒息创造性和进动力，在传统文化中形成消极阴暗面。《周易》的谦，既不是谦退，更不是谦卑，主要是谦慎、谦敬，总的说是一种永不自满自足的自觉意识与敬慎于事的态度，这是由社会责任感和历史使命感所决定的。天下国家之事，关系成败兴亡，必须敬慎处之，不可狂妄自是，但绝不是无所作为，明哲保身。所以谦慎谦敬，都以行仁、取义为主旨，敬慎与当仁不让，见义勇为精神是完全一致的，这是我们今天研习谦卦应该把握的基本精神。

30. 井：基层建设之要

（附：关于修辞论美学及殷末井田制问题的讨论）

䷯ 井。改邑不改井，无丧无得。往来井井，汔至，亦未繘井，羸其瓶。凶。

解：井。象辞，通常用为卦名。

字义：井，甲文作，金文作。

《说文》："井，八家一井，象构韩形，瓮之象也。古者，伯益初作井。"段玉裁注："韩，井上木栏也，其形四角或八角。"又《说文·缶部》："瓮，汲瓶也。"高鸿缙《中国字例》："井当以水井为本意，韩，井栏也。瓮，井口也。至《孟子》述井田之制，八家为井，井九百亩云云，为井字之借意。"（上引《汉语大字典·一部·井》）今按：井之甲文及金文均作水井之形，至秦汉隶书犹然，故水井为井之初义无疑，高说可从。《孟子·滕文公上》："方里而井，井九百亩，其中为公田，八家皆私百亩，同养公田。"焦循正义："其形如井字，故为一井也。"其说亦当。

近世考古资料及民族学资料证明，水井的使用，起源甚早，大约在农耕定居开始时，为保证饮用供水，便有了原始的水井。史前期水井的发现，以浙江余姚县河姆渡遗址第二文化层发现的有木结构的水井为最早，距今约六千年。龙山时期的水井发现了二口，深达七米多，口径二米左右，工程甚大。良渚文化的土井，分布较密集，在井底发现有取水的陶罐，罐的形制较小，取水量不多，可证这些井都属于饮用水井而不是灌溉井。《汲冢周书》载“黄帝作井”，“尧民凿井而饮”，均为饮用水井甚明。《世本·作篇》：“汤旱，伊尹教民田头凿井以灌田。”则可作为灌溉井之文献初证。大体上，远古时期的井，多是用于饮水或制陶的需要，后来农田发达，才逐渐凿井灌田。《易经》所讲的井，主要是指饮水用井；同时也指井田制的基本单位，即“方里为井”。关于井田制的问题，古代学者大体均取认同态度，近世学界疑古思潮泛滥，轻易加以否定。金景芳先生为此作了详细考证，说明井田之法，不论在中国古代还是古代东方及西方的农村公社时期都是广泛存在的一种利于计量分配、轮作和灌溉的文明制度，孟子的说法虽是一种设想，但并非毫无根据，实际上类似孟子的说法的多种不同的计量分配方法是广泛存在的。金先生在《论井田制度》（《吉林大学学报》1981.1）一文中在作了有力论证之后曾气愤地批评疑古过勇者说：“疑古派一些先生，不了解一般与特殊的关系，用一刀截来衡量古籍上的事物，从中找岔子，用以否定古书，这只能说明他们缺乏唯物史观，尤其缺乏辩证法……”关于疑古派的种种结论，近来已被不断出土的考古资料加以证伪，相信在“夏商周断代工程”完成之后，大多数问题可以得到解决。

依物理取象：本卦下巽上坎，巽为木，在水下，水井之象也。由于木质轻，本当浮于水上，其入于水者，必是钉在水下的木桩，用作井壁之护栏。这正是河姆渡文化中发现的木架构筑的水井之象，木架有坚固井壁及过滤杂物的功能，所以沿用甚久，后来砖块发明，才逐渐改用砖石砌井，那便是技术上的一大进步。从本卦内容看，周初正当用砖石取代木桩构井的转换时期。

改邑不改井，无丧无得。往来井井，汔至，亦未繘井，羸其瓶。叙辞，叙述行筮之由。

词义：改邑，古大夫改领他邑。

邑，古代农村公社基本的聚居单位。《周礼·地官·小司徒》：“乃经土地而井牧其田野，九夫为井，四井为邑，四邑为丘，四丘为甸，四甸为县，四县为都，以任地事而令贡赋。”

又：《周礼·考工记·匠人》：“匠人为沟洫……一耦之伐，广尺深尺谓之畎；田首倍之，广二尺深二尺谓之遂。九夫为井，井间广四尺，深四尺谓之沟；方十里为成，成间广八尺深八尺谓之洫；方百里为同，同间广二寻深二仞谓之浍，专达于川。”

《汉书·刑法志》：“一同百里，堤封万井。”

以上说明“井”是农户编制的基本单位，这种编制单位正是建立在井田制的土地计量分配的基础之上的。“四井为邑”，说明“邑”是最小的聚居单位，户数约为36户。以后邑聚不断扩大，讼卦中已有300户之邑，其中已包括了政军工商各业众民。更大的为都邑，并逐渐发展为城市。一个大夫所得封地，有一邑或至数邑，若改迁其封邑而不增加或减少其编户之井数，便叫做“改邑不改井”。

井井，形容田间通道畅行有序。由于井田是大小等同的豆腐干式的耕作区划，为排水方便而有沟洫制度，如上文《考工记·匠人》之所述；而沟洫制是就排水沟的形制作出的整齐划一的规定。至于田间通道，则见于《周礼·地官·遂人》：“夫间有遂（广深各二尺），遂上有径（容车马也）；十夫有沟（广深四尺），沟上有畛（容大车）；百夫有洫（广深八尺），洫上有涂（容乘车一轨）；千夫有浍（广二寻，深二仞），浍上有道（容二轨）；万夫有川，川上有路（容三轨）。”①

于此可见与井然有序的遂、沟、洫、浍、川相应的是上面有径、畛、涂、道、路等交通行道。这些交通行道，自然也是井然有序的。故有“往来井井”之说。后世所谓“井井有条”当源于此。

汔，《说文》：“汔，水涸也。”引申为尽。《广雅·释诂》：“汔，尽也。”孔疏：“汔，几也，近也。”经文有二汔字，另一处见未济卦辞：“小狐汔济，濡其尾。”孔疏：“汔者，将尽之名。”此处当以用“尽”义为当。

繘井。《说文》：“繘，绠也。”其音yù，即汲井水时用的绳索。繘井，即引绠于井以取水也。

羸，有瘦弱、拘系、毁损等义，此处用毁损义。

瓶，取水具，古多用陶制，今已发现于良渚文化遗址中。

辞意是说，某大夫改领它邑，其所属编户没有增减。刚刚迁到时去井里打水，水还没有打上来，就把水瓶碰破了，觉得很不吉利，这种情况下

① 括弧内文字为郑玄注。

进行筮占，遂得巽下坎上之卦，其卦象为井，并叙其占筮之由。其中“改邑不改井，无丧无得”是一句谚语，有如小畜、小过之“密云不雨，自我西郊”，不过后者为农事天候谚语，而改邑不改井，无丧无得，则为社会事务方面的谚语，略近于现时的“半斤对八两，不多不少”。它的意思是说，一个大夫如果改换封邑，而不改变（即不增加或减少）所属的井田和编户的多少，那就可说是既无所得，也无所失。一般的谚语都是对当时多发性事件的反映，这一谚语表明当时大夫改变封邑的情况相当普遍，这与殷周之际，周族势力不断扩大并进而取代殷商统治的过程显然是密切相关的。往来井井，也可能是当时的一句谚语，此处用以表明新来的邑主组织得井井有条；未繘井而羸其瓶则表明旧邑主的无能和腐败；这正是周族代殷的过程中，在基层社会发生权力转换时的极好写照，整个井卦诸爻都在于描述这一过程。

叙辞但叙行筮之由，不必取象，其章法可参见睽卦释。

凶。占辞。谓筮遇本卦，所贞之事为凶厉也。这是从叙辞的事理中作出的实然判断。盖卦象所示为井，井者蓄水供人饮用之物，所谓养而不穷者也，本无吉凶可言。但从叙辞来看，某大夫新迁至于此邑，刚到时拟从井中取水饮用，未繘井而瓶即被碰破，说明井壁崩坏，井底有瓦石，因而碰损其瓶，不得饮用。既不得水以养民，其民如何安居，民不安居则邑不治，邑不治则邦国危，非凶而何？

这一占断，不从卦象的物理或事理中作出判断，而从行筮的缘由中作出判断，在经文中略显特殊，但从实际的操作过程来看则是完全合理的，所以在当事人看来是可信的，因而也是有说服力的。类似的有如革·上六：“君子豹变，小人革面。征凶，居贞吉。”亦是依叙辞的事理而定占也。

一般情况下，因繘井取水而损坏了汲水瓶并非太大的问题，也未见得就有凶的后果，这里作出凶占，显然有多方面的原因。

其一，由于在刚刚迁居新邑之际，便遇上井水难以取用，在实际生活中确实造成了很大的困难；

其二，井不可用，反映了旧邑主治邑无方，必定弄得民生凋敝，以后的邦国建设任务也将是异常繁重；

其三，作出“凶”占，足以警醒新邑主发愤图强，兴利除弊，在废墟上建设新家园。

这些意图，在本卦初至上爻的象占辞中，是体现得非常明白的。

初六　井泥不食，旧井无禽。

解：井泥不食，旧井无禽。象辞，以象代占。

字义：食，泛指饮食，这里指饮水及煮食。禽，泛指鸟兽鱼等猎获之物，作为动词即用擒获义。

依数理及物理取象：本爻当卦位之初，在井之底而阴柔，泥之象也；又当下体巽初，为倒兑之象；与互兑相反，兑为口食，与之相反，故有不食之象；又兑为泽，为井，倒兑即泽井崩坏，有旧井之象；互兑入于离，离中虚，井虚无物，无所禽获之象，故曰旧井无禽。自事理而言，井既见泥，污秽沉浊，自不可食用，旧井崩塌，既不可养鱼，亦不可用作捕猎之陷阱，自然也就无所禽获了。

本爻不另系占辞，盖无攸利之象已自然明白，故可以象代占。

九二　井谷射鲋，瓮敝漏。

解：井谷射鲋，瓮敝漏。象辞，以象代占。

字义：井谷，井指水井，谷，甲文作，金文作。《说文》：“谷，泉出通川为谷。从水半见，出于口。”其字象水源流出水洼之形。《韩非子·五蠹》：“山居而谷汲者，膢腊而相遗以水。”《公羊传·僖公三年》：“无障谷，无贮粟。”何休注：“无障断川谷，专水利也。”可见谷是水源之所在，古人多定居于山麓，饮、用皆取水于谷。井谷者，如井之谷，较为深广，可抱瓮而汲，饮、用水之源也。

鲋，鲫鱼，形体小而易繁殖之鱼也，可食。

瓮，陶制盛器，小者用于灌溉，大者用于储水。其置于井边者，用于汲水。

辞意是说，井水之源处已长了小鱼，鱼群颇多，可以射取，可见久未疏淘；而取水或储水之瓮又敝漏不堪。

依物理取象：本爻当巽中、兑下，兑为泽，泽下故曰井谷；巽有鱼象，上坎为弓，故有井谷射鲋之象；兑为泽，储水之处，有瓮象；巽下缺，有漏损象，故曰瓮敝漏。

上爻既曰井泥不可食，至于水源亦浑浊不清，有鱼成群，储水之瓮又敝漏而无所储，显示一派衰败景象，其不利可知，故不另系占辞。

九三　井渫不食，为我心恻。可用汲。王明，并受其福。

解：井渫不食，为我心恻。象辞。

字义：渫，《说文》："渫，除去也。"音 xiè。《广韵·薛韵》："渫，治井，亦除去。"意即淘去井泥。

心恻，《说文》："恻，痛也。"心恻者，谓心情忧伤、悲痛。

我，指代词。

我字在经文中有几种用法：

蒙卦辞："匪我求童蒙，童蒙求我。"我字指代行筮之人；

小畜、小过："密云不雨，自我西郊。"我字泛指行筮者之方位，邑外为郊，即指我邑；

颐·初九："舍尔灵龟，观我朵颐。"我字泛指与"尔"相对之"我"。

鼎·九二："我仇有疾，不我能即。"我字指代问筮之人。

综观之则"我"均与求筮、行筮之人相关。故此爻"为我心恻"之我亦泛指行筮与求筮之人也。

辞意是说，有浚治之井，其水可用，但又不准许邑人饮用，使行筮者感到很同情。这是对旧邑主的暴政的一种揭露和控诉。

依物理取象：本爻当互兑中，井底之象；变则互离成艮，艮为手，渫治其井之象；兑又为口，艮又为止，禁口不食之象；本爻变，下体成坎，坎为加忧，上体亦坎，忧上加忧，有心恻之象。故曰"井渫不食，为我心恻"。

可用汲。占断辞。

字义：可，许可；用，通以。可用汲，即许可其汲用井水。这是从象辞的事理中作出的应然判断。因为一邑之中井泥而不可食，井谷又滞浊而无储水之具，民众饮用水之困难可知，旧邑主之井渫治可饮，但又不许民众汲取饮用，实在令人愤慨和同情。自当与民方便，令其可汲用饮食也。

王明，并受其福。释辞。说明作出"可用汲"的决定，是根据周王关于为政以德的英明决策而施行的，因而使一邑之人，都享受到周王德政带来的福祉。

周初德政，强调以民为本。《逸周书·文传》：“凡土地之间者，圣人裁之，并为民利。”《逸周书·柔武》：“以德为本，以义为术，以信为动，以成为心。”《尚书·康诰》：“用康保民，弘于天。”“乃服惟弘王，应保殷民，亦惟助王宅天命，作新民。”这些英明决策可以说正是井·九三的政策依据。

六四　井甃。无咎。

解：井甃。象辞。

字义：甃（zhòu），《说文》：“甃，井壁也。”马融曰：“为瓦裹下达上也。”干宝曰：“以砖垒井曰甃。”意即以砖砌井壁。

依审美及事理取象：本爻变，其卦之☱☰☴（䷛），即大过之卦，中坚实而上下阴柔，又中乾乾而正反兑相对，有如砌井成圜，自井口俯视，则见上下皆如圜之井口，故为井甃之象。由于成圜之井，不能以木桩作栏而当以砖石砌成，一般木桩作栏之井，均甚粗陋，仅以木桩钉成井架，其下部插入水中，能起栏蓄及护持作用而已，而其形为方，其上则水口漫溢，必无坚实成圜而上下俯视皆见井口之象，今既有此象故知其必为砖石所砌之井也。

无咎。占辞，谓无有灾咎也。这是自爻辞的事理作出的应然判断。盖木桩之井，其上不坚，极易漫坏，其蓄水及护持作用均不佳，木桩又易腐败，影响水质，漫坏则不便汲取而有毁瓶失足之虞，皆不可谓无咎，今改用砖石砌井，则坚实而无虞，故其占为无咎。

从初爻井泥不食，即可见木桩构井漫坏情状，今改用砖石砌井，是技术上的重大革新，这是新邑主对旧邑进行改造，重视基本建设的表现，也是周初德政的基本实践。井以养民者也，旧邑主不务养民而丧其邑，新邑主之于养民则能尽量利用先进技术，建设新井，可见他是很有务实精神的改革者。

九五　井洌，寒泉食。

解：井洌，寒泉食。象占连辞。

字义：洌，《说文》：“寒貌。”《诗·曹风·下泉》：“洌彼下泉，浸彼苞稂。”《毛传》：“洌，寒也。”可见在周初多用洌以状泉水之清寒。泉之寒洌者必清而甘，故又有清洌、甘洌等以状泉之甘洁。

辞意是说井水清凉可食。

依物理取象：本爻当上体坎中，井水所在也。坎为水，在井为泉，位在井上，其泉必清；坎又为月、为寒，故有井洌泉寒之象；甘洌而无杂秽之泉自可直接饮用，故曰“井洌，寒泉食”也。这是一种象占连辞的章法，故不另系占辞。有如讼·上九“或锡之鞶带，终朝三褫之”，观·六四“观国之光，利用宾于王”……它与以象代占不同在于象与占有直接的因果联系而不是相互等同。

本爻的隐喻层面，意在表明新邑主的德政所取得的重大成就。盖初至三爻，井泥不食，井谷射鲋，井渫不食，均是旧邑主的乱政使然，弄到无水可食，即使勉强取谷中之水，亦不可直接饮用，必须沉淀煮沸方可。今新邑主改造旧井，构筑新井，并运用先进技术，以砖石砌井，达到了井洌泉寒，可直接饮用的程度，说明他在爱民勤政方面是真抓实干的，是下了工夫的，基本建设的成就是显著的。

上六　井收勿幕。有孚，元吉。

解：井收勿幕。象辞。

字义：收，荀本作甃，帛本亦作收，当从今本作收。马融曰：“收，汲也。”收义本为取、为捕、为聚、为收集、为收拢等义，今与井字连用，所谓井收，即是汲取井水。

幕，虞翻曰：“幕，盖也。”幕本为帐幕，用作动词即覆盖义也。

依物理取象：虞翻曰：“坎为车，应巽绳为繘，故井收勿幕。”盖本爻当井口出水之处，其上无覆盖，故有井收勿幕之象。勿幕亦可视作诫辞，教其井成而当任由邑人取用，不可覆盖而专为己利也。

有孚，元吉。占辞。谓能得邑人之信从，而于事大吉也。这是从象辞的事理中作出的应然判断。新邑主既已构筑了新井，水质很好，甘洌可饮，若据为己有，取水后即加以覆盖，有如九三之“井渫不食”，便与旧邑主之乱政无别。今能井收而勿幕，听任邑人取用，那就必然会受到民众的信仰归从，其德政所及，邦国也必然大治，故曰“有孚，元吉”。

综合言之，井卦讲的是养民之道，其根本就在于为民除弊兴利。它要求统治者具有仁者之心，能够与民同患；有道义之行，能与民共利。周初圣贤大体上都具有这样的一种内圣外王的气质，更进而形成了他们为政以德的根本国策，这些特质在井卦卦爻辞中，都得到了充分的展现，甚至可以说是得到了完美的体现。

首先，养民之道，本来是为政之本，是根本性的大道理，但是，经文却不曾讲什么抽象的道理，它讲的完全是一些简单的事实，而这些事实又刚好体现了养民的根本。因为古代所谓养民，一是分给土地，另一方面便是要解决用水问题，而井，正是饮用水之源，可以说既是基本生产资料，也是基本生活资料。

其二，它不是就事论事，而是从一种典型的历史性的社会变迁中，作出令人心悦诚服的说明，先讲到改邑不改井，新邑主对此无丧无得的变迁，并不计较，而是着力于组织迁徙，使其有条不紊；在面对井泥不食，旧井无禽，井谷射鲋，瓮敝漏等种种旧邑的衰败现状时，他并不埋怨，也不畏难，而是对邑人的困苦处境非常同情；对旧邑主有井不许民众取用的禁令表示愤慨，立即加以取缔，体现了周王为政以德的英明国策。紧接着他致力于旧井的改造，新井的建设，引进新技术，改用砖石砌井，达到井深泉洌，可以直接饮用的清洁标准。最后还下令一切新井都不可覆盖，应听民取用，不得据为己利，而当与民共利，因而得到邑人的爱乐信从，邦国大治，大吉大利。这些事实正是周人取代殷商统治的过程中，社会从乱到治，民人从困苦到安乐的真实写照。作者叙述这一过程，以及选用这一事件来表述养民之道竟如此清晰自然，一方面，表明他对此是曾经亲历其境，故不待文饰而成章；另一方面，更体现了《易经》作者具有极高的审美境界，他将政权变换这样充满尖锐矛盾和严重冲突的事件，写得来合情合理，又富于审美情趣，使人得到一种革命建设的美感和愉悦。

现代修辞论美学有如下要点：

（1）内容的形式化。即把内容镶嵌在形式框架中，从形式中更清晰体现其内涵；

（2）体验的模型化。把体验带入语言学模型中去，借助一定的逻辑框架，使其成为可以理解的，最终超越模型，深入历史的土壤；

（3）语言的历史化。一是话语的历史化；二是语言学模型的历史化，即把非历史的模型综合在历史阐释框架中，服务于历史阐释；

（4）理论的批评化。即将理论体现于批评中。在这种批评中重构自我，而不是让理论高高在上地指导一切，虚而无著。

总之，修辞论美学意味着把特定的艺术话语置于文化语境中加以阐释，进而把握更深层的难以捉摸而又最根本的历史内涵。从审美的意义上来看，《周易》经文可以说已大体上体现了修辞论美学的“四化”原则，而井卦和贲卦，则是其更为明白地体现，这正是《易经》的艺术魅力之所在！

但是井卦的重大意义，最根本的还在于它的社会学内涵。

首先，井卦以“改邑不改井，无丧无得”“往来井井”，这样一些古代谚语反映了殷周时期井田制度的普遍存在，为史学界争论不休的涉及上古社会制度的根本问题的厘清，提供了文献学上的一重直接依据；

其二，卦爻辞明确地反映出古代分封采邑与领有井田的内在联系，邑聚是各业众民的聚居单位，井田则是农村公社的土地计量分配与农业人口编户的基本单位，分封时必有邑，有井，大邑则多井，体现有人斯有土，有土斯有财。邑聚与井田结合是当时社会的基本结构，也是生产方式的基础形态；

其三，邑聚的荒废，井田的破坏便是社会基础的毁坏，可能导致社会形态的畸变。例如卦爻辞中的旧邑主既不关心公社生产，也不关心邑民生活，这样，为了过富裕的生活，便只有经常从事寇掠，他们或为国家军官，或为商队武装首领，其基本职能都是寇掠，也就是以破坏经济基础为职业，其中的一小部分可能上升为军事贵族或商业贵族，多数则趋于游民化。与此同时，大量的异邦人及本族平民则沦为战俘奴隶或债务奴隶，社会由是呈现一种普遍奴隶化的畸变过程。这便是殷末社会大扰乱的根本原因，是殷纣闹到亡国的社会根源，也正是文王征伐与武王合诸侯伐纣时都能够以吊民伐罪为旗帜的大义之所在。这些问题我们将在遯、明夷、革、鼎等卦中再加申论。

31. 萃：人才是决定因素

䷬ 萃。亨，王假有庙。利见大人，亨，利贞。用大牲吉，利有攸往。

解：萃。象辞，通常以为卦名。

字义：萃，金文作、。《说文》：“萃，艸貌。从艸，卒声。”朱骏声《说文通训定声》：“萃，按，草聚貌。”《集韵·忢部》：“萃，草盛貌。”

是萃本象草之丛聚，丛聚即有盛象，故出“盛”义也。彖曰：“萃，聚也。”此处即用其本义，以喻萃聚贤才。

依物理取象：本卦下坤上兑，外泽内地，象地在泽中，泽中之地，草木滋茂，鸟兽栖之，故有萃聚之象。

依事理取象：本卦上兑为悦，互巽为命、为令，互艮为卿士，下坤为众、为顺，有上和悦以施恩泽，中承命而下顺从之象，于为政治国，是上行仁义之政而贤士民众归从之，此聚贤养民之正道也。彖曰：“萃，聚也。顺以说，刚中而应，故聚也。”其说甚是。

亨，王假有庙。叙辞。叙述筮遇此卦在享祀之际，而王者亦亲临于庙，因祀而行筮也。

字义：假，《说文》：“假，非真也。从人，叚声。一曰：至也。”《诗·商颂·玄鸟》：“四海来假，来假祁祁。”郑玄笺：“假，至也。”实际上，假有借、凭等义，故引申出格、至等义。《易经》中假字四见：

家人·九五：“王假有家。勿恤，吉。”

丰：“亨。王假之，勿忧，宜日中。”

涣：“亨，王假有庙。利涉大川，利贞。”

及本卦：“萃。亨，王假有庙。”如上四处假字均用“至”义，其章法亦完全一致，均用作叙辞。

庙，金文作、。《说文》：“廟（庙本字），尊先祖皃（貌）也。从广，朝声。”段玉裁注：“古者，庙以祀先祖，凡神不为庙也。为神立庙者，始三代以后。”朱骏声《说文通训定声》：“周制天子七庙，太祖（后稷）四亲（父、祖、曾祖、高祖）之外，有文武世室（文武之庙）二祧也。诸侯五庙，大夫三庙，士一庙。其制太祖庙在中，昭（二、四、六世）东，穆（三、五、七世）西，皆别为宫院。凡亲过高祖，则毁其庙，以次而迁。”

亨，王假有庙。即周王至其祖庙因祀而行筮也。叙辞但叙行筮之时地及事由，不必取象。尚秉和氏谓“王谓五，艮为庙，巽为入，王假有庙，言王以至诚，格于宗庙而有事也”，可备一说。

利见大人，亨，利贞。用大牲吉，利有攸往。占辞。

字义：见，通现，如乾·九五，“飞龙在天。利见大人”之见，即用“现”义。

亨，作为占辞，乃亨通、通达之义，如“大有。元亨”之亨，说详其释。

大牲，古代祭祀时，通常以用牛、羊为用大牲。

有攸往，谓有所外求，此处指王者巡狩、征伐、行猎或朝会、迁徙等大事。

辞意是说，利于显现大人之威德，以之聚贤养民皆亨通而能成功。又因卦象上兑下坤，皆牛羊之象，若有所往，宜用大牲以飨，故曰："用大牲吉，利有攸往。"

这是从卦象的事理作出的应然判断，因为非有大人之威德，即不足以聚贤养民而行征伐。王者因巡狩、征伐、朝会等用飨，也当以用大牲飨众为宜。

卦辞显然与文王聚贤任贤，兴周灭纣之事有关，说详诸爻辞释。

初六　有孚不终，乃乱乃萃，若号，一握为笑。勿恤，往无咎。

解：*有孚不终，乃乱乃萃，若号，一握为笑。*象辞。

字义：孚，经文中孚有二义。1. 俘获，俘虏。2. 信从，诚信。有孚与匪孚对言，此言有其孚从也。

终，经文中有二义：1. 终结；2. 成就。不终与有终对言，此言不终其事也。

乱，诅楚文作，三体石经作，均象以手理丝之形。丝乱方需理之，理乱而有序是为治之，故乱字有混乱及治理二义。经文仅此一乱字，二义均通。

一握，帛本作"一屋"，闻一多谓同于嗌喔、咿喔，笑声也。《韩诗外传》"咿喔而笑之"是也。

辞意是说，本来有威信的大君，不能终成其德，政治混乱，贤人们开始聚集起来，发出改革的号召，得到热烈的响应。

依物理取象：本爻当坤下而互艮及巽，坤为众，艮为门阙，巽为顺从，众人集于门阙而从命，乃有孚之象。本爻变则孚象不具，故有"有孚不终"之象。又坤为国为治、为乱、为众为萃，变震为雷，于人声为号、为大笑，故有"乃乱乃萃，若号，一握（咿喔）为笑"之象。

勿恤，往无咎。占辞。

字义：恤，忧也。勿恤，谓勿忧也。

往，有前往及持续行事二义，此处二义均可通。辞意是说，这样作没有问题，可以持续行事。这是自象辞的事理中作出的应然判断。大君丧失威信，造成天下大乱，贤人们聚集起来，倡行改革，是合理的，也是必要的。这是作者社会革新意识的体现。从史实背景来看，与殷纣统治末期的政治形势相关。

例如殷纣统治着殷商大国，并有许多属国诸侯，本来是有很多俘从之众的，他在位之初也还颇有作为，但是后来却逐渐走向了暴虐无道，因而丧失许多俘从之国对他的信从，这可以说是“有孚不终”；文王本来是信从殷纣的，但被疑遭囚，6年后才得获释，从此决心兴周灭纣，广行仁政，萃聚贤材，这可说是“乃乱乃萃”；《史记·周本纪》：“（纣）乃赦西伯，赐之弓矢斧钺，使西伯得征伐……西伯乃献洛西之地，以请纣去炮烙之刑，纣许之。西伯阴行善，诸侯皆来决平，于是虞芮之人有狱不能决，乃如周。入界，耕者皆让畔，民俗皆让长，虞芮之人未见西伯，皆惭，相谓曰：‘吾所争，周人所耻，何往为，只取辱耳。’遂还，俱让而去。”《正义》注曰：“二国相让后，诸侯归西伯者四十余国，咸尊西伯为王。”这些史实背景，正可作为“乃乱乃萃，若号，一握（咿喔）为笑”的史事内涵。勿恤往无咎，正谓当持续行其乃乱乃萃之事也。

六二　引吉。无咎。孚乃利用禴。

解：引吉。象辞。

字义：引，甲文，象人以手开弓形。《说文》：“引，开弓也。从弓丨。”由开弓引出“牵引”“引起”“延引”及“延长”“长远”等义，此处用引致义。

吉。《说文》：“吉，善也。”作为占辞指美善之事，作为名词指美善之人。《诗·召南·摽有梅》：“求我庶士，迨其吉兮。”即指求得吉士。此处引吉，即谓引致吉善之人才，有如蹇·上六之“来硕”谓引来耆硕大德之人也。

依数理及物理取象：本爻居下体坤中，柔而得位，上应九五，正为应当引致的贤人之象；本爻又当互体艮下，艮为手，为门阙，有引致朝廷之象；上体兑为悦，引致人才而上悦，故有引吉之象。

无咎。占辞。这是从象辞的事理中作出的实然判断。既然引致的是善美之士、优秀人才，自然无有过咎。引吉具有主动招贤的性质，应当说是萃聚贤才的自觉表现。

孚乃利用禴。谕辞。

字义：孚，这里用诚信义。

禴，祭礼之一。《礼记·王制》："天子诸侯宗庙之祭，春曰礿，夏曰禘秋曰尝，冬曰烝。"郑注："此盖夏、殷之祭名，周则改之，春曰祠，夏曰礿。"

按：礿即禴。《周礼·大宗伯》："以禴夏享先王。"《礼记·明堂位》："夏礿。"《公羊传·桓公八年》："夏曰礿。"皆谓周制以夏祭为禴。郑说有据。

禴祭的仪制，据《白虎通·宗庙篇》："夏曰禴者，麦熟进之。"《公羊传·桓公八年》何休注："麦始熟可礿，故曰礿。"既济·九五王弼注云："禴，祭之薄者也。"《左传·隐公三年》："苟有明信，涧溪沼沚之毛，苹蘩蕴藻之菜，筐筥锜釜之器，潢污行潦之水，可荐于鬼神者，可羞于王公……风有采蘩采苹，雅有行苇泂酌，昭忠信也。"这些都是说明禴祭是薄祭，但只要有诚信，祭物虽薄鬼神也可享纳，原来殷人以牛为牲以祭祖先，周人乃农业民族，重视牛力，于纣之六年，改行禴祭，祭物不用牛羊大牲而献之以菜麦之属，所以说禴是祭之薄者也。

辞意是说，祭祀神祇祖先贵在诚信，内心诚信，才利用薄礼之祭，以此教谕引致之贤士，应当诚信地效命于国君。所以应视为谕辞。这一谕辞的用意在于说明引致的吉士应有的基本品格，也是国君对他们的基本要求。

谕辞一般不必取象，不过，像这种对吉士们的教谕之辞，也应有卦爻象为据才更具说服力。这一谕辞可依物理取象，本爻当坤中，臣属之象；上互巽为顺伏，有孚从信顺之象；中艮为门阙，有庙象；巽为顺伏，有祭祀之象；爻变互体成离为夏，夏祭曰禴，故有"孚乃利用禴"之象。

孚乃利用禴之说，两见于经文中[1]，可见这是当时社会变革在行为规范

---

[1] 既济·九五："东邻杀牛，不如西邻之禴祭，实受其福。"与"孚乃利用禴"寓意相同。参见《春秋·公羊传》桓公八年之注疏。

上的一种反映。因为祠、禴、尝、烝，都是祭祀先祖的大礼，一般都要盛大其事。殷族夏祭曰禘，是以先祖配天帝之祭，更见其隆重，一般是必用大牲的。周初作了更改，四时之祭均不用大牲而代之以小禽，加以四时农产品，所以比较起来，祭礼较薄，夏祭之禴与殷人的禘祭比较起来就更显其菲薄了。史载："帝辛六年，西伯初禴于毕。二十一年春正月，诸侯朝周，伯夷叔齐自孤竹归于周。三十一年，西伯治兵于毕，得吕尚以为师。"①这些记载表明，周人改行禴祭之后，诸侯及贤士纷纷前来归附，社会行为上的这类重大变革必然伴随着社会观念的重大变革。反映在本爻中便是"孚乃利用禴"，用于贤士应有的品格的比喻性说明。

实际上，"孚乃利用禴"这种无主语的表述，其指称显然是具有双向性的，即是说，作为国君方面，对吉士们也应该待之以诚信，方能引致贤才，否则，即使已有的贤才都可能离去，更谈不上什么引吉了。

六三　萃如，嗟如。无攸利，往无咎，小吝。

解：萃如，嗟如。象辞。

字义：嗟，发语辞，经文中用表感叹，叹息。如离·九三："日昃之离，不鼓缶而歌，则大耋之嗟。"王弼注曰："嗟，忧叹之辞也。"如，语辞。嗟如者，忧叹之，犹离·六五之"出涕沱若，戚嗟若"义也。

依物理取象：本爻当坤上而互巽下，坤为地，巽为木，土地之上，草木丛聚，故有萃如之象；本爻又当巽下而上交兑，巽为风，兑为秋、为西，西风接地发声，有号象，故曰嗟如。

无攸利，往无咎，小吝。占辞。

谓萃聚而号泣嗟叹，实无所利，去此而往乃可无咎，惟小有羞吝而已。这是从爻象的事理中作出的实然判断。盖萃聚嗟叹，必非一时一事之得失，当是有关家国患难危亡之大事也。然聚而号叹，又何益哉！能离此而往，方可无灾咎，惟嫌其有羞吝耳。

这一占断的直观和隐喻层面，似乎都有明哲保身的味道，缺乏以天下国家为己任的勇气。但是，这种评判带有理想主义的情绪，实际问题往往不是如此简单，我们从殷末"三仁"在聚留与它往问题的抉择上就可有所

① 《竹书纪年·殷纪》。

了解。据《尚书·微子》载，微子痛殷之将亡，谋于箕子，比干，三人均叹惜“商今其有灾，我兴受其败；商其沦丧，我罔为臣仆……”最后的决定是“自靖，人自献于先王”。于是，“微子去之，箕子为之奴，比干谏而死”。孔子对此的评价是：“殷有三仁焉!”认为他们三人在人格上都达到了仁人的完美境界。对强谏而死的比干，谓之仁人自当无异议，即使离开殷朝廷而遁去的微子也许其为仁人，没有责备他只顾明哲保身，不顾家国危亡，是何原因呢？就是因为殷纣的乱政败德已达到无可挽回的程度，“殷其沦丧，若涉大水，其无津涯”。这种情况下，作为帝乙的长子，纣之庶母兄的微子，率领家族遁隐于外，得以全身以存殷之宗祀，也是在势不得已的情况下唯一可行的最佳抉择了。当然，这样的遁隐行为毕竟是不得已而承受亡国之辱，是并不光彩的。

了解了这段史实背景之后，我们不仅可以对爻辞“萃如、嗟如。无攸利，往无咎，小吝”的价值评判所具有的历史的合理性有所了解，甚至可以说，这条爻辞，正是周初圣贤对殷之三仁在萃往问题上抉择的合理性所作出的价值评判，它具有特指性，但同时又被提升到具有普遍意义的高度，而《易经》中所有的关于历史事件的评价，大体上都具有这种哲理反思的性质，因而能超越具体事件，具有普遍意义。

九四　大吉，无咎。

解：大吉，无咎。占辞，这是很吉利的占断。本爻不系象辞，直叙占断，这也是《周易》常用的一种系辞章法。是直接从爻象中得出的判断。盖本爻当坤上及互艮之终而又当上兑之始，乃众贤萃聚于朝廷而悦乐之象，与六三之萃聚而嗟叹迥然不同，是萃聚所追求的理想状态，所以断之以大吉，无咎。这显然与周初群贤毕集，和悦兴邦之经验相关，读者可以意会，兹不赘述。

九五　萃有位。无咎。匪孚，元永贞，悔亡。

解：萃有位。象辞。

词义：有位，位之甲文作，金文同。《说文》：“位，列中庭之左右谓之位。”段注：“庭，当作廷，字之误也……中廷犹言廷中。古者朝不屋，

无堂阶，故谓之朝廷。”所以，位的原意为朝廷中群臣的列位。有位，即在朝有官职之在位者也。

依数理取象：九五君位，朝廷之象也，萃于朝廷者，必在官而有位之人，故有萃有位之象也。

无咎。占辞，谓无有过咎或灾咎也。这是从爻象的事理中作出的实然判断。盖朝廷之中，所聚皆在官有位之人，这是正常现象，所以断之曰无咎。

匪孚，元永贞，悔亡。诫谕辞。这是对“萃有位”这一类大事所作的一种诫谕。匪孚与以孚相对，谓不以其为俘虏也。元永贞，悔亡。谓自始至于久远，皆不至有悔也。辞意是说，既然萃聚的是有位之人，就不要将他们作为俘虏对待，这样才可以避免失误。

诫谕辞一般不必取象，但多有实际经验为依据。

从史实背景看，可能与武王伐纣，诛纣之后入于殷之祖庙而大会群臣之事有关，释详下爻。

上六　赍咨涕洟。无咎。

解：赍咨涕洟。象辞。

词义：赍咨，帛本作粢栜，哭泣之声也。马融曰：“赍咨，悲声、怨声。”郑康成曰：“赍咨，嗟叹之辞也。”

涕洟，郑玄曰：“自目曰涕，自鼻曰洟。”涕泪纵横之貌也。

依物理取象：本爻当兑上，兑为口，当口之张开处，有发声之象；兑又为泽，互巽及艮，巽为风、为陨，艮为鼻，既发声而又陨水于鼻，故有赍咨涕洟之象也。

无咎。验辞，谓无有灾咎也。以验代占。盖赍咨涕洟，本为大凶之事，于事理而言，不合有“无咎”之占。但于史实而言，则实为无咎之良好结局，所以这是以应验之史实系之以代占断也。这段史实，大约也与武王革殷受命之事有关。实际上，整个萃卦都以殷末周人聚贤兴邦为背景。

据史书记载，武王膺更大命，受命于商社之际，商族有位之贵族都曾聚集待命。武王释箕子囚，封纣子禄父商之遗民而反商政，政由旧，就是不把商贵族作为俘虏对待，仍然保留他们在商族中的特权，这些人感戴武王之德，又伤亡国之痛，自然会有赍咨涕洟的场面，但最终并无灾咎，所以自始以至久远来看，是无须悔恨的。这正是九五“萃有位。无咎。匪孚，元永贞，悔亡”与上六“赍咨涕洟”而得以“无咎”的史实依据。

当然，“匪孚”并不是无条件的、普适性的，据《逸周书·世俘》谓武王“甲子朝至接于商，则咸刘商王纣，执矢恶百人，太公望命御方来，丁卯望至，告以馘俘。”紧接着，伐越戏方，伐靡集于陈，伐卫，均有“告馘俘”之事。“辛亥，荐俘殷王鼎……癸丑荐俘王士百人……”可见对商纣之宝器及死党均以俘获对待而且荐俘以告庙。可见，所谓“匪俘”乃是对商朝旧臣、有官职的贵族而言，对他们表示优待，表明革命代殷乃是膺受天命，诛纣乃是代天行诛，为商族除残去秽，对纣的死党百士行诛也是除残去秽的义举。可见，“匪孚”只能是特指对商朝旧有位之人而言。这正是“匪孚”置于“萃有位。无咎”之后，作为萃有位的诫喻辞的内在依据，也是“赍咨涕洟”而又系以“无咎”之占验辞的史实根据。

总之，萃卦是一个重要的卦，《系辞传》所谓卦有小大，萃与姤比起来，一大一小，非常明显。

萃卦之大在于它讲的是聚贤兴邦的大道，所依据的是自文王起“乃乱乃萃”，以至于代殷而“萃有位”的史实。在国家管理上属于组织路线、干部路线上的革故鼎新的重大问题。历史的经验表明，依靠什么样的人，是革故鼎新成败的关键，尤其在集权制条件下是如此。殷周之际，这一原理呈现得十分清楚，殷纣“惟四方之多罪逋逃，是崇是长，是信是使，是以为大夫卿士”（《尚书·牧誓》），“为天下逋逃主，萃渊薮”（《尚书·武成》），所萃聚的是邪小败乱之人，至于亡国；周邦以师尚父、文王四友为代表，所萃聚的是贤士能臣，至于代殷而有天下。这样的历史经验并不是所有的人，尤其是后世子孙能轻易了解的，所以周初圣贤作易时专门用一个卦来讲萃聚之道，以聚贤为本。所谓贤者之德体现在二爻，就是柔顺中正；而聚贤之道则体现在四爻，即拔萃于众而上和悦，二者之间均应以诚信相待，有如“孚乃利用禴”。简而言之，就是倡导一种选贤任能的干部政策，造成一种上下诚信、和衷共济的生动活泼的政治局面。这是周人革命经验的重要总结，当与升卦参看。

32. 升：宜升则当仁不让

䷭　升。元亨。用见大人，勿恤，南征吉。

解：升。象辞，通常以为卦名。

字义：升，甲文作，金文作。高鸿缙《中国字例》：“此升起之升字，倚斗画其已挹取有物，而升上倾注之形。”此说大体上可以成立，但字形实象以斗挹水、酒之类而犹有水溢之形，非倾注之形也（倾注之形当如易字之甲文作）。因以斗挹之而提起，故出上升义，又出量词升斗之升义，引申为进、为登。此处即用升进、升登义。

依物理取象：本卦下巽上坤，巽为木，坤为地、为土，木在土中，其势上长不已，故有升象。

依事理取象：本卦下巽为伏、为从；上坤为顺、为众；随顺于众，则可升进之象也。

郑康成本升作昇。解曰：“升，上也。坤地巽木，木在地中，日长而上，犹圣人在诸侯之中，明德日益高大也，故谓之升。升，进益之象也。”甚得本卦主旨。

元亨。叙辞，叙述筮遇此卦而系辞，乃在大享祀之时也。祠、禴、尝、烝，为四季之大享祀，另有禘、郊、祖、宗、报以及会盟、出征等大享之时，亦往往有占筮之事，选其验者而录之以为系辞也。从后面的“南征吉”可知，这是一次关于南征的军事行动的祭祀，乃筮而有其占也。

用见大人，勿恤，南征吉。占辞。

字义：用见，高亨以为当作“利见”，并引乾·九二、九五等数卦均作“利见”而无“用见”之辞为证。帛书本亦作“利见”，其说似可成立。但联系后有“勿恤”之说，及整个占辞含义来看，则仍以作“用见”为宜。“用”通“以”，作介词，经文中如谦·初六“君子用涉大川吉”，益·初九“利用为大作”，六二“或益之十朋之龟……王用亨于帝”，六三“益之用凶事。无咎”均为其证。“用见大人”者，即“以见大人”也。

勿恤，谓勿忧也。经文中均用于对某一重大行为之预期性评判。如：晋·六五“失得勿恤。往吉”，家人·九五“王假有家。勿恤，吉”，夬·

九二“莫夜有戎。勿恤”均属此类。丰卦辞“亨。王假之，勿忧，宜日中”章法格局更与本爻章法完全一致。勿恤或勿忧，都是对前句所述之重大事件的预期性评判，评判之后均系有进一步的行为指导，如：“往吉”，或“宜日中”等，本爻后即附以“南征吉”也。

占辞意谓，筮遇升卦，以见大人，可以无忧，往南征伐，则可得成功。这是依升卦卦象的事理作出的应然判断。盖升卦乃欣欣向荣，蒸蒸日上之象，于社会政治生活而言，正如郑玄所云，乃“圣人在诸侯之中，明德日益高大”之时，于史实即周文王三分天下有其二之时也。此时会见诸侯邦君等大人，与之会盟征伐，不仅诸侯乐意，殷王也曾赐予弓矢斧钺，“命西伯得征伐”，自然是没有畏忌的，故断以“用见大人，勿恤”。“南征吉”则表明当时约见诸侯，并非伐纣，而是伐纣以前的一次向南方的征服。据《竹书纪年》载：帝辛三十三年，王锡命西伯得征伐。三十四年，周师取耆及邘，遂伐崇。（实则三十五年伐邘，三十八年取耆，三十九年伐崇。）其中耆、邘均在殷都及周都之北。只有崇（今河南嵩山）在殷都及周都之南。另外，周原甲骨曾有“伐蜀丝”之辞，亦当文王之世，但不是大战役。从三分天下有其二的形势来看，当时西南各诸侯国皆已侯服于周，不久，蜀人即参与了武王伐纣的重大战役，所以，文王国力升进到此时，所进行的南征之筮，又在元亨之时，当是指伐崇之役而言。由于崇近邻殷都，又曾促成殷纣囚禁文王，是殷王国所属最大的酋邦，势力很大，所以伐崇是伐纣以前的一次决定性的战役。《逸周书·程典》正是文王遭崇侯虎之谮而被囚前嘱托周邦大臣的留言。《逸周书·酆保》则是他灭崇后所作的历史经验的总结。其中记述的祀上帝飨诸侯之礼，即称王大典。据此可知伐崇的重大意义。当时行筮的记录，便是我们今天见到的升卦辞。

这样重大的占断自应有象可据。本卦上体坤互震，坤为国为众，震为威，君主之象，故曰用见大人；兑又为悦，下巽为顺从，众顺从而悦，无恤之象；又互兑于位为东南，上互震为征伐，兑又为悦，南征而悦之象，故曰南征吉。

初六　允升。大吉。

解：允升。象辞。

字义：允，甲文作，金文作。均象人躬身作允诺、许可之形，引

申有许可、信从、允当、果然等义。《说文》：“允，信也。从儿，㠯声。”实取其引申义。王弼注：“允，当也。”此处即用“当”义也。

又按，此允字在施雠本中作𡕝，与晋·九三“众允”之允同。《说文》：“𡕝，进也。从夲，从屮，允声。”高亨注曰：“考金文，𡕝作，当为草木生长上进之义。从，允声。，古卉字，从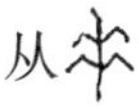下象其根，然则此文允借为𡕝，其义为进矣……”此说于爻象颇能切合，但于取义则𡕝进与升进二义重复，与经文之用词习惯不合，而且，帛书本经文中二“允”字皆作“允”，而不作𡕝，仅可供参考。今仍按王弼注，释允为“当”。允升者，谓当升也。

依物理数理综合取象：本爻当巽下，巽为木，下爻当其根柢，乃生长上升之原动力所在；为当升之本，故有允升之象；自数理言，本爻位在最下，是理当升进之位也，故取其象曰“允升”。

大吉。占辞，谓升则大吉也。这是从爻象的事理中作出的实然判断，盖升进之道，已处上位者，升则无益，或反成害；而处下位者，当升之时，自有升进之益，不升则为自甘堕落，不求上进；升则能顺势而乘时，必能成其功，故允升必得大吉也。

不甘贫贱，追求进步和发展，乃是人的本性。自爱，自强，是人类的美德。培根就说过：“个人利益和自爱是道德的基础，是公共福利的源泉。”爱尔维修还认为：“美德这个名词，我们只能理解为追求共同幸福的欲望。”不管就个体还是群体来说，追求进步和发展显然都是符合人类天性的美德，尤其处境恶劣、地位低下的人，如果没有追求进步和发展的要求，他就无异于放弃了做人的权利。大吉之占，经文中仅五见，《周易》的时代，人们能够以升进为当然与合理，对之作出“大吉”的评判，这显然是符合人类本性的正常心理的反映，它所表达的升进应当乘时、趁势的观念，则是相当高明的社会生活智慧的反映。这样的心态与智慧，在周族历史上，显然与文王时代的社会观念非常一致。于史实而言，更可能与文王受命为西伯得专征伐之事相关。

九二　孚乃利用禴。无咎。

解：孚乃利用禴。象辞。

字义：孚，诚信。禴，周族夏时之祭，王弼以为薄祭，义详萃·六二释。

辞意谓诚信乃利于享祀也。“孚乃利用禴”之辞，经文中二见，且均在“萃”“升”等周邦发展壮大，势将伐纣代殷之际，这与其时殷纣祭祀用大牲而无诚信于民神，殷民“乃攘窃神祇之牺牷牲”；周人改革祀礼，仅用时令蔬果与小禽以禴祭而诸侯来会，二者所造成的社会心理变化相关。

依数理、事理综合取象：本爻当巽中、兑下，依后天卦时序，巽当春夏之交，兑为巫、为祭祝，兑上交坤，坤为地、为土，有信实之象，故有孚乃利用禴之象。

本爻承上爻允升大吉而禴祭，与六四爻承升虚邑而享于岐山，似皆反映周人每当升进发展必行祭祀以报神祇有关。

无咎。占辞，谓无有过咎或灾咎也。这是依爻象的事理作出的应然判断，既升进而诚信于禴祭，自然是可以无咎的。

九三　升虚邑。

解：升虚邑。象辞，以象代占。

字义：虚，《说文》：“虚，大丘也……从丘，虍声。”

虚邑，通常可解为处于高丘之邑聚，此处当为特指，因为春秋时尚有二邑以虚为名。其一，宋地名。《春秋·桓公十二年》：“公会宋公于虚。”杜预注：“虚，宋地。”沈钦韩补注：“卫辉府延津县东南有故虚城。”其二，晋地名。《左传·成公十七年》：“郑子驷，侵晋虚、滑。”杜预注：“虚、滑，晋二邑。”清顾栋高《春秋大事表》：“河南府郾师县东南有虚城。”今按：宋之虚邑，即郏子之国，在今延津县东南，已近殷都，当在殷王畿之内，距周遥远，非文王所升之地；晋之虚邑，在成周（今洛阳）东南偃师东南嵩山附近，正是殷末之崇国所都，即是文王所伐之崇，卦辞南征所向之国也。

所以，升虚邑，即文王灭崇而登其邑之意。

依物理取象：本爻当下巽上，互震下而上交坤，巽为高、为长，有升象；巽又为风，有虚象；震为足，有登象；坤为国、为邑，故有升虚邑之象。

升虚邑实乃应南征吉之占的验辞。故不另系占辞。

六四　王用亨于岐山。吉，无咎。

解：王用亨于岐山。象辞。

辞意承上爻，文王灭崇而归，因以享祀于岐山。

依物理取象：本爻当坤下，及互震中，坤为国，震为威，有君象，国之君，故取象为王；本爻当互兑上，兑为巫祝，享祀之象；岐山，经文又称西山，随・上六："王用亨于西山"，即指此。兑之方位为西，震有山丘之象，故有"王用亨于岐山"之象。尚秉和《周易尚氏学》释曰："震为王，兑为亨，震为陵为阪而形上岐，故曰：（王用亨于）岐山。"其说亦可通。

吉，无咎。占辞，谓成功而无过咎也。这是很吉利的占断，是依爻辞的事理作出的已然判断。盖本爻事象皆承上爻而来，上爻升虚邑已明文王伐崇灭其国而登其邑，本爻即凯旋岐山而行报偿祖宗神祇之祀。征伐胜利而祭祀祖先神祇，是不自居其功而归美于祖先神祇的意思，这样的行动可以增强本族及同盟诸侯的凝聚力，自然是吉而无咎的。

六五　贞吉。升阶。

解：贞吉。占辞。这是根据本爻的数理象作出的实然判断，不另系象辞。本爻处君位而当坤中，坤为国，处国中之君位，自是吉利之象，故占辞为贞吉，犹谦・六五系以"无不利"之占，其取象定占之理相同。

升阶。教诫辞。与谦・六五后系以"㧑谦"之章法完全一致。

字义：阶，繁体作階。《说文》："階，陛也。从𨸏，皆声。"原为台阶之形，陛为高阶，以后均指称帝王宫殿的台阶。升阶即登上殿堂的台阶。升阶在上古时代可能为一种礼仪性专用词汇，传说黄帝作明堂，作为朝会诸侯之所在。明堂筑于高台之地，有台阶可次第升堂。《礼记・明堂位》言："明堂也者，明诸侯之尊卑也。"可见诸侯在明堂中是按其地位的尊卑而先后高下排列有序的。又说："昔者，周公朝诸侯于明堂之位：天子负斧依南乡而立；三公中阶之前，北面东上；诸侯之位，阼阶之东，西面北上；诸伯之国，西阶之西，东面北上；诸子之国，门东，北面东上；诸男之国，门西，北面东上；九夷之国，东门之外，西面北上；八蛮之国，南门之外，北面东上；六戎之国，西门之外，东面南上；五狄之国，北门之外，南面东上；九采之国，应门之外，北面东上。四塞，世告至。此周公明堂之位也。”可见周公明堂之位等级秩序已非常严格，升阶，可能指天子、诸侯各就各位的礼仪。在文王时代也曾有朝会诸侯的事。《逸周书·酆保》记载文王即位四十二年受命，伐崇而作《酆保》之事，文中有“庚子朔，九州之侯，咸格于周，王在酆，昧爽，立于少庭。王告周公曰：‘呜呼，诸侯咸格来庆，辛苦役商，吾何保守，何用行？旦拜手稽首曰：……王其祀，德纯礼明，允无二，卑位柔色金声以合之。’王乃命三公九卿及百姓之人曰：‘恭敬齐洁，咸格而祀于上帝。’商馈始于王，因飨诸侯，庶吏……”由于祀上帝是王者受命之礼，馈飨诸侯亦王者之礼，可见这次大祭祀可能是文王灭崇之后，受诸侯的拥戴而称王受命的大典。这样的大典礼中，诸侯公卿大夫必定也是依尊卑高下先后排列的，升阶当是大典中王与诸侯公卿各就各位的一项礼仪。所以，升阶在当时也就可能是一般的大典的代称，而作为特指，便是指文王受命称王的大典。

升阶作为教诫辞的含义则有三重：

一是逐级上升，意为阶升，是告诫问筮者不可冒进，亦不可不进；

二是告谕求筮者可以举行升阶之大典；

三是特谕文王灭崇之后，诸侯来会，拥戴为王，可以接受拥戴称王受命，以利最终伐纣代商而有天下。

联系萃、升二卦皆以文王兴周灭纣之史事为背景来看，当是以特指文王受命之大典较为切近史实，而与爻象之位居五而得坤中相切合。

上六　冥升。利于不息之贞。

解：冥升。象辞。

字义：冥，有昏暗、幽深、玄远等义，参见豫·上六。冥升本有高远其升进之意，但从史实背景来看，则有暗行升进之意，二者实不矛盾。

依数理及事理取象：本爻当卦之终，升进之事可暂止，而升道不可止，故当更始更新，以行高远之升进也。

依物理取象：本爻当坤上，而互震。坤为地，爻变成艮，艮为山，皆不明而暗之物；震为足，上交艮为山，有登山之象，故取象曰冥升也。

利于不息之贞。占辞。

字义：息，金文作。《说文》：“息，喘也。”本义为喘息，引申为止

息。利于不息之贞者，谓利于升进不已也。这是从爻象的事理中作出的应然判断，盖升进之道，自不必自我张扬，但当自强不息而升进不止也。这一判断，既反映了周初自强不息，升进不已的进取观念，与革、鼎二卦之力求革新之精神实相为表里。（参见鼎卦释）

冥升之说，也可能与文王伐崇之后，没有立即兴兵伐商的史实有关。史载文王灭崇之年，已届 95 岁（两年以后便去世了）。伐商是大决战，文王已力不能胜；同时，商的势力仍然比周更强大，势不可急于求成，武王即位后十一年才大会诸侯，但师止于盟津；又过了两年，殷纣王朝分崩离析，才再度兴师，一举灭殷。即是说，从文王灭崇到武王伐纣之间，共历时一十五年，这段时间，都可以说是在从事取代殷朝的准备，也就是处于“冥升”时期，此所谓“利于不息之贞”也。

总之，升卦是讲升进之道的卦，史事背景集中在文王之世，与萃卦相为表里，升卦讲志趣，萃卦讲条件，升进不已为其志，萃聚人才为基本条件，亦为升进之前提，升必待萃而有成，萃必求升乃合志，这既是周人心态的反映，也是文王、武王时代对兴周灭纣的基本经验的总结，其要旨就在于必有升进之志，当升则升，自强不息，升进不已。冥升之说，则可视为一种稳慎的态度和对待强大对手的策略。

33. 晋：用兵则当争全胜

（附：关于武王诸弟的讨论）

䷢ 晋。康侯用锡马蕃庶，昼日三接。

解：晋。象辞，通常以为卦名。

字义：晋，甲文，金文。杨树达《释晋》：“晋字上象二矢，下为插矢之器……二矢插器，其义为箭……自小篆变二矢之形为臸，变器形为曰，形与义略不相关，于是说字者遂不得其正解。”《说文》：“晋，进也，日出万物进。从日，从臸。”今按晋字初形实象投箭而入插矢器之状，遂用为插矢器之名。箭本以直前运动为功用，投箭则当有进入义也，小篆之变，即以进入为象，故用为“进”义。

依物理取象：本卦下坤上离，坤为地，离为日，日上于地，升进不已，故有晋象。彖曰：“明出地上，顺而丽乎大明，柔进而上行……”象曰：“明出地上，晋。君子以自昭明德。”皆依物理取义也。

经文中别无用晋处，观·六三有“观我生，进退”，帛本亦然。巽·初六：“进退。利武人之贞。”帛本作“进内”。来知德集注曰：“晋者，进也。以日出地上，前进而明也。不言进而言晋者，进止有前进之义，无明之义，晋则有进而光明之义，所以不言进也。”此说合于彖辞之谊，若更观晋卦诸爻，则晋有进军之义，或与晋从二矢之义相关也。

康侯用锡马蕃庶，昼日三接。验辞，以验代占。

词义：康侯，顾颉刚氏以为指武王弟康叔封。今据《尚书·康诰》孔传云：“命康叔之诰。康，圻内国名。”蔡传云：“康叔，文王子，武王弟，武王诰命为卫侯。”可知康叔名封，先居康，故称康叔封，犹管叔鲜、蔡叔度之称也。后封于卫，为卫侯，今称康侯者，追称之辞也。据《左传·定公四年》：“武王之母弟八人，周公为太宰，康叔为司寇，聃季为司空，五叔无官。”又：“昔武王克商，成王定之，选建明德，以藩屏周。故周公相王室，以尹天下，于周为睦……分康叔以大路（金路，锡同姓诸侯车也——杜注）、少帛、綪茷（青赤之缯旆）、旃旌、大吕，殷民七族……取于有阎之土以共王职；取于相土之东都以会王之东搜。聃季授土，陶叔（司徒）授民，命以康诰而封于殷墟……”又：《世本·居篇》：“康叔居康，从康徙卫。”据此更可知，康叔在武王时即已为司寇，其时叔鲜、叔度、叔陶等尚无官职也。其后受封于卫，则在克商及东征之后也，始称卫侯，称康侯则为追称之辞。此证《周易》经文成书于康叔封卫侯之后。顾颉刚氏亦以康侯之事为经文中最晚之故事①，可证《周易》成书，当在周公之世也。

锡马，锡，通赐。《尔雅·释诂上》：“锡，赐也。”锡马即赐马，谓王所赐予之马也。

据上引《左传·定公四年》，成王封康叔于卫时，赐予大路之车，必同时赐马，但与繁庶无关。而康侯于武王时为司寇，伐纣之前，曾有戡黎之役，康叔均得参与，武王赐予良马以供繁殖，乃战备之需，时称康侯实为合理。

蕃庶，蕃，通繁。庶，甲文，金文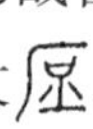。《说文》：“庶，屋下众也。”于省吾谓字象以火燃石而煮食之形，可取。燃石以煮食，古代众人的生活

① 《古史辨》第三册：《周易卦爻辞中的故事》。

习惯，故有众庶之义，此处用众多义。所以，繁庶即繁殖之意也。

昼日，指白天，谓一天之内。

接，《说文》："接，交也。"《广雅·释诂》："接，合也。"此用于马之繁殖，则是马之牝牡交接之意，犹今所谓配种。配种本可以多次交接，三接者，令其交接不至过频，以保证品种优良也。

辞意实谓康叔封以武王所赐良马繁殖，每天限于交配三次，以保证品种优良。

这显然是康叔封为大司寇时，武王曾选赐以良马，令其繁殖马匹以供伐殷战争之用①。其时康叔为保证配种优良，曾筮遇晋卦，筮人以晋卦上离、下坤、中艮，离为日，于数为三，坤为众，故断以昼日三接为当。筮既，系币以比其命，岁终计占，认为所占已验，乃系此验辞以代占断也。若欲以其为象辞，则康侯、锡马等象均不具，故今谓其以验代占也。

晋卦是专讲军事进攻的卦，在卦辞中先系以繁殖良马，是强调战争应有充分准备的意思，犹革卦专讲武装革命，于初爻即系以"巩用黄牛之革"，意谓当先坚固其战车，亦是战备应充分之意也。《孙子·形篇》："昔之战者，先为不可胜以待敌之可胜。""胜兵，先胜而后战。"是此意也。

又：卦辞亦可作如下解释：

晋。象辞。

康侯用锡马蕃庶，昼日三接。占辞。

这个占辞可以分为两部分，前句"康侯用锡马蕃庶"为叙辞，叙述筮卦之事由，乃武王弟康叔封被任命为司寇时，受王锡以良马，以行繁殖，为慎重起见，贞问每日以交配几次为宜也。后句，昼日三接。为占辞，筮人据晋卦上离、下坤、中艮，离为日，坤为众，先天卦离数三，因而断其以每日配种三次为宜，故断以"昼日三接"也。筮既而系币以比其命，岁终计占，认为所占已验，配种效果良好，因而即以此验证之占辞收入《易经》作为卦辞，故亦可以视为验辞也。

《易经》中的叙辞，一般是叙述筮卦的时间、地点，较少叙述筮卦之事由。但叙述事由者亦有几卦，如：夬、井、家人·九五等。我们在占辞中

---

① 盖周公东征之后，康叔封于卫之时，已无蕃马之必要，即使蕃马以佣，亦无筮卜而记事之必要也。伐殷则包括戡黎伐纣等等。康侯尚未封卫，书曰康侯实为合理。

再区别出叙辞，有利于把握系辞的规律和内涵，也可以避免许多牵强附会。其实，古人筮占一般都是有原因的，所以，在占辞之前加上叙述筮贞的事由，也是一种常用的章法。

初六　晋如，摧如。贞吉。罔孚裕，无咎。

解：晋如，摧如。象辞。

字义：晋，进也，此指进军。

摧，《说文》：“摧，折也。”《集韵·脂韵》：“摧，退也。”

如，虚辞。

辞意谓进军摧敌，有攻无不克之意。

依物理取象：本爻当下体坤之初，坤为众，始进而有众之象也；动而成震，震为威，进而能威服其敌之象也，故曰晋如，摧如。

贞吉。占辞，谓筮遇此爻，所贞为吉也。

这是依爻象的事理作出的应然判断。盖以众进而能威伏敌人，乃战则胜攻则取之象，故其贞为吉也。

罔孚裕，无咎。诫辞。

字义：孚，通俘。

裕，金文。《说文》：“裕，衣物饶也。”本意为饶裕、富裕，引申为宽容，此处用饶裕义。孚裕，即多所俘掠也。

罔，本义为网，引申为无。《尔雅·释言》：“罔，无也。”《尚书》中多用罔为无。《益稷》：“帝不时敷同，日罔奏功。”“罔昼夜额额”，“罔水行舟，朋淫于家。”罔皆用作“无”“毋”之意。此处即用作禁制之辞，意同毋。

经文中用罔为毋仅此一处。全句意谓不可多行俘获，应取宽容对敌政策，则可无有过失也。盖进兵之始，非最后决战，虽有小胜，若贪于俘掠，则必招致敌方拼死抵抗；将士贪于俘掠，亦必致纪律涣散，最终造成失败。所以在晋如摧如之际，戒以罔孚裕，乃是具有远见卓识的大将风范。以进军之根本目标，在于夺取战争的最后胜利，达到得人得国之目的，故不可在进军之初胜即贪俘掠，涣散斗志也。李镜池释罔孚裕为“没有掠夺财物以自饶”，亦通。

六二　晋如，愁如。贞吉。受兹介福，于其王母。

解：晋如，愁如。象辞。

字义：愁，《说文》："愁，忧也。"《增韵》："愁，虑也。"

经文用愁字者仅本爻一处，与忧、恤有别，当是用忧虑之义也。

高亨氏以愁为遒，谓为进逼之义，过于曲致，今不取。

依物理取象：本爻当互艮下，上互坎而交离，艮为止，进则遇坎，坎为陷，离为灾，皆凶象；进军至此，当慎重考虑，权衡利弊，故有晋如愁如之象也。又，本爻变则当下坎中，坎为加忧，亦慎其思虑之象也。

贞吉。占辞，谓所贞为吉也。这是从爻象的事理中作出的应然判断。盖本爻当小胜而继进之时，敌方主力尚全，小挫之后，必取坚固设险，诱敌深入等战术，故此时挺进，危险甚大，当谨慎考虑，权衡利弊，方可避实就虚、避害就利而得吉也。

受兹介福，于其王母。释辞。对康侯德行的解释。

字义：介，《释文》："大也。"《说文》作"乔"，亦训大。

王母，《尔雅·释亲》："父之妣，为王母。"即祖母。

康侯乃文王幼子，其王母则文王之母太任也。《史记·周本纪》："古公有长子曰太伯，次曰虞仲。太姜生少子季历，季历娶太任，皆贤妇人。"《正义》引《列女传》云："太姜，太王娶以为妃，生太伯、仲雍、王季，太姜有色而贞顺，率导诸子，至于成童，靡有过失。太王谋事必于太姜，迁徙必与太任。王季娶以为妃。太任之性，端壹诚庄，维德之行，及其有身，目不视恶色，耳不听淫声，口不出傲言，能以胎教子而生文王。"此皆其德行也。康侯乃文王幼子，武王少弟①，今为武王之佐而为司寇，用锡马蕃庶以备战而成绩卓著，用兵又能摧敌而罔孚裕，继续征进时又能深思熟虑，谨慎从事，说明他很有才能和德行。《尚书·洪范》五福云："五福：一曰寿，二曰富，三曰康宁，四曰攸好德，五曰考终命。"陈氏解曰："寿富康宁而所好在德，则心逸日休，自求多福，福之本实在于此。"可见，殷周之际，以攸好德为福之本。五福皆介福也，而好德为之本，今康侯之行，是攸好德的突出表现，是有介福者也；而此介福，非自天而降也，实由于太任之圣德之教养熏习，故曰"受兹介福，于其王母"也。

---

① 据《史记·蔡世家》谓文王十子，康叔封行九。

对占辞作出必要的解释，乃是《周易》的一种章法，如师·上六：“大君有命，开国承家。”后系以“小人勿用”，即说明开国承家之占不适用于小人。

晋·六二为什么在贞吉之后系以“受兹介福，于其王母”？这与周初国人对太任的崇拜有关。

《诗·大雅·大明》：“大任有身，生此文王。维此文王，小心翼翼。昭事上帝，聿怀多福。厥德不回，以受方国。”笺、疏皆谓“此谓文王之有德，亦由父母也。”

《诗·大雅·思齐》序曰：“思齐，文王所以圣也。”《正义》曰：“作思齐诗者，言文王所以得圣，由其贤母所生，文王自天性当圣，圣亦由母大贤，故歌咏其母，言文王之圣，有所以而然也。”其首章云：“思齐大任，文王之母。思媚周姜，京室之妇。大姒嗣徽音，则百斯男。”其二曰：“惠于宗公，神罔时怨，神罔时恫。刑于寡妻，至于兄弟，以御于家邦。”于此可见，周初时人，歌颂文王之德，总是推美于太任，并认为太姒也是继承了太任的美德，使文王子孙繁衍旺盛。文王治国，是继承太任的美德以用于宗族和家邦。这些都可以说明当时对太任的崇拜已成为社会风尚。

康侯作为文王幼子，武王之少弟，其才德与周公匹美，且在军事才能方面可能更有专长，所以，周公为太宰，康叔为司寇，可以说都是灭纣兴周的决策者，在专讲用兵征进之卦时，既赞扬康叔之才德，同时又推美于太任，在当时来说，便是很自然的了。这可说是一种社会群体的思维定势，也可说是当时社会群体意识的体现。

六三　众允。悔亡。

解：众允。象辞。

字义：众，繁体衆。甲文，金文。《说文》：“衆，多也。从㐺、目，衆意。”郭沫若氏以衆象人群在日光下劳作，释衆为奴隶。实际上人群排列有序，乃军旅之形。而上“日”在金文已作横目，故衆字实象队列之形也。《尚书·汤誓》：“格尔众庶，悉听朕言。”即以众为军旅之称；《诗·周颂·臣工》：“命我众人，庤乃钱镈。”乃从事大田劳作之族众；《尚书·盘庚上》：“盘庚迁于殷，民不适有居，率吁众慼，出矢言。”亦以族人为众；《左传·哀公元年》：“少康依于有仍，有田一成，有众一旅。”亦以众

为族众之称也。故本爻众允之众，既涉军事进攻，当以训军旅之众为当。

允，《说文》：“信也。”甲金文见升·初六，均象人躬身作允诺之形，引申有信从、许可等义。众允，即众人信从之意。

依事理取象：本爻当坤上，坤为众，爻变成艮，其卦之旅，旅之甲文为，象军旅列于旗下之形，众人齐心之象也，故有众允之象。

悔亡。占辞，谓可以无悔也。这是依爻象的事理作出的应然性判断。六三继初胜之后，又经深思熟虑，正欲进军决战，此时不仅将帅当有明断之决策，且当有将士皆齐心共进之高昂士气，方能有全胜的把握。

《孙子·计篇》：“兵者，国之大事，死生之地，存亡之道，不可不察也。故经之以五校之计而索其情：一曰道……道者，令民与上同意也，故可与之死可与之生而民不畏危。”这是将“众允”置于用兵之首要地位。《孙子·谋攻》：“上下同欲者胜。”亦以“众允”为战役制胜之基本条件。

以上可见《周易》作者是深明用兵之道的。

九四　晋如鼫鼠。贞厉。

解：晋如鼫鼠。象辞。

字义：鼫（shí），《说文》：“鼫，五技鼠也，能飞不能过屋，能缘不能穷木，能游不能渡谷，能穴不能掩身，能走不能先人。从鼠，石声。”《周易集解》引《九家易》曰：“鼫鼠喻贪，谓四也。体离欲升，体坎欲降，游不度渎，不出坎也；飞不上屋，不至上也；缘不极木，不出离也；穴不掩身，五坤薄也；走不先足，外震在下也。五伎皆劣，四爻当之，故曰晋如鼫鼠也。”

高亨氏据《子夏易传》谓鼫鼠作硕鼠，其说甚曲，今据帛本作炙鼠，则高说失据矣。炙音同施，同首。《史记·魏其武安侯列传》：“武安已罢朝，出止车门，如韩御史大夫载，怒曰：‘与长儒共一老秃翁，何为首鼠两端？’”服虔云：“首鼠，一前一却也。”今成语“首鼠两端”犹沿用其意，故当按原文作晋如鼫鼠为当。

辞意是说，进军犹豫不决。

依物理取象：本爻当坎中而交离下，坎为水，离为火，有水不就下、火不上腾之象，故曰晋如鼫鼠。

贞厉。占辞，谓所贞事有危厉也。这是依爻象的事理作出的应然判断。

盖用兵之事，无论进退，皆当果决，进退失据，其危可知。《孙子·军争》：“故兵以诈立，以利动，以分合为变者也。故其疾如风，其徐如林，侵掠如火，不动如山，难知如阴，动如雷霆，掠乡分众，廓地分利，悬权而动，先知迂直之计者胜，此军争之法也。”

看来，《周易》作者也是深明军争之法的，故在本爻处决战之际，切戒其不可进退维谷也。

六五　悔亡。失得勿恤，往吉，无不利。

解：悔亡。占辞，谓所贞可以无悔也。这是依数理所作出的直接占断，故不必更先取物理、事理等象。盖本爻以柔而居尊位，虽不可以大有为但可以守位不失，故其占为悔亡。依数理直接作出占断乃《周易》的一种章法，若恒·九二“悔亡”、大壮·九二“贞吉”，皆取刚健中正之位以定占。咸·九四：贞吉，悔亡。亦取互乾中位以定占也。

失得勿恤，往吉，无不利。教诫辞。此据事理而作之教诫也。盖六五为晋卦之主，进军至此，以至于决战之际，而有悔亡之占，即当以决胜之志，冒险犯难而强取之，虽会战过程中，或有损失，或有小胜，皆不必忧恤，而当以夺取全胜为目标，能如此则往吉而无不利也。故诫以“失得勿恤，往吉，无不利”。反过来说，若值此会战之际，无决战决胜之志，如九四之晋如鼫鼠，畏首畏尾，进退失据，小有挫即惶惑，小有得即满足，皆丧失战机，自取危厉之道也。这一教诫辞既有决胜之勇，又包含有乘锐速决的用意，是从进攻者方面所作出的战略决策。《孙子·作战》云：“故兵贵胜，不贵久。”“久则钝兵挫锐，攻城则力屈，久暴师则国用不足。夫钝兵挫锐，屈力殚货，则诸侯乘其弊而起，虽有智者，不能善其后矣。故兵闻拙速，未睹巧之久也。夫兵久而国利者，未之有也。”《周易》作者在决战阶段，提出“失得勿恤”的教诫，显然是一种以速决争全胜的观念，与《孙子·作战》的战略决战观是非常一致的。

作为教诫辞，一般均据事理而论，不必另行取象。一般说来，《周易》的所有占辞，都带有教诫的含义，再加上比较具体的教诫，首先是体现了对求筮者的关怀，也体现了对理性的尊崇态度，这正是《周易》作为社会文化、政治教材的根本特性的体现。

上九　晋其角，维用伐邑。厉、吉、无咎，贞吝。

解：晋其角，维用伐邑。象辞。

字义：角（jiǎo），《说文》："角，兽角也，象形。"作动词用时读为jué，义为角斗、角力。姤·上九有"姤其角"之辞，用口角义，可见《周易》二角字皆作动词用。兵书上一般都用角斗义，或较量义。《尉缭子·武议》："夫将提鼓挥枹，临难决战，接兵角刃，鼓之而当，则赏功立名。"《吕氏春秋·孟冬纪》："天子乃命将率讲武肄，射御角力。"《孙子·虚实》："角之，而知有余不足之处。"都以角为角力之义。孙子所言，曹操释为"量也"。以"角"为"较量"之义，实为武力侦察。晋卦讲用兵进攻之事，此处用角斗义，当无疑问。

维，通"唯"。语辞。

伐邑，攻城。

辞意是说，进军至于全力角斗，以伐取邑国。

依事理及物理取象：本爻当晋之上，进军之终也。进军之终，或必攻城破国，敌方虽困守犹必死战，则必致血肉相搏，如角斗然，故有晋其角之象；又据物理，本爻当离上，离为戈兵，变震为振动，进而戈兵振动，是晋其角之象也。"维用伐邑"者，将以攻取城邑也。本爻变其卦之豫，上震下坤，震为威，坤为邑，加威于邑，维用伐邑之象也。

厉、吉、无咎，贞吝。并列占辞。谓伐邑之事，或厉，或吉，或无咎，皆有可能，而总的评判无论厉、吉或无咎，其贞则皆有羞吝也。这是从爻象显示的事理中作出的实然判断。盖进军之道，于六五决战阶段，敌方主力被摧，一般均可使其降服，今决战之后，敌方犹退保城邑，据险顽抗，其不可降，非其力足恃，实我德之不及也。既不可降，必拼死顽抗，其事危厉可知矣；纵能破城得国，吉而无咎，亦未为全胜之美，故其贞为有所羞吝也。《象》曰："维用伐邑，道未光也。"尚氏解云："夫王道大光，则无用征伐，用征伐必未光也。"王弼注曰："失夫道化无为之事，必须攻伐，然后服邑，危乃得吉，吉乃无咎，用斯为正，亦以贱也。"可谓皆能得其大旨，惟不依决战之后而泛以攻伐为非，则失之偏迂也。夫以殷纣之暴，文王之德尚不能移易之，必致牧野决战而后可除残去暴，岂可全然以征伐为失道哉！

《孙子·谋攻》云：

凡用兵之法，全国为上，破国次之；全军为上，破军次之；全旅为上，破旅次之；全卒为上，破卒次之；全伍为上，破伍次之。是故百战百胜，非善之善者也；不战而屈人之兵，善之善者也。

故上兵伐谋，其次伐交，其次伐兵，下政攻城。攻城之法，为不得已。修橹轒辒，具器械，三月而后成；距闉，又三月而后已；将不胜其忿，而蚁附之，杀士卒三分之一，而城不拔者，此攻之灾也。故善用兵者，屈人之兵而非战也；拔人之城而非攻也；毁人之国而非久也。必以全争于天下，故兵不顿而利可全，此谋攻之法也。

晋·上九的贞吝，正是从"全争全利"的角度，对伐邑之厉、吉、无咎所作出的实质性评判。

总之，晋卦是一个专讲用兵之道的卦，它与师卦的共同点在于讨论用武之道。不过，师卦侧重于用将与为将之道，而晋卦则侧重在用兵之道，所论有四：

其一，着重战备。以康侯用锡马蕃庶备战之史实明之，所谓"备而后战"者也。

其二，用兵以决胜为目标，小胜勿贪；对决战做充分周密之部署，尤其要出之道义，达到上下同欲。

其三，不可犹豫不决，进退失据。当有决战决胜之志，不拘于一时一战之得失，重在把握全局上的有利时机。

其四，攻城决战，乃用兵之下策，不得已而用之，上善之计在于全争全胜，故当以道义及德力为重而辅以军威也。

这种以德争于天下的全争全胜思想，在《逸周书》中有较充分的说明。

今存《逸周书》中，有武称、大武、大明武、小明武、柔武、大开武、小开武、武顺、武穆、和寤、武寤、克殷、世俘等十数篇，均讨论用武之事。此中，柔武以上，类战国兵家言，以下诸篇则义近周初。

《柔武》有云："故必以德为本，以义为术，以信为动，以诚为心，以决为计，以节为胜，务在审时，纪纲为序……胜国若化，不动金鼓，善战不斗，故曰柔武。四方无拂，掩有天下。”这些可以说是用武之纲，与晋卦的主旨则完全一致。

从史料学的角度来看，晋卦也给我们提供了重要的考证线索。

首先，康侯用锡马繁庶的记载，不仅证明了《周易》之作成当在康叔封为卫侯之后，同时还表明锡马之事当在其未封于卫之前，乃有康侯用锡马之说。

其次，锡马蕃庶乃战备之事，此事不得在康叔未任司寇之前，亦不得在东征平叛之后，因此可以断为武王命康叔封为司寇时，为准备伐殷而锡与良马蕃庶，以供战时之需。

复次，武王伐殷共有两次战役：一是戡黎之役，二是伐纣之役。伐纣之役，经牧野会战，武王一戎衣而定天下，而不似晋卦中所述战事之迁延反复，因此可以认为晋卦中所描述的乃是戡黎之役。

其四，戡黎之役，时在武王主周之第四年，其年武王 49 岁，周公年约 46 岁，康叔当在 40 岁上下。太任若在世，当在 120 岁左右，而史书从无此说。若太任于 90 至 100 岁时去世，则康叔可蒙太任十数年之教诲，若此方有“受兹介福，于其王母”之说。

其五，管叔鲜、蔡叔度、霍叔处等从小可能表现不好。一方面，晋·六二说康侯“受兹介福，于其王母”，显然是与管、蔡、霍等相对而言，说明这些兄长没有受到太任的赏识与钟爱，应是其幼年表现不佳之故；另一方面，《左传·定公四年》云：“武王之母弟八人，周公为太宰，康叔为司寇，聃季为司空，五叔无官。”这无官的五叔，当然包括叔鲜、叔度、叔处，他们没有官职，表现不佳应是一个重要原因。

其六，叔鲜、叔度、叔处虽没有官职，但也可能参与戡黎、伐纣等军事行动，并且常与武王周公闹矛盾。例如《荀子·儒效》就记载了霍叔处认为伐纣之事“不可”，而遭到周公严厉驳斥之事[①]；师卦中也两度记载了“长子帅师，弟子舆尸”之失，这些失律而舆尸的弟子，显然绝不是周公、康叔和聃季，而极有可能便是叔鲜、叔度、叔处等。

其七，正是叔鲜、叔度、叔处等本来就与武王周公闹矛盾，在灭纣之

① 参见本书革卦讲解：九五爻释。

后虽各人皆得到封国，当三监之重任，但他们总认为是被斥于王畿之外而心怀不满，这才有武王去世后，群弟流言周公将不利于孺子（成王诵）之事，并继之以联合武庚发动叛乱。

其八，正是在处理叔鲜、叔度、叔处的问题上有所失误，教训沉痛，所以《周易》在师、晋、夬、剥、损、益等卦中曾反复记述相关事件，进行了深刻的历史反思，请参看上述诸卦讲解。

其九，从晋卦记述的战争过程可以看出，戡黎之役，打得相当艰苦，这曾促使周人在全争全胜的问题上作了深刻的反思，因而对伐纣之事处理得极为谨慎，经过7年准备，武王十一年时才大会诸侯，兴师东进，而犹止于盟津；又过了两年，纣诛比干、囚箕子，逐微子，殷纣王朝已分崩离析，武王、周公才在克服内部阻力的条件下，再度会师东伐，终得一举成功，其时武王已近59岁了①。

上述诸条，于史证自嫌不足，但周初史料缺乏，《周易》经文所涉及的史实记录能为我们提供出这些考证线索已显得弥足珍贵了。这也正是《易经》在史料学方面的价值之所在。

34. 遯：圣王乃善嘉遯

（附：关于遯隐行为的历史评判）

䷠ 遯。亨。小利贞。

解：遯。象辞。通常用为卦名。

字义：遯，篆文作，象以手捉逃豕之形。《说文》："遯，逃也。从辵，从豚。"遯通遁，古文献中均用逃遁义，此处用遯隐义。

依物理取象：本卦下体艮为犬，为牛，亦有豕象；下互体巽为进退，为草木，上体乾为木果，故有豕逃入于林木深处之象，与遯字所含事象完全吻合，故曰遯。

依数理事理综合取象：《周易》以卦之下体为内、为近，上体为外、为远，本卦上乾下艮，有山近天远，天在山后之象，于人事而言，即有君子山居远隐而不出之象也，故曰遯。

---

① 武王伐纣的年代，纷纭难定，今暂取《竹书纪年》之说，以待后贤。参见本书归妹卦讲解。

亨。叙辞，通享。

小利贞。占辞，谓于所贞之事有利而小也。这是从卦辞的事理作出的可然性判断。因为卦辞的遯，是指遯隐而言，是君子处昏乱之世，遇暴王当政，有如家畜之常有被执杀之危，此时若能远遯，则可免履虎尾而咥人之凶，故其占为有利；但又因遯隐之行，虽可免于祸及自身，于天下国家而言，则未必有利，故系其占曰“小利贞”。

小利贞之占，还见于贲与既济二卦，爻辞中则未见，皆用于评价非重大事理之得失，表明作者对这类事理取肯定而不推崇的态度。

初六　遯尾。厉，勿用有攸往。

解：遯尾。象辞。

字义：尾，此处用“后”义，参见履卦释。遯尾，即遯隐之行迟而在后的意思。

依物理取象：本爻当下体艮初，艮为犬豕之属，初位犹如其后部，于隐遯而言，即有遯尾之象也。

厉，勿用有攸往。占辞。

这是从象辞的事理作出的实然判断。遯隐既是指政治昏乱，远行避祸之事，自当早行远遯为妙；若迟疑不定，祸其将至，处境自属危厉；勿用有攸往之占，则可能与“三仁”之事有关。

《论语·微子》：

> 微子去之，箕子为之奴，比干谏而死。孔子曰：“殷有三仁焉。”

这事发生在周武王积极准备伐纣，并已戡灭黎国，逼近殷都之时，殷纣依然执行依靠军事贵族、商业奴隶主严厉打击巫史旧贵族的一贯政策，逼得他们纷纷逃遁，另谋出路（参见明夷卦释），朝中仅剩下箕子（纣叔父，时为父师）、比干（贵族元老，亦纣叔父，时为少师）和微子（纣的庶母兄），殷纣还嫌他们碍事，随时准备把他们彻底搞掉。这时三人不得不一同商议遯隐的可行性问题，事详《尚书·微子》（参见明夷卦释）。最后的决定是微子以殷王子的身份，宜于急速遯去，比干与箕子则认为不宜于行遯，结果便是“微子去之，箕子为之奴，比干谏而死”。这也正是“遯尾。厉（指微子的危险处境），勿用有攸往”（指箕子与比干的政治选择）这条系辞的史实背景所据。

勿用有攸往之占，既不是依据爻象，也不是依据常理，而纯粹是依据已经验证的史实，因而也可以将它作为一个验辞看待。系上这样的验辞，表明《周易》的作者对实际经验的重视更胜于对卦爻象的重视。这是《周易》的理性精神的一种表现。

六二　执之用黄牛之革，莫之胜说。

解：执之用黄牛之革，莫之胜说。象辞，以象代占。

字义：执，甲文作，象枷人形。《说文》：“执，捕罪人也。从丮，从㚔（niè，刑具），㚔亦声。”董作宾曰：“㚔即手械。”故执乃拘系之意（参见师·六五释）。

黄牛之革，黄牛之革最坚韧，此指坚韧之革绳（参见革·初九释）。

说，通脱。

辞意是说，捉住了遯尾的牲畜，更用坚韧的黄牛革绳将它拴起来，使它无法逃脱。

依物理取象：本爻当下艮中，艮有牛象，位在二，处下卦之中，古以黄为中色，故曰黄牛；艮又为手，互巽为绳，故有以黄牛之革绳系物之象；又巽为进退，本爻变，又当下巽中，巽亦为绳索，实有进退均遭系执之象，故曰“莫之胜说（脱）”。

本爻不另系占辞，乃以象代占。作为占辞，则取其象征义，谓有君子处暴政之危而遯迟，遂遭拘系而不能脱身也。从史实背景来看，显然与前述殷之箕子未遯而遭囚之事相关。

九三　系遯。有疾，厉，畜臣妾吉。

解：系遯。象辞。

字义：系，甲文作。于省吾曰：“象用绳索以系人的颈部。”帛书本作“爲”，而“爲”之甲文作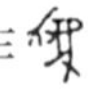，罗振玉曰：“手牵象形。”

系与遯之字义本相矛盾，今系遯二字连用，当指虽遯而心有所系恋，虽系而又能遯这一类矛盾的社会现象。

依物理取象：本爻当下艮上，艮有豕象；本爻又当互巽中，巽为绳索，绳索在颈，故有系遯之象；本爻变，有遯义，而变后则下体成坤，坤为牛，又当中巽下，仍有系遯之象，故兼有遯而有所系，虽系而能遯之两可取象也。

有疾，厉，畜臣妾吉。占辞。这是从爻象的事理作出的可然性判断。

自爻辞的感性直观层面而言，是说长久系执其欲遯之家畜，必有疾疫之厉，唯用于家庭奴隶，能恩威并用加以维系，则可得吉也。

从爻辞的象征隐喻层面考察，则与当时的一些影响很大的遯隐行为相关：

其遯而心有所系恋者，即如微子之遯，本意非为遯隐以避祸害，实际是以遯隐的方式，保存殷王室的后嗣贵胄，故虽有危厉而于畜臣妾则为吉也；其虽遭系而能遯者，即如文王之遭囚于羑里之事，如本书上篇第四章第三节所述，乃因殷纣大蒐于渭，强敌压境，岐周有灭国之危的情势下，不得已而就殷遭囚。但文王虽因遭囚而使周邦之危得以缓解，以后又因“四友”众臣之计而得归西岐，终于奠定兴周灭纣之基础，故虽有疾疫之厉而于畜臣妾以安邦定国则吉也。

九四　好遯。君子吉，小人否。

解：好遯。象辞。

字义：好，甲文作。《说文》：“好，美也。从女、子。”段注：“好，本谓女子，引申为凡美之称。”又引申为良、善等义，此处用善美义，好遯，即谓善美之遯。

依物理取象：本爻当上体乾下，变则当互体离中，乾为君、为金、玉，离为明、丽，皆美好之象，于遯而言，是为好遯。

君子吉，小人否。占辞。

词义：君子，一般指贵族，这里当指贵族之有位者。

小人，一般指称各业平民。

辞义是说，好遯之事，于有位君子为吉，于各业平民则不尽然。

这是从爻象的事理作出的二歧判断。于君子而言，是处于相对有利的环境，又能早见祸害之端而先行隐遯，与今世常说的“急流勇退”之义略近，自然是吉利的。这是一种高超的人生艺术，实际上只能行之于明哲君子；小人本无权位，能处于顺境已属难得，虽天下大乱，遁避则未见其利，不遯亦未见其害，故占曰：“君子吉，小人否。”

好遯既为顺境下行遯，这样的事，历史上有没有呢？在周族的历史上，可以太伯、仲雍之事为代表。

据《史记·吴太伯世家》：

> 吴太伯，太伯弟仲雍，皆周太王之子而王季历之兄也。季历贤而有圣子昌，太王欲立季历以及昌，于是太伯、仲雍二人乃犇荆蛮，文身断发，示不可用，以避季历。季历果立，是为王季，而昌为文王……是时周武王克殷，求太伯、仲雍之后，得周章（仲雍曾孙），周章已君吴，因而封之；乃封周章弟虞仲于周之北故夏虚，是为虞仲（即虞国之祖仲）。

从这段记述中就不难明白所谓“好遯”的实义了。太伯、仲雍本为有位之君子，他们深知太王的心意与两难处境，乃先机而遁，既不致酿成祸患又成全了兴周之大业，最后能自辟天地，建国享年，达到几全其美，不是好遯还算什么遯呢？这样高明的人生艺术，当然是至德君子才能做到的，事实证明也确实是吉利的。

尚氏曰：“好遯者，外不与小人绝，当祸患未形之时，从容而遯也。然知几其神，惟君子能之，若小人则系恋而不去也。”① 除历史定位不确之外，其意尚有可取。

九五　嘉遯。贞吉。

解：嘉遯。象辞。

字义：嘉，金文作。《说文》：“嘉，美也。”（参见离·上九及随·九五释）考金文即陈乐之形，故嘉之本义为乐、庆、褒，引申为嘉奖，如《虢季子白盘》“王孔嘉子白义”即是。用于动宾词组，则有“嘉美之”“嘉许之”等义。嘉遯，即嘉美其遯隐之事也。

---

① 尚秉和《周易尚氏学》。

依物理及数理综合取象：本爻当上体乾中，乾为君、为言，又为金、为玉，故有美言之象。本爻又以阳刚中正之质，居遯卦之尊位，非遯隐之人，乃嘉美遯隐者之主，故有“嘉遯”之象，本爻叙事主体转换，是经文常用章法。屡见于讼·九五、复·六五等爻，可参阅。

贞吉。占辞。

这是依爻象的事理作出的已然判断。本爻叙事主体转换，非自遯者之处境与预期而言，乃自国君方面而言，而且不是指遯者所逃避的暴君，是指当时有位的明君。因为暴君对于遯隐者一般取追捕与防范态度，绝无嘉许之事，亦无吉利可言。所以嘉遯之事，必出于他国之君，但因本爻以阳刚中正而处君位，故当视为贤圣君主之作为。以嘉许遯隐之士而得吉，这样的占断，必自对当时影响深远的政治事件的反思与前瞻中方能得出，因此可以推断其与微子、箕子遯而受封的史实有关。前已述及“三仁”之事，其中微子遯尾，箕子佯狂，当时都可视为遯隐行为，当属“系遯”之类。如果说比干之死，显示出殷纣暴政导致普遍奴隶制化的社会畸变已使旧贵族不能照旧统治下去的话，二人的“系遯”，则表明了他们决不助纣为虐的决心，这正是革命危机已经成熟的重要标志，也正是武王再合诸侯，举兵东伐的政治决策的重要依据。明夷·六五：“箕子之明夷。利贞。”便明白地表示了对箕子佯狂的“系遯”式行为的嘉许；在诛纣之后，武王又立即释箕子之囚，封比干之墓，表商容之闾，以后又请教箕子洪范大政；周公平叛以后，成王又封微子启于宋以存商祀，且以公爵对待，位在诸侯之上。这一系列的嘉奖，既是嘉许他们不助纣为虐的遯避行为，又充分体现了周邦推行封建化进程，自然会得到诸侯的拥护和百姓归心，这当然是大吉大利的事情。不过，吉利的根本在于推进封建化进程，嘉遯仅仅是一项政治的与文化的决策，具有统一战线性质，因而只断之以“贞吉”。表示对这一决策的充分肯定，也为后世君主的政治抉择提供一种可行的与有成效的导向。

上九　肥遯。无不利。

解：肥遯。象辞。

字义：肥，简文作肥。《说文》：“肥，多肉也。从肉，从卩。”徐铉注：“肉不可过多，故从卩。”卩即是节。《广雅·释诂》：“肥，盛也。”《礼记·

礼运》："父子笃，兄弟睦，夫妇和，家之肥也。"本以肥为盛之义，《子夏易传》释肥为饶裕，义略近之。自《后汉书》注引作"遯而能飞"，王弼及诸家均释肥为飞，于取象实难圆其说，仅因其在上位即取飞象，不足为据，今仍当从肥之本义释为"盛"。

肥遯，即处鼎盛之势而能遯者也。

依事理取象：本爻当乾上，而互体亦为乾而下艮为门阙，乾为君为玉，君阙之间，金玉垒垒，富盛之象也；本爻变则有处富盛之势而不居之象，此盛大之遯，故曰"肥遯"。

无不利。占辞。

这是自象辞的事理作出的应然判断。无不利者，谓虽自不同方位予以审度均无有不利也。然亦不言其利、吉，说明《易经》作者对肥遯之举，取肯定而不提倡的态度。这样严谨的评判，显然是以深刻的历史反思与前瞻意识为依据的。于史实而言，殷周以前以及当世，能处盛而遯者，大约只有两类情况，其一是尧舜禹益的禅让，其二便是周公的返政成王。

禅让之事兹不详叙，大体上无论是尧之禅舜，舜之让避丹朱；舜之禅禹，禹之让避商均；禹之禅（皋陶）伯益，益之让避启，都是在他们的事功鼎盛之际，避尊位而弗处，这当然是比好遯更为显赫的盛举，当可名之为"肥遯"。

从周公的事迹来看，周公既为武王之弟，又是个文武兼备、才华出众的大贤才，文王在世时便经常与周公商议国家大事，《逸周书·酆保》所载便是周公与文王共谋兴周灭殷的大计，那是非常高明的。武王即位，太公望为师，周公旦为辅，助武王灭纣；武王崩，成王年幼而天下未安，周公摄行政事，管蔡武庚之乱，周公讨之，三年乃定；成王四年，周公封建诸侯，置71国，同姓53国，异姓14国；六年，制礼作乐，民和睦而颂声兴，即是以文化整合达到社会的有序整合，奠定了长治久安的基础。此时（七年）返政成王，就群臣之位，往营洛邑，邑成又四年而逝。像周公这样由摄政而返政为臣，从事营成周，作《多士》《无逸》之诰，同时还审订了《周易》的成书，更是一种盛而不衰的遯，自可视为当时最为盛大的遯，也就是"肥遯"。

无论是尧舜禹益的禅让与周公的返政，从各种角度来审视，都没有什么不利之处，在当时可以说都是有利的。只是禅让之事也好，摄政返政也好，非贤圣之才不能作，而在其后也是不能提倡的，所以其占断便止于“无不利”了。周公既然是《周易》的审订者，这样的占断也必然体现周公的理念，如果不是极其圣明的大政治家，是不可能作出这么高瞻远瞩的判断的。从这些环节上理解作易的深意，更易于领会到《周易》在理论思维方面所显示出的前瞻性。

总的来说，遯卦的社会学意义非常重要，它涉及殷纣政权的性质，趋于瓦解的标志以至武王革命的性质等问题。这些问题同时还反映在明夷、革、鼎等卦之中，我们将在今后的讲解中继续加以探讨，读者诸君可结合参看。由于《周易》作者本来没有论述社会改革的理论问题这样的用意，在遯卦中，也主要是对遯隐行为作出适当的分类和评价，因而它对后世的影响也主要表现在思想文化方面，下面我们就着重从文化学的意义上作一些必要的探讨。

遯隐行为，实际上是一种非常复杂的社会现象，要对它作出适当的评判，也是非常困难的。我们通常将逃世不仕者视为遯隐之士与清高之行，这种观念，实在有一种简单化的毛病，先秦诸子，也大体上是从这一视角来加以审度和评判的。

首先是道家，从老子提出“无为而治”的政治主张，本身就包含了对积极从政的一种否定，加之他还讲过“故贵以身为天下，若可寄天下；爱以身为天下，若可托天下”。这种含义近乎“两可”的语言，到了庄子及其后学，便从避世的方面大肆发挥，作出了“爱身应重于爱天下”的结论。所以《庄子·让王》篇中的那些高士，不仅不以帝王之贵为荣、为利，竟至以帝、王之有天下为累、为耻，听到别人要让位于他，便宁可投河自尽以明清高，这样便把“清高人格”、隐逸人士推崇到了极点。这是一种典型的以审美追求对功利取向的否定，隐含着个性自由对于人性异化的反叛。

法家则与之相反。首先，他们否定让王之类的遯隐行为是清高之行。《韩非子·五蠹》有云：

> 尧之王天下也，茅茨不翦，采椽不斫，粝粢之食，藜藿之羹，冬日麑裘，夏日葛衣，虽监门之服养不亏于此矣。禹之王天下也，身执耒臿以为民先，股无胈，胫不生毛，虽臣虏之劳，不苦于此

矣。以是言之，夫古之让天下者，是去监门之养而离臣虏之劳也，古传天下而不足多也。今之县令，一日身死，子孙累世絜驾，故人重之。是以人之于让也，轻辞古之天子，难去今之县令者，薄厚之实异也。

也就是说，所谓让天下，只不过是出于经济利益的计较而已。接着他在《忠孝》中就对之进行政治评判：

世之所为烈士者，离众独行，取异于人，为恬淡之学而理恍惚之言。臣以为：恬淡，无用之教也；恍惚，无法之言也。言出于无法，教出于无用……天下之惑术也……故人臣毋称尧舜之贤，毋誉汤武之伐，毋言烈士之高，尽力守法，专心于事主者为忠臣。

这又是以社会行为的功利取向，作为对审美评判的否定，隐含着性恶论对人性自由的根本怀疑和否定。为后世专制君主罢黜百家，诛戮拒召不仕之人提供了依据。

实际上，我们可以看出，道家从避世的角度推崇遯隐为清高，否定人的社会责任；法家从专制统治的立场斥隐遁为不忠，否定其有拒绝同流合污的一面，都是非常片面的。儒家的态度，比较起来则要公允一些。他们既看重社会责任感，主张建功立业，也推崇人格高尚，反对同流合污。易传对“潜龙。勿用”的理解便是：“龙德而隐者也。不易乎世，不成乎名，遯世无闷，不见是而无闷，乐则行之，忧则违之，确乎其不可拔，潜龙也。”《中庸》第十章也说：“君子依乎中庸，遯世不见知而不悔，惟圣者能之。”这些评判的价值取向在强调人格独立方面与遯卦的精神有相通之处，但是，并没有把握住经文将遯与隐相区分的视角，遯是指在位大人对乱政的遯避与对大贤的避让，隐是指无位而有德君子的隐而未见，待时而动。将遯与隐混为一谈，单纯以后世的隐士观念去看待遯卦、贲卦，就会对“好遯”“嘉遯”“肥遯”以及“贲于丘园”等感到不可理解。这一点只要看一看先儒对这些卦爻的解释就非常清楚，根本原因就在于《易经》作者是处于当政者的地位，以圣王的心态去俯察遯隐之行，因而能对之作出必要的区分，并分别不同类型表示出同情、肯定、嘉许乃至推重的情怀，后世学者们则是处于无权的地位去观察隐士们无可奈何的处境，这就不能不感到一种同病相惜的悲凉。

35. 明夷：革命危机的把握

䷣ 明夷。利艰贞。

解：明夷。象辞。通常用为卦名。

字义：夷，考释见丰·九四，此处用夷灭义。

明夷，即光明夷灭，有明而自晦。

依物理取象：为卦离下坤上，离为日，坤为地，日入于地，明而自晦，故曰明夷。用喻昏暗之世，知几君子能自晦其明也。

利艰贞。占辞。

字义：艰，用艰难义。同于泰·九三之“艰贞无咎”及大有·初九之“艰则无咎”，均以艰为艰难其事之意也。

利艰贞就是利于艰难其事，谨慎对待之意。这是依卦象的事理作出的应然判断。明夷的直观层面是明入地中，日下于地。其象征隐喻层面的含义便是国君昏暴、政治混乱，当此之世，有德君子，处境艰难，自宜韬光养晦，方能有利也。不断以无咎、悔亡，而断以利艰贞者，昏乱之世，非仅免祸而已，有德君子，更当不惧危难，艰苦奋斗，以求有益于世也。这是周初圣贤以天下国家为己任的人格风范。

初九　明夷于飞，垂其（左）翼。君子于行，三日不食。有攸往，主人有言。

解：明夷于飞，垂其（左）翼。君子于行，三日不食。象辞。

词义：明夷，此处借作鸣鹈，即鸣叫着的鹈鹕。李镜池曰：“鹈、鹈形声均通，是一种水鸟，嘴长而阔，颔下胡大如数斗囊。若小泽中有鱼，就成群地用它们的胡囊把水淘干来抓鱼吃，故俗名淘河。”喜群居，《尔雅》郭璞注云：“鹈鹕，好群飞。”

垂其翼，帛书本翼字前有“左”字。

君子，这里指殷商贵族。

于行，出行在道。这里指殷商贵族，在殷纣暴政的祸害蔓延之际被迫远行遁避之事。

辞意是说，成群的鹈鹕远飞哀鸣，拖着疲惫的羽翼勉强前行。商朝的贵族们也在四散逃遁，几天都吃不上饭，好不伤心。

显然，这是当时的一首民谣，前两句用鸣鹈于飞起兴，后两句正是描述当时贵族们逃遁时的悲惨情景。其格调与《诗经》中的谣谚一致，（如《诗·邶风·燕燕》："燕燕于飞，差池其羽。之子于归，远送于野。瞻望弗及，泣涕如雨。"以及《诗·小雅·鸿雁》："鸿雁于飞，肃肃其羽。之子于行，劬劳于野。"）在内容上也极为相近，可见这条象辞也是当时的一首民谣。

依物理及数理取象：本爻当离下而上体为坤，来知德《易经集注》云："离为雉，鸟之象也；此爻变艮，独一阳在中，卦之中为鸟身，初与六上下为翼，故小过初六曰飞，上六亦曰飞，皆以翼言也。此爻居初，故曰垂翼也……三日不食者，离居三，三之象也；离为日，三日之象也；离中虚，又为大腹，空腹不食之象也。"此说可从。又因本爻变，下体成艮，艮为门阙，君子之象也；上互震，震为足，为行，交上体坤为地、为郊，乃君子远行之象，故有"鸣鹈于飞，垂其翼，君子于行，三日不食"之象也。

有攸往，主人有言。验辞。以验代占。

词义：有攸往，攸通所，此指所往之处。

主人，经文之"主"一般均用于指称所在地的主人，即氏族、部落首领或家族长之类，参见坤卦卦辞"先迷后得主"释。

有言，即有所责难与非议之意，参见需·九二释。

辞意是说，所到之处，其地主人有所责难和非议。也就是对他们很不欢迎，表示反感。

这是当时实际情况的记录，正如《尚书·微子》中说的："我其发出狂，吾家耄逊于荒。"所以是个验辞。这里以验代占，也是经文的常用章法。

这条爻辞的文学意义与社会学意义都非常重大，而且可以说是二者相得益彰。从文学上看，象辞本身是一首比兴风格的、韵律优美、叙事生动的好诗，准确年代又在殷纣末年，较之《诗经》中的许多诗歌的年代为早，而且可以准确定位，自然具有重要的文学价值。从社会学上看，诗的内容描述的是殷末贵族纷纷逃亡的景象，这种景象的出现本是社会危机的表现，又达到形成民谣的程度，足见其普遍和频繁，也就说明殷纣朝廷的分崩离析已达到总体崩溃的边缘。

殷纣统治危机何以闹到如此严重？从《尚书·微子》中可以看出有这

样的一些问题：

其一，“我用沉酗于酒，用乱败厥德于下”。“我”指的是殷纣王朝。这是说，首先是由于殷纣好酒淫乐，乱政败德，社会风气随之败坏。

其二，“殷罔不小大好草窃奸宄，卿士师师非度。凡有辜罪，乃罔恒获”。这是说殷纣朝廷，大小官吏都贪赃枉法，上上下下，转相师法，竞为非法无度之行，对犯罪行为，纵容包庇。

其三，“小民方兴，相为敌仇”。这是说，新起的商业奴隶主和军事奴隶主，各霸一方，有的并被纣王命为卿士，跻身贵族之林，排斥打击元老重臣巫史等旧贵族。也正是这些小民，“方兴沈酗于酒，乃罔畏畏，咈其耉长旧有位人”。对元老重臣、巫史贵族，怨仇相向，争斗侵夺，才逼得他们“耄逊于荒”，四散奔逃。

其四，“降监殷民，用乂仇敛，召敌仇不怠。罪合于一，多瘠罔诏。”这是说，殷纣重用这批小民、新兴商业奴隶主、军事贵族，重赋伤民以为治，又严酷监控下民，以民为敌，可以说是毫不懈怠地给自己招致仇怨。君臣同恶，沆瀣一气，下民处于瘠病饥殍而无所告，得不到救治。这自然会造成天下怨望，对殷朝贵族产生普遍的怨愤，这正是“君子于行，三日不食”，所到之处，当地主人还对他们予以责难和排斥的根本原因。

以上四条，可以说大体上已表明殷纣王朝趋于崩溃的原因，也正是微子出奔、箕子佯狂的缘由，参见六四及六五爻释。

六二　明夷，夷于左股。用拯马壮，吉。

解：明夷，夷于左股。象辞。

字义：明夷，光明夷灭。于天象为日暮，这里用指自晦其明之人。

夷，此处用痍义，指受伤。

辞意是说，有自晦其明之人，其左股受伤。

依物理及数理取象：本爻当离中，于时位而言，正当由明转晦之时。离之先天卦位在左，帛书本初九“垂其左翼”即以离位在左。二爻于人体当腓、股部位，故曰左股，如咸卦之以二、三爻为腓为股也。本爻变，互坎变兑，兑为缺损，是左股受伤之象，故曰：“明夷，夷于左股。”

用拯马壮，吉。占辞。

字义：用，通以。参见井·九三释。

拯，有举、助、救等义，此处用救、助义与涣·初六“用拯马壮，吉”意同，谓以强壮兵马救助之而脱险，故其占为吉。

这是依爻象的事理作出的条件性判断。既然自晦其明之人至于左股受伤，其势自有危厉，必得强壮兵马以救助之，方可脱险而得吉。“用拯马壮”，是得吉的前提和条件，没有这种条件便不能得吉，所以，这是一种限制性的判断。作出这样的限制，自应有卦爻象为据，因本爻当互坎下，坎于马为美脊，为亟心，为薄蹄，均为健捷之象；上互震为足，为行，良马代步之象，故有用拯马壮之象也。

爻辞的史实背景可能与文王遭囚获释之事有关，因为文王正是能自晦其明之人。《彖传》就曾指出：“明夷，内文明而外柔顺，以蒙大难，文王以之。”历代学者多宗此说，明人来知德《易经集注》云：“文王囚于羑里，夷于左股也；散宜生之徒献珍物、美女（尚有骊戎之文马）用拯马壮也；脱羑里之囚，得专征伐，吉也。”其说大体可从。

九三　明夷于南狩，得其大首。不可疾贞。

解：明夷于南狩，得其大首。象占连辞。

字义：狩，《说文》：“狩，犬田也。从犬，守声。”此泛言以犬畋猎谓之狩。又据《尔雅·释天》：“冬猎为狩。”《公羊传·庄公四年》：“莫重乎其与仇狩也。”何休注：“狩者，上所以供承宗庙，下所以教习兵行义。”所以，狩本是古代君主依时行猎的专称，又借以阅兵习武，以威镇方国。据《尚书·尧典》所载，舜时已有“五载一巡狩，群后四朝”的制度，这里的南狩，正是指往南方阅兵行义之事。

首，甲文，金文，篆文。《说文》：“首，百同，古文百也。巛象发……”可见首字初象兽头，后亦象人头，引申为头人，首领。大首即大兽，用喻大国。

辞意是说，有自晦其明之人，往南征伐，大国降服。因象占之间具有逻辑的直接相关性，故为象占连辞。

依物理及数理取象：本爻当离上，居坤下，明入于地之际也，故有明夷之象，以喻自晦其明之人也。离为戈兵，象网而位南[1]，故有于南狩之

[1] 此依《连山》卦位。

象，又本爻当坎中，上互震，坎为弓矢，震为射，征伐之象；震上交坤，坤为国，征伐得国之象，故曰“得其大首”。

不可疾贞。另占辞。

字义：疾，经文用“疾”字者六处，皆用疾病之义。

不可疾贞之意即谓若贞问疾病之事，则不可其速痊也。因其与南狩得国之事似无关联，故可视为另占之辞。

自史实背景考察，本爻与文王伐崇之事有明显的相关性。

据《竹书纪年》所载，帝辛二十三年，听崇侯之谗，囚西伯于羑里，二十九年，乃释西伯。三十二年，西伯伐密。三十四年，周师取耆及邘遂伐崇。密在今甘肃灵台境，耆在今山西长治，于周而言，均非南征；邘在今河南泌阳县境，崇在今河南嵩山县境，二国均在岐周东南，而崇国为大，所以南狩而得大首之事当指伐崇得国之事。

据《左传·僖公十九年》：子鱼谓宋襄公曰：“文王闻崇德乱而伐之，军三旬而不降。退修教而复伐之，因垒而降。”《左传·襄公三十一年》亦有北宫文子言于卫侯曰“文王伐崇，再驾而降为臣”之说，可见文王伐崇，经历了两度兴师才取得了胜利。崇国是介于周、殷之间的大国，这件事在当时影响很大，文王在南征过程中曾经筮遇此爻，史录其事，《周易》即用为爻辞，是很自然的，完全合乎其系辞的惯例。故有“明夷于南狩，得其大首”之象占连辞。至于“不可疾贞”之占，则可能与文王身体状况有关，因文王灭崇之时已 94 岁高龄，难免有些疾病，是不宜再行远征的，所以，“不可疾贞”也可以看作是一种诫辞。事实上文王灭崇以后，主要从事迁酆、营镐、作辟雍、作灵台等事，大修政教，至于去世，也没有从事远征了。

六四　入于左腹，获明夷之心，于出门庭。

解：入于左腹，获明夷之心，于出门庭。象辞，以象代占。

字义：腹，李镜池《周易通义》曰：“腹借为窫。古代半地穴式的房屋，有复室，左窫即左室。”此说可从。盖复与窫有通用之例，《诗·大雅·绵》：“古公亶父，陶复陶穴。”《说文》引此诗即作“陶窫陶穴”此处书窫为腹，实因腹之初文即取复室之象也（参见复卦讲解）。李氏以左腹为左室之说为有据。

心，这里指心意。经文有心字 5 处，除艮·六四之“厉薰心”指心脏部位以外，其余均指心意。如益·九五之“有孚惠心”，上九之“立心勿恒”，井·九三之“为我心恻”，艮·六二之“其心不快”，心字均指心意，其义甚明。本爻“获明夷之心”，若解为射中鸣鹈的心脏则全文上下扞格，于义难通。仍应释作“心意”为当。《象传》即谓“入于左腹，获心意也”。

于，介词，用于表示原因，有关于、对于等义，此处用关于义。

辞意是说，有人进入另一人家之左室，获知其自晦其明的心意，有了出门远遁的主意。

依物理取象：本爻当坎上、坤下及互震中，震位左，坤为腹，故曰“左腹”，坎上变成巽，巽为入，故有入于左腹之象；左腹借为左複，谓入于左室也。震为射、为获，坎为忧，获知其心意之象也；本爻时位当明夷之际，故曰“获明夷之心”；上坤为腹，于室为複，即门庭；互震为足，为动，故有于出门庭之象。

以上取象乃象辞的感性直观层面的含意，其象征隐喻层面的含意则是指政治昏乱之际，有德君子相聚一室共议自晦其明及遁隐之事。从史实背景来看，显然与殷之“三仁”相关。

据《尚书·微子》载：在西伯戡黎之后，武王即将伐纣，殷纣犹怙恶不悛，不知悔改。继续排斥打击殷之旧贵族及于元老重臣。微子乃帝乙之长子，纣之庶母兄，痛殷之将亡，乃往谋于箕子、比干二位王叔，大意谓殷纣狂暴无已，淫乱无度，势不可回，耆老贵族纷纷逃遁，我等当谋应变之策。箕子只劝微子速行远遁，以存商祀；自已则不顾行遁，而当自晦其明，其后佯狂而被罚为奴；比干则不遁不晦，以强谏而死（事详遯卦释）。这里讲的入于左腹，即指“三仁”相议于左室之事；获明夷之心，则指自晦其明之事取得了共识；于出门庭，即指或遁、或晦、或谏，应各行所宜，以“自献于先王”的决定。其后遂有微子去之，箕子为之奴，比干谏而死的事实。这在当时实为重大的政治事件，它表明统治阶级上层已不能按照原来的方式统治下去，革命危机已经到来，这正是武王再合诸侯共伐殷纣的决策依据。这一历史经验在周人看来自然意义重大，因而将它记录在明夷·六四爻辞中，正是以史为鉴的深刻用意。

本爻不另系占辞，而以象代占，盖因史实情况复杂。“三仁”之或遁、或狂、或死，本皆凶事，然而，自明夷之道而论，身为贵胄及王室大臣，所虑者乃宗族之兴灭，社稷之存亡，固不可以舍大义而论已身之安危吉凶也。《周易》不系以吉凶之占者，盖义在当为，苟且偷生不可以为吉，杀身成仁不得以为凶，仁义之行，实不可取决于吉凶之占也。孔夫子曾明白地指出："君子德行焉求福，故祭祀而寡也；仁义焉求吉，故卜筮而希也，巫祝卜筮其后乎。"[①] 这一理性精神早已深蕴于经文之中了。

六五　箕子之明夷。利贞。

解：箕子之明夷。象辞。

词义：箕子，刘向、荀爽作"荄滋"，蜀才本作"其子"，王弼本作"其兹"，惠栋作"亥子"，尚秉和氏《周易尚氏学》广引诸家，论证"箕子"即"孩子"，指殷纣，其说甚辟，实不可从。实际上箕子就是箕子，诸家自相扰乱，均扞格难通。马融曰："箕子，纣之诸父，明于天道洪范之九畴，德可以王，故以当五，知纣之恶，无可奈何，同姓恩深，不忍弃去，被发佯狂，以明为暗，故曰箕子之明夷，卒以全身，为武王师，名传无穷，故曰利贞矣。"此说除有格调甚低之弊以外，其余大体可从。

依物理及数理取象：本爻当坤中而互震上，坤为国，震为威，国中君子之象也；本爻又当卦之君位，在朝大臣之象也；以君子而在朝，箕子为殷王国之父师之象也；下离为明，互震为动，上坤为地，明动而入于地，自晦其明之象也，故曰箕子之明夷。

利贞。占辞。

这是从爻辞的事理作出的应然判断。

本爻既然明明指称箕子佯狂，被罚为奴之事，吉凶之占，自当直接从当时的史事背景来了解。可以从殷周两方面来看：首先，于周族而言，与箕子之明夷同时发生的有微子去之，比干谏而死等三件大事，表明殷纣王朝上层皆已分崩离析，革命的时机已经到来；此前两年，武王引兵东伐，止于盟津，等待的正是这一时刻。所以"箕子之明夷"对周邦来说，自然是十分有利的事。很有可能，武王、周公当时确曾因此事进行卜筮，得出了吉利之占，故系之以利贞。其次，从殷王国方面来看，箕子之明夷，对殷纣朝廷本来是不利的，但是，对箕子本身以及殷族的根本利益来讲，也算是有利的。一方面，箕子佯狂之后，可免于杀身之祸，这就为殷人保留了一支巨大的宗族，有利

---

① 帛书易传《要》篇。

于殷商文化的延续与振兴；另一方面，箕子自晦而不遁，比干以强谏，这些都转移了殷纣的打击重心，有利于微子的远遁，为保存殷祀——殷直系王族的历代世袭提供了可能。后来武王灭商、成王定鼎之后，先后封微子于宋，以存商祀；封箕子于平壤。箕子为武王述洪范九畴，对殷商文明的保留与传播都作出了很大的贡献，周代的礼制文明，正是对以《洪范》为代表的商代优秀制度文明的继承与完善，从这方面来说，武王、周公，对箕子之明夷这一事件，作出利贞之占，也是合于他们维护文明传统的理性精神的。

上六　不明晦，初登于天，后入于地。

解：不明晦，初登于天，后入于地。象占合辞。

字义：晦，《说文》："晦，月尽也。"月尽即每月之终，月体全亏而无光。引申有昏暗、隐藏等义，此处用昏暗义。不明晦，即本自不明而至于昏暗，与明夷对言，明夷乃本明而自晦其明之意，不明晦即喻本自不明而至于昏暗之人也。

登，甲文，金文。《说文》："登，上车也。从癶、豆，象登车形。"登车乃自下而上，故有升义，经文中升与登分用，含义略别，大抵升乃升进之义，登则有攀升义也。参见升卦释。

辞意是说，本自不明而至于昏暗之人，若初始能登居高位，其后必坠入于地也。

依物理取象：本爻居坤上，变而为艮，其下互坎，合而为蒙，蒙者，覆也、昧也、昏也，故有不明而晦之象；又本爻变，明夷之贲，日下于山之象；日下于山，即初登于天，后入于地之象也。

本爻不另系占辞，以其象与占互为因果，故为象占合辞。作为占辞，逻辑上具有假言判断性质，即谓本自不明而至于昏暗之人，假若爬上了极高位置，最终必将跌落下来，一败涂地。但是，假若他不爬上高位，也就无所谓跌落之事了。当然这只是就系辞用于占断时的普适性而言，但在这里它却是具有特指性的。

从史实背景来看，前述诸爻明夷所称的自晦其明的人，都特指文王、箕子等人，这里的本自不明而又至于昏暗的人，当然是指明夷君子的对立面，也就是指殷纣。

殷纣为什么在当时被看成这样的国君呢？《史记·殷本纪》说他"资辨

捷疾，闻见甚敏”，但他的这种小慧没有用在正道上，他是“知足以拒谏，言足以饰非”。这就说明他本自不明；而且他又好酒淫乐，崇长邪小，横征暴敛，忍辱诸侯，辛苦百姓，滥用酷刑，使天下扰乱，社会生活完全失序，这不是由本自不明而至于昏暗吗？现在他更变本加厉地对商族的元老重臣、王室贵胄严酷镇压，逼得他们四散奔逃，连两位王叔都或遭残杀，或沦为囚奴。他用自己的权力摧毁自己的统治基础，这不是先登于天，后入于地吗？革命的时机成熟了，革除殷纣暴政的战争风暴也快降临了。

总的来看，明夷是讲善处乱政之道的专卦，它的要义有二：首先是要善于自晦其明，既不同流合污，也不是消极逃避，而是要保持清醒的头脑，保存和蓄积力量，在时机成熟时，加以革除；其次是强调指出，不明而晦之人，本不可身居高位，若国君昏暴，必致败灭，这可说是一条社会法则，革命者应有充分信心。

当然，明夷卦在社会学上的意义是更为重大的，它展示的是殷纣灭亡前夕政治大动乱的情景，牵涉到殷末社会的特质与武王革命的性质等根本问题，只好结合革卦讲解时一并加以讨论了。

36. 革：革命者的信念

——义举天人共襄

（附：论武王革命的性质；九五爻附关于理念性系辞与占验性系辞的讨论）

䷰　革。巳日乃孚。元亨。利贞，悔亡。

解：革。象辞。通常用为卦名。

字义：革，金文。《说文》：“革，兽皮治去其毛，革更之。”林义光曰：“象兽头角足尾之形，象手治之。”是革之本义为革除、更改，名词则为皮革，经文已二义并用。

依物理取象：上兑为泽，下离为火，以火焚泽，治地以种，是变革之常要，象古代刀耕火种之事也。这当是最古之义。取刀耕火种为革象，说明卦象来源甚早。

《象传》云：“泽中有火，革。君子以治历明时。”亦暗含刀耕火种必依季节而相革代之义。

巳日乃孚。验辞前置。

字义：巳日、有三解：

（1）谓巳通已。已，止也。

虞翻曰："离为日，孚谓坎，四动体离，五在坎中，故已日乃孚，以成既济。"此以四爻在离上为日已之象也，其说牵强。王弼注："夫民可与习常，难与适变，可与乐成，难与虑始，故革之为道，即日不孚，已日乃孚也。"此谓革道已成方可有孚也。义与虞合。

（2）谓巳通祀。巳日，祭祀之日也。

李镜池曰："巳借为祀，到了祭祀那天才去促俘虏来作人牲。"此以巳为祀，李氏于革六二并引《仪礼·少牢馈食礼》："日用丁巳，筮旬有（又）一日，筮于庙门之外……吉则史韇筮，若不吉则及远日，又筮日如初。"但据郑注，日用丁巳，乃内事用柔日，而革命征伐乃外事，当用刚日，故非祭祀之日也。

（3）余谓巳日即逢巳之日。

据蛊卦辞有"先甲三日，后甲三日"之说，巽·九五又有"先庚三日，后庚三日"之辞，是周初有筮日举事之明证，故巳日乃孚，可解为逢巳之日或逢己之日。若谓逢己，是合于以干系日之惯例，如先庚、先甲之类，但于史实上无考。若释为巳日，则与史载武王伐纣出兵之日相协，且与六二爻"巳日乃革之。征吉，无咎"之辞一致，而卜辞已有以支系日之例，故较为合理。

据《尚书·武成》有云："惟一月壬辰，旁死魄，越翼日癸巳，王朝步自周，于（往也）征伐商……既戊午，师逾孟津。癸亥，陈于商郊，俟天休命。甲子昧爽……会于牧野……"这段记载，将武王伐商的时间、日期讲得很清楚，是在癸巳日出发进军。后儒考证，《尚书·泰誓序》有云："惟十有一年[①]，武王伐殷，一月戊午，师渡盟津，作《泰誓》三篇。"据经文当在武王主周之十二年冬，周正十三年一月之癸巳日出师，经过 25 天，（二月）戊午日，武王师渡孟津。从距离上看，自岐周至孟津，路程约为 1000 华里，每日行军约 40～50 华里，这一速度，大抵是可信的。而孟津至牧野约 250 华里，约走了五天，所以戊午渡河，癸亥方至，第二天甲子会

---

① 《泰誓》经文作："惟十有三年，春，大会于盟津。"《竹书纪年》同此。

战，这些也都是相当符合实际的。因此，《武成》所载，武王于癸巳日开始出师伐商是较为可信的。这正是经文所谓“巳日乃孚”“巳日乃革之”的史实根据。到革命成功，认为“巳日”出师这一天意义重大，值得纪念，因而将“巳日乃孚”作为验辞以置于卦占之前，作为一种特例，便于引起后世重视这一历史经验，并永志不忘这一革命胜利的纪念日。

元亨。利贞，悔亡。叙占合辞。谓大享祀之日筮遇此卦，其贞为利于改革，能获成功，且不至于发生后悔之憾事也。这是从革卦的卦象中依事理及物理作出的应然性判断。因为革卦从上到下，上兑为秋，中乾为冬（后天卦序，乾位在冬），互巽为春，下离为夏，秋冬春夏，四时更代，其序井然，说明改革是必然的，也必定是成功的，没有可以后悔之事。对革命之举作出这样的占断，当然也反映了周初贤圣们推崇除旧布新的革命气概。

初九　巩用黄牛之革。

解：巩用黄牛之革。象占合辞。

字义：巩，繁体作鞏，金文作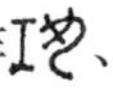、。《说文》：“鞏，以韦束也。易曰‘鞏用黄牛之革’。从革，巩声。”可知巩字之本义即是用革带束缚以固物，故引申为固。金文均作以皮韦束物之形，此处即用皮韦束物之本义。而诸家据《象传》“巩用黄牛，不可以有为也。”均将巩释义为“固守”，而谓在革之初，不可以有为。若不可以有为，如何推进革命形势，作好革命之思想准备、物质准备、组织准备。革命是翻天覆地的大事，岂能无所准备筹划即兴而为之？故旧注实不可取，今当从其本义，作以韦束物为当。

辞意是说，用黄牛革以加固战车等，作好革命战争的器物准备。

依物理取象：本爻当下体离下，离于色为黄，于畜为牛。（《左传·昭公五年》载穆庄叔筮穆子之生，遇明夷之谦，卜楚丘解有“纯离为牛”之说，是为据。）当离之初，有皮革之象；本爻变，下体成艮，艮为手，有以手束之之象，故有巩用黄牛之革之象也。

本爻不另系占辞，盖当革之初，尚在准备阶段，但当审度变革之当否，未可以断其吉凶也。既然在准备阶段，便应作好思想准备、组织准备、物质准备。革命之事，生死兴亡之所系，不可避免地会导致革命战争。备战之事，思想准备方面，在乾、坤、否、泰、豫、谦等卦已明之。组织准备已见于萃、升、遯、明夷等卦，今当着重解决物质准备，战车、马络、盾牌、甲胄、矢囊，诸多军备均需以皮革为之，为了牢固起见，更当用黄牛之革以巩固之也。所以这条象辞本身就有教诫之意，可以作为占辞来看待，亦象亦占，故为象占合辞。

历史上革命党人起事甚多，初期多遭受失败，很难有一举成功者，根本原因便在于思想、组织、物质准备不充分。《周易》在革之初即强调作好充分准备，显然是出自成熟的革命领导者的见解。实际上，革卦及诸爻系辞，很可能都是依据革殷受命的伟大历史事件的实践经验而编撰的，是对于革命经验的理论性的提升，与乾、坤、临、观、豫、谦、萃、升、遯、明夷、鼎等卦一样，皆系作者的理念性撰述，属于理念性系辞，与其他许多卦是从过去已经应验的占辞中进行选编的应验性系辞是不同的，参见六五爻释。

周族对革命战争的准备是非常周密的。除前述思想准备、组织准备以外，还体现在军事训练与战略部署方面，如《逸周书·酆谋》中的“戚取同，任用能，矢无声”，是要求军队内部的意志统一；“边不内侵，道不殴牧，郊不留人”是边防方面的部署；《武顺》中的“士卒咸若同一心”及“五五二十五曰元卒，一卒居前曰开，一卒居后曰敦，左右一卒曰间，四卒成卫曰伯，三伯一长曰佐，三佐一长曰佑，三佑一长曰正，三正一长曰卿，一卿一长曰辟，辟必明，卿必仁，正必智，右必和，佐必敬，伯必勤、卒必力”和《牧誓》中的“亚旅、师氏、千夫长、百夫长”，“事不愆于六步、七步……四伐、五伐……”更是战阵训练方面的准备，本爻的“巩用黄牛之革”已是临战前的物资器械准备了。没有这样的周密准备就不可能一戎衣而定天下，也不可能写出本爻系辞，没有周革殷命的实践就不能撰出革、鼎等卦。所以革鼎等卦系辞只能来自于理念性的编撰，而不是选自原有的已应验了的占筮记录。

六二　巳日乃革之。征吉，无咎。

解： 巳日乃革之。叙辞，叙述武王革命，乃在癸巳之日也。

叙辞不需取象，但明行筮之由，有如井卦之“改邑不改井”，睽·九四之“睽孤遇元夫”，以及各卦爻占辞前的“亨”“元亨”“原筮”等等，皆所以明行筮之事由及时间、地点等，均无取象之意。

叙辞虽未取象，但一般均有其史实根据，如“改邑不改井”之辞，所据即某大夫改迁封邑之事；此处“巳日乃革之”，即据武王革命出师日期当癸巳之日也，说已见前“巳日乃孚”之释。

征吉，无咎。占辞，谓武王革命，出师征伐有成功而无咎患也。据《论衡·卜筮》及《史记·齐太公世家》所载，武王伐纣，卜筮皆不吉而大凶，这里的“征吉，无咎”，显然是《周易》作者依据史实结合爻象作出的占断。如前所述，是属于理念性系辞。至于这一占断的爻象根据则是因本爻处下体离中，离为戈兵，乃征伐之象；上应于五，五居互乾上，天道之象；二应于五，巽顺于乾，乃顺天应人之象；五又当上兑之中，兑为悦，有革命征伐，顺天应人而得和悦之象，故断以征吉也。既顺天应人而大和悦，其无所咎憾可知，这是一项综合物理、数理与事理而作出的应然判断。

九三　征凶。贞厉。革言三就，有孚。

解：征凶。叙辞，叙述征伐过程中，出现凶象，因而行贞也。叙辞不必取象，但叙行贞之由，这里行贞之事，主要指龟卜，其次才是用蓍筮，由于《周易》尚未作成，当时的蓍筮也只能是用《连山》或《归藏》之筮。

贞厉。占辞，谓征伐过程中出现凶象而行贞，所贞为有危厉也。这一占断乃据爻象而断也。盖本爻当离上而进接于兑，依物理取象，离为戈兵，出征之象也；进而遇兑，兑为缺损，为毁折，是其事为有危厉也。故断以贞厉。

革言三就，有孚。验辞。

字义：言，经文有言说、责难等义，此处用宣说义。

孚，此处用信从义。

革言三就，有孚。意思是说，经三度宣说革命之大义，终于得到众人的信从。这里显然是以武王伐纣有《泰誓》三篇为史实依据的。所以也属于《周易》作者的理念性系辞。

《尚书·泰誓》序曰：

> 惟十有一年，武王伐殷，一月戊午，师渡孟津，作泰誓三篇。

《史记·周本纪》：

武王遍告诸侯曰："殷有重罪，不可以不毕伐。"乃遵文王，遂率戎车三百乘，虎贲三千人，甲士四万五千人以东伐纣。十一年十二月戊午，师毕渡盟津，诸侯咸会。曰："孳孳无怠。"武王乃作太誓，告于众庶："今殷王纣，乃用其妇人之言，自绝于天，毁坏其三正，离逖其王父母弟，乃断弃其先祖之乐，乃为淫声，用变乱正声，怡说妇人。故今予发，维共行天罚，勉哉夫子。"不可，再；不可，三。

两相印证，武王在渡河伐纣之际，曾三度誓师，是可信的。至于誓词内容，《史记》所记甚简，主要指纣"用其妇人之言""毁坏其三正""离逖其王父母弟"，"用淫声变正声"等四罪。这大概是初誓的内容，此说固不足以动众人之听以鼓舞决战士气。故又有"不可，再；不可，三"之说。也就是接连发表了三篇誓词，《史记》均未记其内容。今本《尚书·泰誓》上、中、下篇，后世断为伪作，看来系后人改写润色，而所记实有所本。其上篇是诸侯毕会盟津，尚未渡河之时，武王对友邦冢君及本国卿士的誓词。主要申讨纣不敬上天，罪人以族，宫室侈服以残害万姓，焚炙忠良，刳剔孕妇等昏暴行为，并以"受有臣亿万，惟亿万心；予有臣三千，惟一心"，鼓励诸侯及卿士。中篇乃渡河以后，"循师而誓"，是直接向各诸侯士众的誓词。主要声讨纣"力行无度，播弃犁老，昵比罪人，淫酗肆虐"，而且"臣下化之，朋家作仇，胁权相灭"，以至于"剥丧元良，贼虐谏辅"，"谓祭无益，谓暴无伤"等。其下篇是将诸侯之师经过整顿，编排好进军布阵次序之后"明誓众士"之辞。全面声讨纣"狎侮五常，斮朝涉之胫，剖贤人之心，作威杀戮，毒痡（铺）四海，崇信奸回，放黜师保，屏弃典型，囚奴正士，郊社不修，宗庙不享"等导致社会畸变、政治恶化的种种罪行。最后强调指出："独夫受，洪惟作威，乃汝世仇。"号召大家："树德务滋，除恶务本……诞以尔众士，殄歼乃仇。"充分表明自己是代表天下众人的意愿，恭行天罚，这样的誓词，就显得非常有说服力了。

另一方面，三誓之事，也反映了当时诸侯的意见尚不太一致，特别是信心不足，需要批驳一些错误观念，如以下犯上，寡不敌众等，以激起众人同仇敌忾之心。因为伐纣毕竟是以臣伐君，以弱敌强、以少击众之举，诸侯人心不齐、信心不足是很自然的，加上当时的一些偶然事件，就很可能影响士气。

《荀子·儒效》有一则记载很可以说明问题："武王之诛纣也，行之日以兵忌，东面而迎太岁，至汜而泛，及怀而坏，至共头而山坠。霍叔惧曰：'出三日而五灾至，无乃不可乎。'"《韩诗外传》也有"武王伐纣，到于邢丘，楯折为三，天雨三日不休"之说。

这就说明，由于天象的不吉，地象的不利，连武王之弟、当时从征的霍叔处都发生了动摇，也就难怪诸侯之师会出现一誓不可、再誓犹未可，直至整编以后还又进行三誓才得以统一意志的情势。其中周公的态度起了决定性的作用。《荀子·儒效》中载周公接着霍叔的疑问说："刳比干而囚箕子，飞廉、恶来知政，夫又恶有不可焉！遂撰马而进，朝食于戚，暮宿于百泉，厌旦于牧之野。"

刑丘即是怀地，今怀来县境。从汜水渡河，经怀来抵共头，约二百里，走了四天，其间三天大雨，显然严重影响了士气，加以对诸侯之众进行必要的整编，所以也有必要几番动员。最后才以一日之间，急行 50 里而达百泉，又从百泉东行 20 里才达到会战的牧野。就是到了牧野会战的当天早晨，武王又作了牧誓，以为临战动员，最后才取得了会战的胜利。可见战前动员，对统一意志、鼓舞士气、提高信心的重要，这便是"革言三就，有孚"的史实内涵。由于这一经验的重要性以及在当时参战者的记忆中的深刻性，所以《周易》的作者，很自然地将它作为验辞以系于占辞之下，借以提示后人，不可忘记这一宝贵经验，尤其在出现凶兆、军心不齐、士气不振的情况下，政治动员工作更为重要。兑卦《彖传》便说："兑，说也。刚中而柔外。说以利贞，是以顺乎天而应乎人。说以先民，民忘其劳；说以犯难，民忘其死。说之大，民劝矣哉！"武王伐纣的经验证明了，政治动员不仅可以统一意志、鼓舞斗志，而且实际上起到了化凶为吉的实效；更证明了事在人为，革命胜利的关键，根本上还在于政治路线的正确，在于敌方已经腐败，在于顺乎天而应乎人，天时地利上的某些不利因素，凶厉之兆，都是可以转化的。因而本爻实已表明，革命之事，在指导思想上，必须首先有一种革命观念，这就是以实证意识战胜神秘意识，以理性战胜蒙昧。也就是先有革命的思想，才能有革命的行动，在以后各爻中我们可以进一步看出，整个革卦都鲜明地体现了这种理性精神。

九四　悔亡，有孚，改命吉。

解：悔亡，有孚，改命吉。象占合辞。

词义：有孚，此处用“孚”之信从义。有孚，谓有其信从者也。

改命，改者，变革义；命，甲文作，金文作、①。《说文》：“命，使也。从口，从令。”字象跪而受命令之形，指必须遵从的命令或法则，引申为天命、时令、性命、命运等义，此处用天命义。改命者更改天之所命也，此即革命一辞的本意。

悔亡，有孚，改命吉。都是依武王伐纣的史实作出的占辞，也就是理念性系辞。将它系于本爻，是因为，本爻当兑下、互乾之中，下互巽、离，于节令言兑为秋，乾为冬，兑下乾中，节令变革之际也；下互巽、离，即交于春、夏之象；秋、冬、春、夏，时序井然，改命而当之象也。

于史实背景而言，《史记》载：牧野会战之时，纣兵皆崩畔纣，纣自燔于火而死。“武王持大白旗以麾诸侯，诸侯毕拜武王，从武王至商国，商国百姓咸侍于郊……商人皆再拜稽首，武王亦答拜”，这正是系辞“悔亡，有孚”的史实内涵。

又《史记·周本纪》：

> （武王既诛纣）其明日，除道修社，及商纣宫。及期……武王既入，立于社南，大卒之左右毕从，毛叔郑奉明水，卫康叔封布兹，召公奭赞采，师尚父牵牲，尹佚垂荚祝曰：“殷之末孙季纣，殄废先王明德，侮蔑神祇不祀，昏暴商邑百姓，其章显闻于天皇上帝。”于是武王再拜稽首，曰：“膺更大命。”革殷，受天明命。武王又再拜稽首乃出。封商纣子禄父殷之余民……

这是关于革殷受命大典的记载。这里的“膺更大命，革殷，受天明命”之时，正当周正二月，于四季言，即是冬、春交接之际，与四时更代一致，故有“改命吉”之占也。

本爻显著地表明，作者是依据验证了的史实，再选择适当的卦象，按照特有的逻辑理念而系以卦爻辞的。如前所述，这类系辞，我们称之为理

---

① 徐中舒认为，亼乃铎、铃之象，古人振铎以传命，卩则象人跽而受命也。

念性系辞，它与一般地依占筮记录而选用的占验性系辞是不同的，整个革卦都有这种性质，下爻再加评论。

九五　大人虎变，未占有孚。

解：大人虎变，未占有孚。象占连辞。

依数理取象：本爻阳刚得位，居九五之尊，有大人之象；本爻居中乾上，乾为虎，故有大人虎变之象；又本爻以阳刚居君位而下有应，是未占有孚之象。

于占断而言，其意谓大人位高权重，爱民治国，当以德为本，若遇非常之事，现威猛之象，当以有坚定之信念及绝对的把握为前提，即纯从理性判断而行动，不必先求验于占筮。这样本爻意旨便与《周易》之以筮占指导行为的取向相矛盾，简言之即是以占断告以毋须占断，这不啻是对占筮的直接否定。因此，本爻不应按通常的象占关系来理解，而应作为一种理念性系辞来理解。

今作为特例，解释如下：

大人虎变，未占有孚。理念性系辞。所谓理念性系辞，即依据革命经验之理论性认识而所系之辞也。

词义：大人，《周易》用“大人”者共 11 条，均指当权贵族、在位之君子也，地位仅次于天子、王、大君，而有品德高尚之义。此处指太公、周公等伐纣之主谋者。

虎变，《周易》之虎，用作威猛之兽，如履卦之“履虎尾，不咥人。亨。”六三：“履虎尾，咥人。凶”；九四：“履虎尾，愬愬、终吉。”皆以虎为可噬人之兽，可愬怖者也。其取象皆以乾取虎象。此处云“虎变”，即由通常状态，变作威猛盛怒之相也。

未占，占，甲文作、、。均作卜骨上有兆纹之形。《说文》：“占，视兆问也。”未占者，未曾行占视兆，或虽有占兆而未加信从也。

有孚，经文中“孚”字有三义：俘虏、信从者、信念，后一义从信从中引出，如中孚之卦，意含心中诚信，有信念之意也。

未占有孚者，未视占兆而内心早有其信念也。

既然未视占兆而早有信念，则本爻非应验的筮占记录而系史实中引申出的理念明矣。

《论衡·卜筮》：

周武王伐纣，卜筮之，逆。占曰："大凶。"太公推蓍蹈龟而曰："枯骨死草，何知吉凶？"

《史记·齐太公世家》：

纣杀王子比干，囚箕子。武王将伐纣，卜，龟兆不吉，风雨暴至，群公尽惧，唯太公彊之劝武王，武王于是遂行。十一年正月甲子，誓于牧野，伐商纣，纣师败绩。

《荀子·儒效》：

武王之诛纣也，行之日以兵忌，东面而迎太岁，至汜而泛，至怀而坏，至共头而山隧。霍叔惧曰："出三日而五灾至，无乃不可乎。"周公曰："刳比干而囚箕子，飞廉、恶来知政，夫又恶有不可焉！"遂选马而进，朝食于戚，暮宿于百泉，厌旦于牧之野，鼓之而纣卒易向，遂乘殷人而诛纣。

这些记载都说明，武王伐纣的过程中，太公、周公都曾因卜筮者反对伐纣而大发威怒，未信于卜筮之兆而有强行进军之壮举。太公之"推蓍蹈龟"，周公之"恶有不可焉"的申斥，都是盛怒之相，此所谓大人虎变也。太公既推蓍蹈龟，是不信占兆之事也。周公曰："刳比干而囚箕子，飞廉、恶来知政，夫又恶有不可焉。"则是不信于卜兆而有信于天理人心之大道、顺乎天而应乎人也。既顺乎天而应乎人，是未占而已有其坚定之信念，即所谓"未占有孚"也。

以上充分说明，"大人虎变，未占有孚"完全是周革殷命过程中一次重大决策的实录。由于当时《周易》尚未作成，不可能是以《周易》行筮的占验记录，而且这里明明讲了"未占有孚"，就是说明根本不是根据占断所作的决策。因此本爻最能说明作者不是根据占验之事来作的系辞，而是根据历史经验作出的理念性论断。究其实质而论，整个革卦可以说都是如此。

因此，本爻的重要意义，在于：

第一，它作出了最正确的，也是最科学的理性判断，完全排斥了神秘性。因为“大人虎变，未占有孚”乃是根据殷纣“杀比干而囚箕子，飞廉、恶来知政”这一政治形势作出的判断，这是殷纣王朝的贵族阶级已不能照旧统治下去的重要标志。列宁在《论“左”派幼稚病》一文中曾精辟地指出：“要举行革命，单是被剥削被压迫群众感到不能照旧生活下去而要求变革，还是不够的；要举行革命，还必须要剥削者也不能照旧生活和统治下去。只有当‘下层’不愿照旧生活而‘上层’也不能照旧生活和统治下去的时候，革命才能获得胜利。”（单行本 64 页）周公指出的“杀比干而囚箕子，飞廉、恶来知政”显然是殷纣王朝的上层也不能照旧生活和统治下去的重要标志。列宁将这一现象总结为“一切革命的基本规律”。这样的规律，历来认识或领悟到的人并不多，而在殷周之际，在没有更多的史实参照的情况下，周族的贤圣们——包括武王伐纣之止于盟津，以及太公、周公等人，则是对之坚信不移，连卜筮的凶兆、天地物象的种种灾异，都不能将其动摇，实在是空前高明的科学见解，不能不令我们叹服。

其二，未占有孚的论断，明确地强调民心的向背胜于占筮的信仰，可以说是对卜筮迷信的基本否定。但是，周初作“易”之时，作者不仅不加回避，而且将它明确地定位于革卦九五之爻，表明其为革卦的主旨，也就是革命所应遵循的基本规律，提示后人必须懂得在革故鼎新这样的伟大变革中，未占有孚更胜于卜筮之孚，只有应乎民心，顺乎天理才是具有决定意义的。卜筮和天地万物的征兆，比较起来都是可以忽略不计的。这是何等的革命气概，多么坚定的科学信念啊！三千多年以前，我们祖先中的优秀人物，竟然达到了这样高超的思想觉悟和精神境界，难道不值得我们认真学习、衷心赞佩和引以自豪吗？这一思想对后世的影响又当是何其深远？易传将它概括为“顺乎天而应乎人”，《国语》发挥为“民为神之主”，“圣王先成民而后致力于神。”后世的革命者或改革者则以“为民请命”自诩。到了近代，则以民主主义相号召。可以说都是《周易》的民本观念的直接继承而在不同时代赋予了新意。自周初以来，中国人，尤其是进步势力的代表、改革家们，大都没有将对卜筮的信仰置于对民心的顺从之上，理性思维在任何时候对神秘观念都占有优势，这样的革命理念，显然自《周易》

开其端。

第三，从撰著学特点方面来看，本爻最为明确地表明《周易》具有如下特征：

①易经的卦、爻辞大体可分为两类：

一类为筮占验证性系辞。即是从实际进行卜筮而得出占断，并在岁终计其占之中否时，肯定其已得到验证的占辞中进行筛选，然后按照每卦的主旨和逻辑演进程序加以编排的，这类系辞，我们可称之为筮占验证性系辞（简称占验性系辞）。有如屯、蒙、需、讼、比、小畜、同人、随、噬嗑、大畜、大过、大壮、家人、归妹、丰、小过等，可以说占了系辞中的近半数。当然，其中也插入了一些理念性系辞。

一类为理念实证性系辞。即是按照每个卦的主旨和逻辑演进程序的需要，选择自然现象、历史事实加以比附或仅按逻辑的当然参照卦爻象特征而新作的系辞，这类系辞，我们可称之为理念实证性系辞（简称理念性系辞）。如乾、坤、临、观、谦、豫、咸、恒、遯、明夷、履、升、井、革、鼎、震、艮、兑等，也占系辞中的近半数，当然，其中也插入了一些占验性系辞。因此应当说，多数卦爻都是两类系辞均兼而有之，而理念性系辞更多一些。

后一类系辞的出现，显然与《周易》要探讨的问题较之已有的或通常的卜筮贞问更为复杂高深有关。例如革、鼎等卦是《周易》以前不可能进行筮占记录的，而乾坤豫谦等又非通常可以理解的哲理框架，都只能在已有的占辞之外另行自构占辞。也就是说：这类占辞是《周易》的理论框架和指导思想的主体部分，其内容最重要，论证也最严密，而且大多以历史经验为依据，是理性思维的集中表现，是最值得重视的。这些理念性系辞都以象数筮占的形式加以规整和记述，正是周人神道设教观念的集中体现。

②从未占有孚这类理念性系辞还可以看出，《周易》系辞的多数是在武王伐纣以后形成的。伐纣以前，殷人已不信卜筮，周人运用商人的卜筮，所得占断，必然有许多不合乎理性，所以才有太公“推蓍蹈龟”之举。这样以《归藏》《连山》行筮之辞必然有许多不能选用，到作易时才不得不依史实和逻辑进行理念实证性系辞，这类系辞占多数也就不足为奇，也正好说明《周易》之作只能完成于成王周公之际了。

上六　君子豹变，小人革面。征凶，居贞吉。

解：君子豹变，小人革面。理念性系辞之叙辞。叙述在“君子豹变，小人革面”的情势下，而行占也。叙辞但叙行筮之由，不必取象。

词义：君子，《周易》经文有12处，一般指贵族成员，此处特指随从武王伐纣的贵族卿士、友邦冢君及亚旅、师氏等军事将领。

豹变，豹，似虎而小的猛兽。《说文》：“豹，似虎圜文。”《山海经·西山经》：“南山多猛豹。”豹变，发威猛之象，如虎变之意而稍逊之也。

君子豹变者，谓周武王伐纣之军事将领发威猛之象以临敌也。《尚书·牧誓》：“尚桓桓，如虎如貔，如熊如罴。”大传云：“桓桓，威武貌。”这是周武王牧野会战临阵之誓词，以勉励其将士者，正是“君子豹变”之意也。

小人，《周易》经文有10处，皆指平民之众，此泛指商族庶民。

革面，革者，更改义。面者，朝向、面容等义。小人革面者，士庶之众改面相从，由忧惧变喜悦之意。

《史记·周本纪》：

> 帝纣闻武王来，亦发兵七十万人距武王。武王使师尚父与百夫致师，以大卒驰帝纣师。纣师虽众，皆无战之心，心欲武王亟入。纣师皆倒兵以战，以开武王……武王至商国，商国百姓咸待于郊。于是武王使群臣告语商百姓曰：“上天降休！”商人皆再拜稽首，武王亦答拜。

这里的“纣师皆倒兵以战，以开武王”[①]，“商人皆再拜稽首，武王亦答拜”，正是“小人革面”的生动描述。

征凶，居贞吉。占辞。谓于“君子豹变，小人革面”即军事革命取得胜利之时，若继续进行征伐镇压则凶，能安定其居处则吉也。

《周易》经文有征占13，连伐占2，共计15，其12皆震遇艮或倒震为征凶之占，仅革·六二、上六及未济·六三，未取此象，乃依象辞及叙辞之事理以作出应然性判断；居贞之占仅3处，亦依象辞之事理以作出应然性判断。故本爻之“征凶，居贞吉”乃理验性系辞，即依武王伐纣之史实为

---

① 我们在遯、明夷中已指出，商业奴隶主与军事贵族的掠夺使各业民众纷纷破产，沦为债务奴隶、军事奴隶，这些倒兵以战以开武王的纣师，正是沦为军事奴隶的众庶。

根据，谓武王伐纣决战之际，殷纣兵众倒戈以开武王，百姓稽首再拜欢迎武王，当此之时，不可继续进行征伐镇压，而应使百姓安居为吉也。

《史记·周本纪》：

武王……大命革殷，受天明命，武王又再拜稽首，乃出。封商纣子禄父殷之余民……已而命召公释箕子之囚，命毕公释百姓之囚，表商容之间，命南宫括散鹿台之财，发钜桥之粟以振贫弱萌隶……命闳夭封比干之墓，命宗祝享祠于军，乃罢兵西归……封诸侯，班赐宗彝，作分殷之器物……纵马于华山之阳，放牛于桃林之虚，偃干戈，振兵释旅，示天下不复用也。

这正是“居贞吉”的史实内涵。

革卦总说。

革卦是《周易》中具有特殊意义的卦。

首先，革卦可能是中外各类元典中最早地系统地论述武装革命的合理性、适应性与可行性问题的卦，这样的论述在各类元典中不说是唯一的，也可能是极为稀有的。这一革命理论是立足于武王革命的成功实践，也就是经过实践检验而证明其正确性和真理性的。而武王革命又是以一举而成大功的具有典范性的成功的革命，这样，革卦在社会学、政治学方面的意义之重大也可以说是罕与伦比的。

其次，从政教学与文化学的总体上审视，革卦又是诸卦之中，最集中地体现《周易》的大义之卦。《系辞·上传》讲：“是故卦有小大，辞有险易。辞也者，各指其所之。”我们可以说，革卦就是它的大卦，其意义实不亚于乾、坤。因为自天理而论，天地革而四时乃成；自人事而论，大命革而圣王兴，天下治平。乾坤大道，集中体现于人事的兴革之中。所以《彖传》说：“天地革而四时成，汤武革命，顺乎天而应乎人，革之时大矣哉！”

要全面地论述革卦的重大意义是困难的，它取决于人们个体素质的诸多因素，以至环境条件。这里，我们只能据一己之浅见扼要陈述，即是革卦所体现的革命精神、科学精神和理性精神。

革卦的革命精神，体现在它对革命的赞扬和肯定。《周易》是垂范后世的行为准则，如果说其他的卦，大体上都立足于教导其后代子孙吸取经验智慧，以维护和延续周族的统治的话，革卦则明显地超越了这一狭隘的观念而上升到了天理流行、大化革新的高度，从历史规律、社会公理的高度，肯定了革命的合理性、必要性与必然性。它不仅对夏桀、商纣是合理的，如果后世出现了与桀纣时代类似的情况，革命的发生也是合理的、必要的和必然的。“天地革而四时成”，革命乃“顺乎天而应乎人”，革卦对这一主旨的确立和阐扬便是这种精神的集中体现。《系辞·下传》讲：“易之兴也，其当殷之末世，周之盛德邪，当文王与纣之事邪！是故其辞危，危者使平，易者使倾，其道甚大，百物不废，惧以终始，其要无咎，此之谓易之道也。”作易者的用心宏博深远如此，不惧怕揭露历史的真实，敢于从历史的规律性上来教导后世，这是后世的许多统治者难以企及的。

革卦的科学精神体现在它教导后世人要有革命精神，敢于革命，又要善于革命。在具体操作上，它提出了重视充分的准备工作，重视组织革命力量和善于把握革命时机，重视领导者的决心与人格力量，重视对敌方的分化瓦解与区别对待，以及注重大局安定，避免恃武逞强……这些都是宝贵的经验，重大的道理，明智的抉择，科学的态度。

革卦的理性精神表现在“未占有孚”的伟大信念上，表现在它于卜筮经典中明白地提出了理性信念高于卜筮信仰，科学思维优于神秘预测，表明它循事理而反迷信，持理性而反蒙昧，在卜筮书中贬抑卜筮而高扬理性，这种科学态度和理性精神，更可说是破天荒的思想奇迹，古今中外，恐怕找不到第二本著作能与之相比偶。既保留卜筮，又改造卜筮；既不否定卜筮，又不迷信卜筮；将卜筮纳入理性范围，借卜筮的形式，行理性的政教，这正是周文王对殷纣失道乱政的历史教训进行深刻反思后所作出的英明决策。《周易》的作者不仅完全遵从这一精神，而且在革鼎这样的大卦中明白地体现了这一精神，这表明《周易》的完成者只能是文王、武王的益友良师。卜筮的用意在于神道设教，作者明确提示出作易的目的就在于神道设教，这正是一种革命的理论家的光明正大的气度和风范，这种难以企及的人格风范，在今天更是弥足珍贵的。

附：论武王革命的性质

到此为止，我们已可以对武王革命的性质作一些必要的探讨了。但是要较为准确地定性殷末这场革命的性质，又必须明白殷末社会的性质。

史学界都大体认同中国古代社会具有“家国同构”的特征，那么，这一特征在殷商时代的具体表现如何呢？

从小畜卦中我们可以看出，社会结构的底层是以一夫一妻制为基础的家长制家庭，这样的家庭首先是一个血缘的和经济的共同体；从井卦的描述可知，男性家长以家族（或氏族）村社成员的身份，从家族或村社，领得一份井田，大约是一百亩，由家人协同耕种，这样他作为一家之长在家内有最高的权力，妻、子都处于经济上的依附地位。家里还使用一些战俘奴隶，主要是抢掠来的妇女和儿童，称为妾、僮仆之类。在族长们的家庭中，这种家庭奴隶的数量较多，在这样的家长制家庭中，已包含着奴隶制的因素。这些家庭所领有的份地，并不属于个人所有，开初要由家族或氏族村社进行分配和轮换；从大畜卦可知，每个家庭还必须向邑主承担劳役，一般是从事大田的集体劳作，这种劳役一般约占必要劳动时间或劳作成果的十分之一，如果过分加重，家庭生产就难以维持，也就有家破人亡的危险。如果大量家庭陷于这种境地，那便是社会基础的崩溃，并导致社会形态的畸变。

家族（氏族）村社对土地也没有所有权，这些土地原来是从部落，后来是从小邦君（邑主）那里划分来的，也就是属于当时的小邦君或大邦君的卿士贵族所领有的，而谁能够领有这些土地又是由当时的大邦君——国王按部族传统所认定的或新分封的，所以这些土地的最高所有权是属于国王的。所谓“普天之下，莫非王土，率土之滨，莫非王臣”，正说明国王的这种最高所有权，以及因此而形成的一切臣民对国王的相对的依附性质。不过，国王的这种最高所有权一般只是名义上的，而实际控制这些土地的是领有这些土地的领主（邑主或邦君），具体的分配权则在于基层的家族（氏族）村社，实际的使用权又在于各个家长制家庭。这样，从现代所有权的观念来讲，在古代中国，任何人都没有真正的所有权，而只有分层级的领有权，我们暂且将这种土地所有制形态定义为古代社会的分级领有制。建立在这种分级领有制基础上的社会显然具有封建领主制性质，但是它还很不成熟，很不完善，保留的原始公有制成分也较多，也掺杂着较多的奴隶制成分，它具有一种过渡性质，可以定义为前封建领主制社会。

与这种基本生产资料的分级领有制相适应，政治制度也具有分级管理的特征，并保留有较多的原始民主制遗留。在家庭这一层级，从小畜卦可知，主要是管好份地的经营和提供必要的劳役与贡赋。在家族（氏族）村社这一层级，从大畜卦可知主要管理好土地的分配与大田劳作。在邑主、邦君这一层级，从井、离等卦中可知，主要应组织好水利工程与邑聚的安全保卫。而大君、国王这一层级便应当组织好大型的公共工程、必要的军事防卫与征伐镇压以及增强内部凝聚力的礼仪和文化活动，对天地山川祖先的祭祀和盟会等等。这样的分级管理显然包含了较多的原始民主制因素，如果各层级的义务和权利都得到履行和尊重，那么整个大国便可以形成一种以血缘亲族为基础的、经济的、政治的、军事的以及文化的共同体，这便是一种相对和睦融洽的社会；维护这样的社会秩序的政治，就是所谓仁政和德治。如果这样的社会秩序遭到破坏，严重的例如在国君这一级不尊重各层级的领有权，任意剥夺他们的土地财产，强迫献纳珍宝奴婢，不组织必要的公共工程，不修水利，不进行天象观测和历法校正，破坏农业生产的基础，不保护各领主和村社的安宁而纵容寇盗掠夺，享乐无度而大肆挥霍民脂民膏，以民众的生命为儿戏，任意杀戮，以酷刑重罚惩治大臣或邦君，完全剥夺他们本有的原始的民主权利，以至于废弃象征团结统一的天地山川祖先的祭祀崇拜，这就叫做乱政、暴政。在上位者即是暴君，在下位者便是寇贼奸宄。这样的暴政统治，首先是造成农业生产的破坏和村社解体，如井卦中所示；寇盗横行如离卦中所示；小民方兴，相为敌仇，社会发生普遍奴隶制化的畸变，以致宗族离散，政权崩溃如遯、明夷卦所示。显然，这正是在殷纣统治时期发生的情形。

以这样的社会学理念来考察殷纣暴政的实质就很清楚了。

历史上记载的殷纣的暴政有如[①]：

> “好酒淫乐，嬖于妇人……厚赋税以实鹿台之钱，而盈钜桥之粟，益收狗马奇物充仞宫室，益广沙丘苑台，多取野兽蜚鸟置其中……大最乐戏于沙丘，以酒为池，悬肉为林，使男女倮相逐其间，为长夜之饮。”“惟宫室台榭陂池侈服，以残害于万姓。”

这些暴政的实质便是：荒淫无度，过分加重民众的赋税劳役，弄得民

① 以下记述均引自《史记》殷、周本纪，《尚书》西伯戡黎、微子、泰誓、牧誓等篇。

不聊生；

“毁坏三正。”“播弃犂老。”

这些暴政的实质是毁坏天象观测、校正历法的制度，损害农、工、虞、牧的正常生产，导致民众大量沦为奴隶，连众多的家族长老都弃而不顾，让他们随同村社的解体自生自灭；

“小民方兴，相为敌仇。”“咈其耇长旧有位人。”“惟四方之多罪逋逃，是崇是长，是信是使，是以为大夫卿士，俾暴虐于百姓，以奸宄于商邑。”

这些暴政的实质是重用大批的商业奴隶主、军事奴隶主，使这些小人成了新显贵，并依靠这些人四处进行寇盗式的军事掠夺，排斥和残害旧有位的大臣，即掌握文化知识的巫史贵族；

“罪人以族。”“醢九侯而脯鄂侯。”“囚西伯于羑里”（勒索美女财宝，强迫献地，献玉版）。“毒痡四海，百姓怨望。”

这些暴政的实质是任意剥夺邦国诸侯的土地领有权、财产权乃至生命权；

“斮朝涉之胫，刳孕妇之腹。”

这是说他以民众的生命当儿戏，民众的地位连奴隶都不如。

“惟妇言是用。”“卿士师师非度。”“屏弃典型。”“作威杀虐。”“残害万姓，焚炙忠良。”

这些暴政的实质是随心所欲地用酷刑来对待维护分级管理秩序的旧贵族与诸侯邦君，完全剥夺了他们应有的一点原始民主权利；

“威侮五常。”“崇信奸回，放黜师保，囚奴正士，剖贤人之心；郊社不修，宗庙不享。”“昏弃厥肆祀弗答，昏弃厥遗王父母弟不迪。”殷族“耄逊于荒”。“民罔弗欲丧，曰：‘天曷不降威？大命胡不至？’”

这些暴政的实质是以暴力摧毁家国同构的伦常规范，把新兴的小民——商业奴隶主、军事奴隶主提升到贵族地位，彻底铲除巫史贵族，不惜废弃象征文化共同体的祭祀礼仪，毁灭文化传承，将王室贵胄杀的杀、囚的囚……迫使殷族贵族四散奔逃，民众无不愿殷纣丧灭，发出了“天怎么不让权威降临，受大命的人怎么还不快来”的怨愤之声。

如此等等，足见殷纣已将家国同构的社会经济基础和上层建筑都彻底毁坏，除了他一人以外，任何人都毫无财产权利、参政分治权利乃至生命权利可言，社会确已达到普遍奴隶化的畸变状态了。

现在要问的是为什么在殷纣统治时期会发生这种社会畸变与政治恶变的局面呢？难道仅仅是他的个人因素造成的吗？问题显然不是如此简单。

前面我们谈到，在殷商社会基础的家长制家庭中已有奴隶制的因素，而且贵族中使用的家内奴隶还是较多的，但同时由于整个社会的基本生产资料所有制形态是分级领有制，这种分级领有制本身又是封建性的因素，而且显而易见，在殷商社会，由于农业生产是国民经济的主体，因此，从总体来说，应当是早期的封建制因素占主导地位，这是由于当时农业生产力水平很低（例如当时还没有铁制工具，农业生产仍以石器、木器为主）、奴隶劳动显得无利可图所决定的。但是，在工商业领域，情况就有所不同，在工业生产中，玉器和兵器（主要是铜兵器）的生产所创造的剩余价值更多，奴隶劳动就成为相当有利可图的事情。尤其是商业，都是由一些城邑的邦君或其子弟率领的商队所从事的，这些商队都有武装护卫，有时达到旗幡蔽日的盛大程度，买卖的对象主要是玉石珍宝和奴隶。这些商队兼有寇盗的性质，所到之处都从事掠夺性买卖，对落后民族、弱小部族，后来甚至对一些邦国，都采取寇掠方式以掠取珍宝和奴隶，有时达到如离卦中所反映的凶残的程度，使得很多邦国都落到“不富以其邻”的困境。因此，正是这些以奴隶、财宝的掠夺为主要目标的商队的寇掠成了原始商业资本的畸形发展和家族氏族村社走向崩溃的破坏性力量。

由于商殷民族在其历史上便是以擅长商业著称的民族，这样的商队贸易在殷王武乙——纣的曾祖父以前便开始发展起来，使殷都变成了殷富之都的代称[①]。这时候，由于巫史贵族在朝廷中的权力过重，武乙为了摆脱巫史贵族的控制，曾发动了对“天神”的进攻[②]。这一斗争中他主要依靠的便是当时由征伐寇掠起家的军事贵族和商业奴隶主。武乙的子孙都继续执行压制巫权的政策，自然地起用一些军事贵族和商业奴隶主，到了殷纣时期，由于他的个人品质，享乐无度，贪求珍玉财宝，就纵容军事贵族和商业奴隶主们四出搜求财宝美女珍奇玩物。这些人为迎合他的需要便扩充军队，四出寇掠邻邦及周围落后邦族，抢掠奴隶财宝，在遭到诸侯邦国以及朝廷重臣的抵制和反对时，他便用酷刑来对付他的臣民，同时变本加厉地起用一批商业奴隶主和新起的军事奴隶主为大夫卿士，排斥打击巫史贵族，造成“小民方兴，相为敌仇，咈其耇长，旧有位人”的恐怖政治局面。与此同时，由于商业奴隶主与军事奴隶主的兴起，在社会上造成了不愿从事正常劳动、以寇掠财富人口为光荣的社会风尚。大批的中小奴隶主和贵族上行下效，纷纷从事寇掠；由于农业村社的解体，而游离出来的大批平民或沦为债务奴隶，或成为军事奴隶，充当侵略军参与寇掠，社会关系中的封建因素遭到严重破坏。这正是殷末社会的特质，它是初期封建生产关系，或曰前封建制关系遭到破坏，而奴隶制又不是用于生产而主要用于军事与债务掠夺的畸形社会[③]，与罗马奴隶制崩溃时期的社会特点有些近似之处。

周武王的革命所面临的正是这样一个畸变的社会，革命的任务主要便是要对这种畸变实行拨乱反正，使社会从普遍奴隶化的恶变倾向中扭转过来，恢复到适应当时以井田制为基础的，以土地的分级领有和政权的分层级治理为特征的仁政之道和德治社会。从周文王的仁政和武王受命之后，即“封商纣子禄父殷之余民（令修行盘庚之政）。已而命召公释箕子之囚，

---

① 殷，甲文，金文。《说文》：“殷，作乐之盛称殷。”《广雅·释诂一》：“殷，大也。”又：“殷，众也。”并有富裕、富足等义。观甲、金文，殷字本象人患腹疾以器治之之形，原意为殷患。可见殷盛、殷实、殷富均由殷都之富、盛、大得义也。

② 参见本书上篇第四章第一节。

③ 这种社会的根本矛盾就在于，它用摧毁自己的经济基础的方式来强化其上层结构，其结果是上层愈强化就愈近于彻底垮台。

命毕公释百姓之囚，表商容之闾，命南宫括散鹿台之财发钜桥之粟以振贫弱萌隶……命闳夭封比干之墓”，也就是将受到殷纣暴政侵害的公共权力、财产权利，归还于商族贵族与民众，使恢复到盘庚以来的前封建制度；罢兵西归以后即封诸侯、班赐宗彝，作分殷之器物（包括殷纣向诸侯掠夺的大批宝玉），即是将受到侵害和剥夺的诸侯应有的分治权力、财产权利归还于诸侯邦国；还追封了神农、黄帝、帝尧、帝舜、大禹诸先圣王之后各有其国。通过这一系列措施，终于扭转了殷末社会的普遍奴隶化的倾向，使王权与巫史侯伯等贵族为代表的公众权力之间的关系回到了当时的家国同构的社会结构，与当时主导的生产关系——土地的分级领有制完全相适应的状态。其实质便是为封建领主制进一步发展和完善开拓道路，扫清障碍，这便是武王革命所具有的社会革命意义之所在。当然，这一革命的最终完成还在于周公制礼作乐，使封建领主制度发展完善，并完全排除了畸形奴隶制死灰复燃的社会基础之后。这些问题涉及的理论问题太多，这里不宜再加论述了。

最后我们可以简单地说一句：武王革命，是一场具有社会革命意义的，以完善封建领主制为目标的社会政治革命。

37. 鼎：改革家的情怀

——励精图治

（附：关于《周易》哲学与创新精神的讨论）

䷱ 鼎。元吉，亨。

解：鼎。象辞，通常用为卦名。

字义：鼎，甲文，金文。《说文》：“鼎，三足两耳，和五味之宝器也。昔禹收九牧之金，铸鼎荆山之下，入山林川泽，螭魅魍魉，莫能逢之，以协承天休。”故鼎字即鼎器之象形。禹以九鼎为传国宝器，是政权的象征，汤革夏命，鼎迁于商，武王革命，迁鼎于周，此处用鼎之宝器义。因鼎为烹饪之器，有变故取新之功能；又因革命迁鼎乃革新之事，故又用革新义。

依审美取象：朱熹《周易本义》：“鼎，烹饪之器。为卦下阴为足，二三四阳为腹，五阴为耳，上阳为铉，有鼎之象。”此说可从。

依物理、事理取象：朱熹《周易本义》："以巽木入离火而致烹饪，鼎之用也。"即此义。

又，《彖》曰："以木巽火，烹饪也。圣人亨以享上帝，而大亨以养圣贤。"郑康成曰："鼎烹熟以养人，犹圣君兴仁义之道以教天下也，故谓之鼎也。"何妥曰："古者，铸金为此器，能调五味，变故取新，以成烹饪之用，以供宗庙之用，次养圣贤。天子以天下为鼎，诸侯以国为鼎。"朱熹《周易本义》："有内巽顺而外聪明之象。"《九家易》："鼎……亦象三公之位，上则调和阴阳，下而抚育百姓……三足以象三台。"这些都是鼎的引申义，也是鼎象的象征隐喻层面的含义，鼎卦实寓上述诸义也。

元吉，亨。占辞。

词义：元吉，亨。或作元亨。据《彖传》："巽而耳目聪明，柔进而上行，得中而应乎刚，是以元亨。"朱熹《周易本义》："有内巽顺而外聪明之象，卦自巽来，阴进居五，而下应九二之阳，故其占曰元亨。吉，衍文也。"来知德《易经集注》："彖辞明。观孔子彖辞，是以元亨，则吉字当从《本义》作衍文。"

但另一方面，虞翻、王弼皆以"元吉亨"为占辞，帛本彖占辞均脱去而无考，今自经文诸爻检之：

泰："小往大来。吉、亨。"

否·初六："拔茅茹，以其汇。贞吉、亨。"

否·六二："包承。小人吉，大人否亨。"

以上三处，有吉、亨之占，而无元吉亨之占。

坤·六五："黄裳。元吉"；讼·九五："讼。元吉"；履·上九："视履，考详其旋。元吉"；复·初九："不远复，无祇悔。元吉"；离·六二："黄离。元吉"；损："有孚，元吉"；损·六五："或益之十朋之龟，弗克违。元吉"；益·九五："有孚惠心。勿问，元吉"；井·上六："井收勿幕。有孚，元吉"；涣·六四："涣其群。元吉"。此十处元吉之占均不连亨辞。

由此可知，从《周易》系辞的文献学上考察，"元吉亨"之吉字可能是衍辞，而从系辞章法上看，亨通常作为叙辞，乃享祀之意，其作为占辞者则仅有吉、亨之占三处而无元吉亨之辞，盖元吉者，本来吉利，亦大吉之意，实无再系以亨之必要。

综上所述，应依《彖传》及朱说，以"元亨"为占辞，以"吉"为衍文较为合理。

元亨。谓大得亨通也。这一占断，盖自鼎象之事理中作出的实然判断。以鼎乃烹饪之器，养贤之象，又寓革故取新之义，自然是亨通的；鼎又为祭器，以享宗庙而和民人，亦上下通达之义也，故占为元亨。

初六　鼎颠趾，利出否。得妾以其子。无咎。

解：鼎颠趾，利出否。象辞。

字义：颠，《小尔雅·广言》："颠，殒也。"《玉篇·页部》："颠，顶也。"此处用"殒"义。

否，音pǐ，有闭塞、困穷、恶劣等义，经文中三义并用，如否卦诸爻辞即是，可以"不善"之义概括之。师·初六："师出以律，否臧凶。"否与臧连词成义，即不善义也。

鼎颠趾，利出否者，谓倒置其鼎，使趾上而口下，以利于清除旧秽之物，此革故之义也。

依物理取象：本爻当鼎趾之位，爻变则下体成乾，交互兑成夬，有天下于泽之象。天本最高，今下于泽，是颠殒之象也。故有鼎颠趾之象。虞翻谓初至五为大过，有颠象，盖用"栋桡"之义，亦可通。颠趾者，倒置其鼎而非折足，则其有出否之利可知也。

得妾以其子。喻辞，喻于象辞以明其义也。意谓"鼎颠趾，利出否"者，有如其妇不育，乃纳妾而有子也。王弼注曰："否谓不善之物也，取妾以为室主，亦颠趾之义也。处鼎之初，将在纳新，施鼎以出秽，得妾以为子，故无咎也。"即明其譬喻之义也，朱注亦用王义。

无咎。占辞，谓无有过咎及灾咎也。这是自象辞的事理作出的应然判断。盖鼎乃烹饪之器，当烹饪之初，必先洁净其器，是以当先颠趾以出否，何咎之有哉？自其象征隐喻层面而言，鼎乃家国之重器，家国之取新亦必先去其故弊，如殷纣之弊害，不可不先颠覆其统治而后始能更新之也。鼎新之义，实承上革卦之主旨而来。自哲理反思层面而言，非去故不能取新。政治生活中，宏观管理中，如欲更新，即必先去其故弊。反动保守势力，腐化庸碌、尸位素餐之人，陈规陋习、落后思想、苟且偷安之精神状态，均在去除之列也。革卦重视思想、组织、物质准备，鼎卦则以革故为前提，以革故为取新之准备步骤也。

九二　鼎有实，我仇有疾，不我能即。吉。

解：鼎有实，我仇有疾，不我能即。象辞。

字义：实，金文。《说文》："实，富也。从宀、从贯。贯，货贝也。"

自金文可知，散盘从宀、田、贝；㝬簋从宀、贯；贯乃以绳贯贝之形，田与贝均为上古财富之主要标志。家有田或贯贝者，即为实，是实之原意，像财富充实于家之状，初义当为富实、充实，引申为实物、果实。经文归妹·上六之"女承筐无实"用果实义，此处用实物义，而鼎中之实物，当是可食之实物也。

仇，音 qiú，匹也。意为配偶、同伴；音 chóu，意为仇恨、怨、敌。《左传·桓公二年》："嘉偶曰妃，怨偶曰仇。"虞翻、郑玄用怨仇义，王弼、来知德用偶匹义，观占辞为吉，可知当为怨仇义也。

即，甲、金文见屯·六三。《说文》："即，即食也。"

依物理及数理取象：本爻当鼎腹，又当互体乾初，乾为木果、为实，故有"鼎有实"之象；本爻上应于六五，相为仇匹，而六五当互兑上，兑为缺损，故有我仇有疾之象；本爻变，下体成艮，阻止之义，故有"不我能即"之象也。

辞意谓我鼎中有可食之物，而与我有仇怨者适有病患，不能前来与我争食。

吉。占辞。谓于事当顺成遂意也。这是依象辞的事理作出的可然性判断，鼎有美食，怨仇者不得与我分享，自可顺遂我意，是以吉。自象征隐喻层面言之，改革之事，必有守旧势力相对为仇，顽固抗拒，今仇怨者自病而削弱其抵抗势力，于我自然易于成功，是吉也。自哲理反思层面言之，任何事物的发生发展都依赖于一定的条件，革故取新，涉及利益之重新分配，既得利益者又多为在位之人，民众亦未必能理解，周边仇敌亦可能乘机扰乱。因此，改革首先要有适宜的环境条件，否则很难成功。这就是改革当善于抓住机遇的缘故。"我仇有疾"之象正表示上下内外之不利因素处于自我制约、相互削弱状态，于改革的推行减少了阻力，改革者正当把握此于我有利之时机进行改革也。本爻集中体现了改革必须把握有利时机的机遇观念。

九三　鼎耳革，其行塞，雉膏不食，方雨亏悔。终吉。

解：鼎耳革，其行塞，雉膏不食，方雨亏悔。象辞。

字义：革，有革除与皮革二义，此处用除去义。行，行道也。

亏，《说文》："气损也。"今简化作"亏"。

辞义谓将鼎耳革去，以致无从贯铉而行移就食，遂致雉肉在鼎而不能食，方遇雨天，肉味亏损，而生悔恨也。

依物理及事理取象：据鼎象，鼎耳在五，本爻至五成兑，兑为缺损，有革去其耳之象；鼎以铉贯耳举之方能移行。今革去其耳，无从贯行，故曰："其行塞。"本爻上交离为雉，爻变而下体变坎为膏，中兑为口，口变坎，无口之象，故曰雉膏不食；重坎为方雨之象，下巽为风变坎，其气味受损之象；因此而悔，故曰方雨亏悔。

终吉。占辞，谓最终能有所得而转吉也。这是依爻象的事理作出的条件性的应然判断。盖其革不当，去其耳而不能移行就食，造成了亏损与悔恨；然既能悔之，则是吸取教训而采取了补救措施，故最终可转为吉也，其条件就在于能"悔"之。自象征层面而言，本爻之象有如革新之举措不当，于不当变革之处而变之，遂致革新不能继续进行，本可以取得的效益亦遭毁弃，此时自当悔弃其不当之措置而使革新之事能得以进行也。自哲理反思层面言之，改革之目的在于取新，不可一味求变，改革之中途常有过头之举，造成被动，使已有之成果均可能丧失，即当总结经验，吸取教训、及时悔改，方可能转吉也。

本爻集中体现了改革以取新为本，应防止改更过头，需及时总结经验教训，变更策略的稳健意识。

又：改革的根本目的在于生活的改善，抓住机遇是为了发展，关键是发展经济。今革去鼎耳，不可取食，即改革不能予民众经济实惠，是指导思想上的失误，故当改悔方吉也。本爻又体现了改革的实惠性意识。应注意使生产方式变得有利，而不应追求不切实用的花架子。这是针对在革故取新过程中——尤其在初期最容易出现的毛病！后世革命变革中，这一类型的失误还不少，如"左派幼稚病"之类即是。

从历史反思的层面看，武王革命从政治上扭转了社会普遍奴隶化倾向，进一步的革新首先在于使民众得到实惠。若以鼎耳为举鼎之枢机，象征政权；鼎实为经济利益，则是应以从事经济的恢复与重建为主，政治设施均应围绕这一目标。因而本爻可能对改革中的失误有所反思。

九四　鼎折足，覆公餗，其形渥。凶。

解：鼎折足，覆公餗，其形渥。象辞。

字义：公，韩非曰：“苍颉作字，自营为私，背私为公。”《说文》：“公，平分也。”皆用公正义。而《易经》中有：

大有·九三：“公用亨于天子。小人弗克。”公，是在位贵族，天子之佐，实指周公等人。

解·上六：“公用射隼于高墉之上，获之。无不利。”此公亦指在位贵族。

益·六三：“有孚，中行告公用圭。”益·六四：“中行告公从，利用为依迁国。”此二公均指周公。

小过·六五：“密云不雨，自我西郊。公弋取彼在穴。”此公亦指在位贵族。

以上五处公均指在位贵族，并有三处实指周公，其余两处亦可能系周公事。此处“覆公餗”之公亦可能指周公事也。然而此于周公乃小事，史无记载，亦少参证，故不必以其为特指，但理解为泛指在位贵族即可也。盖公本为家族之长老人物。母系氏族之首领称后，父系氏族之首领称公，公即翁，本为年高之人。在父系氏族中，一般以年高有威信之族长为首领，因称其首领为公。周人以公为尊贵之号。尊贵之家乃以大鼎熟物以享祀及饮食，乃有折足覆餗等失误。

餗，甲文，象束肉佐食之形，虞翻、郑康成以为“八珍之食”。意指美馔。

形渥，帛本作刑屋。郑康成本渥作剭，形通刑，谓于屋中形（刑）之。或谓剭乃大刑。而王弼注曰：“渥，沾濡之貌也。”《诗·秦风·终南》“颜如渥丹”笺曰：“渥，厚渍也。”是渥有浓酽之意。《说文·水部》：“渥，霑也。”《玉篇·水部》：“渥，沾濡貌。”两种解释，颇有不同，而本爻无沾濡之象，当依帛本作刑剭为当。又《周礼·秋官·司烜氏》：“邦若屋诛。”郑注云：“屋当读为其刑剭之剭，谓不于市也。”

辞意实谓移鼎折足，倾覆美食，以家法刑责之。

依物理取象：四爻当互兑中，兑为毁折，变而成震为足，折足之象；

四当鼎身，故有鼎折足之象；四当离下，离为雉，又当兑中，兑为羊，此鼎中美馔也，爻变则雉、羊皆失，是鼎折足而覆其悚之象；以四在公卿之位，故曰："覆公悚。"四变则互兑为震，上离成艮，震为刑，艮为门阙，当屋，刑责于大屋之象，故曰："其刑剭。"

凶。占辞。这是从爻象的事理作出的实然判断。于直观层面而言，举鼎不当而折其足，倾覆美食，刑责于屋，自是不吉而凶之兆也。

自象征隐喻层面而言，改革中出了大的偏差，以至于毁坏了享祀养贤之物，必致出现更大的危机也。

自哲理反思层面言，改革难免有失误，但不可将错就错；侥幸求成，必致造成更大危害。自历史反思层面观之，此或与武庚管蔡反叛之事有关。虽史实不详，但明其意在于改革中期，可能出现较大失误，以儆示后人，应对可能出现的失误有所防范，有所补救，这是对改革问题上的极其谨慎的态度，是一种防范与补救的意识。

六五　鼎黄耳，金铉。利贞。

解：鼎黄耳，金铉。象辞。

字义：铉，举鼎之具，形制有二：一为木棍，以横贯两耳；一为钩状，金属制，以提鼎两耳。提鼎必以绳系钩，故字从玄；以金属，故又从金。以木棍贯耳之铉当用于大鼎，小鼎则以绳系钩提而移之即可就食也。此处明讲金铉，是系钩以举鼎之铉，非木棍之铉可知矣。

黄耳，李镜池谓即黄铜鼎耳，金铉即铜铉。

依物理取象：本爻为鼎耳，当离中，离色黄，故曰鼎黄耳；又本爻变，上体乾为金，下体巽为绳，故有金铉之象。

利贞。占辞。谓于事当成其功也。这是自爻象的事理作出的应然判断。盖鼎以黄铜饰其耳则耳固，又以青铜为举鼎之铉，更牢固而便利，移之就食，甚为便当，故其贞为利。

自象征隐喻层面而言，改革中期难免出现失误，今能总结教训，纠正失误，拨乱反正，必得成功也。

这里体现了一种在改革过程中应有敏锐洞察力的观念，善于抓住关键部位的改革，以提挈全局。鼎耳及铉，举鼎之具，象征政权之调控系统，应尽可能使之完善，以收纲举目张之效也。

于史实层面言，有如周初平定管蔡之乱后封建同姓及异姓诸国以屏藩王室之意也。

上九　鼎玉铉。大吉，无不利。

解：鼎玉铉。象辞。

字义：玉铉，以玉饰于举鼎之铉也。鼎铉以钩者必以绳系之，其中亦应有木棍方可持握。其考究者在棍上饰以美玉是为玉铉，若举鼎不以钩但以木棍贯耳举之，则木棍上亦可饰以美玉，亦得谓之玉铉。盖铉为承重之物，玉性脆，不可以直接承重，只可作为装饰而已，犹后世所谓瑶琴即以玉饰琴，锦瑟即以锦承瑟，牙床即饰以象牙之床，金弓即饰以金之雕弓是也。

依审美及物理取象：本爻正当鼎耳之上，即举鼎之铉也。本爻又当上离之上，离为明为丽，下互乾为金玉，乃玉饰其铉之象，故曰："鼎玉铉。"

大吉，无不利。占辞。谓筮遇此爻，大成其功而无有不利也。这是从爻象的事理作出的应然判断。盖鼎而玉饰其铉，是宝鼎可知，宝鼎为国家之重器，王者所以君临天下之象，是以大吉而无不利也。

自象征层面言，改革之终，能尽美尽善者也。这是一种力求完美的改革意识。于史实层面而言，周初分封之后，又制礼作乐，使政治制度臻于完美，封建领主制得以确立，正是力求完美的一种努力，励精图治之道也。

总体来讲，鼎卦意承革卦，讲革故取新与励精图治之道。有三重意识：

（1）创造和把握机遇的意识。

革故取新之事，非克服旧势力之阻碍不能行，旧政权为腐朽势力之代表，故首先当颠覆旧政，去其否秽，为改革创造前提；而改革过程中，阻力不仅来自外部，也来自内部，反对、保守势力之间又互相矛盾，莫衷一是，彼自无所作为，正是我力行改革之时。所谓"我仇有疾，不我能即"而可得吉也。

（2）有错即纠、不图侥幸的稳健意识。

改革中期，很容易出现失误，革之不当，费而无惠，即是违背改革根本目的之错失，当及时改正，拨乱反正，最终可获成功；若将错就错，企图侥幸，必然酿成大错，或致断送改革前程。

（3）善于抓住关键，提纲挈领，并力求完善的完美意识。

美国政治哲学家塞缪尔·亨廷顿说："一个成功的革命者，无疑是政治巨匠，而一个成功的改革者则必是一流的政治家。因为改革者必须比革命者具备更高超的政治技巧。"包括需要运用一种熟练的政治技能和组织技能，也需要一种预先的运筹帷幄能力，需要对各种社会力量、改革力度和时机、不同改革项目的轻重缓急等内容有一种预先的判断和把握。

鼎卦在初及二爻强调时机，在三、四爻强调把握关键项目，五及上爻则强调力度，力求尽善尽美。可以说，相当完美地体现了一种天才的改革家应有的远见卓识与气度。

在深究革、鼎二卦的要旨之际，我们有必要从创新精神的角度来进一步理解《周易》哲学。马克思说："任何真正的哲学都是自己时代精神的精华。"《周易》正是殷末周初这一革故鼎新时代精神的理论思考和形象表达。哲学的价值主要并不在于它所给出的结论和答案，在历史过程中，这些结论和答案都可能变成了陈迹，保留下来的主要是它们推动思想解放和开拓未来世界的创新精神。革卦所提倡的德性胜于占卜，理性优于神秘性的革命理念，鼎卦的渐次加大改革力度，力求完善的创新精神，不正是一种跨越时空的精神财富吗？

哲学要推动思想解放和时代发展，它自身也就不能僵化不变，哲学就是凭借自身理论和观念的不断变革和创新去反映并推动历史和时代的变化。革卦的未占有孚所表达的理性优于神秘性的观念可以说已为《周易》的不断自我更新确立了前提。哲学的生命在于创新，《周易》正是这种具有创新精神的哲学，就看我们能不能抉发出和把握住这个主旨而已。

变革和创新是哲学的本性和常态，没有变革和创新精神的哲学必然腐朽衰亡。《周易》研究之陷入死胡同状态，与研究者本身缺少创新精神，没有把握住《周易》的变革与创新精神是分不开的。当然也可能还有非学术性因素。

一种哲学是否具有变革和创新能力，与它是否具有所谓的"科学"性质并没有直接关联，传统哲学处在变革状态，原因不在于它的"非科学"性质。反之，建立一成不变的永恒真理的企图则是反科学的，这样的体系终将被新起的理论体系所取代。《周易》只是用一种符号的体系来体现事物的变革性，这种符号可以代入不同时期的不同事物，得出不同的结论。它提供的仅是一种不断变革、不断创新的思维模式，从而同社会变化的实际与生活的实践保持了一种动态的联系，为思维的更新以及哲学的更新提供了最大的灵活性与可能性。可以说《周易》的思维模式，本质上就是实践发展的逻辑模式。生活的实践不断更新，这种逻辑模式也就不断更新。生活的实践不会僵化过时，《周易》的逻辑模式也不会过时，因为《周易》所体现的乃是历史革新时代精神的精华。

鼎卦的创新精神融入于民族文化的优良传统中，成为一种德业日新的进取意识，与革卦的社会改革意识互为表里，互相补充，既表现为为政之道，又表现为一种人格理想。由于封建时代长期对革命思想采取压制态度、防范态度，比较起来，鼎卦的日新意识由于其一定程度的模糊性，则得到较充分的阐述与提倡。儒家的经典中多处宣扬日新意识，《大学》一开头就说："大学之道，在明明德，在亲（新）民……"第二章更全部论述日新意识。"汤之盘铭曰：'苟日新，日日新，又日新。'康诰曰：'作新民。'诗曰：'周虽旧邦，其命维新。'"这些思想，后来虽主要用在自我身心修养方面，但是，作为对在位者的一种人格构成，也就必然反映在治国平天下的人格风范上。我国历代改革家辈出，民众中的革命运动达到举世无匹的规模，晚清以来近百年中，革新、革命的潮流日益自觉化和理性化，则是这种精神的集中体现。

38. 震：统帅的气度

——处变不惊

（附：关于领导者心理素质问题的讨论）

䷲ 震。亨。震来虩虩，笑言哑哑；震惊百里，不丧匕鬯。

解：震。象辞，通常用为卦名。

字义：震，《说文·雨部》："震，劈历振物者。"段注："劈历，疾雷之名。"

依审美取象：卦初爻阳刚象地表或云层，上二爻象闪电之曲折，二电齐发，疾雷之象也。古人以二电齐发为震，反映了对雷电相关性的合理认识。

亨。占辞。谓筮遇此卦，于事通达无碍也。

这是依卦象之物理作出的实然判断。古人认为，震之发生，实源于阴阳之气受物阻隔而不能通达。蓄之既久，倏尔迸发，其光为电，其声为雷，名之曰震。二气遂通，是以亨也。

震来虩虩，笑言哑哑；震惊百里，不丧匕鬯。释辞，说明震亨之义，在于处变不惊之心态也。

字义：虩、金文作，。《说文》“虩，《易》‘履虎尾虩虩’，恐惧。一曰蝇虎也。从虎，㾓声。”陆希声《易》传：“虩，蝇虎始在穴中跳跃而出，象人心之恐动也。”《古今注》：“蝇虎，蝇狐也。形似蜘蛛而色灰白，善捕蝇，一名蝇蝗，一名蝇豹。”今按：㾓，《说文》谓“际见之白也”。段注：“际者，壁会也。壁会者，隙也。见，读为现。壁隙之光，一线而已，故从二小。”可见㾓即壁间缝隙。虎之甲、金文作、。皆突现其巨口、巨爪及长尾。今虩文所从之虎，仅大其口而长其尾而无巨爪，音又从㾓，其为壁虎之状甚明。壁虎的特点是突然窜出以捕食蝇虫等，故有突然袭来之意。虩虩，更强调其突如其来也。震来虩虩者，谓雷声突然发作，足以使人惊骇也。

哑哑，马融曰：“笑声。”郑玄曰：“乐也。”

百里，《周易集解》疏云：“雷之发声，闻乎百里，故古帝王制国，公侯地方百里，故以象焉。”干宝曰：“殷诸侯之制，其地百里。”王肃曰：“天子当乾，诸侯用震，地不过一同，雷不过百里。”实际上，“同”是古代井田制时期的地域单位。《司马法》：“田十成为终，终千井；十终为同，同万井。地方百里为一同。”《左传·襄公二十五年》：“且昔天子之地一圻，列国一同。”杜预注：“圻，方千里；同，方百里。”所以，震惊百里，既状雷震之威，又有举国震动之意。

匕鬯，匕，甲文作。《说文·匕部》：“匕，亦所以比取饭，一名柶。”段注：“匕，即今之饭匙也。”朱熹注：“棘匕，以棘为匕，所以载鼎肉而升之于俎也。”所以，匕又是截肉之匕。《仪礼·有司第十七》：“有司彻……雍人援次宾疏匕与俎，受于鼎西……司马在羊鼎之东，二手执桃匕枋以挹湆，注于疏匕，若是者三。”郑注：“此二匕者皆有浅斗状如饭橾。”则匕亦用于挹酒。

鬯，甲文作。《说文》：“鬯，以秬酿郁草，芬芳攸服，以降神也。”段注：“攸服，当作条畅。”

郑康成曰：“鬯者，秬黍之酒，其气调畅，故谓之鬯。”“人君于祭之礼，匕牲荐鬯而已，其余不亲为也。升牢于俎，君匕之，臣载之。鬯、秬酒，芬芳条畅，因名焉。”所以，匕、鬯，都是人君祭礼中的用物。

李镜池《周易通义》云：“卦辞概括地描写了人们对打雷的三种反应：一种是听到雷声就害怕得在哆嗦；一种是言笑自若，满不在乎；还有一种是听到震惊百里的大响雷，还很镇静，手里拿着酒勺子，却没有洒出一点酒来。”

今按：李注大体可从，惟所谓三种反应，其实为两种，今以辞意详之，当为描写闻雷声时的不同表现：其一是听到突然袭来的雷声，哑哑大笑；其一是听到震惊百里的大响雷依然镇定自若，祭祀时手握匕鬯都不曾失落。两者皆属于处变不惊的心态。作者用这两状态来比喻为人君者当处变不惊也。整个震卦，都在于提倡这种心态和气度，这确是为人君长者应有的气度。否则，即凡庸之辈尔，不堪为人君长也。

释辞但申言象占的主旨和用意，不必取象，如观卦辞“盥而不荐，有孚颙若”，即说明观卦之意在于观祭礼之所宜而不必荐牲也。

高亨先生在其《周易古经今注》中，力辩卦辞中的“震来虩虩，笑言哑哑”八字乃涉初九爻辞而衍，曾列四证以明之。其说实有可取，惟帛书本《周易》经文亦与今本同，则今本此八字尚难以否定。故仍依原文作解。

初九　震来虩虩，后笑言哑哑。吉。

解：震来虩虩，后笑言哑哑。象辞。谓雷电突然发作，先吃了一惊，明白了是打雷之后，不禁哑然失笑。

依物理取象：本爻变，下体成坤，其卦之豫，《象》曰：“雷出地奋，豫。”故有“震来虩虩，后笑言哑哑”之象。谓之“后”者，爻变方之豫也。

吉。占辞。认可之意。

爻辞较卦辞多了一个“后”字，卦辞没有“后”字，表明震来虽然突发，但并不惊怕而谈笑自若。这是《周易》作者所赞赏和提倡的“处变不惊”的心态。爻辞多了一个“后”字，说明开初还是吃了一惊，后来明白过来，才不禁哑然失笑，这是常人的心态。由于是初闻雷震，所以爻辞将它系于初位，表明闻雷之始；由于是常人心态，作者并不赞赏，而其占断为吉，加以认可，即不加贬斥，表明《周易》也不苛求于多数人，尤其是小孩子，一般听到炸雷总是要先吃一惊的。对于这样的通常人心态不必责备，而应当进行培养训练，使其能上升到处变不惊的高度，这一思想是体现在全卦之中的。“圣人之情见乎辞。”《周易》的辞非常简略，一褒一贬、亦褒亦贬或不寓褒贬，都有其深刻用意，此所谓微言大义，不可轻易忽略。

六二　震来厉，亿丧贝。跻于九陵，勿逐，七日得。

解：震来厉，亿丧贝。象辞。

字义：亿，繁体作億，帛书本作意，通噫。虞翻曰：“億，惜辞也。”陆德明《释文》云：“億，本又作噫。”今按：億之金文作、。意、噫皆億之借字。高亨谓“意、醫皆语助词……犹惟（唯）也。”其说可从。

辞意是说，疾雷猛厉之时而货贝有所丧失也。

依物理取象：本爻当下震中，正当震厉之时也；变而成兑，为缺损，有失之象也；互体成离，为蚌为贝，故有丧贝之象也。

跻于九陵，勿逐，七日得。占辞。

字义：跻，金文作。《说文》：“跻，登也。”孔疏：“跻，升也。”

九陵，陵即山陵，九泛喻其多，九陵即层峦叠嶂之意也。《周易》经文用九为数辞仅此一处，乃泛喻其多，非实数也。其余“三年”“三岁”“三日”等一般为实数，“十年”之说，亦用于譬喻其年岁之多也。

辞意是说，丧贝之事，得者已入于深山而去，无须追逐，但七日可复得也。这是依据卦象所得出的占断，非自象辞而来，象辞在这里实际上只起到叙辞的作用，可能是有人在雷霆大作之际，因货贝遗失而行筮，筮官据卦象作出了这样的占断。盖本爻变，则互艮成离，离为贝，交上互坎为盗寇，上震为足，下互艮为山，故有盗寇取贝而登于九陵之象。勿逐者，本爻当震中而又当互艮下，震为足为动，艮为止，止其足动，勿逐之象也。又艮数七，变离为日，上交震为足有来象，故有七日而得之象也。这一占辞大约为当时实录而有验者。

六三　震苏苏。震行无眚。

解：震苏苏。象辞。

字义：苏，繁体作蘇，金文作。《说文》：“蘇，桂荏也。从艸，穌声。”原意指一种药用植物，中药名紫苏，唇形科，一年生草本。原产我国，分布于河北和南部地区。人工种植，春季播种，夏秋采收，以作药用。另有野苏，则作为燃料。故苏义又泛指薪草。紫苏性温，味辛，功能发表散寒，理气宽中，主治外感风寒，头痛发热、鼻塞、咳嗽、胸脘痞闷等症。并解鱼蟹毒。苏梗功能顺气安胎，主治胸闷呕吐，胎动不安等症。苏籽功能降气平喘，祛痰止咳，主治咳嗽、气喘、痰多等症，总的效果就是使不适应症状得到缓解。故苏苏有苏息、苏醒、苏缓等义；帛本作“疏疏”，亦疏通、阔达、疏解等义。又，以苏为苏息、苏缓等义，已见于《尚书·仲虺之诰》：“徯予后，后来其苏。”可见我国用紫苏治病由来甚早，故早有苏息等义也。郑玄解苏苏为不安，王肃解为躁动，王弼注为惧，后儒因之，实皆未明其本义。震苏苏者，雷声逐渐疏缓、平息之意也。

依物理取象：本爻当互坎下，上交震，交互成解卦，有雷震逐渐缓解之象，故曰震苏苏。

震行无眚。占辞。谓虽有雷震而出行无有灾眚也，这是依爻象的物理作出的实然判断。盖雷震既已逐渐疏缓，则雷震之发生已在云层之上或离此已远，其于行人自无击伤之患，故占曰震行无眚也。

九四　震遂泥。

解：震遂泥。象辞。

字义：遂，陆德明《经典释文》：“遂，荀本作隊。”高亨注：“遂借字，隊本字。《说文》：‘隊，从高陨也。从𨸏，㒸声。’《周礼·考工记·轮人》：‘殷亩而驰不隊。’郑注：‘隊，落也。’《淮南子·天文训》：‘丙子干壬子星隊。’高诱注：‘隊，陨也。’《荀子·天论》篇：‘星隊木鸣’义同，盖隊即今之坠字也。”尚秉和说与高同，可从。震遂泥者，非谓雷入于泥，乃因雷震而有山体崩坏之事也。

依物理取象：本爻居震下而互艮上，艮为山，变成坤为地为土，有山崩之象，故曰震遂泥也。虞翻曰：“坤土得雨为泥，位在坎中，故遂泥也。”其说亦通。

本爻未系占辞，其意仅在说明雷震之厉，有时能使山体崩坠也。雷震山崩，乃危厉之象，不系占辞者，其事不能逆料，实无从避免；或虽知有危厉，但事有不可缓者，但当即事而论，以定行止也。此辞与六二皆可能为当时实录，盖有人于旅行或征伐进军过程中曾遇类似情况而未发生凶危之事，故仅记其事而不系占断也。按常理而论，震遂泥当系以“厉”占，不系之者，以其可能性甚小，而事有不可缓者，则当泰然处之耳。这也是提倡处变不惊的态度。武王伐纣，至共头而山崩，依然继续进军，直抵殷郊，便是这种处变不惊的典范。

六五　震往来厉。亿无丧有事。

解：震往来厉。象辞。

依数理取象：本爻当上震中，正当震厉之时，如六二之当下震中，亦有震厉之象也。五与二同为上下震中，上往下来，故曰“往来厉”也。虞翻曰：“往谓乘阳，来谓应阴，失位乘刚，故往来厉也。”王弼曰：“往则无应，来则乘刚，恐而往来，不免于危。”尚秉和曰：“往得敌，来乘刚，故往来皆危厉也。自阳遇阳、阴遇阴为敌之理失传，于是虞翻不知往厉之故在阴遇阴，只以乘刚为说，乘刚则来厉，于往无涉也。”三说略有不同，但皆依数理之说，均可通。

亿无丧有事。占辞。

字义：亿，繁体作億，语辞。高亨曰：“億犹惟也，说见前。有犹于也，说见家人卦。”

今按，经文“有”通“于”之处颇多，故高说可从。亿无丧有事者，即无丧于事也。这是依事理作出的教诫性占断。谓雷震虽厉，亦当勿失其所事也。其所谓事，当指戎祀等大事。本爻当上震中，震为征伐，变而成兑，愉悦之象，故当无失于其所事；又震有仰盂之象，其中坎为酒，中艮为手以持之，正是震惊百里，不丧匕鬯之象，故其占为无丧于事，亦是处变不惊之主旨。武王伐纣，天雨不休，而疾行不辍，正是无丧于事之意。

上六　震索索，视矍矍。征凶。震不于其躬，于其邻，无咎，婚媾有言。

解：震索索，视矍矍。象辞。

词义：索索，帛本作“昔昔”，皆缩缩之借字。《集解》引郑康成曰：“索索，犹缩缩，足不正也。”高亨曰：“考蹜蹜（缩缩）乃步履战栗之貌。

《礼记·玉藻》：‘执龟玉，举前曳踵，蹜蹜如也。’《论语·乡党》：‘执圭勃如战色，足蹜蹜如有循’皆此义。盖蹜蹜乃恐惧存于心而形于足也。”

矍矍，《说文》：“矍，隹欲逸走也。从又持之矍矍也……一曰视遽貌。”段注：“隹当作隼；也，当作貌。”徐锴系传：“左右惊顾。”据此可知，矍矍乃鹰隼被执而左右惊顾之貌。高亨曰：“矍之初文当作䀠，《说文》：‘䀠，左右视也。’孳乳为瞿、矍、奭、界……此五字皆惊视之貌。矍矍者，恐惧存于心而形于目也。”此说大体可从。

辞意是说，惊雷之发，使人足股战栗而惶然四顾。

依数理及物理取象：本爻当震之极，震为足、为动，足抵于极，动则将坠，蹑蹜不敢前，故有蹜蹜（索索）之象；本爻变，上震变离，离为目为火，目光闪动，故有视矍矍之象。

征凶。占辞。谓于征伐之事则凶也。这一占断，盖自爻象所示之心理规律上逻辑地推论而来。高亨曰：“巨雷作而足则蹜蹜，视则矍矍，此怯懦者之象也。怯弱者行兵则败，故曰震索索，视矍矍，征凶。”其说甚当。

震不于其躬，于其邻，无咎，婚媾有言。释辞。

字义：躬，身也。

邻，邻近。

婚媾，此处作名词，指亲属。

有言，有所责难。

这是对“征凶”这一占断作出的一种解释。意谓对于“震索索、视矍矍”这种怯懦之人作出不能领兵打仗的判断，是以社会的共通理性认识为根据的。例如雷震猛烈之时，并未击中其自身，而是击中其附近的人或物，但若是被吓得索索发抖，不知所措，此人本身虽无灾咎，但亲友们都会嘲笑他是个胆小鬼。这样的人，若要领兵打仗，别人决不会信服他，非征凶而何？

释辞是对占断根据的一种理论性说明，喻辞是对占断的一种形象性譬喻，二者都在于加深人们对于占辞的理解，表明作者的谨慎态度，大体上二者都以经过验证的事实为根据，不一定取象，但多数仍有象可取。本爻之释辞即可依数理、事理综合取象；本爻当上体震上，下体亦震，互体艮为躬，是震不于其躬而于其邻之象；又震为言，艮为反震，二言相反，有所责难之象；本爻变则上体成离而交互坎，离为中女，坎为中男，二体相合，以喻于婚媾之族，故有婚媾有言之象。

总而言之，震卦的主旨是阐明处变不惊之道。其中对比了三种不同态度：其一是“震惊百里，不丧匕鬯。”这是敬慎于戎祀之大事而能处变不惊的心态，这样的人堪当家国之重任，这也是《周易》所称许的人品素质；其二是“震来虩虩，后笑言哑哑”。这是常人的心态，《周易》未加贬斥；第三是“震索索，视矍矍”。这是怯懦的心态，《周易》的评判是“征凶”，就是不堪军国之大事。这可说明，《周易》虽然称许处变不惊的气质，但对于通常人的心态并未责备，对于怯懦者也有一定程度的宽容，仅仅指出其不能担当军国重任而已。由此可见，震卦的主旨乃是针对君主侯伯等担负国家重任的人而言，是强调对于这些人的素质考察和素质教育。从管理学上来讲，就是着重领导人的心理素质，现代教育科学的研究证明，非智力因素——心理素质的健全，对于事业的成功，较之智力因素具有更大的优势，尤其在军事等激烈对抗的领域更是如此。从这方面来说，《周易》在领导学方面，较之当代一些领导者只重视领导才能、领导艺术而忽视领导者心理素质，显得更加高明。

《周易》对于领导者个人心理素质的重视，在古代典籍中是很独到的见解，反映了周初贤圣们的睿智精思。首先，这是传统文化中最早作出的较为系统的论述，《尧典》中讲帝尧的德性是“钦明、文思安安，允恭克让。”《皋陶谟》论九德，有：“宽而栗、柔而立、愿而恭、乱而敬、扰而毅、直而温、简而廉、刚而塞、强而义，彰厥有常，吉哉！日宣三德，夙夜浚明有家；日严祗敬六德，亮采有邦；翕受敷施，九德咸事，俊乂在官……”这些都在于强调心理素质的重要性，也可以说相当全面，只是不如《周易》通过对雷震的反应来说明心理素质的重要性显得更为生动。后世苏洵《心术》篇有“为将之道，当先治心，泰山崩于前而色不变，麋鹿兴于左而目不瞬，然后可以制利害，可以待敌”之说，立意类于震卦，而所说则嫌矫揉造作，不及震卦之自然而然也。实际上泰山崩于前是未有之事，色不变之说就显得是空口说大话了。何如“震惊百里，不丧匕鬯”之朴实生动而可信？

近人或有以震卦乃武王伐纣而遇雷雨之实录者，因与节令不符，伐纣在周正一、二月，当夏正之冬十一、十二月，不该有雷暴，故暂不取其说。

但是，另一方面，从震卦体现的领导者的素质来看，最具有这种处变不惊、震慑群雄的豪迈气度的领导者，当时又确当首推武王。文王自然是大仁、大智、大勇的圣王，但以其所处的历史地位，毕竟有较多的谦慎成分；武王则是历史使命的最终承担者，是武装革命的实际领导者和直接指挥者，处变不惊，镇定自雄的人格魅力就显得特别重要，也发挥得更加潇洒自如。仅就两度会盟诸侯兴师伐纣过程中的两件事来说：第一次兴师伐纣，止于盟津，诸侯来会者八百，皆曰纣可伐矣。然武王观兵以待变，最后，他说："汝等未知天命。"遂毅然回师。这需要多么深沉的智慧与雄伟的魄力？第二次兴师伐纣时，他曾经"告于皇天、后土，所过名山、大川，曰：'惟有道曾孙周王发将有大正于商。今商王受无道，暴殄天物，害虐烝民……肆予东征……惟尔有神，尚克相予，以济兆民，无作神羞！'"① 这就是说，他东征伐纣，是以有道明君行大义于天下，各界神灵都应该前来帮助他共襄盛举，不可袖手旁观，更不可助纣为虐而自蒙羞辱！这是何等豪迈的气度，多么坚强的信念！历史上能够以人王身份向各界神灵发号施令的也恐怕仅有武王一人而已。

正是周武王这种镇定自雄的豪迈气魄，体现着《周易》震卦所提倡的领导者的素质，也因而形成了震卦标榜的人格魅力的范本，在这个意义上，可以将震卦看作是标榜革命或改革的领导者应有的人格素质的卦。所以，我们将它置于革、鼎二卦之后，以作为革命或改革领导者应有的主观条件的一种补足。相信这样的处理不至于离开《周易》的原意吧！

① 《尚书·武成》。

第六章　戡乱定鼎之道

——周人的治平观念

39. 剥：胜利中的危机

（附：关于剥击与剥取的讨论）

䷖ 剥。不利有攸往。

解：剥。象辞。通常用为卦名。

字义：剥，甲文作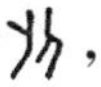，篆文作。《说文》："剥，裂也。从刀，从录。录，刻割也。录亦声。𠛅，剥或从卜。"字形象以刀割剥兽畜之皮，本义为层层割剥，依次剥取，故剥实有剥击与剥取二义，经文二义并用。

依物理取象：本卦上艮下坤，艮山坤地，有山体经风雨剥蚀而脱落为土地之象。

依数理取象：与复相综，众阴剥阳而几于尽之谓剥。剥尽而一阳复生于下之象谓之复。

不利有攸往。占辞。谓往则不利也。

这是依卦象的事理作出的可然性判断。盖剥之为道，无论剥击或是剥取，均当适可而止，若持续行之，必至有剥尽之厉，故占曰不利有攸往，意谓不可剥之不止也。又本卦下坤为顺，上艮为止，顺而当止，欲往则不利，是不利有攸往也。

初六　剥床以足。蔑贞，凶。

解：剥床以足。象辞。

字义：剥，此处用剥击义。

床，篆文作。《说文》：“牀，安身之坐者，从木、爿声。”林义光《文源》：“考爿并有牀象，实即牀之古文。”按：爿，甲文作。段玉裁注：“爿，反片为爿，读若墙。”孙海波《甲骨文编》：“古文一字可以反正互写，片、爿当是一字。”片即劈木而成片，床乃合片而成，今犹称床之两侧木片为“墙子”是也。床乃安身之具，古代用于坐卧，一般呈方形，后与榻结合，呈长方形，通称床榻。《通俗文》云：“床，三尺五曰榻板，独坐曰枰，八尺曰床。”

以，介词，此处用“及”义。

辞意是说剥及其床足。

依物理取象：剥之上体艮为手，下体坤为舆，舆即车床，坤初当床足，故有剥床以足之象也。

蔑贞，凶。占辞。

字义：蔑，甲文作，金文作，均象以戈击人头，或挂人首于戈上之形，故有灭裂义及轻侮蔑视之义，此处用蔑视义。蔑贞，谓以轻视的态度行贞也。

辞意是说：剥击床足，不以为意，轻视其事，以贞则凶也。经文常以“安贞吉”“居贞吉”“艰贞无咎”“艰则无咎”等作占辞，皆谓安处其事，或艰难其事为吉，今蔑视其事，故其占为凶也。

自象征隐喻层面言：床以喻家国，有如君子在朝，小人欲害之，先伤其支持之众，若不以为意，后必致凶也。

自历史反思层面言：当如周初，武王既殁，周公相成王，而管蔡流言“公将不利于孺子”之事也。

六二　剥床以辨。蔑贞，凶。

解：剥床以辨。象辞。

字义：辨，金文作。《说文》：“辨，判也。从刀，辡声。”初义为分辨、辨认、判别，郑康成曰：“足上称辨，谓近膝之下，屈则相近，申则相

远，故谓之辨。辨，分也。”李镜池氏谓辨借为蹁，蹁为膝，谓剥及于膝也。今观帛本，辨作“辩”，盖同音相假，可知辨、辩皆“牑”之借字。《说文》：“牑，床板也。从爿，扁声，读若边。”而“牑”实即古“片”字。古文片与爿相对，为床板之左右两侧木片。《说文》：“片，判木也。从半木”是其义。

辞意是说，剥击其床，以及于两片部位。

依物理取象：本爻当坤中，坤为舆，为床载之具，坤中即象床足之上，与床面之下，是为床之侧片也。为卦既论剥取之事，本爻则有剥床及辨之象也。

蔑贞，凶。占辞。义同上爻，谓剥取已从下而渐及于上，若轻忽其事，其床将损，故其占为凶也。

于象征隐喻层面言之，如君子在朝，小人已攻折其手足护卫也。若犹不知警惧，致凶之道也。

于历史反思层面观之，则有如周初武庚勾结管蔡以叛之事也。

六三　剥之。无咎。

解：剥之。象辞。帛本无“之”字，义同。

字义：剥，此处用择取义。剥之，即有选择地剥取。

依物理取象：本爻当坤上，坤为地，上爻犹地面也，地面之物，或为土石，或为草木，或为种植之物，剥而取之，即分层次的，有选择地剥取之也。

无咎。占辞。谓筮遇此爻，当剥之时，有选择有层次地剥取于地，可足财用而于地无损，是为取之有道，故占为无咎也。这是自爻象的事理作出的应然性判断，谓剥取得其宜，则可以无咎。这表明《周易》并不笼统地否定剥取。在实际生活中，对于有毛皮的动物，有皮壳的果实、粮食、蔬菜果蓏，以及器物之粗糙部分，剑刃农具之钝厚部位，以至对于民人之所有，族属之土地民人玉帛等，均宜适当剥取之乃可以为用，惟不宜过分，不宜过量尔。

六四　剥床以肤。凶。

解：剥床以肤。象辞。

字义：剥，此处用剥击义。

肤，繁体作膚、金文作，本象兽去皮而悬其肉，意指皮下之肉，故有表皮、肌肤、表浅、禽兽肉、犬豕肉及美肉、剥离等义，此处用肌肤义。

辞意是说，剥击床座而及于其肌肤。

依物理取象：本爻当上体艮下，艮为躬，下坤为床，古时坐床一般皆盘膝而坐，今剥及坐于床上之身，故有剥床以肤之象也。

凶。占辞。谓筮遇此爻，所占为凶也。这是从爻象的事理作出的已然性判断。盖剥击其所坐之床而及于其肌肤，非凶而何？不云："贞凶"而但云"凶"者，贞乃侦问，即预料之事，贞凶者，预计其后果为凶也。如前之剥床以足，剥床以辨，皆伤及其坐具，当时未觉其凶，故蔑视其事，乃预料其剥击之后果，则必致床损而及身，故曰"贞凶"。今已及其肌肤，直接损伤其肉体，此凶事已成，不贞而可知，故但云："凶"也。来知德曰："剥床而及其肌肤，祸切身矣，故不言蔑贞而但曰凶。"近之。

于象征隐喻层面言：剥肤乃剥之最不当者，于人致命，于己如自杀。有若贵族剥削过分，民人离散，即有剥肤之凶也。

于周初史实而言，则与周初武庚管蔡之乱颇为相近。如前所述，周之天下犹如所据之床，管蔡先流言周公将不利于儒子，此犹剥足之患也；继而据国以叛，如剥辨也；此时进而联合进攻，即如剥肤也。周公东征平乱，如剥去其秽也。故剥而得宜则无咎，剥而不当皆凶。于剥而不当者不可轻视于初发之时，于剥而得宜者亦去其凶秽而已。是故六三但云无咎而不以为吉利也（参见《诗·豳风·破斧》《诗·豳风·伐柯》《诗·豳风·狼跋》）。

以上皆喻当剥之时，不可不以正道处之之意，以下则述剥道之佳者，明善处剥取之要也。

六五　贯鱼，以宫人宠。无不利。

解：贯鱼，以宫人宠。象辞。

字义：贯，原字作毌，象穿贯于物之形。《广雅·释言》："贯，穿也。"

字象以绳穿贝成串，引申有“刺穿、贯通、连续”等义。此处用为“射中”义。

贯鱼，李镜池《周易通义》曰：“贯鱼：射中了鱼。《诗·齐风·猗嗟》：‘舞则选兮，射则贯兮。’谓舞要齐，射要中，此云射鱼以为献祭。”又引《礼记·射仪》：“天子将祭，必先习射于泽。泽者，所以择士也。已射于泽而后射于射宫，射中者得与于祭，不中者不得与于祭，不得与于祭者有让，削以地；得与于祭者有庆，益以地。”此说可从。

辞意是说，在祭礼中射鱼得中，因而得到参与宫廷祭祀的宠荣。

依审美及事理取象：本爻当上体艮中，变而为巽，巽为绳索，其下群阴依次重叠，有贯穿群鱼之象也。依事理言，贯鱼乃古代选士之法，如《礼记·射仪》云：“是故古者，天子之制，诸侯岁献贡士于天子，天子试之于射宫，其容体比于礼，其节比于乐而中多者，得与于祭。其容体不比于礼，其节不比于乐，而中少者，不得与于祭，数与于祭而君有庆，数不与于祭而君有让，数有庆而益地，数有让则削地。”今射鱼而贯之，是可以与于祭也，故有贯鱼以宫人宠之象。

宫人，先儒皆释为后宫嫔妃，高亨氏释为受宫刑之太监，皆后起观念。周初宫的概念广泛，宫人亦并非专指阉人或嫔妃。如困·六三：“入于其宫，不见其妻。”其称宫中人为妻而不云妃，是宫中未必皆嫔妃，更未必皆阉人也。今天子因其射鱼得中而许其入宫与祭。即所谓以宫人宠之也。

宠，金文作、，其字作宫室中供奉神像或龙像之状。《说文》：“宠，尊居也。”《字汇·宣部》：“宠，尊荣也。”故宠有尊宠、荣宠、宠惠等义。贯鱼以入宫从祭，又有益地或选士之庆，皆可谓“以宫人宠”也。

无不利。占辞。谓筮遇此爻，所占无有不利也。这是自爻象的事理作出的应然判断。盖贯鱼以从祭，或行渔猎以贯鱼，皆选其大者而射之，不同于网罟之大小齐捕也。选其大者而渔之，有保护生态环境的作用，此剥取于泽之正道也，故占为“无不利”也。

若自贯鱼以选士而言，亦有选取人才于正道之义也。

自象征隐喻层面言，谓处人君之位而行剥取，则当循其正道，取其所当取，亦取其所可取。若射鱼以祭，则必选取鱼之大者而射之。取于其可取，取而有序次，则于神于人乃至于鱼群之繁养，生态之保护，均无有不利。自选士而言，亦能得其人才，故无不利也。

《周易》每卦皆云一类事理，往往于三或五爻变换主宾。剥卦之初二、四爻皆可视为被剥之事，三、五爻则易宾为主，乃言主体行剥取之事。有如遯卦九五之“嘉遯”自遯者转言人君当嘉美遯隐之事；讼·九五之“讼。元吉”亦自被讼者转而言主讼之君长，皆此类也。

上九　硕果不食。君子得舆。小人剥庐。

解：硕果不食。象辞。

词义：硕，《说文》：“硕，头大也。”硕果，即肥大之果实。

辞意是说，虽有肥硕之果实而不取食。

依审美取象：五阴迭进，一阳仅存，如硕果之仅存也。

依物理取象：本爻当艮上，艮为果蓏，亦有硕果仅存而不食之象也。王弼注曰：“处卦之终，独全不落，故果至于硕而不见食也。”是得其义。

君子得舆。占辞。

字义：舆，即车舆。载具，古用于乘载，亦用于赏赐。《诗·小雅·采菽》：“君子来朝，何锡予之，虽无予之，路车乘马。”《诗·大雅·崧高》：“王遗申伯，路车乘马。”《诗·秦风·渭阳》：“何以赠之，路车乘黄。”《诗·大雅·韩奕》“其赠维何，乘马路车。”皆言以车舆赐赠君子之事也。

又：舆载人以众，故舆又有众义。君子得舆，亦有君子得众之义也。

此占断自卦象言，则取物理象：本爻当艮上，艮为君子，艮下乘坤，坤为大舆，故有君子得舆之象。但占辞原不必取象，当自象辞中推理而得，则应与“硕果不食”相关，谓有硕果而不剥取以食，不私其所得之意也。君子之硕果，非果蓏也。或以事功成而不自居，德行高尚而得君主赏赐车舆以旌其德；或因德行高尚而足以受人景从而得众；有如周公还政于成王，制礼作乐而颂声兴，并由成王封伯禽为鲁公，锡与车服典籍也。

小人剥庐。教谕辞。

字义：小人，与贵族君子对言，泛指各业平民，此处特指农业耕作者。

剥，此处用剥取义，即择取也。

庐，即庐舍。小人之庐，指农时寄居田野之棚舍。《说文》：“庐，寄也；秋冬去，春夏居。”

小人剥庐者，小人剥取于庐也。

《诗·小雅·信南山》：“中田有庐，疆埸有瓜，是剥是菹，献之皇祖，曾孙寿考，受天之祜。”《毛诗正义》曰：“古者，宅在都邑，田于外野，农时则出而就田，须有庐舍，故言中田，谓农人于田中作庐，以便其田事，于田中种谷，于畔上种瓜，亦所以便地也……田瓜成，又入其税，民以瓜新熟，献于天子，天子得之，乃剥削淹渍，以为菹（音 zū，淹渍之物），欲以供祭祀，贵四时之异物故也。”诗中曾孙即指成王，献瓜非税，乃农夫对王室亲近的表示，但这种现象既见之于诗，可见在当时是习以成俗了。因此，这里的“小人剥庐”乃是农夫剥取庐舍之硕瓜以献上的意思。这是一句教谕辞，即以谕代占。盖上云君子之硕果为事功，硕果不食，乃喻有功不居而得众誉；此处小人之硕果则为庐舍中之大瓜，硕大之瓜，农夫不自食，则宜献于天子（成王）以祭祀先祖，表其对周初先王的敬爱，故曰“硕果不食。小人剥庐”也。古时举行祭祀是分等级的，农夫虽同为族民，除春秋二季可参与乡三老举行的社祀以祭田祖之外，不得亲祭于周之先王，只有天子大宗才能直接祭祀先王，而民众若欲表达其对先王之崇敬，则宜献新以供曾孙，也包含了提醒成王不要忘了他们同是周族子孙的含义。

总之，硕果不食，是剥取之道的最上乘，其意非谓不食硕果，而在于不以硕果入于己，更以供奉于王室。总的来说就叫剥而不取，这是《周易》所倡导的。通常将“小人剥庐”释为“小人剥裂其庐”。这种解释既与“硕果不食”无关，又没有其内在的合理性。帛书本作“小人剥芦”。芦即芦菔，即今之萝卜。其义也较近于献祭。剥庐者，剥取于庐也，若剥裂其庐，小人往哪里住，不是同自己过不去吗？谁愿干这种蠢事呢？

此外：“硕果不食。君子得舆。小人剥庐”亦可视为以象代占之辞，不着吉凶而美其事也。亦如中孚·九二：“鸣鹤在阴，其子和之。我有好爵，吾与尔靡之。”也是以象代占，不着吉凶而美其事，这是一种超越境界。

总的来看，剥卦讲的是善处剥击与剥取之道。说到剥取，即有剥削的成分。我们今天提到剥削，都认为是一种罪恶，这种对剥取采取完全否定的态度，在现代来讲，自有其合理性。但从古代来讲，就不够全面，也使人们对于《易经》剥卦很难把握其实质。从古以来，又将剥理解为“以阴消阳，以柔变刚，以小凌大，以下犯上”。这种观念，用于初、二、四爻犹可，用于六三及六五、上九都不能得其本旨，实际上都反应了一种片面性。《周易》将处剥之道，用一个专卦来集中讨论它，自反面讲剥击，自正面讲剥取，说明它对剥取问题的充分重视。它看到了这是社会生活中的一种普遍现象，是一种值得重视的事理，不是单纯从感情上的好恶可以解决的。所以它不是对之表示道义上的义愤或情感上的憎恶，而是理智的加以探讨，严格地加以区别：

首先，它明确地反对剥床。床是坐卧之具，以喻家国安定之本，这是不能加以剥取的。若剥而取之，就属于剥击性质，不管是剥及其足，还是剥及其辨，后果都是严重的，若剥及自身肌肤，就更有杀身之凶了。从当时的史实来看，这是针对管蔡之乱而言的。所以，我们将剥卦纳入戡乱定鼎之道来加以讨论。

其次，它认为对土地、作物或产品的剥取是可以的。所谓剥取，是一种有选择地、有顺序的取，如猎取大兽、网捕大鱼及成禽，摘取熟果、成菜，以至收取贡税、力役、租、赋，只要是有层次、有顺序地收取，这种剥取便是可以的，甚至是必要的。所以其占辞为“剥之，无咎”。周初文献中便非常强调严格的井田乡遂制度。要求“工不失其务，农不失其时”“土不失其宜，万物不失其性”“山林非时不升斧斤，川泽非时不入网罟，不杀童牛，不夭胎”“无伐不成材”[①]“关夷市平，财无郁废，商不乏资，百工不失其时”[②]……春秋以降，儒家的经济思想也始终从整个社会、整个国家的利益出发来对待剥取问题，如主张“先富后教”“轻徭薄赋”“平夷关市”“十一之税”“使民以时”等等。这些主张大体上是符合社会生活的规律的，不能想象当时可以完全否定剥取，真要那样作，就只有回到原始野蛮状态中去。像老子理想中那种小国寡民的农村公社，现实生活中是不可能单独存在的。

从政治经济学的角度来看，所谓剥取问题，本质上乃是社会生产的分配与再分配的问题。在私有制条件下，产品的分配是以生产资料的所有权为基础进行分配的，但是也必须兼顾到劳动者的需要，否则，社会必要劳动就无法再生产，社会生活就会中断；同时，也要兼顾国家管理者的需要，否则，社会秩序就无法维持。在这种分配与再分配过程中，都需要有限度的、有次序地进行剥取，通常就是从产品生产者那里收取适度的租与税。

---

① 《逸周书·文传》。

② 《逸周书·大聚》。

古时更加上适度的劳役和贡赋。这种租税劳役贡赋，只要是适度的，分层次、有顺序的进行的，都是合理的，也都具有剥取的特征，这正是剥卦所谓“剥之，无咎”的实质。直到今天，社会主义条件下，分配仍然要兼顾国家、企业和个人三方面的利益，国民收入的分配，仍然具有“剥取”的形式。《周易》关于剥取必须适度和有序的观念，仍然是有价值的。

剥卦的最后两爻，已超越了对剥取的利害关系层面而上升到才能和德行的倡导层面。六五实质是对人才的鼓励与选拔问题，上九则是对德行的倡导问题，在人才的鼓励与选拔上要求有次序、分层级，这是当今的考试制度的前奏；在德行上对德行高蹈者应加以奖励，加以提倡，这方面过去我们是重视不够的，现在也主要停留在精神鼓励上，而且我们都没有将它作为一种剥取行为来认识。而在《周易》看来，“硕果不食”是一种高尚的剥取行为，即它不是为一己之利而取其大，而是剥取其小于己而留存其大者于国君和先祖。这样的剥取是对剥取的一种超越。“君子得舆，小人剥庐”则是对这种剥取行为的奖励与提倡，而这种对高尚德行的奖励与提倡，本质上又是在上者的一种剥取，即在社会行为的功利取向、审美取向与道义取向中，它选取于道义方面，也就是对社会行为的伦理取向的倡导。这是《周易》作者的深刻用心所在。

综上所述，从剥卦中可以进一步了解《周易》作为元典中的元典，它对社会行为体现出的多维度审视、全方位的评价、功利性的诱导与道义性的提倡，是结合得非常完满的。人们通常只能将它概括为一种“中正适度”的精神。这种概括虽然不错，但仅能把握它的行为规范方面，对于它的博大精神和崇高意境都未能体现出来，这些就只有靠学者自己留意和用功了。

此外，《周易》在对待剥击与剥取的问题上，分别评判，全面探讨且取向不同，如此细致的思路，显然与管蔡之乱引发的历史反思的深刻性与复杂性密切相关。请参阅损卦及益卦讲解。

40. 夬：领导者当有错即改

䷪ 夬。扬于王庭。孚号，有厉；告自邑，不利即戎，利有攸往。

解：夬（guài）。象辞。通常以为卦名。

字义：夬，篆文作。《说文》："夬，分决也。从又、屮，象决形。"而决，《说文》："决，行流也。"是夬义本为分剖，于水分流为"决"，以手分物则为"抉"，器之有裂口为"缺"，玉璧之有缺口者为"玦"，心意外畅为"快"，卦爻中多用"缺失"义，"夬夬"连用则取疾速连动之义，象足音也。

依物理取象：本卦下体乾为玉为寰，上体兑为缺，玦之象也；又泽上于天，势必决注于下，皆有分决、缺失之象，故取象为"夬"也。

扬于王庭。象辞及叙辞。叙述筮遇此卦之时及因由也。

字义：扬，繁体作揚，金文作、。字形皆双手捧玉上举，扬以对日，作祝颂状。金文中多用于对周天子的称颂，如《墙盘》："对扬天子丕显休命。"《即簋》："即敢对扬天子丕显休。"

辞意盖叙述筮遇此卦，在某公侯及贵族，称功议事于王庭之时也。

孚号，有厉；告自邑，不利即戎，利有攸往。叙、象、占、验合辞，其占断亦具有告诫意也。

字义：孚，孚从之人；号，呼吼；孚号则指孚从之人有哗变之事也。

自邑，经文需·六四、比·六二、小畜、小过·六五、泰·上六、姤·九五、复·初九及本卦共八"自"字皆用"由"义。告自邑则谓有告语来自某公侯自属之封邑也。

即，就也、近也。（参见屯·六三，即鹿无虞释。）

戎，金文作。《说文》："戎，兵也。从戈、从甲。"金甲文中一般指兵戎、兵工、征戍等事。即戎，谓出征也。

辞意谓某公侯与王议事之际，得其封邑来告，孚从之人有哗变之事，筮遇夬卦，其占为形势危急，不利于出征，但利于出行。某公侯依此行事，岁终计占，认为其占已验，故列于卦辞之中，遂形成此叙、象、占、验合辞也。作为叙辞及验辞均不需取象，但其中有不少辞，亦有象可取，大体上是依事理取象：夬卦下乾上兑，乾为君、王，兑为口、为言说，有扬于王庭之象；夬上缺，象玉环之缺损，故占为有厉；卦体无兵戎之象，故曰"不利即戎"；外卦为兑、为悦，出行有利之象，故曰"利有攸往"。

这种叙、象、占、验合辞的章法，在《周易》中比较特殊，但也非绝无仅有，例如：

益·六三："益之用凶事。无咎。有孚，中行告公用圭。"即与此类似，说详该爻释。

这类章法的应用，一般与筮卦时所遇的复杂情况有关。既有当时危急情景，又有自邑或中行来告之事，而其占又已验证，故综合记叙其情况原委，作为一种重要的占筮记录，也是一种重大的历史教训和经验总结，用以教导后世。

自史实背景观之，似与周公东征前之史实有关。据《竹书纪年》：成王诵元年，春正月，王即位，命冢宰周文公总百官。庚午，周公诰诸侯于皇门（笺谓：告诸侯以武王命其辅弼成王小至于大）。武庚以殷叛，周文公出居于东（笺曰："《书·金縢》谓武王既丧，管叔及其群弟乃流言于国曰：'公将不利于孺子。'周公乃告二公曰：'我之弗辟，我无以告我先王。'周公居东二年，则罪人斯得……"周公奔楚，当是因流言出居依于王季、武王之墓地）。这段史实，与夬卦辞所谓"扬于王庭。孚号，有厉；告自邑，不利即戎，利有攸往"之意颇为接近。这段史实作为周初政治措施上的一种缺失也是很明显的。《周易》作者在夬卦中对缺失之政事加以记述，总结经验以教诫后人，亦是合乎周初作易的主旨的。联系夬卦以阳决阴，爻辞多言伤失之事，与剥卦对观，剥以阴剥阳多言剥及体肤之事，似皆与管、蔡变乱之史实有关。可以说，剥卦是从管、蔡变乱的危害性方面总结教训，夬卦则是从朝廷的失误方面总结教训，合而论之，皆戡乱定鼎之道也。

初九　壮于前趾。往不胜为咎。

解：壮于前趾。象辞。

字义：壮，金文作。《说文》："壮，大也。从士，爿声。"《广雅·释诂四》："壮，伤也。"文象士与床齐，是强壮义；又象士卧于床，则有伤病义，经文中二义并用，参见明夷·六二、姤、涣·初六及大壮之释，此处用伤损义。

依数理取象：本爻当夬之初，位在下，于人体为趾，夬为缺损，故有壮于前趾之象。

往不胜为咎。占辞。

词义：为咎，即得咎，占辞中与"无咎"相对应，经文中仅此一例，一般用"吝"表示。但吝与咎有所不同，其事均属悔吝，但悔是自心理状态而言，吝是自价值评判而言，为咎，是自行为结局而言，故其意同于“得咎”。往不胜为咎，即不胜于继续前行而致灾咎也。

这是依爻象的事理作出的应然性判断。既然处夬失之初，本以避去为佳，若欲往纠正，则当审时度势，量力而行，今又伤了前趾，行路困难，不胜前往，故可能招致灾咎也。辞义亦在告诫筮者勿勉强前往救失也。于周初史实观之，亦可能与周公畏惧流言，避居新楚有关。

九二　惕号，莫夜有戎。勿恤。

解：惕号，莫夜有戎。象辞。

字义：莫，同暮。惕，警惕，戒惧。

辞意是说，惊惧呼号，因夜间遭兵戎来袭也。

依物理及事理取象：本爻当下乾中，变则下体成离，离为戈兵、为灾咎，上互乾交兑，乾为言，兑为呼，兵戎之际，呼喊相接，是惕号之象；又离为日，上交乾，日在天下，暮夜之象。故有“惕号，莫夜有戎”之象。

勿恤。占辞，谓不必忧虑也。这是依象辞的事理作出的应然判断。既然内外戒备、号呼相接，虽暮夜有兵戎侵扰，亦必能镇服之，故占曰无须忧虑也。

辞义强调对缺失损伤之事应早有防范。能“防患于未然”则无忧，“有备无患”之意也。

九三　壮于頄。有凶。君子夬夬独行，遇雨若濡，有愠，无咎。

解：壮于頄。象辞。

字义：壮，用“伤损”义。頄（qiú/kuí），同“颏”，颧骨。《玉篇·页部》：“頄，面颧也。”是頄即面颊。壮于頄，即损伤了面颊。

依物理取象：本爻当下乾之上，上互乾之下，本爻变，互乾成巽，巽为额、为颊，下乾成兑，兑为缺损，面颊缺损，故有“壮于頄”之象。

有凶。占辞。这是依爻象的事理作出的实然性判断。既然一个人已伤了面颊，本来就是凶、厉之事，作为一种征兆，自然是象征着有凶了。所以，壮于頄，既是象辞，也可以说是叙辞，它叙述了行筮之由，谓有人因伤了面颊而行贞，得占为“有凶”。

君子夬夬独行，遇雨若濡，有愠，无咎。验辞。

字义：夬夬，象足音之疾，意同快快。

濡，沾湿。

愠，怒也。

辞意谓行筮君子，筮遇夬·九三，得“壮于頄”之象，及“有凶”之占，乃乘马快速疾行，以离险境；虽途中遇雨若濡，颇为气恼，但终得免于灾咎也。验辞不必取象，但记验证之事实。这一验辞的特点在于对“有凶”之占作了一种行为上的抉择，虽然遇到一点麻烦，终能避免灾祸，可以给人以行为抉择上的启迪。这是关于具体事件的记录，在当时必是实有其事，现在无从确指，也不必加以确指，因为作为占辞，它已经上升到一般性的行为准则了。这正是《周易》中所包含的史实大多数都没有留传下来的原因。因为《周易》记录史实的目的本不在于史实本身，仅在于它在社会行为学上的启迪意义而已。

九四　臀无肤，其行次且。牵羊悔亡，闻言不信。

解：臀无肤，其行次且。牵羊悔亡，闻言不信。象辞亦喻辞，以喻代占。

字义：次且，即趑趄。《说文》：“趑，趑趄，行不进也。”王肃曰：“趑趄，行止之碍也。”意即行止艰难。

悔亡，此处谓懊悔其亡失，非占辞悔亡之意。

依物理及事理取象：本爻变，上体成坎，下互兑，坎为沟渎，有臀象；兑为缺损，故有“臀无肤”之象。又上坎为车轮，下互兑为缺损，车轮缺损则行止有碍，故有“其行趑趄”之象。上体兑为羊，本爻变，下互体亦成兑，二羊前后相随，有牵羊之象；上兑为言，变坎为耳，有闻言之象；本爻变，互体成睽，睽，违也，故有“闻言不信”之象。

这两句象辞并列，形成一种对应的比喻，意谓：若臀无肤，行必趑趄，是事为可信；若有人牵着一群羊，又向人悔恨丢了羊，其言就难取信于人了。“牵羊悔亡，闻言不信”可能是当时流行的俚谚，意在比喻言辞与事实不相吻合，因而不能取信于人。古人说理多用事象为喻，因其在日常交往中经常应用，遂成俚谚。《周易》作者见本爻有此象，即引用此俚谚以为象辞及喻辞，犹如颐·六四之“虎视眈眈，其欲逐逐”；大过·九二之“枯杨生稊”；九五之“枯杨生华”；小畜、小过之“密云不雨，自我西郊”之类，皆以俚谚为象辞及喻辞。这样的喻辞一般都有教诫意，是一种以诫为占的章法，意谓对损伤或缺失之事，当实事求是地进行考察再作出判断，若臀无肤与其行趑趄，名实相应，其损伤为可信；若牵羊悔亡，则名实不符，其损失就不足取信了。辞意在于对缺失之事，提倡一种谨慎对待、实事求是的态度。作者似含有对缺失问题既不能隐瞒，也不可夸大之意，它反映了作者对待过失、灾咎等的基本态度，是具有深刻的生活智慧的。这种态度也可能与周初贤圣们对当时的政治措施上的得失作了认真的反思和总结有关。如像成王初时对周公有疑虑，逼得他避居新楚，自然是朝廷的失误，但后来又亲自迎回了周公，并依靠他平息了叛乱，这就是正确的处置，因此对失误不可夸大，应当实事求是。

九五　苋陆夬夬中行。无咎。

解：苋陆夬夬中行。象辞。

词义：苋陆，《路史·后记》注五引孟喜曰：“苋陆，兽名。”高亨《周易古经今注》曰：“苋，当作莧，形近而讹……《说文》：‘，山羊细角者，从兔足，⺌声，读若丸，宽字从此。’陆者，跃驰也。《庄子·马蹄篇》：‘马翘尾而陆。’《释文》：‘陆，司马云：跳也。字书作踛。’”

夬夬，同九三，夬夬连用，义同快，疾行也。

中行，同益·六四之“中行”。行，甲文作，象四通之路。《尔雅·释宫》：“行，道也。”中行，犹言行于道中。

辞意是说，山羊跳跃奔驰于行道之中。

依物理及数理取象：本爻当上体兑中，兑为羊，即莧。爻变成震，震，起也，有跃起之象，故曰莧陆；本爻当上兑中，兑为缺、为决、为夬，爻变则上互乾亦成兑，故有夬夬之象；五居上体之中，震为足为行，故有夬夬中行之象。

无咎。占辞，谓无有灾咎也。

这是依爻象的事理作出的应然判断。高亨曰：“莧羊跃驰，趹趹然于中道，乃逞意放足之象，自可无咎。”是其义。不过，作者何以在此爻突然由人事之占而转取物事之占，则是个问题。李镜池《周易通义》曰：“细角山羊在路中间跳得很快很欢，古人以为怪异，故作象占。筮占无咎。”这可以作为一种解释参照。

联系诸爻来看，从初至上，均言缺失之事，此处乃喻似有失而无大害之事也。盖莧乃野羊，遇险则群起狂奔，今野羊跃奔，本有危险，似有缺失，但能跃驰于中道，则可速速避开险境，故可以无咎。此喻若遇失误，当速离险境也。

上六　无号。终有凶。

解：无号。象辞。依物理取象：本爻当上体兑上，兑为口，当其口，本有号象。但爻变成乾，乾为寰，其口封闭，故有无号之象。

终有凶。占辞，谓当时平静而最终有凶事也。这是依爻象的事理作出的应然判断。盖夬乃缺失之事，当缺失之极，本当正视事实，加以纠正，方可补救，今反杜人之口，欲掩盖事实，虽当时显得平静，但最终必致凶厉也。无号终凶之占，反映了《周易》作者深刻的社会生活智慧，也表现了他们敢于正视缺失、勇于改过的光明正大的品格。与殷纣之“才足以拒谏，智足以饰非”是迥然不同的。从史实上看，成王对待周公便能取有过必改的态度。据《尚书·金縢》有云：“既克商二年，（武）王有疾……公乃自以为功……以旦代某之身……乃纳册于金縢之匮中。王翼日乃瘳……武王既丧，管叔及其群弟乃流言于国曰：‘公将不利于孺子’……周公居东二年，则罪人斯得。于后，公乃为诗以贻王，名之曰鸱鸮，王亦未敢诮公。秋大熟未获，天大雷电以风，禾尽偃，大木斯拔，邦人大恐，王与大夫尽弁，以启金縢之书，乃得周公所自以为功代武王之说……王执书以泣，曰：‘其勿穆卜，昔公勤劳王家，惟予冲人弗及知，今天动威以彰周公之德，惟朕小子其新逆，我国家礼亦宜之。’王出郊，天乃雨，反风，禾则尽起。二公命邦人，凡大木所偃，尽起而筑之，岁则大熟。”这可说是为政者能改过而免于凶厉的实例。反过来说，如果成王执迷不悟，始终怀疑周公，管蔡之乱就可能造成极其凶危的后果，正是这正反两方面的寓意，反映在夬·上六中，便成了现今所见的系辞：“无号，终有凶。”这在当时只是个应然判断而非实然描述，不过到了周厉王的时代就从正面应验了。《国语·周语》载：“厉王虐，国人傍王，王怒，得卫巫，使监谤者，以告则杀之，国人不敢言，道路以目，王喜，告召公曰：‘吾能弭谤矣，乃不敢言。’召公曰：‘是障之也。防民之口，胜于防川，川壅而溃，伤人必多……’王弗听，三年，乃流王于彘。”从这一史实来看，夬·上六“无号，终有凶”的占断，简直可说是它的预言。

总而言之，夬卦是专门探讨缺失问题的卦。所谓缺失之事，在社会生活中，一是由于外因造成的失误，一是自我行为的失当。外因的致误，有些是个人无力挽救的，对此当以从速离开为好，不可勉强坚持。周公惧于流言而奔新楚，正是这种明智行为；自我行为的失误则是可以避免的，有些问题不完全取决于自己，那就应当保持戒惕，严加防范。但，对于客观上是否造成失误，应谨慎考察，不可过甚其辞，有些看起来有危厉，但只要光明正大，适当处理，依然是可以挽救的，周公最终取得成王的信任便是明证。有失误并不可怕，但不能隐瞒掩饰，不让人讲话，最终必造成恶果，殷纣之失正在于此。对于失误问题的明智态度，是周初贤圣们深刻的社会政治生活智慧的表现，用一个专卦来讨论有关当政者行为抉择上的失误问题，更表明他们明确地意识到这类问题的难以避免，要紧在于如何正确对待。这里提出的一避、二惕、三察（正确判断）、四改（不掩饰自欺）等原则，应当说是具有指导意义的，不仅是用来指导后世国君，也用以指导为政贵族及普通民众，这也是周初贤圣们与民共患的忧危意识的表现。朱熹老先生曾讲：“易之为书，卦爻彖象之义备而天地万物之情见，圣人之忧天下来世其至矣！”这一评判，对于先贤作《易》的深刻用意是非常中肯的，也是十分精辟的。

41. 损：戡乱为损其有损

䷨　损。有孚，元吉；无咎，可贞。利有攸往。曷之用？二簋可用享。

解：损。彖辞。通常以为卦名。

字义：损，《说文》：“损，减也。”引申有损失、伤害、毁坏、贬损等义，此处用减损义。

依物理取象：本卦下体兑为泽，上体艮为山，中爻坤为地，山陵风化陨坠则土石入于泽，是上有损而损及于下之象，故曰损。

依数理及事理取象：本卦三阴三阳，损上益下则成泰；反之，于泰卦言，损下益上则成损，有慎其所损之象，故特取其象曰损，以诫在位者当慎其损益也。

有孚，元吉；无咎，可贞。占辞。这是一种包含两个选言支的假言判断。意谓，当损之时，若能损而有孚则元吉；虽未能有孚，但能损而无咎亦为可行。这是依损象之事理作出的应然判断。盖损之于事，非损上益下，即损下益上，非损我利人，即损人利我。而最不善者，为损人不能利己，有损而无益。即是说，所谓损，必然损害一部分人的利益，而损在现实生活中，又是一种社会必然现象或必要行为，能够做到无所损而益自然最好，若做不到，不得不有所损时，则以能做到虽损而能有孚信于众，乃为大吉。《诗经·大雅·灵台》有云："经始灵台，经之营之。庶民攻之，不日成之。经始勿亟，庶民子来。"序谓："灵台，民始附也。文王受命，而民乐其有灵德，以及鸟兽昆虫焉。"笺云："文王应天命，度始灵台之基址，营表其位，众民则筑作，不设期日而成之，言说文王之德劝其事，忘己劳也。"这便是损而能有孚于众的极好例证。这是文王受命为西伯而作邑于酆之事，当时文王被囚获释不久，民众对他十分信从，作灵台又是为了观天象，民众认为是利国利民之举，所以乐于信从。后世主张轻徭薄赋、使民以时，虽不一定能做到损而有孚，但也不至于有怨恨，也算是可行的，这就属于损而"无咎，可贞"了。所以这个占辞反映了《周易》的作者是深谙社会事理的，他提出最佳目标，但并不强求，也允许次级目标，在管理学上来讲，这才具有可行性。

《周易》占断中运用假言判断与选言判断也是一种常用的章法，例：

坤·六三："含章。可贞。或从王事，无成有终。"或字以下即为假言判断。

讼·六三："食归德。贞厉，终吉。或从王事，无成。"或字以下亦假言判断。

家人·九三："家人嗃嗃。悔，厉、吉；妇子嘻嘻，终吝。"章法与本爻更为一致。

未济·上九："有孚。于饮酒，无咎；濡其首，有孚失是。"二并占辞亦取假言判断章法。

利有攸往。合占辞。谓无论是有孚元吉或无咎可贞哪一种情况，往而有损，都是有利的。往而有损，自然是对一部分人有所损失，但只要能得到民众信从——有孚，或无有灾咎，从大处着眼，也就属于有利了。这是对损益行为的一种明智态度，富有运筹学意味。

曷之用？二簋可用享。喻辞。

字义：曷，《说文》：“曷，何也。从曰，匃声。”《尚书·盘庚上》：“汝曷弗告朕？”孔传：“曷，何也。”孔颖达曰：“曷、何同声，故为何也。”《尚书·汤誓》：“时日曷丧，予及女偕亡。”《左传·昭公元年》：“赵孟曰：‘吾子其曷归。’”《诗·王风·君子于役》：“君子于役，不知其期，曷至哉？”“曷”义皆同“何时”“何不”。此处用“何”义。

簋，燕飨祭祀，盛黍稷之圆形竹木器。

辞意承上爻，既云“有孚，元吉”，又云“无咎，可贞”，又云“利有攸往”，乃问“何以用之”？即“怎样才算损而得宜”？乃举例喻之曰：“二簋可用享。”享乃享祀，古时享祀，若元享大祀，当用太牢、少牢之类，并皆有八簋、六簋之享，四簋已为薄，二簋则甚损之也。辞意谓但能作到有孚、无咎，虽损至二簋，亦可以用于享祀，是享祀贵在诚信有孚而非求祭物之丰盛也。如孔子所言：“礼云，礼云，玉帛云乎哉！”享祀是祀神的，损其祭品，至于二簋犹可，足见作者是主张祭祀贵在诚信的。本卦主旨即在于阐明损益之道，应以是否能得到众人的信从为准，也就是要对民众有利，其所依据的史实背景便是周公东征平叛之事。详见诸爻系辞，并当与益卦合观也。

初九　已事遄往。无咎。酌损之。

解：已事遄往。象辞。

字义：已，甲文，金文。通纪。《纪侯钟》：“已（纪）侯乍（作）宝钟。”是已、纪相通之证。朱骏声《说文通训定声·颐部》：“已即纪之本字，古文象别丝之形。”《说文》：“纪，丝别也。从糸，已声。”实际上，已即丝之已理而有序之形。别丝即理丝之意。《广韵·止韵》：“纪，理也。”《诗·大雅·棫樸》：“勉勉我王，纲纪四方。”郑玄笺：“张之为纲，理之为纪。”是知已字本象理丝以顺序之形，原意即为治理，引申有纪律、法纪、纲纪、规律等义。古文中另有乱（亂）字亦训治理，诅楚文作，

亦象以手理丝之形。乱字并训杂乱、叛乱、扰乱、淫乱等义，己事，即理乱之事也。犹今言戡乱[①]。

遄，速也。《说文》：“遄，往来数也。”数，通速。

己事遄往，即理乱之事，当速往也。

依物理取象：本爻当下体兑初而互震，兑为破损、为缺失，震为躁动，此动乱之象也。本爻变，下体成坎，坎为沟渎，理水畅流之象，故坎又为律、为法则，师·初六：“师出以律。”即以坎初取纪律、法度之象。于动乱之事变而有法度，治理乱政之象也，故曰己事。又互震为足、为动，上互坤为顺，动而顺行。速往之象，故曰己事遄往。

无咎。占辞。谓速往平乱可以无咎也。这是依象辞的事理作出的应然判断。治理叛乱之事，自当从速，不可延误也。

于史实背景而言，据《竹书纪年·周纪》：成王元年，命周文公冢宰百官，因管叔蔡叔等流言于国曰：“公将不利于孺子。”周公不得已，避居新楚。秋，王加元服。武庚以殷叛，而管蔡风从之。成王二年，奄人、徐人及淮夷入于邶以叛。秋，大雷电以风，王逆周文公于郊，遂伐殷。这表明武庚与三监的叛乱已扩大到徐淮之地，周公方奉王命出征，事在危急，不可迟延，所谓己事遄往，或即出师以前行筮所得的占辞也。

酌损之。诫谕辞。

字义：酌，金文。《说文》：“酌，盛酒行觞也。从酉，勺声。”实际上，酉乃贮酒之器，勺乃挹取酒水之器，酌字乃象以勺取酒于酒缸之形。初义当为挹取。《玉篇·酉部》：“酌，挹也。”《六书故·工事四》：“酌，以勺挹酒，注之爵也。以勺曰酌，以斗曰斟。”由于古时酒水与酒糟在酿成时一般同盛器中，未加分离，欲行取饮，则将勺避开酒糟以取酒汁，故挹取又有选取之意，即有选择地取用。《礼记·坊记》：“上酌民言，则下天上施。”郑玄注：“酌，犹取也。取众民之言以为政教则得民心，则恩泽所加，民受之如天矣，其言尊。”此处即用选取义。

酌损之者，言有选择地加以损毁或损灭也。盖武庚三桓之乱，波及徐

---

① “己事”可能是当时的通行语。己事即纪理之事，指戡乱之举，犹如当时以嫁女为归妹，以聚众为同人是也。《尚书·大诰》：“殷小腆，诞敢纪其叙。”注谓：“殷小邦倚其富厚，大敢经纪其既亡之绪……”即以“纪叙”为复辟。亦可见己事乃戡乱之事也。

淮诸国，势力浩大而情节不同，其罪不等，故不宜一概而论，速往治理，或损毁城邑，或损灭其国，或损其顽抗者而宽容胁从者，当分别对待，而以能得众人之孚从，不留后患之灾咎为准的，故谕之以“酌损之”也。谕辞是对占辞的一种限制性说明，也是对行贞问筮者的一种劝谕和教导，一般不需另行取象。但作为速往平叛戡乱之事，作出这种诫谕，实有政治决策的含义，这就应当有象为据，才能使人信服。这里也是依物理取象：本爻当兑下而互震，兑为泽，有盛器之象；震仰盂，有勺象；兑互震，有勺入于酒器之象；勺入酒器，挹取酒浆，即有分别地加以损取，故有酌损之之象也。

另一方面，周公东征之时，《周易》尚未作成，而本爻系辞又不类《归藏》之辞，所以，很有可能是《周易》作者依据当时史事及本爻爻象，从阐明损益之道的应然性而制作的系辞，这就属于我们在革卦中指出的所谓理念实证性系辞了。

对叛乱之国及其扈从者进行区别对待，是周公东征时极为成功的策略，也是损益问题上的重要经验，时人并认为是周公之德的集中体现，因而将礼赞周公之乐命名为酌[①]。在以下诸爻及益卦中，可以更清楚地看到周公在损益问题上的确是细费斟酌，分别损取的。

九二　利贞，征凶。弗损，益之。

解：利贞，征凶。占辞。

依物理取象定占：本爻当下体兑中，互震及坤。兑为悦，坤为众，是上下和同的象征，故占曰利贞。震为躁动、为威，征伐之象；震中当下兑之缺，乃败坏之象，故占曰征凶。

弗损，益之。诫谕辞。谓不可损之而当益之也。这是对利贞、征凶之占的爻象的一种教诫性的说明。盖本爻当兑中而互震及坤，兑为悦，震为行，坤为国，乃悦从而顺行于我之国也，对这样的邦国，征伐之则有凶，损减之亦为树敌，而当增益之乃为有利也。周公东征，自酆至于商（禄父

① 《正字通・酉部》：“酌，武王乐歌，《周颂》‘于铄王师’之篇名。”《诗・周颂・酌序》：“酌，告成大武也。言能酌先祖之道以养天下也。”王国维《说勺舞象舞》：“《白虎通・礼乐篇》：周乐曰大武……周公之乐曰酌，合曰大武，周公曰酌者，言周公辅成王，能斟酌文武之道而成之也。”

封地）一千五百余里，中途所经邦国甚多，除管、蔡、霍之地以外，中间邦国并未附和叛乱，属于孚从于周之众，自不可临之以征伐，更不可损毁其都邑，而当增益其民人也。这也是已事当酌损的具体体现。

先系占辞再系以释辞或诫谕辞，是《周易》的一种常用章法，如谦·六四："无不利。抝谦。"升·六五："贞吉。升阶。"均属此类。这种章法可能与选用《归藏》系辞或沿用《归藏》系辞的传统章法有关。此当别论。

六三　三人行则损一人，一人行则得其友。

解：三人行则损一人，一人行则得其友。象占合辞。

依物理及数理取象：本爻当兑上，互震中，震为足，为行；兑数二，于三则少一，于一则加一，故有三人行则损一人，一人行则得其友之象。

作为占断，它不是依据爻象的数理逻辑，而是依据社会生活中的事理逻辑。大体上，在社会生活中，人们都有一种求同斥异的倾向，三个人在一起的时候，由于地位、能力、德性、才情等等差异，在求同斥异倾向的作用下，必定有所亲亦有所疏，行为上自然便有所益又有所损，从而造成"三人行则损一人"的局面；而当一人独行（包括出行或行事）时，求同心切，急于得到志同道合之人，虽有不少差异，互相也能容忍，从而便产生"一人行则得其友"的效应。这类现象在社会生活中随处可见，一般人并未觉察，更没有认真加以探究。《周易》的作者则将它作为一种带普遍性的问题提示出来，在社会行为学上就具有一种指导性的意义，人们可以警惕这类现象，目的在于尽量避免损人损己而能得友得益，这也是损益问题上的科学态度和理智态度。对于社会的管理者来说，懂得这种社会行为的倾向性，不仅对于处理好自身同群体的关系是重要的，对于使用干部、选拔人才、评价用人得失，也都是有启迪的。

《系辞·下传》第五章："天地细缊，万物化醇，男女构精，万物化生。《易》曰：'三人行则损一人，一人行则得其友。'言致一也。"朱熹《周易本义》曰："两相与则专，三则杂而乱，卦有此象，故戒占者当致一也。"对于"致一"之说，我们似应从"导致其一致"的角度来理解，也就是应超越"三则损，一则得"这种"求同斥异"的自发倾向，而取求同存异的态度，以团结大多数形成向前运动的合力。若仅从男女相合来理解，就失之褊狭了。

“三人行则损一人，一人行则得其友。”可能是当时流行的俚谚，有如泰·九三之“无平不陂，无往不复”之类，极富哲理内涵，已将社会生活智慧提高到具有普适性的哲理层面，其史实背景不可确指亦无须确指，但是，这里对损益问题的哲理提升，显然与管蔡之乱引发的历史反思密切相关。

六四　损其疾，使遄有喜。无咎。

解：损其疾，使遄有喜。象辞。

字义：损，此处用损灭义。

疾，甲文，金文，皆象人腋下著矢之形。《说文》：“疾，病也。”本义为损伤、疾患；引申有病、害、疾苦、疾恶等义，此处用疾患义。

有喜，《周易》时代以疾患得痊为有喜，如无妄·九五，亦有“无妄之疾，勿药有喜”之说也。

辞意是说，当损除疾患，使其速得痊好也。

依物理及事理取象：本爻当互体坤中，爻变成坎，坎为心病，为耳痛，为疾患；损去疾患，爻复阴柔，当互震上而接下兑，震为动为速，兑为悦，使遄有喜之象也。

从象征隐喻层面而言，本爻当坤中，下交兑，坤为国，兑为缺失，有败乱之国之象；上坤下兑，其卦为临，爻当互震上，征伐所临之国也。而其国败乱，乃疾患之根源，正是已事遄往要加以戡定损除的对象，有如病根之所在，势宜速加损除，使举国上下复于和悦，故曰“损其疾，使遄有喜”。于史实背景而言，即周公东征，迅速诛除武庚禄父，管叔自经，放蔡叔，降霍叔，而以康叔、唐叔、中旄父及太公代领其地之事也。《易经》作者认为这是损上益下之举，是为民除害之事，故曰：“损其疾，使遄有喜”也。

无咎。占辞。这是从爻辞的事理作出的应然判断。无论是身体的疾病还是国家的疾患、民众的疾苦，自然是尽速损除为好，所以说无灾咎或过咎。这是一个全称性的判断，对周公诛除武庚、三监的措置，从事理之当然予以肯定。只是纪理乱政，毕竟是一种凶事，所以虽然作得完全正确，也不宜断为吉利光亨之类，而仅能断为“无咎”了。

六五　或益之十朋之龟，弗克违。元吉。

解：或益之十朋之龟，弗克违。象辞。

字义：益，《说文》：“益，饶也。”引申有加增、利、多等义，此处用增益义。

朋，成串的货贝。王国维《说瘖朋》云：“殷时玉与贝皆货币也……其用为货币及服御者，皆小玉小贝而有物焉以系之。所系之贝玉，于玉则谓之玨，于贝则谓之朋……古制贝玉皆五枚为一系，合二系以为玨，若为朋。”“十朋之龟”，即价值百贝之大龟也。

克，此处用“能”义。参见蒙·九二“子克家”之释。

违，金文作，其象二足反行。《说文》：“违，离也。”引申出远、拒、背、反、避等义。此处用拒斥义。

辞义谓有人送来价值百贝的大龟，这种大龟古代是用来占卜的，所以不能拒绝。

依物理取象：本爻当上艮中，本爻变，其卦之大离，离为龟，大离即大龟也。又自审美取象：二至上爻有“朋”象，大龟价值宝贵，故曰十朋之龟也。卦本为损，今主爻之位而忽现得大龟之象，故取象曰“或益之十朋之龟”也。或者，不定之辞，或益之者，不期而至之意也。又本爻当上艮中，艮为倒震，下又互震，震为足为行，行而相向，弗违之象也，故曰：“弗克违。”

元吉。占辞，谓筮遇此爻，所占大吉也。吉凶者，得失之象也。大吉即大有所得，这是依爻象的事理作出的实然判断。大龟不期然而得，非大有所得而何？故其占曰：“元吉。”

大龟用作享祀是殷周时期的习惯。《尚书·大诰》：“用宁王遗我大宝龟，绍天明。”以及益·六二：“或益之十朋之龟……王用享于帝。”皆是其证也。

卦辞言用享可损至二簋，本爻云有益之十朋之龟而不能拒，则当益之，乃是在损益问题上的辩证观念。或益或损，当视不同条件而言，虽当损之主，而有人益之以大龟，则以不损而益为当也。

从本爻占断中可以看出，损益问题，在社会行为中，并不是个简单的问题。有些表面看来有损，实际上有益，有些是看来损人实际亦是益人。例如有人送来大宝龟，似乎于人有损，仅对我有益，实际上，用之以祭祀，则送龟者亦将得神佑，因而有益而非损；若拒之，彼无祀天享祖考之权利，即不能得福佑，结果是非益而有损。所以说，在“弗克违”的条件下，益之乃是大吉的。如此等等，正如老子所说：“故物，或损之而益，或益之而损。”（《老子》第四十二章）从个人修养来讲，宜于多自损抑，从社会行为来看，就应当视不同情况而定，祭祀是重大的事情，在这样的大问题上，或损或益都不能一概而论，也不能只看表面上的有损与否，这正是《周易》作者的科学态度。运用在管理学上，单纯的强调益而不损，或损上益下，实际上不仅是行不通的，也可能是虽益而有损的。所以在管理行为的操作上，应当懂得虽损而益的艺术，才是最佳的管理者。佛教讲布施，讲能舍，甚至讲对为大恶者夺其躯命都是积大功德，也可以说是一种舍小利而就大利，小损而大得的运筹观念。道家以“清虚以自守，卑弱以自持”为君人南面之术，也是“小损大得”观念，但容易导致政治权术。比较起来，《周易》显得很平实，它不讲小损大得，不至于被人用作权术，只讲具体分析，一切以真正于人于己有益为目标，这确是一种质朴而正确的损益观念的表现。

“或益之十朋之龟……”同见于益·六二爻辞，可能是东征平徐淮之乱过程中的实录，它表明戡乱之事，受到一些邦国部落的拥护，是损上益下的明证。参见益·六二释。

上九　弗损，益之。无咎，贞吉。利有攸往。得臣无家。

解：弗损，益之。象辞。依数理取象：本爻当损之极，势不可再损，为损之终，又当艮之上，宜止其损也，故有“弗损”之象；本爻变，其卦之临，临卦之义，主旨为“与民共患”（参见临卦释）故有“益之”之象。盖损之极则非仅损于下，亦并损于上之时也，如遭遇特大自然灾害，或蒙受战争破坏，至于上下交困，善为政者，当此危难之际，自当以与民共患之精神，艰苦奋斗，共渡难关，所作所为，力求不扰于民而能有益于民，方有振兴之望。损上势不可能，损下则自毁立国之本，故不能更有所损而但当求其有益也。所以这个象辞，本身也可说是个教诫之辞。

无咎，贞吉。占辞。

这是依爻象的事理作出的应然判断。当损之极，本处凶厉之势，无所谓无咎而吉也。但因能以“与民共患”之精神，终止其损，而转变为育民、养民之益，着重人格感召力以唤起民众同心同德，克服困难，共渡难关，则国力之恢复、国家之复兴皆指日可待也，故其占为无咎。贞吉者，预期其前途当得成就功业之意也。

于史实背景而言，东征及平徐淮之乱，乃纪理乱政之终，当损灭者皆已损除。此时的要务在于安定社会，团结各族民众，恢复与发展生产，是不宜再损而当益之以功利之事之时也（参见益卦初九及六三释）。能如此，则可以“无咎”而“贞吉”也。

利有攸往。并占辞。

词义：有攸往，即有所往，将另有所从事之意。史载周公东征，在损灭武庚、三监之外，并伏熊盈之簇十有七国，俘维九邑，并俘殷献民[①]。成王初时命迁殷民于卫，以康叔监领之。其后命召公如洛度邑，命周公“为依迁国”。这里的所谓“有攸往”，当指与此相关的新的战略部署。周公接到成王的决策时可能行筮而认为有利，故在得到“弗损，益之”之占断后，并系以“利有攸往”之占也。本爻下互震及坤，震为行，坤为顺；本爻变，上体亦为坤为顺，往行而顺，利有攸往之象也。

《周易》一卦、一爻，往往并列有不同的占辞，如讼卦辞、解卦辞等均属此类，乃是一种常用的系辞章法。

得臣无家。释辞。这是对占辞的因果性阐释。

字义：臣，帛书本作仆，未知孰是。臣与仆有别，仆是家内奴隶，臣在经文中则指王臣，即卿士之类，属于官僚，多为贵族。如蹇·六二“王臣蹇蹇”之类。卿士之家亦有家臣，相当于家族之总管，这里大约是指家臣之类。

家，《易经》中的家，或指平民家庭，如蒙·九二：“包蒙。吉。纳妇吉，子克家。”或指贵族家庭，如家人卦所述之家即是。这里所谓得臣无家，意谓其原本为有家之臣，故当指的是贵族大家庭。

得臣无家，即是说俘得的家臣，他们的家主都已散亡了。这是东征及伐徐淮的战事胜利后所面临的残破局面。因为东征及伐徐淮，曾经出现过一些反复[②]，先后迁延四年余。战争过程中商奄之族的顽抗者必遭损灭，其

---

① 参见《竹书纪年》笺，《康诰》、《作雒》书叙等。

② 参见《尚书·多方》孔传。

家臣无所依止，被俘后降伏于周，在周即为得无家之臣，故曰“得臣无家”。

得臣无家作为与损益大事相关的一项系辞，表明不是偶尔得一臣仆，乃是当时一种重要的社会现象，它表明叛乱之国、顽抗之族已被损灭，其家族散亡，已无抵抗力，这时纪理乱政之事已经完成，不可再行损毁，而当恢复生产和安定，也正是周王朝在戡乱后转为“弗损，益之……利有攸往”的决策依据，所以是对占辞的因果性阐释，此意当结合益卦详论。

总之，损益问题在为政者来说是个非常复杂又难处的问题。一般说来，为政的本质便在于对损益的操作，是损上益下还是损下益上，或二者皆损，或不损而益，皆当因时因地因事而异，单纯地强调损某一方面，实际是不可能的，也并不一定是正确的。历来儒者从民本主义立场出发，均主张损上益下。道家亦然，《老子》第七十七章：“天之道，损有余以补不足；人之道则不然，损不足而奉有余。孰能有余以奉天下，唯有道者。”益·象传：“损上益下，民说无疆，自上下下，其道大光。”亦是此意。其实，单纯讲“损上益下”，是一种理想主义或民粹主义的取向。在春秋战国时期，统治者巧取豪夺，残民以逞，思想家们强调损上益下，有其合理性，但在社会生活中实际上是不可能的。所以《易经》只提出损而有孚、损而有益、不损而益三条原则，这是切实可行的，管理者、为政者能做到这三条也就很不错了。

《易经》阐释损益之道，是有特指性的，大体上都是针对武庚三监之乱而言。所谓损，就是要损除其祸乱，以利于社会安定，其实质即是防止殷纣旧政的复辟，为封建领主制的健全和发展扫清障碍，他们认为这是损其上以利其下的仁政德治。因此，在损卦中，实际上讲益的时候更多一些，这也是周初戡乱定鼎的实际用意之所在。请参阅益卦讲解。

42. 益：定鼎宜益其当益

（附：损、益合论）

䷩ 益。利有攸往，利涉大川。

解：益。象辞。通常用为卦名。

字义：益，甲文，金文。《说文》：“益，饶也。”字形有盈而复增

益之象。故有增益与溢出二义，此处用增益义。

依物理取象：本卦上巽下震，巽为风，震为雷，雷动风举，其势互相增益也。犹损卦之以山泽相损。

依事理取象：下震为动，上巽为伏、为顺从。民之所欲，天必从之。为国之道，民众动于下而在上者能顺行之，从民之欲也，从民之欲则上下合志，咸得其益也。

依数理取象：本卦自否卦损上以益下而来，以之为益，反映了《易经》作者的民本主义思想，犹损卦自泰卦而来，损下益上而为损也。

利有攸往，利涉大川。占辞，谓出行迁徙均有利，能成其功也。这是依卦象的事理作出的应然判断，盖下动而上顺行，即出行顺利之象也。有攸往，自个人乃就小事而言，于国事则有邦交征伐之意也。涉大川，通常则自群体迁徙、邦国会盟、君主狩猎巡行等事而言。从占辞中我们可以看到，益之为益，虽然自物理、事理、数理取象都是合理的，但占辞所依据的则是事理象，并未涉及物理及数理象，这与损卦之以事理象为主而不用物理象是一致的，这表明《周易》在占断时一般是以事理为主的，于损、益等人事问题更是如此。从以下诸爻的系辞中更可以看出，作者对益道的陈述，都是依下动而上顺行的观念为根据的。

初九　利用为大作。元吉，无咎。

解：利用为大作。象辞。

字义：用，通以，助词。若谦·上六：“利用行师。”谦·初六：“谦谦，君子用涉大川吉。”“用”字皆作介词，同“以”义也。

大作，作之甲文为，金文为，均象以耜起土之形。《说文》：“作，起也。”初象耜耕起土，后用“起”义，大作则谓大兴土木之事。高亨《周易古经今注》云：“大作即今语所谓大建筑也。”但此大作当实有所指，李镜池《周易通义》云：“联系下文及周人的历史看，这个‘大作’似指太王迁岐后作庙筑城，文王作丰，周公营建洛邑等。这些‘大作’，必然要占卜，《周易》即根据占卜材料编选入书……这些建筑事业是周人的大益事。可惜文字过简，难于考证。”李说较高说进了一步，实际上，从周初史实，结合诸爻系辞看，此“大作”当以实指“作洛”之事为当，说详下。

依事理取象：本爻居益之初，当动之始，于益而言，当以筑城作庙之类方于国于民为大有利益也。又本爻当震初而互坤，坤为国、为众、为顺，始动而顺于民心以筑城之象也，故有“利用为大作”之象。

元吉，无咎。占辞，谓大吉而无灾咎及过咎也。这是依象辞的事理作出的应然判断。盖益民之始，要在安居，大作筑城，安居之本也，能筑城以安民，自可大吉而无咎也。

《逸周书·度邑》序曰：“武王平商，惟当天室，规拟伊洛，作度邑。”其记云：“武王具明不寝，周公问疾，王忧殷民大族有蠢动之心……王曰：‘呜呼！旦，我图夷兹殷，其唯依天室……自洛汭延于伊汭，居易无固其有夏之居……’”可见，迁殷民于王畿之近，以防大族之蠢动，乃是武王经过深思熟虑作出的决策，此时即开始“度邑”之事，而自酆镐至成周远达620余里，从《尚书·洛诰》来看，从度洛、相宅，到营建成周的过程中，曾经多次卜筮，本爻或即当时占辞之验者也。

六二　或益之十朋之龟，弗克违。永贞吉。王用享于帝，吉。

解：或益之十朋之龟，弗克违。象辞。

词义：十朋之龟，大龟也，说见损·六五。

依物理取象：本爻变，卦象成大离，离外刚内柔有龟象，大离即大宝龟也。因爻变乃成此象，故有或益之十朋之龟之象。又，本爻当下震中，上互艮，艮为倒震，震为足，二足相向而趋近，故有弗克违之象也。

永贞吉。占辞，谓于长远之计为吉利可行也。这是承上爻“利用为大作”之事依爻象所作出的判断，属于事理逻辑的应然判断，盖益卦乃下动上顺行而利于有所求取、有所作为之卦，卦之初始即利用为大作，大作之始又继之以相邻邦国或族人送来大宝龟以供享祀，表明此一大作之事得到诸侯、族众的拥护和支持，所作所为，符合族众的迫切愿望，这正是下动而上顺行的具体表现。从当时来说，大作可能要经过艰苦奋斗，甚至有艰难险阻等，而于长治久安之计来看，则是吉利可行的，故系之以占辞曰：“永贞吉。”

经文中承上爻之事理而系占者有多处。例：

需·六四：“需于血，出自穴。”乃承上爻“需于泥，致寇至”之事理而来。

大有·九二：“大车以载，有攸往。无咎。”九三：“公用亨于天子。小人弗克。”所系占辞亦上下事理相承。

随·九五：“孚于嘉。吉。”上六：“拘系之，乃从维之。王用享于西山。”占辞上下事理相承。

遯·六二：“执之用黄牛之革，莫之胜说。”亦承上爻之“遯尾。厉”之事理而来。

本卦以下诸爻，于史实考察，均有事理上之内在联系也。

王用享于帝，吉。验辞。意承本爻占辞，盖占辞已明作洛之事，深得族众及邻近邦国之拥护，送来十朋之大龟以供祭祀占卜之用，所占为于长远之计为大吉，王于是以此大龟用于享祀上帝之事，果然一切顺利，岁终计占，乃系之以验辞曰：“王用享于帝，吉”也。验辞但记其应验之实，无须取象，后儒虞翻等取“震称帝，王谓五”等象，率皆牵强，今不取。

自史实背景考察，《竹书纪年·周纪》：

> 成王元年，秋，王加元服（《家语》：成王年十有三而嗣立）。武庚以殷叛，周文公出居于东（即避居于宗周东郊之新楚，王季、武王之墓地所在，以杜叛者之口实也）。二年，奄人、徐人及淮夷入于邶（今安阳，殷都朝歌之北邑，纣子禄父之封邑也，此明叛者之意不在周公而在王室也）。秋，大雷电以风，王逆周文公于郊。遂伐殷。三年，王师灭殷，杀武庚禄父，迁殷民于卫；遂伐奄，灭蒲姑（周公凯旋，时或有益大龟之事也）。四年春正月，初朝于庙（成王除丧即政，时年十有六，抑或有用大龟之事也）。

明白以上史实，虽不必确指益龟、用享之事，但可有助于了解《易经》作者以风雷相从为“益”，占为“利有攸注，利涉大川”，及爻辞取下动而上顺行之事理，所述均为周公东征作雒等事，绝非偶然，而是有内在联系的。

六三　益之用凶事。无咎。有孚，中行告公用圭。

解：益之用凶事。象辞。

字义：益之，谓增益之也。

用，通“以”“由”。

凶事，帛书本作“工事”。而吉凶之凶，在帛书本均作凶，可见“工”字并非笔误。工字之甲文作，象曲尺，指代工匠。工事，即匠作、劳作之事也，亦泛指工役。益之用工事，即增益以工役之事也。

依物理取象：本爻当震上、艮下，震为足、为动、为起，艮为手，手足起动之象也；本爻又当下互体坤中，上互艮之下而上交巽，坤为地、为土，艮为石，巽为木、为工，以土石木为工役之象也。手足动作于土木石之工役，实乃筑城之象，故曰益之以工事也。实即指作洛之事，作洛乃东征胜利并伐徐戎淮夷之后新作的重要部署，故曰“益之”也。

无咎。占辞。

这是依爻象的事理作出的应然判断。作洛以迁殷顽民，为长治久安之计，自然是无有过咎或灾咎的。

有孚，中行告公用圭。叙、验合辞。

词义：有孚，有信也，即得到众人信从，谓作洛之部署得到朝廷上下一致信从也。

中行，即中途，此指周公凯旋之途中也。

公，此指东征凯旋途中之周公。

用圭，以圭为信物也。《尚书·尧典》：“辑五瑞，既月，乃日觐四岳群牧，班瑞于群后。”蔡传谓五瑞即桓圭、信圭、躬圭、谷璧、蒲璧，朝会时先征辑诸侯之圭璧信物以验之，验毕复颁赐以为信也。此即“用圭”之意，起源甚古也。

《竹书纪年·周纪》：“成王四年春正月，初朝于庙。王师伐淮夷，遂入奄。五年春正月，王在奄，迁其君于蒲姑。夏五月，王至自奄。迁殷民于洛邑，遂营成周。”即周公东征方回师不久，淮夷之乱又起，成王初即政，即与周公举兵伐之，入奄，王在奄时迁淮夷之君于蒲姑。夏五月，王自奄归于宗周，命周公迁殷民于洛邑，并经营成周以为东都，以监殷顽民，此损其上以益其下，为长治久安之计也。王既已归宗周而有此重大之命令，故使使以圭并帛书而告周公，以重其信也[①]。所以，这原是当时系于爻中的一条命筮的叙辞，其后有验，且与下爻之事相关，乃系作验辞也。验辞不

① 《论语·乡党》：“执圭，鞠躬如也，如不胜。”包咸注：“为君使以聘问邻国，执持君之圭。”可见古使有持君之圭以为信之礼。

必取象，但此辞亦有象可取：震为足、为动，本爻当正、反震之中，故曰中行；震为言、为命、为告，艮为公，坤为地、为土、为圭，故有“中行告公用圭”之象。

六四　中行告公从，利用为依迁国。

解：中行告公从，利用为依迁国。叙辞及验辞。承上爻，“中行告公用圭”，此附记所告之命乃“为依（殷）迁国”，即命周公“迁殷民于洛邑”也。周公得命后行筮，筮遇此爻，因叙行筮之由，并断其为有利，遂记其事而系币以比其命，岁终计占认为其占已验，遂亦以为验辞。

叙辞验辞均不必取象，乃记叙行筮之由及占验之当否。但本爻辞又以叙辞代象辞而以验辞代占辞，故亦当有象可取。依事理取象：中行所告乃“为依迁国”之命，本爻当互坤上而下体震上互艮，艮为门阙，公之象也，上交巽，顺从之义也，是谓告公从；坤为国，震为足、为动，迁国之象也。告命为依迁国而爻有公为其迁国之象，与叙辞义合，故但系之以“中行告公从，利用为依迁国”。亦叙亦象亦占亦验，四者合一，这在《易经》中是较为特殊的，但又是完全符合习惯章法的。这种系辞方式的出现，可能与行筮的缘由相关，大约六三、六四两次行筮都由于“中行告公……迁国”之事，而筮遇益之三、四两爻，因而采用连续记叙法，将“告公用圭”与“告公从……为依迁国”分于二爻之系辞加以记录，而卦象中又确有“中行告公用圭”与“中行告公从……为依迁国”之象，所以才得以将二爻连述。同时将叙辞、验辞、象辞、占辞融为一体，这种情形的出现，在行筮中实在是很少有的。在《周易》384 爻系辞中，上下相承，四辞合一的现象也仅见于此而已。

九五　有孚惠心。勿问，元吉。有孚惠我德。

解：有孚惠心。象辞。

字义：惠，金文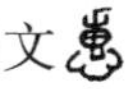。《说文》：“惠，仁也。从心，从叀。”《尚书·皋陶谟》：“安民则惠。”蔡传：“惠，仁之爱也。”《尔雅·释言》：“惠，顺也。”《汉书·艺文志》：“德胜不祥，义厌不惠。”师古注：“惠，顺也。”《诗经》中多二义并用，大抵自施予者言为仁、爱义，如恩惠之类；自承受者言，

为和、顺也。惠即唯，无论仁、爱、和、顺，皆以发自内心为惠也。“有孚惠心”，即孚从者和顺于我之爱心也。

依事理取象：本爻当互体上位，互体下坤上艮，坤为众、为顺，艮为门阙，公卿之象也；国众顺从于公，故有“有孚惠心”之象。于史实言，当指殷族之众顺从于周公为之迁国之心也。而本爻当君位，又寓顺于王命之意。

勿问，元吉。占辞。

字义：问，《说文》：“问，讯也。从口，门声。”初义为问讯，引申有察讯、考查、审讯、追究、责问等义，此处用责问义。

勿问，元吉。谓无须责问而可大吉也。这是依爻象的事理作出的限制性判断。既然孚从之人顺同于迁殷之事，故无须责问而可大吉也。显然，迁殷之事，殷贵族中不乏反抗之人，但也有顺从之人，对此顺同之孚从者，自然不可再加责问，所以“勿问，元吉”是一种限制性判断，“勿问”亦可视为教诫之辞。

有孚惠我德。释辞，是对于“勿问，元吉”这一占断进一步作出的解释。意谓，这些孚从于我迁殷之意者，是顺同于我的德政。所以“无须责问而可大吉”。

从本爻系辞可以看出，成王命周公迁殷贵族于洛邑一事，本是周族为了加强对殷贵族的控制而采取的强制性措施，这种措施自然遭到部分殷贵族的反抗，但也受到部分殷贵族的拥护。因为禄父叛周，虽说代表殷贵族复国的愿望，但纣的暴政既不得人心，禄父又无德才可言，举兵反叛，不过造成社会动乱，根本上于殷族也不利，周族对其加强控制，防止复辟殷纣旧政，实乃虽损其上而有利于上下之德政，殷族中一部分贤明一些的贵族采取反对叛乱、支持安定的立场也是很自然的，微子启便是其中最有代表性的一个。据《竹书纪年》及《尚书》有关记载：成王三年，周公诛武庚、管叔，放蔡叔，降霍叔为庶人。凡所征熊盈十七国，俘九邑，孚殷献民[①]，迁于九邑（卫地）。以康叔监殷，代霍叔；中旄叔监殷，代管叔。迁殷于卫，作《康诰》《酒诰》《梓材》；遂伐奄，灭薄姑，以其地封吕尚；封伯禽于鲁，以奄及殷民六族；封微子于宋，乃城成周。

---

① 献民，指殷贵族之信顺于周者。《尚书·洛诰》：“孺子来相宅，其大惇典殷献民。”传谓成王至洛相宅，将大厚其典章于殷民之贤者，使自致于治也。

又据《逸周书·作洛》载：周公东征时，有仲旄父随征，既诛纣子禄父，乃“俾康叔宇于殷、俾中旄父宇于东。”东是相土的东都。又二年，征淮夷，践奄，乃封康侯于殷，改称卫国；封仲旄父于东，改称宋国；封周公于奄，改称鲁国（伯禽为第一代鲁侯）；封太公望于薄姑，改称齐国；召公之子在军中，被封于燕。他们都是在军中受封，以便进行军事管制，后来大都陆续回朝辅政，由其长子留守。只有封于丰的丰侯用原来的国名。这些都是东征胜利，新得的国土上封建的侯国，称为“殷国五侯”（燕之封在此后）。其中封于宋的仲旄父，与微子启之受封不能尽合，未知孰是。《尚书·微子》传云：“微子，帝乙长子，纣庶兄也。”封微子启于宋事则见于《竹书纪年》《史记·宋微子世家》《尚书·微子之命》序等。已可证殷贵族中对周之伐殷、迁殷等取赞成态度的献民，为数亦当不少。《尚书·多士》有云：“若朕来自奄，于大降尔四国民命[①]，乃明致天罚，移尔遐逖。”即“中行告公从，利用为依迁国”之诰命也。又曰：“今朕作大邑于兹洛，亦惟尔多士奔走臣我多逊。”此多士即“有孚惠心，有孚惠我德”者，亦所谓献民之类也。

上九　莫益之，或击之，立心勿恒。凶。

解：莫益之，或击之，立心勿恒。象辞。

字义：莫，禁制辞，不可之也。

或，拟辞，或有之也。

恒，此处用常义。

辞意是说，不可增益于上，否则可能发生击斗，心意不常安住。

依数理及事理取象：本爻以阳处上，若复益之，则损下以益上而卦之否，否塞不通，非益之宜也，故有“莫益之”之象，谓不可以益之也。不可以益实乃告诫之辞，虽非具象，但有寓象，在章法上属于“以象寓诫”，这种章法与益·六二及损·六五以正反震取“弗克违”之意象相同。

或击之者，本爻变，上体成坎，坎为盗寇，互体艮交下震，艮为手，震为动，手动而及于盗，击之之象也。因爻变而有此象，故曰“或击之”也。

① 四国：当时被征伐的武庚、管叔、蔡叔及霍叔所据之叛国。

立心勿恒者，以本爻当上体巽之上，巽为进退、为不果，其象为风，风恒动而不安处，故有立心勿恒之象。如恒·九三，当巽上而取“不恒其德”之象是也。

凶。占辞。这是依爻象的事理作出的应然判断。谓当益之时，需损上益下乃为益，若当益之时，反损下以益上，则必致动乱，引发争斗，其事必凶也。于史实背景而言，周公营洛邑，城成周既成，曾大诰殷多士，今《尚书·多士》有云：“王曰：告尔殷多士，今予惟不尔杀，予惟时命有申：今朕作大邑于兹洛，予惟四方罔攸宾，亦惟尔多士攸服奔走，臣我多逊。尔乃尚有尔土，尔乃尚宁干止。尔克敬，天惟畀矜尔；尔不克敬，尔不啻不有尔土，予亦致天之罚于尔躬。今尔惟时宅尔邑，继尔居，尔厥有干有年于兹洛，尔小子乃兴，从尔迁。”这段话的意思是说，“我传王命，告你殷族众士，我不会杀你们，但要向你们讲清楚：我今作大邑于此洛阳，一方面是这里诸侯朝会适中，同时也由于你们众士服役奔走，臣服我周多逊顺之美，尤不可无所处之地。现在你们在这里有了自己的田土，完全能够安宁从事。你们能够敬慎从事，上天也会矜怜你们；但是，如果你们有人不能敬慎其事，敢行滋乱，那就不仅不能保有田土，我也必将按照上天的意志给你们以惩罚，现在你们都应当绝去反侧之心，安居于此，长治久安地营为制作，可以有年有寿，后代子孙还可兴盛繁育，就从你们迁居于洛邑开始。”由此不难看出，这一长篇诰命的主旨同本爻系辞“莫益之，或击之，立心勿恒，凶”的含义是完全一致的。所以，很有可能，这一系辞，正是《多士》之诰的一种行为学上的依据，既可能是先筮得此爻后，依据爻象和占断，更作《多士》之诰，以申神意；也可能是有了《多士》之诰以后，更行筮而遇此爻，乃将《多士》之诰的主旨与卦爻辞加以整合，从而对诰命赋予了神意的色彩，以强化其社会政治功能。

通观益卦卦爻辞的主旨，有两个突出的特点：其一是其以“损上益下”为益，其二是完全以“东征作洛”之史实为依据，两者又是内在地互相联系的。而所谓损上，乃是损殷族及叛国之上，作者认为这是对下民有益的，这显然是周革殷命的长期斗争中形成的一种观念，在当时条件下，是符合时代要求的，因而是一种具有革命性的价值观。这种观念的体现者，自然是以革命的主体自居者，所以他们在对社会行为进行有损或是有益的判断的时候，实际上都是以是否顺从其政治意图为标准的。因此，无论是以“损上益下”为益也好，或者虽损下而能“有孚”亦为元吉、无咎也好，他们都不是抽象地以损为凶，以益为吉，而是进行具体分析，并从是否有利于灭殷兴周的大局来加以评判。这就表明，《易经》作者的价值观完全是革命领导者的价值观，它反映的是历史使命的承担者的主体意识，这对我们今天进行价值评判来说，仍然是具有深刻的启迪意义的。

损、益合论

易之卦序，泰、否在上经之十又一、二，损、益在下经之十又一、二，数或偶然而宏旨则密切相关。为泰之道，保泰以去否；当否之时，去否以求泰。保泰之道，要在小往而大来；去否之道，要在“拔茅茹以其汇”，于在位之匪人，当征伐以倾之，乃吉乃喜。此革命之宏论，治国安民之大略也。

损下为损，损上为益，为上之道，势不得无损于民，要在虽损而能使民信从，艰苦奋斗，利国利民，上下合志；若为上者不仁，损民以逞，是为民疾，当损其疾使遄有喜，此益之用工事而无咎也。用工事者大作以安民，损疾者镇压叛乱，防止复辟，拔茅以汇，其义一也。故泰、否自国家管理之目标层面而言，损、益自国家管理之操作层面而言，皆圣王治国安民之大经也。

从社会发展史的视角来考察与评判损、益二卦。

我们在小畜、大畜、井、革等卦中多处论及殷末社会尚处于前封建领主制时代，殷王国仍属于初期国家。其下，酋邦、部落林立，在各自的领土内部有来自于氏族制时代所承认的主权，包括经济上土地资源的领有权与使用权，政治上的自治权，其义务则是应向殷王国交纳贡赋，在合理的范围内，虽损下益上亦不至造成严重矛盾。但至于殷纣之世，肆意掠夺邻近的土地民人，搜刮珍宝财物，侵犯酋邦部落的财产权；暴虐百姓，忍辱诸侯，侵犯酋邦部落的自治权并危及其生命，这便是损下益上的暴政。文王、武王，恭行天罚，申讨纣淫侈暴虐，罪浮于桀，便是以反对他损下益上的暴政号召天下；周革殷命，封建诸侯，归还财宝，酋邦部落的财产权、自治权都得到尊重，这便是损上益下。故损上者，损毁殷纣暴掠之政也；益下者，恢复诸侯应有的权利也。武庚之叛，欲复辟殷政；周公东征，成王命迁殷顽民于洛，此反复辟之事也。复辟即损下益上之事也，反复辟即损上益下之事也。损益二卦社会内容的实质如此，知损上益下为扫除封建领主制度发展与完善之障碍，则得损益之实也。

43. 蛊：根本在善继父志

（附：关于管理学中的授权问题的讨论）

䷑ 蛊。元亨。利涉大川。先甲三日，后甲三日。

解：蛊。象辞，通常用为卦名。

字义：蛊，甲文作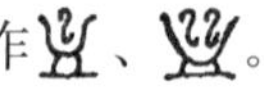。《说文》：“蛊，腹中虫也。《春秋》传曰：‘皿虫为蛊。’晦淫之所生也。臬桀死之鬼亦为蛊。从虫、从皿。皿，物之用也。”《尔雅·释诂》：“蛊，疑也。”《玉篇·虫部》：“蛊，或（惑）也。”《广雅·释诂三》：“蛊，事也。”是蛊有虫毒、惑、事三义。三义之间的联系，可能与古代造蛊毒之事相关。《通志·六书略》有云：“造蛊之法，以百虫置皿中，俾相啖食，其存者为蛊。”古代民族，有以多种毒虫混同浸酒为药之俗，可以疗疾，然饮之辄晕，故蛊字引申有“惑”义；又，此种蛊毒之药，各家配制方法及解毒之法不尽相同，并各自秘传，遂又引申出家业、事业等义也。《尚书·大传》：“乃命五史，以书五帝之蛊事。”蛊即谓其业绩也。

依物理取象：本卦下巽上艮，巽为风，艮为山，风阻于山之象也。《左传·昭公元年》：“在《周易》，风落山，谓之蛊。”即取此象。盖风阻于山，积久成瘴，能使人中毒眩惑，故有蛊象也。

又，依事理取象：本卦上艮为少男，下巽为长女，巽互兑为悦，艮互震为躁动，有成年壮女引诱少年而与淫乐之意，即受其蛊惑之象也。《左传·昭公元年》：“在《周易》，女惑男，谓之蛊。”即取此象也。

元亨。叙辞，谓大享而筮，得遇此卦也。

利涉大川。占辞，谓利于远行之事也。

这是依卦象的物理作出的应然判断。因本卦初爻至六四有“大坎”之象，大坎即河川；而上互体为震，震为足，为动，为行，出于坎外，故有利涉大川之占也。

《周易》之占辞，或依象辞意，或依卦象意，不可执一非一，当惟变所适。如离之辞意为罹为灾，而利贞，畜牝牛吉，则依卦象定占而不依离意定占也。本卦亦如是。

先甲三日，后甲三日。释辞。

先甲三日为辛，后甲三日为丁。辞意是说，虽有“利涉大川”之占，但其时日宜在辛、丁之日也。这是对占辞含义的一种解释，也是在时日上的一种限制。释辞一般不必取象。周人卜筮多以七日为期，与殷人卜旬不同。巽·九五亦有“先庚三日，后庚三日”之说，均不取象。先庚三日为丁，后庚三日为癸，周人以辛、丁、癸之日为吉日，大约是他们的一种习惯。高亨《周易古经今注》引王引之有云：“先甲三日，后甲三日，先庚三日，后庚三日，皆行事之吉日也。事必诹日以行……古人行事之日，多有用辛与丁、癸者。”又引《礼记·郊特牲》曰：“郊之用辛也，周之始郊日以至。”《少牢馈食礼》曰：“日用丁巳。”《春秋·隐公三年》：“冬十有二月癸未，葬宋穆公。”《桓公十七年》：“秋八月癸巳葬蔡桓侯”，皆日用辛、丁、癸之例也。

初六　干父之蛊。有子，考无咎。厉，终吉。

解：干父之蛊。象辞。

字义：干，本义为主干，引申为才干、能事、主管等义。《广雅·释诂一》：“干，正也。”又，“干，事也，主也”。《集韵·翰韵》：“干，助也。”此处即用事、主等义。

蛊，此处即用事业、职事等义。

虞翻曰：“干，正。蛊，事也。”

辞意是说，能主正其父之事业、职事。

依物理及事理取象：本爻当巽初，互震而交上体艮，艮为止，巽为顺，震为动、为行。上为父，下为子。有父止息而子能承其志之象，故曰干父之蛊。

《象》曰：“干父之蛊，意承考也。”王弼注：“干事之首，时有损益，不可尽承，故曰意承而已。”此解甚当。

有子，考无咎。厉，终吉。占辞。

词义：有子，古以能承成父志为有子，虽有子而不能承成父业，实为无子。故有子实为当时的一种赞辞，这是家族制观念的反映。

考，甲文作，金文作。《说文》：“考，老也。从老省，丂声。”字皆作老人扶杖之形，状其甚老，甚老则近于死，故又用为亡父之称。《释名·释丧制》：“父死曰考。”可见考又是亲子对亡父的专称，无子之人老死亦不得称考也。《尚书·洪范》：“五福：一曰寿，二曰富，三康宁，四曰攸好德，五曰考终命。”说明仅有寿尚不足，必以考终命乃为有福。考终命就是有子而寿终之意，这也是古代家族观念的表现。

辞意是说：有能承成父志的儿子，父死亦可无咎憾，虽有危厉，但最终是吉而有成的。这是依爻象的事理作出的可然性判断。依辞意，父虽逝而子能正承其志则事业不衰，故可以无咎憾也。依爻象言，本爻至六四为大坎，是有危厉也，然，本爻变则下体为乾，交于互体兑，是健而悦之象，故虽厉而终吉也。

九二　干母之蛊。不可贞。

解：干母之蛊。象辞。谓承成母事也。

依数理取象：本爻以阳居阴位，上应六五，是子承母事之象也。

不可贞。占辞。

词义：不可贞者，乃与“可贞”相对为义。可贞谓其所占得宜也，如坤六三“含章，可贞”之意；不可贞则谓所贞不得其宜也。

这是依象辞的事理作出的应然判断。因为古代妇女主治家务，非男子之所宜，故以子承母事为不可之贞。又，本爻变，其卦之艮，上下二体皆艮，有止而又止之意，亦是无可作为之象，故曰“不可贞”也。

九三　干父之蛊。小有悔，无大咎。

解：干父之蛊。象辞，谓子承父业也。

依事理取象：本爻在巽上，变则下体成坎，坎为中男，子已长成之象。居下体之上，已承父业之象，故曰干父之蛊。

小有悔，无大咎。占辞。

这是依爻象的物理作出的可然性判断。因本爻当巽上，互兑中，巽为木，兑为毁折，乃遭受挫折，未能振兴之象，故曰“小有悔”；又：本爻与上爻交互成颐，有颐养之象，虽未有振作，但能颐养其家人，故曰“无大咎”也。

六四　裕父之蛊。往见吝。

解：裕父之蛊。象辞。

字义：裕，光裕也。《说文》：“裕，衣物饶也。从衣、谷声。”引申为光大之义。参见晋·初六释。

辞意谓能光大父业也。

依物理取象：本爻当艮下，变则上体成离，离为光明，上体光明，是光大父业之象也。

依数理取象：本爻当上体之下，以公卿之质，居近君之位，是君子得位，足以光大父业之时也。故有裕父之蛊之象。

往见吝。占辞。

字义：往，持续不已之意，参见屯·六三释。

见，通现。

辞意是说，若于光大父业之事，持续不已，则必出现悔吝之事也。

这是依爻象的事理作出的教诫性占断。因本爻当艮下，艮为止，即事当适可而止，不止而往，即入于五，五当互震上，震为躁动、为威，有争于君位之象。臣争于君，必致羞吝，故有“往见吝”之占也。这一占断反映了君臣分位的观念，乃诫大臣于光大父业之事不可过分，当适可而止之意也。

一般人皆以光大父业为能事，而《周易》特有“往见吝”之诫，这是有深刻的历史智慧的表现。武王崩，周公以冢宰摄政辅成王，此裕父之蛊之事也，然而流谤由是而生，叛乱继之而起，公于戡乱定鼎之后即返政成王，天下大服，皆颂周公之德，此即深明裕父之蛊之意者也。

六五　干父之蛊。用誉。

解：干父之蛊。象辞。谓主理父业也。

依数理取象：本爻处君位而下有应，变则互震成离并交下巽而成鼎，《说卦传》云：“鼎，取新也。”有当大位而能革故鼎新之意，是终成父志而能光大之象，此处君位以干父之蛊之事也。

用誉。占辞。

字义：用，通以。

誉，称誉、赞扬、美称。参见旅·六五释。

用誉，即以其事而得美誉也。

依数理及物理取象：本爻处君位而当互震之上，震为令、为命；爻变成离，离为明，下互兑为言为悦，美誉之意也。上有命而其下美誉之，悦从之，是有成就父志而得美誉之意。故占曰“用誉”也。

本爻所体现的事理，显然与武王继文王之志，吊民伐罪，一戎衣而有天下之史事相关。

上九　不事王侯，高尚其事。

解：不事王侯，高尚其事。象辞。

字义：事，甲文作，金文作。《说文》：“事，职也。从史，之省声。”实际上，古文中，事、使、史、吏本为一字。皆象手持刀笔以书刻之形。故有官职、职务、奉行、治理、任用、从事等义。又通指事业、事实、事情。自主动义而言为主事，自受动义而言为奉行、奉事，辞中第一事字为主事义，第二事字为情事义也。

不事王侯之“事”，通常有二说：

其一，谓不奉事于王侯。自易传以来，皆作如此解。《小象》云：“不事王侯，志可则也”即是，后儒皆从之。

其二，谓不主王侯之事，即不为王侯。惟尚秉和氏主此说。注谓“不事王侯，若共伯和、吴季札之流是也，作奉事者非”①。

此二说皆有理，但以后说为近是，只是他举例不甚当。

首先，本卦的主旨是用干父之蛊的史实，以明子承父志之常道。若以不愿服侍于王侯为高尚，则是后世道家者流，倡为隐逸之说，有失于干父之蛊的本义了。

其次，周初贤圣，以受天明命，吊民伐罪为其社会目标与行为准则，并不以回避社会责任相标榜。若《逸周书·明堂》解曰：“夫惟商纣暴虐，

① 共伯和，史传周厉王因虐政被流于彘，共伯名和，受诸侯拥戴，行天子事。13年后，太子定成年，周、召二公立定为王，共伯和遂归隐于共山。吴季札亦有让位于诸兄之事。皆不主王侯之事而自得其志者也。

脯鬼侯以享诸侯，天下患之，欣戴文武，是以周公相武王以伐纣”云云，皆子承父志而光大之之事，岂有以逃世为高尚之说教乎！

这些已可说明儒者们以不愿奉事王侯为高尚之说，是不符合经文原意的。

至于不愿主王侯之事，即不为王侯者，周初实有太伯、仲雍之事为据，他们正是谨承父志而又能光大其业的典范，与那些逃世之士是迥然不同的，其事详坤卦释。这才是经文“不事王侯高尚其事”的根本用意。

高尚其事的“事”字，帛书本作“德”，乃高尚其行事，谓其有高尚的德行之意，这里显然是指光大父业之行为，是干父之蛊的最高境界。因此可以说：“不事王侯，高尚其事（德）”的本意是讲，不以做王侯为目标而能善承父志，光大其业的高尚德行。

依数理及物理取象：本爻处卦位之上，干蛊之极高境界也。本爻当上体艮上，变而成坤，艮为山，坤为地，山高地平，有不自居高之象，故曰不事王侯。又，本爻变则全卦之升，升者，上进之意，是有光大其事业之象，故曰：不事王侯，高尚其事也。

本爻不加占断，盖以象代占也。因为能不事王侯高尚其事（德），乃非常之行，非吉凶悔吝之可以评判，仅能行之于非常之人，于常人而言，若筮遇此爻，则当处之以“勿用”也。

总之，蛊卦是一个专讲继承人问题的卦。大意认为：继承人应当是有所作为的，不是庸禄苟且的；继承人应当善继其志而改其惑；继承人应是有权谋的，他深知进退，明职分以定进止；继承人应当是德才兼备的，才足以光大其业，称誉当代；德足以让贤垂范，永保其业；继承人是为了家族昌盛而不是个人权欲的满足，是为了家族目标的实现而不是自我利益，必要时能够义无反顾地舍弃眼前私利而成就家族的长远目标，这便是周初兴盛时期的继承观。这样的一些要求显然是带有理想主义性质的，非贤圣的君臣父子莫能行，非风尚淳朴的社会亦莫能行。所以，在文王以后，尤其在周公制礼作乐之际，便将嫡长继承制制度化了。

继承者的选择问题，在现代管理学中谓之授权问题。历史上，国家管理的授权大约有如下几种形式：

（1）推举制：上位者可有所选择，但以下位者的互相推举为主。这是原始民主制的一种形式，我国古代称为禅让，实际便是一种举选制，即下举上选；

（2）传承制：即以宗法观念为基础的嫡长继承制。我国前封建及漫长的封建社会中长期沿用，夹杂着残酷的竞争夺权形式，亦偶有选择传承；

（3）竞选制：在西方民主制观念影响下实行过的选择授权。为时不久，很不成功；

（4）民主集中制：基层实行竞选授权。中上层级实行分级选举制的选择授权，这是我国当前授权的一般模式。

任何一种授权制都各有利弊，关键在于适应社会发展与文明进步的要求，采用利多弊少的形式，并宜逐步加以改善，推进民主进程，强化监督机制也。

任何一种授权的成效，都以领导层与民众的优良素质为前提，否则都会导致失误。因此，授权成功的关键，根本还在于全面提高人的综合素质。

管蔡之乱由继承问题而起，裕父之蛊而不失于礼则乱不生，此戡乱定鼎之根本，防患于未然之意也。故录此卦于本章之末，以足成定鼎之意也。

第七章　人文化成之道

——周初的文明理念

44. 咸：美于有礼之爱

䷞　咸。亨。利贞，取女吉。

解：咸。象辞，通常用为卦名。

字义：咸，《说文》："咸，皆也，悉也。"咸字本象人持戈以卫口之形，口象古代城邑聚落。古代战争，部落全体男性均当参与，故咸之初义即为皆、悉等义。引申则有和、同等义，由和、同义又衍生出相感召义，战争必有杀戮，故又出杀、斩等义。大体说来，古籍中咸字多用其本义为皆、为悉。《尚书·尧典》："允厘百工，庶绩咸熙。"《商书·咸有一德》《逸周书·大明武》："使众咸宜。"咸字皆用皆、悉义；《诗·鲁颂·閟宫》："敦商之旅，克咸厥功。"《左传·僖公廿四年》："昔周公吊二叔之不咸，故封建亲戚以屏藩周。"此则用和、同义；《尚书·君奭》："咸刘厥敌。"《逸周书·世俘》："咸刘商王纣。"则用斩、杀义；其用于呼喊则加口旁，用于相感则较为特殊，大约即从《易经》之咸卦与临卦而来。前面我们在解释临·初九、九二之"咸临"时均已阐明，咸字用感义，此咸卦之咸，本从咸之和、同、相感召等义引申而来，即用"相感"意也。《彖传》："咸，感也。"《荀子·大略》："易之咸，见夫妇……咸，感也。"[①] 是得其本旨。

① 原文：易之咸，见夫妇，夫妇之道，不可不正也，君臣父子之本也。咸，感也。以高下下，以男下女，柔上而刚下，聘士之义，亲迎之道，重始也。

依物理取象：本卦上兑为泽，下艮为山，泽水下降，山势上承，山泽通气，二气相感之象也。《彖》曰：“柔上而刚下，二气感应以相与。”是得其本义。

依事理取象：兑为少女，艮为少男，男女相随，止于悦从，相感之象也。

亨。通享。叙辞。

利贞，取女吉。占辞。

字义：取，通娶。见前蒙·六三释。

辞意是说筮遇此卦，于占为利，于事有成，而于娶女更为吉庆也。这是依卦象的事理作出的应然判断。因为卦象是上下感通，办事易于成就，所以于事是有利的；又由于卦象是少男少女，止于悦从，爱慕偶合之象，所以娶女就更为吉庆了。前面的“利贞”是全称判断，说明对一切事都有利；后面的“取女吉”是特称判断，是特意指出对于娶女成婚是更为吉庆。这也是经文的一种常用章法。如屯之“元亨，利贞。勿用有攸往，利建侯。”其中“利贞”为全称性判断，“勿用有攸往，利建侯”即为特称性判断，以补足说明“利贞”之利，尤利于“建侯”也。这是对占辞的一种有分别的表述，也是作者对占筮行为取严肃认真态度的表现。

初六　咸其拇。

解：咸其拇。象辞。

字义：咸，感也，义同前述。

拇，《说文》：“拇，将指也。”即手或足的大拇指。先儒自虞翻起，皆以拇为足大指，但在《易经》中，足指一般均用趾字，如“艮其趾”“鼎颠趾”“壮于趾”“屦校灭趾”之类；《子夏易传》作“咸其拇”，实据文义改之。经文中用拇字者尚有：解·九四：“解而拇，朋至斯孚。”以其位在震初，震为足，故应释拇为足拇趾。今“咸其拇”之拇，因在艮初，艮为手，故当释为手大指。

依物理取象：本爻当艮初，艮于身为手，手之初为指，故咸其拇者，谓感其手指也。

本爻不系占辞，但述其象而已，以其无所谓吉凶悔吝也。盖咸卦乃陈述男女相感，即男女传情之事，体现上古之情爱观。少男少女，初次见面，或有爱慕之意，有意接触对方之手指，若对方亦有相爱意，则自然会意而有进一步之表示。若对方于彼无相爱慕意，则可置之不理，亦不致有伤体面，是故无有吉凶悔吝之可言也。这样的以不断为断，乃是《周易》的一种常用章法。《周易》不加断辞大体上有三种情况：一是不加断而断自明；二是有特殊含义；三是事在隐微，尚无吉凶悔吝之可言，本爻即此类也。参见坤·上六及比·六三释。联系下文考察，则可充分领略易占用辞之高明睿智也。

六二　咸其腓。凶，居吉。

解：咸其腓。象辞。

字义：腓，《说文》："腓，胫腨（shuàn）也。从肉，非声。"即人的小腿肌。

依数理取象：本爻近于下位，于人身当足小腿部位；又当艮中，艮为手，以手触腓，故有咸其腓之象。

凶。占辞，谓感于彼方之腓为凶也。这是依爻象的情理作出的实然判断。盖腓为人之小腿，于女方已近于羞耻部位，若触摸女方之小腿，则明显有调戏之意，必遭斥责而取辱也，故占断其为凶。

居吉。教诫辞。

字义：居，经文均用为止、住之意。如：

屯·初九："盘桓，利居贞，利建侯。"谓于居止及建侯皆利也。

革·上六："君子豹变，小人革面。征凶，居贞吉。"与"征凶"对占，以居止为吉也。

本爻之占既以感人之腓为凶，止而不感乃吉也。辞意即教诫有爱慕之意者，于对方应有敬重态度，不可轻薄也。

九三　咸其股，执其随。往吝。

解：咸其股，执其随。象辞。

字义：股，《说文》："股，髀（bì）也。从肉，殳（shū）声。"即人的大腿。

随，《说文》："随，从也。"此处指后续部位，即指上爻之腓，小腿肚也。如艮·六二："艮其腓，不拯（举也）其随。"王弼注："随，谓趾也。"

趾即是腓的后继部位。辞意是说，接触女方的腿部，而且握捏她的小腿。

依物理取象：本爻当中巽中，巽为股，下艮为手，当股之中，故有咸其股之象。又本爻当二爻之上，二爻当腓，为其所据，有执其腓之象，故曰："咸其股，执其随。"

往吝。占辞。经文有往吝之占者如：

屯·六三："即鹿无虞，惟入于林中。君子几，不如舍，往吝。"

蛊·六四："裕父之蛊。往见吝。"

萃·六三："萃如，嗟如。无攸利，往无咎，小吝。"

凡此皆以往为前行不止之意，即继续前述动作之谓也。

吝乃忧虞之象，有恨惜，鄙耻等义，皆有取辱之意也，此处可释为羞吝。

辞意即是说：若持续其咸股执随之动作，必致取辱也。这是从爻象的情理中，作出的应然判断。盖股、腓皆妇女之羞耻部位，今既触摸其股，复执捉其腓，实为大胆之调戏，无论对方是否有相爱之意，都是不能忍受的，必当斥责而拒避之，故其占为"往吝"也。

九四 贞吉，悔亡。憧憧往来，朋从尔思。

解：贞吉，悔亡。占辞，谓筮遇此爻，于互感互爱之情事可吉而悔亡。

这是依爻象的数理作出的可然性判断。盖本爻处互乾之中，有中正之德，君子之象；本爻又当上兑之下，有淑女之象与悦乐之意，正所谓窈窕淑女，君子好逑之事也，故可直接判断其于爱恋之事为吉。

本爻占辞前置，象辞附后，这也是《周易》的一种常用章法。如大壮·九四："贞吉、悔亡。藩决不羸，壮于大舆之輹。"即此类也。

憧憧往来，朋从尔思。象辞。

字义：憧憧，《说文》："憧憧，意不定也。从心，童声。"虞翻曰："憧憧，怀思虑也。"二义相通。憧憧往来，相思迷恋，往来约会之状也。

朋，有朋贝及友朋二义，经文中二义并用，参见坤卦辞及泰·九二释。朋从尔思，货贝不可以从其思，此处用友朋、亲朋之义明矣。

辞意是说，二人坠入情网，相思迷恋，往来约会，而亲朋亦取赞同态度。

依物理取象：本爻当上兑下，及互巽上，变则上体成坎，下互体亦成坎，坎为加忧，为思虑；上卦为往，下卦为来，往来皆忧思，故有憧憧往来之象。又，坎于人为中男，上坎中坎朋比相从，故有朋从尔思之象。

依数理及事理取象：本爻当上兑之初，与下艮初相应，少女与少男相互悦从之始也。初堕情网，相思眷恋，恍惚忘形，此所谓“憧憧往来”也；本爻位在艮上，当兑下互乾中，乾为父，艮为少男、为兄弟，兑为悦，父兄悦从之象，此所谓朋从尔思也。

二人既互相爱慕，又得亲朋嘉许，姻缘美满，故将占辞前置曰：“贞吉，悔亡。”即对此种情爱取完全肯定态度也。上古婚姻较为自由，士庶众人犹有野合之俗，是一种群婚制的遗留，但也包含着原始野蛮的陋习成分。周族灭殷之后，面临着扫除奴隶制畸变造成的社会失序与文化重建的重任，首先应将情爱、婚姻等涉及社会基础的家庭关系纳入礼制化的文明有序轨范，所以在专讲情爱之道的咸卦中对情爱问题提出了这样两条并重的标准，既互相爱慕，又得亲朋嘉许，显然是符合贵族之家以至士庶众人之家的普遍愿望的。《诗·郑风·将仲子》可能对我们加深理解有所帮助，其辞云：

> 将仲子兮，无逾我里，无折我树杞。岂敢爱之，畏我父母。仲可怀也，父母之言，亦可畏也。
>
> 将仲子兮，无逾我墙，无折我树桑。岂敢爱之，畏我诸兄。仲可怀也，诸兄之言，亦可畏也。
>
> 将仲子兮，无逾我园，无折我树檀。岂敢爱之，畏人之多言。仲可怀也，人之多言，亦可畏也。

这是一首少女少男两相爱慕的诗，但由于没有得到亲朋的赞许，就可能被视为非礼之行而受到责难了。由此可以体会咸卦六爻中，为什么只有对九四爻的“憧憧往来，朋从尔思”的评判才取完全肯定的态度了。

九五　咸其脢。无悔。

解：咸其脢。象辞。

字义：脢，《说文》：“脢，背肉也。从肉，每声。”音 méi。《子夏易传》云：“在脊曰脢。”

依物理取象：本爻当上兑之中，兑为少女，中部即相当于胸背部位，于卦体而言，亦相当于胸背部位也。如艮·六四曰“艮其身”，六五曰“艮其辅”，皆指身之上部也。这是二人偎依相伴之象，故曰咸其脢。

无悔。占辞。谓筮遇此爻，于取女之事可成而无所悔吝也。这是依爻象的情理作出的应然性判断。盖九四之位已双双坠入情网，往来约会，此时则偎依相伴，海誓山盟，故其占为无悔也。

上六　咸其辅、颊、舌。

解：咸其辅、颊、舌。象辞，以象代占。

字义：辅，《说文》：“辅，人颊车也。从车，甫声。”此指面颊内侧，以其在口腔两侧并列，又能运转食物，故曰“人颊车”也。

颊，《说文》：“颊，面旁也。从页，夹声。”此指脸面两侧，从眼到颔的部位。来知德《集注》云：“颊，面旁也。辅在内，颊在外，舌动则辅应而颊从之。”其说是也。

舌，即舌头。高亨氏以为舌字乃吉字之误，但帛书本亦作“舌”而不作“吉”，则高说失据矣，今不取。

辞意即指热烈的亲吻。

依物理取象：本爻当上兑之上，兑为口，兑上即辅、颊、舌之部位也。于卦为咸，故有咸其辅、颊、舌之象。咸其辅、颊、舌者，亲脲面庞、唇、舌，即亲吻之象也。少男少女，互相爱慕，又得亲朋嘉许，自心心相印，至此以身相许，此人情之极致，非吉、利之可言，故不系占辞而成就美满婚姻之意已明矣。卦辞之“取女吉”亦已形于此焉！

总起来看，咸卦是通过描述青年男女之间相感相爱之情态以阐明正当的情爱与婚姻之道。通观其辞，最突出的特点是对轻薄行为取否定态度，而对两相悦从之相感相爱，则取认同态度。九三以前，下体当艮止，故凡接触对方之下体部位，见轻薄之行，其占断皆为凶、吝；九四以上，上体当兑悦，故皆系以纯正之举。自憧憧往来，朋从尔思，表明二人情投意合，又得亲朋嘉许，则后来之爱抚亲吻，皆在“无悔”“贞吉”之列。这就表明，《周易》作者是主张尊重个人意愿，又不违背礼制精神的。经文将这种情爱相感的行为简述为“咸”，并主张通过这样的爱恋相感而达到“取女”，即男女成婚，这是一种偏重文明化取向的恋爱观与婚姻观。在殷周之际，男女媾和之事，因受群婚制观念的残余影响及殷纣末期的社会失序，颇为随便，并造成社会混乱。《周易》对之作了合理的区分，对轻薄行为取否定态度，对既有自主性、又有规范性的相感相爱则加以提倡，这是一种合于情理的恋爱观和婚姻观，是符合当时发展与完善封建礼仪制度的时代要求的，也可说是社会文明进步的重要标志。我们知道，制礼作乐是在社会经济变革的基础上进行的上层建筑的重大变革，它具有由上而下的强制性，要使下层民众也能够接受并乐意风从，就必须在原有习俗的基础上进行合理的取舍，采取禁制与诱导相结合的方式，才能收化民成俗之效。周初圣王在制礼作乐的同时，又制作《周易》，通过民众所乐于接受的形式来促成礼仪风尚的形成，我们从中不难体会到他们在安民治国方面的睿智精思与化民成俗的良苦用心。大体上，《易经》的咸、姤、渐、归妹、家人等卦都集中体现了恋爱、婚姻及家庭关系中的礼制精神；大过、小过、大壮则体现了社会交往中的人文精神；涣、解则体现了互利互济方面的人文意识。这些都是以化民成俗为宗旨，因此，我们将它归入于人文化成之道加以探讨和陈述。

咸卦所体现的着重文明取向的情爱观和婚姻观，在西周时代，实际上已逐渐形成风尚，现存《诗经》中的《关雎》《汉广》《草虫》《野有死麇》等，可以说都是这种文化精神的生动展现，请参阅。

45. 姤：丑于放荡之行

䷫ 姤。女壮，勿用取女。

解：姤。象辞，通常用为卦名。

字义：姤，《说文新附》：“姤，偶也。从女，后声。”彖曰：“姤，遇也，柔遇刚也。”偶与遇皆从禺。金文禺作，象干戈相接之形，有接合、交接之义，故引申为配偶、遇合等义。《释文》：“古文作遘”，甲文遘作。象两鱼相遇之形，而大者象雄鱼，小者象雌鱼，故遘之本义为雌雄遇合。遇合有暂合之意，本卦即用其本义。

依数理取象：本卦以一阴上承五阳，有一女上承五男之象，其合非正，故有姤合义。

依事理取象：本卦下体巽为长女，上承乾为老夫，有老夫长女遇合之象，故取义为姤。乾为老夫盖自乾为父引申而来，大过·九二：“枯杨生稊。老夫得其女妻。”即以下体巽上互乾，交互成姤为老夫偶于女妻之象。九五“老妇得其士夫”取象亦同，是其证。

女壮，勿用取女。占辞。

字义：壮，经文之壮有二义：一谓强壮，一谓伤病，此处用强壮义，亦壮盛义，犹今谓壮年也。女壮，指壮年妇女。

辞意谓妇女当壮盛之年，多所遇合，则不宜取以为妻也。这是依卦象的事理作出的一种教诫性评判。盖姤乃一女而多有遇合之象，其年已壮老，自不宜娶以为妻。周初之时，一夫一妻制已经确立，在夫权制社会条件下，由于财产继承关系需按父系血统继承，因而对妇女的贞操问题已提出了严格的要求，以保证家庭关系的稳定。所以对于一个多所遇合的女人，是不宜娶以为妻的。不过，男女遇合之事，作为群婚制的遗留，当时在一定范围内还是允许的，所以也并不加以严惩。这里只讲“女壮，勿用取女”是从宜忌方面进行考虑，属于利害性判断，没有强调善恶之意，不作道德性评判，反映了当时社会在男女遇合问题上是比较宽松的，只是在娶妻问题上涉及财产继承问题，才认为不恰当而已。

朱熹《周易本义》曰：“遇已非正，又一阴而遇五阳，则女德不贞，而壮之盛也。取以自配，必害乎阳，故其象占如此。”在强调贞德之外，更强调女方性欲过盛，于夫不利，此意与《彖传》言“勿用娶女，不可与长也”之意相合，从本卦诸爻强调婚媾当取其宜来看，还是符合经文本义的。只是对贞德的强调置于首位，则是明显的属于宋儒观念了。

初六　系于金柅。贞吉。有攸往，见凶。羸豕孚蹢躅。

解：系于金柅。象辞。

字义：柅，《说文》：“柅，木也，实如梨。从木，尼声。”《周易集解》引马融曰：“柅者，在车之下，所以止轮，令不动者也。”《疏》引王肃曰：“柅，织绩之物，妇人所用。”《广韵·旨韵》：“柅，络丝柎。”《集韵·脂韵》：“柅，络杙。”清翟灏《通俗篇·杂字》：“吴中妇女至今呼络丝趺为络柅。”据此，柅木为梨木之属，梨木细密坚韧，不易变形，利于制作耐用之物，上古用于车轮制动，其后将络丝之杙也称为络柅。络者缠丝之具，杙者亦梨木之属，则络柅是一种古代纺织工具，可能为织梭之类。织梭或用柅木，或用牛角制成，两端套以铜箍，以减少摩擦增加滑行能力，又减少撞击损伤，故称金柅。梭中装入缠丝之转子，将丝线引出，随梭往来，即织成布帛，今时犹称其中缠丝之转子为“杙子”。此处所谓“系于金柅”，则非止车之横木，而为织机之用物明矣。系于金柅者，安于女工纺织之事也。

依物理取象：本爻当下体巽下，上交乾，巽为绳，为系、为木，乾为金，故有“系于金柅”之象。

贞吉。有攸往，见凶。占辞。谓姤遇之事，宜慎于初，能系于金柅则吉也。这是依象辞的事理作出的应然判断。因巽为长女，长女之初，未嫁之时也。能安心从事女工纺织之事，符合当时社会分工的需要，德行纯正，必能有美满的婚姻家庭，所以预料其必能得吉，故占为“贞吉”。反过来说，如果不安于女工纺织之事，随随便便跑出去与人遇合，那样不善女工，有失妇德，就必然出现凶厉之事，招致不良后果。所以又系以“有攸往，见凶。”因此，又可以将“有攸往，见凶”理解为诫辞，是为告诫求筮之人，作为未嫁之女，是不可随便往求异性苟合的。作为诫辞，是对占辞寓意的一种行为学上的补充说明，是不必另行取象的。

羸豕孚蹢躅。喻辞。

字义：羸，《说文》：“羸，瘦也。”通累，拘系，缠绕也。《易经》羸字凡四见：

大壮·九三：“羝羊触藩，羸其角。”

大壮·九四：“藩决不羸，壮于大舆之輹。”二羸字皆用缠绕义；朱熹释为“困”。

井卦辞：“汔至，亦未繘井，羸其瓶。凶。”羸字实用缺损义。盖羸之诅楚文作，象羊之骨、肉、皮、内脏被解剖分离，故出瘦、损等义，本爻即用瘦损义也。

羸豕，瘦损之豕，以喻母猪。盖古人称公猪为豭，豕为猪之通称，而母猪因乳仔而多呈瘦损状，故以羸豕称母猪也。

孚，俘也，擒获之义。

蹢躅，即踯躅。《玉篇·足部》：“踯，踯躅，不能行。”按：蹢同踯；躅，踩踏，顿足；是蹢躅乃行不能进，顿足烦躁之状。

羸豕孚蹢躅，谓母猪被拘系而烦躁挣扎也。这是古人对发情的母猪，欲奔走求配而烦躁不安的状态的一种描述。用以喻人，显然具有贬斥义，是对女人急于求外遇的一种丑化性比喻。所以，它实际上是对“有攸往，见凶”这一诫辞的一种比喻性说明。这种比喻性说明，或因当时俚语中有类似的比喻，就不必取象。但也可能有象可取，乃借象以用喻，如小过之“密云不雨，自我西郊”，大过之“枯杨生华”“枯杨生稊”之类。这里大致以巽为豕、为系、为进退等义，取羸豕孚蹢躅之象，虽有些勉强，但对于喻辞来说，用意乃为对象占的补充说明。所以，只要象占能够成立，喻辞也只要大体可以成立，便可有一定的说服力了。

巽取豕象乃据尚氏解，说详其《焦氏易诂易象补遗》。焦氏之取象实际未必是古义，不过根据《易经》取象原理，如以离中虚而取龟象，坎中满而外虚短而取豕象，艮上实下虚而取犬象，则巽上实而下虚短，象豕身大而足短而取豕象，也是大体上说得过去的。但是经文以巽取豕象仅此一例，未足以成定例，仅录以备考。总的来说：本爻系辞已明显地含有以贞静随顺为妇德之意，这与坤为顺、巽为顺伏等观念一致。从伦理发生学上看，已明显地反映出妇女从属的社会地位了。

九二　包有鱼。无咎，不利宾。

解：包有鱼。象辞。

字义：包，经文中包字已有匏、庖、包等多义，参见蒙·六二及否、泰等卦释。本爻及九四之“包无鱼”，二包字皆用庖厨义也。子夏本：“包有鱼”及“包无鱼”之包，正作庖。庖有鱼者，古代婚嫁之礼也[①]。

依物理取象：本爻当互乾下，变而成巽，为长女，下体成艮，艮为少男，有男女偶合之象；艮为门阙，在其中，乃正式结婚之象。

无咎，不利宾。占辞。

字义：宾，繁体为賓，甲文作，金文作。

王国维《观堂集林》云：“（卜辞宾字多作）上从屋，下从人、从止，象人至屋下，其义为宾。”“古者，宾客至，必有物以赠之……故其字从

---

① 古代婚宴之礼必有鱼，故庖有鱼即指婚嫁之事。闻一多《神话与诗·说鱼》论之甚详，请参看。

贝。”古时婚嫁，于女称嫔，于男称宾，如《尚书·尧典》：“厘降二女于妫汭，嫔于虞。”谓帝尧以二女妻舜也。《仪礼·士婚礼》：“主人玄端迎于门外，西面再拜，宾东面答拜。”注曰：“宾，婿。”又：“主人揖入，宾执雁从。”释曰：“此言女父迎宾婿入庙门升堂。”是泛称婿为宾之证。此处则指入赘之婿。

辞意是说，结婚没有什么过错，但对入赘者则有不利。这是依爻象的事理作出的可然性判断。因为爻象是少男入赘于长女之家，因此作出“无咎，不利宾”的占断，这就表明作者认为男女当龄则男婚女嫁双方皆宜，若不当龄则有不利。从社会学的观点看，这反映了周初社会中多有男方入赘女方之事。而男方入赘，一般条件是，女方有财产而无劳动力、男方有劳动力而无财产，年龄则通常都是男方年轻于女方。《周易》评价这种婚姻，是对入赘的男方不利，它不说对女方是否有利，只是正面的主张年龄相当的婚嫁关系，可见它认为年龄相当的男婚女嫁才是正常的，否则便不正常。这说明它对正常的婚姻取倡导态度，对不正常的婚姻取否定态度。这本来无可非议，但是它所谓的不正常的判断，则是不全面的。因为少男入赘老女，对生产需要来讲，对双方还是有利的，其不利的仅是可能影响子女的生育而已。而影响生育不仅不利于男方，实也不利于女方。占辞不讲不利于女方，是对女方的一种宽容，因为入赘是不得已而为之。同时占辞仅仅讲不利于男方，显然是当时夫权制观念的一种表现，也反映了当时社会对于男方入赘存在歧视观念。事实上，这种歧视一直延续到中华人民共和国成立以前，社会观念中都是瞧不起上门女婿的。由此可见，周初圣王在处理政治军事以及经济等问题上虽然都能高瞻远瞩，英明平正，但是在重男轻女、男尊女卑这一类问题上，他们并没有超越现实之处，反而是有意无意加以强化的。这种倾向，从《周易》以乾为首、为健、为君、为父、为金玉；以坤为辅、为顺、为臣、为母、为布帛，又处处尊阳抑阴就表现得相当清楚了。不过，“不利宾”仍然属于利害性判断范围，这与当时确立嫡长继承制与完善宗法制的社会要求相关，它毕竟还没有提高到是非善恶问题的严重程度。这种注重实际利害的观念，与姤卦辞的“勿用取女”、大过·九二的“枯杨生稊。老夫得其女妻。无不利”和九五的“枯杨生华。老妇得其士夫。无咎，无誉”的精神是完全一致的。从本质上来说，仍然反映了《周易》作者的“与民同患”意识与“趋利避害”的行为取向。

九三　臀无肤，其行次且。厉，无大咎。

解：臀无肤，其行次且。象辞。

字义：次且，即趑趄。马融曰："次，却行不前也。"王肃曰："趑趄，行止之碍也。"义详夬·九四。

辞意是说，臀部没有肌肉，行动很困难。此乃妇女衰老、羸瘦不堪之状。

依物理取象：本爻变，下体成坎，坎为沟渎，有臀象；下互乾变离，离中虚，故有臀无肤之象；上互乾成巽，为进退，为不果，故有其行次且之象。

厉，无大咎。占辞，谓虽有危厉而无大灾也。这是依爻象的事理作出的可然性判断。盖本爻当下卦之终，下卦巽为长女，其终则年已老矣，老而至于"臀无肤，其行次且"，则是羸瘦不堪、老丑难行之状也，女人至于此，自有危厉，老丑难嫁是也；然亦不致多所遇合，故又无大咎也。这是对年老或丑陋女人在姤遇问题上的一种可然性评判。

本爻占辞仅就姤遇之事而言，所以作出如上判断，大意谓老丑女人，婚姻难成为厉，不致多所遇合则为无咎，大体上是从女人的角度进行的价值评判，说明作者虽有重男轻女的观念，但对女人仍然持关怀怜悯态度。

九四　包无鱼。起凶。

解：包无鱼。象辞。

字义：包，同庖，义详九二爻辞。包有鱼为婚宴，指称结婚；庖无鱼则指称不得其配偶之事也。

依物理取象：本爻变则上下体皆巽，其象为二长女共居，而无士象可取，是二女同居，不得其夫之象，故取象曰："庖无鱼。"

起凶。占辞。

字义：起，《玉篇》："起，兴也。"今谓"引起"，意即导致。起凶，谓导致凶事也。

这是事理性或然判断。二女同居，不得其夫，往往引起种种凶咎，故曰："起凶。"不曰凶者，未可必也。作者对女子同居不婚，似取有保留的否定态度。之所以否定，是不赞成女人同居不婚；之所以有保留，是因为社会生活复杂，不可一概而论，如果找不到适合的男人，二女同居又未尝不是一种互相依靠互相帮助的形式。所以只言可能导致凶事，不曾加以完全否定，这也反映了《周易》作者的中正平和态度。

九五　以杞包瓜，含章，有陨自天。

解：以杞包瓜，含章，有陨自天。象辞，以象代占。

字义：杞，《说文》：“杞，枸杞也。”枸杞是一种落叶小灌木，另有一种柳树也称杞。《诗·郑风·将仲子》：“将仲子兮，无逾我里，无折我树杞。”朱熹集注：“杞，柳属也，生水旁，树如柳。”此处能挂匏之杞，当指杞柳之杞。

以，通与、及。如泰·六五“帝乙归妹以祉”，均用与、及义。

包瓜，包通匏，即葫芦瓜。

章，文章，指文采。如坤·六三之“含章可贞。”含章均指农作物由青转黄，成熟之色。

全句意谓缠绕杞柳而生的匏瓜，由青转黄，至于成熟，有的从天（树）上掉了下来。

作为象辞，乃依物理取象。盖本爻当互体乾上，乾为天、为木果，匏大而圆，故以乾取匏象。如泰·九二，取下乾为匏象也。又：本爻变，上体成离，离为明、为丽、为黄色，有含章之象；下体为巽、为木、为陨落，有树藤之瓜自上而陨之象，故曰“以杞包瓜，含章，有陨自天。”

作为占辞，应从其象征隐喻层面来理解。

李镜池《周易通义》释云：“匏瓜与婚姻有关，古人结婚行合卺之礼，把一匏瓜分为两半作瓢，夫妻各执一瓢盛酒漱口。”可见匏瓜是婚礼的重要礼仪器物。本卦主旨在明婚娶之宜，显然是用以喻婚姻之事。结合爻位爻德观之，本爻居上乾之中，喻士人君子，具有刚健中正之德，自有好女归之，若秀美之匏瓜自天而陨，犹今所谓“天赐良缘”也。

上九　姤其角。吝、无咎。

解：姤其角。象辞。

字义：角，即牛羊头上之角，以喻角斗，说详晋上九。其，犹“将”也。《尚书·微子》：“今殷其沦丧。”即用“将”义。作副词，犹“殆将”“或许”。姤其角，谓姤合或将争斗也。

依物理取象：本爻当上体乾上，乾为首，本爻变，上乾成兑，兑为羊，当羊首，即角也。而下巽如倒兑，二羝羊相反对而角力之象也，故有“姤其角”之象。

吝、无咎。占辞，这是依爻象的事理作出的或然性判断。意谓姤合之事，至于终极，则可能引起争斗，如羝羊、牡牛之争交配权而发生角斗也。当然这只是一种可能性，并非必然性，所以象辞中用了个拟词“其”，即示其为一种可能性而已。占辞中便有相应的两种结局性判断：其一是无咎，其一是吝。显然，若不发生角斗，其结局便属于“无咎”。若发生角斗，其结局便属于“吝”占了。吝者，羞吝、鄙耻之意。女人多所姤合，到头来引起争斗情杀之事是很多的，争风吃醋，实不光彩，所以，占辞将“吝”置前，“无咎”置后，正表示姤合之事，到头来出现情杀等鄙耻的结局的可能性要大得多。

姤其角。吝、无咎之占，表明《周易》作者对姤合之事已从利害性的评判达到审美性的评判了，即认为姤合之事，归根结底是会导致羞吝的，也就是可丑之行了。

综观姤卦系辞可知，这是一个专讲婚媾之宜的卦。大意认为：男女姤遇之事，在所难免，但应讲究利害和顾及羞耻。多所遇合的女人，是不可娶的；长女子应当勤事女工，不要像母猪动情一样到处求配；正当的结婚是不错的，只是入赘对男方是不利的；女人老丑难行，错失正常的婚龄，那是不好的，但也没有大过错；二女同居不嫁则可能引起凶咎之事；正人君子能秉刚健中正之德，自有淑女配之，如天赐良缘；随意姤合，到头来很可能发生情杀争斗，招致羞吝的丑闻！如此等等。不难看出，这是周初社会婚姻观从利害性取向到礼仪性取向的转变时期，其对姤合行为的评判，以利害性为主，最后才提出羞耻问题。其所主张的女子勤于女工、安守贞静；男子刚健有为、中正平和，都是符合利害性、审美性和礼仪性的要求的，也是正确的、适应社会需要的文明性要求。只是可遇合而不用娶女以及入赘于男子不利这样一些评判上，有尊男卑女的意识，这也是当时夫权制社会的反映。《周易》的作者显然没有超越他的时代局限。也正因为如此，《周易》才真正“明于天之道而察于民之故”，才能够“是兴神物，以前民用”，不堕于空想，而能对民众以及对贵族的社会行为，给以适当的指导和适度的调控。

46. 渐：择婿须才德并重

䷴ 渐。女归吉，利贞。

解：渐。象辞，通常以为卦名。

字义：渐，《说文》：“渐，截也。从车，从斤，斩法车裂也。”林义光曰：“车裂不谓之斩。斩，伐木也。”今按：车裂未得其旨，伐木未明其究竟。考渐字古匋作，古地图作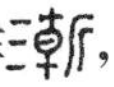，实象制车之事。、車皆象车轮，即斧，则象以水润湿其木。古者，工具简陋，车轮无辐者，一般先伐木而断以为圜，更斫而成轮，复凿孔以承轴，工序甚繁，皆循序渐进。在斫轮使圆而平滑的过程中，为使圜木不致裂损，常以水浸之使润湿。故渐字之初义为浸润，为渐进，引申有湿、染、渐长等义也。此处用渐进义。

依物理取象：本卦下艮上巽，中互坎，艮为山，巽为木，中互坎为水，合观是木生于山，得水浸润而渐长，故有渐象。

女归吉，利贞。占辞。

字义：归，繁体为歸，甲文作，金文。《说文》：“歸，女嫁也。从止，从婦省，自声。”今按：帚《说文》：“帚，粪也。从又、持巾埽冂内。”段注改“粪”为“所以粪”，甲金文均作婦字，盖“持巾埽冂内”，妇人之常务也，故以帚为婦。自，甲金文均用作師，意为军队。古为掠婚制，以武装人群掠取其他部落之妇女以归而成婚，其后乃在迎亲时用旌旗武器为前导、象掠婚之仪式以为礼。《易经》中多“匪寇，婚媾”之辞，正反映了从掠婚制向迎娶制的过渡。甲金文皆从自从帚，正是掠婚之意，其后遂以为礼，而称嫁女为归也。女归与纳妇不同，蒙·六二之“纳妇吉”是就丈夫娶妻而言，女归之吉则是从女子择偶而言也。

女归吉之占，乃自象辞之渐进义引出，因妇女出嫁，命定终身，必须谨慎选择，不可仓促从事；迎娶之事，更有许多过程，《周礼·士昏礼》所载便有纳采问名、纳徵请期、纳吉、初婚亲迎、合卺、用卺等程序，每一程序中又有许多细节，初婚以后还有各种拜见之礼以及返亲等，均当依次渐进，是谓女归有渐。今筮遇渐卦，故于女归为吉也。

又：本卦与归妹卦相综成对，其互体坎离，坎于人为中男之象，离于人为中女之象，中男中女而交互成体，均婚嫁之象也。卦象既为正当之婚嫁，故其占为女归吉也。

利贞者，谓所贞之事能成就也。本卦既为渐进之象，则不仅女归为吉，于诸多事务，均可逐渐进步而有成就，故曰利贞也。

前面革、鼎、震等卦均无以渐为吉之评判，今以渐为利贞，可知《周易》作者认为通常事务仍应以渐进为有利，不应仓促急躁、急于求成，这是符合一般事务的规律的，尤其在婚姻问题上，女人出嫁更须如此。在通常情况下，事务都处于渐变过程中，所以以渐进为吉利。自然界发生雷电、社会生活中发生革命，都属于事物的突变状态，当然就不应以渐进为吉利了。

初六　鸿渐于干。小子厉，有言，无咎。

解：鸿渐于干。象辞。

字义：鸿，《说文》："鸿，鸿鹄也。从鸟，江声。"虞翻注谓"大雁"，实即"天鹅"，泛称鸿雁。鸿雁配偶专一，故陈述女归之道，以鸿为喻，说明《周易》提倡感情专一。

渐，用渐进义。

干，虞翻谓"小水从山流下称干"，郑玄谓干乃"大水之傍，故停水处"，陆绩谓"水畔称干"，荀爽、王肃以干为"山间涧水"，而帛本作"鸿渐于渊"。诸家之说各异，自卦象观之，当以"山下水畔"为当。

鸿渐于干，即谓鸿雁游近于山下水畔。

依物理取象：本爻当下体艮下，有山下之象；在中坎之傍，有水畔之象；又上交离，离为雉，有鸿象；故有鸿渐于干之象。

小子厉，有言，无咎。占辞。

词义：小子，有二义：随·六二："系小子，失丈夫。"六三："系丈夫，失小子。"小子均指未成年俘虏，此处则泛指未成年人，相当于今之所谓童子。

有言，经文之"有言"均谓有所责言，说详需·九二"小有言"释。通常以兑、震为有言之象，此处以艮为有言，实取艮乃倒震之象也。倒震即是反言，正是责言之义。

占辞意谓：筮遇此爻，于未成年之小子则有危厉，应受到责难，但无大的灾咎。

这是依爻象的物理及其象征义作出的可然判断。盖鸿乃水鸟，其觅食栖息，均当于水草丰茂之地，今渐进于水畔山麓，有择配繁殖之意也。《辞海》鸿雁条云："鸿雁，鸟纲，鸭科。为家鹅原祖。栖于河川或沼泽地带，偶见于树林中。主食植物。分布于西伯利亚到堪察加。于我国境内东北北部和内蒙古东部一带繁殖，在长江下游稍南地区越冬，迁徙时经华北和东北中部大平原。"在我国内地所见这种鸿雁均在迁徙之时，对其幼小的个体来说是有危险的，从象征义可以引出"小子厉，有言"的占断。

又：《辞海》豆雁条云："豆雁，鸟纲，鸭科。头顶等部为灰棕色。尾上覆羽纯白，腹部为浅灰色。栖息田野、河湖、沼泽地带和海滩。多于晨昏觅食谷类种子和野草根、茎。飞行时常由一老年雄鸟带领，呈'人'或'一'字形前进。我国有四个品种……在我国北部和俄国西伯利亚繁殖；冬季遍布我国南北沿海。"《诗经》中所咏的鸿雁，即指此类豆雁。《周易》渐卦所称鸿渐，因取其有序有信而配偶专一，当是指此类豆雁而言。豆雁既栖息河湖沼泽地带，又在我国北方繁殖，故其渐进于水畔山麓，实有配偶繁殖之意。配偶繁殖应在成鸟时期，若在幼鸟阶段，则非所宜。因此可从中引申出"小子厉"之占断。其象征层面即谓男女婚嫁之事，未成年男子是不可以的。不过由于此小子有鸿雁之德，属于可教之材，只要批评指正就可以了，不必过分追究，故曰"有言，无咎"。

历来注家以"小子"为小人，如王弼注云："始进而未得其位，则困于小子，穷于谤言，故曰小子厉有言也。困于小子馋谀之言，未伤君子之义，故曰无咎。"这里即是将"小子"解为"小人"。而"小人"在经文中多次出现，经文这里不用小人而用小子，显然二者有别，当以小子为未成年人为是。诸家之释又离开了"女归"之旨，专从君子求上进作解，处处滞而不通。盖本卦乃陈述择偶之道，故诸爻均应以不离斯旨为是。

六二　鸿渐于磐，饮食衎衎。吉。

解：鸿渐于磐，饮食衎衎。象辞。

字义：磐，虞翻曰："聚石称磐。"马融曰："山中石磐纡，故称磐也。"王弼注："磐，山石之安者也。"而帛本磐作"坂"，故当训为山石之大而安者为当。但《史记·武帝纪》引作“鸿渐于般”。《集解》引《汉书音义》曰：“般，水涯堆也。”《封禅书》及《汉书·郊祀志》并同，而《说文》尚无磐字，可见易之初文当作般，意为水边之高地。自卦象而论，亦以作般为当。

衎衎，音 kànkàn，《说文》：“衎，喜貌。”《尔雅·释诂》：“衎，乐也。”《礼记·檀弓上》：“饮食衎尔。”郑注：“衎尔，自得貌。”帛本衎作衍，《说文》：“衍，溢也。”引申为丰溢、饶益。《释文》：“衎衎，饶衍也。”王肃亦谓衎为宽饶之貌。高亨则谓衎衎为鸿鸣之声。斯三义可合而听之。

是以“鸿渐于磐，饮食衎衎”者，谓鸿雁渐进于水边高地，既有丰饶之饮食，又有可栖息之所，因而啼鸣相乐也。

依物理取象：本爻当中坎下，水边之象也；当下艮中，山石之象也；爻变则下艮成巽为草木，中坎成兑为饮食为悦乐；故有鸿渐于磐，饮食衎衎之象也。

吉。占辞，谓筮遇此爻，其所占事皆吉而有得也。这是依爻象的事理作出的实然判断。因水边高处乃鸿雁栖息之最佳场所，也就是其择配繁殖地之最佳选择。它的象征隐喻层面，有如一位品行端正、感情专一的男子，又具有安居乐业、家给富饶的境遇，这样的男子自然是最佳配偶之例，所以占断为吉。

本爻实为对佳偶的赞许。《诗·小雅·鸿雁》：“鸿雁于飞，集于中泽，之子于垣，百堵皆作，虽则劬劳，其究安宅。”斯义相类。

九三　鸿渐于陆，夫征不复，妇孕不育。凶，利御寇。

解：鸿渐于陆，夫征不复，妇孕不育。象辞。

字义：陆，繁体作陸，甲文作，金文。《说文》：“陸，高平地。从𨸏，从坴，坴亦声。”虞翻亦谓“高平称陆”，实泛指陆地，兼有大义。

育，甲文作，金文作，象产子形。或从人或母，从母即强调其既生之且乳养之之义，故兼有养育义。周初已二义并用，如《诗·大雅·生民》：“载生载育，实维后稷。”《毛传》：“育，长也。”故《说文》谓：“育，养子使作善也。”从生育、养育又出教育义，此爻本取养育、长养之义，自小象云：“妇孕不育，失其道也。”诸家遂均释育为生育，王弼直解为“非夫而孕，故不育也。”其实，非夫而孕则不育，乃后世的贞操观念，当时还

没有这么严重。而且上古无人工引产之术，既已怀孕邻里皆知，未可隐瞒，人工引产难行，一般都只能听其自然生育，所以那时不存在非夫而孕即不生育问题。这里所谓“夫征不复，妇孕不育”本来有个前提：“鸿渐于陆。”鸿是比喻丈夫感情专一，渐于陆比喻他去得很远，征而不复则可能战死沙场，以致妻子虽然怀了他的孩子，也无法养育成人，因而是属于贞爱夫妻的家庭悲剧。

依物理及事理取象：本爻当艮上坎中，高出水面的陆地之象；变而成坤互艮，大陆之象；坎为中男、为夫、又为矢，上互离为戈兵，征伐之象；本爻变，互离成艮为止，夫征不复之象；离为中女、为大腹，妇孕之象；变而成艮为止，孕而不育之象。合观故有“鸿渐于陆，夫征不复，妇孕不育”之象。

凶，利御寇。占辞，谓筮遇此爻，于女归为凶，于邦国抵御寇掠则为有利也。这是依爻象的事理作出的实然判断。因为陆是大地之象，鸿渐于陆等辞在象征隐喻层面上即丈夫虽感情专一，但远征不还，可能已经战死，遂致妇人虽然生下他的孩子，也无法长养成人。这样的情形，于其家庭来说自然是凶事，只是对于邦国部族来说则是有利于抵御寇掠的。

从这一占断中可以认识到《周易》作者在国、家关系上持一种家、国兼顾的态度。即是说，他在指出丈夫远征不归对家庭配偶来说是悲剧的同时，又肯定这是一种于邦国有利所作出的牺牲；而他在肯定远征御寇的必要性和正当性的同时，又对家庭不幸表示充分理解，对妻子孕而不育的婚姻悲剧寄予深切的同情。结合屯·上六之“乘马班如，泣血涟如”，屯·六二之“屯如邅如，乘马班如。匪寇，婚媾。女子贞不字，十年乃字”等对贞定女子的婚姻自主意识表现的深切同情来看，作者在婚姻问题上还保留有一种原始民主制时期的自主意识，这与他的原始民主意识、民本观念是完全协调一致的。由此我们也可以体会到：《周易》所体现出的“圣人之情”，其不同于后世封建专制时代的地方，正在于他在一定程度上还保留有原始民主制时期的原始民主、平等、自由、上下亲和一致等等观念之故。这正是周初圣王为政治国都既重功利，又重民情，能够与民共患、与民共乐的意识形态基础。当然这是与当时生产方式上的土地多级领有形式与政治权力上的多层级分权制相适应的。《诗·小雅·鸿雁》：“鸿雁于飞，肃肃其羽。之子于征，劬劳于野。爰及矜人，哀此鳏寡。”正同此意。

六四　鸿渐于木，或得其桷。无咎。

解：鸿渐于木，或得其桷。象辞。

字义：木，甲文作，金文同，树木的象形字。经文中有“臀困于株木”（困·初六），以木株为木棍。有“惟入于林中”（屯·六三），林指树木群落。此处仅用“木”字，乃指称单株树木。

桷，《说文》：“桷，榱也，椽方曰桷。从木，角声。”榱是椽的统称，圆者为椽，有棱角者曰桷，故曰椽方曰桷。此处指可以作椽的树枝，即较为粗大平直的枝杈。

辞意是说，鸿雁飞近大树，有的栖息于平直的树枝上。

依物理取象：本爻当巽下，巽为木，又当中坎上，坎有平木之象，亦有脊象，有如可以为椽之木，故有鸿渐于木，或得其桷之象。

无咎。占辞，谓筮遇此爻，无有灾咎也。

这是依爻象的物理及事理作出的应然判断。因鸿本水鸟，亦食植物茎叶，但很难停息于树上，因其足蹼平展，不宜抓握也。若有平直较大的树枝，则可栖息，而可以无有灾咎也。于象征层面言：如女归之夫家，有鸿雁之德，且家境尚好，婚姻亦尚好而无不可也。

从本爻之重家境与二爻之重饮食来看，作者的婚姻观是既重感情专一，又重经济条件，可以说是精神条件和物质条件的统一，是非常朴实的婚姻观。与后世的爱情至上论或财富至上论均显然不同，反映了正常人的婚姻观念，比较合情合理。

九五　鸿渐于陵，妇三岁不孕，终莫之胜。吉。

解：鸿渐于陵，妇三岁不孕，终莫之胜。象辞。

字义：陵，甲文作，金文作。《说文》：“陵，大（阜）也。从（阜），夌声。”其字皆象人登高阜，拾级而升之形，故有丘陵、陵升等义。《尔雅·释地》：“大阜曰陵。”

胜，繁体“勝”，篆文。《说文》：“胜，任也。从力，朕声。”字象双手用力托物于盘，故有胜任义，升义，伸义，称、当义，胜过义，克制义等。此处用称、当义，亦胜任义也。终莫之胜，即最终未曾再娶。辞意是说：丈夫如鸿雁远行不归，其妇三岁不孕，也不曾改嫁，丈夫回来也没有再娶。

依物理及事理取象：本爻变，其卦之艮，兼山之象；爻当上艮中，在山陵之间，故有鸿渐于陵之象；本爻当上巽之中，巽于人为长女，为妇；中互离，于数为三，其象大腹，乃孕象，但爻变成艮为止，不孕之象，故有妇三岁不孕之象。爻变后上下体皆艮而止，更无妇象孕象，故曰终莫之胜，意谓无人更任其妇也。

吉。占辞，谓筮遇此爻，于女归之贞为吉利也。这是依爻象的事理作出的实然判断。因本爻之象征层面为嫁得感情专一的丈夫，虽远离家门，有如鸿渐于陵，以致其妻三岁不孕，其妇既不改嫁，其夫亦不另娶，这样的婚姻关系，显然是值得称道的，故其占为吉。

这里，《周易》作者更突出地称赞了夫妻感情专一的可贵。周初已是父权制家庭，妻子三岁不孕，势将危及财产继承，但原因之一是丈夫远出，不孕问题不能随意责怪女方。丈夫没有另娶，是通情达理的，所以应予肯定和提倡，当然这也表现了作者对妇女命运的充分理解与同情。另一方面，也表现了对于妇人虽三年不孕而不另娶的男子的赞赏。古时风俗，娶妻三年而不孕一般是有理由再娶的，若不再娶，可能影响财产继承，势必受到家族及社会舆论的非议，这种情况下要能坚持像鸿雁那样感情专一，是需要相当的智慧和勇气的。正如《诗·小雅·鸿雁》有云："鸿雁于飞，哀鸣嗷嗷。维此哲人，谓我劬劳。维彼愚人，谓我宣骄。"这正是对于受到非议的男子的一种赞赏，而对于那些非议的一种摈斥。于此也可体会到《周易》渐卦的作者与诗鸿雁的作者，在当时都属于有思想智慧又富于道德情感的哲人之流。

上九　鸿渐于陆，其羽可用为仪。吉。

解：鸿渐于陆，其羽可用为仪。象辞。

字义：陆，高平曰陆。义见九三爻释，但此处之陆已与九三有别，实有更高更远更大之含义也。以爻在上位，登峰造极之象故也。

此陆字或云当作阿、作陂、作逵等，而帛本亦作陆，故诸说皆不足据。说者或以为"于陆"之辞不应重见，其实一卦中爻辞重见者，尚有巽·九二及上九，均有"巽在床下"；谦·六二及上六亦皆取鸣谦之象也。蛊·初六、九三、六五均取"干父之蛊"之象；临·初九及九二皆取"咸临"象；

观·六三、六五，均取“观我生”象；颐·六二、六四亦均取“颠颐”之象，此处又何不可？

仪，礼仪。有仪式，仪饰等义，此处用仪饰义，以羽为仪饰也。

《周礼·地官·羽人》：“掌以时征羽翮之政于山泽之农，以当邦赋之政令。”孔疏：“此羽人所徵羽者，当入于钟氏，染以为后之车饰，及旌旗之属也。”

《周礼·冬官》：“钟氏染羽，以朱湛秫，三月而炽之，淳而渍之，三入为纁，五入为緅，七入为缁。”

由此可知以羽为饰，在周初已很重视，设官主管，染法细致，可见起源甚早，而所征羽翮来自山泽之农。羽，泛指羽毛，又特指鸟翅的长羽。翮是羽茎的坚硬部分，一般以鹰翮用作箭羽。当时所征羽毛实际上很多，山禽如鹰翮用于作箭羽，雉翎用于舞蹈装饰，而以鹤翎及孔雀翎翟之用最广。水禽如翡翠之羽，用于车饰、旗饰、头饰等，这些羽翮一般不须染色。雁翎用作羽扇，其白者用于王后车辇之饰则多加染色。前述豆雁之尾上覆羽为纯白之色，与白鹤之羽翎均为最佳之原料，故周礼特设钟氏之官以染渍之而用于后车之饰也。豆雁是鸿雁中的体大者，乃迁徙之候鸟，飞翔力特强而飞行有序，又有配偶专一的德性，所以常取染以为王后车饰，也是后妃之德的一种象征。

辞意是说，鸿雁飞得很远，羽毛又纯洁，可用作高贵的仪饰。

依数理及物理取象：本爻当最上之位，在下艮之外，上巽之上，艮为山，巽为风，为高，为长，畅行于高远大陆之象也。鸿雁候鸟，其迁徙时皆远走高飞千余里，故有鸿渐于陆之象。这里的陆与九三之陆有所不同，乃因其已在山陵之外，高远之处也。本爻当巽上，又下互离坎，巽为风，有羽象；离为明为丽，装饰之象；坎为车，饰于车之象；故有其羽可用为仪饰之象也。

吉。占辞，谓筮遇此爻，于女归之贞为吉利也。这是从爻象的象征隐喻层面作出的应然判断。鸿象感情专一的丈夫，其能高飞远行，则有壮志雄才；其有可用于仪饰之美羽，则表明其才华出众、必有大用，可以建功立业、名垂后世，嫁了这样的丈夫，当然是吉利的了。这里的吉占，作为一种全称判断，实际上是大吉大利的意思。

总的来讲：渐卦是专讲择偶之道的卦，而且集中在讲女子择夫的问题。它提出的原则主要有二：其一是要谨慎从事，渐进有序，不应急躁冲动，盲目无序；其二则是要以感情专一为根本，兼及才华出众、大有作为，当然也要有适当的经济条件作基础，三者兼备者是最上乘的婚姻，能得其一者亦是佳偶。对不孕这样的困难问题能够互相体谅的值得赞许，因远征而妇孕不育者值得同情，并应肯定其为国牺牲于民有利，只是对于早婚问题认为应加以批评，因为这对未成年的男子不好，而且违反了谨慎渐进的原则。由此我们可以感觉到这似乎是一种非常理性化甚至有些理想化的婚姻观，因为它既重视感情专一，又顾及物质条件；既重视道德美好，又重视才华出众；既重视家庭幸福，又重视国家安全；既重视未成年男子的正常发育，又重视少女的谨慎选择，无论从哪一方面来说都无懈可击。提倡这样的婚姻观的人，显然是当时最具有理性智慧的贤德长者。所以说《周易》是讲圣王之道的政教性著作，或者如《系辞传》所说的“圣人之情见乎辞”，真是一点都不假。当然这样的圣德也不全是一种天生的品性，而是与当时的社会条件——如前所述，最主要的就是所有制关系上的多级领有性质、政权结构上的分层级权力结构以及意识形态上的原始民主主义的遗留与文化习俗上周族重视中正平和仁爱互利的思想基础等密不可分的。

《周易》的作者不仅当时这样提倡，而且用一个专卦来加以阐述，以期垂范后世，其用心的深远，更是值得称道的。

47. 归妹：女德更重于面容

（附：关于周人择偶观念的讨论）

䷵ 归妹。征凶，无攸利。

解：归妹。象辞。通常以为卦名。

字义：归，女子出嫁曰归。详见渐卦释。

妹，女子后生者为妹，此处用称少女。

是则归妹连用，乃少女出嫁或嫁出少女之意。

渐卦之“女归吉”主要是讲女子择偶之事，本卦归妹，则主要陈述男子择偶之道也。由于六五爻明记“帝乙归妹”之事，帝乙归妹之辞又曾见于泰·六五，则本卦所论少女出嫁之事，可能与帝乙嫁女于文王之事相关，其说详后。

依物理及事理取象：本卦内卦兑，于人为少女，外卦震，于人为长男，有少女从于长男之象；互体坎离，中男中女交合之象，故有少女出嫁之象，古谓之归妹是也。

征凶，无攸利。占辞。谓筮遇此卦，于征伐之事则凶而无所利也。这一占断，通常有两解：一谓少女从于长男，年龄不当；一谓上下二体皆以阴乘阳，二五失位，三四失位无应等等。这些说法只能得出悔、吝之占，并不能得出征凶无利之占。显然，卦象归妹乃喜庆之事，而与征伐问题相关，必是特指当时有重大影响的婚姻事件，有如今日之重大涉外婚姻。这样的婚姻，综观卦爻辞所述，很可能便是指当时“帝乙归妹”这件事。这个判断可以从两方面加以印证：

首先，本卦六五爻已明指帝乙归妹之事；

其次，泰·六五亦有“帝乙归妹以祉元吉”之辞，意谓帝乙嫁少女于周是对周邦有福而大吉之事。

据上所述，归妹之事，就不能再有悔吝之占，而可能与征伐之事相关。

从史实背景看，我们在本书第四章三节及泰·六五卦爻释中已曾说明：殷王文丁十一年，周公季历伐翳徒之戎获其三大夫献捷于殷，文丁先嘉其功，命为西伯；既而执诸塞库，季历困而死。十二年，周文王继位主周，时年47岁。十三年文丁死，文王乘机兴兵击商，欲报父仇，未能取胜。商王帝乙继位，昆夷玁狁亦乘机入侵，帝乙乃以其属国有莘氏之女太姒许嫁于周，二国修好以共御戎狄之侵掠。文王本有再举复仇之意，但审时度势，以共御戎狄之大局为重，遂接受帝乙之和议，亲迎太姒于渭滨。此事反映在《诗·大雅·大明》中即所谓：“文王嘉止，大邦有子。大邦有子，伣天之妹。文定厥祥，亲迎于渭。造舟为梁，不（丕）显其光。”伣字是譬喻之意，大邦是指有莘氏从属的殷邦，“大邦有子，伣天之妹”就是说殷王帝乙以有莘氏之女许嫁于周，譬如殷王以其亲妹嫁于文王。“文定其祥，亲迎于渭”就是文王经过占筮认为吉祥，乃接受和亲之事，并亲自迎娶。这样，原来准备再兴兵击商的计划就完全放弃了。“文定其祥”就是泰·六五的“帝乙归妹以祉元吉”之占；放弃击商的计划，接受和亲，便是本卦的“征凶，无攸利”占辞的由来。

据此，我们可以推断这里的征凶无攸利的占断既是依象辞的事理引申出来的应然判断，意谓嫁娶乃亲和之事，不应采用掠婚方式，进行征伐是无利的；另一方面，又可说是根据当时周殷关系的现实背景作出的事理性判断。由于这是经过以后的史实验证了的，故也可说是一个验辞。

初九　归妹以娣，跛能履。征吉。

解：归妹以娣，跛能履。象辞。

字义：以，此处用及、与义。

娣，《说文》："娣，女弟也。"通常称妹妹，女之小者也。

归妹以娣，谓以妹从嫁也。这是对偶婚的遗俗，流传甚久。周制：诸侯一娶九女，从嫁者一娣一姪，嫁者为侄娣从嫁为媵，而媵皆有姪娣，共九女[①]。《诗·大雅·韩奕》："韩侯取妻，汾王之甥，蹶父之子。韩侯迎止，于蹶之里……诸娣从之，祁祁如云。"即是其证。实际上，诸侯以下，大夫、上士，亦往往如此。直至近代，一些少数民族犹有妹从姊嫁的风俗。

跛能履的直观层面指足虽跛而尚能行，其象征隐喻层面则为虽未处正位而能行其德者。这里譬喻从嫁之娣，虽处媵妾之位，而能慎守妇德之义。

依物理及事理取象：本爻当兑初，兑为少女，少女之下者，从娣之象也，故曰归妹以娣。本爻当初位，于体在足，又当兑初，兑为缺损，足跛之象也。上卦为震为动，跛能履之象也。

征吉。占辞。

字义：征，《说文》解为"正行"，古义多用为征伐。经文中之用征者有：升卦辞、未济·六三等九处，征字均用征伐义。本卦卦辞之征凶亦用征伐义，此处亦当用征伐义也。

征吉之占，乃依爻象的事理作出的应然判断。盖娶妻得妾，均能谨守妇道，则家庭和睦，其夫从事征伐，无后顾之忧，自能建功立业，故其占为征吉也。

九二　眇能视。利幽人之贞。

解：眇能视。象辞。

字义：眇，《说文》："眇，一目小也。"而偏盲亦曰眇，自爻象观之，

---

① 参见《公羊传·庄公十九年》

当以一目偏盲为当。与初九“跛能履”相类，谓虽一目偏盲犹能视也。自象征层面而言，则有虽暗犹明之意。

依物理及数理取象：本爻当下兑中而互离下，离为目，兑为缺损，一目有损之象；处中位而上有应，未丧其功，是能视之象，故有眇能视之象也。

利幽人之贞。占辞。

词义：幽人，指被幽禁或处于幽微地位的人，说详履·九二释，此处当指处于幽微地位的人。

利幽人之贞，谓于幽微地位之人其所贞为有利也。这是依爻辞的事理作出的应然判断。盖眇目乃残疾之象，于婚嫁之事而言，眇目之女，自不可嫁于显贵君子，但眇而能视，则不妨嫁与地位幽微之人，故断之以利幽人之贞。从这一占断中可以看出，周人提倡一种互济互利互为补偿的婚姻观，若各有所短，亦不致互相嫌弃，这是一种比较质朴的婚姻观。

六三　归妹以须，反归以娣。

解：归妹以须，反归以娣。象辞，以象代占。

字义：须，金文作。《说文》：“须，面毛也。”即胡须。《释名·释形体》：“颐下曰须。”既是胡须，则归妹以须不可通，故虞翻以须为需，释义为待。《集解》引郑康成曰：“须，有才智之称。天文有须女，屈原之姊名女须。”（《诗疏》）陆绩曰：“须，妾也。”（《释文》）陆希声曰：“在天文，织女为贵，须女为贱。”（《撮要》）而李镜池谓“须：借为嬃、亦即女娣。”（《周易通义》）高亨则谓：“须疑借为嬃，姊也。”并引贾侍中注《楚辞》词“女嬃之婵媛”谓“楚人谓姊为须”……诸家之说纷纭如此。今考《释文》云：“须，荀、陆作嬬。”今帛本《周易》亦作嬬（音 rú），故宜从帛本作嬬为当。《说文》“嬬，弱也，一曰下妻也。”审文义当取弱义。

以，作介词，相当于“用”“及”。

归妹以嬬者，以病弱之少女嫁人也。

反归，李镜池《周易通义》曰：“反归，被休弃回娘家。”以娣，即连及其娣也。

全句意谓：以病弱之少女出嫁，招致从嫁之娣与她一齐被休弃回娘家。这是古代的一种风俗，长女出嫁，其娣从嫁，长女遭休弃，从嫁之娣亦遭休弃。《左传·文公十二年》："杞桓公来朝，且请绝叔姬而无绝昏，公许之。"杜预注："不绝昏，立其娣以为夫人。"李镜池引此注曰："照例是同时被休的，故必须另作请求，其娣才能留下。"此说可从。

依数理及物理取象：本爻当下兑上，以阴柔之质，处缺损之位，病弱而不胜之象也，故曰归妹以嬬；本爻变，互坎成兑，复归少女之象也，故有反归以娣之象。

本爻不另系占辞，因象辞本身既为时空描述，又为因果描述，归妹以须是因，反归以娣是果，故可以象代占。即是说：如果将病弱之女嫁人，将遭男方嫌弃而累及她的从嫁之娣，这自然是颇堪羞吝的事。不过，《周易》作者不再系以吝占之辞，则表现出对这类不幸之事的一种谅解心态。联系初、二两爻来看，本爻是其涵义的充足性说明。即是说，归妹之从娣若跛而能履，或眇而能视，都能有所适从，不致被嫌弃；若出嫁者本身病弱残损，则可能累及从娣一并被休弃。这是因为，归妹主妇乃一家之女主，而从娣皆处于婢妾地位，一家之内，婢妾有残疾尚可，女主有残损则不可，这反映了封建宗法制观念正处于体系化的过程中。

九四　归妹愆期。迟归有时。

解：归妹愆期。象辞。

字义：愆，《说文》："愆，过也。"徐灏注："过者，越也，故引申为过差。"此处用越义。

期，《说文》："期，会也。"段注："会者，合也。期者，邀约之义，所以为会合也。"即约会。

归妹愆期，谓归妹而超过了许嫁之日期也。

依物理取象：本爻当互体离上、坎中，离为日，坎为月，日月为期。本爻变则日月之象皆不具，故有归妹愆期之象也。

迟归有时。诫辞。

字义：迟，《说文》："迟，徐行也。"徐行则缓，则晚，或有所待，故有晚、待等义。陆绩即取待义，可从。

时，初义指四时，引申为时日、时期，亦有伺待义。象曰："愆期之志，有待而行也。"即取伺待义也。

迟归有时，即谓愆期是由于有所待之故。这便是对迟归的一种教诫。

意思是说，归妹一般是不应当超越许嫁之期的，如果超越，便应有充足的理由，如夫家远征未归而必须等待，否则便不成其婚约了。诫辞不另取象，这里以诫代占，都是《周易》的一种章法，参见无妄·上九：“无妄行，有眚，无攸利”释。这类以诫代占的系辞，充分体现了《周易》作者对求筮者的关切，体现了《周易》的社会行为学性质。

六五　帝乙归妹，其君之袂，不如其娣之袂良。月几望，吉。

解：帝乙归妹，其君之袂，不如其娣之袂良。象辞。

词义：帝乙，即殷王帝乙，纣之父也。帝乙归妹，指帝乙嫁族女于文王一事，说详泰·六五。

君，家君。此指家之内君，即殷王所嫁少女为邦君夫人者也。与从嫁之娣对称，从嫁者称妾也。《论语·季氏》：“郑君之妻，君称之曰夫人，邦人称之曰君夫人，称诸异邦曰寡小君。”是其义也。

袂，《说文》：“袂，袖也。”李镜池：《周易通义》谓指代嫁妆，今暂从此说①。

辞意是说，帝乙所嫁少女，其主妇不如其从娣的嫁妆讲究。

依物理及数理取象：本爻当上震中，震为威，有王象；本爻又居卦之君位，于归妹言，乃帝王嫁女之事也，故泰·六五与本爻皆取帝乙嫁女于文王一事，系以“帝乙归妹”之辞也。

本爻变，上体成兑，为少女，位在缺损之际，其君之袂之象也；下兑少女为娣，二应五位之缺，其娣之袂之象也；以上兑乃由震变而成兑，较之下兑有所不及，故有其君之袂不如其娣之袂良之象也。

高亨《周易古经今注》：“袂，疑借为妜，同声系，古通用。《说文》：‘妜，鼻目间貌。读若烟火炔炔。从女决省声，此字古书罕见，据许训当谓鼻目间之容态，与貌字义相近。此谓其君之妜不如其娣之袂良，正谓其君鼻目间之容态不如其娣鼻目间容态之美也。”此说有一定合理性，然于取象

---

① 袂泛称袖，但实为袖之前部。古者，衣袖甚长，其主体部分，自肩至于腕，其附属部分，即其前部，于腕处开口，去其下半幅而剩其上半幅，其长过于手臂，可用以抹拭，乃称为袂，其字从夬，即取有缺之义也。作为抹拭之用的袂，本无关紧要之处，不必用特别好的质料或特意加以美化；若特意加以美化，必是甚为爱好装扮的贵族女子也。而其他主要衣饰之特意美化即可想而知，故此处用袂之良以指代嫁妆之美也。

则难通，故暂不取。

月几望，吉。占辞。谓贞问归妹之期，以近月望之日为吉也。这是依爻象的物理作出的应然性判断。盖本爻当中坎上，下互离，坎为月，离为日，月日相对为望，故有月几望吉之占也。

本爻实际上乃是帝乙归妹之事的一种实录。盖文王所娶殷族少女，即是有莘氏女太姒，《诗经》称其“缵女维莘，长子维行”。谓其能继承太任之德，配文王维德之行。她出嫁时不特意美化崇饰其嫁妆，正是一种维德之行的表现，所以，虽然“其君之袂不如其娣之袂良”，还是很吉利的。由于当时占得的是在望日成婚为吉，所以这一系辞，也可以看作是一个验辞。

在六五之爻系以帝乙归妹之事，内容又是一种重德行不重容貌装饰的观念，这正表明《周易》所提倡的是德行第一的婚姻观，与其他诸爻对观，其义自明。

上六　女承筐无实，士刲羊无血。无攸利。

解：女承筐无实，士刲羊无血。象辞。

字义：刲，音 kuī。《说文》：“刲，刺也。从刀，圭声。”王筠句读：“杀羊刺其耳下，异于他牲，故谓之刲。”

女承筐，士刲羊，可能系古代婚礼中的一种仪式。文献无从细考，惟《仪礼·士昏礼》新妇见舅姑礼有云：“质明，赞见妇于舅姑，席于阼，舅即席，席于房外南面，姑即席；妇执笲枣栗自门入，升自西阶，进拜，奠于席。”郑注：“笲，竹器。”这是说新妇入门第二天早起拜见公婆（舅姑）时，先应当执持竹器笲盛枣栗进奉公婆。然后，又“降阶受笲腶脩，升进，北面拜奠于席。”这是说，新妇又当以笲盛腶脩奉于公婆。腶脩是成段的肉，取断断自修正之义，枣栗则取早自谨敬之义。此后，“舅姑入于室，妇盥，馈特豚，合升侧载，无鱼腊，无稷。”从这些礼仪中大体可知，新妇承筐献枣栗之实及腶脩、特豚等都是应有的礼节。腶脩、特豚应当是夫家宰杀的牲畜，也可能由女家送来，其中的特就指牛羊。杀羊由丈夫亲自动手，也可能是当时的一种礼仪，也有其特殊的含义。具体含义虽不得而知，但假如女承筐无实，士刲羊无血，显然是不吉利的象征。因为承筐而无实，至少是贫穷的表现。刲羊无血，则很可能是病死的羊，用这样的羊来奉献舅姑，显然是有违礼敬的。

以上是自《周礼》的有关记载作出的推论。《周礼》是后起之书，与《易经》时代相差数百以至千年，所以只能作为一种参考而已。经文所载的女承筐、士刲羊应当是一种更为原始的习俗。

依物理及数理取象。

尚秉和《周易尚氏学》释曰："下兑为女，震为筐，女在下，筐在上，故曰女承筐。乃上不应三，故无实。震为虚，亦无实也。震为士，兑为羊、为斧、为毁折，故曰士刲羊。乃三不应上，故无血。坎为血，三体离，坎伏，故无血。此与夬·九二爻无应，即就无应取义同。"其说大体可从。

经文中之血，不一定取坎象。坤·上六之"龙战于野，其血玄黄"，实为一谚语。屯·上六之"乘马班如，泣血涟如"，亦为一谚语。此处之"女承筐无实，士刲羊无血"也很可能是当时婚礼禁忌方面形成的谚语。谚语取象主旨在用其意蕴，并不着重其取象之完备，则本爻亦可视为谚语性象辞。

无攸利。占辞。谓于归妹之事无所利也。这是依象辞的事理作出的教诫性判断。盖女承筐无实，士刲羊无血，无论从贫穷的象来看还是从婚礼中的禁忌性谚语来看，于归妹之事显然都是不吉的，但《周易》无"不吉"之占辞，故系以无攸利。

据此，我们可以将本爻视为归妹之事中最为不利的一类。即是说，归妹之事，若遇上贫穷到不能成礼，或犯了当时婚礼中的大禁忌，则不宜嫁娶。

综上所述，归妹乃是讲述嫁娶之道的卦，与渐卦相对应，主要从男方考虑问题。大意是认为女方虽有缺陷，但只要处理适当，如象取跛能履之女为从嫁之妾，或地位幽微之人娶眇能视之女都是可以的；但是，若缺陷不能弥补，则是不利的，如以病弱之女为主妇，或双方贫穷到不能成礼，或严重有犯禁忌等。这些都属于质朴的功利性婚姻观。

至于提倡夫家未归则应予等待，并以帝乙归妹，太姒以德不以饰为最佳选择，则是一种重视道德义务的婚姻观。这与周初贤圣重视德化的政治观念是一致的，因而具有化民成俗的政教意义。

在渐卦中我们看到《周易》作者主张对男方的选择应以感情专一、才华出众为主，兼及经济条件。在本卦中，作者提倡对女方的选择，一般的只要能承担适当的家务即可，最理想的是重德性不重容饰的贤德女子。这些显然都是夫权制确立后的婚姻观念。但它所表现的对女性缺陷的宽容态度，以及在两性身上体现的德才统一观念，则是一种质朴的婚姻观念。

作者以两个专卦来分别陈述择夫择妇之道，总的强调婚姻双方的责任和义务，同时又具体指出双方条件选择上应有的差别，对这些问题的恰当处理，涉及社会生活的基础，即家庭的巩固，目的在于将它置于和谐有序的状态，以利于发挥齐家治国的功能。

渐卦《彖传》说："渐之进也，女归吉也。进得位，往有功也。进以正，可以正邦也。"

归妹《彖传》则说："归妹，天地之大义也。天地不交而万物不兴，归妹，人之终始也……"可以说，都在一定程度上体现了《易经》专述这两个卦的社会学含义，结合咸卦专述男女情爱方面既重视情爱，也重视理性的态度，人们不难体会到《周易》作者的贤圣之情与注重人文化成的深切用心。

48. 家人：治家以严、勤为本

（附：关于周初家庭特征的讨论）

☲ **家人。利女贞。**

解：家人。象辞，通常用为卦名。

词义：家人，此指殷、周之际的家长制家庭。参见蒙·九二及小畜卦释。

依物理及事理取象：为卦上巽下离，巽为风，离为火，风自火出之象也。《象传》云："风自火出，家人。"是得其旨。风自火出何以有家人之象？盖室外之风，起自天地水木之间，唯室中生火，乃有风自火出之事。古代家族公社，灶在室中，家人圜居，饮食则圜灶而食，常见火上炎而成风。其后，初期奴隶制及前封建制时期，一般为家长制家庭，沿此习惯，家人同鼎而食，故以风自火出为家人之象，有如以天火为同人之象也。马融谓："木生火，火以木为家，故曰家人。"王弼注："自内以相成炽也。"均未得其旨。

利女贞。占辞，谓筮遇此卦，有贞于妇女之事则吉利而可成就也。这是依卦象的事理作出的应然判断。盖风自火出，家庭公社烹煮共餐之象，古代家庭公社及前封建制家长制家庭中，烹煮之事，皆由主妇操持，筮遇此卦，乃得主妇之象，有贞于妇女之事自然可有成就，故曰利女贞也。《象传》从中引出“父父子子兄兄弟弟夫夫妇妇”之道，谓“正家而天下定矣。”反映了将《周易》伦理政治化的取向，颇见高明。《象传》从中引出“君子以言有物而行有恒”。寓意深远，於径文主旨均有发挥。

初九　闲有家。悔亡。

解：闲有家。象辞。

字义：闲，金文。《说文》：“闲，阑也。从门中有木。”按：据金文，闲字象门道处更拦以木，故闲初义为阑，阑即栏也。故有拦马之闲，亦有纳奴僮之闲。郑玄注：“闲，梐、枑。”贾公彦疏：“梐与枑皆禁卫之物。”是得其原意。由阑、禁出规范义、防范义，遂有防闲之义，《广韵·山韵》：“闲，防也。”同娴，古常与闲通用，故又用为闲适、娴熟等义。经文中仅此一闲字乃用其本义，即防禁之义也。

有，通于、以。闲有家者，谓防禁于家也。闲者，对内为禁，有所禁制也；对外为防，有所防范也。《易经》时代，贵族之家，人口众多，往往包括几代子孙及僮仆扈从等形成有力的经济政治实体。如：

师·上六：“大君有命，开国承家。”

丰·上六：“丰其屋，蔀其家。”

及本卦六四之“富家”，九五之“王假有家”，皆指此类大家庭也。贵族多几代共居，一家或至数十以至百数人员，故内部应有其规范和禁制；又为财产聚存之所，故对外应有所防范也。参见附图Ⅰ、Ⅱ。

附图Ⅰ：河南龙山文化 11 号址，木骨垛泥墙，白灰面，圆形房子。类似的有 39 座，直径一般 3.6～5 米。往往以 1～5 岁的幼童作奠基的牺牲。年代：公元前 2780～前 2100 年。《中国大百科全书·考古》第 204 页。此图可证以同鼎而食为家人之故及其卦象取风火为家人也。

附图Ⅱ：基址东西宽 32.5 米，南北长 43.5 米，夯土台基高 1.3 米。以门道、前堂、后室为中轴线，东西配置厢房各 8 间，并有回廊相接，形成一座前后两进、东西对称的封闭性院落。前堂是建筑的主体，东西长 17.2 米，南北宽 6.1 米。台基上有排列整齐的柱洞，东西 7 行，南北 4 行，面阔 6

图Ⅰ 龙山文化11号，木骨垛泥墙白灰面圆形房子图

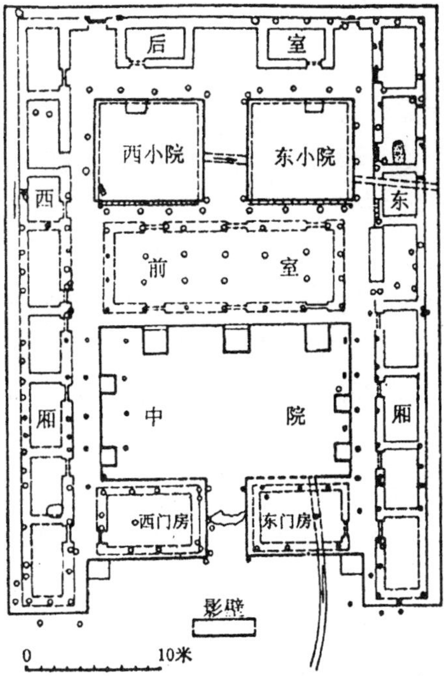

图Ⅱ 凤雏村甲组建筑基址平面图《中国大百科全书·考古》第727～728页

间，进深3间。地面、墙壁均用细泥掺和沙子、石灰涂抹，表面光洁坚硬，有两条陶水管排水。邵东村另有15个建筑基址与此大体相同，但不甚规整。

这类大型建筑，很可能是当时贵族的宅院，或为宗庙、宫殿之遗址，从出土的陶器判断，其年代在西周中、晚期。

依物理取象：本爻当下体离初，变而成艮，艮为门阙，上卦巽为木，以木栏予门外，其义为禁、为防，故有闲于家之象。

悔亡。占辞。谓筮遇此爻，可以无悔恨之失也。这是依爻象的事理作出的应然性判断。盖治家之始，即能严于防禁，内有禁制则不乱，外有防范则不失，故可以无悔恨之失也。

李镜池先生以悔亡为既悔且亡，则悔亡之凶更甚于凶占，于经文各有关占断取象均不能契合，今不取。

六二　无攸遂，在中馈。贞吉。

解：无攸遂，在中馈。象辞。

字义：遂，金文，。《说文》作“，亡也。从辵，豕声。”经文此处，正用家畜逃亡之义。

中馈，《说文》：“馈，饷也。从食，贵声。”郑玄注：“馈，朝夕食也。”荀爽曰：“供肴中馈，酒食是议。”古以中餐为正餐饮食较丰盛。可见“中馈”是“中餐”或餐宴之中所进食的主要菜肴。高亨谓中馈对野馈言，乃家中之馈也。亦通。

无攸遂，在中馈者，言家畜无有亡失，而能用作进餐之主肴也。

依物理及事理取象：《集解》引《后汉书·注》云：“爻体离，又互体坎，火位在下，水在上，饪之象也。”饪，即烹饪之事，能烹饪则无攸亡失，又爻位居中，故有“无攸遂，在中馈”之象也。

贞吉。占辞，谓筮遇此爻，所占为吉也。这一占断乃依爻象之事理作出的应然判断。盖初位已能有所防禁，故本爻能使家畜无所亡失，以馈食于正餐，可见其治家有方。酒食乃家务之要，此家中馈而有酒肉之食，家道兴隆之象，故其贞为吉也。

先儒皆以初、二爻明妇人之德，其实不然。家人一卦，乃治家之道。宗族制度下，家主皆为男性，治与不治，功过皆在于男性家长。故家人一卦，皆从男性家长立论也，无论卦辞之“利女贞”，初爻之“闲有家”，二爻之“无攸遂，在中馈”，皆自男性家长齐家有道而言也。

九三　家人嗃嗃。悔，厉、吉。妇子嘻嘻。终吝。

解：家人嗃嗃。象辞。嗃嗃，乃象声辞也。

字义：嗃，《集韵》：“声也。”李镜池、高亨二先生均谓嗃（hè）嗃通嗷嗷。《说文》：“嗷，众口愁也。”嗷，或书作嗸。《诗·小雅·鸿雁》：“鸿雁于飞，哀鸣嗸嗸。”嗸嗸既为哀鸣之声，则“家人嗷嗷”为合家哀愁之声也。

依物理取象：本爻当下离之上，互离之下，离为火，二火相炽，有炎腾之象；其上交巽，二火生风之象；大火生风则有嗃嗃之声，故有家人嗷嗷之象。嗃，乃借火的象声辞以象人声也。

悔，厉、吉。占辞，谓筮遇此爻，能悔过迁善，则虽有危厉而可趋吉也。这是依爻象的事理作出的应然判断。盖家人有熬煎之苦，发哀愁之声，是治家者有失误而致祸灾之象。能悔过迁善，改弦更张，则现时虽有危厉而犹可转化为吉利也。高亨曰：“发哀愁之声处艰危之境者，存戒惧之心，存戒惧之心者有奋勉之志，忧劳足以兴国，而况家乎？故曰：‘家人嗃嗃。悔，厉、吉。’”此说尚可，所失在于未能对“悔”字作出确解。盖“家人嗃嗃，”未必便吉也，需有“悔”作为前提。所以，这是个有条件的应然判断。若不能悔，自无改过迁善之可能，则厉而不吉也。这是《周易》之政教功能的体现。

本爻悔字亦可视为诫辞，谓家人哀愁之时当悔改过失也。悔字作诫辞尚见于豫·六三：“盱豫。悔，迟有悔。”义甚明也。经文中厉占多可转化，经文十七厉占，其七均转为吉或无咎。可见厉是状态，不是结局，是经过努力可以改变的状态。

妇子嘻嘻。象辞。

字义：嘻嘻，象声辞，借火之“嘻嘻”声以象人之嬉戏之声也。

依物理取象：如前嗷嗷之说，二火相炽，其上生风，或有嘻嘻之声也。上巽为妇，中坎为子，交互成涣，故有妇子嘻嘻家道涣散之象。

终吝。占辞，谓筮遇此爻，终将有悔恨之事也。这一占断，乃与前一占断相对而言，作为《周易》系辞的一种章法，谓之并占或对占。并占或对占之意，在于表明事物之可变性，如本爻义，家人若有愁苦，能悔过迁善则虽厉而可转吉；家人若嬉笑无伦，家道涣散，则终将有悔吝也。这种并占，类似于两个选言支的选言判断，具有明确的教诫之意，正是作易的主旨所在，也是其人文化成观念的体现。

并占与对占都是《周易》系辞的常用章法，如比·初六、涣·六四，均属此类也。

六四　富家。大吉。

解：富家。象辞。

字义：富，金文见泰·六四，字象室内藏酒，因农业社会，粮食有余方可造酒，故以家中有酒为富裕之义也。

依物理及事理取象：本爻当上巽初，巽为绳直、为工、为长、为近市利三倍，工商致富之象也；本爻变，互体坎亦为巽，获利不断之象也；上体二乾交互，乾为金，为玉，为圜，交互则为珠宝累累之象也；获利不断而致珠宝财富聚集，富家之象也。

大吉。占辞，谓筮遇此爻，所占大为有利，能多有所得也。这是依爻象的事理作出的实然性判断。盖此家之富，非纯由巧取掠夺之暴富，而系勤俭廉能之富也。初爻已明治家有方，防禁得宜；二爻明家道有序，无所亡失；三爻更明其有失误即能悔改，本爻更明其能因工兴利，此以勤、俭、廉、能而致富之家也。以其家道正而万事兴，故所行必吉而所求必能有得也。

这一占断表明《周易》是提倡富裕的，与丰卦之财富恐惧心态不同，此非其自相矛盾，实出于事理之当然。盖本爻所提倡的富裕，乃勤俭廉能之富，这在当时社会中属于以本致富，无论在促进生产发展、保持社会安定上都是非常有利的。而丰卦所展示的富，显然属于商业奴隶主或军事贵族进行掠取及投机牟利之暴富，其于生产并无促进作用，且属直接的破坏行为；其致富手段不善，丰富之时又奢侈耗费，品行不端，故不能不导致生产破坏，盗寇四起，自身丧亡，社会失序等种种恶果，非凶而何？二者对比，可知《周易》所提倡者为勤俭廉能致富，所反对者为巧取豪夺之暴富，这是与社会生活既要求富裕，又要求有序的发展规律相适应的。也正是周革殷命为封建领主制扫除障碍的社会学前提。在农业社会，这个道理较为明显，但后来发展到重农抑商，则是一种失误。在当今商品经济社会，当然应当重视商业的发展，但也应有工业、农业作为基础，不重视工业、农业，纯粹倚重于商业也是一种失误，在我们这样的大国尤其是如此。而且，不管是农业社会还是工业社会以及发达的资本主义社会，其共同的规律，仍然是既要求富裕，又要求有序。对一个家庭来说，也必须以勤俭廉能为创业兴业之根本，纯粹的巧取豪夺、腐化奢侈，都不可避免地会导致灾祸丧亡的。

事实上，《易经》从需、旅、丰、家人等卦中所透露出来的都是富裕化与有序化并重的思想，这正是市场经济必须规范化的价值取向反映在上古圣贤的政教设施中的一种政治底蕴。

九五　王假有家。勿恤，吉。

解：王假有家。象辞。

字义：王，在经文中用于泛指者三，特指殷王者三，特指周王者八。此处与丰卦辞之“王假之，勿忧”相类，非指殷王，乃指周王。

王假有家者，谓周王至于其家也。殷王纣之世，喜好聚敛珠宝财物，每至大富之家求取，造成了富家对王者的恐惧心理，故每有王至，均占其是否有忧恤之事也。

依数理及物理取象：五为君位，本爻变，互离成震，上体成艮，震为车，艮为止、为门阙，有王车止住其家之象，故曰王假有家。

勿恤，吉。占辞，谓筮遇此爻，可无忧恤而得吉也。勿忧之占自互卦下坎为忧，上体变艮为止之义得出，乃忧恤止息之象。自事理而论，周王至其家，本无忧恤可言，其事非吉而何。与丰卦辞并观，则知这是殷纣暴政所造成的社会心理，故每有国君来临之事，必占其吉凶也。参见丰卦辞及革卦讲解。

上九　有孚威如。终吉。

解：有孚威如。象辞。

字义：孚，本义为俘获，引申为孚从，经文二义并用，此处用孚从义，指信从者，如家族武装、家臣、家丁之类（参见大有·六五释）。

有孚威如，谓其孚从卫队威武严整，于内禁外防甚为有力也。

依物理及事理取象：本爻当巽上，巽为绳，为系缚、跽伏之象，互体离、坎，为戈兵、为盗寇。此盗寇、僮仆跽伏之象，表明内禁外防有力，故曰有孚威如。

终吉。占辞，谓最终可得吉也。

这是依象辞的事理作出的可然性判断。谓其人治家有方，武装孚从威武严整，内禁外防有力，最终可得吉也。这是周人从严治家观念的突出反映，在管理学上属于刚性控制。它表明周初时代，家庭的外部环境还不安宁，内部矛盾也有对抗性的一面，这是封建领主制时代还不可避免的。

总的看来，家人一卦，从文化学意义上讲，在于指陈治家之道，当以廉能勤俭为本，尤其强调家庭规范，这是与周初整个社会面临封建主义的有序化的时代要求相适应的，也是其人文化成方针的重要一环。但是，本卦在社会学与史料学方面的价值，似乎更为重要。

首先，它从文字记载上证明周初社会的宗法制家庭是一种家长制家庭。这样的家庭，大都含有奴隶制成分，尤其在贵族家庭中，父家长才是所有者，统治者。他主宰一切，其余眷属均处于从属或依附的地位，而且更有直接使用的家庭奴隶——奴婢僮仆之类，对这些奴隶或依附者，都不能不采取一定的威慑性统治。

其次，当时的邑聚作为大小领主的封邑，一般均取以贵族大家庭为主的家族聚居方式，其中包括不少同族或异族的平民家庭，这些属民与领主之间存在着剥削与被剥削的关系，二者之间存在着对抗性的矛盾，这是本卦强调内禁外防的重要依据。

其三，周初封建领主制、封建宗法制正处在发展完善过程中，殷纣时代遗留下来的商业奴隶主、军事奴隶主的势力还普遍存在，家族之间相互劫掠的习惯势力也不可能完全消除、社会环境还不安宁，这正是本卦终爻还强调有孚威如的重要原因。

最后，从家人的卦象以“火上生风”为特征来看，说明当时的社会观念是以同鼎而食为一家之人。这一观念来源甚早，考古学上的发现表明，在仰韶文化遗址中，其住宅都是中有火膛，上有气孔，小宅面积约 9～36 平方米，平均 15 平方米，大宅有的大至 160 平方米。这些家宅室内生火都可能产生风动效应，其进餐方式亦必有以中馈为正餐的特征。至于凤雏村的周原遗址，出现非常规整的大宅院结构。如像凤雏甲组建筑基址，东西宽 32.5 米，南北长 43.5 米，以宽敞的门道、前堂、后室为中轴，东西配有厢房各八间，并有回廊相连接形成一所前后两进、东西对称的封闭性庭院。这一类西周中晚期贵族的宅院，也当是周初贵族家宅的传承与发展。这样的宅院要求家长从严治家乃是非常自然的。这种治家从严的意识经礼制化以后便形成了严密的、有序的封建宗法制度。这正是当时以自然经济为基础的宗法共同体的一般价值观念的集中反映。我们如果要从中吸取治家的经验，只宜择取其廉勤致富意识与敦伦尽分观念，至于其严控观念威慑意识，则是不可取的，它的真正价值乃在于为我们提供了丰富生动的社会学资料，加深了我们对西周社会组织的了解，验证了《诗经》等史料的记载，并有助于对考古资料的研究与合理阐释，这也就是了不起的贡献了。

尽管“严君以正家道”的观念有片面性，但这不是《周易》的过错，因为家庭作为社会的细胞组织，首先是一个经济共同体。作为经济共同体，它必须是以维持或扩大再生产为前提，这在当时低水平的生产力条件下，要求绝大多数人从事艰苦劳作，并以自我牺牲精神来保卫其成果，没有一种权威性的强制——严君，显然是不行的。《周易》的“闲有家”“无攸遂”“嘻嘻终吝”“有孚威如”，都是强调家庭生活的安定有序，为礼制的建立与完善提供必要的社会基础；“嗃嗃。悔，厉、吉”“富家。大吉”则提倡克服困难、改正失误、勤劳发家致富，其价值取向更是积极可取的。

我们今天的家庭，其贫困者仍需强调克服困难、改正失误、勤劳发家致富的精神，但已排除强制劳动的隶属制观念；而家庭收入较好的，更有可能强调智力投资，强调亲睦和谐、平等自主，这是社会民主意识、人权观念的发展，也是以个体生产能力的提高与经济上的独立性为前提的。

另一方面，由于中国历史上家长制家庭长期存在，家长制作风影响深远。这更是今天国家管理上应予特别重视的问题了。

49. 解：分析胜于分解

䷧ 解。利西南。无所往，其来复，吉；有攸往，夙吉。

解：解。象辞，通常以为卦名。

字义：解，甲文作，金文作。《说文》：“解，判也。从刀判牛角。”判即分割，是解之原意为分判之意，本有分剖、分割、分解、分析等义，引申而有解释、解脱、解散、懈散、懈怠等义，经文诸义并用。

依事理取象：为卦内坎外震，坎为险陷，震为足为动，动而出乎险，是解脱之意，故有解象。彖曰：“解，险以动，动而免乎险，解。”其说甚当。

依物理取象：上震为雷，下坎为云、雨，雷雨交作，天热地旱得解。象曰：“雷雨作，解。君子以赦过宥罪。”即依此取象也。

利西南。占辞。这是依卦象的事理作出的实然判断。卦象本解厄去困之意，因周族居岐，西北有戎狄之患，东邻大邦殷，亦是严重威胁，惟西南庸、蜀、羌、髳、微、卢、彭、濮之族，则是友好盟邦，既为解厄去困，便只有与西南诸族互为应援，故经文中凡占方位，均为利西南，不利东北也。例如：

坤卦辞：“利西南得朋，东北丧朋。”

蹇卦辞：“利西南，不利东北”。

另一方面，从未有“利东北，不利西南”之辞，这是很明白的。虞翻谓“临初之四，坤西南卦，初之四得众，故利西南。”王弼注亦曰：“西南，众也。解难济险，利于众也。”二说离开历史实际，取象牵强，均不足取。

无所往，其来复，吉；有攸往，夙吉。诫占合辞。

字义：复，《说文》：“复，往来也。”《尔雅·释言》：“复，返也。”参见复卦释。

夙，甲文作。金文作。胡光炜《说文古文考》：“象人执事月下，侵月而起，故其谊为早。”《说文》：“夙，早敬也。从丮，执事虽夕不休，早敬者也。”

攸，语辞，义同所。

辞意是说：行事利于西南方位，但应注意，无有必需前往解救之危难，因而即时返回则吉；若有危难需前往解救，则以早去为吉。这显然是对前来问筮者的一种告诫之辞。即是说，筮遇解卦，虽行事往西南方位有利，但不可轻举妄动，无所解救则不宜往，需要解救则宜早不宜迟。这体现了作者济困解厄的纯正宗旨，告诫其后世子孙，不可借济困解厄之名，行巧取强夺之实，如殷纣之大蒐于渭以胁持文王入京，而对周邦加以控制；亦不可徒事虚名，兴师动众借故扰民。于此可见，周初圣贤对于国君可能假仁义之名而行不义之实的问题，具有深刻的忧患意识与防范意识。

王弼注曰：“解之为义，解难而济厄者也。无难可往以解，来后则不失中；有难而往，则以速为吉者，无难则能复其中，有难则能济其厄也。”其说颇得《周易》本旨。

《集解》引褚氏曰：“世有无事求功，故诫以无难宜静；亦有待败乃救，故诫以有难须速也。”此说更有见地，进一步阐明了解卦济困救难的主旨。无事求功，此扰乱天下以快已志者也；待败乃救，此乐观成败，以收渔人之利者也。济困救难，圣王之道也；无事求功，待败乃救，阴谋权术之事也。二者貌似一致，而用心不啻天壤，周初圣贤已虑及此，而春秋战国，皆假仁义之名而行不义之实，故老子愤然而言“绝仁弃义，民复孝慈”，庄子则曰“为之仁义以矫之，则并与其仁义而窃之”，以明其以智治国之不足恃而提倡归真返璞。

初六　无咎。

解：无咎。占辞，谓于事无有过咎或差错也。

本爻不系象辞，直书占断，盖据卦爻直观而断也。爻在坎初，动而成兑，解厄出险而悦乐之象。以在解初，其功未著，故断之以无咎也。

九二　田获三狐，得黄矢。贞吉。

解：田获三狐，得黄矢。象辞。

字义：田，即畋猎。

黄矢，金箭头。

依物理取象：本爻当下坎中，互离下，而上交震。坎为矢，离为戈兵，震为动，兵矢以动，田猎之象也；离数三，上震为倒艮，艮为黔喙之属，有狐象，倒艮即射而中狐也，故有“田获三狐”之象。又离色黄，下体坎为矢，故有“得黄矢”之象。

贞吉。占辞，谓所贞之事能有所得而吉也。这是依爻象的事理作出的实然判断。盖田猎得狐即吉也，狐之皮毛珍贵，可以上献王公，肉可分与同猎之人，《诗·豳风·七月》“取彼狐狸，为公子裘”是也。既得三狐，复得黄矢，其吉可知也。

解卦本以济困解厄为主旨，而爻辞则以分解，分析为义，以明行事当分别不同情况作妥善处置之义，此义于卦辞中本已有之，“无所往，其来复吉；有攸往，夙吉”本义便是，对解厄济困也应分别情况适当处理。在爻辞中更从群己关系上进一步说明之，田猎之事，乃集体行为，正确处理群己关系最为紧要。故诸爻取义均与田猎之事相关也。

六三　负且乘，致寇至。贞吝。

解：负且乘，致冠至。象辞。

字义：负，承负。

乘，驾车。

辞意是说：背着包袱，又驾着车乘，显得运输了很多货财，因而招致盗寇前来劫夺。

依物理取象：本爻当下坎上，坎为舆，在舆上，有乘象；当震下，震为玄黄。玄黄本谓青、黄二色，周初时概称染色之丝织物为“玄黄”。《尚书·武成》：“惟其士女，篚厥玄黄，昭我周王。”孔传：“言东国士女，篚筐盛其丝帛，奉迎道次，明我周王为之除害。”故本爻又有承负玄黄丝帛之象。又本爻当下坎与中坎交互之际，往来皆坎，坎为盗寇，故有致寇至之象。

贞吝。占辞，谓所贞之事可羞吝也。这一占辞，乃依卦象之事理作出的实然性判断。盖乘为车舆，本可载物，今驾车者又负丝帛于身，则车不胜载之象也。车不胜载是其所载过多，负于身者，必有珍贵之物，盗寇遂察而来掠夺之，此不善分解以招祸也，故有羞吝之占。

象曰：“负且乘，亦可丑也；自我致戎，又谁咎也。”意谓小人而乘车，为可丑之事，从而致盗，祸由己招。《系辞·上传》第八章引子曰：“作易者其知盗乎？《易》曰：‘负且乘，致寇至。’负也者，小人之事也。乘也者，君子之器也。小人而乘君子之器，盗思夺之矣。上慢下暴，盗思伐之矣。慢藏诲盗，冶容诲淫。《易》曰‘负且乘，致盗至’，盗之招也。”这个解释与象传精神一致，并充分发挥了“贞吝”的羞吝内涵，得出的结论是“慢藏诲盗，冶容诲淫”，也极富哲理性，但它反映的完全是贵族阶级的等级观念，因而存在如下问题：

（1）殷周之际，《周礼》未行，小人包括非贵族的商人，商人乘车，或车夫驾车，都不能算是失礼可羞之事。

（2）即使小人乘车，有失礼节，但是并不一定致盗，因为盗寇的行动目标是为钱财，如果车上无钱财或小人未负财帛，盗寇也决不会因小人失礼而行寇掠；

（3）若小人失礼，即遭寇掠，此事纯属义盗所为，其吝在谁？义盗自无羞吝可言，小人亦无羞吝可言，则其占断不能成立。

（4）若仅从失礼致盗而论，亦与解卦主旨无关。历来诸家所解，均遵从象传及系辞传，实际上都是以春秋之际的礼仪观念进行评判，从根本上有失《解卦》的主旨。

实际上，从象征、隐喻的层面看，解卦诸爻是对解与不解等不同的行为方式进行评判，本爻正属于不善解的一类，故其贞为羞吝，联系上下诸爻省视，其义自明。

九四　解而拇，朋至斯孚。

解：解而拇，朋至斯孚。象占连辞。

字义：解，通懈。《诗·大雅·烝民》："夙夜匪解，以事一人。"《韩诗外传》作"夙夜匪懈"，是解懈古通用之证。经文中，"祥"字亦有吉、凶二义，若易之有不易义也。

拇，通踇，此处当震下，震为足，即足大趾也。

而，通尔，汝也。帛本作"其"，义同。

朋，此处用朋贝义。

孚，此处用俘掠义。

斯，因果连词。

朋至斯孚，谓朋贝多至，招致俘掠也。

辞意是说，在某地赚了钱，不愿离开，因而招致盗寇来行俘掠。

依物理取象：本爻当上震下，震为足，当其初，踇之象也。本爻又当互离上，离为蚌，有贝象，是朋至之象也。本爻变，上震为坤、为国，足入于国，动而转静，驻留不去之象也。下坎为盗寇，招致俘掠之象也。故有懈而拇，朋至斯孚之象。

诸家对本爻之解皆甚晦曲。李镜池《周易通义》解曰："解而拇，懒动脚，不想走。解，通懈。而，其。拇，通踇，脚大趾，代表脚。朋至，获得朋贝，赚了钱。斯，则。商人赚了钱而懈怠不想走，结果被人抓了。"此说近是。

本爻隐喻层面之含义与六三相近，是当解不解而致祸，即认为财帛积聚而不愿有所施为，乃取祸之道。于此可见作者有散财致福、聚财致祸的寓意，反映了自然经济条件下对财富的一种模糊的恐惧意识，当然这也与殷纣对财富的肆意掠夺造成的社会心理相关，可参阅需、旅、丰等卦释。

六五　君子维有解。吉。有孚于小人。

解：君子维有解。象辞。

字义：维，甲文，金文。《说文》："维，车盖维也。从系，隹声。"谓维乃系车盖之大绳。实际上维字从系、从隹。甲金文维字象以绳系鸟之形，乃猎鸟而获之之象。故《广雅·释诂》及《玉篇》皆曰："维，系也。"又引申为网络禽兽之义，此处即用此义。

解，此处用分解义。

辞意是说，君子猎获禽鸟，分解与众人。

依物理及事理取象：本爻当上震中，震为雷、为威，居君位，君子之象也；本爻变，互坎成巽，巽为绳、为系、为维，下互离，离为雉，乃维系禽兽之象。又本爻变，上体成兑，兑为缺失，维而有解之象也，故曰君子维有解。维而有解者，非纵其禽也，乃分解其禽之意。

吉。占辞。谓君子行猎有所禽获而能分解与人则吉也。

有孚于小人。释辞。

字义：孚，此处用信从义。辞意是说能得到小人信从。

这是对占辞的解释和说明。意谓君子行猎有获而能分解与众人，可以得吉，乃在于这样的行为能够取信于小民。这是依据当时的社会风尚作出的应然判断。因行猎之事，必有多人参与，君子行猎，当地民众往往随同合围，而猎物一般取自山林沼泽，具有公共财物性质，所以在社会习俗上，行猎所得均应与众人分享。这种习俗至今犹存，所谓"上山打猎，见者有份"是也。《诗·豳风·七月》："一之日于貉，取彼狐狸，为公子裘。二之日其同，载缵武功。言私其豵，献豣于公。"其中的"言私其豵"，便是将打猎所得小野猪分与下民之意。

本爻于占辞后特附以释辞说明其吉之由，大体上有三重含义：

其一，表明当时可能有人认为君子打猎可不必分解与小民，作者特加以强调，是对这种不尊重习俗的想法的一种批评。

其二，提倡君子欲取信于民，就应当尊重民俗，而尊重民俗乃礼教精神，故与制礼作乐的措施有礼治观念上的一致性。

其三，认为君子不应与民争利而应当分利于民。这更是对六三、九四不解而致祸的进一步阐明。

上六　公用射隼于高墉之上，获之。无不利。

解：公用射隼于高墉之上，获之。象辞。

字义：隼，鸷鸟，猛禽类。

墉，《说文》："墉，城垣也。"

辞意谓某王公射隼鸟于自邑城垣之上而得中也。

依物理及事理取象：本爻当上体震上，震为雷、为威，于人当王、侯，为公；震象大翼、象大鸟，九家易以震为鹄，今取隼象；震又为射、为藩、蕃即藩篱，故有高墉之象；合之则有"公用射隼于高墉之上"之象也。又互体坎为矢，入于上震及中离，离为雉乃射禽而中之象，故有"获之"之象。

无不利。占辞，谓筮遇此爻，于事无不利也。这是依爻象之事理作出的应然判断。盖公侯国主，习射于国内城垣之上而获猛禽，自不必分解与人而自享之，亦无有不利也。

自其隐喻层面而言，与三、四、五爻对比可知。三、四爻以多获钱财而不善分解即致祸，五爻谓群体行猎因善分利与小人而得吉。今王公习猎于国城而得禽，既非多致财帛，又非群体行猎，虽不分利与民，民众也不会反感，这是习惯上所容许之事，并不妨害礼仪，因而于上于下，于仁于义，均无不利之影响。但虽无不利，犹未为吉。这就表明《周易》作者是倾向于"维而有解"的，即以能分利于小人乃得为吉。

总起来看，解卦诸爻集中讲了个"善于分别对待"的问题。分别对待，从社会行为学来看是一个重大原则，不懂得这一点，就不可能处理好社会生活中的问题，近世所谓没有区别就没有政策，当是此意。反过来说，懂得分别对待，而且以此作为一项行为准则加以阐述，这表明作者已深明处世之理、治世之道，并且力图以之作为指导社会生活的行为规范，这正是制礼作乐的意向。由此也便可知《周易》成书的时代与历史上周初"制礼作乐"的时代是切近的。

其次，在关于"分别对待"的论述中，作者集中在社会生活方面而非知识研究方面，这可以说是一种局限。很明显，如果分别对待用于知识研究，便可能成为科学研究的发端，今仅用于事理方面，即仅重社会生活中人与人之间的规范，科学的研究和分析自然被忽视了。我国学术传统中不重视科学知识的分析研究，在这里也可找到其更久远的来由。

其三，在社会中的分别对待，又集中在分利于民的问题上，这本是原初的民本思想的表现，与当时所有制为多级领有形态有关，对于社会的上下协和、稳定发展有重要意义。但是，这种分利思想中，包含有原始的平均主义思想和一定程度上的财富恐惧意识，则又是一种原始狭隘性的表现，它最终可能导致对财富积累的否定意识，成为抑商政策的思想根源，对资本主义的初期积累是十分不利的。总之，从解卦中我们已可以捉摸到传统文化的优越方面及其不利方面。我们今天学易，也正要发挥它善于“分解”的精神，对传统文化进行科学的分析，正确对待，才能作到用其精华，弃其失误。实际上，在周初时代，《周易》及解卦中的思想，如“分别对待”和“分利与民”等都是符合当时的社会要求的，因而是正确的，可以说都是精华，无所谓糟粕。但随着社会的发展，这些观念逐渐表现出局限性、落后性，或致发展了它的负面作用，这不是《周易》作者的过错，而是后人不善分别对待造成的。我们今天正确对待传统文化，根本上不在于以今人的视角评价其优劣，而在于能够从中吸收其仍然有用的思想资料，并学习他们正确分析问题处理问题的方法，这才是最重要的。

另一方面，解卦的主旨还在于提倡一种见义勇为精神，包括解厄济困和与民分利两个方面，对后世的社会心理都有深刻的影响，在今天也还有其积极的意义。

50. 大过：见义即当勇为

䷛ 大过。栋桡。利有攸往，亨。

解：大过。象辞，通常用为卦名。

字义：大，初义为大小之大，又通太，帛本凡卦辞皆作“泰”，如泰蓄、泰壮、泰过均是，惟大有作“大有”，而泰卦夺卦辞，未可辨也。其余爻辞中，帛本皆作大而不作泰。如“利见大人”“得其大首”“利涉大川”皆是也。此处亦大、太二义兼用。

过，金文作、，象行经于道途之形。《说文》：“过，度也。从辵，呙声。”度即经过、度过之意，引申为过度、过越、过分、过失等义，此处用过越义。

大过者，大过于小之意。《彖》曰：“大过，大者过也。”甚是。

依审美取象：为卦外二柔而内四刚，《周易》以阳刚之爻为大，阴柔之爻为小，故有大过于小之象，与小过对观，其义甚明。

依物理取象：上兑为泽，下巽为木，有泽水太盛至于灭没草木之象，故曰太过。《象传》云：“泽灭木，大过。”是得其本义。

栋桡。喻辞。以栋桡之事，喻大过之意也。

字义：栋，屋上之正梁。

桡，《说文》：“桡，曲木。”引申为屈、折、枉等。

栋桡者，栋梁不堪其重荷而致曲也。

盖大过既有大多于小之义，又有事过其度之义。此处即以栋桡之象以喻事过其度也。《彖》曰：“栋桡，本末弱也。”即以初爻为本，上爻为末，为卦初上皆柔而内四皆刚，是本末皆弱而不胜其任之象也。以下诸爻系辞，皆依事过其度之意以取象焉。

利有攸往，亨。占辞。

字义：亨，用通达义。

有攸往乃有所作为之意。

利有攸往亨者，谓于大过之失能有所匡救也。这是依大过之事理作出的应然判断。

王弼注有云：“巽而说行，以此救难，难乃济也；危而弗持，则将焉用，故往乃亨。”这是从行为主体的道德精神方面提出的行为准则，可以简言之曰“见危受命”“临难思救”。所以他在解《彖传》“大过之时大矣哉”时又注曰：“是君子有为之时也。”这本是符合《周易》提倡的“吉凶与民同患”的大人气度的。与蹇·九五“大蹇朋来”之精神也非常一致。不过，若纯从“君子有为之时”去理解，则可能有功利胜于道义之嫌。因为他把大过之时，看成是个人大有为之时，似乎只关心个人建功立业、名成利就，而不是首先关心天下之太平与国家之安危。这样就有违《周易》以大过为过度，即过分之失的原意了。

朱熹在《本义》注中说：“大过之时，非有大过人之材，不能济也。故叹其大。”这个解释的含义是说，大过之时，若没有大过人之材的人站出来力挽狂澜，是不足以有为的。也就是说，“利有攸往，亨”的意思，乃是大过之时，必须有能人站出来力挽狂澜，才可能亨通。这是从客体的要求出发得出的应然判断，至于有没有人站出来“见危授命”“挽狂澜于既倒”，那就要看当时的实际条件了。比如出现大过之失，究竟是自身积恶所致，还是外力破坏所致，当时有没有大过人之材的能人等等。殷纣积恶而国危，这种大过是不值得匡救的；赵宋将灭于元，本是应当匡救的，也果然有文天祥挺身而出，但由于积弱难扶，最后仍然失败。这些情况下，无论有为与否，亦无论成功或失败，都有个道义前提，功利问题是应当放在次要地位的。这样也才比较符合《周易》以大过为过度之失，并力图处理好大过之失的道义精神，而并非乐于利用大过之时以成就功业的单纯功利主义态度。

初六　藉用白茅。无咎。

解：藉用白茅。象辞。

字义：藉，《说文》：“藉，祭藉也。一曰：草不编，狼藉。从草，耤声。”藉为古代祭祀或行聘礼时陈列礼品的垫物，一般用茅草的茎或叶编织而成。茅草之茎叶色白者曰白茅，洁白而贵重者也。藉用白茅，即以白茅作垫之意。

依数理及物理取象：初六以柔在初位，有垫象；当巽下，巽为木为柔草，于色为白，故有藉用白茅之象。

无咎。占辞，谓筮遇此爻，其占可以无咎也。这是依象辞的事理作出的应然判断。盖藉者，垫也。垫之为物，非用于装饰屋宇梁栋，乃在于缓冲其承重，使其稳固不移，可减少栋桡之凶，这是处大过之初所采取的一种补救方式，故占曰无咎。

《系辞》引子曰：“苟错诸地而可也，藉之用茅，何咎之有，慎之至也。”意谓藉用白茅是过分慎重，亦属大过之类。因为以白茅作垫应当用之于礼仪行为，今为使梁架稳固，却用了贵重的白茅，也就是慎重过度了。

占辞实际上有如下几重含义：

其一，大过有栋桡之凶，本是应该防止的。

其二，大过出现之初，是可以补救的。

其三，在社会生活中，发生大过之事是难免的，不要有侥幸心理、麻痹思想。“我们对乱子的态度，一是反对，二是不怕，三是要做工作[①]。”社会实践中更提倡“允许犯错误，允许改正错误”，这正是在过失评判问题上的一种明智观念。《周易》的作者已然有近似的取向，也足以令人叹服！

九二　枯杨生稊。老夫得其女妻。无不利。

解：枯杨生稊。喻辞，此以时谚喻老夫得妇也。

字义：稊，《说文》：“稊，苵也。”《尔雅》：“稊似稗。”原指一种似稗的草，其籽实称稊，以其小故。引申为幼芽。虞翻曰：“稊，稚也。杨叶未舒称稊。”实据此也。

喻辞有比兴的作用，不一定取象，但本爻亦有象可取。

依物理取象：本爻当下巽中，巽为草木，刚上柔下，有垂杨之象；巽又为陨落，故有枯杨之象；本爻又当互乾下，乾德为生，变柔当巽下，有生稊之象，故曰枯杨生稊。

枯杨生稊，可能是当时的一句谚语，与九五之“枯杨生华”相类，有戏谑之意，犹今时谓稀有之事曰：“枯树发芽”“铁树开花”“太阳从西边出来了”之类。经文用俚谚作象辞、占辞、喻辞皆有，参见履·六三及井卦辞释。

老夫得其女妻。象辞。

字义：女，泛指女性，特指未婚的女子。《周礼·地官·媒氏》：“女二十而嫁。”段注说文：“女子适人乃言妇人也。”女有弱柔幼稚之义，如以“女桑”为柔桑，以“女雀”为小雀，以“女墙”为小墙、内墙也。

老夫得其女妻，谓老年男子得年轻女子为妻也。周礼以“女二十而嫁”，老则泛指年老之人。《说文》：“七十曰老。”而《论语·季氏》：“及其老也。”邢昺疏：“老，谓五十以上。”而胡三省注《通鉴·汉高帝二年》云：“过五十六为老。”此处所谓老夫，当以五十至六十之间为当。

依物理取象：本爻当互乾下，乾为父，老夫之象也；上兑为少女，得妻之象也，故曰老夫得其女妻。

无不利。占辞。

谓筮遇此爻，无有不利也。无不利是个中性占辞，非吉非凶，不致有厉而已，并非凡事皆利之意。这是依爻象的事理作出的可然性判断，反映

① 毛泽东：《关于正确处理人民内部矛盾的问题》。

了当时对老年男子娶年轻女子这类社会现象的观念，有二重性：

首先，这是一种过度的行为，所以列于大过之内；其次是认为在可允许的范围内，以其处于下卦之中，所以断之以没有什么不利，但也不加提倡。现代观念依然大体如此，乃夫权制观念的遗留。

九三　栋桡。凶。

解：栋桡。象辞。意同卦辞，谓栋梁桡折也。

依物理取象：本爻当巽上，上兑为倒巽，巽为木，二木倒接，栋桡之象也。为本卦之主。

凶。占辞，谓筮遇此爻，所占为凶也。这是依栋桡的事理作出的实然判断，其象征意义则有如力不堪其所任，德不胜其所主，皆致凶之道也，国家大事尤然。这一占断与卦辞不同，是从爻象看，本爻变其卦之困，下体成坎，大过而困，未能施救，故凶。

九四　栋隆。吉。有它，吝。

解：栋隆。象辞。

字义：隆，《说文》："隆，丰大也。从生，降声。"引申为高、为兴盛，今犹称隆盛也。栋隆即屋宇高大隆盛。

依物理取象：本爻当互乾之中，其下体巽，乾为金、为玉，巽为木、为工、为长、为高，有栋宇高大华美之象，故曰栋隆。

吉。占辞，谓筮遇此爻，所占为吉也。这是依爻象的事理作出的应然判断。盖屋宇梁栋高大华美，利于居处行事，必能致吉也。

有它，吝。诫辞。

字义：它，《说文》："它，虫也。从虫而长，象冤曲垂尾形。上古草居患它，故相问无它乎。蛇，它或从虫。"故它之本义为蛇，且为毒蛇，故为人患，参见中孚·初九释。因相问"无它乎"，遂逐渐衍生出"其他"之意。经文本爻之"有它，吝"，则谓有毒蛇而生嫌也。这个诫辞，完全从栋隆的事理中推导而出，是依据当时的生活经验作出的告诫，属于或然判断或假言推理。即谓屋宇隆盛，虽无栋桡之凶而有栋隆之吉，但其中容易藏纳蛇虺之类，若是则不佳矣。

从这个诫辞可以看出，《易经》作者实际上将栋隆也视作大过之事，意谓栋以能承其重即可，若必隆而盛之，也是一种太过其度的追求，纵然可以有诸多方便和吉利，但也可能有蛇虺藏聚之患。其哲理层面是说，即使是一桩好事，若为之大过，亦可能引出坏的结果。这个见解，真有点类似现代哲人讲的："真理只要再前进一步，就会变成谬误。"

九五　枯杨生华。老妇得其士夫。无咎，无誉。

解：枯杨生华。喻辞。有如九二之"枯杨生稊"，皆当时谚语，以讽喻稀有之事，不必取象。与生稊对言，九二为稊是在下为稊，九五则在上为华也。《说文》："华，荣也。"指花。辞意谓枯杨开了花。

老妇得其士夫。象辞。

字义：士[①]，《说文》："士，事也。"为古代男性平民之称。《字汇·士部》："士，未娶亦曰士。"即指青年男子。辞意是说，老妇人招赘了年轻丈夫。

依事理取象：本爻当上兑中，变而为震，震为长男，下巽为长女，有以男就女之象，故曰老妇得其士夫。

无咎、无誉。占辞。谓筮遇此爻所占为无咎亦无誉也。这是依老妇得其士夫的事理作出的应然判断。它反映了当时社会风尚，对老大妇女而招赘青壮年男子这类现象的评判是不置可否的，比老夫得其女妻这类现象的评判只是略低一些，也还是在允许的范围内。不过，《周易》作者是将它归之于大过范畴的。但从作者以枯杨生稊、枯杨生华这类谚语来讽喻夫妻老少不般配的情况来看，它是认为这类大过都属于稀有之事，必然有其特殊原因，因而取谅解态度。我们可以设想，在当时农业社会中的妇、女、士、夫这类平民，他们本应以相应的年龄匹配。以老娶少，以少嫁老，既然都是在平民之间发生的，那便不属于强迫施行之类。双方既然愿意，必有特殊的互利性质，所以只能取既不反对，也不提倡的态度。将它纳入"大过"之类，则是从伦理道德上作出的一种评判，指出从生理条件上乃是"过度"的，也就是不适当的。

由此可见，"无不利""无咎无誉"属于社会价值评判范畴，"大过"则属于伦理评判的范畴。《易经》承认社会价值评判，是一种现实主义态度；

---

① 《周易》成书时代，士乃统治阶级之下层，分文士、武士。为帝王公侯服务者也。这里指一般的男士，其后则指称一般男性平民。

但同时又提出伦理评判，则是一种理想主义态度。既承认现实，又提倡理想，这正是圣王的德教观念和政治风范。圣人之情见乎辞。但这种“情”，在通常情况下，往往被人忽视，更往往被人歪曲。例如《小象》有“老夫女妻，过以相与也。”虞翻解“枯杨生稊”曰：“大过之家，过以相与，老夫得女妻，故无不利。”以为富贵之家，老头子娶少女是无不利的；王弼注更说：“老过则枯，少过则稚，以老分少，则稚者长，以稚分老，则枯者荣，过以相与之谓也。大过至衰而至壮，以至壮辅至衰。应斯义也。”将大过释为“衰壮互补”，更是一种谬解。关于“枯杨生华”，《小象》首先加以贬斥：“枯杨生华，何可久也？老妇士夫，亦可丑也！”充分流露出男尊女卑意识。虞翻袭从此说，王弼亦曰：“处栋桡之世而为无咎无誉，何可长哉？故生华不可久，士夫诚可丑也。”以士夫处尊位而不能拯危济困为可丑，这是对大过的误解，对士夫的不解，完全出于理想主义，本身就是一种“大过”的态度。后世诸家的释义，基本上没有超过这类范围。看来，要从系辞中得见“圣人之情”，也是很困难的，能否见圣人之情，实与其人的个人意识以及时代观念相关。可以说虞翻是以贵族的偏见来解《易》体情；王弼是以清高自恃的玄想家的态度来解《易》体情；后世学者则往往纠缠于取象之是非而根本不能解辞。《系辞传》说：“仁者见之谓之仁，智者见之谓之智，百姓日用而不知，故君子之道鲜矣。”可惜，在大过问题上，君子们既未能见“仁”，也未能见“智”，而仅见其俗。

上六　过涉灭顶。凶、无咎。

解：过涉灭顶。象辞。意谓涉水过河时被水淹没了头顶。

依物理取象：本爻当兑上，兑为泽、为大水，爻位在上，故有过涉之象。为卦象泽水灭木，故有灭顶之象。

凶、无咎。占辞，谓筮遇此爻，所占为凶或无咎也。这是依过涉灭顶的事理作出的或然判断。从逻辑学上讲，也可以说是从二歧推理中作出的选言判断。因为过涉而灭顶，一般是很危险的，故其占为凶；但是有些人会游泳，即使灭顶也可以游过去，这种条件下便可以无咎。从这个占断辞可以看出《周易》占断的理性主义性质，它完全根据事理逻辑来作判断，直觉成分仅占次要地位。在事理中它特别注意条件性，这也是一种理性主义态度。

在《周易》的占断中，几种占断，乃至相矛盾的占断并存的情况屡见不鲜。例：

损卦辞："损。有孚，元吉；无咎，可贞。"

晋·上九："晋其角，维用伐邑。厉、吉、无咎，贞吝。"

家人·九三："家人嗃嗃。悔，厉、吉。"

这些不同的或矛盾的并占辞，大体上都依不同的条件为转移，表明《周易》观察问题作出判断的客观态度，也是突出的理性精神。

总的来讲，大过是处大过之道，也就是对待过度、过分的问题应有的态度。

大过问题，从社会行为上说，主要指力不胜其事，德不堪其任，故以栋桡为喻。对待这种问题，首先还是不赞成。因为大过其度，必有栋桡之凶，自然是应当反对的，但要正确对待。

首先，大过之事，需要大过人之材加以匡正，其前提便是要符合道义原则，不是积恶所致，这样大有为之人才可能站出来力挽狂澜。从行为主体来说，凡符合道义原则，虽有危难，也应当有临危受命、力挽狂澜的勇气，这正是《周易》的大人品格，也是后来成为民族精神的脊梁的"时代忧患意识""吉凶与民同患"精神的突出表现。

其次，大过之事在社会生活中难以完全避免。如老夫少妻、老妻少夫、栋隆有它等。这些从伦理道义上是应当避免的，但社会生活中又是难免的，这就只能取无咎无誉的态度，既不提倡，也不禁止，略加讽喻而已。这是《周易》的德教观念和仁人政治的体现，对我们今天的精神文明建设尚可借鉴。

最后，《周易》对大过不取完全否定的态度，基本精神是在承认难以避免的基础上加以引导，与小过之凶多吉少有明显区别，当与小过对照理解。

51. 小过：小过之厉非小
（附：大过、小过合论）

䷽ 小过。亨。利贞。可小事，不可大事。飞鸟遗之音，不宜上，宜下。大吉。

解：小过。象辞，通常用为卦名。

字义：过，《说文》："过，度也。"度即过越、过度之义，详大过卦释。

小过者，小过于大之义，亦小有所过之意。依卦爻辞审度之，则有小事有所过之意，可与大过卦对照即明。

依审美取象：为卦外四阴柔，内二阳刚，《周易》以阳刚为大，阴柔为小，是有小过于大之象，故曰小过。《象》曰："小过，小者过而亨也。"近之。朱熹注："小谓阴也。为卦四阴在外，二阳在内，阴多于阳，小者过也。"是其义。

亨。叙辞。叙述筮遇此卦，在享祀之时，其占断自有权威性也。

利贞。占辞。谓筮遇此卦，所贞有利也。这是依卦象的事理作出的应然判断。小过而于事有利，这是颇为辩证的观念，其说详下。

可小事，不可大事。释辞。这是对利贞的一个说明。利贞是功利性判断，意思是做事情可以有所成就。是不是无论做什么事都有利，都会有成就呢？释辞说："可小事，不可大事。"就是给问筮者说明，只是小事情可有成功，大事情是不利的。这也是从卦象的事理引申出来的。既然卦象是小过于大，自然只能是对小事有利，对大事就不会有利。在小事情上过头一些，一般是难免的，甚至有时还是必要的。例如种植时多准备一些种子，对小孩的关照胜过老人之类，虽小有所过，都是可以的。但是在祭祀会盟、用兵打仗这些国之大事上，就不能小过于大，不能小有过失，小过失就可能造成大祸患。甚至建筑房舍这类问题，也不能有所过，若上承过重，便有栋桡之危，那就造成大过了。《周易》对象占辞加以释辞，在经文中是较多的，说详屯、观等卦及本卦上六爻释。

飞鸟遗之音，不宜上，宜下。喻辞。这是对"小过"之象的一种比喻性说明，也是对可小事、不可大事的释辞的一个补充。意思是说：小过之事，就像飞鸟遗留下一种声音，可能引起人们来弋猎，所以是一种较小的过失。发生了这种过失，就不宜往上飞，因为往上飞就容易被人看见，就有被弋猎之危；只有往下进入树林深处，才利于隐藏，而鸣声还能引起人们的美感，这样才算是利贞。若飞鸟鸣叫而上飞，则如中孚·上九之"翰音登于天，贞凶"，那就非利而为凶了。

不宜上，宜下。从隐喻层面看，也有只适合下位者而不适合于在位贵族的意思。因为下位之人，小有所过并无大碍，上位之人小有所过，就可能造成很大危害。历史上这类问题比比皆是，毋庸赘述。

大吉。验辞。吉凶属于得失性的判断，所谓"吉凶者，言乎其失得也"

（《系辞》第三章）。大吉便是大有所得，有大收获，这样的占断在卦爻辞中都是很少的。仅见于三处，即：

家人·六四：“富家。大吉。”

升·初六：“允升。大吉。”

鼎·上九：“鼎玉铉。大吉，无不利。”

这三个大吉之占，都是大有所得的意思。小过卦辞的“大吉”，通常将它作为占辞，是不恰当的。因为既然小有所过，也就必然会有副作用，它在一定条件下，可以有所成就，例如矫枉过正之类，小有所过是可有成功的，但绝不能大有所得，也就是不可能大吉。这是按照事理逻辑应当明白的。所以小过的占辞只能是“利贞”再加以“可小事，不可大事”的条件性说明。

最后的大吉，也不可能属于“飞鸟遗音”的说明。因为，飞鸟遗音，本属小有过失，即使下藏而吉，亦不可能大有所得，于人于鸟，都不可能是“大吉”的事。所以这个“大吉，”只能是经过“系币比命，岁终计占”时，发现当时筮遇小过的占断本是“利贞，可小事不可大事。”但实际检验的结果，其所占之事却是大有所得。乃根据实证重于预测的原则，系之曰：“大吉。”表明筮遇小过之卦，按事理上讲，一般只能小有所利，但实际上，只要敬慎从事，还是可能大有所得，例如革除陋习而矫枉过正之类。

综上所述，可见小过的卦辞含意非常丰富，而且它完全诉诸理性，既强调条件性，又强调实证性，态度是科学的，思想方法也是辩证的，特别值得重视的是它在行为学意义上提倡从大处着眼，从长远考虑，而反对谨小慎微，反对狭隘、短视，透露出一种大人的气度和风范。

初六　飞鸟以凶。

解：飞鸟以凶。象占连辞。

依审美及事理取象定占：小过有飞鸟之象，中二刚象鸟身，外上下二柔象鸟翼，本爻当翼端，鸟飞以翼，小有过失则遭捕杀，本爻变，下卦成离。离，网也。乃遭网之象，是以凶。这一象占的隐喻层面是讲：鸟之飞行，若小有所过，如飞鸟遗音而其飞不止，则非小过失而为大过失，必至于凶也。可见小过与大过之别因时因事而不同，不可一概而论。所以对于小过之事不宜小看，在开始阶段，宁可看得严重一些，谨慎一些，不可失之大意。飞鸟之凶可鉴也。

六二　过其祖，遇其妣；不及其君，遇其臣。无咎。

解：过其祖，遇其妣；不及其君，遇其臣。象辞。

字义：过，越也。义同上文。

遇，《说文》：“遇，逢也。”本有会遇、值遇、遭遇、机遇等义，参见丰·初九，同人·九五释，此处用会遇义也。

今世学者，或以遇为誉，或以遇为遏止，其据皆不足。今查经文用遇字者有同人·九五，丰·初九、九四，夬·九三，睽·九二、九四、上九等共八处，遇字皆用“逢”“会”义，根本没有“誉”“遏”之义，帛本亦然。且经文中遇、誉有别，例如丰·六五“来章，有庆誉”、旅·六五“终以誉命”、蛊·六五“干父之蛊。用誉”等，均不以遇作誉，此处岂可随意生解？从来诸家，对小过卦的解释都繁乱而不明宗旨，很大程度上是对“遇”字无从确解。朱熹夫子在释上六爻时还说：“过、遇”之用，“未知是否”，可见确解之难。其实，卦爻辞中以过、遇、不及三辞并举而着其占断，很明显是在探讨社会行为中“过越”“遇合”与“不及”等三种状况的是非得失，我们从行为学的角度来理解它，是比较明白的。离开了这个主旨，纵然引经据典，都难免导致思想混乱了。

祖，甲文作，象男性生殖器，意指祖先。《说文》：“祖，始庙也。”妣，金文作，象女人，与父、祖相比配者曰妣。

依数理取象：祖，始也。指初位；本爻位在二，已过初，故有过其祖之象；妣、父祖之配也，像女之比附于男，本爻以阴柔而承九三为妣于父祖之象。故曰：“遇其妣。”又，《周易》于阴阳相配而论时，以阳刚为君、为主，以阴柔为臣、为仆。《系辞·下传》第四章：“阳卦多阴，阴卦多阳，其故何也？阳卦奇，阴卦耦，其德行何也？阳一君而二民，君子之道也。阴二君而一民，小人之道也。”这个说法，虽是较为后起的，不能一概而论，但从数理关系上，只考虑阴阳奇偶刚柔的关系时，是有这个观念的。例：

观·六四：“观国之光，利用宾于王。”指六四宾于九五；

又：泰、否二卦均以阳爻为大，阴爻为小。这些都有阳君阴臣的含义。

过其祖，遇其妣；不及其君，遇其臣。直观层面的含义是，走在祖父的前面，同祖母走在一起（古人行路时妻前夫后）；走在君主的后面，同他的臣僚走在一起。它的隐喻层面就是行为小有所过，还在可允许的范围内。

无咎。占辞。谓筮遇此爻，无有灾咎也。这是依象辞的事理作出的应然判断。从行为学的意义上看，走路的前后，算不上大事，在这类事情上小有所过，还是可以允许的。故断之以“无咎”。当然也以无过不及为好，所以不能断之以吉、利。

九三　弗过，防之；从，或戕之。凶。

解：弗过，防之；从，或戕之。象辞。

字义：从，《说文》：“从，随行也。”引申为“率领”“追逐”“随从者”等义，参见坤·六三、益·六四释。经文中，从字多用为随从、听从之意，本爻则用随逐义。

防，《说文》：“防，隄也。”《玉篇·阜部》：“防，障也。”原意为堤坝，引申为“堵塞”“防止”“妨碍”“防御”等义。此处用防堵义。

戕，甲文作。《说文》：“戕，枪也。他国臣来弑君曰戕。”《玉篇·戈部》：“戕，杀也。”引申有伤害、毁坏等义。帛书本戕字作臧。臧之甲文作、杨树达《释臧》：“盖臧本从臣戈会意，后乃加爿声……甲文臧字皆从以戈刺臣之形，据形求义，初盖不得为善，以余考之，臧当以臧获为本义也。”此说有理。甲文实象战争中以武器俘获战败者，其引申义即为枪杀，故戕与臧通。今考本爻辞义，当以用臧获义为胜。

全句意谓不超越它，可在前面防堵，并从后面追获。

依物理取象：本爻当艮上，艮为山，为止，是“弗过”而“防堵”之象也。故曰：“弗过，防之。”本爻又当互巽中，巽为绳、为系，下艮为黔喙之属，有兽象，是获兽之象也。故曰：“从，或戕之。”

凶。占辞。谓筮遇此爻，所占为凶也。这是依爻象辞的事理作出的可然性判断。盖“弗过，防之，从，或戕之”，自直观层面而言，是说狩猎过程中，前面设防，围而弗过，从后追逐，终致擒获。这种一网打尽的做法，与比·九五之“王用三驱，失前禽”的显比观念背道而驰，当时可有所得，最终则为凶险之事。之所以将它视为小有所过，乃是从人的社会行为的功利层面来看，并不算太过，而且能多有所获。但是，这种行为，类似先设陷阱，诱迫他人上当，是要小手段，从道德层面来看，是应当否定的，是凶险不善的。

这一爻辞中隐喻的社会行为有四个向度：第一是“弗过”。看起来，它没有“过其祖”那种过甚的行动；第二是“防之”。即不去超过它，而是在前面设防堵截它；第三是“从”。便是不取“遇其妣”那种会遇态度，而是追逐它，使它速入陷阱，最后是“或臧之”。即可能捕获它。这几种看起来并非大有所过的行为，组成了一套合目的的操作程序，其目的又完全是为了自身的利益而致他人于绝境，这种速人之过而又不露声色的小手段，《易经》作者是反对的。武王伐纣，止于盟津，以观其变，这是一种明白的声讨行为，如果纣王从此警觉，改弦更张，不至于使“三仁”丧遁，武王就可能不再毕伐于殷了。只因纣不思悔改，变本加厉，所以最后才作《泰誓》三篇，明正其罪。这是光明正大的吊民伐罪，同后世的谋略家故意诱人上当是迥然不同的。“郑伯克段于鄢”中的郑庄公便属于速人之过、成人之恶的类型。《老子》第三十六章讲：“将欲歙之，必固张之；将欲弱之，必固强之；将欲废之，必固兴之；将欲夺之，必固与之。是谓微明。”“微明”与“知常曰明”“不自见故明”的明以及“常善救人，故无弃人，常善救物，故无弃物，是谓袭明”及“自知者明”的“明”都是不同的，就是一种小聪明，小手段，也就是小过之类。老子的本意是揭露它，反对它，但却被后世的权谋家所肯定和借用，这是老子的悲剧。整个老子思想的悲剧性可以说都属此类，他所反对和揭露的阴谋手段都被人正面地接受和利用了。孔子则正面反对要小手段，《论语·尧曰》中“子张问于孔子曰：‘何如斯可以从政矣?’子曰：‘尊五美，屏四恶，斯可以从政矣。’”其四恶，即指“不教而杀谓之虐，不戒视成谓之暴，慢令致期谓之贼，出纳不果谓之吝”之类，这些都可以说是小过之行所以为凶。

九四　无咎。弗过，遇之；往厉必戒，勿用永贞。

解：无咎。占辞，谓筮遇此爻，所贞无咎也。这是依爻象的事理作出的应然判断。盖本爻当震下而兑中，有动于悦乐之象，其变之谦，故有无咎之占也。将占辞置于象辞之前，是经文的一种章法，参见升·六五及谦·六五释。这种章法有一个优点，便于在象辞后直接引出教诫辞，或将象辞与教诫辞并连叙述。

弗过，遇之；往厉必戒，勿用永贞。象喻连辞。依事理取象申诫：本爻处上震下而居互兑中，震为足、为动，兑为悦，动而弗过，此遇合而悦，无咎之道也。若往于五，则当上震中而中兑上，兑上乃破缺折损之处，是往而入于毁折之象也，故有往厉必戒之诫。又虽弗过而遇合于悦乐之中，可以无咎，然未可长永其事也，故又有勿用永贞之诫。

这条系辞的隐喻层面是说，对悦乐之事，不可有所过，长久其事，便将有大过之厉了。

六五　密云不雨，自我西郊。公弋取彼在穴。

解：密云不雨，自我西郊。象辞。以当时的农谚明象，如小畜卦辞以此谚作象占辞也。

依物理取象：本爻当上震中，下互巽，雷风相益而下体艮为止，故有密云不雨之象；本爻居震中，又当互兑上，震为动，兑位西，故有自我西郊之象也。

公弋取彼在穴。验辞。以验代占。辞意谓某公于密云不雨之日，筮遇此爻，而曾弋取在穴之鸟兽也。

验辞不必取象，但以往昔记录为准。其直观层面乃谓，密云不雨之际，不宜行猎之时也，而某公弋取于穴，则知鸟兽行藏之规律，密云不雨时多归穴趋巢，因而可弋取之于穴也。

这条系辞的隐喻层面则谓小过之行，只要掌握了客观的规律，便是可行的，这正是卦辞以小过为利贞的实际含义。卦辞之可小事，不可大事，飞鸟遗之音，不宜上，宜下。都是视客观条件之不同而定取舍、决行藏。凡合于客观条件，即为有利，否则乃为不利也。

上六　弗遇，过之；飞鸟离之。凶。是谓灾眚。

解：弗遇，过之；飞鸟离之。象辞。

字义：离，有离去、遭罹二义，此处用遭罹义。辞意谓飞鸟未遭射中，却遭网而被擒。字义参见离卦释。

依审美及物理取象：本爻当上震之上，震象翼，鸟振翼而飞，弗遇而过之之象也；爻变成离，遭网被擒之象也，故有飞鸟离之之象。

凶。占辞，谓筮遇此爻，所占为凶也。

是谓灾眚。释辞，是对凶占的一种解释。盖有人捕鸟，未射中而飞走，但又遭罹于前面所张设的网上，因而被擒。这样所致的凶咎，并不是飞鸟遗音这类小过之失造成的，乃由于险难重重，防不胜防，造成了难以避免的灾难。

这条占释合辞的直观层面是小过之事，有时难以避免灾害，是因为防不胜防。其隐喻层面则是指出社会生活异常复杂，过失是可以避免的，但灾害却是防不胜防。有时即使行为上没有犯错误，也难以避免受到伤害。王季献捷被囚，文王行仁政而被囚，主要原因都不在于本身行为上有过失，而在于有人设圈套，置陷阱，情势使然，难以避免。遇到这类情况，还是该怎么做就怎么做，不求免凶，但求尽其在我而已，功罪由人评说，合于事理即是。而合于事理者，最终必将取得成功。

总起来看：小过是探讨社会行为的合理性问题的卦。当时社会生活已颇为复杂，有些本来不大的问题，如像走路的前后，已经有了能不能超前或落后的问题；有些看起来是小有所过，但却暗藏杀机；有些事小有所过是允许的，只要合乎事理，都是可行的、有利的，但是意外灾害也是难于防止的。这反映了在社会生活中，人们已经产生了难以把握自身命运的感觉，这也是作易的必要性的一个方面。所以作者取寓教于筮的办法来调整人们的社会行为。但在总的价值取向上，《周易》此卦以及全书，都主张行为光明正大、合情合理，不在于避祸而在于尽责。不怕明过之大，而惧暗过之小。对于耍小手段、设圈套、速人之过、置人于凶、成人之恶，则取反对态度。从行为学的角度来看，在当今社会中也只能大体如此。这也是《周易》的人文化成精神的深远意义之所在。

大过、小过合论

结合大过来看，二卦可以说是社会行为学的发端。社会行为学主要从行为动机、行为方式、行为规范、行为效果等方面对其进行功利性及道义性的评判。二卦首先区分了非常行为与常态行为。大过之栋桡、栋隆、枯杨生华、过涉灭顶等，属非常态行为；而小过之过、遇、防、从，属常态行为。二卦从效果上考察其得失，分别进行功利性评判与道义性评判。凡非常态之行为，合于道义、功利者即为吉、利，不合者皆凶；合其一而违其一，则两种评价并存。如栋桡之往，乃合于义也，故利；栋桡之凶，不义而无往，故凶；枯杨生稊，义利并观；过涉灭顶，吉凶依主观能力而定，均属义利并重而更重义；小过之凶，皆在于伪善之过，或由于条件复杂，防不胜防，皆取道义优先原则。二过之中，作者尤重视小过之凶，这是对社会行为的动机、规范、效果综合考虑的结果。总的结论是不怕明过之大，而惧暗过之小，表现出一种精明的睿智。

大壮中则主智、力并用而尤重智。可结合参看，以见社会行为的大、小、明、暗、邪、正；常态、非常态；利、义；智、力等诸多矛盾方面均已被关注、被提出，且作出了适当的评判，为后世之行为评价树立了范例。中国人重德、重智、亦不轻利的观念于此已经形成了。而在周初，正是在这种对社会行为的适度性与规范性的探讨中强化起来的礼治观念，推动了“制礼作乐”这一具有划时代意义的建制过程。

52. 大壮：善用壮而不恃

（附：大过、小过、大壮合论）

䷡ 大壮。利贞。

解：大壮。象辞，通常用为卦名。

字义：壮，有二义：一谓壮大、壮盛；二谓病伤、创伤。此处用壮盛义。参见姤卦辞释。

依物理取象：本卦上震下乾，震为雷，乾为天，雷行天上，其势壮盛无比，故有大壮之象。帛书本大壮作泰壮。《象》曰：“雷在天上，大壮。”是其义也。

利贞。占辞。这是依大壮的事理作出的可然性判断。因为一般来说，壮盛是成功之象，故断之以“利贞”，谓筮遇此卦，于所贞问之事有利而可有成功也。这一占断，反映了周初的刚健进取意识，与春秋战国时期老子学派主张“去甚、去奢、去泰”[①] “贵柔守雌”的价值取向是不同的。《老子》第三十章、第五十五章：“物壮则老，是谓/谓之不道，不道早已。”更

① 《老子》第二十九章。

明确地反对壮盛，这是针对当时诸侯争强斗胜造成人民贫困不堪而发的。

初九　壮于趾。征凶，有孚。

解：壮于趾。象辞。

字义：壮，此处用戕伤义。

依数理取象：本爻在初位，初位在人体象趾。趾太壮即肿大，故有壮于趾之象。

征凶，有孚。占辞。

字义：征，用征伐义。

有，通以。有孚，谓以至于被俘也。

辞意是说，筮遇此爻，于征伐之事则凶，有被俘虏的危险性。这是依壮于趾的事理作出的可然性判断。战争中伤了足趾，当然容易被俘了。

九二　贞吉。

解：贞吉。占辞。谓筮遇此爻，所贞为吉也。这是依爻象的数理作出的可然性判断，象辞省略。这种章法，经文多处用之。因本爻当下体乾中，健而得中，为卦之主。处大壮之时，又以阳居阴位，不至有过壮之失，其上应五，得上之助，故其占为吉也。

又，本爻变则下乾成离，其卦之丰，亦大有得之象，故其占为吉也。

九三　小人用壮，君子用罔。贞厉。羝羊触藩，羸其角。

解：小人用壮，君子用罔。象辞。

字义：小人，此指平民。

君子，此指贵族。

用，通以，作介词。

罔，初义同网。网本有编结、蒙覆、陷害、诬枉等义，故引申为忧。高亨曰："罔疑当读为惘，忧也。说文无惘字，其制稍晚，故易以罔为之。"此说可从。

辞意谓在下位者以伤，在上位者以忧也。

依物理及数理取象：本爻当互乾中，变则下体成兑，兑为缺损，下位者以伤之象也，故曰小人用壮。本爻又当上互兑之下，变则上互体成坎，坎为加忧，在上位者以忧之象也，故曰君子用罔。

贞厉。占辞，这是依爻象中的事理作出的应然判断。盖下位小人以之伤损，上位君子以之忧惘，其处境危厉可知。此诫君子当慎用大壮之势，不可以盲目自恃也。

羝羊触藩，羸其角。喻辞，以明不可盲目用壮之意也。

字义：羝，《说文》："羝，牡羊也。"

藩，《说文》："屏也。"《释文》："篱落也。"

羸，本义为瘦弱，借作累。虞翻本即作累。《说文》："累，大索也。"羸其角，即谓拘系其角。

依物理取象：本爻当乾上互兑下，兑为羊，乾为健，牡羊之象也，故曰羝羊。又互兑上交震，震为蕃，蕃通藩，故有羝羊触藩之象；兑上象羊角而入于震藩之中，有为藩篱所拘系之象，故曰："羝羊触藩，羸其角。"用以喻盲目用壮之失也。处大壮之时，当下体之上，承过壮之患者也。小人以之而致伤，君子承之以忧惧，以免触藩羸角之患，此明智君子善于用壮之意也。

九四　贞吉，悔亡。藩决不羸，壮于大舆之輹。

解：贞吉，悔亡。占辞。这是依数理象作出的应然判断。本爻当上震之下，上承二柔，有以刚下柔，以阳承阴之象；处大壮之时，居公卿之位，以刚健之势，矫阴柔之弊，壮而不失于过之象也；健壮则于事能有成，不失于过壮则免于有悔，故其占为贞吉，悔亡也。

藩决不羸，壮于大舆之輹。增益性象占连辞。其章法有如巽·六四之"悔亡，田获三品"及巽·九五之"无初有终"之类也。

字义：决，《说文》："决，行流也。从水，从夬。"原意为决堤防以行流水（参见夬卦辞）。引申有冲决、突破等义。此处之藩决即谓藩篱被突破。

舆，指车舆。輹，车轮之条輹（参见小畜·九三释）。

辞意是说，藩篱已被冲破，不能系住羝羊，却损坏了作为藩篱的大车的轮輹。

依物理取象：本爻当互兑之中，而下互乾，兑为羊，乾为健，羝羊之象也；兑上交震，触藩之象也；本爻变，上震成坤，藩决而见平地之象；坤又为大舆，本爻当坤下，舆輹之象也。故有藩决不羸，壮于大舆之輹之象。壮即损伤，承上爻意谓羝羊触藩使决，出而损及大车轮輹也。这一现象表明，当时多有以大舆为藩篱门栅的习惯，犹军营之以大舆为营栅也。

作为占辞，本爻则有以大壮之势，冲决藩篱之意，盖本爻依物理则有此象，故于数理象占之后，更增益此物理象之占断也。其隐喻层面的含义在于说明：在遭遇障碍的情况下，可以乘大壮之势以冲决之，此善于用壮之意也。这可以说是对卦辞以大壮为利贞的一个说明。盖羝羊触藩为求配偶，藩篱而拘系之，此大过之失也。矫大过之失必乘大壮之势，此以过人之行成大有为之事者也。因此，对泰、大过、大壮都是不应笼统否定的，要点在于运用得宜，这也可说是《周易》的刚健而不失于中正适度的大有为品格的表现。与近世哲人所谓“矫枉必须过正，不过正不能矫枉”的寓意有近似之处。

六五　丧羊于易。无悔。

解：丧羊于易。象辞。

字义：易，通埸（音 yì），即疆埸、边界，此处即用疆埸义。参见旅·上九“丧牛于易”释。

丧羊于易，谓在自家放牧的疆埸之内丢失了羊子。

依物理取象：本爻当互兑上，及上震中，兑为羊，震为藩，为大途，本爻变，上震变兑，乃无所藩而羊出以亡失于大途之象。故有丧羊于易之象也。

无悔。占辞。谓筮遇此爻，所贞可以无悔也。无悔之占，与“有悔”相对成义。悔吝者，忧虞之象也。则“无悔”即无所忧虞之意。处大壮之时，居君位之尊，不临之以刚而用其柔，虽有丧羊之失而无触藩之厉与壮輹之悔，是可以无悔矣。这一占断乃联系上下诸爻之象而综合审度之后所得出的事理判断，其含义至深，已达于哲理性层面。盖大壮之时，必有大壮（伤）之事。九三、九四，凡乘之以刚者皆有厉、损之虞，有如严刑峻法以防范而不免于忧惘、损伤，皆未能善用其壮之所致也。羝羊者，牡羊之壮，动情期则不可藩防，藩防之则必致伤、决之忧，今顺其大壮之势而不藩，虽一时丧亡，若有所失而得免于决藩与壮輹之患而有配种之得，是所失不大而患可小也，故断之以无悔，此两害相权取其轻之意也。

上六　羝羊触藩，不能退，不能遂。无攸利，艰则吉。

解：羝羊触藩，不能退，不能遂。象辞。

字义：遂，《说文》：“遂，亡也。”不能遂，即不能逃走以遂其配种之欲。

依物理取象：本爻当震上，互体兑及乾，仍有羝羊触藩之象。本爻当震上而外藩乎兑，如羊在藩中，是不能退、不能遂之象也。

无攸利，艰则吉。占辞。谓本无所利，若能艰难其事以处之则可转吉也。意如泰·九三之“无平不陂，无往不复，艰贞无咎。”

这是依爻象的事理作出的应然判断。

盖羝羊以其大壮之势触藩而羸系于藩中，不能退亦不能逃出，此种困境于羊于人实皆无所利。若知去其藩以遂其配种之欲，则羊无伤而人得利，此为明智的用壮及艰以从事之意，故其占为艰则吉也。

自数理及其象征意义而言，上六处大壮之终而上震之极，乃能退而不能进之势也。盲目用壮，有何所利？变震之决躁而为离之明智，乃有善用其壮而遂其事之吉也。

此意亦在教人善用其大壮之势。

总的来讲，大壮讲壮盛之用，即用壮之道也。九二壮而能中，九三或壮而能忧惘，上六或壮而艰难其事，皆可化厉为吉；初九恃壮以征伐，九三恃壮以触藩，凡盲目用壮皆凶；九四壮足以决藩则乘其势以用之，亦吉。六五则两害相权取其轻，凡此皆智、力并重之道也。盖壮盛之势，善用之则吉，不善用之则凶，废之则不能成事，防之则或有忧厉，故当因势而善导之，此智力并重之意，亦刚健中正之德也。张岱年先生谓儒家于德力之辨取重德而轻力，法教之辨取重教而轻法。轻亦不废之意，亦用壮之中道也。

大过、小过、大壮合论。

大壮与大过并观，大过主见危受命，大壮主用壮以智，皆善于用其大之意也。无论大过大患、大壮大伤，皆主善用其势而去其患。这是一种大有为者的品格，与道家之以守柔为强迥然不同，前者有鲜明的功业意识，后者则以明哲保身而已；前者之失可能是急功近利，后者之失则为苟安待变。自《周易》观之，后者实乃小过之行也。盖小过者，所过似小而实则速人之过以利己也。联系小过卦观之，《周易》并不怕大过、大壮，而所忌者则在小过之行，这也是周初贤圣特有的价值观念。这可能与周初政治斗争的经验有关。例如文王率六州之侯以事纣，三分天下有其二以奉勤于商，本有补救殷纣大过之失的意思。但是，纣臣费仲及崇侯虎等则以媚态谗言迎合纣意，是操小过之行以速纣之过，以至于不可救；周既建国，管、蔡、武庚见武王既崩，以为周有栋桡之凶而自恃其壮以称兵作乱，如羝羊之盲目用壮以触藩，自陷于不能退不能遂之困境。这些史实都足以使人警悟到应当善处大过之时，善用大壮之势而尤惧小过之厉也。

53．涣：防涣实胜于救患

䷺　涣。亨，王假有庙。利涉大川，利贞。

解：涣。象辞，通常用为卦名。

字义：涣，篆文作。《说文》："涣，流散也。从水，奂声。"引申有离散义；又，奂有盛义。《玉篇·水部》："涣，水盛貌。"以上二义，来源甚古。《诗·周颂·访落》："将予就之，继犹判涣。"《毛传》："判，分也；涣，散也。"可见《诗经》时代，判、涣连用，已用流散之引申义为离散。《老子》第十五章："涣兮，若冰之将释。"明确地用涣散义。而《诗·郑风·溱洧》："溱与洧，方涣涣兮。"《毛传》："涣涣，春水盛也。"即涣字连用，已用为水盛之义。以后，涣散，涣漫等词，皆自涣之流散与水盛二义引申而来。本卦用为卦象，取流散及流通义，用于爻象取水盛义，有如兑作为卦象取悦乐义，作为爻象则取言说义也。说详兑卦释。

依物理取象：为卦下坎上巽，巽为风，坎为水，风行水上，涣漫之象，涣然流散也。又巽为木，木行水上，舟楫流通之象也。

亨，王假有庙。叙辞。叙述筮遇此卦，在享祀之际，并有国王亲至于庙行祭，以示其占断具有很高的权威性也。历来诸家，均以王假有庙为象辞而牵强取象，未明其旨。高亨《周易古经今注》："涣，卦名也，亨即享字……假，至也。有，犹于也。古有王者，举行享祀，亲至于庙，筮遇此卦，故记之曰亨，王假有庙。"其说合理，今从之。假用至义，有用于义（帛本有即作于）。说详家人卦初九、九五释。

利涉大川，利贞。占辞。前者为特称判断，谓利于远行涉川；后者为全称判断，谓于所贞之事皆可成而有利也。这是依卦象的物理作出的应然判断。盖本卦上巽下坎，巽为木，坎为水，木在水上，舟楫通流之象，故有利涉大川之占；舟楫流通，可以致远以利天下，如《系辞·下传》云：“刳木为舟，剡木为楫，舟楫之利，以济不通，致远以利天下，盖取诸涣。”故有全称判断——利贞之占也。

从占辞取象可知，涣取通流义，而不可取流散、涣漫等义也。

初六　用拯马壮。吉。

解：用拯马壮。象辞。

字义：用，通以。

拯，《子夏易传》作抍，帛本作撜，举也。此处用拯救义。

壮，用强壮义，说见明夷·六二及大壮卦释。

用拯马壮者，以其护卫兵马强壮而得拯救也。

依物理及事理取象：本爻当下坎初，坎于马为美脊，故有马壮之象；变而为兑，悦乐之义，以马壮而离险得乐，故有用拯马壮之象。参见明夷·六二释。

吉。占辞。这是依爻象和爻辞的事理所作出的应然判断。盖本爻当涣之初，涣有水盛之貌，涣之初，洪水始发之时也。洪水始发，因以强壮兵马乘举而离险得乐，故其占为吉也。

九二　涣奔其机。悔亡。

解：涣奔其机。象辞。

字义：奔，金文作，象人奔走形。《说文》：“奔，走也。从夭，贲省声，与走同义，俱从夭。”此说未尽善，走字仅从一足，奔字从三足，乃急走、奔逃之象，故引申为崩坠也。

机，篆文作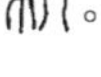。《说文》：“机，木也。”通几，案属。李镜池谓：“几当作丌，丌犹居也。《说文》：‘丌，下基也。’因此，机即房基。”其说可从。

涣，此处用水盛义。涣奔其机者，洪水冲毁其房基也。

依数理取象：本爻当三才位之地表[①]，在田之象也。

---

① 《系辞》下传第十章：“《易》之为书也，广大悉备。有天道焉，有人道焉，有地道焉。兼三才而两之，故六。六者，非它也，三才之道也。”

依审美取象：本爻以刚乘柔，上阳象几面，下阴象几底，房基之象也。

依物理取象：本爻当互震下，震为足，足之所履，亦房基之象。本爻又当坎中，坎为水，爻变成坤土，房基冲毁之象也。故曰："涣奔其机。"

悔亡。占辞。谓悔吝之事可免也。这是依卦爻象的事理作出的可然性判断。可然性与实然性、应然性均有区别，意谓不尽如此，仅有此可能。这取决于许多先决条件，例如本人会游泳，能吸取教训，说服群众改进居住条件，重视防洪措施等等。

从全卦及诸爻的占断和叙述来看，本卦所依据的是一次洪水成灾的史实，问筮的主体很可能是当时的国王。全卦反映了吸取洪灾的教训，提高群众防洪防灾的自觉性胜于个人安危的忧患意识，是周初圣王与民共患的忧危意识的具体体现。这里的占辞悔亡，便在于此种复杂的条件。卦的主旨本是讲洪灾问题，对待洪灾有三种态度；其一是避灾、减灾，其二是抗灾、救灾，其三是防灾。卦辞一开始便表明，洪灾发生时，国王亲自到祖庙进行祷祀，组织避灾、减灾；水患之初，族众乘马而升于高地避灾，果然洪水仅冲毁房基，未至于淹没人畜，这是不幸中之大幸，若能从此吸取教训，更重视防灾患于未然，就是变坏事为好事，故其占为悔亡。以下诸爻，都体现了这种吸取教训、防患于未然的精神。

六三　涣其躬。无悔。

解：涣其躬。象辞

字义：躬，通躳。《说文》："躳，身也。"段注："从吕者，身以吕为柱也。"泛指自我。

依物理取象：本爻当互体艮下，艮为躬，下体坎为水，故有涣其躬之象。

无悔。占辞。谓无所悔吝也。这是依爻象的事理作出的可然性判断。涣其躬即洪水淹到自身，初爻已表明族众均乘马脱险，此被淹的主体必是在救灾抢险中受到水淹。敢于在洪水中救灾抢险者，首先要有无私、无畏的勇气，同时应有擅长游泳的本领，这样虽然自身受淹，但是拯救了族众，因而可以无悔。若不具备这些条件，便不可能无悔，所以，这是一种可然性判断，是否无悔当依据求筮者的具体条件而定，而行筮者当有操作意识也。

六四　涣其群。元吉。涣有丘，匪夷所思。

解：涣其群。象辞。

字义：群，《说文》："群，辈也。从羊，君声，羊喜合群。"《国语》："兽三为群，人三为众。"实际上，群又泛指同类、同辈、戚族群体。《礼记·祭法》："王为群姓立社，曰大社。"郑注："群，众也。"《尚书·舜典》："乃日觐四岳群牧，班瑞于群后。"《礼记·三年问》："因以饰群，别亲疏贵贱之节。"郑注："群，谓亲之党也。"其义均同。若人畜混杂，则当以"群"指代，而不可用"众"，所以，这里的群当包括畜群与族众在内。

涣其群者，洪水淹到畜群及族众也。

依事理取象：本爻当互体艮中，上体巽下，艮为山，巽为木，山坳之中，林木之下也。涣而至于山间林木，洪水暴涨至于丘陵之象也。洪水初发时"用拯马壮"，则人畜皆上登山丘，今又及于山丘，故有涣其群之象也。

元吉。占辞。元义为始，谓始有其吉也。经文中元有二义：一般来说，元义多用为大，如元亨，谓大亨也。但亦有用始义者，《说文》："元，始也。"比卦辞"原筮，元永贞，无咎"之"元"及萃·九五"元永贞，悔亡"等诸"元"字皆有元初、初始等义也。

涣其群而占曰始吉者，盖因族众平常缺少防洪意识，多趋平原，今至于受淹，方可吸取教训，增强防洪抗灾意识。这也是依爻象的事理所作出的可然性判断，其条件即是族众于洪水涌来之初即已用拯马壮，未致伤亡，今至于山丘犹遭淹，必不致伤亡，但足以使其惊恐而明白防洪之重要。

涣有丘，匪夷所思。释辞，这是对"涣其群"而占断为"元吉"的一个解释。夷，常也。盖谓洪水淹至山丘，非寻常思虑之所及也。这个解释在于说明救灾过程中的失误难以避免，因洪水初发即已将人畜转移到山丘高地，本来是正确的，但没有料到洪水如此之大，也可能是发生泥石流，以至在山坡上的人畜都被淹，这一类失误在救灾中难以避免，毕竟没有死伤，而且足以引起群众的深刻警惕，以后当不难排除侥幸心理而由避灾转变为主动积极的防灾也。

九五　涣汗其大號，涣王居。无咎。

解：涣汗其大號，涣王居。象辞。

字义：汗，《说文》："汗，人液也。"即人身浸出的汗液。故汗有浸漫义，常用词即有汗漫，以状漫无边际，此处涣汗连用，即状水势涣漫不已也。

“號”，今简作“号”。《说文》：“號，呼也。从号，从虎。”段注：“唬号声高，故从号，虎哮声厉，故从虎，号亦声。”可见号的本义便是大声号叫。夬卦辞：“孚号，有厉。”萃·初六：“若号，一握为笑。”皆用号叫义也。

涣汗其大号者，洪水涣漫，浸溢不已，众人惊惶以至于大声呼号也。高亨氏谓当作“涣其汗，大号。”帛本亦作：“涣其汗大号。”其说可从而语意不变。

依物理取象：本爻互艮上，下体坎，爻变上体仍为艮，艮为山，坎为水，水势不断缘山上涨，漫溢不已，故有涣其汗之象。又互体艮，上体巽。巽为风，风声大则为呼号；艮为黔喙之属，有虎象，《九家易》即以艮为虎，虎啸生风，大号之象，故有涣其汗大号之象也。又：本爻当君位，艮为门阙，王居之象，故又有涣王居之象。盖洪水暴涨时，众人登山丘避水，王居亦必在丘台之上，正因为洪水涣漫，至于山丘犹浸溢不已，才引起族众惊慌而大号也。

无咎。占辞。这是当时占断，是根据实情作出的实然判断。因为洪水虽然浸溢至于王居并引起众人惊呼，但王居通常在丘台之上。这些丘台一般都经过夯实，这已为考古学上屡次发现所证明。筮师在当时判断其不至于引起坍塌，水势亦将不久自消，故断之以无咎，后来其占果验，便将这一占断保留下来，所以这实际上又是个验辞。在保留验辞“无咎”的同时又绘声绘色地将“涣汗其大号，涣王居”的惊险场面描写出来，用意自然在于告诫众人当吸取教训，不可因无咎而存在侥幸心理也。

上九　涣其血去。逖出，无咎。

解：涣其血去。象辞。

字义：血，通恤，忧也。参见小畜·六四：“有孚，血去。逖出，无咎”释。

涣其血者，洪水之忧也。涣其血去，则谓洪水消退也。

依数理及事理取象：本爻当上体之上，远离下体之象也。下体坎为忧，远离忧患之象也。又下体坎与中爻艮交互成象，乃江水暴涨，漫溢于山体之象，本爻当其上，外于洪灾，故有涣其血去之象也。

逖出，无咎。占辞。

字义：逖，《说文》："逖，远也。从辵，狄声。逷，古文逖。"逖之远义由来甚久，《尚书·牧誓》："逖矣，西土之人。"孔传："逖，远也。"《尚书·多方》："我则致天之罚，离逖尔土。"孔传："离逖汝土，当远徙之。"逖皆训远。古书逖或作逷，虞翻等即释逖为忧惕之惕，本爻象辞既云"涣其血去。"以血为忧，谓忧患已去，此处不宜再释"逖出"为"忧患出离"。否则语义重复，即不合系辞章法，故此处"逖出"之逖，当训为远，谓远出也。占辞逖出无咎，即是远出无咎。远出无咎是个特称判断，这是依爻象的事理及物理作出的应然判断。自事理言，象辞即云"涣其血去"是洪灾已去，则宜吸取教训，远离容易遭灾之地，方保无咎；自物理言，本爻当涣之上体之上，上体巽为木，下体坎为水，木上于水，是乘舟致远之象，卦辞即已有"利涉大川"之占，涉大川即是远行，利于远行，自然便是"逖出无咎"了。

以上二说均可通，但自全卦语义详之，则以"逖出无咎"为教诫性占辞为当。盖全卦以明防洪救灾之道为主旨，自初二爻之避灾，三爻四爻言救灾抗灾，五、上爻则转为防灾也。防灾之道有二：一是排洪设施完善，二是居处应选择高丘之地。古代井田有较完善的沟洫制度（详见井卦释），但是，沟洫对于太大的洪水也是不能保证安全的，如遇山洪暴发，或者百年不遇的大水，灾害也可能造成严重损失，所以古代氏族部落以至家族公社、农村公社，其居住地点均选择在依山傍水的高丘之上。后来人口繁殖，逐渐移向浅丘和平原，一遇洪灾，便只好赶快往山丘高地逃避。这正是本卦诸爻反映出来的实际情形。由于王居始终建筑在高丘之上，这次洪水虽然非比寻常，淹到了王居的基台，终能免酿大患。但是损失也必然很大，人们从匪夷所思的大水中感到惊恐之余，更进一步考虑到将居处迁于高丘以远离水患威胁，也还是非常必要的，这便是"逖出无咎"的实际含义。当然，要大家都做到"逖出"也是很困难的，但是，作为一种教训，还是应当将它如实地记录下来，作为防洪救灾的指导思想。这正是《周易》作者的观念中，"价值理性"与"工具理性"具有朴实的内在统一性的具体表现。

综上所述，涣卦是关于水利与水患问题的卦，卦辞以讲水利为主，利在航运通流；爻辞讲水患为主，旨在防灾胜于避灾与救灾，是当时一次洪灾的记录，描写朴实而生动，充分体现了周初贤圣的与民同患的忧危意识与科学理性精神。

其他讲灾害的卦还有坎、离等，坎卦讲险陷之事，离卦讲兵燹之灾，实际是讲人为的灾害，主旨在于避害、远害、必要的防范以至用征伐的方法消除灾害，具有明显的主体意识和抗争意识。这种态度在对待社会生活中的灾害是必要的，但在对待自然灾害上就不适合，在人力还不可能战胜自然灾害的情况下，便不应取对抗的方针而应当取顺应自然的方针；对自然灾害不取以抗为主而取以防为主的方针，便是明智的抉择，涣卦与坎、离二卦的不同之点便在于此。由于它的主旨在于利用群众对自然灾害的实际经验来教导群众采取科学合理的生活方式，故附之于人文化成之列。人文化成是一项长期的、艰苦细致的思想工程，涣卦给我们的重要启迪便在于能运用群众自身的经验（包括失败的经验）来教导群众。要知道，反面教材的作用往往比正面的教导更为有效。

第八章　中和内美之道

——周人的审美意识

54. 贲：致中和而臻内善

（附：关于先秦诸子美学观的讨论）

䷕　贲。亨。小利有攸往。

解：贲。象辞，通常用为卦名。

依事理取象：其卦下离上艮，离为明、为丽；艮为止、为住、为著。构意谓明丽而著于物，文饰之象也。本卦即论文明现象、文化之道，反映了周初贤圣的审美观。

字义：贲，《说文》："贲，饰也。从贝，卉声。"实际上，贝与卉皆原始民族的饰物，一般是男性以贝为胸饰，女性以花卉为头饰，幼儿以贝为首饰、颈饰，故称婴儿，此习至今犹可见也。《说文》谓以卉为声，则读若 féi，《广韵》谓"符非切"是也，用为姓氏之称；其音 bì 者，《广韵》作"彼义切"，是贲卦初义，谓饰也。《周易》以明丽之著于物而见文饰之义，并借之以论文明中正之道，甚富于审美观念与美善相兼之伦理意识。可以说是专讲审美问题的卦。

亨。叙辞。亨通享。说明筮遇此卦，在享祀之际也。

小利有攸往。占断辞。谓筮遇此卦，于其所往可小有利也。经文中小字有二义：一为小大之小，多与小人、小事连用；一为少有之义，如需·九二、讼·初六之"小有言，终吉"及"小过"之小，皆是也。此处用大小义。

利不利乃成败性判断，小利者，小有成也。

辞意盖谓文饰之事，或有小用，非可大也，要在适宜，故有重质轻文之意。又，不废小则体现明智的功利主义。孔子曰：“质胜文则野，文胜质则史。文质彬彬，然后君子。”中庸之美于此卦已见之，观其诸爻之占，更当明白其意。

初九　贲其趾，舍车而徒。

解：贲其趾，舍车而徒。象辞。

字义：趾，足趾。徒，步行。辞意谓文饰其足趾，为让人们看见，舍车不乘而徒步行走也。

依数理取象：崔憬曰：“趾，谓初也。”王肃曰：“在下故称趾。”意皆同此。卦爻辞在依人体取象时，皆以初位为趾，上位为首。如：噬嗑·初九为“屦校灭趾”，艮·初六为“艮其趾”，这是易卦取象的一种通例。本卦之下体离，离为明，为丽，故有贲其趾之象；又本爻当互坎之下，坎为轮，为车，爻位在车之下，则非乘而徒行，故有舍车而徒之象。

本爻无占断辞，盖以象为断也。据辞意可知，贲其趾者，文饰其足也。贲为卉贝之饰，施之于趾，实非所宜。徒乃赤足步行之事，一个人用卉贝之饰来打扮他的足趾，为了让旁人看得见，便舍去车乘而徒步随行，这是一幅多么隽永的讽刺画，引人发笑，亦引人深思。它表明一个道理：不恰当的装饰，不成其美，反见其陋，此下等之饰也。今人之浅陋者，忽视气质之美而刻意于浓妆艳抹与奇装异服之追求，率皆此类也。

不著吉凶悔吝之辞者，贲卦乃自生活之审美境界立论。境界有高下之别，不可以吉凶为断，占者盖当于自身之精神境界及价值取向的深层意识中审度之！

六二　贲其须。

解：贲其须。象辞。

字义：须，胡须。

辞意谓修饰自己的胡须。

依物理取象：本卦三至上爻，交互为颐，本爻当颐下，故有须象，须者，胡须也；又本爻当离中，离为明、为丽，故有贲其须之象。

本爻亦以象为断。由辞意可知：须者，男性之面毛，自礼貌而言，应当适当修饰；但亦不必刻意修饰，适可而止，此常人之饰也。

不著吉凶者，以非关紧要，故无吉凶之可言，此平常人之生活境界也。

九三　贲如，濡如。永贞吉。

解：贲如，濡如。象辞。

字义：如，语辞。经文加于定语或状语之后，以助成其意。如屯如、邅如之类。

濡，《广雅·释诂二》：“濡，渍也。《集韵·虞韵》：“濡，沾湿也。”引申为濡染、润泽等义。《诗·桧风·羔裘》：“羔裘如濡。”传曰：“濡，润泽也。”《诗·小雅·皇皇者华》：“六辔如濡。”笺曰：“如濡，言鲜泽也。”此处濡如即用濡染义。

辞意谓贲饰之事，当若濡染，由表及里，由浅入深，而有内在之美也。

依物理取象：本爻当下体离上及互坎之中，离为明为丽，坎为水为濡，离自贲而坎自濡，故有贲如、濡如之象。章法与屯·六二“屯如，邅如，乘马班如”一致。

永贞吉。占辞，谓久行其事，其贞乃吉也。参见坤·用六、比卦辞释。

这是依爻辞的事理作出的应然性判断。盖贲饰之事，非惟烁于外，犹当注于内，不仅有仪态之美，更当重气质之美。语云：“富润屋，德润身。”此君子之饰也。德之润身，非一朝一夕之故，其所由来者渐也。能久于其道，其功乃成，若一曝十寒，则于事无补，故曰：“永贞吉。”

六四　贲如，皤如，白马翰如。匪寇，婚媾。

解：贲如，皤如，白马翰如。象辞。

字义：皤，音 pó。《说文》：“皤，老人白也……或从页，谓白首也。”《广雅·释器》：“皤，白也。”今按：皤，通蕃。帛本即作“蕃如”。《说文》：“蕃，草茂也。”晋卦辞：“康侯用锡马蕃庶。”注云：“蕃，盛也。”此处既云贲如，又云白马翰如，则不当用素白义而当用蕃盛义也。

翰，《说文》：“翰，天鸡，赤羽也。”天鸡即锦鸡，背文扬赤，膺文五彩，烂如舒锦，故名。中孚·上九：“翰音登于天。”亦用为锦鸡之飞鸣于天也。翰羽乃古代通用饰物。曹丕《大墙上蒿行》：“纤罗为缨，饰以翠翰。”至清代官吏犹以翠翎为冠饰也。

辞意是说：装饰得很繁盛，连白马都装饰得像锦鸡一样。

依物理取象：本爻变，上体离，为明、为丽，故曰贲如；又上下皆离，有明丽繁盛之貌，故曰蕃如；又本爻当互震之中，震为马，为的颡。爻变互巽，巽为白，故曰白马；巽又为鸡，上下皆丽，是为锦鸡，故有翰如之象。白马翰如者，施锦饰于白马，使烂若锦鸡也。

匪寇，婚媾。象占合辞。

作为象辞，盖依事理及物理取象：本爻当互坎上，坎为盗寇，上艮为止，故有匪寇之象；下体离，为中女，与互坎之中男相偶合，故有婚媾之象。

作为占断辞，乃依象辞的事理作出的实然性判断。盖寇盗焚掠，必如离·九四之“突如其来如，焚如，死如，弃如”等事象。今贲饰繁盛，白马亦盛饰如锦鸡，则无寇掠之意而有婚媾之事明也。故占之曰“匪寇婚媾。”如屯·六二之“屯如，邅如，乘马班如”，亦云“匪寇婚媾”是也。

婚媾盛饰，礼节之常，不著吉凶，其吉已明矣。此喻有位之人，往往盛大其文饰之事，虽不著吉凶，于婚姻之事，则有此习俗，亦许可之辞也。不以为吉占，则是不加提倡之意。

六五　贲于丘园，束帛戋戋。吝，终吉。

解：贲于丘园，束帛戋戋。象辞。

字义：丘园，邱山园林也。

束帛，用于聘问的礼品。帛于古代曾用为交换媒介，束乃数辞。据《礼记·杂记下》：“纳币一束，束五两，两五寻。”是束帛共25寻，古一寻8尺，束帛即200尺之帛也。

戋戋，戋乃小貌，戋戋乃象戈刃堆积，则为委积之义也。马融曰：“戋戋，委积貌。”黄颖曰：“戋戋，猥积貌，一云显见貌。”薛虞云：“戋戋，礼之多也。”虞翻亦以戋戋为委积之貌，皆得其本义。

辞意谓以园林种植自饰而致财帛令闻也。

依物理取象：本爻当艮中，丘山之象也；变而上体为巽，巽为木果，园林之象也；邱山之中而多其木果，故有贲于丘园之象。又巽为白、为绳，当艮中，如手持，故有束帛之象；若于审美取象，则二、四、五爻为坤、为帛，三以一阳横过，如束系之，亦有束帛之象也。又，本爻变，中震变离，合下体为重离，是明而又明，丽而更丽，故有委积、显见等义，故有束帛戋戋之象也。

吝，终吉。占断辞。

字义：吝，此处用羞吝义。

吝，终吉者，先时有羞吝，有所恨惜，而终能得吉也。

这是依象辞的事理作出的可然性判断。盖贲于丘园乃勤事于园林种植以自饰之意，亦隐身修德于庄园之谓也。束帛戋戋者，能致财帛委积之意，或因致富，或因王侯竞来相聘问之所致，此高人隐士之饰也。隐士者，政治上未能得志，故先有所憾而云吝，致富或受聘，则终吉之谓也。王肃曰："失位无应，隐处邱园，盖蒙暗之人，道德弥深，必有束帛之聘也。"其意近之。

《史记·货殖列传》："子贡既学于仲尼，退而仕于卫，废著，鬻财于曹鲁之间。七十子之徒，赐最为饶益。子贡结驷连骑，束帛之币以聘享诸侯，所至国君，无不分庭与之抗礼。夫使孔子名布扬于天下者，子贡先后之也。此所谓得势而益彰者乎。"子贡之事，与范蠡之泛五湖而为陶朱公，富甲天下，最足以说明"吝，终吉"的实义。

由是观之，本爻乃申言隐士之饰也。盖本爻当互震上，上艮中，若置足于山林而贲饰之者，故《易经》作者用喻隐者之饰道也。而作者对隐者之饰取完全赞赏的态度，则与商末周初，政乱之时，士多隐遁之史实有关。实际上，姜尚与文王四友最初都是隐者，商朝之微子亦取隐遁方式以避纣乱；武王伐纣，伯夷叔齐犹去周而隐于首阳之山，采薇而食，时人都未取责难态度，足见周初对隐逸之士皆取肯定态度也。不过，《周易》肯定的不是伯夷、叔齐饿死守节，而是提倡隐而修德致富，所赞赏的是穷通之美。此意结合遯卦观之甚明。而伯夷之事，则于节卦辞"苦节，不可贞"以明之。

上九　白贲。无咎。

解：白贲。象辞。

字义：白，《说文》："西方色也。阴用事，物色白。"干宝曰："白，素也。”经文用白字者三，如本卦六四：“白马翰如。”大过·初六：“藉用白茅。”白字皆用为白色之义。白色与有色相对，则有无色之意。白贲即有素而不贲之意也。

依事理取象：本爻变，其卦之明夷，明入于地而不着于物，是素而不贲之象也，故曰白贲。

无咎。占断辞，谓无有灾咎及过咎也。

王弼注曰：“处饰之终，饰终反素，故在其质素，不劳文饰而无咎也。”

来知德曰：“上九居贲之极，物极则反，有色复于无色，所以有白贲之象，文胜而反于质，无咎之道也。”

二说与经文义近，但物极则反之说，则未见其必然如是也。盖经文中乾、坤、损、益、泰、否等卦，虽有较明显的物极则反之意，但《周易》作者尚没有将这一现象提升为普遍规律，更未加以绝对化。极之反与不反，吉与不吉，当视不同事物的具体情况而论，如：

师·上六：“大君有命，开国成家。”

大有·上九：“自天佑之。吉，无不利。”

谦·上六：“鸣谦。利用行师，征邑国。”

豫·上六：“冥豫。成，有渝，无咎。”

临·上六：“敦临。吉，无咎。”

观·上九：“观其生君子。无咎。”

大畜·上九：“何天之衢。亨。”

颐·上九：“由颐。厉、吉，利涉大川。”

咸·上六：“咸其辅颊舌。”

遯·上九：“肥遯。无不利。”

升·上六：“冥升。利于不息之贞。”

井·上六：“井收勿幕。有孚，元吉。”

鼎·上九：“鼎玉铉。大吉，无不利。”

艮·上九：“敦艮。吉。”

涣·上九：“涣其血去。逖出，无咎。”

如是十五爻，虽极而不反，皆为吉占，尤以大有、大畜、谦、临、鼎、艮、遯等卦，讲丰收、劳作、谦慎、临民、革新、内美、隐遁等，皆处其极而大吉。可见《周易》作者对合理的行为取肯定态度，不因其处于极而必欲使反之乃为吉也；这种恶不轻其小、善不避其极的态度，充分体现了周初贤圣具有道义的功利主义取向，与后世道家讲“物极必反”而甘于柔下退避是迥然不同的。因此，本爻之“白贲。无咎”似不能简单地归之为“饰终反素，不劳文饰而无咎”或“文胜而反于质，无咎之道也”。应当看到，经文对于“白贲”并非完全肯定，而是有所保留的。因它仅仅断之曰：“无咎。”并没有断其为“吉，无不利”之类。所以经文并不是从饰终反素或文胜而反素来进行判断的，而是从上爻乃贵而无位，高而无名的角度来进行判断的。如像一个人有才有德，但是不得其时以行其志，或是已归于无可作为的地位，在这种情况下，就不必再求文饰；或者说，只应当以高雅的素质为饰，这样才可以免去灾咎，也就是要有潜龙勿用的明智，或亢龙则悔的戒惕。这也是仅求其无咎，明哲保身而已，是说不上吉利的。反之，如处于这种无权无位之人，仍想“贲如，蕃如”，像权贵们那样，那就不是“无咎”而将是“莫益之，或击之，悔且吝”了。所以，可以简单概括一下，“白贲，无咎”者，素位君子或失位君子之饰也。君子虽不用于当世，盖当以名节自立，不失其自保之道也。

当然，从另一个角度看，上九白贲，也可以说是相对于初至五爻的各种有贲而言。初至五爻，或因贲而反至于陋，或因贲而得吉，各因其不同处境与不同方式而有不同结果，若白而不贲，则既不致陋，也不求吉，无论处于何种地位，何种境遇，都是可以无咎的。因此，白而不贲或以素为贲，作为明哲保身、洁身自好等避祸之道，是完全可行的，但作为进取之道，则是不可取的。

总而言之，白贲无咎的占断，比较明白地显示了周初贤圣在价值评判上仅取中性态度，既不否定，也不提倡；既非无益，也非理想。毕竟人类文明总是不断前进的，而所谓文明，就是对人类生活的美化行为，也就是一种广义上的文饰，大境界上的贲。周初制礼作乐，以至作《易》定占，从大环境上来看，都可以说是一种贲饰行为，是文明进化的标志。如果对白而不饰取完全肯定态度，那就等于从根本上否定社会文明的进化，否定历史的进步，道家的归真返璞思想之具有反历史主义倾向，盖在于此，这同周初贤圣的崇德广业观念是大相径庭的。但是归真返璞观念，对于反对贲而致陋，或奢侈糜烂的社会风气来说，则是可取的，有其积极意义的。《易经》对白贲断之以无咎，正好是对它的积极意义的肯定和对其消极意义的否定。

孔子曰："质胜文则野，文胜质则史。文质彬彬，然后君子。"[①] 其义略同。

总起来看，贲卦是一个很有意义的卦，具有新颖的视角和丰富的内涵。最集中的表现便是它是从审美的意义上来审视人生，而不是从通常的利害成败、得失荣辱等功利主义的角度评判生活，从而展示了不同层次的审美境界和价值评判。例如：

贲趾为鄙俗之美，饰而反见其陋也；

贲须为庸常之美，饰其浅小而不及于内涵也；

濡如为臻善之美，有若以德润身而渐臻至善也；

蕃（皤）如为盛大之美，可用于礼仪而不可以流于铺张也；

贲于丘园为穷通之美，处困而能开拓创新也；

白贲为朴素之美，可以避祸而未可广业也。

如是等等。

在《周易》时代之前，人类的审美观念还处于非常朦胧的阶段，不仅没有美学理论，也还没有独立的美的探讨[②]。《易经》作者为了教育后代臻于社会行为的合理化，能够从审美的角度对社会行为进行层次性的评价，可以说是开创了讲究生活艺术的先河，这在社会学上来看是具有很高的创新意义的。先秦儒家，着重从伦理的角度，也是求善的角度审视和评价生活，具有较明显的理想主义性质；墨家非乐，具实用主义性质；法家更是把功利主义绝对化[③]；道家在老子时代仍然从利、害审视社会行为，也还停留在实用主义阶段；庄子的人生境界以自由、自适、自恣相标榜，才达到对人生进行审美评价的阶段，但是他否定人生的社会责任，是不可取的。

《周易》在审美评判上没有上述偏颇，它倡导的是中和内美之道，所完全肯定的是德性之美，叫做"贲如，濡如。永贞吉"。这可以说为我们传统的审美观念定下了基准。儒家在后来的发展过程中，始终把握住了这个基

---

① 《论语·雍也》。

② 经文近五千言，不着一"美"字，仅有光、誉、喜、悦、章、良、贲等近似的辞。

③ 《商君书》25篇，不及于文饰美化之义。《韩非子》55篇，皆讲功利而反文治，其绝对化倾向甚明。

准，因而对传统的审美观念起到了定向的作用。美在中国哲学中始终同真、善不可分，尤其是与善完全契合的。至于《周易》不否定贲趾、贲须、蕃如、贲丘以及白贲等审美观念，这种多元性的审美意识则反应在以中和为美的儒家美学观念之中，也成了民族心理的深层结构。所以我们民族的审美观念实际上从《易经》时代就开始奠定，最集中的就体现在贲卦系辞之中，叫做致中和而臻内美。

贲卦不仅提出了以文明中正之道为美的美学基本观念，揭示了美的不同层次，也接触到一些基本的美学范畴：如美为明丽之著于物，与饰、文有相近的含义；濡如为美与德的统一；蕃如为美饰之盛；白贲为朴素之美等等。对后世美学范畴：素、艳、妙、善等的提出提供了思考参照，在美学发展史上也是极有启迪意义的。

55. 艮：合天人而臻善美

（附：关于主、客体的同一及气功禁忌问题的讨论）

䷳ 艮其背不获其身，行其庭不见其人。无咎。

解：艮其背不获其身，行其庭不见其人。象辞，通常以其首字“艮”为其卦名。

字义：艮，帛书本作“根”，世传《归藏》本作“狠”，其字均无“山”义。《诗》《书》均未见艮字，在《周易》经文中，亦仅见于此卦，观其辞意，均与人之内心感觉及视觉相关。今艮字之甲、金文尚有争议。徐中舒《甲骨金文字典》未收艮字，仅在“限”字条下，收及共二字，谓“与《说文》限字篆文构形略同，当为《说文》限字篆文所本。”而《说文》限字篆文为，释曰：“限，阻也。一曰门榍，从阜，艮声。”而艮字《说文》篆作，释曰：“艮，很也。从匕目，匕目犹目相匕，不相下也。”高亨曰：“许解迂曲而无当，考说文：‘，视也，从儿从目。’金文作，作，甲骨文作，作。并从目，从人，而艮从目从匕，匕即人之反文，则艮即见之反文明矣。故余谓艮者，顾也，从反见。顾为还视之义，引申为注视之义，本卦艮字皆当训顾，其训止者，当谓目有所止耳。”

今按：高说大体可从，惟“艮即见之反文，亦为还视之义”最为确解，不必再引申为注视也。还视者，返观自身之谓，犹气功学中之所谓内视也。李时珍《奇经八脉考》：“内景隧道，唯返观者能察照之。”正是这种内视的极好说明。艮卦正是讲返观内视之道，为我国最早之气功文献也①。

背，篆文作。《说文》：“背，膂也。从肉，北声。”膂即脊字，指人的脊背，泛指物体的上面、后面或反面，此处指脊背。

获，象捕鸟在手之形，经文用作猎得及获知之意。

身，甲文作，金文作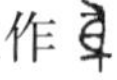。《说文》：“身，躳也，象人之身。”可见身之初义为人之前身，甲、金文于前身隆起处加点，以示其位置。后引申为身孕，亦泛指人或动物躯体。

庭，帛书本作廷，古通用。《说文》：“庭，宫中也。从广，廷声。”经文有“扬于王庭”（夬卦），可见庭在当时乃指称宫中大厅，是较大的屋室，有如朝廷之类②。

艮其背不获其身，行其庭不见其人者，谓反观内视自身之背部而不知有其前身，有如行于大庭或朝廷而不见其他之人也。这是正心功夫，如《大学·七章》：“所谓修身在正其心者，身有所忿懥则不得其正，有所恐惧则不得其正，有所好乐则不得其正，有所忧患则不得其正。”《礼记·经解》引子曰“洁净精微，易之教也”，就是教人心地洁净、思考专精。

依物理及审美取象：本卦内外二体均为艮，艮上一刚而下二柔，为肩背之下有肋骨排列之象，今内外皆见有背而不有前身，故有艮其背不获其身之象；又艮为门阙，二门阙之间即为中庭，互震行于上而坎当其中为隐伏，故有行其庭不见其人之象。又：行其庭句，又可作为喻辞看，有如履·六三“履虎尾，咥人。凶”继以“武人为于大君”喻之也。

无咎。占辞，谓无有过咎及灾咎也。这是依象辞的事理作出的应然判断。所谓事理者，即反观内视之事也。内视其脊背而凝神专注，以至于不知有其身，有如行于大庭而不见有他人，这便是一种由静入定的精神状态，反观内视而能由静入定，是气功修持的基本法门。

老子讲：“载营魄抱一，能无离乎”，讲“致虚极，守静笃”“常无欲以观其妙”。庄子讲“心斋”“吾丧我”（《齐物论》）；讲“堕肢体，黜聪明，

① 艮既为反观内视，则《易经》原非以艮名卦明矣。

② 庭，或释为三黄庭，其意可通，但当为后起义。

离形去知，同于大通，此谓坐忘”（《大宗师》）；讲“慎守汝身，物将自壮，我守其一，以处其和”；讲“心养”，所谓“汝徒无为，而物自化，堕尔形体，吐尔聪明，伦与物忘，大同乎涬溟”（《在宥》）。又讲：“若正汝形，一汝视，天和将至；摄汝知，一汝度，神将来舍”（《知北游》）；讲“缘督以为经，可以保身，可以全生”（《养生主》）；讲“卫生之经，能抱一乎，能勿失乎……能止乎，能已乎，能舍诸人而求诸己乎？能翛然乎，能侗然乎”《庚桑楚》。管子也讲：“专于意，一于心……人能正静者筋肕而骨强……正静不失，日新其德……外敬而内静者，必反其性”（《心术下》）；讲“和以反中，形性相葆，一以无贰，是谓知道”（《白心》）；讲“能正能静，然后能定，定心在中，耳目聪明，四肢坚固”（《内业》）。《大学》讲：“知止而后有定，定而后能静。”《中庸》讲“诚明”。这些都是讲静定功夫，以及后世的种种止观法门，大体上都与艮卦的修持方法相近或相关，可以说，掌握了反观内视的静定功夫，就掌握了基本的修持法门。

内视就是主体客体化、客体主体化，即主客体融合为一的艺术，自然是无有过咎或灾咎的。当然，如果要达到极高的境界——天人合一的内美境界，也还有待于更深的体悟和精进不懈的修持，因而仅断之以“无咎”。

在气功修持上，可以将卦辞视为基本要领，把握返观内视、凝神专意、由静而定，即得其要。

初六　艮其趾。无咎。利永贞。

解：艮其趾。象辞，谓内视趾部也。

依数理取象：本爻在初位，于人身在趾部，故有艮其趾之象。如噬嗑·初九，因初位而取“屦校灭趾”，咸·初六因初位而取“咸其拇”之象也。

无咎。占辞，谓无有灾咎或过咎也。这是依爻辞的事理作出的实然性判断。盖返观内视，是一种心性功夫，其总的原则是凝神专意，由静入定。具体操作上则有许多法门，这里主张从身体的最下部位开始，并认为这样作是符合身心协调、有序渐进的原理的，故断之以无咎。这样的判断决不能仅仅出于某种理论上的应然，而是有其实践经验作根据的，所以说是一种实然判断。

利永贞。诫辞，谓利于长久行之也。长久行之有二义：其一是在此足趾部位，返观内视、凝神专注之时间应当长久一些，因为进功之始，身心很难专一协调，故应以较长时间内视其趾部，方能使形神专一、身心协调也。其二谓内视之功，不可朝三暮四，一曝十寒。于此一法门，当长期坚持，日久功深，方能达到高深境界也。所以，这是一种教诫之辞，是很有针对性的。

六二　艮其腓。不拯其随，其心不快。

解：艮其腓。象辞。

字义：腓，《说文》："腓，胫腨也。从肉，非声。"指人的小腿肌，与咸·六二"咸其腓"之腓字义同。

依数理取象：本爻当下体中位，于人身言，即人体小腿部位，故有艮其腓之象。艮其腓者，内视凝神于小腿部也。

不拯其随，其心不快。验辞，以验代占。

字义：拯，《玉篇·手部》："拯，同抍，上举也。"引申为向上引拔。帛本拯即作登。

随，《说文》："随，从也。"《广雅·释诂》："随，顺也。"咸·九三："咸其股，执其随。"之随用从义，指股以下部位肌肉；此处用顺义，指顺腓而上之足股部位。

辞意谓内视腓部时，意念当顺其自然上引于足股部位也，若不上引，则内气滞留，以致其心不快也。这是从返观内视的实践过程中得出的实然判断，所以是一种验证之辞，在此又代占断，教人返观内视过程中应行合理地操作。艮者，返观内视，意随气行，至于全身以至人天之间，皆融通为一，方可自然由静入定；不可以艮为止，止即不动，盖身体可以不动，而内气不可不行也。这是一种教诫式的陈述，若正面陈述，即为"艮其腓，拯其随，无咎"也。这是经文中比较特殊的陈述方式，有如离·九三："日昃之离，不鼓缶而歌，则大耋之嗟。"谓当鼓缶而歌也。又如节·六三："不节若，则嗟若。"谓当节若也。推考其原因，当是返观内视中容易出现追求静定，导致出现偏差，反而于身心不利。尤其是刚进功不久即行定止，必使气机阻塞而伤及内心，所以这里用一种教诫的语法加以陈述，就是告诫人们不要执意求定，而当顺理势之自然。这一告诫，对整个返观内视的过程都是适用的。

九三　艮其限，列其夤。厉熏心。

解：艮其限，列其夤。象辞。

字义：限，金文见前，篆文作。《说文》："限，阻也，一曰门榍。从𨸏，艮声。"𨸏即阜，本义为高大山陵。观字形可知，限字象人行至高大山陵，反身而走之形，而其目犹返视高陵，见其不可逾越之状。故有界限、极限、限度、限制等义，引申为门限，此处用指上下体之间的界限。

列，诅楚文作，篆文作。《说文》："列，分解也。从刀，𣦼声。"字象以刀分开骨肉之形，故初义为裂，引申乃有排列、序列、行列、位次、次序等义。《小尔雅·广诂》："列，次也。"本处即用列次之义。帛本作戾，有逆次而进义。

夤，金文作，籀文作，篆文作。《说文》："夤，敬惕也。从夕，寅声。"林义光《文源》："夤，当即胂之或体，从肉，寅声。"郑本即作䏰，音胤。虞翻谓夤为胁肉。《释文》曰："夤，夹脊肉也。"王弼注："夤，当中脊之肉也。"《说文》实以夤为寅，故释为敬惕，今当从郑虞诸家之释，指脊柱部位也。

是艮其限，列其夤者，谓返观内视腿与身相接之部位，并自尾椎起列次而上，循脊柱以达于胸背部位也。

依数理及物理取象：本爻当下体上，与上体相交接之部位，故有艮其限之象；本爻及四五爻为震、为动、为行，上交于上体艮当人身之胸脊部位，有逆脊柱而次第上行之象，故曰列其夤也。

厉熏心。验辞，代占。

字义：厉，《周易》经文共21处，作为占辞，均用危厉义；此处作为验辞，用猛厉、猛烈之义，是对内气运行的一种较强烈的感觉，通常伴有一种难以言传的快感①。

熏，金文作，篆文作。《说文》："熏，火烟上出也。从屮，从黑，熏黑也。"林义光《文源》："古文从'黑'，象火自窗上出形。屮，上出之象。"本义为燻炙、燻蒸，引申为热气蒸腾，此处形容内气上行有熏蒸之感

① 厉的字源及字义，请参见乾卦九三爻"厉，无咎"之释。

也。帛书本作薰，有香气薰袭义，先上薰脑内，然后透于肌体之内也。

心，金文作、，本象人心脏，引申为内心、心思等义。此处用内心义，包括脑部之内也。

厉熏心者，谓返观内视自尾椎沿脊椎上行入于人脑及身体内心也。这是依据内视体验而作出的实然判断，故为以验代占。只要按照前述程序进行操作，一般都会获得这种体验，当厉熏至于脑内及体内之时，便有沁入心脾、透于肌肤之感。这是进功的重要环节，后世小周天功法中称为河车上行、冲玉枕关而入泥丸，初通周天之快感也。

厉熏心之时，舌尖自然起抵上腭，内视之功，自此由外而内也。

六四　艮其身。无咎。

解：艮其身。象辞。

字义：身，详见卦辞释。此处用指胸腹部位之内，包括六腑五脏。

依数理及物理取象：本爻当卦之上中部位，于人身即胸腹部；本爻为上体艮下又下互坎，在二艮之中，艮为躬，内坎为水、为血，是胸腹以内之象，故曰艮其身。艮其身者，返观内视其身内自六腑以及于五脏也。

无咎。占辞。这是从内视的生理心理规律中得出的实然判断。盖内视之事，自趾而腓而股，沿脊柱上引至于脑内，薰袭内心；内气复归于胸腹之内，更自下而上，及于六腑五脏，身内精气充盈，生理功能有序而强化，滞疾可除，健康长保，自然无有咎吝也。这也是内视操作中的实际体验，并非仅凭理势之应然，故谓之实然判断也。

内视之功，由外而内，由上而下，复由下而上，由小周天入于内周天也。

六五　艮其辅，言有序。悔亡。

解：艮其辅，言有序。象辞。

字义：辅，面颊内侧。参见咸·上六解，实指口腔内庭。

言，用言语义，实指咒祝之词。

序，篆文作。《说文》：“序，东西墙也。从广，予声。”亦指正屋东西两侧厢房、廊庑。《尚书·顾命》“西序东向”“东序西向”。孔疏云：“东

西厢谓之序。”礼，朝士职掌治朝之位，王南面，西序在燕飨坐前，为旦夕听事之坐，此西序东向者，以此诸坐并陈，避牖间南飨觐诸侯之坐也。东序西向，则为养国老飨群臣之坐也。可见序原指正屋东西两廊庑，燕飨之时则依官职分别依次就坐，因而有次序、序列、顺序等义。此处言有序，则指其言词有序。

依数理及物理取象：本爻当五，于人身为头首部位，又当震上，震为言，变而上体成巽，巽为驯顺，故有艮其辅，言有序之象。言词有序，即古代咒祝之事也。其咒祝之辞已不得知，但可以理推之耳，盖言有序之义重在言之有序，非重其言词之文本，惟当深有体察，方可自然言而有序也。

悔亡。占辞。谓无有可悔，即不致出现生理和心理上的偏差之意。这是依爻象的事理作出的应然判断。盖内视至于内周天之天庭部位，脑腔内细胞组织均进入非常有序的状态，趁此时机，以有序性的语言加以诱导，以科学而美妙之言辞表达其健美聪慧清净愉悦之种种愿望，皆可得到相应的效验，故其悔可亡，其功可更趋圆满境界也。这也是返观内视的实际体验，故仍属于实然判断范畴。

上九　敦艮。吉。

解：敦艮。象辞。

字义：敦，金文参见临·上六释，字象驱羊入庙形，故有敦促义。

附古敦图

复·六五“敦复无悔”之敦用此义；引申有勉励义，临·上六“敦临。吉”之敦用此义。又敦为古代食器之一种，青铜制，顶盖和器身均作半圆球形，合则圆满丰厚，有三足及上下两耳，方便稳当，内储食物，给人以丰厚圆满安详和悦的感觉。

故敦义又训厚、实、和、穆等义。此处敦艮之敦，即用敦厚、圆满、安详、和悦之义。敦艮，返观内视至于身心内外，充实和美，天地雷风水火山泽与我融为一体，天人合一之妙乐情态也①。

依数理及物理取象：本爻当艮上，变而成坤，其卦之谦。地内容山，敦厚安和，内视之极，臻于敦厚圆满安详和悦之美妙心态也，故曰敦艮。敦艮者，如敦之艮，即有如敦器之丰厚圆满安详和美也。

吉。占辞。吉凶者，得失之象也，吉则得其理而有其功也。这也是自敦象中得出的应然判断，亦内视实践中所得的实然判断也。内视之极，身心妙化，同于大通，人天合一，自然体道，功行圆满，吉何如也。

综上所述，艮卦主旨在教人返观内视之道，使其通过一种身心修持功夫，达于道德圆满之境。其具体操作则尚有许多环节需要把持，已超出本书研讨范围，这里就不必细述了。

在了解艮卦主旨及大义之后，有必要对如下问题进行探讨。

其一，艮卦所讲的返观内视功夫，系统、玄妙，又富有科学内涵，周初作易时，是否能达到如此境界，有何根据？

首先应当明白：返观内视功夫，属于后世所谓气功的一种较高深的层级，有“意功”的特性②。一般所谓气功，许多动物，都是可以自然发生的，龟蛇等动物的忍饥耐寒和冬眠能力，都是在进入一种特殊的功能态情况下自然出现的。这种所谓的特殊功能态，都基于生理上的一种非常有序化的状态，这种有序化的状态就人体来说，一般是在全身放松、入静、不受外界干扰的情况下自然发生的，但也可以通过有序性的动作、语言、思维等动态方式的诱导而自然发生。一般说来，人体在通常情况下，自主神经系统所支配的器官、组织、细胞等的生理运动节律，与心理活动及非自主神经系统支配的器官、组织、细胞的运动节律处于不协调状态，体内产

① 《老子》第十五章：“古之善为道者，微妙玄通，深不可识……敦兮其若朴。”实即指进功的这种境界。

② 通常所谓气功，可分四个层级：气功，主要是导引行气；意功，意念有序强化；心功，心境洁净光明；性功，德性完美大通。

生熵增，呈现出有序性的扰乱，生理功能趋于弱化。而在人们全身放松入静的时候，互相的扰乱减少，产生负熵，体内各种功能系统的运动就自然地协调同步，达到有序共振而臻于强化；或者，通过有序化的动作与思维如舞蹈、音乐活动及良性的巫术咒祝活动，也可以使全身各个系统的运动节律协调同步起来，达到有序共振而臻于强化。

这几种方式下达到的有序共振强化过程，都是近世所谓的气功——意功功能态，既可以通过放松入静产生，也可以通过歌舞咒祝等活动产生。太古时代，人类缺医少药，重病之时，只有静卧休息一法，若此时能专意静卧或静坐，便可能自然进入气功功能态；太古之时，人类又缺衣少食，当捕猎无获，食物匮乏时，只好忍饥挨饿，此时若受天雨洪水等限制，不能出外求食，只好静卧静坐，若能专意不动，亦有可能进入气功功能态；同样，群体性的原始舞蹈和咒祝过程中，只要专意而有序，可以形成一种共振的生物场，参与其中的个体，更可能较容易地进入气功、意功功能态。总之，无论哪种方式，原始初民都可能自发进入某种气功——意功功能态。一当进入功能态之时，负熵效应使机体与外界的物质、能量、信息交换都臻于有序与强化，身体自然有舒畅的感觉，疾病减轻以致痊愈，饥饿伤痛减轻以至于精力恢复，尤其在歌舞以后更感到身心舒畅；而在咒祝过程中进入功能态时，由于人体内啡肽大量分泌等原因，则往往出现美妙的快感和幻象，或产生许多平常没有的特异功能，这正是神灵观念产生的一种生理和心理基础。这些也正是所有的原始民族都喜欢歌舞，都有各自的巫术活动以及神灵崇拜的重要根源。

其次，就我国的原始资料来看，不应忘记，八卦正是从符号崇拜时代的巫术操作过程中产生和定型的。从八卦到重卦，从对自然力的巫术调控到对社会事物的巫术调控，从制器尚象到神而化之，巫术调控与占筮预测的结合，都是巫术思维不断深化的成果。其中一些进行巫术操作的巫师和部落首领，对于通过巫术活动进入功能态，尤其通过咒祝活动进入意功功能态，自然是深有体会，而且不断加以丰富的。这些经验不断积累，历代传承，不难得出相当科学的认识，从而在操作上愈加合理化，程序化，在陈述上、传承上也愈加系统化和科学化。例如：

据《史记·五帝本纪》载：

黄帝者……生而神灵，弱而能言……顺天地之纪、幽明之占、死生之说、存亡之难，时播百谷草木，淳化鸟兽虫蛾，旁罗日月星辰水波，土石金玉……帝颛顼高阳者……渊静以有谋，疏通而知事……依鬼神以制义，治气以教化，洁诚以祭祀……帝喾高辛氏者……生而神灵，自言其名……聪以知远，明以察微……历日月而迎送之，明鬼神而敬事之……帝尧者……其仁如天，其知如神，就之如日，望之如云……

这些记载表明，传说中的五帝，大体上都具有天赋的特异功能和深厚的静定功夫。他们又身兼巫术首领之职，并且将这种功能运用到文化活动和社会事务之中，取得了天人和合、社会发展、文明进步的巨大成效。在帝尧以前，他们的巫师职能是很突出的。自帝尧以后，随着理性思维的发展，历象科学的发达，国家组织的建立，他们的原始宗教首领职能才逐渐退到了次要地位，而以政治首领为主要职能；巫术操作才渐渐由专职化的巫师来主持了。在他们作为巫术首领的时候，对气功、意功的应用与传承都是必要的，也是必然的和自然的。在巫术活动转入专职化的巫师——当时的巫祝卜筮之官以后，对气功、意功的应用与传承，也就由他们一代接一代地传了下来。在夏代形成了他们的较为系统化的文字记录《连山》，到殷代中叶的巫咸便有意识地编著了《归藏》之易，到周初文王及其友臣们编著《周易》时，便将他们对于特异功能开发和调控的程序加以系统地总结，并在艮卦的系辞中作了概略的陈述。这样便形成了今天我们见到的艮卦卦爻辞。巫术流传到民间以后，直到今天，他们练功、念咒等种种操作方法，都还在以五花八门的形式代代相传着，这是非常明白的事实。

由此我们不难了解，由于八卦这种智慧型符号，本身就是在巫术操作的传承中产生和完善起来的。也就是说，作为巫术基础的气功、意功功能态的经验，是早在伏羲画卦时代便已有许多代的积累了，从那时起到周初作易时，至少已经过了四千年以上的传承。文字的发生也有两千年以上的历史。文字资料的积累，从夏易《连山》算起又经历了殷易《归藏》的有意识地著作，理论思维的发展也足以达到能够对气功、意功态的程序操作作出系统陈述的程度。艮卦所讲的返观内视之道虽然在现代人看来有些玄妙，但在当时的人看来，并不比治国平天下之道要高明或困难多少。相反，返观内视毕竟是个人可以完全自主调控的心理过程，这方面人们已经有几千年历代传承的经验可循，而治国平天下所面对的则是要复杂而深奥得多的社会矛盾。这不仅不是个人所能够随意主宰和调控的，而且不断出现的新矛盾、新问题更不是一个简单的卦便可以陈述的，它实际上比之于气功、意功的自我调控要困难得多，艰深得多。这正是《周易》仅仅用一个卦来陈述返观内视之道，而用了数十个卦来陈述治国平天下之道的根本原因。

最后，我们还应当回答《周易》为什么只讲返观内视这一修持法门的问题。

从上文中，我们已大体了解了《周易》之所以要用一个专卦来陈述气功、意功的修持，首先自然是在于气功、意功的修持，乃是巫师——卜筮之官们进行有效的巫术操作的基本功，是必修课。而作为返观内视这一法门，比起其他方法来，则是最能够消除杂念、邪念、恶念，而使人的精神臻于洁净精微状态的功夫。《礼记·经解》中就引孔夫子的话说："洁净精微，《易》教也。"显然，洁净精微的心态，乃是筮师们提高直觉灵敏度，使卜筮能够"灵验"，咒祝能够"通灵"的基本前提。也是他们能够自然进入敦厚圆满安详和悦大定的心理基础。

但是，更主要的还在于《易经》作者认为个人的身心修持，同治国平天下的品性修养是不可分的。我们在本书上篇第四章探讨"《易经》之作"的问题时曾经指出：作《易》的哲理基础就在于"据天道以论人事，就人事以明天道。"也就是说明：《易经》作者的基本观念就在于认为人事——包括社会事务与个人身心修养同天道之间有着内在的一致性。在古人的观念中，不能设想一个连自己的身心都不能协调适度的人，能够对社会事务进行适度有效的调控；也不能设想对天道之自然无所体验领悟的人，能够对个体身心和社会事务进行有效而适度的协调。明白了这个道理，我们就不难理解《周易》为什么要以一个专卦来讲气功、意功方面的问题；也不难理解，在解决这个问题的时候，它又何以选择以艮卦来讲"返观内视"之道。因为气功、意功的方法有多种门类，当时已经由巫师们掌握的也决不止这么一种，之所以专讲"返观内视"，就在于作者在比较了多种方式之后，认定这种方式是最佳选择。

事实上，从艮卦所陈述的进功过程中我们不难看到，它是一个非常完美的协调过程，通过专注的意念，从个体下部到上部，进入内部，又由下而上进入天地宇宙，包括了后世所谓的小周天、内周天、大周天，直到敦厚圆满祥和妙乐的敦艮大定时，个体与宇宙万物融通为一。这时候，对天道之自然，人道与天道的内在统一等等，可以说都达到不见而彰、不言而信的程度。正如孟子所云："君子所性，仁义礼智根于心，其生色也，睟然见于面、盎于背、施于四体，四体不言而喻"（《孟子·尽心上》）。尽管孟老先生在这里只说了个体身心与社会伦理相关这一半，但他在《公孙丑》篇又说："志壹则动气，气壹则动志……其为气也，至大至刚，以直养而无害，则塞于天地之间。"所谓"志壹"就是专意凝神。所以他在《尽心》篇又说："万物皆备于我矣，反身而诚，乐莫大焉。"所谓"反身而诚"，就是反观内视。反观内视，专一凝神，体认到"万物皆备于我"，这便是"尽心、知命、知天"，也就是体悟天道与人道的内在统一了。这表明孟子的气功、意功原理与艮卦的返观内视之道基本一致，仅在操作上有所不同而已。孟老夫子的功法可能不是从《周易》的传承中得来，但是它证明了仁人君子之为政治国须通过身心修持以体认天道、人道的内在统一的必要性，这正是由《周易》首先加以发明的优秀传统。

现代心理学认为：作为社会存在物，人的社会文化属性可能通过心理活动达到同生理活动的联系、沟通和协调，使人成为自然性与社会性相统一，感性生命活力与理性生命秩序相交融的有灵有肉的生命形态。也正是人在社会实践中形成的社会意识构成的心理系统的文化内涵，有可能成为人与社会、人与自然相融和的中介。这证明心理构建对于人性美化和人格塑造具有十分重要的意义。蕴藏于《周易》中的文化内涵——天道与人道内在统一的心理构建，正在于塑造一种能够参赞天地的完美人格。而艮卦所陈述的反观内视之道，正是一种心理构建方式的严肃试探与有成效的记录。

实际上，要真正地把握艮卦的主旨，就决不能仅仅停留在上述系辞文本的释读上，最根本的还在于遵循它所提示的操作程序进入相应的功能态加以体认。艮卦所体现的既是一种身心修持过程，又是一种道德涵养过程，这种道德涵养并不是对于仁义礼智这些具体德目的知解，而是涵融了一切道德元素的切身的体认。它可以说是一种"元道德"，也可以说是一种超道德理性，传统上习惯地将它表述为"天人合一"的情态，我们将它表述为对"天道与人道的内在一致性的实际觉悟"。现代伦理学者则可以将它视为

"生态伦理学"的雏形，因为它已经具备了生态伦理学的基本构成的必要特性：伦理系统与自然、社会系统的协和性；伦理系统与伦理功能的对应协同性；伦理实践的主体与客体的互动互补性；伦理理论与伦理实践的循环增益性……当然，这些同一性都只能在切实的实践中才能充分领悟。俗话说得好："若要知道梨子的滋味，最好是亲自尝一口！"①

艮卦的重大意义还在于它在气功学上的合理性和正统性。通常的气功——意功，在进入高深境界时，往往产生离体体验或发生见神见鬼现象，这正是各种系统化宗教理论构建的基础。这种现象的出现与修持主体的文化背景与潜意识中的神秘观念密切相关，大体说来，潜意识中追求什么，就可能出现相应的境象。而艮卦的返观内视的进功过程，始终处于对人道与天道的内在统一性的体验。在这种理性思维的引导之中，所追求的最高境界是完成一种参赞天地的理想人格的构建，因而一般不会堕入某种神奇怪诞的幻景之中②。从这种参赞天地的理想人格中衍化出来的，只能是一种近似于准宗教性质的圣贤崇拜与功业崇拜意识，这正是八卦文化所特有的智慧型符号崇拜所奠定的思维定势。据此我们就不难理解从太古到先秦几千年历史中，我国都没有形成体系化宗教，而且所有的自然崇拜与祖先崇拜都具有功业崇拜与圣贤崇拜的基本特质。诸子百家的哲学，也都径直以对现实人生的观照为前提；老子的致虚守静是为了观复、知常，庄子的心斋、坐忘是为了达到真人的自由自在。即使到了汉代，体系化宗教开始形成，而道教的宗旨在于现实人身的长生不死；佛教从印度传入中国后，中国化为大乘佛学，其根本宗旨也在于"庄严国土，利乐有情"。可以说都是以对现实人生的终极关怀为其根本目标，这正是八卦文化以至艮卦所特有

① 作者的意思不是要求读者将它们作为一种气功照着修炼，而只是说明伦理实践对于道德修养的重要性，这才是理解易道的基础。如果仅仅将它作为气功去修炼，便是近似于买椟还珠了。如果更痴迷于某种气功境界或功能，就很容易坠入神秘主义的泥坑，受到邪恶势力的控制和愚弄，这是更应当特别警惕的。

② 这里讲的只是我们对于艮卦作者的一种理解，也是《周易》文本中所包含的一种可能性。可以质疑的是艮卦作为一种练功修持方法并没有系统地、原本地传授下来，这反映了它本身的某种局限性，例如文字艰深、功法繁难、要求太高等等。另外，据现代科学对于气功的研究表明：任何一种功法，都可能出现偏差，尤其对于有精神病史的人，心理存在障碍、或过敏以及危重病人，都是不适宜练功的，对任何功法，都应在禁忌之列。因此，应当再一次强调：对于艮卦，切不可将它作为一种气功功法来修炼，学易的根本也不在于气功或预测，而在于对传统人文精神的深入领会。对于艮卦，我们仍然应当从中和内美之道的向度去把握和理解。

的理性精神对传统文化的导向作用的集中体现。

另外，艮卦作为提倡静止功夫的卦与其他数十个阐述运动变易的卦相对应，在社会事务中的效应有其特殊意义，这方面易传及后世诸贤所论甚详。王弼、程、朱以至来知德诸先贤均有精到之处，不可忽视，但已无须在此加以赘述了。

56. 恒：事有可恒与不可恒

（附：关于恒德的社会学基础的讨论）

䷟ 恒。亨。无咎，利贞，利有攸往。

解：恒。象辞，通常作为卦名。

字义：恒，甲文，金文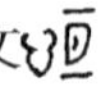。《说文》：“，常也。从心，从舟，在二之间上下，心以舟施恒也。，古文恒从月。诗曰：‘如月之恒。’”[①] 商承祚云：“（甲骨文、金文）皆从月，既云古文从月，又引诗释之，则原本作亙，从外为传讹。”今按：甲、金文固皆从月，但月是或圆或缺的，本无恒象，今上下加二横，则示其处于天地之间，虽有圆缺变化而终能长久，这才是恒的本义。日之行亦然，四时变化亦然，可见恒字原意便是表示一种动态的连续性或永恒性，它与静止不动的静态持续和永恒是不同的。

在《周易》不以䷚卦为恒，而以䷟为恒，可以说是最明白地显示了“易”的永恒性。我们的祖先从来就以变化运动的规律性为永恒，而不以静止不动为永恒，这是一种深刻的辩证观念，非常值得重视。从这个角度讲，以恒字从舟也没有错，因为加了上下两横，表示舟行于江河之中，也是恒久的现象。八卦以雷风相从为恒，正是这种动态永恒观念的形象表达。

依物理取象：为卦下巽上震，雷风并作，是动态的规律性的表现，故有恒象；于人事言，上震为长男，下巽为长女，上为外，下为内，夫主于外，妇顺于内，乃家庭分工之自然；于世事言，上动而下巽顺，乃社会生活之常规，皆合于动态永恒之义，故皆有恒之象也。

亨，通享。叙辞。

---

① 《诗·小雅·天保》：“如月之恒，如日之升。”恒读为 gèng，意为月之弦，与恒（héng）常之意有别。

无咎，利贞，利有攸往。占辞。谓筮遇此卦，不致有过咎，于事有利，尤利于有所往也。这是依卦象的事理作出的应然判断。其中“无咎，利贞”是全称性判断，因为恒是有规律的运动变化，所以总的来说是不至有过错的，行事也是能成功的。“利有攸往”是特称判断，因为外卦震为足，为动、为往；内卦巽为顺，为从。行动能得人顺从，对于出外狩猎、交易、游牧等等，自然是最有利的，所以特意指出，对有攸往尤为有利也。这是《周易》系占的一种常用章法，正如咸卦之系以“亨，利贞”是全称判断，再系以“取女吉”之特称判断也。

初六　浚恒。贞凶，无攸利。

解：浚恒。象辞，浚而不已也。

字义：浚，《说文》：“浚，抒也。”抒是舀出、汲出之意。又，浚、濬，古文睿。《说文》：“睿，深通川也。”故浚与濬通，乃疏淘川、井之意。《尚书·益稷》：“濬畎浍，距川。”是疏淘沟渠江河；《孟子·万章》：“使浚井。”即是疏淘井坑。

依数理及事理取象：本爻在卦初，处下下之位，当下巽之下，巽德为入，有下入不已之象；下入不已，于事即为疏河浚井而不止之类，故有浚恒之象。

贞凶，无攸利。占辞。谓凶而无所利也。这是依爻象显示的事理作出的应然判断。无论疏河或是浚井，都只能适可而止，若浚之不已，将致河水倒流，井坎垮塌，其凶可知也。系以贞凶与凶有别，凶乃实然性判断，即已成事实；贞凶乃应然性判断，谓于理而言，必至于凶也。更系以“无攸利”者，严诫之意。盖占属贞凶，可理解为于行事为凶，而其影响或后果则未尝不有利，如初凶终吉之类；于人际关系而言，对我为凶，对群体及国家则未尝不有利的方面，如小人贞吉、君子贞凶之类。今系以“无攸利”则谓于己于彼、于事于义，皆无所利。所以，在《周易》的十二种不同占断中，贞凶，无攸利，是最不好的占断，因而是一种深诫之辞。王弼注曰：“处恒之初，最处卦底，始求深者也。求深穷底，令物无余蕴，渐以至此，物犹不堪，而况始求深者乎？以此为恒，凶正害德，无施而利也。”其意近是。然而脱离行事，纯从形上立论，亦有刻意求深之嫌也。

九二　悔亡。

解：悔亡。占辞，谓于事可以无悔也。本爻不系象辞，是直接依爻位的数理作出的应然判断。本爻处下卦之中位，刚健有为而恒得中，无过不及之患，故可于事无悔也。《象》曰："九二悔亡，能久中也。"荀爽曰："能久行中和，以阳据阴，故曰能久中也。"皆同此意。以中位为吉，乃是《周易》的作者通观天理人事而作出的一种哲理思考，并与传统的天象观测相关，说详本书上篇第四章第二节。如大壮·九二曰："贞吉。"晋·六五曰："悔亡。失得勿恤，往吉，无不利。"睽·六五曰："悔亡。厥宗噬肤，往何咎？"升·六五曰："贞吉。升阶。"巽·九五曰："贞吉。悔亡，无不利……"未济·六五曰："贞吉，无悔……"均是依爻位处卦之中而作出的占断。而萃·九四曰："大吉，无咎。"未济九四曰："贞吉，悔亡。"解·初六曰："无咎。"则皆取于象而不只依于数也。这也是周易系占的一种章法。

九三　不恒其德，或承之羞。贞吝。

解：不恒其德，或承之羞。象辞。

字义：德，《说文》："德，升也。从彳，悳声。"桂馥《义证》："古升、登、陟、得、德五字义皆同。"自讼·六三可知：德之甲、金文均象辨行道于歧路之形，但目在中而上加丨，则表示方向已经辨明，当直前而行进，故衍生出得、升、直等义。

本爻德字即用"得"义。所谓不恒其德者，不能常有所得也。

羞，《说文》："羞，进献也。从羊，羊所进也。从丑，丑亦声。"从字形可知羞之本义为以手奉羊进献，故出进、献、美食及羞辱等义。盖献以祭祀为荐羞，若争战不敌，献羊求和，则为羞辱也。

经文用"羞"字仅二见。

否·六三："包羞。"其羞字帛本作忧，用羞辱义也；

本爻或承之羞则有二解：传统皆释羞为辱，近人李镜池则释羞为美食，于义较胜。

承，《说文》："承，奉也，受也。"故承字有"奉""受"二义，在人为奉，在我为受也（参见否·六二，包承）。

综观本爻辞，若按传统释"德"为德性，则于六五爻之"恒其德，贞妇人吉，夫子凶”不可确解。李镜池《周易通义》曰：“德，通得。承，奉送。羞，馐本字，从手从羊。羊是美食，狩猎不能常有所得，幸好有人送来了美好的食物，这体现了集体劳动平均分配的原始共产主义分配的原则。处在原始社会阶段的鄂温克人也是如此，甚至打到野兽的人必须把最好的肉让给别人。”此说于六五爻之义较胜，今从之。

依物理及事理取象：本爻居下巽之上，巽为风，为进退，为不果，不恒其得之象也；本爻又当中兑下，兑为羊，上承于羊，是或承之羞之象也。

贞吝。占辞。吝者，恨惜、羞愧、耻辱之义，参见咸·九三“咸其股，执其随，往吝”之释。

这是依爻象所体现的事理作出的应然判断。盖不恒其得，在渔业生活中是经常发生的，到原始社会末期，打仗行掠，也不可能恒有其得，今或有奉送食物者，乃家族公社生活中互相体谅，互相帮助原则的体现。虽有美味，但从享用者来说，内心则并不愉悦，反而会感到羞愧，这也是公社生活中的共通心理。联系四、五爻来看，恒卦爻辞乃是渔猎民族或原始社会末期社会生活的忠实写照。但是，自孔子时代起，传统解释均以不恒其德为无有恒德之意。《论语·子路》：子曰：“南人有言曰：‘人而无恒，不可以作巫医。’善夫！‘不恒其德，或承之羞。’”子曰：“不占而已矣。”《系辞·下传》第七章更有“恒，德之固也”“恒杂而不厌”“恒以一德”之说。《象传》亦谓：“不恒其德，无所容也。”后世诸儒，悉从此释，王弼扫象，亦未出此窠臼，而注曰：“体在乎恒而分无所定，无恒者也，德行无恒，自相违错，不可致诘，故或承之羞也。”这些解释虽于此爻尚可为说，自六五爻论之，皆不能自圆其说矣，今不取。参见六五爻释。

九四　田无禽。

解：田无禽。象辞，以象代占。

字义：田，用田猎、争战义。

禽，《说文》：“禽，走兽总名。”马叙伦《六书疏证》：“禽，实‘擒’之初文，禽兽皆取获动物之义。”

据此，田无禽即行猎无所擒获，或战争而未有俘获。

依物理取象：本爻居互兑中而上震下，震为蕃，离网之象也。故震即有田猎之象。互兑为毁折，为缺失，蕃网缺失，无可禽获，故有田无禽之象也。

本爻不系占辞，盖以象代占，这也是《周易》的一种章法。坤·上六“龙战于野，其血玄黄”、屯·上六“乘马班如，泣血链如……”皆以象代占之通例也。

田而无禽获，其不吉可知，于事为不占自明者也，不系占辞者，以九三有“不恒其德，或承之羞”之吝占，六五又有“恒其德，贞妇人吉，夫子凶”之占，是吉凶不可执一而定也，当视所贞之事而理论之，故不必定其非吉也。这里包含有对待社会行为之得失取宽容谅解态度的含义，体现《周易》的社会行为学性质。因为从恒常的事理来看，田猎而无所擒获，打仗而未有俘获，乃是一种经常发生的现象，尤其到人口繁殖甚多的渔猎时代末期，渔猎所获已越来越不可靠，人们已开始转入以农业或畜牧为主。这时，捕猎虽仍为社会生活的一种需要，但不恒其得便成了一种经常性的事，不能有得即是田而无禽。田无禽既已属于经常发生的现象，根本原因在于野生禽兽已不足供人们的需要，这是生态阈限所致，是不能归罪于猎手们的无能和懒惰的。正如打仗不能常有俘获，不能归罪于战士一样。所以九三有“或承之羞”的谅解态度，六五有夫子凶之占，其根据就在于本爻所显示的一种规律性，即“田无禽”乃是一种经常发生的现象。这也是社会将转入以农业生产为主的反映。

六五　恒其德。贞妇人吉，夫子凶。

解：恒其德。象辞。谓常有其德也。

依事理取象：本爻变，初至五成姤。姤，遇也。于男女为遇合义，于捕猎为猎获义，参见姤卦释及小过·六二及九四解。恒于有所猎获，故有恒其德之象。

贞妇人吉，夫子凶。占辞。谓筮遇此爻，于妇人为吉、为宜、为得，于男人则为凶、为失、为不当也。

这是依爻辞所反映的社会分工原则作出的事理性判断。恒有其得，在原始农业时期，乃妇女进行采集与粗放之种植，其收获较为稳定；男子则以渔猎为主，渔猎是不可能恒有所得的，这是社会分工之不同使然。如果男子也从事恒有其得的农作采集或家务劳动，则违反了自然的社会分工，是不利于社会生活的正常进行的。所以有恒其德于妇人为吉，于男子为凶之占断。

这是母权制时代的氏族部落生活的特征。到了父权制时代，男子在畜牧或农耕中都处于主导地位。这时男子在经济生活中一般算是恒有其得了；妇女虽处于从属地位，但家庭生活中仍然处于相对稳定的、恒有其得的状况。而男子则有另有重要任务，掠夺、打仗和行猎，这也是一项经常的任务，这种行为仍然以“田无禽”即“不恒其德”为特征。若男子反而“恒其德”，便是放弃了抢掠、战争和行猎，这显然是逃避或放弃最重要的社会责任，犹如今时之逃避兵役，当然是不能允许的，所以其占为凶。又据经文中称“夫子”者，仅此一处。夫子不是君子，明显地不属贵族范畴，其身份显然属于平民之列，经文中与之相当者有：

与小子相对的丈夫；

与女、妻、妇相对的老夫、士夫、金夫等。

其中，丈夫指成年男性。老夫，指壮年及老年平民。士夫指青年平民。金夫指青年武士。比较起来，这里的夫子当属青壮年武士之类，即相当于“士夫”“金夫”之类。《尚书·牧誓》有云：“今予发，惟恭行天之罚，今日之事，不愆于六步、七步，乃止齐焉，夫子勖哉！不愆于四伐、五伐、六伐、七伐，乃止齐焉，勖哉夫子！尚桓桓，如虎如貔，如熊如罴，于商郊，弗迓克奔，以役西土，勖哉夫子，尔所弗勖，其于尔躬有戮。”这里的所谓“夫子”，明显地是指受过正规训练的武士。综上述可知，夫子当指武士，武士的主要职责就是打仗和行猎。打仗和行猎都是不能“恒有其得”的，但对他们又是必须认真供养和适当优待的，这便是“不恒其德”而又“或承之羞”的社会学依据。而夫子若恒有其得，便是放弃武士的义务，所以“恒其德。贞妇人吉，夫子凶”也是以当时的社会生活为依据的。

上六　振恒。凶。

解：振恒。象辞。

字义：振，通震，二字皆从辰、从手或雨，皆振动义。《淮南子·本经》：“共工振滔洪水。”高诱注：“振，动也。”《广雅·释诂一》：“振，动也。”帛书本震卦之“震”即书为“辰”。

依物理取象：本爻居上震之上，震为雷、为足、为车、为躁动，皆动而不已者也，故有振恒之象。

凶。占辞。谓筮遇此爻，所占为凶也。

这是依爻象的事理作出的应然判断。盖上为高危之位，若振动不已，必致倾覆崩坠，故其占为凶也。

王弼注曰："夫静为躁君，安为动主，故安者，上之所处也。静者，可久之道也。处卦之上，居动之极，以此为恒，无施而得也。"其说甚是。

总起来看，恒卦最突出的一个特点是：它的爻辞没有一条是吉利的；而明白系以凶吝之占的，竟然达到4条之多，以至超越了坎、离、噬嗑等专讲灾害刑狱之卦。在64卦中，其凶如此者，唯此一卦。这就使我们不能不认真思考这样一个问题：

我们知道，在易传中，恒是作为一种美德来加以提倡的。如前所述，《系辞传》中，三陈九德，以恒与履、谦、复、益、损、困、井、巽并列而称赞其为"德之固""杂而不厌""恒以一德"。甚至孔夫子在《论语·子路》中都说："人而无恒，不可以为巫医。"经、传之间的差别是如何产生的？我们今天，应当作何取舍，才能真正的取其精华？

首先，应当了解《易经》是从社会生活的实际出发，将恒作一种动态持续的现象如何才算适度的问题来加以考察的。从本质上讲，它所倡导的仍然是一种中正适度的行为准则，还没有将恒作为一种抽象的德行来加以提倡。所以，它认为"浚恒""振恒"以至"恒其德"都可能是凶的。

实际上，恒作为一种德性的观念的形成，首先是社会经济需要的反映。由于周族本来是农业民族，建国以后，社会生产很快实现了农业化。到春秋战国时期，私有经济日益发展，农业生产者与生产资料——土地的结合，是当时社会的合理要求，用孟子的话来说，就是"无恒产而有恒心者，惟士为能，若民则无恒产，因无恒心"。"是故明君制民之产，必使仰足以事父母，俯足以畜妻子，乐岁终身饱，凶年免于死亡，然后驱而之善，故民之从之也轻。"[①] 即是说："有恒产"与"有恒心"是当时社会再生产得以持续的根本前提，这正是春秋战国贤者们将"恒"作为一种社会美德的社会学依据，因而才会有"恒，德之固也"及"恒以一德"之说。另外，社会分工的发展，对各项专业性技术提出了专精的要求，例如农、工、商、虞

① 《孟子·梁惠王章》。

各业都要求精细耕种和制作经营，至于脱离生产的武士也要求提高战斗技巧，文士更要求知识的积累，这些都要求持之以恒，所以才有“恒杂而不厌”的观念，以及“人而无恒，不可以为巫医”之说，这才有“无恒产而有恒心者，惟士为能”之说。凡此均可说明，恒作为一种美德的观念，是社会再生产的根本要求，是社会分工精细化的结果，没有精细化分工的普遍性，没有社会生活中普遍要求持之以恒的心理定势，恒作为一种动态持续性现象，是不可能上升到作为社会生活准则之一的德性观念的高度的。

“恒”在《易经》成书的时代大约还没有达到足以提升为社会生活准则的德性高度①。不仅如此，与之大体同时的《尚书》中，恒也还没有被作为德性加以提倡的记录。反而有“德无常师，主善为师；善无常主，协于克一”之说②。

《洪范》：“八，庶征……曰咎征；曰狂，恒雨若；曰僭，恒旸若，曰豫，恒燠若；曰急，恒寒若；曰蒙，恒风若。”则以自然现象之恒久持续为灾害，与恒卦以浚恒、振恒等社会行为之持续为凶厉的观念非常一致。

《康诰》：“惟命不于常。”则以不常为规律。如此等等。

总之，《尚书》数十篇，迄于西周末，除《洪范》以恒风、恒雨等为灾害外，未有恒德之说。对于德行的秉持，也只是一种敬德观念，没有将恒作为一种独立的德性。从殷末周初的历史命题来讲，当时是需要变革，而且进行了革命与改革的时代，更不可能有以“恒”为德的观念，这正是《易经》以雷风相从为恒，而且只将它作为一种动态持续的现象来加以探讨的根本原因。以恒为美德，实在是孔门师徒们从春秋战国之际的社会需要出发而托古以重其言的一种章法。

恒，在周初既然仅被视为一种通常的自然现象与社会现象，并不是一种德行，作为周初的政教之作的《易经》，又为什么要专立一卦来进行讨论呢？这显然与当时社会生活中面对着求革新、尚变易的时代命题有关。正是由于时代的命题是求革新，尚变易，所以对于旧制度，旧习惯，一切习以为常的事理，都有重新审视的必要。这样，我们对恒卦以雷风相从、上动下入为恒，为利贞，而又强调其利有攸往；爻辞中则对恒与不恒的得失

---

① 益·上九有“莫益之，或击之，立心勿恒，凶”之占，讲对俘从之人应以施惠为主，不可反复无常，是一种具体操作方式，还不是抽象的德性。

② 《咸有一德》。

作具体分析，而归结为恒与不恒，应视时位事理而定，各有其宜的主旨，便能如实地理解了。这种对恒与变的具体分析和辩证思考，对我们今天处理社会变革问题显然比作为一种德行来加以固定的态度更能切合实际的需要吧！

最后，我们可以用一语作结。

恒，作为一种德行，只适用于良性规范、技术规范的操作层面，至于社会调节、国家管理这类多变的事务，只能是惟变所适，是不适用于恒定不易的。

如果要说恒卦为我们提出了一种德性修养的话，那也只是体现了“适中为善，中节为美”的中和内美之道，而不是什么固定化了的准则。

57. 无妄：于必然与或然间取应然

（附：关于佛教的无妄论的讨论）

䷘ 无妄。元亨。利贞。其匪正有眚，不利有攸往。

解：无妄。彖辞，通常以为卦名。

字义：无，《说文》“无，亡也。”《玉篇》：“无，不有也。”用为副词作“不”。若《尚书·洪范》：“无偏无党，王道荡荡。”又通“毋”，用为禁制之辞。如《尚书·益稷》：“无若丹朱敖，惟漫游是好。”

妄，《说文》：“妄，乱也。从女，亡声。”有狂乱、荒悖等义。金文作，象女奴逃亡，故有悖、乱、狂等义也。

故无妄乃无狂恣、无悖谬、无妄为之意。帛本作“无孟”，孟通猛，有孟浪义，无孟亦无狂悖言行之意也。尚秉和氏引《史记·春申君传》：“世有毋望之福，又有毋望之祸，今君处毋望之世，事毋望之主而无毋望之人……”并谓无妄乃“毋望”之义，此义最古云云，实为曲解。盖《史记》此“毋望”乃“不期而至”之意，非卦名也。《汉书·谷永传》：“遭无妄之卦运。”《杂卦》：“无妄，灾也。”此皆借“妄”为“望”，以解经者也。自彖、象以至于汉初诸儒率多有此种诠释，具有实用主义的随意性。而近世尚秉和氏据之谓：“无妄者，无所望也。”以斥“无妄行”之义为非，实无充分依据，不过依错解错而已。盖卦辞以“无妄”为“利贞”爻辞亦有“无妄，往吉”之贞，是经文本以无妄为“无妄行”之意也。若无所望，何吉、利之可言？岂可因汉儒之转释而废经文之本义哉？

依物理取象：本卦上乾下震，乾为天，震为雷，天下雷行，人而得闻，事不可欺，何妄之有？

依事理取象：上乾为天，象天理，下震为行，象人事；人之行事合于天理，是无妄之象也。

元亨。叙辞。叙述筮遇此卦乃在大享祀之时，因而有甚高之权威性也。

利贞。占辞。利或不利，属于成败性的判断，利贞则谓筮遇此卦，行事可成也。

其匪正有眚，不利有攸往。诫辞。

辞意谓事虽属实，但有违常理，亦不宜实行。盖无妄之贞虽利，但不是无条件的，有如：天下雷行，本无虚妄，惟若雷发于冬季，则气候为不正常，当有灾眚之事也。是故事虽属实，若其义不正，亦不宜于从事。故有“其匪正有眚，不利有攸往”之诫也。诫辞记录表明作易者对占断之慎重态度，诫辞内容则表明作易者主张行事应以道义为准则，是明显的道义性判断。对实然之事，亦依应然之理加以评判也。这也是天人合德而非合一的正确观念。“不利有攸往”亦可视为另占辞。

初九　无妄往。吉。

解：无妄往。象辞。谓所行合理，无悖乱也。

依事理取象：本爻当下震初，为行事之始。震为足，为动，往之象也；上体乾为天，行而上合于天道，无妄往之象也。

吉。占辞。吉凶乃得失之象，吉者，往可有所得也。这是从行事合于天道的事理作出的应然判断。《周易》据天道以论人事，因人事以明天道之宗旨明矣。

六二　不耕获，不菑畬，则利有攸往。

解：不耕获，不菑畬，则利有攸往。象占连辞。

词义：耕获，耕种、猎获。

菑畬，《诗·周颂·臣工》：“如何新畬。”传曰：“一岁曰菑，二岁曰新田，三岁曰畬。”《尔雅·释地》：“田一岁曰菑，二岁曰新田，三岁曰畬。”不耕获，不菑畬为象辞，谓不事农耕之人也。

依物理取象：本爻当下震之中，上互巽，而成交卦益，上入下动，耕作之象也。《系辞·下传》第二章："神农氏作，斫木为耜，揉木为耒，耒耨之利以教天下，盖取诸益。"即此意也。而本爻又当互艮下，艮为止，是止其耕作也，故有不耕不获，不菑不畬之象。

则，因果连辞。有攸往为出行之意，或为商旅，或为行人，或为出征。"则利有攸往"是个有条件的判断，其条件便是"不耕获，不菑畬"。即是说：不从事耕作之人，或农闲之时，出行才是有利的。反过来讲，若当从事耕作之人或农忙之际，就不利于出行了。这是有条件的事理判断，与大有·初九"无交害，匪咎，艰则无咎"的章法是一致的。都是象占连辞，其特点是象辞为因，占辞为果，占辞以象辞为前提条件。明白了《周易》的这种章法，这一类爻辞便容易理解了。

但是，先儒们都没有弄清《周易》的这种章法，对这一爻辞的解释就弄得晦涩玄奥，令人难解。首先，从虞翻以至王弼，下至明代之来知德等，都将"不耕获，不菑畬"解释为"不耕而获，不菑而畬"，因而生出种种玄解。如：

王弼注云："不耕而获，不菑而畬，代终已成而不造也。不擅其美，乃尽臣道，故利有攸往。"将"不耕而获……"解为臣道之美，实为牵强附会。程传、朱注，均依此解为"不首造其事，本义无所为于前，无所冀于后"皆属此类。

来知德集注云："不耕获者，不方耕而即望其获也。不菑畬者，不方菑而即望成其畬也。耕也、菑也，即明其道也；获也、畬也，即计其功也，不耕获，不菑畬，即明其道不计其功也……言虽为于前，无所望于后，占者必如此，则利有攸往矣。"这里实际上已将"不耕获，不菑畬"解释成了"耕不获，菑不畬"了。都是不可取的。

一句之中，名词并列，都是《周易》常用章法，例如：

困·上六："困于葛藟，于臲卼。"在"于臲（niè）卼（wù）"前省"困"字，而臲、卼皆高竖之木桩；又"葛"与"藟"系不同之蔓草，"困于葛藟"即"困于葛、藟"之意，此与"不耕获，不菑畬"皆为同类型的构词方式也。

高亨《周易古经今注》曰："不耕而获，不菑而畬，唯有营利于外而后可，唯有不为农而为商为官而后可，故曰不耕获，不菑畬，则利有攸往。"

这个解释的后半部分是正确的，前半部分则依旧解而误读了。

六三　无妄之灾。或系之牛，行人之得，邑人之灾。

解：无妄之灾。象辞。谓本无妄行而遭灾也。

依事理取象：下卦震为行，为动。本爻当震上，变而为离，离为火，为灾，动而成灾，是无妄行而遇灾祸之象。

或系之牛，行人之得，邑人之灾。喻辞，以喻“无妄之灾”本意也。盖无妄行而仍遇灾祸，常人所不解，故以事喻之。谓若有人系牛于邑，牛走失为行人所得，其系牛者归罪于邑人，此邑人即遭无妄之灾也。官吏或有权势者，常因自身之失误而迁罪于无辜之当地民众，至今犹或有之也。《易经》此辞，主旨即在于说明虽无妄行，亦有遭灾之事，不可以为凡无妄行即无灾害，这是对社会行为有深入观察的。用意则在于教人虽无妄行，犹当有危机意识；亦警戒自失之人，不当迁罪无辜，使遭无妄之灾也。

本爻无占辞，以象喻为占断也。章法有如观卦辞：“观。盥而不荐，有孚颙若。”其中“观”为象辞，“盥而不荐，有孚颙若”即为喻释之辞，另无占辞，亦以象喻为占断也。

九四　可贞，无咎。

解：可贞，无咎。占辞。

可贞者，可其所贞也。如坤·六三“含章，可贞”之意。无咎者，无过失意，无灾咎意，谓筮遇此爻，所贞可以无咎也。

本爻不着象辞，乃据数理而断。盖九四乃上乾之初，上承九五，乃刚健中正之君，下乘阴柔之臣，居公卿之位而上得其君，下得其臣，故有“可贞，无咎”之占也。大壮·九二，贞吉。解·初六，无咎。萃·九四，大吉、无咎。等等。凡不取象而定占之辞，均可以卦爻象位明之也。

九五　无妄之疾，勿药有喜。

解：无妄之疾，勿药有喜。象辞，以象代占。

词义：有喜，《周易》时代以病瘥为“有喜”。如损·六四“损其疾，使遄有喜”之意也。

辞意是说，无妄行而有疾，没有吃药也好了。

依物理取象：本爻当上体乾中，刚健中正而得尊位，无妄之主也。变而互巽成坎，坎为心病，为耳痛，为加忧，是病而非狂乱险恶者也，故有“无妄之疾”之象。本爻又当中巽之上，巽为草木，下互艮，艮为石，药石之象也。本爻变，其卦之噬嗑，勿药而能饮食之象，故曰“勿药有喜”也。不着占辞，其占已明矣。

本爻系辞意在以疗疾之经验说明一种事理。盖谓虽无妄行，亦不免有通常之病。通常之病，人体可自愈，故不待用药而有喜。反之，若以为无妄当无疾，有疾则急于求医用药，则可能加重病情也。盖古时医药本不发达，若依赖药物，首先失之于心理负担过重，此心理之不健康，乃妄想所致，尤胜于无妄之疾也；用药复使生理紊乱，病情反而加重，此亦妄想所致也。古谚云：“不吃药为中医。”[①] 孔子病，季康子馈药，有“丘未达，不敢尝”之事，皆慎于用药之意。其用于治乱，亦当以镇静自然处之，不可孟浪行事，严加处置，方不失无妄之旨也。王弼注云：“非妄之灾，勿治自复。非妄而药之则凶，故曰勿药有喜。”是得其旨矣。

侯果曰：“位正居尊，为无妄贵主。百姓有过，在予一人。三、四妄处，五乃忧疾，非乖摄则药不可试，若下皆不妄，则不治自愈，故曰勿药有喜也。”其说亦佳。

上九　无妄行，有眚，无攸利。

解：无妄行，有眚，无攸利。象占连辞。章法与蒙·六三：“勿用取女，见金夫，不有躬，无攸利”相同，可参阅。

字义：眚，灾变。参见讼·九二释。辞意是说，不可妄行，否则将有灾变，没有好处。

依数理取象：王弼注曰：“处不可妄之极，惟其静保其身而已，故不可以行也。”其说甚是。

爻辞实有深诫之意。盖处时位之极，如人处高位，又当顺境，往往头脑膨胀，行事极易妄乱狂悖，而危害又最大，故有此深诫也。

总的来说，无妄本意就是在于教诫人行事当敬慎自然，不可狂悖逆乱，

① 班固《汉书·艺文志·经方》有“谚曰：‘有病不治，常得中医’。”

故多从时位关系上以明事理，卦辞则以天下雷行之物理以明天理之自然，大意有如：

（1）无妄宜正，匪正有眚。如天下雷行，固无妄矣。若不适时，亦有眚焉。

（2）有无妄之德者，处于初、下之位，是以求进为吉的。无妄并不是不行动，只是不妄动。若无妄想而不动，似庄子讲的坐忘状态，离形去智，同于大通，作为一种自我修炼可以，用于社会则不可能有发展和前进。《周易》主张建功立业的功业型人格，与修道避世的隐逸型人格是不同的。

（3）行动、进取是有条件的，例如不耕获，不菑畲的人，就利于经商或从政；或者说，不耕获，不菑畲的人，经商或从政，才是无妄之德。农耕者远行或不农耕者不经商、不从政，都不符合无妄之德。

（4）虽无妄行，也可能遭无妄之灾，这是应当避免的。这是应然与或然的关系问题，或然是应当避免的，但不因或然而废应然。为上者当防止无妄之灾的发生，这是处于下体之上的基层领导特别应当注意的问题。

（5）有无妄之德，处上得其君，下得其佐使之位是最安全的，领导者对通常的失误，应如对通常的小病一样，不宜过于看重。尤其对臣民的失误，应有“万方有罪，在予一人”的精神，这样的敦睦风范可以自然地消除矛盾，增强凝聚力。否则，小题大做，反而会加深矛盾，即入于妄行矣。

（6）处于最高位时，是切不可妄想妄行的。处于极端的状态下，思想行为最易入于狂悖妄乱，这时最好不要急于进取，急功近利；而应当冷静省察，防微杜渐，否则必致灾眚。上卦三爻皆对上位者而言，说明无妄之德，是为上者最当具备的。无妄之教，也主要是针对上层贵族的。这是飞龙在天，利见大人之意，也是作易的主旨所在。

无妄属于德行修养之卦，其中心思想是无妄并不能完全避免灾眚。有必然之灾，有或然之灾，无妄则是应然的态度，这是价值理性的突出体现，以道义为准的，与通常的趋利避害观念是不同的，是极有远见卓识的观念，是与殷纣的失政灭国的历史教训密切相关的。

顺便说一下佛教关于“无妄”的观念。

从上可知“无妄”在《周易》属于道德修养的范畴，目的在于在必然与或然之间取应然，以利于治国平天下，哲学上属于方法论范畴。

佛教的“无妄”则要玄奥得多。

《楞严经·卷四》富楼那弥多罗尼子白佛言：

如来藏中，清净本然，云何忽生山河大地，诸有为相，次第迁流，终而复始？

佛言：

性觉妙明，本觉明妙……妄为明觉，觉非所明。因明立所，所既妄立，生汝妄能，无同异中，炽然成异……由是引起尘劳烦恼……

富楼那，汝以色空相倾相夺于如来藏，而如来藏随为色空，周遍法界。是故于中，风动空澄，日明云暗；众生迷闷，背觉合尘，故发尘劳，有世间相。我以妙明不灭不生合如来藏，而如来藏惟妙觉明，圆照法界。是故于中，一为无量，无量为一，小中现大，大中现小，不动道场，遍十方界，身含十方无尽虚空，于一毛端现宝王刹，坐微尘里转大法轮，灭尘合觉，故发真如妙觉明性。

从中可见，一念所生，当即成妄。《坛经》所谓“菩提本自性，起心即是妄”是也。既然因妄发尘，遂有世间相。可见妄念乃世界发生之由，这是从本体上讨论真妄问题。它的思辨论证，比《周易》的德教观念自然有更深的力度，这正是佛教文化能在中国盛行的根本原因，也是它能促进中国文化多向度发展的重要方面。但是它的总体取向是出世的。人们如果要学佛修道，便应当按照《楞严经》的观念进行修持——无念无作，非修非证；人们如果要建功立业，便应当按照《周易》的观念，崇德广业，利国利民。这二者的社会功能不同，各有妙用，不可混以为一，亦不可执一非一。这便是生活的艺术，社会行为的审美化。

58. 复：于行有休复与迷复

（附：关于循环论的讨论）

䷗ 复。亨。出入无疾，朋来无咎。反复其道，七日来复。利有攸往。

解：复。象辞。

字义：复，甲文见小畜·初九。繁体作復，象地穴复道。《说文》：“复，往来也。”后引申为反复、重复、返还等义。

依物理取象：本卦上坤为地，下震为道途，为足，有往返地道之象也，故曰复。

自历象而言，本卦有冬至一阳复生之象。因周正建子，以十一月冬至之月为岁首，晷影达最长而始返，故有复象。先儒皆以本卦与剥卦共成消息之卦，以象年周十二月也。

亨。叙辞。叙述筮遇此卦在享祀之时也。

出入无疾，朋来无咎。占辞。

字义：疾，有急速与疾患二义。《说文》：“疾，病也。”引申为害、患。

朋，此处用友朋之义。

地室既有复道，则出入无碍，虽有朋友往来，亦可交通无阻，故有“出入无疾，朋来无咎”之占，此据物理定占也。

反复其道，七日来复。利有攸往。并占辞。

此据数理定占：本卦有晷影之象，于数理言，则冬至阳生之象也。古代用晷表测影，从夏至至冬至为 24 格，以当 12 节候。一往一返共 48 格，当 24 节候，共用线 49，而有间隔线 50，故曰大衍之数五十，其用四十有九。以 49 除 365.24 日，每一格线当 7.4 天[①]。冬至当最后一格，反复皆七日。故曰：“反复其道，七日来复。”[②] “利有攸往”者，据天理推断事理。天行如此，利于往复，事理则当利有所往也。《彖传》曰：“反复其道，七日来复，天行也。利有攸往，刚长也。复其见天地之心乎！”谓天地之理在于往复不已也，此说略近其理。

虞翻谓：“消乾六爻为六日，刚来反初，故七日来复。”侯果曰：“五月天行至午，阳复而阴升。十一月天行至午，阴复而阳升也。天地运往，阴阳升复，凡历七月，故曰七日来复，此天之运行也。豳诗曰：‘一之日觱发，二之日栗烈。’一之日，周之正月也，二之日，周之二月也。则古人呼月为日明矣。”

虞氏以每爻为一日，其说无据。侯果以月为日，于豳诗实为曲解。盖

---

① 若以 48 格之数除之，则每格当 7.6 天。

② 参见本书上篇第三章第四节第二小节“大衍之数与原始历法”及第五章第一节“《周易》在筮数方面的主要特征”。

诗云“一之日”者，谓一月之日也，省月称而言天候也。

王弼注：“阳气始剥尽，至来复时，凡七日。以天之行，反复不过七日，复之不可远也。”此说略近经义，但未明其所据，且与“利有攸往”之占断不协。

综上所述，各家之解均不明本卦取象之本义，亦未从章法上判明其为二象占并列之辞。其初占乃据物理象，其再占则据数理象，就晷影见天道而及于人事也。作易者因两项占断所据理皆正，不可偏废，故并录于斯矣。

初九　不远复，无祇悔。元吉。

解：不远复，无祇悔。象辞。

字义：祇（zhī），金文作。郭沫若氏谓“作两缶相抵”形，故初义为抵。《广雅·释言》：“祇，适也。”与抵义可通。《说文》：“祇，敬也。”经文此处用适、至义。

依数理取象：在复之初，不远而复之象也。既不远而复，则不至于频、迷之厉、凶，故曰无祇悔，即不至于有悔也。

王弼注：“最处复初，始复者也。复之不速，遂致迷凶，不远而复，几悔而返，以此修身，患难远矣。错之于事，其殆庶几乎，故曰元吉也。”所解甚当。

元吉。占断辞。谓大吉也。元吉在占辞中为最吉之占。有大吉、始吉与本吉等义，今以“不远复，无祇悔”为“元吉，”则用“本吉”之义也。本吉者，本来即吉，不依外因，于复之道，亦最吉之意也。

这是依爻象的事理作出的应然性判断，其前提条件为“不远复，无祇悔”。是《周易》作者以“复”为复于正道之意，亦不可太过之意。太过即不吉，如大过卦辞曰：“栋桡。”大过·九三曰：“栋桡，凶。”即此意也。周人以复为吉，盖来源于晷影观测。据《汉书·天文志》：“夏至北极近，故晷短，立八尺之表，而晷影长尺五寸八分。冬至远极，故晷长，立八尺之表，而晷影长丈三尺一寸四分。春秋分极中而晷中，立八尺之表，而晷影长七尺三寸六分。”若冬至影极长而不复，则天寒至极而不返于春；若夏至影至短而不复，则酷暑而不返秋，是皆不复之灾，故周人有以复为返于正道之观念，而以不远复，无祇悔为本吉也。

六二　休复。吉。

解：休复。象辞。

字义：休，《说文》："休，息止也。"因其止息，引申出喜悦、美好等义。经文中休字仅二见，另一为否·九五："休否。大人吉。"用休止义。此处则用喜悦义。《诗·小雅·菁菁者莪》："既见君子，我心则喜……既见君子，我心则休。"亦已用喜悦义也。

依物理取象：本爻居震中，震为足、为动、为行；本爻变则下震成兑，兑为悦，故有行而复返，喜形于色之象，是谓"休复"。

吉。占辞，谓所贞为吉也。这是依爻象的事理作出的实然性判断。既喜悦而返，于事理言，行事必成而有得，其吉可知也。

六三　频复。厉，无咎。

解：频复。象辞。

字义：频，高亨《周易古经今注》引王弼注："频，频蹙之貌也。"又曰："《说文》：频，水厓，人所宾附，频蹙不前而止。从页从涉。'隶变作濒，或省作频，又别作滨。人至水厓，蹙眉而涉，故频为水厓之义，又为蹙眉之义。蹙眉，愁苦之状也。巽·九三云：'频巽，吝。'义同。"此说可从。

依物理取象：本爻居互坤之中，变而为坎，坎为加忧，故有频复之象也。

厉，无咎。占辞。

厉者，危厉。高亨曰："蹙眉而返，盖迫于危险，然知难而返，仍可无咎。"故有"厉，无咎"之占也。这也是依爻象的事理作出的应然性判断。

六四　中行独复。

解：中行独复。象辞。

依数理取象：本爻居五阴之中而独变为阳，故有中行独复之象。

又，依物理取象：本爻居互坤之上，上坤之下，坤为地，介于地之中，本爻变则二以上成上震下艮，震为行，艮为门阙，行而入于门阙，故有中行独复之象也。

先儒多取"五阴之中"以为象，而尚秉和引乾·九四《文言》"中不在人”，此以三、四爻为一卦之中，则夬·九五云：“苋陆夬夬中行”不可解矣。

又，郭沫若氏在其论《周易》非文王所作一文中引：

益·六三：“中行告公，用圭。”

益·六四：“中行告公，从。利用为依（卫）迁国。”

泰·九二：“包荒用凭河，不遐遗。朋亡，得尚于中行。”

复·六四：“中行独复。”

夬九五：“苋陆夬夬，中行无咎。”等五条系辞，并说：

> 这几条“中行”，我相信是春秋时晋国的荀林父。就前两例的“中行告公”而言，“中行”二字除讲为人名之外，不能有第二种解释。
>
> 中行之名，初见《左传·僖公二十八年》：“晋侯作三行以御狄。荀林父将中行，屠击将右行，先蔑将左行”，荀之子孙以中行为氏……
>
> 复·六四的“中行独复”，是宣公十二年，荀林父帅晋师救郑，为楚所大败，归而请死的故事。

由于晋侯并没有杀他，而使复其位。郭氏据此推断《周易》之作决不能在春秋以前。而这个结论与其所著《周易时代的社会生活》一文之“易经所反映的都是殷末周初的社会生活”结论直接矛盾。郭氏此论，盖为当时疑古思潮的产物，实不足取。李镜池氏在其《论〈周易〉的著作年代——答郭沫若同志》一文中对郭氏的论点逐条予以驳斥，其最有力的一点是据史实：“晋军之败，由于先縠（hú）刚愎自用，不听命令。晋军大败后，‘士季使巩翔、韩穿帅士覆于敖前，故上军不败’，‘赵婴齐使其徒先具舟于河，故败而先济’，又随季‘殿其卒而退，不败’。这是说，还不算败得太惨，也就不能说中行氏独复。这里败，那里没败，能说‘独复’吗？事理不符……中行是中途的意思，不是中行氏，不能说‘除讲为人名之外，别无解释。’”

李说较郭说为胜，故本书不取郭说而从李说。

本爻未加占断辞，实际上是以象为断，占者筮遇此爻，即当独复于道而不论余人之可否。另外，这种无断之爻，实亦有道义评判之意。因《周易》作者以复为正道，能复即为无咎，然而仅能独复而不能复人，则不可谓无咎，是以不着吉凶，明其虽善而犹不足以语善也。

六五　敦复。无悔。

解：敦复。象辞。

字义：敦，有促迫、敦厚、和美等义。参见临·上六释。此爻之“敦复”，即用敦促义也。

依数理取象：本爻居上卦之中，有中正之德而处尊位，能敦促迷失之人使复于正者也。

依物理取象：本爻居上坤中，爻变则上互体成艮。艮，止也。下体震为行，能止其下体之行，是促其返也，故有“敦复”之象。

高亨《周易古经今注》：“敦复者，受人之督责促迫而返，其复虽由于被动，然能复则无悔。”其义近之。然，敦复非受人敦促之谓，依爻象观之，当是能敦促他人返于正道也。

无悔。占辞。

这是依爻象的数理作出的可然性判断，盖二爻以上，群阴剥阳，有迷而不返之势。本爻当上中之尊位，变而为刚，有止其剥而复返于正之功也，故占曰：“无悔。”这里的评判也出现了主体转换，即主体由受动者转换为主动者。经文中主体转换之爻非此一处，前述讼·九五即较著之例，可参看。

上六　迷复。凶。有灾眚，用行师，终有大败，以其国君凶，至于十年，不克征。

解：迷复。象辞。

字义：迷，金文作，象行道岔路甚多，迷惑而难辨去从之象也。

韩非子：“凡失其欲往之路而妄行者谓之迷。”是“迷”即失道之意。迷复者，迷失其道而不知返之意也。

《楚辞·离骚》：“回朕车以复路兮，及行迷之未远。”此即依复卦之初上爻辞而申其义也。

依数理取象：二位以上，群阴剥阳至尽，本爻处上终之位，迷而不返之象也。

凶。占辞。这是依事理作出的将然性判断。迷失其道而不返，其将至于凶可知也。

有灾眚，用行师，终有大败，以其国君凶，至于十年，不克征。验辞，亦教诫辞。

字义：灾眚，灾即害。眚为病，灾眚，泛指灾害。或曰：自外为灾，自内为眚。

以，同与。

辞意谓筮遇此爻，乃大凶之兆，或有灾眚，若用兵打仗，必至大败，国君当其灾，十年也不能恢复元气。这是一种深诫之辞，诫人不可迷失于道而不知返，更不可一意孤行，终致大败之祸也，这样具体的教诫，一般应有其史实根据，故可视为验辞。

高亨曰："迷，失路也。失其往路并失其归路也。迷路而始返，不识归路，终不得返，将遘大祸，故曰迷复凶，有灾眚。行师迷路而始返，必为敌所乘，而致大败。若其国君在师中，亦不免此难。大败之后，十年之内不能兴师，此殆亦古代故事也。"其意略得之，惟未能说明其为验辞及教诫辞也。

《周易》验辞与教诫辞合书乃是其常用的一种章法。如：

坤卦辞之"君子有攸往，先迷后得主，利西南得朋，东北丧朋，安贞吉。"亦此类也。

总而言之，复卦讲的是中正无过之道，意在教人有过即改，是作者人文化成观念的反映。不远复者，不远离中正而能复也，故为元吉；休复者，美悦其复，即自觉之复也，故亦吉；频复者，受挫而后知复，故虽有危厉而可无咎；敦复者，能促使他人复于中正，可以无悔也；迷而不复，其凶可知，故引史实以深诫之也。作者对中行独复不加占断，盖许其可而不许其善也。

周初贤圣为什么以复为美德？一般以为是有循环论观念。

其实，复卦讲的不是回复原状。

《易经》的复于中正是以晷影观测为根据的。前面我们已经讲到，晷影夏至最短，冬至最长，春分秋分适中。它所反映的是太阳于冬至达南回归线（南纬 23°26′），然后返转北移；回复到夏至时，达北回归线（北纬 23°26′），又复返而南移。这个过程，在周初以前长达二至三千年的观测中，形成了周而复始的天体运行观念。若往而不返，则或极寒或极热，地球将变成冰球或火球，人类便不能存在。所以“复”才是正道，才是善，“不复”便是反道，是恶。这是周人以“复”为正、为善的科学依据，也是“复其见天地之心”的科学依据。从“复其见天地之心”的观念中，当然可以得出一种循环的观念。但是《易经》是否已形成循环不变的所谓循环论观念呢？

首先，就复卦辞而论，它虽然取“反复其道，七日来复”的天道，但占辞乃是“利有攸往”而不是“不利有所往”，这就表明它对天道的价值取向是发展的而不是复旧的。同样的观念还可以从解卦辞：“无所往，其来复，吉；有攸往，夙吉”、升·上六：“冥升。利于不息之贞”，以及晋·上九：“晋其角，维用伐邑。厉、吉”等系辞中看出，《周易》对于复与往、升、晋（进）等现象的评判，都是以发展意识为主导。即是说，它在循环往复的自然过程中是以其升、晋发展为价值取向的，并不像有的学者所说的主张“循环”“不易”、停滞不前。实际上这些后起观念乃是由后儒强加给《周易》的。

其次，从社会实践方面来看，周人作为领导革命和改革的主体，更不可能主张搞历史复旧。在社会历史观上，《易经》的主导思想就是社会改革意识和德业日新意识。在历史事实上，周人就是通过革命方式而建立国家的。《诗·大雅·文王》第一章就说：“周虽旧邦，其命维新。”不仅如此，周初并不沿用殷易，也不沿用殷制，而是重新作易，制礼作乐，建立自己的新体制，可以说，其主流意识，完全是革新进取的历史观。说《周易》主张循环、不易、停滞复旧，根本是站不住脚的。很显然，学者们的错误就在于他们不是根据经文来评判《易经》，而是根据传文来评判《易经》，这也就难免导致价值评判上的错位了。

依传解经，可以说是两千年来易学研究中的特长，但也有其积弊。今天我们绝不能全走老路，否则，便只能说是学术上的无能与货真价实的循环守旧了。

59. 巽：于命有当巽与不当巽

䷸ 巽。小亨。利有攸往，利见大人。

解：巽。象辞，通常作为卦名。

字义：巽，古作巺。单卦乃风象，重卦则有顺从义，《彖传》谓“重巽以申命”，《象传》谓“随风巽，君子以申命行事”，皆取顺从之象也。

高亨曰：“说文：‘㔾，二卪也，巺从此，阙。巺，具也，从丌，㔾声。𢁉，古文巽。巽，篆文巽。’考甲骨文㔾作㔾、作㔾，字从二卪，卪，古跽字，说见拙撰金石甲骨文字通笺。象二人跽伏之形，其本义当为伏也……㔾一变而为㔾，一象其藉，再变而为巺，又变而为𢁉、为巽、为巺，说文所载巽字三体，或有小讹耳。巽即㔾字，杂卦传训伏，甚契初恉，本卦巽字皆伏义也”①。

今按高说有据。然㔾象人长跪之形，㔾下之丌、二皆象牀，故系辞中实有跽伏、驯服、从命等义，故仍应以取顺从之象为宜。

小亨。叙辞，谓筮遇此卦在小享祀之时，以明其具有一定的权威性也。小亨之辞乃与元亨对举，元亨为大享祀，小亨则为小享祀，大享祀即国之典祀，小享祀则日常祭祀神祇之祀也。惟其用作占辞可作亨通解，说见大有卦释。

利有攸往，利见大人。占辞。

谓有所往及见大人皆利也。这是自卦象之事理作出的可然性判断。盖巽卦二阳在上，一阴在下，以柔承刚，以小从大，故有顺从之义。既能顺从于上，故利有所往，然所从者应为大人方可，故曰利见大人也。彖曰：“重巽以申命，刚巽乎中正而志行，柔皆顺乎刚，是以小亨，利有攸往，利见大人。”即以刚爻皆居中正之位，有大人之德之象，柔以从之，是利见大人之象也。

从这一占断中可知：《周易》讲顺从之道，是有条件的，顺从之利，仅

① 高亨：《周易古经今注·巽卦》。

在于从于大人，并不是提倡盲目听从。而这大人又是有刚健中正之德的人，否则就未见其有利了。这里突出的仍然是一种崇德辨惑的价值理性。

初六　进退。利武人之贞。

解：进退。象辞。

依物理取象：本爻当下巽之初，巽为风，风行多气旋，气流之底部更多旋流，旋流即亦进亦退，故巽又为进退，本爻即取进退之象也。

利武人之贞。占辞。

词义：武人，指军事统帅。经文用武人之辞仅二见，其地位仅次于王及大君，说见履·六三“武人为于大君”释。

利武人之贞有三说：

其一，王弼注曰：“处令之初，未能服令者也，故进退也。成命齐邪，莫善武人，故利武人之贞以整之。”此仅以数理象而言也；

其二，高亨《周易古经今注》曰：“武人占问行军，筮遇此爻，则或进或退皆利，故曰：‘进退利武人之贞。’”此说但取事理象，而未及顺从之义；

其三，卦旨乃申说顺从之道，初爻乃进退之象，即进退皆能顺从之意也。进退皆顺从，战阵军旅之必须，武人行权用事之前提，亦攻伐制胜之必要条件，故其占为利武人之贞也。

利武人之贞是一个限制性判断，即谓进退皆顺从，仅于军事行动为必须，于武人为有利，而非全称性判断，不可于军事行动之外，一切行宜均要求进退顺从于人也。这一限制，表明了作者对顺从之道的价值取向，是一种具体问题具体分析的科学态度，具有明显的自主意识，富有主体性精神。

九二　巽在床下，用史巫纷若。吉，无咎。

解：巽在床下，用史巫纷若。象辞。

字义：史，甲文作，金文作。《说文》：“史，记事者也。从又持中；中，正也。”实际上“中”乃刀笔之象，古文史、事、吏本为一字，后乃分化；最初史与巫不分，《周礼·春官·大史》：“大史掌建邦之六典。”又《周礼·春官·占人》：“史占墨，卜人占坼。”可见周初大史已专掌记史

事典籍，而占卜过程中占墨者，谓察兆文之大小，乃小史之事也。

又《周礼·天官·序官》：“府，六人；史十有二人。”郑玄注：“史，掌书者，凡府史，皆其官长所自辟除。”实际上，太宰下属各官凡有府者均有史 2~8 人，共 126 人之多，还有女史近 30 人，皆掌记事。此处之史乃与巫共与从事者，故为占墨之小史也。

床，《说文》：“床，安身之坐者。”古代之床，作为坐卧之具，初为方形，其后与榻结合，呈长方形，通称床榻。《通俗文》云：“床，三尺五曰榻板，独坐曰枰，八尺曰床。”古巽字三体：、、其所从之“——”即藉席之类，“＝＝”即床，“幵”即独坐之枰也。可见古人跽坐、跽伏，一般均在床、枰之上。古丧礼中，入殓、行奠、商祝书铭、筮宅、卜日等等仪节，均由巫史主持，主人依礼哭踊、叩拜跽伏，均在床侧。巽于床下，乃跽伏于地，哀不能起之象。若尊长重病，亦有类似仪轨。巫史祝祷，主人跽伏，思过悔罪、祈神禳灾，周礼不载，盖系民俗，我国民间长期存在，三国张鲁五斗米道，犹以此法疗疾也。

巫，甲文作，侯马盟书作晋。《说文》：“巫，祝也。女能事无形，以舞降神者也。象人两（袖）舞形，与工同意。”今人考甲文乃象两玉交错形，古代巫师以玉为灵物，故以交错的玉形代表巫。又有以为巫步方位者。《周礼·春官·宗伯》：“司巫掌群巫之政令，若国大旱，则率巫而舞雩（雩音 yú，祈雨之祭）……男巫掌望祀、望衍、授号，旁招以茅。冬堂赠（逐疫也）无方无算。春招弭，以除疾病，王吊则与祝前。女巫掌岁时祓除、衅浴。旱暵，则舞雩。若王后吊，则与祝前。凡邦之大烖，歌哭而请。”而祝，据甲文作、，金文作、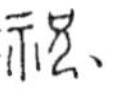。象有头饰之人跪于示前有所祷告之形。《说文》：“祝，祭主赞词者。”通常以巫之男者为祝，女则称巫，自字形观之，祝有大面具之头饰，巫则象步“工”而舞之形，谓祝为男，巫为女当可信。

纷，有盛、多、杂、乱等义，此处纷若，用盛多义。

综上所述，本爻象辞意谓有贵族之家，遇病丧之事，其人反思自身之过失，悔过自责，举行祭祝之礼，由史巫致祝降神，自己跽伏床前请罪于神祇；祭祀盛大，用史巫颇多，显得纷繁忙乱，是谓“巽于床下，用史巫纷若”也。

依事理取象：本爻当下巽中，巽有爿象，位在床足与床面之间，故有巽于床下之象；又本爻当互体兑下，兑为口，为巫，上交巽为倒兑，群巫交错之象，故有用史巫纷若之象。

吉，无咎。占辞，谓于事吉而无过失也。这是依爻象的事理作出的应然判断。盖古人遇病丧等灾，往往认为是自身有过错所致。如父母丧亡，乃由于自身未能尽孝；身染疾病，则以为是过失所招，于是请史巫祭祀神祇，自身则忏悔请罪。若能如此，则是恪尽孝道的表现，也是改过迁善的用意，这样，虽然当前遭遇不幸，将来也必定可以因祸得福的，故断以吉而无咎。《系辞·下传》："无咎者，善补过也。"正是此意。可见《周易》作者实际上有一种转祸为福的思想，古人往往因遇祸而祭神祷告忏悔，都是出于同样的动机。我们今天对这种心理较难理解，往往将这种忏悔行为看成迷信观念，其实这种观念在当时是很普遍的，它既有迷信方面，也有心理的、思想的与情感的种种动机，是不可简单斥之为迷信的。

将本爻与上九爻对照观看，就容易理解祈祷神祇与忏悔过失的密切相关。上九也是巽在床下，不用史巫，即非为祝祷悔过，或仅是屈服于恶人，因而就不吉而凶了。

巽在床下，用史巫纷若之断为吉无咎，也表明《周易》作者提倡一种礼义观念。《礼记·郊特牲》说："礼之所尊，尊其义也。失其义，陈其数，祝史之事也。故其数可陈也，其义难知也。知其义而敬守之，天子之所以治天下也"。用"史巫纷若"即祝史之事，是陈其数方面；"巽在床下"即知其义方面。二者结合，正是知其义而敬守之，这是治天下所必需的大节所在，这样的品行自然是应当倡导的，所以断之以吉，无咎，就是肯定他作得很对。《周易》成书时正是制礼作乐之时，《周易》提倡知义守礼精神，自然是顺理成章的。我们若不能从当时的文化背景上，从《周易》的语境上仔细体察，就不可能对它作出恰当的释义。

九三　频巽。吝。

解：频巽。象辞。

字义：频，通颦，蹙额也。频巽即面从而内心愁苦之状。

依物理取象：本爻当下巽上互离下，离为目，爻变则离成艮，巽成坎，艮为鼻，坎为加忧，面目之间忧愁频蹙之貌，因此而巽伏顺从，故有频巽之象。又，依数理：本爻以刚承柔，以大从小，亦面从而内心茹苦之象，故曰频巽。

吝。占辞。谓所贞事堪羞吝也。这是依爻象的事理作出的实然判断。盖顺从之义，当顺于义理，从于大人，乃心悦诚服。本爻以大从小，以刚承柔，变而面目颦蹙，所从非宜，其心不服，迫于势力，故堪羞吝也。这一评判表明《周易》作者是反对屈辱性的顺从的。小象谓频巽之吝，志穷也。正是批评其意志穷而不坚。

六四　悔亡，田获三品。

解：悔亡，田获三品。象占连辞。

字义：品，类也。

依数理及物理取象：本爻柔居阴位，上承九五，所从得宜；又当互兑之上，喜悦之象；故占辞前置，断其悔亡，即谓从而得宜，可以无悔也。本爻当离中巽下，离为火，为戈兵，巽为禽，田猎之象；又本爻当互体离中，兑上及巽下，离为牛、为雉，兑为羊，巽为豕、为鸡；三物并呈，田获三品之象也。既断以悔亡，又断以田获三品，这是增益性占断。意谓据此爻象，不仅可以悔亡，且能多所取获也。这也是作者对顺从得宜的正面肯定。

从六三之“频巽。吝”与本爻“悔亡，田获三品”的立意中我们可以体会到：作者在对国家的宏观管理上，便是主张为政以德，领导者当以德服人，而反对强制、压迫性的暴政统治，这与殷末周初的德政取代殷纣暴政的历史命题完全一致。革、鼎等卦是从政治上体现这一要求，巽卦则是从精神状态上体现这一趋势。而德治的本质正在于不是将权力与法令作为统治的工具，而是作为协调社会生活，保持社会有序化的杠杆。从处于下位者方面来说，就不应当屈从于暴政统治，甘受频巽之吝，而应当顺从于刚健中正有德之君，襄成其仁政德治也。从这方面来看，三、四两爻，不啻是当时兴周灭纣观念的曲折体现，与坤・上六的观念互为表里。

九五　贞吉，悔亡，无不利。无初有终，先庚三日，後庚三日，吉。

解：贞吉，悔亡，无不利。占辞。此贞事之占也。意谓筮遇此爻，于事可成，其悔可亡，亦无不利也。

本爻不另系象辞，盖据数理直观而断也。本爻刚健中正，处君位之尊，为全卦之主，众爻所以巽伏而顺命者也，卦辞所谓利见之大人也，故直断以贞吉，悔亡，无不利，而不另系象辞也。与大壮·九二之贞吉，取大壮之时能以刚居柔得中，未济·六五之贞吉、无悔，取未济之时，能以柔居尊位得中同一章法。

无初有终，先庚三日，后庚三日，吉。

增益性占辞。

此筮日之占也。周人卜日以七日为期，故蛊卦辞亦有“先甲三日，后甲三日”之占诫。先庚三日为丁、戊、己三日，后庚三日为辛、壬、癸三日，谓于此六日中行事皆吉也①。古人干支记日，十日即甲乙丙丁戊己庚辛壬癸，甲为初，癸为终。先庚三日丁戊己是无初也，后庚三日辛壬癸是有终也，故系之以无初有终，谓行事于初或不利，而终必有成也。这是依据占日而推导出的增益性占辞，亦可能是当时对占验的实录，故又可视为验辞。参见蛊卦释。

本爻隐喻层面实谓以刚健中正之德处于尊位，乃申命行事之人，当得人巽伏听从而非以己顺从于人也。反过来讲则是认为申命行事之人，理当有刚健中正之德，也正是卦辞所示顺从之道在顺从于大人之主旨所在。而有刚健中正的大人之德者，初时或不居尊位，不得申命行事，而最终亦必能遂其志也。

本爻从顺从于人而论及受人顺从，从听命于人而论及申命行事，于叙事中发生主体转换，这是《周易》的惯用章法：如：讼·九五“讼，元吉”之自起讼转换为听讼；明夷·六五之自箕子之明夷而转换于周族之占断为利贞；益·六四之自公之中行转换为王之所告，皆是其例也。

上九　巽在床下，丧其资斧。贞凶。

解：巽在床下，丧其资斧。象辞。

字义：资斧，资义为货财，《说文》：“资，货也。”斧，斫削之器，亦为兵器之一种，战国出土之货币有作刀镈形者，称为刀布。《周易》时代，交易还不发达，货币尚以贝、玉为主，故资斧之义，以释为货财与利斧为

① 或以“先庚三日为丁，后庚三日为癸”，其说亦通。

宜。利斧可以砍斫，行旅出师皆以备用，于军礼言，尚有出师前告庙请斧，旋师则还斧于庙之仪节。故旅·九四亦有“旅于处，得其资斧”之辞也。

又：资斧，或作齐斧，应劭曰：“齐，利也。”盖取其能齐断之义。王弼注曰：“斧所以斫除荆棘，以安其舍也。”即取其能齐断之义。可见，在晋以前，尚以资斧之斧为利斧，今按其初义，资斧实为二物：资者货财，斧者防卫之器，古人行旅、行军二事均不可少，是以经文已将资斧连用也。

依数理取象：本爻处上巽之上，巽极过甚之象也。巽为跽伏于床上之象，巽极过甚，则跽伏于床下，故有巽于床下之象。

又依物理及事理取象：本爻处巽上而互体离、兑，离为灾、为戈兵斧钺，兑为缺损，故有丧其资斧之象。

贞凶。占辞。谓所贞之事为凶也。这是依爻象的事理作出的实然判断。盖巽于床下，丧其资斧，乃行旅或出征失利也。巽于床下，或因畏避盗寇，或因受盗寇胁迫，或因遭敌军劫掠，终致丧其资斧，此皆羞吝之事。若征伐失利而丧其资斧，更为国之大辱，其事非凶而何？上言军礼有出师告庙请斧，旋师告庙还斧之仪节，若出师失利而丧其资斧则还师而无可告庙还斧，其凶可知也。

本爻寓意，在于对懦弱屈从之跽伏取根本否定的态度，与三爻合观，其义更明。

总的来看，巽卦专讲听命、顺从之道，其基本精神在于听命、顺从于有德之君主，而反对屈从于邪恶之人，这是当时灭纣兴周的历史命题在行为准则上的体现，后来便具有了行为准则与德行修养的含义。事实上除了绝对的暴君以外，任何人都不能不有所听命、有所顺从，即使是一国之君，也必须听命于天时，顺从于民心和时势，这样才能受到臣民的听从，才算是有德之君，才能行仁德之政。更不用说是一般的贵族平民，自当有所听命与顺从了。但是究竟应当听命于谁，顺从何事，则是一个大问题。殷末周初的史事背景表明，不是听命于有德之君，就是听从于暴君；不是顺从于贤圣之意，就是顺从于邪恶之人，二者之间，是非善恶，吉凶悔吝，是不言自明的。当时的政治倾向如此，后世的行为准则亦是如此，从这方面来看，《周易》树立的准则不仅在当时具有其现实的政治意义，也是具有其深远的历史意义和教育意义的。而从德性修养的角度体察，巽卦所体现的命从之道可以概括为：听于正命，从于有德，中正自持，不卑不亢。

60. 节：于用有可节与不可节

䷻ 节。亨。苦节不可贞。

解：节。象辞，通常以为卦名。

字义：节，繁体作節，金文作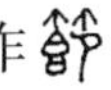。《说文》：“节，竹约也。从竹，即声。”

今按：说文以节为竹节，取竹节有约束之义。但节之初文作或，其甲文作、，古钵作等，象人跽坐之形，亦躬身行礼之状，有节制自己行为仪态的用意，大约是最古老的一种礼节，也是最隆重的礼仪。中国人一直以跪拜为大礼，可能来源于此。其后在旁加，即“即”之初文。《说文》：“即，即食也。”象人跽坐就食形，今節字在即上加竹，以明就食当有节制，更需有礼仪，不可失态。故节之本义为节制，其后引申有茎节、骨节、季节、礼节、节奏、节省、节约、调节、符节等义，卦象辞即用节约、调节之义也。

依物理取象：本卦外卦坎为水，内卦兑为泽，江水盛则入于泽，江水少则泽注于江，泽之于水，起着调节与节约的作用，今之湖泊功用犹然，故本卦有节象。孔颖达疏云：“水在泽中，乃得其节。”其说是也。《彖传》说：“节以制度，不伤财，不害民。”以节之主旨为节约财物；《象传》说：“君子以制数度，议德行。”以节之主旨在于制度德行，其说均有高明之处，但各执一偏则为失误。实际上，为节之道，用之于财费为节俭，用之于应对为礼仪，用之于为政为有度；损益宽严不失其度，进止不失其宜，达于时中，节道成矣。

亨。占辞。谓筮遇节卦，于事可亨通顺畅也。这是依卦象的事理作出的应然判断。盖自礼节之义而言，行为合于礼仪，则上下顺畅，于事必然通达无碍；自节约之义而言，能节约财物，则财用不匮；自为政而言则宽严有度，能如此，则于家于国于民均可协和，于事则自然通达顺畅，故系之曰亨。

苦节不可贞。释辞。释辞是对占断辞的一种解释，也是对它的性质和范围的一种限制，因为占辞亨，意为亨通，属于全称性判断，容易引起误会，以为对财物的应用是越节约越好，行为上愈注重礼仪愈好，为政是愈严察愈好，这就会出毛病。实际上节亨之占，只是说明行为有度则于事是亨通的。也就是说，任何事都不能过分，过分地节约财物至于悭吝，过分地讲究礼仪至于繁文缛节，过分地严察至于苛酷，那就会适得其反。所以作者在占辞“亨”之后加上一句释辞叫做“苦节不可贞。”

字义：苦，古钵文作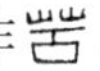。《说文》：“苦，大苦，苓也。从艸，古声。”《诗·唐风·采苓》：“采苦采苦，首阳之下。”《毛传》：“苦，苦菜也。”可见苦的原意是一种味觉，以苦菜为代表。与甘甜相反，苦味引起人不适不快之感，所以苦又与乐悦相对，由是引出贫苦、病苦、劳苦、辛苦、厌恶等义。许多事物如果过分，便引起苦恼、厌恶，所以苦作副词用，又有“甚、很”等义。这样，苦节之义，通常有二解：

其一，以苦为过甚。如《彖传》：“苦节不可贞，其道穷也。”王弼注曰：“为节过苦，则物不能堪也。”

其二，以苦为厌恶义。如高亨曰：“苦节者，以俭为苦也。”意同苦于节。

二说均各有理，然于卦象言并无苦恼于节之象，节·上六又有“苦节。贞凶、悔亡”之辞，意为过甚之节则凶，故此处之苦节亦宜释为过甚之节为当。

不可贞者，乃与可贞对言。可贞者，谓可其所贞也，亦即认同其行事；如坤·六三之“含章。可贞”之谓也（详见坤·六三释）。不可贞者，不可其所贞也，即不认可其行事。

是故“苦节不可贞”者，谓过甚的节制，无论是行于财费、应对或为政，都是不适宜的。这显然是对占辞“亨”的一种限制性说明，所以我们将它视作释辞。由于这个释辞实有教诫之意，教人们懂得在社会事物中，一切行为均应有度，同时还要适度，所以又可谓之教诫性释词。

初九　不出户庭。无咎。

解：不出户庭。象辞。

字义：户，甲文作。《说文》：“户，护也。半门曰户，象形。戹，古

文从木。”《诗·小雅·斯干》：“筑室百堵，西南其户。”说明古家族公社，聚族而居，筑室达百堵之多，均开小门取西南向。讼·九二有“其邑人三百户无眚”之辞，户已是当时的家庭单位。这表明那时的家族公社都是各个小家庭聚居方式，在此基础上形成邑聚，户即是各小家庭的门户。

庭，通廷，金文作。象人或王之所在处有阶步形。《说文》：“廷，朝中也。从廴，壬声。”段注：“朝中者，中于朝也。古外朝、治朝、燕朝，皆不屋，在廷，故雨霑服失容则废。”其后为了避免雨霑日晒，在廷上加屋盖，廷遂成庭，故甲金文均无庭字，至篆文方有庭字作。《说文》：“庭，宫中也。从广、廷声。”段注：“宫者，室也，室之中曰庭。”经文中，宫是指较大的室。夬卦辞已有“扬于王庭”之说，可见已将王庭与通常的庭区别开来，此处之户庭即指各小家庭住户之间的庭院。即所谓“室之中曰庭”也。这种庭院，上面一般没有遮盖，故《玉篇·广部》有“庭，堂阶前也”之说，不失古廷字之义，故其后庭、廷可通用。

不出户庭者，不离开其家族聚居之大院也。

依数理及物理取象：本爻处内卦之内，在互艮之后，艮为门阙，故有不出户庭之象。

无咎。占辞。谓无有灾咎也。这是依爻象的事理作出的应然判断。盖本爻当下体兑初，兑互震而上交坎，兑为少女，震为足、为动，坎为险陷，有动即入险之象，对于少女来说，自然以不出户庭为妙，故有不出户庭无咎之占。于逻辑哲理层面而言，即是“不当出时即不出”，亦是“当节制时需节制”也。

若以当时之事理论之，则因本爻当下体兑初，兑为少女，自节道而言，少女尚未成年，古代有掠奴、掠婚之俗，其受害者多为少女，聚族而居之俗即与安全防卫有关。作为少女，尤其要节制自己的行动，能够做到不出户庭，自然比较安全，故其占为无咎。及至后世两三千年中，一般少女犹须严守深闺也。

九二　不出门庭。凶。

解：不出门庭。象辞。

字义：门，经文中指院落、城邑、宗庙等的大门。例如：

同人·初九之“同人于门”指国门；

随·初九之“出门交有功”指国门；

明夷·六四之“入于左腹，获明夷之心，于出门庭”指宫门。说详以上诸爻释。

此处门庭亦指邑聚宗庙之门庭也。

依物理及事理取象：本爻当互震初而上互艮，震为足、为动，艮为门阙、为止，动而止于门阙，故有不出门庭之象。

凶。占辞。这是依爻象的事理作出的应然判断。盖本爻当互震初而上交坎，已入于险陷之象。已入于险陷而不出，故其占为凶也。其哲理层面即为“当出即出”，亦“不当节制时即不可节制”也。

又：本爻当中震之初，震为长男，长男是成年男子，成年男子是家庭中的主要成员，无论从事任何社会职业，均当出于门庭，若不出门庭，乃是病人、愚人、残废等无用之人或是家用奴隶，这些人的处境自然恶劣，故其占为凶。于节制之事而言，便是受到自然力量或社会力量的强制，受强制者处境危厉，故其占为凶。其隐喻层面即谓强受节制则凶也。

六三　不节若，则嗟若。无咎。

解：不节若，则嗟若。象辞。

字义：嗟，《小尔雅·广言》：“嗟，发声也。”《尚书·费誓》：“嗟，人无哗，听命！”是嗟乃发声辞，本有命令语气，与吁、乎等语气辞连用，则有哀叹义。《诗·周南·麟之趾》：“麟之子，振振公子，吁嗟麟兮。”《诗·秦风·权舆》：“於我乎！每食四簋。今也，每食不饱。吁嗟乎，不承权舆。”由于诗文中用吁嗟、嗟乎甚多，致使后人误认为嗟即是感叹词，实际上是一种片面的理解。《释名·释言语》云：“嗟，佐也。言之不足以尽意，故发此声以自佐也。”此说较为近之。本爻嗟字即用为申命、申斥之意。

辞意是说，若行有不节，上位者宜申斥之。

依数理及物理取象：本爻以阴居阳位而乘于阳，亢而不节之象也，故曰“不节若”。本爻当兑上互震中而上互艮，兑为口，震为动，又为大言，为命为令；艮为止，有申命以止斥之象，故曰“则嗟若”也。参见离·九三释。

无咎。占辞。这是依爻辞的事理作出的应然性判断。盖三爻处下卦之上，如下位之当权者，其有不节财物、不遵礼节者，上位者即申斥以制止之，这是符合节制之道的，故可以无有灾咎或过咎。

不节若，则嗟若，无咎。明确地表明对于不节之行应当取批评制止的态度，尤其对处于下体之上的中小当权者应当如此。如像反对贪污浪费，反对违法乱纪，这些都是节制之道的大用所在。没有这一观念，节道就会落空或流于细微烦琐，那便真正成了“不可贞”了。而对于大当权者来说，不节若就可能亢龙有悔，已不是“嗟若”可以解决的问题了。

六四　安节。亨。

解：安节。象辞。

字义：安，甲、金文见坤卦释。《说文》：“安，静也。从女在宀下。”段注改静作竫，谓“此与宓同意”。经文中，安字多用为安处及安守之意，此处即用安守义也。安节者，安守节道也。又，安有安平、安和等义，故安节亦有平持节道、无过不及之意。

依物理及事理取象：本爻当互体震上艮中，震为足为动，艮为止为门，动而止于门内，安守其处之象也。于节道而言，即安守礼仪和安持节俭，所谓安平为政之象也。

亨。占辞。意谓通达无碍，这是依爻辞的事理作出的应然判断。盖本爻处上体之下，近君之位，能安守礼节，则上下安和处顺；能安持节俭，则财用不匮；能安平行政，则政通人和，于事自然通达无碍也。

九五　甘节。吉，往有尚。

解：甘节。象辞。

字义：甘，甲文作，。《说文》：“甘，美也。从口含一，一，道也。”段注：“甘为五味之一，而五味之可口皆曰甘。”今按：五味者：酸苦甘辛咸也，是甘与酸苦辛咸相区别而与苦相对，即通常所说的甜味。《尚书·洪范》：“稼穑作甘。”稼穑是田中谷物，谷物之味皆甘甜可口，也指的是甜味。从字形上可以看出，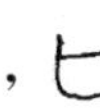、均象人舌，其中之“一”，乃指味觉之部位。生理学研究证明，舌上味蕾对甜味的敏感部位正在舌之中部，而甜字之构形即取此意也。人们对甜味有天然的适应，对甜味有美好的舒适

的满意的等等接受性的感觉，故引申有甘美、甘愿、乐于等义。甘节者，甘美于节，亦乐行于节道之意也。

依物理取象：本爻当上体坎中，变而成坤，坤为地、为稼穑，甘美之象也。居节之主位，故有甘美于节之象。

依数理取象：本爻于数理象观之，正如王弼注云：“当位居中，为节之主，不失其中，不伤财、不害民之谓也。为节之不苦，非甘而何?”

吉，往有尚。占辞。

字义：往，经文中多用往去义，去到义。此处之往字用持续义。参见屯·六三释。

尚，金文作。《说文》：“尚，曾也，庶几也。从八，向声。”徐灏笺：“尚者，尊上之义，向慕之称，尚之言上也，加也。”自尚之加义引出饰、佑、助等义。

本爻之尚字即用佑助义，亦有尊尚义。

吉，往有尚者，谓于事皆吉，持续行之可得佑助与尊尚也。

这是依爻象的数理与爻词的事理作出的应然判断。盖本爻以阳刚之质，处君主之位，行而得中正平和，不仅自己甘美于节俭之道，亦乐行其道于国于民，自能政通人和，文明有序；久行其道，自能蔚然成风，而臻于文明国度、礼仪之邦也。

甘节是较之安节更为自觉的行为，安节尚有被动保守的意味，甘节则主动行于节道，并乐此不疲，故其占断亦更见其吉而有尚也。有尚者，大得民心之谓也。人君行于节道，能化及天下，则节道成矣！

上六　苦节。贞凶，悔亡。

解：苦节，象辞。

词义：苦节，义同卦辞之苦节。即过甚其节之意也。

依数理取象：本爻处节之极，乘于九五，有过甚其节之象，故曰苦节。苦节者，过甚其节而使人不堪也。

贞凶，悔亡。占诫连辞。

这是依爻辞的事理作出的应然判断。盖过甚其节而使人不堪，于财费则为悭吝，于礼仪则为繁缛，于为政则为苛酷，皆足以引起反感，甚至反抗，故其贞为凶也。

悔亡通常作为占辞，谓其悔吝之事可以亡息，而此处当作为教诫辞，亦验辞。谓所贞虽凶，能悔改则可免于凶也。

悔之本意即为悔改，经文中以“悔”为教诫辞及验辞的尚有：

豫·六三：“盱豫。悔。迟，有悔。”

家人·九三：“家人嗃嗃。悔，厉、吉。”

夬·九四：“牵羊悔亡，闻言不信。”

困·上六：“困于葛藟，于臲卼。曰动悔，有悔，征吉。”

以上诸悔字皆为悔改之意，故此处之贞凶，悔亡，实谓虽贞凶而能悔改则凶可息也。

总之，节卦是探讨调节之道的卦。为节之道，在于适度。任何事物均适应于一定的度，在物质表现为一定的量度，在运动表现为一定的速度，在社会行为便表现为一定的法度与规范。过与不及，均为失度。损之益之，使臻于适度，便是为节之道。作为女孩子，深闺不出，可免抢掠之灾，是合于行为规范的；成年男性，闭门不出，便失于常态，必致凶险；下层官吏，行为失范，即当申斥，以防微杜渐；居辅佐之位，当安和以行其节道；身处君位，刚健有为而中正适度，使举国上下悦从于其节度，则可以风化天下；过甚其节则招致反感与反抗，及时悔改，乃可免于凶危。进取而有节则可免亢龙之悔，顺承而有度则不致龙战之忧，用九、用六之道，与节道之用，是三而一，一而三者也。

《周易》的价值取向在刚健有为，64 卦，在在处处都体现了一种进取意识。但是，只讲进取不讲守成，便会造成偏颇失度，先儒每以艮卦为时行则行、时止则止之义，发明其意，而实未洽其旨。我们在前面第 55 节已阐明，艮卦的主旨实不在于止息，而在于反观内视之道；且行止问题仅是社会行为的一个方面，行止之道在合于礼仪，财费之道在合于俭约，为政之道在合于中正，这些都不是艮止之义所能完善表达的，但其价值取向皆可以“适度”概括之。增减损益以臻于适度者，节道之用也。所以以节道来规范人们的社会行为，以免于亢、巽之失，较之艮止之义实更见高明，且具有审美意蕴。

61. 兑：于说有和兑与引兑

（附：外交谈判与关于话语霸权的讨论）

䷹ 兑。亨。利贞。

解：兑。象辞，通常作为卦名。

字义：兑，甲文作，金文作。《说文》："兑，说也。从儿，㕣声。"林义光《文源》："㕣非声，兑即悦之本字……从人、口、八。八，分也。人笑故口分开。"这一释义的根据是充足的。自《彖传》起，均采用此义。释兑为悦，其说亦甚有可取，如"说以先民，民忘其劳，说以犯难，民忘其死。"从为政之道来讲，可说是相当高明的见解。但是，若执兑为悦，不及它义，于全卦系辞论之，则有多处扞格难通。例如：九二之"孚兑。吉"、六三之"来兑。凶"、九四之"商兑未宁"等，其中的兑字显然均不具有悦乐之意，可见以悦释兑，并不具有唯一性。

实际上，从字形看，兑乃张口之象，师兑簋口上无八形，仅将人口上端延伸以示其口张开而已。张口之象，既可表笑乐，亦可表言说，古本无悦字，言说与悦乐，皆以"说"字表之。《说文》："说，说怿也。"说怿既可解为言说，亦可解为悦乐，无论是悦乐还是言说，都与口相关，故又可泛指口鼻。高诱注《老子》"塞其兑"及《淮南子·道应》"塞民于兑"，均曰："兑，耳目口鼻也。"《说卦传》有云："兑，说也。"一般均以说为悦，实际上说亦言说之意，故又曰"兑为口"，又有"兑为泽，为少女，为巫，为口舌……"之说。《象传》："丽泽，兑，君子以朋友讲习。"均以兑为言说之象也。

此外，在经文中，于兑卦取言说象者亦不乏其例，有如：

需·九二之"需于沙。小有言"，取互兑初爻象。

讼·初六之"不永所事，小有言"，取变兑象。

夬·九四之"闻言不信"，取上兑初爻象。

中孚·九二之"鸣鹤在阴，其子和之"，取正反兑相接合象。等等。

综上所述，兑卦之兑，当有悦乐及言说二义，卦辞取悦乐义，爻辞则用言说义也。

卦辞爻辞取义不同，在经文中并非仅此一见，其他尚有：

屯，卦辞取"难"义，六二之"屯如，邅如"及九五之"屯其膏"，则取屯住、屯聚义也。

蒙，卦爻辞均兼用蒙昧、蒙荒二义。

离，卦辞用明丽义，爻辞用灾甕义。

解，卦辞用消解义，九四爻辞用懈怠义。

夬，卦爻辞兼用缺损及快速等义。

井，卦辞用井里、井田义，爻辞用水井义。

中孚，卦辞孚用信义，爻辞九五用俘义。等等。

依物理及事理取象：本卦上兑下兑相连续，悦从之象也，相从而悦，是悦乐之象也；又卦初至五爻正反兑，相向言说之象也。

亨。用享祀义，叙辞。

利贞。占辞。谓筮遇此卦，于所贞之人有利，所贞之事则可有成功也。

这是依兑既有言说之象，又有悦乐之象的事理作出的应然判断。盖言说悦乐，笑语不断，自然是功成愿遂之象，故系以占辞曰“利贞”也。

初九　和兑。吉。

解：和兑。象辞。

字义：和，金文作、。《说文》：“咊（和），相应也。从口，禾声。”后书作“和”。字义原指声音的应和，引申有和谐、附和、应答、中和、和悦、和美、和好等义，此处即用和美及和好之义。

和兑即和好的言说。和好的言说，小者如朋友交谈，大者则如邦国会盟、和平谈判之类也。

依物理取象：本爻当下兑初，初至五为正反兑，交谈议论之象，上下二体，以兑相从，言谈和美，相从而悦乐之象。

吉。占辞。这是依爻象的事理作出的应然判断。既然言谈和美，相从而悦，于小者言之有如朋友交好，大者言之如邦国会盟，和谈成功，以外交辞令言之即所谓“举行了亲切友好的会谈”，故其占为吉也。

于此亦反证和兑之兑，应以言谈义为主。言谈之悦，是有条件的。言谈而悦，表明双方利害一致，认识一致，其结果达成协议，对双方有利，方为吉占。若仅用悦乐义，则应和之乐，于歌舞仅在于娱乐，于世事则可能出于附和，其结果皆未必有利，不可以系之以全称判断的占辞曰“吉”也。

九二　孚兑。吉，悔亡。

解：孚兑。象辞。

字义：孚，有孚获、信从、信实等义，此处用信实义。参见《中孚》卦辞及比・初六释。

兑，此处用言说义。

孚兑即信实的言说。

依数理取象：本爻当下兑中，说不失中，故有信实之象。

吉，悔亡。占辞。谓筮遇此爻，于事为吉而有成。虽曾有悔吝之嫌隙，亦可随而消亡也。这是依爻象的事理作出的应然判断。盖信实的言说，中正之义，中肯之辞，小者如朋友交谈能以诚相待，大者如邦国盟会，诚信相许，不行欺诈。以外交辞令言之，即所谓“举行了诚挚而友好的会谈”，于邦国关系的友好发展自然是吉而有成的。虽曾有过嫌隙，亦可随之而消解，故其占为“吉”而“悔亡”也。

六三　来兑。凶。

解：来兑。象辞。

字义：来，甲文作，金文作来，本为麦（繁体作麥）之一种。《说文》：“来，周所受瑞麦来麰，一来二缝，象芒朿之形，天所来也，故为行来之来。”经文中所用来字有：比、泰、否、复、井、解、震等卦辞，及离・九四、需・上六、咸・九四、蹇・初六、九三、六四、九五、上六、困・九四、震・初九、六二、六五等，共十九例。其中来字均不用麦义而用往来义，可见《周易》成书时，来字已全用往来义了。故来兑之来亦当用往来义也。

兑，诸家皆用愉悦义，释来悦为来就人以求悦。但来以求悦，未必皆凶；来非求悦，又岂必吉乎？故此兑字仍当以用言说义为当。来说者，本无所言说议论，而招来言说议论也。招致言说议论，小者惹是生非，大则举国声讨，如殷纣暴虐，招致民怨沸腾，武王兴兵，“革言三就”之类也。

依数理取象：外卦为往，内卦为来。本爻当内卦之上，言说之主，招来言说非议之象也。

凶。占辞，这是依爻象之事理作出的应然判断。盖招来言说争议，小则身遭非议，大则造成外交失误，祸患立至，非凶而何？以外交辞令言之，所谓“挑起国际争端”是也。

九四 商兑未宁，介疾有喜。

解：商兑未宁，介疾有喜。象占合辞。

字义：商，《说文》：“商，从外知内也。从冏，章省声。”是其原意为估量、商度。郑玄注：“商，隐度也。”王弼曰：“商量裁制之谓也。”可谓皆得其义。引申有商量、商讨、商议等义。商业行为，不离隐度与商讨，故谓之商业，其人则称商人。此处用商议义。

兑，此处用言说义。若用悦乐义，则无商兑之说也。商兑，即商议也。

宁，字本作寍。象居所之内有食具，安宁之象也。本意为安，引申为安全、安静、安和。比卦辞：“不宁方来，后夫凶。”用安和义，此处亦用安和义也。商兑未宁者，商度交议，尚未和合也，犹俗称讨价还价阶段，于邦交则指谈判尚未达成协议也。

介，象人著介（甲）形。“故介有介胄义，介划义，介阻义，加大义等。《尔稚·释诂上》：“介，大也。”此处即用“大”义，与晋·六二“受兹介福于其王母”用义相同。介疾用指重病。

有喜，《周易》时代，以疾病之有瘥为有喜。如无妄·九五：“无妄之疾，勿药有喜。”即谓不药而愈之意。介疾有喜者，谓重病转痊也。

依物理及事理取象：本爻当上兑之下，互巽之中，互巽与下兑成正反兑，商兑未宁之象也。本爻变，上体成坎，坎为心病，为加忧，互体成艮为止，止其病忧，故有介疾有喜之象也。

本爻亦象亦占，与蹇卦诸爻相类，故为象占合辞。商兑未宁，介疾有喜，于直观层面言，谓商度治病之事尚未定论，而其病已好转。于象征隐喻层面言之，有如邦国交往之间，谈判协商未能达成共识，乃搁置其碍难之事，因而达成协议也。用外交辞令言之，有如今时所谓“求同存异”者也。

九五 孚于剥。有厉。

解：孚于剥。象辞。

字义：孚，此处用信从义及信实义。

于，介词，意同在。

剥，此处用剥取义。详见剥卦释。

孚于剥者，实意在于剥取也。兑之卦义为言说、争议，言说争议而志在剥取，小则为私人争讼，大则为邦国争利，讨价还价之事也。

依物理及事理取象：本爻当互巽上及上体兑中，巽为木，兑为毁折，为缺损，毁损于木，剥取之象也。又本爻乃兑九五之爻，居君位，为兑卦之主，言说争议而主于剥取，是孚于剥之象也。

有厉。占辞，谓有危厉也。这是依爻象的事理作出的应然判断。盖其争议由于志在剥取，必不能协调谅解，当时必互相威胁，最终致谈判破裂，干戈相向，非厉而何？用外交辞令言之，志在剥取，则谈判桌上得不到的东西，只有从战场上去争夺。所谓和谈破裂，必诉诸武力也。

上六　引兑。

解：引兑。象辞，以象代占。

字义：引，《说文》："引，开弓也。从弓，从丨。"引申为引延、引导、引申等义，此处用引导义。

兑，用言说议论义。引兑者，引导其言说也。亦即善于把握言说议论中的主导权。于外交谈判而言，谈判中的主导权，便意味着行动上的领导权和结局的控制权。这一爻辞的意义十分深刻重大。诸家以引兑为被人引介然后喜悦，根本上未得其旨。

依数理及物理取象：本爻处上兑之上，当言说之极。变而上体成乾，乾为天、为君，高明主宰之体，有居于言说谈判之主导地位之象，故曰"引兑"也。

本爻不另系占辞，盖以象代占也。前于坤·上六等已说明，不系占辞，以象代占，在《周易》中有三种情况：一为其事无足轻重。二为其象已明吉凶。三则因吉凶难卜，惟其事之所宜（详见小畜·九三释）。此处即属于第三类，事关重大而吉凶难定，当视其事之所宜也。盖取得言说争议中的主导权，取决于伸张正义、言语雄辩和具有人格魅力等等因素。一般说来，于主导方面固然是有利的，但是若主导方面用意不善，则未必有利。《论语》所谓"一言兴邦"，在于说明言语的导向作用的重要。但是，言语主导权是否必然导致好的结果，则需视其导向的正确与否以及其发挥主导作用的背景和依据而定。若导向正确，顺乎天而应乎人，又具有诚信的美德、和善的意图，那当然是吉利的。这便是通常所说的义正辞严，令人心服口服。用外交辞令言之，叫做“Right is might”（公理即强权）。反之，若导向失误，或起心不良，倚势压人，操纵舆论，那就会导致恶果，这便是通常所说的强词夺理。用外交辞令言之，即所谓“Might is right”（强权即公理）。实际上，在社会生活中，尤其在国际交往中，言说中的主导权的取得，取决于多重因素：主张的道义性，言说者的行为风范、人格魅力、语言艺术，以及历史条件所形成的语言环境等等都可说是一些决定性的因素。

当今社会有所谓的“话语霸权”问题，即一些经济发达的强国，以其意识形态、思想观念、学说理论、语言规范等在历史进程中形成的优势，作为是非标准强加于其他相对弱小的国家和地区，并将这些国家和地区纳入被否定、被排斥、被非难、被贬斥的语境之中，而自身则处于裁判者和主宰者的地位，形成以部分强国为中心的话语霸权。这样的话语霸权，不仅对那些弱小的国家来说是一种直接的损害，而且从世界发展的多极化与文化多元化的总趋势来看，对强国本身的发展也显然是不利的。

回到殷末周初作易的时代来看：文王时代，一直从属于殷商，即使到了三分天下有其二的时候，仍然率诸侯以服侍于殷。这时，他并未谋求话语上的主导权。但是，他以“笃仁、敬老、慈少，礼下贤者，日中不暇食以待士”的行为风范，达到了“积德累善，诸侯皆向之”①。这说明他在道义上已取得了主导权。文王开始作《易》，实际上便是在谋求一种言语主导权的转换。到了武王兴兵伐纣时，作《泰誓》三篇，又作《牧誓》，历数殷纣剥夺诸侯土地、财产、人口，侵犯公共权利，侮蔑祖先神祇，毁弃文化传承，放逐殷族贤臣等罪状，更是对殷纣话语霸权的一次系统声讨和剥夺，终于取得了伐纣的胜利。

从殷纣方面来看，似乎也很懂得言语中的主导权的重要。《史记·殷本记》载：“帝纣资辨捷疾，闻见甚敏，材力过人，手格猛兽。知足以拒谏，言足以饰非，矜人臣以能，高天下以声……”到了西伯戡黎、势力威逼本土的时候，祖伊提醒他对周族应有所防范，他还自鸣得意地说：“我不有命在天乎，是何能为?”这些都非常形象地说明殷纣一贯地以强词夺理来维护自己的话语霸权。但是，随着他道义上的失德，政治上的主动权逐渐丧失，

① 《史记·周本纪》。

军事上的优势也都随着土崩瓦解，话语霸权也就无以为继了。

由此可知，无论是拥有话语霸权也好，还是争得了言谈争议中的主导权也好，离开了道义上的正当性、政治上的正确性，可以说都是靠不住的。真正的言说上的主导权，是必需建立在道义上的主导权之上的。也就是说，言语上的主导权当然是重要的，但不是决定性的，其结局是否有利，还当视道义上的主导权而定。这正是《周易》兑·上六既提倡引兑，而又不著其吉凶的深刻用意之所在。

综上所述，兑卦在《易经》中是一个有非常特殊意义的卦。它的根本宗旨并非传统注释家所认定的愉悦之道，而是邦国会盟之道，交往谈判之道。邦国会谈，应当以和谐为贵，以诚信为准，反对欺诈，反对剥夺，更反对惹是生非，挑起争端。它强调要掌握谈判中的主导权，但这种主导权的取得，应当取决于顺天应人，伸张正义，而不是强词夺理，倚势压人，如此等等。这些观念，不仅在当时是非常高明的，即使在今天也是正确的。《易经》关于谈判的主导权思想，对今天的社会语言学与广义的交往理论，均有极好的参考价值。

如果用一句话来概括，兑卦所体现的审美取向乃是：中正为允，和兑为尚。

62. 中孚：大中至诚，美利天下

䷼　中孚。豚鱼吉，利涉大川，利贞。

解：中孚。象辞，通常用为卦名。

字义：中，甲文作、，金文作、。徐中舒《甲骨金文字典》释云：象旂之斿，垂线之中加方形、圆形、点画以表示旂之中，古以旂集众，引申则为中央。《说文》：“中，内也。从口、丨，上下通。”则为后起义。盖中之初义实为正中，引申方有中间、中途、中心、中和以及中度等义。经文中有中字者有：

屯·六三：“惟入于林中”，用内义；

讼：“中吉，终凶。”用中途义；

师·九二："在师中。吉。"用中军义；

泰·九二："朋亡，得尚于中行。"用中途义；

益·六三："有孚，中行告公用圭。"用中途义；

益·六四："中行告公从"，用中途义；

夬·九五："苋陆夬夬中行。无咎。"用途中义；

丰卦辞及六二、九三、九四之"日中"，用中天义。

综合观之，尚未有用指"内心"者，学者或以中孚为内心诚信，此乃其象征义，于直观层面则当解为中间、中部及正中、中正之义为当。

孚，本义象俘获，引申为孵卵之孵；孵卵则鸡生鸡、鸭生鸭，又引申出信、信实、诚信及符合等义，此处即用信、符等义。

中孚者，中部符合，诚实可信也。

依物理及事理取象：本卦上体巽，下体兑为反巽，巽为木、为竹，二木或竹正反相向，中间相符合，如合符节以取信，故有中孚之象。盖古人取信之法，多用木片及竹之当节处，一剖为二，各执一片，相合时其中部之节文完全吻合即信实不虚之证，故有合符之说，有符节之称，此所谓中孚，正状二符中部之节文能完全吻合之事也。事象如此，于事理而言，即有中正以制事，诚信以立教，协和以成治之义，此圣人经理天下以达于至善、至美、至治之道也。

豚鱼吉，利涉大川，利贞。占辞。

高亨氏《周易古经今注》云："豚鱼者，士庶人之礼也……豚鱼乃礼之薄者，豚鱼吉，言虽豚鱼之薄祭亦吉也。"此说以"中孚豚鱼吉"为句，且以豚鱼为祭品，其据不足。《彖传》云："豚鱼吉，信及豚鱼也。"王弼注曰："鱼者，虫之隐者也。豚者，兽之微贱者也。争竞之道不兴，中信之德淳著，则虽微隐之物，信皆及之。"此说较胜，然对信及豚鱼之事尚当实证。例如：

《逸周书·程典》："慎用必爱，工攻其材，商通其财，百物鸟兽鱼鳖无不顺时，生穑省用不滥其度，津不行火，薮林不伐，牛羊不尽齿不屠……用乃思慎。"

《逸周书·文传》："吾厚德而广惠，忠信而志爱。人君之行，不为骄侈，不为泰靡，不淫于美，括柱茅茨，为民爱费；山林非时不升斤斧，以成草木之长；川泽非时不入网罟，以成鱼鳖之长；不卵不䳜以成鸟兽之长；

田猎唯时，不杀童牛，不夭胎，童牛不服，童马不驰，不骛泽，不行害，土不失其宜，万物不失其性，天下不失其时……是谓和德”。

《程典》为文王入朝事纣时嘱咐臣下之辞，《文传》则为其临终前的遗嘱，其中“百物鸟兽鱼鳖无不顺时……万物不失其性”，都是“信及豚鱼”之实证。文王还将它上升到“厚德广惠，忠信志爱”的“人君之行”的高度，成为后来制度立正，建中立极，以至制礼作乐的礼治规范的思想基础，也是《周易》尊中贵和、存诚立信行为风范的集中体现，是非常值得研究和重视的，容后详论。

由此可知，豚鱼吉的意思是对鸟兽鱼鳖、家禽家畜来说都是吉利的。这是从中孚的事理中引申出来的低相位延伸性判断，意谓中正诚信的德行，中和适度的取与，不仅对于勤政爱民是吉利的，即使对于牲畜鱼兽也都是吉利的。

前面我们看到，萃・六二、升・九二均有“孚乃利用禴”之占，既济・九五更有“东邻杀牛，不如西邻之禴祭，实受其福”之辞，都是强调对于神祇的诚信态度；兑・九二“孚兑。吉，悔亡”则是讲人际交往应有的诚信；这里的“中孚。豚鱼吉”，则已进到了对自然界各类生物都应有诚信的态度，已接近于“民吾同胞，物吾与也”的理念。因此可以说，中孚所讲的中正协和，本质上已超越了政治范畴而成为一种宇宙法则，此所谓大中至诚之道也。

“豚鱼吉”之占尚有象可取：盖本卦下体为兑为泽，鱼之所生；上互体艮为山，兽之所长，亦畜之所养，故于豚于鱼皆为有利而吉。

“利涉大川，利贞”之占，亦是依中孚之事理及卦象作出的应然性判断。盖中正以制事，则无事而不可；诚信以协和，则无往而不宜。下体兑为泽为悦，下互体震为足为动，故有利涉大川之象。利贞者，全称性断辞，盖谓不仅于豚鱼为吉，于涉大川为利，实则筮遇此卦，于事皆利也。这是综合前面的占断而言，是对中正协和、存诚立信之道德风范的完美性的肯定，足以美利天下，泽及万物也。

初九　虞吉。有它不燕。

解：虞吉。象占连辞。

字义：虞，金文作。《说文》：“虞，驺虞也，白虎黑文，尾长于身，仁兽，食自死之肉，从虍，吴声。诗曰：‘于嗟乎驺虞。’”又，虞乃古代官

名，《尚书·舜典》：“帝曰：俞。咨益，汝作朕虞。”孔传：“虞，掌山泽之官。”《春秋·穀梁传·庄公二十八年》：“山林薮泽之利，所以与民共也；虞之，非正也。”范宁注：“虞，典禽兽之官。”《新书·礼》：“驺者，天子之囿也，虞者，囿之司兽者也。”合观可知，虞本兽名，尧舜时已设虞官以掌山泽。《周礼·地官·山虞》：“掌山林之政令，物为之厉而为之守禁……令万民时斩材，有期日……若大田猎，则莱山田之野，及獘田，植虞旗于中，致禽而珥焉。”又，“泽虞掌国泽之政令，为之厉禁，使其地之人守其财物，以时入之于玉府，颁其余于万民……若大田猎则莱泽野，及獘田，致虞旗以属禽。”可见，虞官的职责主要在于保护山泽生态环境，以时渔猎，官民分享其所获，行猎时则有协调指导之职能。屯·六三：“即鹿无虞，惟入于林中，君子几，不如舍，往吝。”即其证也。

虞吉者，于山林川泽之管理为吉利也。

依事理及物理取象定占：本爻当中孚之初位，为下兑初；互体震及艮，兑为泽，艮为山，震为命为令，有主管山泽之象，故曰虞。因中孚之义乃中正以制事，诚信以协和之大道，于山泽之管理即为以时渔猎，合理分配，故其占为吉利也。

有它不燕。诫辞。

字义：它，蛇也。参见大过·九四释。

燕，本象玄鸟（燕子）之形，燕子春天飞来，安居人家房梁屋壁之间，筑巢孵雏，鸣声呢喃，使人有安适、愉悦之感，故引申有安宁、悦乐等义，并通宴。此处即用安宁义，帛本即作“有它不宁”。

有它不燕者，有蛇则不安宁也。大过·九四：“栋隆吉，有它吝。”亦谓房屋高大本来很好，然太大即易生蛇虺，则吝而不安也。

这是对占辞的一种限制性说明，谓中和适度的渔猎，对山泽的管理乃为吉利，若多生蛇虺则不能安宁，当加强管理，及早驱逐捕杀，或加以戒惕也。尤其在初开辟的山泽林薮更应注意，故系之于中孚之初爻，寓教诫之意也。

九二　鸣鹤在阴，其子和之。我有好爵，吾与尔靡之。

解：鸣鹤在阴，其子和之。我有好爵，吾与尔靡之。象辞，以象代占。

字义：阴，《说文》：“阴，暗也，水之南山之北也。从阜，侌声。”暗即阴暗，指背光的部位，此处指山阴或树荫。

虞翻以夜为阴，谓鹤知夜半，故鸣鹤在阴，其说实不足据。

子，动物的幼雏亦可称子，《广雅·释鸟》：“子，雏也。”此指鹤的幼雏。

爵，甲文作，金文作。《说文》：“爵，礼器也，象爵之形，中有鬯酒。又手持之也，所以饮。”殷周时爵多用青铜制，其足甚高，用以盛酒及温酒。郑玄谓：“凡觞，一升曰爵，二升曰觚，三升曰觯。”可见爵之受量为一升，后因以爵指代酒，此处之好爵，即指美酒。

靡，《说文》：“靡，披靡也。从非，麻声。”字形实象麻叶分披之形，引申有顺服义，靡散义，靡侈、靡尽等义。虞翻以靡为共，实不足据，而后儒多从之。帛本靡作羸，乃疲惫之状，此处实云尽饮靡醉之状也。

吾，与我同义。高亨氏谓此系辞乃四言诗体，多一我字实为衍词。但帛本亦留“吾”字之位，故高说不足据。吾虽与我同义，此处重用此词，意在强调仅有我你二人共饮一醉，是亲情的表示。诗歌在表达感情，若无此我字，则显语气平淡也。上古无四言五言诗体之定格，多一我字能尽其情，有何不可。

四句意谓邀约好友共饮美酒，一醉方休。鹤鸣子和乃比兴之词也。

依物理取象：本爻当下体兑中，互震下而居艮下，上又交巽，巽于禽为鸡，有鹤象；艮为山，山下为阴，兑为口，震为鸣，故有鸣鹤在阴之象；又下体兑为倒巽，象雌鹤，与上巽相对而鸣，故有“其子和之”之象。又震似仰盂，爵之象也；互体震下艮上，艮似覆碗亦有爵象，二爵相对；下体兑为口，上体巽为反兑，二口相对而近爵，如二人对饮，即“我有好爵，吾与尔靡之”之象也。

这是一首饮酒和乐的诗歌，虽无占断，但事象中和乐之象非常形象生动，其吉利可知也。明夷·初九：“鸣夷于飞，垂其翼，君子于行，三日不食。”也是以诗歌的生动形象代占，虽无占辞而吉凶断然可见也。

自中孚之道而言，本爻正是得中而能和的象征，可以说是最佳的中孚状态。与六三之失中不和适成对比。

六三　得敌，或鼓或罢，或泣或歌。

解：得敌，或鼓或罢，或泣或歌。象辞。代占。

字义：得，甲文作，金文作。《说文》："得，行有所得也。"《玉篇》："得，获也。"字象以手持贝或拾贝于途之形，是得之本义，引申有取、遇、合等义。经文得字有：

豫·九四："由豫。大有得。勿疑，朋盍簪。"用获得义，

噬嗑·九四："噬乾胏，得金矢。利艰贞，吉。"以及噬嗑·六五、剥·上九、晋·六五、明夷·九三、解·九二、井卦辞、鼎·初六、渐·六四、丰·六二、旅·九二、九四，既济·六二、随·六三、大过·九二、九五，损·六三、上九，坎·九二、坎·上六，以至坤卦辞等。以上二十二例，得字均用其本义为获得之义。可见《易经》成文之时，得字尚未用遇合等义，这里的得敌似不宜释为"遇敌"，而应为"胜敌"。

敌，繁体作敵，金文作。《说文》："敌，仇也。从攴，啻声。"容庚《金文编》："敌不从攴。"是敌为相仇对的人，引申有敌对、仇敌、仇匹等义，而其本义指能与己方作对的强敌，如敌军之类。经文仅此一敌字，与后文连属而观之，当指敌兵也。

鼓，动词，意谓击鼓。《说文》："鼓，击鼓也。"古人多击鼓而舞，故又有鼓舞之义。于军事行动，进战则击鼓，以鼓舞士气也。

罢，通疲。《广雅·释诂一》："罢，劳也。"帛本正作"皮"，即"疲"字。

依物理取象：本爻当下体兑上，互体正反震相遇合，有交兵之象；本爻当兑上为悦，互震上交巽为顺伏，故本爻有交兵得胜，即得敌之象。正震为鼓舞，反震为罢怠，下体兑互震为歌，上体反兑互反震为泣，故有或鼓或罢，或泣或歌之象。

辞意是说，胜敌之后，有人感到振奋而鼓舞，亦有人感到疲惫而倦怠；有人兴奋而高歌，亦有人忧伤而泣涕。以生动的形象描述了战争的残酷性。虽战胜亦不免伤亡，虽有所喜亦深有所忧，体现了对战争的胜而不美的思想，与《老子》第三十一章的观点非常相近。从中孚之道观之，本爻属于有失中和、不中不孚之类，虽未系占断，其不吉不利是很明显的。

以象代占乃《周易》重要章法，所用甚广。说见坤·上六。

六四　月几望，马匹亡。无咎。

解：月几望，马匹亡。象辞。

字义：几，近也。京房本即作近。

望，月之十五，日月东西正对，如相望，故称望日。几望则近望之日也。

依物理取象：本爻当上巽下，爻变成乾为天，下互体成离，交下体兑，离为日，兑为泽为月，日月皆悬于天之象，故曰月几望，谓近于望日也。又上乾为马，下兑为缺失，故有马匹亡之象。

关于兑为月之象，据尚秉和《周易尚氏学》解小畜·上九"月几望"云："兑为月，互离为日，月西日东，相望……自兑月象失传，小畜、归妹、中孚之月几望，旧解皆以坎为月，岂知易之言月十九皆谓兑，说卦象与经所用象，不尽同也。《易林》复之临云：月出平地，以临上坤为地，下兑为月也。又家人之小畜云：杲杲白日，为月所食。以小畜互离为日，兑为月，兑月侵入离体之半，故日为月所食。兑月象，后惟邵子知之……与《易林》合。"今按：八卦之象，以离为火，则坎为水，字形近似，其用相息，其位皆处于先天卦位之同一平面；若以离火为日，则坎水为月，今下兑为泽，泽为大水，望月之象也，故兑有月象，亦为有理。但以通常而论，亦以取坎为月象为宜，故说卦传及小畜·上九、归妹·六五仍取坎为月象。中孚·六四，实无坎象可取，故今从上说，取兑为月象也。

无咎。占辞，意谓不算灾咎。马匹亡失本属灾咎，为什么断以算不上灾咎呢？这显然是根据"月几望，马匹亡"这一事实所反应的常识和经验作出的实然性判断。我们可以从以下几方面来理解：

(1) 古人多选择月望之日用事，其吉与否，多依其事与该卦所体现的易道而定，如：

小畜·上九："月几望，君子征，凶。"这是说选择月望出征，从小畜乃叙私田劳作之道来说为凶；

归妹·六五："帝乙归妹……月几望，吉。"这是说从贵族嫁女之道来说，选择月望之日很吉利；

(2) 作为一种常见的现象，往往互有得失，不必过于看重。例如：

大壮·六五："丧羊于易。无悔。"就是说在疆埸、牧场放羊而有所亡失，不必懊悔，因为这是常事；

睽·初九："悔亡。丧马勿逐，自复。"这是说亡失的马匹是会自动回来的。

本爻中所说的"月几望，马匹亡。无咎"则兼有二义：从中正之道来说，月望而马匹亡失是常有的现象。因为，当殷周之际，一般马匹均由家族公社养殖。由于农耕、乘骑和军事行动都要用马匹，所以养马较多，有的甚至成群，这些马一般均取放牧式豢养，由于逐水草而放牧，及牝牡相诱，往往互有逃亡，尤其在月望之夜，亡失现象更多。但既然互有逃亡，则有失有得，或若干天内又自然回来，这些现象难以避免，所以也不必视为灾咎。

月望几，马匹亡。在当时是经常发生的事，二句又前后押韵，有如诗歌，还很可能是当时的一句谚语。用谚语进行占断，在《周易》也是一种系辞章法，可参见明夷、大过、泰·九三等卦爻释。

自中孚之道观之，本爻系辞的象征层面含义即以月望为中，以马匹亡为有失于交合，既然合于中正之道，本当为吉，但因其有失于交合，未契于和故仅断以无咎。

九五　有孚挛如。无咎。

解：有孚挛如。象辞。

字义：孚，此处当作俘，有孚即指俘获寇掠者。

挛，《说文》："挛，系也。"段注："系者，絜束也。"意即拘系。

有孚挛如，意谓将俘虏拘系起来，与小畜·九五之"有孚挛如"义同。

依物理取象：本爻当上体巽中及互艮上，艮为手，巽为绳，绳系其手，故有"有孚挛如"之象。

无咎。占辞，谓无有灾咎也。这是依爻辞的事理作出的应然判断。盖俘虏多为来行寇掠之人，捉住以后，一般都先将其拘系起来，以防止其逃跑与暴力反抗，然后再根据不同情况进行处理。小畜·九五："有孚挛如，富以其邻"，以及随·上六："拘系之，乃从维之。王用亨于西山"正是反应与此类似的处理方式。

益·九五："有孚惠心。勿问，元吉。有孚惠我德"，则是对能顺从的俘虏取施以恩惠以服其心的方式。说详上引诸卦爻释。

自中孚之道观之，本爻象征层面的寓意可理解为以有孚为能正其事，以挛如为有失于和，以其失和故不可以为吉，以其能正故可以无咎。与六四之中而不和仅得无咎之义相为补充。

上九　翰音登于天。贞凶。

解：翰音登于天。象辞。

字义：翰，《说文》："翰，天鸡，赤羽也。"即锦鸡。参见贲·六四释。

登，《说文》："登，上车也。从癶、豆，象登车形。"引申为升，自下而上也。参见明夷·上六释。

翰音登于天者，谓锦鸡飞鸣而升于高天也。

依物理及数理取象：本爻当三才之天位，上体巽为鸡，互艮象翼，下互震交兑为音、为鸣，故有翰音登于天之象。

贞凶。占辞，即所贞之事为凶。这是依爻辞的事理作出的可然性判断。盖锦鸡羽毛美丽，可用为仪饰，肉可食。鸣则不飞，飞则不鸣，若惊鸣而飞，必有弋猎之危，其登于天，目标显著，更易遭弋猎也。

自中孚之道观之，锦鸡不当鸣于天，今翰音登于天，有自炫之意，乃不中不实之象，既不中正，又不信实，违中背实，自是凶危之道。

小过之"飞鸟遗之音，不宜上，宜下"，及明夷·上六之"初登于天，后入于地"，与本爻寓意相类也。

综上所述，中孚是集中阐释中正诚信之道的卦，以中正而能协和为善为美，二者有一即可以无咎，失一则不为吉利，二者皆失，违中背和则必陷凶危。卦辞本意重在社会政治行为的中正协和，具体制度化即是制礼作乐的有序化追求，人格风范上即是一种大中至诚的品格。其后引申到中为天下之大本，和为天下之达道，行为规范上体现为中庸之德，形成儒家人生哲学的主体构架，在思想史上意义重大，中孚一卦实为其本源。

本书上篇第四章三节已论及，中正适度的观念，是《周易》的基本观念，是其价值观的基本取向。这一观念已充分地体现在作为理想人格的乾卦的主导意向之中，而在中孚卦中，中正适度又与诚信结合起来，并将其推广至于天地万物，展现为大中至诚之道。这类内涵丰富的社会道德观念，显然都与天文观测的长期实践与社会变革的深刻反思相关。天文观测要求一种精诚不懈的严谨态度和科学精神，殷灭周兴的过程与管蔡之乱的惨痛教训又充分表明，经济生活中的取与是否适度，王侯君相们的行为风范是否中正诚信，上下内外关系是否和顺协调，乃是成败存亡的决定性因素。周族灭殷之后，为要肩负起平治天下的重任，更需要这种中正不忒的精神，大中至诚的品格，以协和上下内外、诸侯邦国。所以又特意用一个卦来讲述中正协和之道。这些观念实际上已普遍地蕴涵在64卦经文的基本精神之中，在本卦中则直接提出了“中孚”的概念，包括了中正不忒、协和万物、美利天下、信及豚鱼等等丰厚的意蕴。这种大中至诚的品格显然是以历代圣人——伏羲、神农、黄帝、尧、舜、禹、汤、文、武、周公的社会实践和宏伟功烈为依据的。而所谓大中至正，至诚至信的美德，在现实的社会生活中本来具有理想主义的性质，在自然界中，也只有天地之德才能与之相应了①。所以《周易》的人格理想实质上乃是“与天地合其德”，这也是它的人文精神的精华之所在。儒学世法之要，亦尽在于此矣！

① 天穹浑圆，自地面观之，无论何处皆为正中；地轴正对南、北，日月星辰东升西落，亘古不改，此以见天地大中至正之德象也。暑往寒来，四时不忒；春华秋实，生生不已，此以见天地之至诚至信之德相也。

第九章　成终成始之道

——周人的发展观

63. 既济：发展的阶段性（待解）

䷾　既济。亨。小利贞，初吉终乱。
初九　曳其轮，濡其尾。无咎。
六二　妇丧其茀。勿逐，七日得。
九三　高宗伐鬼方，三年克之。小人勿用。
六四　繻有衣袽，终日戒。
九五　东邻杀牛，不如西邻之禴祭，实受其福。
上六　濡其首。厉。

64. 未济：发展的持续性（待解）

䷿　未济。亨。小狐汔济，濡其尾。无攸利。
初六　濡其尾。吝。
九二　曳其轮。贞吉。
六三　未济。征凶，利涉大川。
九四　贞吉，悔亡。震用伐鬼方，三年有赏于大国。
六五　贞吉，无悔。君子之光，有孚，吉。
上九　有孚。于饮酒，无咎；濡其首，有孚失是。

附言：此两章虽有解悟，惜犹未达真意，只好暂阙，以待当来贤达之士也。

结　语

到此为止，我们算是将《易经》讲解了一遍，但是对易理的研习却不可到此为止。《易经》既然已明白指陈：事物世界，不是既成事物的集合体，而是过程的集合体，我们的研习工作也就应当继续下去，只是有了这次通读基础之后，在研习方式上则不妨改一改。

《坛经·机缘品》中有一段公案：

> 僧法达者，常诵法华经，已及三千部（遍），未解经义。六祖云：“汝若念至万部（遍），得其经意，不以为胜，则与吾偕行；汝今负此事业，都不知过。”乃说偈曰：“心迷《法华》转，心悟转《法华》。诵经久不明，与义作仇家。无念念即正，有念念成邪。有无俱不计，长御白牛车。”达闻偈，不觉悲泣，言下大悟而告师曰：“法达从昔已来，实未会转《法华》，乃被《法华》转。”以偈赞曰：“诵经三千部，曹溪一句亡。未明出世旨，宁歇累生狂？羊鹿牛权设，初中后善扬。谁知火宅内，元是法中王。”

我之于《易经》，虽操持九载，今着落于文字言诠，亦不过有念无念，可转能转之间耳。依今世贤达之见，尽可视为一种“误读”。因劝读者诸君，既不为诸家旧说所转，亦不为我的“误读”误导，直当自由自在地读去，游刃于百家诸子，徜徉于古往今来，读出一片高天远地，读出个大千世界的过去未来，读出一派活泼泼的自性生机。任凭那广大精微的造化之易，渊深宏博的圣人之易，当不难混沦一气地融摄为在我之易也。能如此，则既济、未济之卦，亦不待言诠而自了然于心矣！

作者识

跋

王炎平

《周易见龙》之于易学史，其意义一言以蔽之，曰：为易学开生面，为传统写新篇。

何谓为易学开生面?

《易·系辞》曰：“作《易》者，其有忧患乎!”

此为真知作《易》者之语。盖八卦之作，乃在鸿荒之宇宙中，忧民生之多艰，试图调控自然力量。重卦之作，乃在社会初步发展之时，忧人心与人事之危，致力于调控社会行为与社会关系。《周易》之作，乃鉴殷商之盛衰，忧否泰之倚伏，探天道与人道之幽微。其所忧者甚大，其所患者甚深，故能由大仁生大智，由忧世情怀探寻治世大道，创造出天道地道人道广大悉备、具有丰富深刻人文内涵的中华传统文化第一经典著作。《易·系辞》赞叹道：“《易》其至矣乎！夫《易》，圣人所以崇德而广业也!”

然自秦汉以来，“《易》其至矣乎”5字的不平常意蕴，却为治《易》者所忽视或误解。汉代盛行从象数角度治《易》，在今文经学神化皇权的思潮下，导易学于神秘与琐屑之途。王弼恢复了《易传》寻绎义理的思路。此后一千数百年间，义理派研《易》成果虽多，却始终拘束于《易传》的框架。近世学者力图用西方科学方法研《易》，从哲学、社会学、历史学、古文字学等不同角度出发，创获不少，并在一定程度上突破了《易传》的框架。但从整体上看，由于未能把握住易道的本质精神，因而未能将易学研究提升到新的境界。

历来治《易》之失，一是忽略了《易》是圣贤所作而非卜史所作，是政教之大著作而非卜筮之书。这是易道隐晦不显、易学支离破碎的基本原因，易学难以摆脱迷信的干扰，亦与此有关。二是缺乏了解之同情，不能感同身受地体会伏羲画八卦、文王演《周易》的历史环境和圣贤用心，故发为议论，总觉隔膜。三是虽然宋儒通过易理在建设理学上做出了成绩，近世易学家探究包含在《周易》中的辩证思想及反映在《周易》中的社会历史情况，亦使易学研究有所深入，然皆主要在智的层面上下功夫。而由于忽略了易道根本上乃是大仁之道，故于《易》之大智亦仅仅做了十分有限的开掘。

《周易见龙》体贴作《易》者在当时历史条件下的仁人用心，充分利用古今治《易》成果，从哲学、历史学、社会学、民俗学、文化人类学等多维视角，从象数到义理，对《周易》作全面深入之考察，为《周易》正本清源，彰显《周易》大仁大智的人文精神，揭示《周易》德合天地之道、立国经邦之道、崇德广业之道、革故鼎新之道、人文化成之道、中和内美之道、成终成始之道的真精神。此乃易道之真谛，亦为易学史上关于易道之崭新解释。《周易》因《周易见龙》而焕发生机，而光照寰宇；近世的易学研究，因《周易见龙》而发生质的飞跃，而攀登到新的阶段。

此之谓为易学开生面。

何谓为传统写新篇？

《周易》为中国传统文化之发端。孔子以删定“六经”的方式，总结前代及当代的优秀文化成果，创立以“仁”为核心的儒学理论体系，并通过办学传承学术文化，为中国传统文化奠定了基础。战国诸子，发扬蹈厉，议论纵横，其意气之风发，思想之不羁，气势之磅礴，为秦以后的读书人所叹羡不止。秦的统一，为中国历史上划时代的壮举；而建设皇权至上的专制政体，则有利有弊。汉儒“大一统”的文化建设，以儒学兼容诸子，是其成绩；然屈服于并迎合专制政治的需要，屈民伸君，在《周易》及孔孟的人文立场上后退，是其大误。其后的封建时代文化人，面对专制政治越来越严重的压迫和越来越诱人的利禄，又从汉儒的立场上不断后退。在逐渐背离传统文化人文精神的情况下，《周易》及孔学的本来精神被埋没，被扭曲，被阉割。古代易学家以抑屈的心理，自不能高扬精神的风帆，不能抉出《周易》蕴藏之“龙”德。而在近代西方文化压迫中国传统文化的大背景下，在中国学界存在贬低传统文化的心态下，近世易学家亦自不能领会《周易》的崇高境界。至于古今都存在的以《周易》占筮运命的认识，则导易学于迷信的泥沼，《周易》因而蒙垢，易学亦因而呈现芜杂局面。故一部漫长的易学史，先之以专制政治的压迫，继之以西方文化的挤轧，甚曲折亦甚复杂，诚可谓命途多舛。

《周易见龙》在阐释《周易》本有的人文精神上所获得的成功，从根本上昭示了中华传统文化的真精神和生命力，堪称开辟易学新运的扛鼎之作。《易传》以后的易学研究，终于走出歧途，结束徘徊局面，更上一层楼。该书的面世对于正确认识易道，正确认识以仁为本、以智为用、表现为刚健进取与博大和谐相统一的中华传统文化，揭示中国传统文化生生不已、历久弥新的奥秘，认清当今中国之和平崛起必然并且应该有别于英国之于工业革命之后崛起以及美国之于二次战后崛起的历史文化基础，明白中国之现代化必然并且应该有别于欧美以及日本的现代化的社会历史背景，裨益良多，必将推动中国社会和中国学界弘扬中华传统文化的宏伟事业。

此之谓为传统写新篇。

一个应该引起注意的事实是：民族英雄如林则徐等，维新人士如康有为、梁启超等，民主革命家如孙中山等，共产主义者如毛泽东等，均曾受到传统文化的甚深熏陶。传统文化赋予他们的爱国精神和以天下为己任的历史使命感，使他们奋起反抗侵略并改造黑暗社会以图振兴中华。传统文化赋予他们的兼容精神，使他们能以开放的怀抱汲纳外国先进文化。可惜的是，学界和社会注意到了他们睁开眼睛看世界、向域外寻找真理的一面，却忽视了他们从优秀传统文化汲取力量的一面。实际上，传统的爱国情操，传统的名族气节，传统的大同理想，传统的兼容衿抱，传统的忧患意识和革新意识，在从 1840 年到 1949 年一百零九年的历史进程里，在一批又一批志士仁人身上发生过重要影响。他们中间有不少人就是从传统的爱国主义和民族主义走向民主主义和共产主义的。所以，近现代中国社会的进步，实不仅受益于先进的外来文化，而且也受益于优秀的祖国传统文化。问题在于，这后一种情况，在许多场合，被忽略了，甚至被遗忘了。

为什么会这样呢？

鸦片战争以来，在一百余年间的中西冲突中，中国在军事、经济、政治、文化诸多方面，屡屡表现为难堪的劣势，为近世爱国志士所疾首痛心。

为救国家于危亡，为出生民于水火，先进的中国人转而向西方寻觅真理，借以解决中国国家富强、中国社会进步问题，功业甚伟。然而，一种倾向掩盖另一种倾向。当人们孜孜矻矻汲取西方文化的思想资源时，却忽视了向自己的历史文化中汲取优秀思想资源。至于优秀的传统文化对于很多志士仁人的重大影响，人们也往往视而不见。在近代的中国社会，因为中国百事不如外人，因而往往忽略了中国曾经在古代世界长期领先的历史事实，忽略了中国传统文化为世界上唯一不曾中断的古老文明因而肯定具有与时俱进品质的历史事实，忽略了西方社会在从中世纪转向近代的过程中曾经从中国传统文化中汲取有益的思想资源的历史事实。而在向西方学习时，我们又忽略了西方近代文化曾以文艺复兴的形式推尊古代希腊文明以及18世纪优秀文化的历史事实。由于痛现实之腐恶，由于面对的是已经严重扭曲的传统文化，于是近代知识界一度采取了根本否定传统的激烈做法。纵观世界各国的现代化进程，不曾有任何国家像中国这样如此长时期地猛烈地全面地反对传统。由于是前进中的失误，由于是出发于爱国主义和谋求社会进步的反传统，因而中国社会长期不觉其为失误。这样一来，将传统与革命对立起来，将传统与现代文化对立起来，以为反封建就是反传统，成为当时中国社会习见之事。而在帝国主义文化侵略的支持下，以戕贼民族传统文化、鼓吹历史虚无主义为职志的买办文化，更是企图以西方文化取代中国传统文化。在从晚清到1949年的长时期里，此种买办文化日甚一日地毒害我民族的心灵，消解我民族的自尊与自信。令人痛心的是，以“矫枉过正”辩护“全盘西化”的论者如胡适等人，以为中国传统文化根基深厚，不倡“全盘西化”不能打破传播西方文化的阻力，以为虽在中国推行“全盘西化”而实际上中国不可能西化，因而无所顾忌地大反传统以为西方文化开路。加以半殖民地政府崇洋媚外的种种政策举措，导致几代人日益与传统文化疏远甚至隔离，导致传统文化在中国社会逐渐边缘化，人类历史上延续最久的中国传统文化在中国确实在走向衰落。我们能不憬然而觉，奋然而起吗？

刘少奇在《论党》中指出，毛泽东思想是应用马克思列宁主义的科学方法，概括中国历史、社会及全部革命斗争经验而创造出来的，是中国民族智慧的最高表现和理论上的最高概括。毛泽东本人在提出马克思主义中国化的任务时，曾明确要求总结从孔夫子到孙中山的历史文化传统，继承这一份珍贵的遗产。可见，毛泽东、刘少奇的理论，已经开启了继承马克思和继承孔夫子相结合，创造性地建设中国化马克思主义理论的先河，并以此指导建设中国现代化新文化的伟大事业。虽然推进这个事业的过程经历了太多的曲折，但是早在20世纪三四十年代，毛泽东、刘少奇就已经为中国新文化的发展确立了正确的原则，指示了正确的方向。这无疑是中国新文化史上最具有里程碑意义、最当额手称庆的一大幸事。

贾谊《鹏鸟赋》写道："小智自私，贱彼贵我。"自私之小智造成人与人之间的隔阂与争夺，人间因而一直处在几家欢乐几家愁的不幸状态中。资本主义文明将此种自私之小智发挥到极致，最卑劣的贪欲无节制地膨胀起来。而西方文化最可贵的民主制度和科技文化亦因而不能无弊。其立足于征服自然的科技，自始就使人与自然处于对立的地位。其植根于性恶论的民主由不同利益的力量之间相互制约来维持，为此不但需要消耗大量的社会资源，而且社会关系始终呈现紧张状态，民主亦从来就是不充分的和不可靠的，是无论何时都实际向强势一方面倾斜的。其追求最大限度利益的活动，不能不变现为对自然的掠夺和对于社会公平的漠视，不能不牺牲生态环境和人间正义，不能不是财富与罪孽并存，繁华与堕落同在。其由利益和实力确立的国际秩序，因为不能有真正的公平，也就不能有持久的和平。基于强权政治的逻辑，许多国家的政府，一面侈谈人权，一面却将很多的金钱，很尖端的技术，投入到杀人的事业上去。时时有硝烟升起，到处都剑拔弩张。以西方文化主导的世界，因而永无宁日。人类已经经历过两次世界大战的可怕劫难。当此霸权主义与恐怖主义都同样气焰万丈之时，人类有理由担心发生更可怕的劫难。故以自私之小智牟利的结果，是人的非人化和人间的非人间化，是人类蒙祸亦蒙羞。人类是该检讨自私之小智了！人类是该珍视中华传统仁智文化了！人间是该把无处不有的假恶丑扫除净尽，高扬起真善美的旗帜了！世界历史是该转向和平与正义的轨道了！

孔子名言："性相近也。"此为古今文化可沟通的人性论基础，也是中外文化可沟通的人性论基础，也是人类终将走向大同的人性论基础。由"习"之相远造成的古今之异与中外之异，必不能并且实际上也没有从根本上改变由"性"之相近所形成的古今中外文化之相近亦相通。《周易见龙》所标举的《周易》蕴涵的仁智精神，为古今中外人性所蕴含。中国的孔孟仁义之道，屈、陶、李、杜的诗，《左》《史》、韩、苏的文，外国释迦牟尼的慈悲之教，耶稣的博爱之教，莎士比亚、雨果、托尔斯泰的小说，等等，皆为人性中仁智精神在各自历史条件下之光辉表现。即便是在中国古代专制政治下，在一定程度上体现了仁智精神的“行政”主张，也一直起着批判、限制专制政治，从而减轻专制弊害、维护社会公平、培育社会良知的作用。而在西方资本主义社会，如20世纪30年代罗斯福在美国推行的“新政”，其实质就是以有限度的社会公平改良资本主义，他因此被誉为资本主义的守护神。二次战后欧美诸国建设福利社会的政策，基本精神是以税收调节社会财富的再分配，是对资本家和管理层有限度的利益节制和对劳动者有限度的利益保障，所体现的仍是一定程度的社会公平原则。至于那些为维护和平、保护环境而奔走呼号、忘我献身的人们，其仁智精神尤足感佩。故无论古今中外，仁智精神实无处不在。此为古今中外人心之大同。此种人心大同之仁智精神，在已经过去的中外历史上，减轻了私智的危害，扶持了天地间的正气，成就了无数善美的业绩。在私有制的社会条件下，在私智的桎梏中，人类的仁智精神尚能有如此作为；则其突破私智的限制，弘扬于全球之日，其作为又当如何！《易·系辞》曰：“鼓天下之动者存乎辞。”《文心雕龙·原道》曰：“辞之所以能鼓天下者，乃道之文也。”我们坚信，中华传统之写新篇，必能鼓天下之动，而显扬易道之仁智精神于今世及未来。世界的面貌，人类的命运，将因此而改观。一旦人类本有的仁智精神得到自觉而充分的展现，仁智文化就会取代私智文化，世界大同就近在眼前了。

2004年8月于四川大学

2011年3月校定

再版寄语

1. 永无“终结”点的易学新成果

谭继和　祁和晖

得老学长谢祥荣兄函告，兄之大著《周易见龙》已签约由巴蜀书社做新版，此易学界之喜事也。老学长今年高寿八十四，耳聪目明，思维敏锐，兼持一贯好学不厌、诲人不倦的品节操守活跃于巴蜀学坛，对《周易见龙》的修改增补更孜孜以求。为此，前年曾心体俱累，数月卧床。幸好，吉人天相，一场重病，竟奇迹般痊愈，终于完成“修订增补”，可以再版了。借此机会，余等欣喜之余，又得几点大启发如下：

一　研《易》是一种没有“终点”的德业

在《周易见龙》初版“结语”中，谢兄写道：“到此为止，我们算是将《易经》讲解了一遍，但是对易理的研习却不可到此为止。《易经》既然已明白指陈：事物世界，不是既成事物的集合体，而是过程的集合体，我们的研习工作也就应当继续下去。”诚哉斯言。《易经》体现的事物的“过程性”观念，与唯物论哲学中的“真理”无终极论，“不谋”而合。对易理的研习，自当一代一代传承下去，深入下去。

二　走出“被易学转”，走向“学会转易学”

同时，谢兄在“结语”中又教示：“在研习方式上则不妨改一改”，“不为诸家旧说所转……游刃于百家诸子，徜徉于古往今来，读出一片高天远地，读出个大千世界的过去未来，读出一派活泼泼的自性生机”——这段话，本是谢兄鼓励青年人习《易》的寄语，二和觉得用来“评点”《周易见龙》颇适宜。读《周易见龙》，感觉其博雅，感觉其仁厚，感觉其活泼，而不见习《易》者常有的“晦涩枯索”之病。

谢兄曾引《坛经·机缘品》故事喻习《易》方法。当日六祖慧能教弟子诵经须破除偏执，恢复天然本性，指出弟子诵经弊病在：“心迷《法华》转”，须得变成“心悟转《法华》”。习《易》亦须遵六祖教言，从“心迷茫”于易学，转化为“心开悟”于易学。六祖弟子法达和尚开悟后说：“法达从昔已来，实未会转《法华》，乃被《法华》转。”

习《易》正须走出“被易学转”，走向“学会转易学”。

当下，人们总结研习儒经，大体有三种途径：一则曰“返本开新”；再则曰“综合创新”；三则曰“推陈出新”。习《易》亦然。“创新”是必不可少的目标，此前返本、综合、推陈等功课也是必须扎实去做的。

三　习《易》当弘承孔子教诲——德业为先

孔子与《周易》有无关系？《易传》是否孔子所著？从汉儒到唐儒，基本上都认同孔子五十而学《易》，从《汉书·艺文志》中所载“孔子作《十翼》”亦为可信。但唐初陆德明《经典释文》中，对《论语·述而》篇作“释文”，引用了西汉《鲁论》中的一种句读，说“易”字可作“亦”字。《述而》中“加我数年，五十以学《易》，可以无大过矣”，按《鲁论》句读为“加我数年，五十以学，亦可以无大过矣”，如此一来，孔子作《易传》（《十翼》），在《论语》中就无佐证了。到北宋欧阳修，就特地张扬“易”字可作“亦”字这一点，开始质疑孔子作《十翼》之说；到清代姚鼐、崔述等人疑古考辨，基本上认为孔子与《十翼》没关系；到现代疑古勇士手里，孔子作《易传》被宣判为“伪学”。

然而，幸有长沙马王堆西汉墓帛书《易传》出土，其中《要》篇不仅以文字确凿证明孔子曾作《易传》以教弟子，更详载孔子研《易》在一开始，其宗旨、方法都与史巫用《易》有根本区别。孔子自言：“后世之士，疑丘者，或以《易》乎？吾求其德而已。吾与史巫同途而殊归者也。”孔子习《易》的目标是："幽赞而达乎数，明数而达乎德。又仁守者而义行之耳。"习《易》不应以祈问个人祸福为目标，而当以明了天地人间之大道德业为目标。舍此即有误入迷信而不知数、理，其行近于巫之弊；亦有偏陷知数而不达于德教，只当个记言记事的记录员角色之弊。

当前，习《易》当以复兴中华文化为德业，当以恢复中华文化在人类文明建设中应有的话语权为德业，如此，方不负孔子习《易》之教。

《周易见龙》的研《易》成果不仅使吾辈开悟破迷，可引申之以释疑，其"德业为先，数理为次"的习《易》方向，新颖的习《易》方法，也是我辈的嘉范。

2011年仲夏于成都

2. 识其大者

林登麟

曹丕《典论·论文》云："文章经国之大业，不朽之盛事。"余读《周易见龙》，然后知《周易》之作，诚为然也。盖《周易》一书，历来以为卜筮之作，虽《易传》赋予哲学人文之大义，而后学之于经文，率多以占卜之辞目之，但见其吉凶悔吝之别，求其趋吉辟凶而已。《周易见龙》则不然，于看似平淡琐屑之文辞中，偏能洞触天道之幽微，体悟圣王爱民致治之情怀，并有以成就与天合德之理想人格，而止于至善之道德自觉也。《语》云："文武之道未坠于地，在人，贤者识其大者，不贤识其小者。"《见龙》一书，盖能"识其大者"之作也。近世解释学家，力主对经典之作，应入其语境，同其心态，内化其精神，直臻于人格之同构。诚能如斯以习《易》也，岂不快哉！岂不美哉！兹亦余所心向往之者也。欣闻该书再版，特此致意焉。

辛卯仲秋罗目野叟寄语于峨眉山麓

后　记

本书自2000年出版以来，即受到广泛关注，并于2002年获四川省哲学社会科学二等奖。

2005年初，巴蜀书社准备再版重印，我即约请苏文聪、黄荣武二学友，对书中的引文等细加校订，同时敦请唐明邦、王炎平二位先生撰文评述。承二先生惠爱，不避37度以上之高温酷暑，以洁静精微之心态，悲天悯人之情怀，环视古今中外，审度当下未来，发天道人心之幽微，成震聋发聩之宏文，以为本书再版之序言与题跋。于《周易》之宏旨、《见龙》之大义、我中华大仁大智之人文精神，作了极为透辟之阐发，令人十分感佩。在此，我特向二位先生深致谢忱！

其后以发行印刷等原因，迁延至今，方得再版。重印之前，又蒙成都田瑜娥、河南鹿兆岳、北京谢玉春诸学友，先后对引文出处、句读训诂、羑里遗址、画卦台及贾湖遗址、词汇述语及书面用语等仔细校订；学友陈玉堂更为本书作成疑难字简释及《周易见龙》与通行本《周易》卦序对照表，均有便于阅读与检索；巴蜀书社同志亦从文字标点等诸多方面作了仔细校定，使本书益臻完善，我在此一并致谢。

另外，本书已列入外国语言文学研究中心英译《周易》的重构研究组（SCWY09－04）的重点研究项目，现将该课题组英译的《周易见龙》目录及前言附录于中，以便国外爱好者检阅。我在此对课题组学友亦深表谢忱。

最后还须说明的是：本书自初版以来，已收到各方学友的评述性文字颇多，例如初版中唐明邦先生致作者的信——代序；陈德述、谭继和、祁和晖、王炎平诸学友的序；何克、冯广宏、谢实、苏文聪诸先生的评述，均极为可贵，加上其他评述及附录，已近五万余言，只好另出专集，随书发行。在此一并向有关评述的作者诸君致谢。

本书初版时即对《周易》的既济、未济二卦暂行阙解，以为读者保留适度的自由阐发空间。再版时因得苏文聪、黄荣武二君之试解，皆独得之见，特选入评论集中，以供参阅，今后读者若有新解，不妨先发往《周易见龙网站》（www. tddy. net）发表，当尽可能选入《周易见龙》评论文选续编之中也。

辛卯仲秋作者谨记

附　　录

1.《周易见龙》疑难字简释[①]

P6

【郯】tán　1. 古国名。帝少昊之后，盈姓。战国时被越国灭。故地在今山东郯城一带。2. 姓。

P6

【罟】gǔ　网的总称。

P18 脚注①：

【燹】xiǎn　野火。多指兵乱中纵火焚烧：兵～。烽～。

【洊】jiàn　古同“荐”，1. 一次又一次；再次。2. 荐举提升。

P21

【斫】zhuó　大锄；引申为用刀、斧等砍：～伐。

【耒】lěi　1. 古代一种可以脚踏的木制翻土农具。2. 指耒耜的木把。3. 犁的别称。

【耜】sì　1. 耒下铲土的部件，初以木制，后以金属制作，可拆卸置换。一说，耒、耜为独立的两种翻土农具。2. 泛指农具。3. 用耜起土。

【耨】nòu　1. 小手锄。2. 用耨除草。3. 喻除秽去邪。

P22

【刳】kū　从中间破开再挖空：～木为舟。

① 以下生僻字出自《周易见龙》2000 年 10 月第 1 版，2011 年 7 月陈玉堂整理。

【剡】yǎn　削；削尖。

【臼】jiù　中部下凹的舂米器具。

【栋】　屋的正梁。

【宇】　屋檐。

【封】　积土为坟。

【树】　种植；栽种。种树以标所葬之处。

【夬】guài　《彖》曰：夬，决也，刚决柔也。坚决；果断。

P26

【祇】qí　古代称地神。

P28

【彖】tuàn　《易经》中解释卦义的文字：～辞。

P30

【柝】tuò　古代打更用的梆子："朔气传金～。"

P36

【鲧】gǔn　人名，传说是夏禹的父亲。

P37

【禋】yīn　1. 祭名。升烟祭天以求福。2. 泛指祭祀。

【觐】jìn　朝见君主或朝拜圣地：～见；朝～。

【宥】yòu　宽容，饶恕，原谅：～罪；～恕；原～；宽～；尚希见～。

【眚】shěng　1. 眼睛生翳。2. 泛指疾病。3. 日月蚀。亦指灾异；妖祥。4. 过失。5. 败；损坏。

【弃】　人名。即后稷，周之先祖。相传姜嫄践天帝足迹，怀孕生子，因曾弃而不养，故名之为"弃"。虞舜命为农官，教民耕稼，称为"后稷"。

【契】xiè　人名。商的祖先，为帝喾之子。舜时佐禹治水有功，任为司徒，封于商，赐姓子氏。

【皋陶】　人名。又写作皋繇、咎陶、咎繇，虞舜时的司法官。

【垂】　人名。能工巧匠，所以被舜任命为共工，即管理百工之官。

【益】　人名。即伯益，相传为尧、舜时的大臣。

【虞】　官名。掌管山林川泽。

【夔】kuí　人名。相传为尧、舜时的乐官。

【黜】chù　贬降，罢退。

【陟】 zhì　由低处向高处走。提拔，升迁。

【黼黻】 fǔ fú　1. 泛指礼服上所绣的华美花纹。2. 绣有华美花纹的礼服。黼，古代礼服上白黑相间的花纹，取斧形，象临事决断。黻，古代礼服上绣的黑与青相间的亚形花纹。

P38

【獯】 yù　荤鬻部族（匈奴族的前身）。又写作荤允、荤粥等。唐虞以上称为“山戎”，或者“熏粥”，夏时称为“淳维”，殷时称为“鬼方”，周时称为“猃狁”，秦汉时称为“匈奴”。

P39

【风后】　相传为黄帝臣之一。初为侍中，后登为相。

【力牧】　传说为黄帝之臣。相传黄帝梦人执千钧之弩，驱羊数万群，寤而叹曰：“夫千钧之弩，异力能远者也；驱羊数万群，是能牧民为善者也。天下岂有姓力名牧者哉?”于是依占而求之，得力牧于大泽，用以为将。

【常先】　人名。相传为黄帝臣之一。

【大鸿】　人名。相传为黄帝臣之一。

【魃】 bá　传说中造成旱灾的鬼怪：旱～。

【颛顼】 zhuān xū　传说中的上古帝王名。“五帝”之一，号高阳氏。相传为黄帝之孙、昌意之子，生于若水，居于帝丘。

【喾】 kù　传说中的上古帝王名。“五帝”之一，黄帝子玄嚣后裔。居亳，号高辛氏。卜辞中商人以帝喾为高祖。

【重黎】　重与黎，为羲和二氏之祖先。

P40

【蠲】 juān　1. 明示，显示。2. 洁净，使清洁。

P43 脚注②：

【莛篿】 tíng zhuān　用灵草和小竹枝占卜。莛，草茎。篿，古代楚人称结草折竹来占卜为篿。

P54

【征】　证明；证验。

P57

【烜】 xuǎn　晒干。

附录

P58

【盥】guàn　浇水洗手。

【颙】yóng　大头；仰望。

P60

【蹙】cù　局促。

【厥】jué　代词。其。表示领属关系。或起指示作用。

【锜】qí　釜之有足者。

【爻】yáo　组成八卦中每一卦的长短横道。《周易》中组成卦的符号。分为阳爻（一长横“—”）和阴爻（两短横“--”）。每三爻合成一卦，可得八卦，称为经卦；两经卦（六爻）相重则得六十四卦，称为别卦。爻含有交错和变化之意。

【繇】zhòu　古时占卜的文辞。

P61

【籴】dí　买进粮食。

P63

【薨】hōng　古代称诸侯或有爵位的大官死去。

P78

【岑】cén　小而高的山。

【鏖】áo　1. 激战；苦战。2. 喧扰；争吵。3. 长久煎煮；烧炼。

【鏊】ào　1. 一种平底锅。2. 通“鏖”，如“鏊战”。

P79

【鹓】yuān　古书上指凤凰一类的鸟。

P81

【卬】áng　我。《书·大诰》：“越予冲人，不卬自恤。”孔传：“卬，我也。”这里“黎卬下地”的“卬”是一个错讹字，本该是“印”，意思是按、压。印字甲骨文作，象以手抑人使其跽跪，意思就是抑、按，后来假借为印信的印。《大荒西经》中这句“黎卬下地”中的“卬”，在不同的版本中有写作“卬”，有作“邛”，也有写作“卭”的，其实都是“印”的错讹。

P82

【嵎】yú　嵎夷，神话中的日出处。

【旸】yáng　1. 日出。2. 太阳。

【昴】mǎo　星宿名。二十八宿之一，西方白虎七宿的第四宿。又名髦头、旄头。有亮星七颗（古代以为五颗，故有昴宿之精转化为五老的传说）。

【隩】ào　可定居的地方。又音 yù，通"燠"，热；暖和。《书·尧典》："厥民隩，鸟兽氄毛。"陆德明释文："隩，于六反。马云：'暖也。'"孙星衍疏："史迁作'其民燠'，马融曰：'隩，暖也。'"

【氄】rǒng　鸟兽细软而茂密的毛。

P88

【阊阖】chāng hé　1. 传说中的天门。《楚辞·离骚》："吾令帝阍开关兮，倚阊阖而望予。"2. 室门。《说文·门部》："楚人名门皆曰阊阖。"

P90

【蓍】shī　1. 草名。多年生草木植物，一根多茎，可入药。古代用其茎占卜。2. 指用蓍草占筮。

P91

【撷】xié　摘下，取下。

P95

【僇】lù　侮辱。

P95

【亶】dǎn　亶父，周文王的祖父。周武王追尊为太王。

【豳】bīn　古地名，在今陕西省旬邑县西南。又为古国名，周的祖先公刘所立，其地在今陕西省彬县以东旬邑县境。

【义渠】　古代民族名。西戎之一。也作"仪渠"。分布于岐山、泾水、漆水以北今甘肃庆阳及泾川一带。春秋时势力强大，自称为王，有城郭。地近秦国，与秦时战时和。周赧王四十五年（公元前 270 年）为秦所并，以其地置北地郡。见《逸周书·王会》《史记·秦本纪》。

【戎】　古族名。支系众多。殷周有鬼戎、西戎、余无之戎等。春秋时有己氏之戎、北戎、允戎、伊洛之戎、犬戎、骊戎、蛮戎七种。秦国西北有狄、獂、邽、冀之戎、义渠之戎、大荔之戎等。战国时，晋国及其以北有大戎、条戎、茅戎、林胡、楼烦之戎；燕北有山戎；今豫陕交界一带有扬拒、陆浑之戎等。多游牧为生，部分从事农耕。一说，其见于商周者，曰鬼方，曰昆夷，曰獯鬻。其在宗周之季，则曰猃狁。入春秋后则始谓之戎。随世异名，因地殊号。参阅王国维《鬼方昆夷猃狁考》。

【谅阴】 亦作“谅暗”。1. 居丧时所住的房子。《礼记·丧服四制》：“《书》曰：‘高宗谅暗，三年不言。’善之也。”郑玄注：“暗，谓庐也。”《论语·宪问》引作“谅阴”。《文选·潘岳〈闲居赋〉》：“今天子谅暗之际，领太傅主簿。”李善注：“谅暗，今谓凶庐里寒凉幽暗之处，故曰谅暗。”2. 借指居丧。多用于皇帝。

【冢宰】 周官名。为六卿之首，亦称太宰。《书·周官》：“冢宰掌邦治，统百官，均四海。”孔传：“天官卿称太宰，主国政治，统理百官，均平四海之内。”

【傅说】 说，音 yuè，人名，商王武丁的大臣。从政之前，身为奴隶，因在傅岩（虞、虢两地交界之处，在今山西平陆东）做苦役，被武丁起用，故名。

【瑴】 jué 玉名；玉一双曰“瑴”。

P99

【迪】 句中助词。下文引《牧誓》“王父母弟不迪”之迪意思是任用。

【嬖】 bì 宠幸。

【宄】 guǐ 奸邪、作乱；作乱或盗窃的坏人。

【剜】 wān 挖削。

【醢】 hǎi 古代的一种酷刑，把人杀死后剁成肉酱。

【慢】 不尊重，轻忽；怠慢。

P101

【隰】 xí 低湿的地方。

P102

【允】 诚信；确实。

【窋】 zhú 1. 物在穴中突出貌。2. 中空貌。3. 物在穴中欲出貌。又音 kū，窋室，即地下室。

P104

【毕】 周代诸侯国名。其地在今西安西北，姬姓。为周文王所封。其最早的君主为文王之子毕公高，即今毕姓的始祖。

【卅】 sà 三十。

【畋】 tián 打猎。

【瓒】 zàn 古代祭祀用的一种像勺子的玉器。

【秬鬯】jù chàng　古代以黑黍和郁金香草酿造的酒，用于祭祀降神及赏赐有功的诸侯。

P106

【邘】yú　古诸侯国名。周武王子邘叔之封地。春秋时为郑邑。在今河南沁阳西北邘台镇。

【蒐】sōu　1. 打猎。特指春猎。2. 检阅；阅兵。

【郊】　1. 周制距国都百里或五十里、三十里、十里之地，根据国的大小而定。2. 古帝王祭祀天地。冬至祭天于南郊，夏至瘗地于北郊。

P107

【羑】yǒu　～里，古地名，在今中国河南省汤阴县北。

【谮】zèn　说别人的坏话，诬陷，中伤。

【脯】　1. 干肉。2. 谓使之成为干肉。

【翦】jiǎn　同“剪”。

P109

【昬】hūn　古同“昏”。

【蠹】dù　蛀蚀器物的虫子。

P118

【禘】dì　古代宗庙四季祭祀之一；古代帝王、诸侯举行的各种大祭的总名。

【令】美好。令德，即美好的品德。

P119

【奭】shì　1. 盛。2. 引申为极甚。3. 姓。传为召公奭的后裔。汉有奭伟，因避汉元帝讳，改姓盛。

【召公奭】　姓姬名奭，周初受封于召。召，音 shào，古邑名。周初封给姬奭的采邑，在今陕西岐山县西南。周东迁后，别受采邑，在今山西垣曲县东。《诗・召南・甘棠序》“甘棠，美召伯也”汉郑玄笺：“召伯，姬姓，名奭，食采于召。”《尚书・君奭》篇是周公对召公的答辞。君，周公对召公的尊称；奭，即召公之名。

【虢】guó　古国名。西周文王弟虢仲之封地，故城在今陕西省宝鸡市东者，是为西虢。虢叔之封地，在今河南省成皋县虢亭者，是为东虢。平王东迁，西虢徙上阳，地在今河南省陕县东南，称南虢。西虢迁徙后，其支族留居原封地者，称小虢。此外，虢仲有别支，地居于今山西省平陆县大阳之南、滨河之北者，称北虢。史称“晉假道于虞以伐虢”者，即指此。

P124

【聘】 聘问。专指天子与诸侯或诸侯与诸侯间的遣使通问。

P127

【揲】 shé 按定数点查物品。

【扐】 lè 古代筮法，数蓍草筮吉凶，称每次将数剩零余的蓍草夹在手指间为扐。亦用以指手指之间。

P149

【刲】 kuī 刺杀。

【衁】 huāng 血。

【贶】 kuàng 赠，赐。

P150

【鲋】 fù 鲫鱼。

【笲】 fán 古代一种形制似筥的盛器。新媳妇向公公婆婆行贽礼时常用以盛干果等。

【贽】 zhì 古代初次拜见尊长所送的礼物。

【腶】 duàn 腶脩，经过捶捣加上姜桂制成的干肉。

P153

【圉】 yǔ 养马的地方。

【栾】 luán 姓。

【郤】 xì 姓。

【僔】 zǔn 聚。僔沓，谓相聚面语。《左传·僖公十五年》：“《诗》曰：‘下民之孽，匪降自天，僔沓背憎，职竞由人。’”杜预注：“僔沓面语，背相憎疾，皆人竞所主作。”

【蒯】 kuǎi 1. 草名。多年生草本植物，叶线形，花褐色。生长水边或阴湿处，茎可织席、制绳或造纸。2. 姓。汉有蒯通。

P154

【昳】 dié 太阳偏西；日落。

P169

【籀】 zhòu 籀文，也叫籀书、大篆，我国古代书体的一种，因著录于

《史籀篇》而得名。字体多重叠，与篆文近似，春秋、战国间通行于秦国。今存石鼓文即这种字体的代表。

【篆】zhuàn　汉字的一种书体。元盛熙明《法书考》："大篆者，周史籀所作也。小篆者，秦丞相李斯所作也，增损大篆籀文，谓之小篆，亦曰秦篆。"本书中篆文皆谓小篆。

P170

【忒】tè　差错。

P173

【鬣】liè　长而硬的胡须。

P176

【蛰】zhé　动物冬眠，藏起来不吃不动。

【芟】shān　割草，引申为除去。

【畛】zhěn　田地间的小路。

【饬】chì　整顿，使整齐。

【弭】mǐ　止息。

P183

【俶】chù　整理。

P185

【牝】pìn　雌性的鸟或兽，与"牡"相对。

P189

【逾】yú　走过。越过；经过。

P190

【履】lǚ　践踩，走过。

P191

【倬】zhuō　大；显著。

P192

【畎】quǎn　田地中间的沟。

【寻】　古代长度单位。一般为八尺。

P194

【絿】qiú　求。

P196

【霤】liù　屋檐滴水处。

【粢】zī　特指祭祀用的谷物。

P198

【洧渊】　洧，音 wěi。古潭名。在今河南省新郑县东。

【禜】yíng　古代一种祈求神灵消除灾祸的祭祀。

P210

【悭】qiān　小气，吝啬。

P217

【暗】　愚昧，糊涂：～昧。

P222

【凫】fú　野鸭。

【鷖】yī　鸥鸟。

P231

【镈】bó　古代锄一类的农具。

P238

【蔀】bù　搭棚用的席。

P240

【旆】pèi　古代旗末端状如燕尾的垂旒。

P242

【阒】qù　形容寂静。

【觌】dí　相见。

P245

【咈】fú　吵扰。

【耇】gǒu　长寿，年老。

【颇】hàn　下巴颏。

P246

【谛】dì　仔细。

【寀】cǎi　官。

P250

【徽纆】huī mò　1. 绳索。古时常特指拘系罪人的绳索。2. 引申为捆绑；囚禁。

P257

【辘】lǎo　车盖棚架。

【辏】còu　车轮的辐聚集到中心。

【辋】wǎng　车轮周围的框子。

【毂】gǔ　车轮中心的圆木。

P259

【挛】luán　互相牵系。

P263

【荼】tú　苦菜。

【蓼】liǎo　植物名。为一年生或多年生草本。有水蓼、红蓼、刺蓼等。味辛，又名辛菜，可作调味用。

【栉】zhì　梳子和篦子的总称。

【秭】zǐ　古代数目名，一万亿。

【醴】lǐ　甜酒。

【畀】bì　给与。

【飶】bì　食物的香气。

【馌】yè　给在田间耕作的人送饭。

【畯】jùn　1. 古代掌管农事之官。2. 农神。3. 农民。

【啖】tǎn　众人吃东西的声音。

P267

【牿】gù　关养牛马的圈。

【豮】fén　阉过的猪。

P268

【枑】hù　阻拦人马通行的木架子。

【衢】qú　大路，四通八达的道路：通～。

P272

【禴】yuè　祭名，中国夏商两代在春天举行，周代在夏天举行。

P275

【駉】jiōng　（马）肥壮的样子。

【驷】sì　同驾一辆车的四匹马。

【騵】yuán　赤毛白腹的马。

P276

【稌】tú　稻子。

P281

【缶】fǒu　盛酒浆的瓦器。

P287

【酆】fēng　古地名。本为商代崇侯虎邑，周文王灭崇后曾都于此。后为周武王之弟的封国。故地在今陕西省户县北。

P295

【鞶】pán　皮制的束衣的大带。

【褫】chǐ　剥夺。

P299

【晞】xī　晒干。

P300

【胏】zǐ　干肉。带骨的肉脯。

P305

【殛】jí　杀死。

【胝】zhī　皮厚成茧；手脚掌上的茧巴。

P306

【猷】yóu　计谋，打算，谋划。

P307

【茕】qióng　孤独，无兄弟。

P309

【鳏】guān　无妻或丧妻的男人。

P319

【憝】duì　怨恨；憎恶。

【矧】shěn　况且。

【泯】mǐn　混乱。

【棐】fěi　辅助。

P322

【枹】bāo　落叶乔木。叶互生，略呈倒卵形，边缘有锯齿。花单性，雌雄同株。种子可提取淀粉，树皮可制栲胶。有的地方叫小橡树。

P323

【陂】pō　斜坡。

P338

【掣】chè　拉，拽。

【劓】yì　古代割掉鼻子的一种酷刑。

【剠】qíng　同“黥”。

【黥】qíng　古代一种肉刑，墨刑的异称。

P342

【郇】xún　春秋时周邑名。在今河南省巩县西南。

【缗】mín　古国名。夏时为缗国，春秋时属宋，汉置东滑县，故址在今山东省金乡县东北。

【惎】jì　忌恨，憎恶。

P346

【窞】dàn　深坑。

P348

【樽】zūn　古代盛酒的器具。

【簋】guǐ　古代祭祀宴享时盛黍稷的器皿。一般为圆腹，大口，圈足。商代的簋多无盖、无耳或有二耳。西周和春秋的簋常带盖，有二耳，四耳。

【牖】yǒu　窗户。

P352

【槃】pán　食器。

P356

【墉】yōng　城墙。

P360

【玱】qiāng　玉相击的声音。

【舄】xì　古代一种以木为复底的鞋。

P361

【昃】zè　太阳偏西。

【耋】dié　年老，七八十岁的年纪。

P373

【蕤宾】　蕤，音 ruí，古乐十二律中之第七律。律分阴阳，奇数六为阳律，名曰六律；偶数六为阴律，名曰六吕，合称律吕。蕤宾属阳律。

P375

【龠】yuè　古代乐器，形状像笛。

【钺】yuè　古代兵器，青铜制，像斧，比斧大，圆刃可砍劈，商及西周盛行。

P377

【馘】guó　古代战争中割取敌人的左耳以计数献功。

【祃】mà　古代行军在军队驻扎的地方举行的祭礼。

P379

【雠】chóu　同“仇”。

P383

【绂】fú　古代作祭服的蔽膝，缝于长衣之前，为祭服的服饰。

P386

【刖】yuè　古代的一种酷刑，把脚砍掉。

【臲卼】niè wù　动摇不安貌。

P387

【藟】lěi　藤。

P392

【缯】zēng　古代对丝织品的总称。

P395

【愬】shuò　恐惧的样子。

P399

【髳】máo　古代西南少数民族的一支。

P401

【駪】shēn　众多的样子。

【辔】pèi　驾驭牲口的嚼子和缰绳。

【诹】zōu　征求关于祭祀、征伐或行政管理方面的意见。

【骃】yīn　浅黑杂白的马。

【辇】niǎn　古时用人拉或抬的车。

P403

【蓟】jì　古地名。在今北京城西南隅。周武王克商，封尧之后于此。

P406

【寤】wù　睡醒。

P408

【盱】xū　张目。

P409

【盍】hé　是“何不”的合音。

【簪】zān　用来绾住头发的一种首饰，古代亦用以把帽子别在头发上。

P414

【歙】xī　收敛，吸进。

P418

【㧑】huī　发挥。

P423

【胶鬲】　鬲，音 gé。人名。即孟子所谓“胶鬲举于鱼盐之中，管夷吾举于士”者。胶鬲原为贩卖鱼、盐的，后周文王把他举荐给商纣王。

P426

【洼】wā　古同“洼”。

P427

【汔】qì　尽。

【繘】jú / yù　井上汲水的绳索。

【羸】léi　毁损。

P432

【渫】xiè　除去，淘去污泥。

P433

【甃】zhòu 砖砌的井壁。

P439

【迨】dài　等到，达到。

P440

【苹】pín　植物名。也称四叶菜、田字草。多年生草本。生浅水中，叶有长柄，柄端四片小叶成田字形。夏秋开小白花。全草入药，也可作猪饲料。

【蘩】fán　植物名。即白蒿。多年生草本，可食用。

附录

【蕰】wēn　蕰草，一种水草。可作饲料或肥料。多生于浅水中。
【筥】jǔ　圆筲箕。
【潢污】huáng wū　积水的低洼地。
【潦】lǎo　雨水大。
P443
【赍】jī　怀抱着，带着。
【洟】tì　涕。
P445
【挹】yì　舀，把液体盛出来。
P451
【羟】jìn　前往。
P452
【聃】dān　古国名。
P455
【遒】qiú　迫近。
P456
【慼】qī　戚。
P457
【鼫】shí　古书上指鼯（wú）鼠一类的动物，亦称“大飞鼠”或“五技鼠”。
P460
【轒辒】fén wēn　古代攻城用的一种兵车。
P466
【犇】bēn　奔。
P469
【茨】cí　用茅或苇覆盖房子。
【粝】lì　粗糙的米。
【粢】zī　谷子。
【藿】huò　豆叶。
【麑】ní　幼鹿。
P470

【劬】qú　过分劳苦，勤劳。

P476

【扞格】hàn gé　互相抵触。

P479

【巳】sì　地支的第六位。

P484

【楯】dùn　盾。

P491

【貔】pí　传说中的一种野兽，似熊，一说似虎。

【罴】pí　古代传说中的兽名。

P499

【螭】chī　古代传说中一种没有角的龙。

【魅】mèi　传说中的鬼怪。

【蝄蜽】wǎng liǎng　传说中的怪物。

P504

【餗】sù　古代指鼎中的食物，后泛指美味佳肴。

P505

【铉】xuàn　古代举鼎器具，状如钩，铜制，用以提鼎两耳。

P508

【虩】xì　恐惧的样子。

【鬯】chàng　古代祭祀用的酒，用郁金草酿黑黍而成。

P513

【矍】jué　惊惶四顾的或惊视的。

P522

【菹】zū　腌菜。

P528

【頄】qiú/kuí　颧骨。

【愠】yùn　怒，怨恨。

P530

【苋】xiàn　一年生草本植物。

P532

【㶊】zhì　地名，故址在今山西霍县东北。

P534

【遄】chuán　快，迅速。

P538

【旄】máo　本义为：古代用牦牛尾装饰的旗子。

P566

【柅】nǐ　一种树。其木料可用于制成一种纺织工具。

【蹢躅】zhí zhú　徘徊不前的样子。

P571

【杞】qǐ　木名，枸杞。

【卺】jǐn　古代结婚时用作酒器的一种瓢。

P575

【磐】pán　大石，纡回层叠的山石。

【衎】kàn　和乐的样子。

P578

【桷】jué　指平直如桷的树枝。

P580

【翮】hé　鸟翎的茎，翎管。

P583

【娣】dì　古代姐姐称妹妹。

【媵】yìng　古代指随嫁，亦指随嫁的人。

P585

【愆】qiān　超过；延误。

P586

【袂】mèi　衣袖，袖口。

P593

【嗃】xiào　大声嗥叫。

P594

【圜】huán/yuán　围绕/指天体。

P598

【濮】pú　民族名。

P602

【豵】zòng　公猪。

【貅】xiū　古书上说的一种猛兽。

P603

【隼】sǔn　鸟类的一科，翅膀窄而尖，上嘴呈钩曲状，背青黑色，尾尖白色，腹部黄色。

P604

【桡】ráo　曲木；木头弯曲；泛指弯曲。

P607

【稊】tí　杨柳新长出的嫩芽。

P615

【戕】qiāng　本义：残杀、杀害。

P617

【弋】yì　用带绳子的箭射鸟。

P628

【逖】tì　远。

P634

【颡】sǎng　额，脑门儿。

【戋】jiān　少，细微。

P643

【夤】yín　夹脊肉。

P661

【菑】zī　古代指初耕的田地。

【畬】yú　开垦了二、三年的熟田。

2.《周易见龙》卦序与通行本卦序对照表（附英文对照表）

粗体数字代表《周易见龙》的六十四卦排列顺序，括号中的数字代表《周易》通行本的六十四卦排列顺序。

上卦 / 下卦	☰ 乾	☱ 兑	☳ 震	☲ 离	☷ 坤	☶ 艮	☵ 坎	☴ 巽
☰ 乾	**1.1—1** (1)	**6.2—40** (43)	**7.9—52** (34)	**2.9—11** (14)	**3.6—17** (11)	**2.8—10** (26)	**2.3—5** (5)	**2.7—9** (9)
☱ 兑	**5.1—26** (10)	**8.8—61** (58)	**7.4—47** (54)	**4.1—19** (38)	**3.4—15** (19)	**6.3—41** (41)	**8.7—60** (60)	**8.9—62** (61)
☳ 震	**8.4—57** (25)	**4.5—23** (17)	**5.13—38** (51)	**3.3—14** (21)	**8.5—58** (24)	**2.6—8** (27)	**2.1—3** (3)	**6.4—42** (42)
☲ 离	**4.3—21** (13)	**5.11—36** (49)	**2.5—7** (55)	**4.4—22** (30)	**5.10—35** (36)	**8.1—54** (22)	**9.1—63** (63)	**7.5—48** (37)
☷ 坤	**3.7—18** (12)	**5.6—31** (45)	**5.3—28** (16)	**5.8—33** (35)	**1.2—2** (2)	**6.1—39** (23)	**3.1—12** (8)	**3.5—16** (20)
☶ 艮	**5.9—34** (33)	**7.1—44** (31)	**7.8—51** (62)	**2.4—6** (56)	**5.4—29** (15)	**8.2—55** (52)	**5.2—27** (39)	**7.3—46** (53)
☵ 坎	**3.2—13** (6)	**4.7—25** (47)	**7.6—49** (40)	**9.1—64** (64)	**4.6—24** (7)	**2.2—4** (4)	**4.2—20** (29)	**7.10—53** (59)
☴ 巽	**7.2—45** (44)	**7.7—50** (28)	**8.3—56** (32)	**5.12—37** (50)	**5.7—32** (46)	**6.5—43** (18)	**5.5—30** (48)	**8.6—59** (57)

Trigrams Consultation Chart

The number in bold represents the trigrams chart in the present book, and the number in the parenthesis represents the trigrams chart prevalently used.

UPPER / LOWER	☰ Sky	☱ Lake	☳ Thunder	☲ Fire	☷ Earth	☶ Mountain	☵ Water	☴ Wind
Sky	**1. 1—1** (1)	**6. 2—40** (43)	**7. 9—52** (34)	**2. 9—11** (14)	**3. 6—17** (11)	**2. 8—10** (26)	**2. 3—5** (5)	**2. 7—9** (9)
Lake	**5. 1—26** (10)	**8. 8—61** (58)	**7. 4—47** (54)	**4. 1—19** (38)	**3. 4—15** (19)	**6. 3—41** (41)	**8. 7—60** (60)	**8. 9—62** (61)
Thunder	**8. 4—57** (25)	**4. 5—23** (17)	**5. 13—38** (51)	**3. 3—14** (21)	**8. 5—58** (24)	**2. 6—8** (27)	**2. 1—3** (3)	**6. 4—42** (42)
Fire	**4. 3—21** (13)	**5. 11—36** (49)	**2. 5—7** (55)	**4. 4—22** (30)	**5. 10—35** (36)	**8. 1—54** (22)	**9. 1—63** (63)	**7. 5—48** (37)
Earth	**3. 7—18** (12)	**5. 6—31** (45)	**5. 3—28** (16)	**5. 8—33** (35)	**1. 2—2** (2)	**6. 1—39** (23)	**3. 1—12** (8)	**3. 5—16** (20)
Mountain	**5. 9—34** (33)	**7. 1—44** (31)	**7. 8—51** (62)	**2. 4—6** (56)	**5. 4—29** (15)	**8. 2—55** (52)	**5. 2—27** (39)	**7. 3—46** (53)
Water	**3. 2—13** (6)	**4. 7—25** (47)	**7. 6—49** (40)	**9. 1—64** (64)	**4. 6—24** (7)	**2. 2—4** (4)	**4. 2—20** (29)	**7. 10—53** (59)
Wind	**7. 2—45** (44)	**7. 7—50** (28)	**8. 3—56** (32)	**5. 12—37** (50)	**5. 7—32** (46)	**6. 5—43** (18)	**5. 5—30** (48)	**8. 6—59** (57)